Brigitte Grossmann-Garger, Walter Parth (Hg.)
Die leise Stimme der Psychoanalyse ist beharrlich

Reihe »edition psychosozial«

Brigitte Grossmann-Garger,
Walter Parth (Hg.)

Die leise Stimme der Psychoanalyse ist beharrlich

Psychosozial-Verlag

Bibliografische Information der Deutschen Nationalbibliothek
Die Deutsche Nationalbibliothek verzeichnet diese Publikation
in der Deutschen Nationalbibliografie; detaillierte bibliografische Daten
sind im Internet über http://dnb.d-nb.de abrufbar.

© 1999 Psychosozial-Verlag
E-Mail: info@psychosozial-verlag.de
www.psychosozial-verlag.de
Alle Rechte vorbehalten. Kein Teil des Werkes darf in irgendeiner Form (durch
Fotografie, Mikrofilm oder andere Verfahren) ohne schriftliche Genehmigung
des Verlages reproduziert oder unter Verwendung elektronischer Systeme verarbeitet, vervielfältigt oder verbreitet werden.
Umschlagabbildung: Mimmo Paladino, ohne Titel, 1988
Umschlaggestaltung: Atelier Warminski, Büdingen
ISBN 978-3-932133-89-3

Inhalt

Brigitte Grossmann-Garger und Walter Parth
Die leise Stimme der Psychoanalyse ist beharrlich –
Josef Shaked zum 70. Geburtstag 1

„Es ist vielleicht besser, im Widerspruch zu sein ..." –
Josef Shaked im Gespräch mit Brigitte Grossmann-Garger
und Walter Parth 4

Brigitte Grossmann-Garger und Walter Parth
Zu den Texten 11

Studien zur Psychoanalyse

Rolf Haubl
Erinnerungsarbeit:
Über die Konstruktion individueller und
kollektiver Autobiographien 17

Johann August Schülein
Zur Wissenschaftstheorie der Psychoanalyse 49

August Ruhs
Ruf an!
Die Stimme und ihr Trieb 73

Margarethe Grimm
Neugier und Urszene 86

Johanna Wagner-Fürst
Abstinenzprinzip und Realität in der analytischen Beziehung.
Von der Bedeutung und Gefährdung
des metaphorischen „Raumes".. 100

Jürgen Hardt
Vom Nutzen und Nachteil des Hier und Jetzt
im psychoanalytischen Prozeß... 113

Walter Parth
Die Verdrängung des Wiedergekehrten?
Ein Beitrag zur Hysterie-Debatte... 137

Johannes Ranefeld
Die laute und die leise Stimme.
Verführung, Übertragung, Analysieren, Nachträglichkeit........................ 148

Wolfgang Lassmann
Ein Ungar mit System und vielen Fragen.
David Rapaports Beitrag zur Psychoanalyse 163

Marianne Ringler
Inszenierungen mit dem Körper:
Psychoanalytische Aspekte in der Behandlung von
insulinpflichtigen Diabetespatientinnen.. 173

Christine Butterfield-Meissl und Brigitte Grossmann-Garger
Was ist psychoanalytische Psychotherapie?
Psychoanalytische Psychotherapiemodelle im Vergleich......................... 190

Studien zur Gruppenanalyse

Alice Ricciardi von Platen
Randbemerkungen zu analytischen Großgruppen
in Ausbildung und Selbsterfahrung 213

Rainer Danzinger
Der Schnee ist das Blut der Gespenster.
Ausdauer und Geduld in der psychoanalytischen Therapie
der Psychosen 218

Felix de Mendelssohn
‚Gangs, Crowds and Audiences' –
Über die Darstellung von Gruppen im Traum 228

Michael Hayne
Stationäre Gruppentherapie 241

Dieter Ohlmeier
Psychoanalytische Intensivgruppen.
Zur Theorie und Technik 268

Rena Moses-Hrushovski und Rafael Moses
Die Einstellungen des Klinikers und ihr Einfluß
im Rahmen der psychoanalytischen Behandlung 285

Studien zur psychoanalytischen Kulturkritik

Annegret Mahler-Bungers
„Wir bevölkern ein Trauma".
Zum Verhältnis von Trauma und Kreativität
bei Thomas Bernhard 305

Gerhard Zenaty
Identität ‚in Progress'.
Zum philosophischen Konzept von Selbst und Identität
in Moderne und Postmoderne 327

Karl Fallend
Unbewußte Zeitgeschichte.
Über das schweigende Verhältnis von Psychoanalyse und
Nationalsozialismus in Österreich 337

Autorinnen und Autoren 351

Die leise Stimme der Psychoanalyse ist beharrlich –
Josef Shaked zum 70. Geburtstag

Brigitte Grossmann-Garger und Walter Parth

Anläßlich des 70. Geburtstages von Josef Shaked wären wir gerne in der Lage, seine Persönlichkeit und sein Wirken, seine Bedeutung als Psychoanalytiker und Lehrer der Psychoanalyse dem Leser treffend darzustellen.

Aber dies ist nicht besonders leicht, da wir von ihm als Schüler oder Analysanden etwas gelernt haben, das sich nicht als große Ereignisse, markante Thesen oder elaborierte Schriften erinnern läßt. Die Auswirkungen von Shakeds psychoanalytischer Arbeit sind subtiler Natur, lassen sich eher an der Veränderung unserer psychischen Struktur, unserer psychoanalytischen Kultur oder unserer Betrachtung der Welt beobachten. Dies ist eng verbunden mit dem Erleben seiner Persönlichkeit, die seinen Schülern Teil der eigenen Identität und Teil ihrer Haltung als Analytiker geworden ist.

Shaked drängt sich nicht dazu, vorzutragen, zu schreiben, Feststellbares zu hinterlassen. Eher lebt und verkörpert er die Psychoanalyse auf eine Art und Weise, die kaum jemanden, der mit ihm arbeitet, gleichgültig läßt. Seine leise Art beharrlicher Überzeugung hinterläßt Bewunderer und Enttäuschte, verführt dazu, zu polarisieren, nicht zu nivellieren oder zu verwischen.

Seine besondere Leistung ist es, außerhalb der Institutionen der psychoanalytischen Bewegung, zu denen er keinen Zugang fand, die Inhalte der Psychoanalyse in nahezu autodidaktischer Aneignung und oft im Widerstand gegen seine engsten Kollegen durchgesetzt zu haben. Obwohl er sich davor scheut, zu bestimmen und sich festzulegen, gehört es zu seinen Verdiensten, zwei psychoanalytische Vereine, den Wiener Arbeitskreis für Psychoanalyse und die Internationale Arbeitsgemeinschaft für Gruppenanalyse in Altaussee, geprägt zu haben.

Gleichermaßen geschätzt wie abgelehnt wird der Kordon aus Humor, Witz und Sarkasmus, den Shaked um sich zieht und den er als Schutz, Deutung, Waffe und Kulturverweis gebraucht. Dabei nützt er den Witz wie der Kritiker die spitze Feder, um einer Ideologie anzuhängen, die er verteidigt und die seine Haltung als Psychoanalytiker prägt. Er kämpft weniger mit Feststellungen, Forderungen oder Manifesten, sondern mit einer Haltung des Skeptizismus, mit Fragen und dem Festhalten an Unsicherheiten. So enttäuscht er auch immer wieder die Hoffnung auf Klarheit, Orientierung, Führung und Sicherheit, benötigt seinerseits Zeit und Geduld.

„Die Ideologie der Psychoanalyse ist die Aufklärung" ist das Leitmotiv, das als seine dezidierte Aussage in Erinnerung bleibt. Dies ist nicht selbstverständlich in einer Zeit und in einem beruflichen Umfeld, in dem sich seit geraumer Zeit das Aufklärerische und das Rationale in einem Rückzugsgefecht befinden. Im Widerstand gegen die Heilsversprechungen des Psychobooms, aber auch gegen die irrationalen Strömungen innerhalb der Psychoanalyse – und besonders gegen die irrationalen Bewegungen innerhalb des Wiener Arbeitskreises für Psychoanalyse –, folgt Shaked den späten Bemühungen seines Lehrers Caruso. Er hat sich aber darüber hinaus erfolgreich bemüht, den Irrationalismus, der lange den Arbeitskreis geprägt hat, zu überwinden.

So hat Shaked wieder eine Brücke geschlagen zur analytischen Tradition und dem aufklärerischen Impetus Freuds. Die spürbare Ironie, mit der Shaked diese Position lebt, vermittelt eine Überzeugung, daß auch, wenn er diesen Weg richtig findet, der Nutzen begrenzt sein wird. Er versteht sich als Rufer in der Wüste, der sich selbst skeptisch beim Rufen betrachtet; auch hierin seinem großen Vorbild treu.

So ist es oft nicht leicht faßbar, was er zu sagen hat. Seine Weigerung, Sicherheiten zu geben, ist ein Stilelement und nicht dasselbe, als hätte er nichts zu sagen. Die Methode, Fragen offenzuhalten statt zu beantworten, ist oft schmerzlich enttäuschend. Andererseits ist sie äußerst anziehend und macht ihn begehrt als Seminarleiter, Supervisor und Analytiker, und sie schafft Vertrauen in die Methode der Psychoanalyse. Sie bringt seine außergewöhnliche Fähigkeit zur Geltung, bei seinen Schülern Interesse für eigene Gedanken und die eigene innere Stimme zu wecken. So fördert er einen Dialog zwischen dem Erlernten und dem Erforschten, allerdings keine schnelle Aneignung von Wissen oder Dogmen. Shaked entspricht als Lehrer nicht unbedingt den Erfordernissen der Zeit, die nach Zielen und Diagnosen, Verwertbarkeit, Pakt- und Krankenkassentauglichkeit sowie nach flexibler Anpassung verlangt. Dafür vermittelt er dem Schüler oder Patienten Respekt, gibt ihm Raum, beläßt ihm seine Originalität.

Er ist für viele ein Vorbild und ein Orientierungspunkt geworden, wenn auch kritisiert und kritisierbar, kränkbar und gekränkt, aber beruhigenderweise doch beständig. Viele seiner Eigenschaften geben Hoffnung, fördern eine positive Übertragung, fordern selbst Achtung und Respekt. Beeindruckend sind seine Bildung und sein waches Interesse für Wissenschaft und Technik, sein Wissen über die Psychoanalyse, seine Freud-Kenntnis und seine liebevolle Freud-Kritik, sein kultivierter Umgang, seine Urteilskraft und, noch einmal, sein Witz und Humor, für den er sprichwörtlich ist.

Es ist unzweifelhaft sein Verdienst, daß der Wiener Arbeitskreis für Psychoanalyse sich mit Psychoanalyse beschäftigt, so wie es sein Verdienst ist, daß sich die Gruppenanalyse in Altaussee als psychoanalytische Gruppenanalyse entwickelte. Auch wenn er in beiden Fällen nicht allein auf sich gestellt war, sein Beitrag sticht doch hervor. Die Tatsache, daß er dies konnte, hängt mit seiner Lust am Wissen zusammen, getragen von der Hoffnung Freuds: „... die Stimme des Intellekts ist leise, aber sie ruht nicht, ehe sie sich Gehör verschafft hat." Die Wirkung, die Shaked mit dieser Haltung erreicht hat, besteht darin, daß die leise Stimme der Psychoanalyse, beharrlich eingesetzt, Erfolg gezeitigt hat.

Shakeds Bedeutung soll daher in diesem Band gewürdigt werden durch Arbeiten seiner Schüler und Arbeiten von Schülern seiner Schüler, durch Arbeiten von Weggenossen und Freunden und deren Schülern und Freunden. Dieser Band zeigt so, vermittelt über ein Netz von Psychoanalytikern, Themen und Ideen, daß viele einen Teil ihrer Kreativität, Ausbildung oder Kenntnis der Berührung mit und der Beeinflussung durch Josef Shaked danken.

Ein Witz, bei dem er selbst am meisten lachte, als er ihn unlängst zum Besten gab, wirft vielleicht ein Licht auf Shakeds Erfahrungen als Lehrer und Analytiker: „Ein Bub kommt aus der Schule und erzählt dem Vater triumphierend: Wir haben heute gelernt, der Mensch stammt vom Affen ab. Worauf der Vater ärgerlich bemerkte: Ja, Du vielleicht!"

Herr Shaked, alles Gute zum Geburtstag!

„Es ist vielleicht besser, im Widerspruch zu sein ..." – Josef Shaked im Gespräch mit Brigitte Grossmann-Garger und Walter Parth

Josef Shaked wurde am 23. September 1929 in Ostungarn geboren. 1934 emigrierten seine Eltern mit ihm nach Israel, der zurückgebliebene Teil der Familie wurde im Zweiten Weltkrieg nach Auschwitz deportiert. Nach dem Unabhängigkeitskrieg 1950 ging er mit einem Stipendium in die Vereinigten Staaten. 1955 kam er zum Medizinstudium nach Wien. Er arbeitet als Psychoanalytiker im Wiener Arbeitskreis für Psychoanalyse (gegründet 1947 von Igor Caruso) und als Gruppenpsychoanalytiker (Mitbegründer der Internationalen Arbeitsgemeinschaft für Gruppenanalyse in Altaussee, 1976) und hat beide Bereiche stark geprägt.

Frage: Herr Shaked, sind Sie gern Psychoanalytiker?

Shaked: Ja, es ist ein anregender und aufregender Beruf, vor allem was die Introspektion betrifft. Ich bin ein introspektiver Mensch und höre gern zu. Psychoanalytiker zu sein bedeutet, einen anstrengenden Lebensstil zu führen, aber für mich ist der Lustgewinn größer als die Qual. Es ist ein Beruf mit großen Anforderungen. Gerade das macht ihn interessant und bewahrt einen davor, daß er zur Routine wird. Ich bin auch immer wieder enttäuscht von der Psychoanalyse und habe daher auch neue Wege gesucht. Aber nicht weg von der Psychoanalyse, sondern in der Psychoanalyse.

Frage: Wie sind sie mit der Psychoanalyse in Berührung gekommen?

Shaked: Mit 16 habe ich zum ersten Mal Freud gelesen, die „Psychopathologie des Alltagslebens". In Israel war Freud hoch im Kurs, denn in den 30er Jahren sind einige deutsche Psychoanalytiker nach Israel emigriert. Seit damals wollte ich Psychoanalytiker werden. Also entschied ich mich, Medizin zu studieren, weil ich dachte, das ist die Voraussetzung für die Ausbildung zum Psychoanalytiker. In Israel gab es damals noch keine medizinische Fakultät, aber ich bekam ein Stipendium für Amerika, nachdem ich im Unabhängigkeitskrieg 1948-50 Soldat war. Bald nach dem Beginn meines Studiums wurde das israelische Pfund entwertet und ich mußte alle möglichen Jobs annehmen, um zu existieren. Ich wechselte auch die Studienrichtung, denn Medizin und Arbeit ließen sich nicht vereinbaren. So studierte ich einige Jahre Biochemie und jüdische Geschichte und sparte Geld für ein Medizinstudium in Europa, da Europa damals vergleichsweise billiger war. Zur Wahl standen Wien, Italien und Frankreich. Meine Mutter hat mir sehr zu Wien geraten, denn für meine Eltern war Wien ein Begriff, Wien war „noch immer die Hauptstadt der österreichisch-ungarischen Monarchie".

Frage: Warum haben Sie sich für eine Ausbildung zum Psychoanalytiker im Wiener Arbeitskreis für Tiefenpsychologie, wie er damals noch hieß, entschieden?

Shaked: Das war Zufall. Jemand sagte mir, die Wiener Psychoanalytische Vereinigung (WPV) ist schwer zugänglich, die nehmen nur fertige Mediziner, geh' doch zum Caruso. Also rief ich ihn an, er gab mir einen Termin, und eine Woche darauf begann ich bei ihm mit der Lehranalyse, das war Ende der 50er Jahre. Manchmal dreimal die Woche, manchmal viermal die Woche, und nach dreieinhalb Jahren hat er Wien verlassen und meine Analyse war zu Ende.

Frage: Wie sehen Sie diese Anhäufung von Zufällen heute?

Shaked: Ich war von einem inneren Konflikt getrieben, ich pflegte Vorurteile gegen die orthodoxe Psychoanalyse und wollte mich damals auf pubertäre Art von meinem jüdischen Ursprung lösen.

Frage: Was hat Caruso Ihnen über die Psychoanalyse vermittelt?

Shaked: Das Positive, das ich von ihm mitkriegte, war sein großer kultureller Horizont, die Verbindung von Psychoanalyse und kulturellen Phänomenen und der philosophische Hintergrund. Er hatte eine menschliche Haltung, war aber auch ein Verführer. Am Anfang hat mir das sogar gefallen, daß alles nicht so eng fachlich war. Er brachte immer wieder Beispiele aus der Geschichte und Religion, er war faszinierend. Psychoanalyse war zwar immer das Hauptthema, aber kritisiert von verschiedenen Standpunkten.

Frage: Welche Position hatte der Arbeitskreis damals eingenommen?

Shaked: Es hieß, die Vereinigung sei engstirnig und altmodisch, der Arbeitskreis weltoffen und modern. Das hat teilweise gestimmt. So haben wir z.B. die Ich-Psychologie, die gerade etwas Neues und Modernes aus Amerika war, sehr offen diskutiert. Das Negative war, daß vieles beliebig war, wir waren kein richtiger psychoanalytischer Verein, sondern Leute mit verschiedenen Berufen, die über Psychoanalyse diskutierten.

Frage: Welchen Stellenwert hatte die Religion damals in dieser Diskussion?

Shaked: In seiner frühen Phase vertrat der griechisch-orthodoxe Caruso von einem römisch-katholischen Standpunkt aus der Psychoanalyse gegenüber eine kritische Haltung. Er meinte, die Psychoanalyse habe etwas Wahres, aber sie sei zu einseitig, sie erkenne nicht die geistige Dimension und müsse durch Religion ergänzt werden. Als ich zum Arbeitskreis kam, war Caruso schon marxistisch orientiert, aber die meisten Mitglieder noch christlich. Caruso war auch betont philosemitisch, er hat das Judentum nach außen hin bewundert. Das hat mir sehr gefallen, ebenso wie die Gelegenheit, ein wenig aus dem Judentum herauszutreten. Ich wurde innerhalb des Arbeitskreises wegen meines Judentums nie angegriffen, es war einfach kein Thema. Was mir aber nicht gefiel, waren die Erzählungen der Kollegen von ihren Kriegserlebnissen als Soldaten, das habe ich als befremdlich empfunden.

Frage: Mit wem fühlten Sie sich in den Anfängen der 60er Jahre verwandt in Ihrem Verständnis von Psychoanalyse?

Shaked: Anfangs hatte ich mich zunächst mit Caruso identifiziert, als er militant die Psychoanalyse gegen alle möglichen Feinde verteidigte. Beim Kongreß in Zürich 1965 nahm er mich als Sekretär des Arbeitskreises mit. Er verteidigte Freud vehement gegen die neoanalytischen Positionen, aber gleichzeitig war er verbunden mit Hegel und Fromm. In der zweiten Hälfte der 60er Jahre haben wir uns auf die Psychoanalyse konzentriert, Caruso aber mehr ambivalent und eher verbal, die Praxis damals war nicht auf die Analyse der Übertragung gerichtet.

Frage: Wann haben Sie psychoanalytisch zu arbeiten begonnen?

Shaked: Zunächst sah ich keine richtige Perspektive in Österreich als Psychoanalytiker. Die Psychiatrie war mir so, wie sie damals zu meinem Studienende 1966 betrieben wurde, zuwider. 1972 bekam Strotzka den Lehrstuhl für Tiefenpsychologie an der Universität in Wien angeboten, und er vermittelte mich an seine damalige Stelle: die Leitung des Ambulatoriums für Psychotherapie der Wiener Gebietskrankenkasse. Am Tag nach dem Abschluß meiner Psychiatrieausbildung trat ich diese Stelle an.

Frage: Sie waren ja damals gemeinsam mit Raoul Schindler und Adalbert Wegeler Lehranalytiker, Caruso hatte Wien schon verlassen. Haben Sie in dieser Situation versucht, mit der WPV (Wiener Psychoanalytische Vereinigung) in Kontakt zu kommen?

Shaked: Es war so: Für uns drei war die Tätigkeit als Psychoanalytiker eine Nebenbeschäftigung: Raoul Schindler arbeitete wie ich in der Psychiatrie und war an der Ausbildung weniger interessiert, Adalbert Wegeler arbeitete am Institut für Erziehungshilfe. Ich fühlte, daß meine Analyse nicht fertig war, daher suchte ich Wege, sie zu ergänzen. Beim Internationalen Kongreß 1971 in Wien nahm ich zu Psychoanalytikern aus Israel und Amerika Kontakt auf, und da wurde mir klar, daß ich mit meiner Ausbildung nochmals ganz von vorne beginnen müßte, und das wollte ich nicht. Ich versuchte, über mögliche gemeinsame Theorieseminare mit der WPV ins Gespräch zu kommen. Das scheiterte. Es gab nur persönliche Kontakte und nur individuelle Formen der Zusammenarbeit. Auch bei der psychoanalytischen Vereinigung in Wien wäre ich nur als Kandidat aufgenommen worden.

Frage: War diese Enttäuschung der Auslöser für Ihre Beschäftigung mit der Gruppenanalyse?

Shaked: Damals gab es nur wenige Psychoanalyse-Patienten, aber einen Bedarf an Gruppentherapie. Bald nach meiner eigenen ersten Gruppenerfahrung bei Raoul Schindler wollten Studenten bei mir eine Gruppe machen. Ich mietete mich bei einem Röntgenologen ein, und das war der Anfang. Auch in der Gruppenanalyse fühlte ich mich zu wenig ausgebildet. Ich begann wieder mit Literaturstudien und fuhr nach London zur Weiterbildung. Die Engländer machten für Leute, die von auswärts kamen, zwar Kurse, aber keine systematische Ausbildung. In ganz Deutschland hat es keine gegeben, in Österreich erst recht nicht.

Frage: Sie sind also psychoanalytischer Autodidakt?

Shaked: Was die theoretische Ausbildung betrifft, großteils ja.

Frage: Sie haben von Anfang an Einzelanalysen und Gruppenanalysen parallel durchgeführt?

Shaked: Gruppen habe ich anfangs mehr oder weniger erzwungen gemacht, weil Leute an mich herantraten, oder später wegen der großen Anzahl von Patienten im Psychotherapie-Ambulatorium, die kaum versorgt werden konnten, erst recht nicht mit Psychoanalyse. Ich habe neue Wege gesucht und experimentiert, aus der Not heraus und aus historischer Neugier: mit autogenem Training, mit katathymem Bilderleben und auch mit Hypnose. Das hat mich vor allem analytisch interessiert. Ich wollte nachvollziehen, warum Freud von der Hypnose abkam und dann die Psychoanalyse entwickelte. Parallel dazu habe ich meine Privatpraxis aufgebaut, in der ich nur Psychoanalysen durchführte. 1975, nach einem Konflikt mit der Kassenleitung, wagte ich notgedrungen den Sprung aus der Institution heraus.

Frage: Ein wichtiges Produkt Ihres Schaffens sind die Gruppenanalyse Seminare in Altaussee.

Shaked: Das ganze hat bei einer Bergtour von Frau Ricciardi und meiner Frau begonnen. Frau Ricciardi wollte mit mir eine Gruppenanalyse-Veranstaltung machen und schwärmte, wie schön es in Altaussee sei und daß sie dort eine geeignete Villa hätte. 1976 begannen wir mit Seminaren, und sie wurden ein wichtiger Bestandteil der Gruppenanalyse-Entwicklung in Europa.

Frage: Wem gehört nun Ihr Herz, der Einzel- oder der Gruppenpsychoanalyse?

Shaked: Ich sehe da keinen Interessenkonflikt. Ich sage: der Psychoanalyse, und die Gruppenanalyse ist eine Anwendungsform davon. Die Gruppe interessiert mich aus einem besonderen Grund: wegen des Phänomens der Massenpsychologie. Die Psychoanalyse hat angesichts der Massenpsychologie versagt. Wenn man sieht, wie blauäugig und völlig unwissend die Psychoanalytiker reagiert haben auf Hitler in Deutschland und Österreich und wie sie das zum Teil noch immer bei diesem Thema tun, das hat mich immer sehr geängstigt. Das war ein Motiv, mich mit der Gruppe zu beschäftigen, und das war auch ein Grund, warum ich zur analytischen Großgruppe gekommen bin. Mein persönliches Motiv war Angst, wie zivilisierte Menschen so entfesselt sein können.

Frage: Was kann die Gruppenanalyse in diesem Zusammenhang leisten?

Shaked: Ich habe gehofft, die Gruppe kann diesbezüglich Einsicht vermitteln. Inzwischen bin ich da etwas bescheidener geworden.

Frage: Wie schauen Ihre Überlegungen zur Gruppe aus?

Shaked: Manche betrachten die Gruppe einfach als angewandte Psychoanalyse in einem Mehrpersonensetting, und manche versuchen, auch Erkenntnisse der Gruppendynamik zu integrieren. Sie sagen, man kann nicht so tun, als ob die Gruppe eine Person wäre und man macht mit ihr Therapie. Oder als ob die Gruppe aus mehreren Personen besteht, und man macht mit jedem seine Analyse, und die anderen beteiligen sich oder schauen zu. Die Gruppe beinhaltet auch neue Elemente. Darüber gibt es immer noch Kontroversen. Ich habe im Laufe der Zeit meine Meinung geändert. Angefangen habe ich als Foulkes-Anhänger. Foulkes war Freudianer und hat zusätzlich soziologische Sichtweisen der Frankfurter Schule mit einbezogen in seine Theorie. Ein wichtiger Impuls kam zusätzlich vom Neurologen Goldstein. Der betrachtet das Nervensystem dynamisch. Die Teile hängen voneinander ab, sind miteinander vernetzt und übernehmen im Bedarfsfall Funktionen von anderen. Diese Ideen hat Foulkes für die Gruppe mitgebracht, ebenso die Idee der Gestaltpsychologie der 20er und 30er Jahre, daß das Ganze mehr ist als die Summe der Einzelteile. Indem sich eine Gruppe konstituiert, bildet sich etwas Neues. Auch Ideen von Levin hat er in die Gruppenanalyse integriert. Später bin ich von dieser Sichtweise abgerückt. Wenn soziologische Phänomene, soziale Interaktionen und das Unbewußte zugleich studiert werden, wird die ganze Sache weniger analytisch. Ich entschied mich, die Außenwelt wie in der Analyse auszublenden, damit die Innenwelt besser sichtbar wird. Die Außenwelt wird nicht ignoriert, aber ich deute den unbewußten Anteil daran. Vor allem in der Großgruppe habe ich erlebt, daß nicht alle Einzelaktionen betrachtet werden können, das führt selbst bei mehreren Leitern zur Verzettelung. Ich betrachte die Gruppe selbst als Objekt und die vielen Widersprüche und widerstrebenden Tendenzen als Partialobjekte der Gruppe. Ich habe mich für Melanie Klein und Wilfred Bion zu interessieren begonnen und konnte beobachten, daß alle von ihnen beschriebenen Phänomene wie Paarbildung, Flucht, Kampf, Abhängigkeit, Vatermord deutbar sind. Ich habe auch Totem und Tabu erlebt: den ambivalenten Führer, den die Gruppe absetzen will in der Hoffnung, dadurch frei zu werden vom Über-Ich, anschließend die Befriedigung der Triebimpulse, darauffolgende Reue, Schuldfähigkeit und Einsichtsfähigkeit in die eigene Verantwortung. Was mich an der Großgruppe immer wieder fasziniert, sind die tiefe Regression, die entfesselten Emotionen und beängstigende psychoseähnliche Phänomene.

Frage: Welche Beziehung haben Sie zur Psychoanalyse?

Shaked: Im großen und ganzen eine positive, mit kritischer Distanz. Sie ist eine kritische Theorie, die den Zugang zum Inneren ermöglicht und die Aufarbeitung der eigenen und kollektiven Geschichte, sie ist eine Kulturleistung. Die Einsichten sind oft nicht stark genug, wenn es um den Narzißmus der Psychoanalytiker geht. Beim Eigenen werden sie blind, das ist ähnlich wie im Marxismus. Durch die Beschäftigung mit der Massenpsychologie ist meine Beziehung kritisch. Die Psychoanalyse als Institution hat die gleichen Abwehrmechanismen wie andere gesellschaftliche Gebilde. Sie ist auf Selbsterhaltung bedacht und somit blind und ohnmächtig, was wir in der Nazi-Zeit schmerzlich erfahren haben.

Frage: Wie sehen sie Ihre Entwicklung in der Psychoanalyse?

Shaked: Ich war ebenso wie Caruso anfänglich der Psychoanalyse kritisch gegenüber eingestellt. Ich hielt den Blick auf die Triebe für zu eng und meinte, man müsse die Philosophie mit einbeziehen. An der Übertragung wurde Ende der 50er Jahre nicht nur bei Caruso zuwenig gearbeitet, von der Gegenübertragung war keine Spur. Wien war weit zurück, in der Literatur war bereits vieles an Wissen vorhanden: Die Kleinianer begannen sich schon in den 30er Jahren mit der Gegenübertragung zu beschäftigen, und in den 50er Jahren war Margareth Little massiv mit diesem Thema präsent. Heute ist die Hinwendung zu Melanie Klein sehr modern, da werde ich auch skeptisch. Die Betonung der psychoanalytischen Beziehung als Wiederholung der Kindheitsbeziehungen und der hohe Stellenwert von Übertragung und Gegenübertragung sind wichtige Anregungen der Kleinianer, aber man muß deshalb nicht gleich Kleinianer sein und die ganze Theorie akzeptieren.

Frage: Welche Zukunft geben Sie dem Wiener Arbeitskreis für Psychoanalyse?

Shaked: Anfangs war es ein Nachmachen und Nachholen wie im ganzen deutschen Sprachraum nach dem Krieg. Im Laufe der Zeit haben wir uns das Wissen wirklich angeeignet. Es gibt Licht und Schatten, und ich sehe es nicht schlimmer als anderswo.

Frage: Die Psychoanalyse wird heute sehr kritisiert, wie stehen Sie dazu?

Shaked: Ich bin mir nicht sicher, ob die Psychoanalyse in dieser Form überleben wird. Die Psychoanalyse ist ein wertvoller Bestandteil der Menschheit geworden. So wie der Marxismus auch und vieles andere. Aber ob sie sich als Therapieform behaupten können wird, hängt von vielem ab. Als Berufsform liegt sie nicht im Trend der Zeit. Familientherapie und Gestalttherapie z.B. sind wesentlich billiger, schneller und vielleicht auch effizienter. Die Psychoanalyse ist behäbig und aufwendig. Man muß leidenschaftlich daran interessiert sein, was vielleicht nicht einmal die schlechteste Voraussetzung ist. Denn als die Psychoanalyse sehr modern war, in der 68ern, hat sich das auch nicht nur als gesund erwiesen. Sie war eine Zeiterscheinung und viele sind aus opportunistischen Gründen Psychoanalytiker geworden. Wozu das geführt hat, war vor allem in den Staaten deutlich zu sehen, wo die Psychoanalyse ganz von der Medizin vereinnahmt wurde. Später, als es nicht mehr so populär war, Psychoanalytiker zu sein, haben sich wieder viele abgewandt. Vielleicht ist es sogar ein heilsamer Prozeß für die Psychoanalyse, wenn sie weniger gesellschaftlich erfolgreich ist und weniger im Zeitgeist liegt. Wenn sie im Zeitgeist liegt, verliert sie an Kritikfähigkeit. So ist es vielleicht besser, im Widerspruch zu sein. Als eine Möglichkeit der Selbstreflexion, der Reflexion der Gesellschaft, wird sie aber noch lange Zeit Bestand haben.

Frage: Im Laufe dieses Gesprächs erwähnten Sie oft den Zufall, so als ginge Sie das Rundherum nichts an. Es scheint so, daß Sie lieber reagieren als agieren. Wäre es nicht nötig, als Analytiker die Reflexion über die Gesellschaft öffentlich zu machen und Stellung zu beziehen?

Shaked: Ja, aber dazu bin ich zu scheu.

Zu den Texten

Brigitte Grossmann-Garger und Walter Parth

Eine Grundfrage, die die Beiträge dieses Buches eint, ist das Problem, welchen Gesetzen in der psychoanalytischen Erfahrung und Theoriebildung das Wahrnehmen, und mehr noch das Nichtwahrnehmen, unserer seelischen und sozialen Natur folgt. So hat die Selbstreflexion der Psychoanalytiker als Forscher und Therapeuten Modellcharakter für das Verständnis von Patienten, sozialen Systemen oder kulturellen Phänomenen gewonnen. Freud hat dieses methodologische Prinzip vorgegeben, als er vor etwas mehr als hundert Jahren anhand der Erforschung eigener Träume begann, über sich selbst, seine Patienten und die konstitutiven Bedingungen des Seelenlebens epochemachende Erkenntnisse zu gewinnen. Die weitere Entwicklung hat gezeigt, daß sich dieser Forschungsansatz bewährt und als ein gemeinsames Interesse an einem Forschungsinstrument die verschiedensten Strömungen der Psychoanalyse eint. Dieser Tradition folgen auch die vorliegenden Arbeiten. So treffen wir in den scheinbar disparaten Beiträgen dieses Bandes immer wieder auf diese Grundidee, von der aus sich die spezifischen Beobachtungen, Untersuchungen und Überlegungen entfalten.

Der erste Teil des Bandes setzt sich aus klinischen, metapsychologischen und wissenschaftstheoretischen Arbeiten zur Psychoanalyse zusammen. In der Tradition aufmerksamer Freud-Kritik prüft *Rolf Haubl* Freuds Annahmen über die Erinnerungsarbeit. Die Annahmen über Permanenz, Zugänglichkeit und Veridikalität von Erinnerung sind Parameter, die anzeigen, wie Psychoanalyse als therapeutische Methode, als Metapsychologie und als gesellschaftskritischer Ansatz verstanden werden kann. Damit werden die Möglichkeiten der Psychoanalyse zur individuellen und kollektiven Wahrheitsfindung thematisiert. Eine andere Herangehensweise an die Frage, wie wir innerhalb der Psychoanalyse denken können, bieten die wissenschaftstheoretischen Überlegungen, die *Johann August Schülein* anstellt. Er macht die Korrespondenz zwischen dem endemischen wissenschaftstheoretischen Streit um die Psychoanalyse mit den Differenzen, die die unterschiedlichsten Theorien innerhalb der Psychoanalyse prägen, deutlich. Er bietet in Form der Wissenschaftstheorie ein Instrumentarium an, das verstehen hilft, welche Bedingungen maßgeblich sind, damit psychoanalytische Theorien so unterschiedlich sein und so unterschiedlich beurteilt werden können und trotzdem im Rahmen eines gemeinsamen Wissenschaftsgebäudes ihre gegenseitige Zugehörigkeit aufrechterhalten. In einem metatheoretischen Exkurs denkt *August Ruhs* über die Beschreibung eines spezifischen und relativ abgegrenzten akustischen Partialtriebs nach, der in Freuds Katalog der Partialtriebe fehlt. Der von Lacan eingeführte Perspektivenwechsel erlaubt es, einen „tauben Fleck" am Ort des schärfsten Hörens, nämlich dem psychoanalytischen Geschehen, als triebhaftes Konfliktgeschehen in Erwägung zu ziehen. Ausgehend von der Nacktheit, die durch die Scham des Erkennens die Lust am Sehen trübt, zeigt dagegen *Margarethe Grimm*, wie Neugier und Urszene die Entfaltung und Hemmung der intellektuellen Entwicklung beeinflussen. Sie leitet davon verschiedene Schwierigkeiten der Psychoanalytiker ab, wenn es ums Zuhören, Denken und Forschen geht. Sehr persönliche Erfahrungen mit Josef Shaked leiten *Johanna Wagner-Fürst* bei ihren grundsätzlichen Überlegungen zu Abstinenz, Trauma und Mißbrauch sowie dem besonderen Raum, den die Psychoanalyse entwickeln und bewahren muß, um die daraus folgenden Erfahrungen verarbeiten zu können. Das Verständnis vom Zusammenspiel differenter Modi wie Übertragung, reale Beziehung und Fähigkeit zur Metaphorisierung stellt eine besondere Herausforderung für Psychoanalytiker dar, speziell bei der Behandlung traumatisierter Patienten. Eine andere Differenz zwischen Psychoanalytikern im Verständnis der psychoanalytischen Situation zeichnet *Jürgen Hardt* nach. Er diskutiert eine Tendenz in der Psychoanalyse, die die Bedeutung und Bearbeitung von Übertragung und Gegenübertragung, die Analyse von Regression und damit die Möglichkeiten der hochfrequenten Analyse in Frage stellt. Er kritisiert die Angleichung der Psychoanalyse an Alltagspsychologie, die, dem Zeitgeist entsprechend, zunehmend ohne Unbewußtes auskommt. Auch hier geht es wieder um die Kontroverse von Remythologisierung versus Wahrheitsfindung. Die Diskussion um die Hysterie wiederum nutzt *Walter Parth*, um Veränderungen der psychoanalytischen Theoriebildung im allgemeinen zu diskutieren. Anhand des Wandels der Betrachtung der Hysterie in der psychoanalytischen Literatur wird über die Veränderungen in den Interessen der psychoanalytischen Gemeinschaft nachgedacht. Es scheint, als würde, bedingt durch theoretische Neuentwicklungen und veränderte gesellschaftliche Bedingungen, bereits durch die Psychoanalyse erobertes Terrain wieder dem Verdrängen preisgegeben. Im Beitrag über die laute und die leise Stimme der Psychoanalyse unternimmt *Johannes Ranefeld* einen Streifzug durch die Freudsche Psychoanalyse. In Anlehnung an Laplanche und dessen „allgemeine Verführungstheorie" schildert der Autor die Energiequantitäten des neurotischen Konflikts als „schlafende Hunde", die der leisen Stimme des Intellekts bedürfen, um, in der psychoanalytischen Theorie geweckt, der Einsicht dienlich werden. Am Beispiel David Rapaports beschäftigt sich *Wolfgang Lassmann* mit Problemen der psychoanalytischen Haltung und der Zukunft der Psychoanalyse. Wird die „Psychoanalyse, die in einem bereits der Vergangenheit angehörenden Ort entstanden ist, zum bloßen Ausgangspunkt einander widersprechender Deutungen verkümmern"? Er sieht in Rapaports Leistung eine kulturelle Übersetzertätigkeit, in der „dem Gedanken Präzedenz vor dem Wunsch, Urheber einer Originalität zu sein ...", Raum gegeben wird. Selten haben Psychoanalytiker/innen die Möglichkeit, an einer Klinik systematisch psychoanalytische Erfahrungen im Umgang mit körperlich kranken Menschen zu sammeln. *Marianne Ringler* stellt ihre Reflexionen über die psychoanalytische Arbeit mit diabeteskranken Frauen vor und führt in das Gebiet des „missing link", des Grenzgängertums zwischen Psyche und Soma. Sie zeigt, wie die Persönlichkeitsstruktur die Krankheit nutzt, und umgekehrt, wie die Krankheit die seelische Struktur beeinflußt. *Christine Butterfield-Meissl* und *Brigitte Grossmann-Garger* beschreiben psychoanalytische Psychotherapie als eigenständige Methode, die sich von der Psychoanalyse klar abgrenzt. Sie untersuchen exemplarisch vier verschiedene Psychotherapie-Modelle und arbeiten die Unterschiede in Indikation, Behandlungstechnik und Zielsetzung heraus. Die kritische Betrachtung bestätigt, was Freud bereits 1918 feststellte, daß „... die wirksamsten und wichtigsten Bestandteile (psychoanalytischer Psychotherapie) gewiß die bleiben, die von der strengen, der tendenzlosen Psychoanalyse entlehnt worden sind."

Der zweite Abschnitt sammelt Arbeiten zur Gruppenanalyse. Die Mitbegründerin der Gruppenanalyse in Altaussee, *Alice Ricciardi von Platen*, berichtet über Erfahrungen mit analytischen Großgruppen. Sie empfiehlt die Großgruppe als Experimentierfeld und Übungsraum, um das Verhältnis von Individuum und Gesellschaft zu studieren, und weiters als wichtigen Teil psychoanalytischer Ausbildung, in dem die Teilnehmer eine neue Dimension des Zusammenlebens in der Gesellschaft erleben können. Das psychiatrische Krankenhaus kann durchaus als klinische Anwendung der Großgruppe gesehen werden. *Rainer Danzinger* schreibt über Ausdauer und Geduld in der psychoanalytischen Therapie der Psychosen im Krankenhaus. Obwohl es in der Psychiatrie nicht mehr modern ist, psychoanalytisch zu denken, zeigt er an einer Fallvignette, wie fruchtbar die psychoanalytische Haltung für das Verständnis sowohl der Patienten als auch der Institution selbst ist. *Felix de Mendelssohn* geht der Frage nach, wie die psychoanalytische Arbeit in der Gruppe zu konzeptualisieren ist. Er sucht Parallelen und Unterschiede in der Einzelanalyse und in der Gruppenanalyse. Seine Beobachtungen machen aufmerksam auf die gegenseitige Befruchtung der beiden Methoden bezüglich des Erkenntnisprozesses über das gemeinsame Menschsein und den Zugang zur Entwicklung eines leidenschaftlichen individuellen Verhältnisses zur Welt. In einer Arbeit über stationäre Gruppentherapie reflektiert *Michael Hayne* seine Erfahrungen als langjähriger Mitarbeiter in einer psychosomatischen Klinik. Er berichtet über die Möglichkeiten, die sich dem Psychoanalytiker aus der Beachtung von Übertragung und Gegenübertragung ergeben, wenn er sich um eine ganzheitliche Wahrnehmung der Patienten und des Geschehens im System bemüht. Die Beschäftigung mit den Erfahrungen der Gruppenanalyse in Altaussee führt zu einer Entwicklung eigener theoretischer Ansätze. In einem weiteren klinischen Beitrag zur Gruppenanalyse diskutiert *Dieter Ohlmeier* Theorie und Technik einer zeitlich begrenzten psychoanalytischen Intensivgruppe. Diese Kurzgruppen bedürfen einer sorgfältigen Indikationsstellung, sofern sie auf die psychoanalytische Methode gründen. Sie eröffnen aber den Teilnehmern Zugang zu einem psychoanalytischen Möglichkeitsraum, einen Start in neue psychische Erfahrungen, die oft eine Türöffnerfunktion für intensive psychoanalytische Weiterarbeit entwickeln. *Rena Moses-Hrushovski* und *Rafael Moses* erörtern ein wenig beachtetes, obwohl alltägliches Phänomen. Die Einstellungen, die ich-syntonen emotionalen, mentalen und handlungsleitenden Haltungen des Analytikers, die seinen Stil prägen, sind konstituierende Momente des Übertragungs- und Gegenübertragungsgeschehens. Die Autoren zeigen an einem Ausschnitt eines Gesprächsprotokolls einer Einzeltherapie und einer Kleingruppensitzung aus Altaussee den zentralen Einfluß dieser Phänomene auf den therapeutischen Prozeß.

Drei kulturkritische Untersuchungen bilden den letzen Teil des Buches. „Wir bevölkern ein Trauma" überschreibt *Annegret Mahler-Bungers* ihre Arbeit über Thomas Bernhard. Die Autorin untersucht das Entstehen von Kulturleistung, wenn traumatische Erfahrung in Kreativität verwandelt wird. Dieses Thema findet sie von Bernhard ständig thematisiert und verarbeitet. Sein wiederkehrendes Bemühen sucht das individuelle und das politische Trauma durch Erstellen der eigenen Lebensgeschichte korrigierbar und beherrschbar zu machen. Ähnlich dem Prozeß einer Analyse wird die Lebensarbeit Thomas Bernhards als gelungener Versuch beschrieben, das eigene Lebenstrauma nicht in sich verschlossen zu halten, sondern über den Weg der Mitteilung durch die Kunst in eine „Heilung" und in einen Kulturprozeß zu verwandeln. *Gerhard Zenaty* diskutiert die Bedeutung psychoanalytischer Modelle in Moderne und Postmoderne. Angesichts des Resultats postmoderner Lebensbedingungen erfolgt ein objektiver Wandel der Lebensverhältnisse und macht so etwas wie subjektive Identitätstransformationen notwendig. Daraus leitet er für die Psychoanalyse die Frage ab, inwiefern ihr theoretisches Paradigma unverändert ein sinnvoller Verstehensrahmen sein kann: „Sind wir anders oder denken wir anders, oder sind wir anders, weil wir denken, daß wir anders sind?" Der Bericht von *Karl Fallend* über ein Projekt mit Wiener Analytikern bezüglich ihrer Erfahrung mit Antisemitismus und Nationalismus in ihren Psychoanalysen läßt uns schließlich nachdenklich zurück. Seine aktuellen Recherchen zeigen eindrücklich, wie lebendig nicht nur die individuelle, sondern auch die gesellschaftliche Vergangenheit in der Praxis der Psychoanalyse wiederkehrt und von einer „Aufarbeitung" im historischen oder einer ausreichenden Durcharbeitung im psychoanalytischen Sinne weit entfernt ist.

Studien zur Psychoanalyse

Erinnerungsarbeit:
Über die Konstruktion individueller und kollektiver Autobiographien

Rolf Haubl

Die Rekonstruktion der Lebensgeschichte gehört zu den zentralen Verfahrensschritten psychoanalytischer Behandlungspraxis. Es gilt, so Freud (1937d, S. 43 f.), „den Patienten dahin zu bringen, daß er die Verdrängungen – im weitesten Sinne verstanden – seiner Frühentwicklung wieder aufhebe, um sie durch Reaktionen zu ersetzen, wie sie einem Zustand von psychischer Gereiftheit entsprechen würden. Zu diesem Zweck soll er bestimmte Erlebnisse und die durch sie hervorgerufenen Affektregungen wieder erinnern, die derzeit bei ihm vergessen sind. [...] Das Gewünschte ist ein zuverlässiges und in allen wesentlichen Stücken vollständiges Bild der vergessenen Lebensjahre des Patienten." Aufgabe des Patienten ist es, sich soweit zu erinnern, wie es ihm seine „Verdrängungswiderstände" (Freud, 1914g, S. 126) erlauben, Aufgabe des Analytikers, „das Vergessene aus den Anzeichen, die es hinterlassen [hat], zu erraten oder, richtiger ausgedrückt, zu konstruieren" (Freud, 1937d, S. 45). Solche Anzeichen sind neben Träumen und freien Assoziationen vor allem Übertragungen, in denen „das Erinnern durch das Agieren (Wiederholen) ersetzt" (Freud, 1914g, S. 131) ist.

Freud betont, der Patient solle *Erlebnisse* wieder erinnern, nicht etwa Ereignisse. Denn es geht ihm um dessen Psychobiographie, mithin um die subjektive Bedeutung von Ereignissen, die sich nicht direkt an Verhaltensbeobachtungen ablesen läßt. Soll der Patient sie erinnern können, muß eine Spur, eine „Erinnerungsspur" (Freud, 1986, S. 217; Brief an Wilhelm Fließ vom 6.12.1896) zu ihnen führen. Mit diesem Konzept sind drei Fragen verbunden:

(a) Hinterlassen alle Erlebnisse Spuren? (*Permanenz*)
(b) Sind die Spuren lesbar? (*Zugänglichkeit*)
(c) Sind die aufgespürten Erlebnisse mit denen identisch, die vormals erlebt worden sind? (*Veridikalität*)

Permanenz der Erinnerungsspuren?

In Freuds Werk gibt es einen Argumentationsstrang, auf dem er Permanenz sowie die prinzipielle, wenn auch praktisch beschränkte Möglichkeit behauptet, Zugang zu den ursprünglichen Erlebnissen zu finden. Aber er tut sich mit dieser Behauptung schwer, was vor allem eine Textpassage aus „Das Unbehagen in der Kultur" (Freud, 1930a, S. 426 ff.) belegt. Dort heißt es, „daß im Seelenleben nichts, was einmal gebildet wurde, untergehen kann, daß alles irgendwie erhalten bleibt und unter geeigneten Umständen, z.b. durch eine so weit reichende Regression wieder zum Vorschein gebracht werden kann".

Diese oft zitierte Behauptung ist jedoch in eine Beweisführung eingebettet, die sie letztlich nicht stützt. Denn Freud bemüht Vergleiche, die ihn eigentlich eines Besseren belehren. Er beginnt mit der Evolution, in der die Arten aus einer Entwicklungsreihe hervorgehen. Aber: „Die Zwischenglieder sind in der Regel ausgestorben und nur durch Rekonstruktion bekannt." Folglich ist mit Lücken zu rechnen. Und so bricht Freud den Vergleich ab und setzt schroff dagegen: „Auf seelischem Gebiet hingegen ist die Erhaltung des Primitiven neben dem daraus entstandenen Umgewandelten so häufig, daß es sich erübrigt, es durch Beispiele zu beweisen."

Statt dessen bemüht er die nächste Analogie: Wie ist die Vergangenheit in einer geschichtsreichen Stadt wie Rom gegenwärtig? In Form von Ruinen über und unter der Erde; in Form von immer wieder umgebauten Gebäuden. Aber auch in diesem Fall ist anzuerkennen, daß es Gebäude gab, von denen der Rom-Besucher „nichts (findet), denn sie bestehen nicht mehr". Wäre es in Städten so wie im Seelenleben, dann müßte das historische Nacheinander durch ein räumliches Nebeneinander dargestellt werden, was „zu Unvorstellbarem, ja zu Absurdem (führt)". Erneut bricht Freud den Vergleich ab, da er seine Behauptung über das Seelenleben nicht stützt.

Und auch sein letzter Versuch schlägt fehl. Denn für die ontogenetische Körperentwicklung bei Tier und Mensch gilt, daß „die früheren Phasen in keinem Sinn mehr erhalten [sind], sie sind in den späteren, zu denen sie den Stoff geliefert haben, aufgegangen".

Wiederum problematisiert Freud seine Behauptung über das Seelenleben nicht, sondern bekräftigt sie abermals. Ein gesundes Gehirn vorausgesetzt: „Es bleibt dabei, daß eine solche Erhaltung aller Vorstufen neben der Endgestaltung nur im Seelenleben möglich ist und daß wir nicht in der Lage sind, uns dies Vorkommen anschaulich zu machen."

Indem Freud den Akzent auf die Problematik der Veranschaulichung legt, überspielt er seine Unfähigkeit, beweiskräftige Argumente für seine Behauptung anzuführen. Indessen merkt er wohl selbst, wie wenig überzeugend er ist. Und deshalb schränkt er seine Behauptung ein. Er begnügt sich damit, „daß das Vergangene im Seelenleben erhalten bleiben *kann*, nicht *notwendigerweise* zerstört werden muß. Es ist immerhin möglich, daß auch im Psychischen manches Alte – in der Norm oder ausnahmsweise – so weit verwischt oder aufgezehrt wird, daß es durch keinen Vorgang mehr wiederhergestellt oder wiederbelebt werden kann, oder daß die Erhaltung allgemein an gewisse günstige Bedingungen geknüpft ist. Es ist möglich, aber wir wissen nichts darüber." Mit dieser Äußerung findet Freud zu der Redlichkeit, die wir von ihm als Wissenschaftler erwarten dürfen. Aber es ist nicht sein letztes Wort. Und so hängt er eine Äußerung an, die seine Ausgangsbehauptung wieder immunisiert: „Wir dürfen nur daran festhalten, daß die Erhaltung des Vergangenen im Seelenleben eher Regel als befremdliche Ausnahme ist".

Und das gilt nicht nur für die Permanenz, sondern auch für die prinzipielle Zugänglichkeit sowie die Veridikalität. Daß Freud in dieser Passage auch die Identität zwischen (lege artis) aufgespürtem Erlebnis und ursprünglichem Erlebnis unterstellt, macht besonders die Formulierung „Erhaltung aller Vorstufen neben der Endgestaltung" deutlich. Denn er setzt diese Art der Erhaltung als Spezifikum des Seelenlebens deutlich von jener Art der Erhaltung ab, wie er sie bei der ontogenetischen Körperentwicklung herausstellt: „die früheren Phasen [Vorstufen] sind in den späteren [Endgestaltung] aufgegangen". Würde sie auch für das Seelenleben gelten, hätte es der Analytiker stets mit transformierten Erlebnissen aus der Vorgeschichte seines Patienten zu tun, deren Veridikalität im Sinne der Identitätsunterstellung fraglich bliebe.

Ein hintergründiges Motiv Freuds, Permanenz zu behaupten

Läßt man Freuds Textpassage Revue passieren, wirkt sie mehr wie ein Stück freier Assoziation als wie der Aufbau eines rationalen Argumentes. Warum beharrt Freud derart auf seiner Behauptung? Berücksichtigt man den Kon-Text seiner Überlegungen, ergibt sich ein interessanter Zusammenhang. Es handelt sich um einen Einschub in seine Diskussion um die Herkunft des „ozeanischen Gefühls" (ebd., S. 421 ff.), über das er im Anschluß an seine religionskritische Schrift „Die Zukunft einer Illusion" (1927c) mit dem französischen Romancier Romain Rolland korrespondiert (vgl. Baatz, 1996).

Rolland bestimmt dieses Gefühl als Quelle einer ursprünglichen, authentischen Religiosität, zu der er sich selbst auch bekennt. Freud scheint dies als Argument wahrgenommen zu haben, das seine Religionskritik, die ja nicht nur Kirchenkritik zu sein beansprucht, ernsthaft schwächen könnte. Er selbst vermag dieses Gefühl „nicht in [sich zu] entdecken" (Freud, 1930a, S. 423). Vermutlich dürfte es einem Rationalisten wie ihm auch sehr schwer gefallen sein, die Auflösung der Ich-Grenzen, die das Gefühl des Ozeanischen voraussetzt, positiv zu konnotieren. Im Gegenteil: In „Massenpsychologie und Ich-Analyse" (1921c) verbindet Freud eine solche Entgrenzung stets mit einer bedrohlichen Kulturfeindlichkeit, vor der es die Kultur zu schützen gilt.

Von daher hat Freud ein Interesse daran, das ihm unzugängliche (abgewehrte!?) Gefühl als ein infantiles Gefühl darzustellen, welches im Seelenleben eines Erwachsenen, der religiös empfindet, überlebt hat. Das aber kommt der Diagnose gleich, ein solcher Erwachsener sei regrediert und funktioniere deshalb partiell auf einem infantilen Entwicklungsniveau. Diese Delegitimierung religiösen Empfindens gewänne sicherlich an Überzeugungskraft, wenn bewiesen wäre, daß das Gefühl des Ozeanischen *aus* der frühen Kindheit stammt und die Entwicklung zum Erwachsenen überdauert hat.

Verallgemeinerbar an diesem Hinweis auf ein hintergründiges Motiv, das Freud dazu bewegt, in der diskutierten Textpassage auf seiner Permanenzannahme zu beharren, ist die Einsicht, daß bereits die Wahl einer bestimmten Gedächtnistheorie rationale Begründungen übersteigt.

Permanenzannahme und Alltagsbewußtsein

Wie empirische Untersuchungen (Loftus u. Loftus, 1980) zeigen, vertreten nicht wenige Erwachsene in unserer Kultur eine Gedächtnistheorie, die der Permanenz-Theorie Freuds ähnelt. In ihr erscheint das Gedächtnis in der *räumlichen* Metaphorik eines Speichers, der alle Erlebnisse aufbewahrt; findet das Erinnern keinen Zugang zu ihnen, dann deshalb, weil sie im buchstäblichen Sinne entstellt, d.h. verräumt worden sind; wird aufgeräumt, finden sie sich so wieder, wie sie zuvor waren.

Eine solche Theorie wirft einen doppelten *narzißtischen Gewinn* ab: Sie hilft glauben, man könne sich prinzipiell auf seine Erinnerungsfähigkeit verlassen, womit sie von der ängstigenden Unsicherheit entlastet, stets mit Erinnerungen rechnen zu müssen, deren Status unklar ist. Zudem dämpft sie die Angst vor dem Vergessen, das doch stets an die Vergänglichkeit allen Lebens gemahnt; indem die Theorie das Vergessen als nie endgültig erscheinen läßt, schiebt sie auch die Vorstellung des eigenen Endes hinaus.

Demgegenüber nimmt die Unsicherheit zu, wenn Permanenz, Zugänglichkeit und Veridikalität unserer Erinnerungen nicht gewiß sind. Genau diese Verunsicherung mutet uns die heute von den Kognitionswissenschaften favorisierte *konstruktivistische* Gedächtnistheorie zu (Schmidt, 1991). Und streng genommen gehört Freud zu ihren Ahnen. Denn er bezieht sehr verschiedene gedächtnistheoretische Positionen (Hirshberg, 1989). Deren aktuellste hat er schon frühzeitig formuliert; sie wird an den Konzepten der Deckerinnerung und der Nachträglichkeit kenntlich.

Deckerinnerungen: Die Dialektik von Erinnern und Vergessen

Bei der Beschäftigung mit Kindheitserinnerungen fallen Freud bestimmte Erinnerungsbilder auf, von denen ihm Patienten berichten. Diese Bilder zeichnen sich durch verschiedene Merkmale aus: Stereotypie, visuelle Prägnanz und inhaltliche Banalität. Die Patienten akzeptieren sie fraglos als veridikale Erinnerungen *aus* ihrer frühen Kindheit. Indessen weisen die Erinnerungsbilder nicht selten eine spezifische Perspektive auf, die Freud mißtrauisch macht:

Der Erinnernde sieht sich als Kind eines bestimmten Alters, sieht dieses Kind aber, „wie es ein Beobachter außerhalb der Szene sehen würde" (Freud, 1899a, S. 552), mithin anders als ein reales Kind in diesem Alter. (Zur Perspektivität autobiographischer Erinnerungen: Nigro u. Neißer, 1983.)

Freud (1899a, S. 552 f.) schließt daraus, „daß dieses Erinnerungsbild nicht die getreue Wiederholung des damals empfangenen Eindrucks sein kann", sondern das Resultat einer späteren „Überarbeitung" ist, die diesen Eindruck verdeckt: „Von einer Reproduktion aber des ursprünglichen Eindrucks ist uns niemals etwas zu Bewußtsein gekommen."

Diese mentale Operation erfolgt *motiviert*. Dem Erinnernden ist an der Verdeckung gelegen. Denn das verdeckte Erinnerungsbild repräsentiert ein signifikantes, aber psychisch unbewältigtes Erlebnis; das Bild, das es überlagert, ist dagegen emotional vergleichsweise unproblematisch. Eine solche *Verharmlosung* kann z.B. dadurch erfolgen, daß man an der erinnerten Szene ein völlig nebensächliches Detail fokussiert, so daß deren tatsächliche Relevanzstruktur nicht länger zu erkennen ist.

Die Herstellung einer Deckerinnerung gelingt nicht immer so, daß der Erinnernde fraglos an eine veridikale Erinnerung glaubt. Z.B. beginnt er, selbst zu zweifeln, wenn das Erinnerungsbild ein Detail enthält, von dem er *weiß*, daß es zu einer Szene gehört, die lebensgeschichtlich später datiert als die erinnerte („portal details": Spero, 1990).

Deckerinnerungen sind prototypische Beispiele für *Kompromißbildungen im Dienste der Abwehr*. Der Wunsch, sich zu erinnern, trifft auf die Angst vor einem bestimmten autobiographischen Erinnerungsbild, die den Wunsch erzeugt, dieses Bild zu vergessen; das aber hätte eine Erinnerungslücke zur Folge, die wenig hilfreich wäre, die Angst zu bannen, weil sie indirekt weiterhin an das ängstigende Bild erinnern würde. Die Herstellung einer Deckerinnerung schließt diese Lücke; sie läßt das ängstigende autobiographische Erinnerungsbild vergessen, indem an seiner Stelle ein geeigneter Ersatz erinnert wird. Erinnern und Vergessen schließen sich somit nicht wechselseitig aus; vielmehr sind sie dialektisch miteinander verbunden.

Freuds Entdeckung, daß Kindheitserinnerungen Deckerinnerungen sein können, läßt ihn *Nachträglichkeit* als ein *konstitutives* Prinzip des Seelenlebens erkennen. Fortan steht die rekonstruktive Erinnerungsarbeit, die er in der psychoanalytischen Behandlungspraxis zusammen mit seinen Patienten leistet, unter der Annahme, daß Erinnern keine mentale Operation ist, der es vordringlich um Veridikalität geht:

> „Vielleicht ist es überhaupt zweifelhaft, ob wir bewußte Erinnerungen *aus* der Kindheit haben, oder nicht vielmehr bloß *an* die Kindheit. Unsere Kindheitserinnerungen zeigen uns die ersten Lebensjahre, nicht wie sie waren, sondern wie sie späteren Erweckungszeiten erschienen sind. Zu diesem Zeitpunkt der Erweckung sind die Kindheitserinnerungen nicht, wie man zu sagen gewohnt ist, *aufgetaucht*, sondern sie sind damals *gebildet* worden, und

eine Reihe von Motiven, denen die Absicht historischer Treue fern liegt, hat diese Bildung sowie die Auswahl der Erinnerungen beeinflußt" (Freud, 1899a, S. 553 f.).

Veridikalität („historische Treue") wird aber nicht nur durch die Abwehr von ängstigenden Erinnerungsbildern verfehlt. Vielmehr bedient sich der Erinnernde *beständig Verschiebungen und Verdichtungen.* So stellt Anna Freud ([1951] 1980, S. 1153 f.) heraus, daß der Erinnerungsprozeß *teleskopisch* arbeitet: Aus einer Reihe raum-zeitlich unterschiedlicher, aber inhaltlich ähnlicher Szenen wird ein *prototypisches* Erinnerungsbild gestaltet, das Details, die aus den einzelnen Szenen stammen, sinnvoll kombiniert („Repisoden": Neisser, 1981).

Legt man für Veridikalität den Maßstab an, das Erinnerungsbild müsse eine Kopie des ursprünglichen Erlebnisses sein, dann handelt es sich bereits bei teleskopischen Bildern um Erinnerungsfälschungen. Dann aber wird es überhaupt keine veridikale Erinnerung geben, weil Erinnerungsspuren eben *keine Kopien* sind.

Nachträglichkeit: Die Selbstorganisation des Gedächtnisses

Der Begriff der Nachträglichkeit bezeichnet bei Freud die *Umarbeitung* von Erinnerungsspuren: Erinnerungsbilder, die zu einem bestimmten Zeitpunkt entstehen, werden zu einem späteren Zeitpunkt verändert. Je nach Ausmaß der Umarbeitung erhält die erinnerte Szene eine andere Bedeutung und – insoweit durch die andere Bedeutung auch andere handlungsleitende Emotionen entstehen – auch eine andere psychische Wirkung, und diese Wirkungen können pathogen sein.

In seinem bereits zitierten Fließ-Brief nimmt Freud (1986, S. 217) an, „daß der psychische Apparat durch Aufeinanderschichtung entstanden ist, indem von Zeit zu Zeit das vorhandene Material von Erinnerungsspuren eine *Umordnung* nach neuen Beziehungen, eine *Umschrift* erfährt." Was aber heißt „von Zeit zu Zeit"? Welche Anlässe führen zu Umarbeitungen?

In Freuds ontogenetischer Perspektive sind die Anlässe *Entwicklungsschübe*, in denen sich das Kind körperlich und kognitiv verändert. Dies läßt sich etwa am Beispiel des „Wolfsmannes" illustrieren, der eine Umarbeitung vornimmt, die sich pathogen auswirkt:

Im Alter von 1½ Jahren beobachtet der Patient eine Koitusszene, die er nicht versteht. Er legt von ihr eine Erinnerungsspur an – entweder, weil eben alle Eindrücke gespeichert werden, oder, weil die Szene einen besonderen Eindruck gemacht hat, auch wenn das Kind sie nicht versteht. Irgendein rudimentäres Verständnis wird es haben, sonst müßte man annehmen, daß sie überhaupt erst nachträglich Bedeutung erhält. So kommt man mit der voraussetzungsärmeren Annahme einer Bedeutungs*veränderung* aus.

Mit vier Jahren träumt der Patient von der damaligen Koitusszene. Nun aber jagt sie ihm einen heillosen Schrecken ein; er erkrankt an einer Phobie. Daß ihn die beobachtete Szene erst jetzt – nachträglich – erschreckt, wird, so Freud (1918b, S. 64), „durch seine Entwicklung, seine sexuelle Erregung und seine Sexualforschung ermöglicht." Das Kind ist reifer geworden. Es versucht, mit den ihm inzwischen zur Verfügung stehenden kognitiven Mitteln sich selbst in seiner Lebenswelt zu begreifen; dies schließt die Bildung von sexuellen Phantasien ein. Im Falle des „Wolfsmannes" haben sie pathogene emotionale Auswirkungen, die ihn in psychoanalytische Behandlung führen. Dort kann er „zwei Dezennien später" infolge der Rekonstruktion seiner Lebensgeschichte „erfassen, was damals in ihm vorgegangen [ist]" (ebd., S. 164, Fußn.).

Sprache als Organisator von Erinnerungsspuren

Der ontogenetische Entwicklungsschub, durch den die einschneidendste Umarbeitung stattfindet, ist der *Spracherwerb*. Denn obgleich sich bereits die vorsprachliche Entwicklung als Sozialisation vollzieht, erreichen Kultur und Gesellschaft doch erst sprachlich den Höhepunkt ihrer formgebende Macht. Die Sprache hält intersubjektive *narrative* Strukturen bereit, mit deren Hilfe sich heranwachsende Personen nicht nur zu verständigen, sondern auch selbst zu verstehen lernen. Haben sie sich diese *Deutungsmuster* (Skripts, Schemata) erst einmal zu eigen gemacht, geben sie der Umarbeitung ihrer Erinnerungsspuren die Orientierung vor.

Wer gelernt hat, ein Geschehen chronologisch zu erzählen, Höhepunkte und Lösungen einzubauen sowie verschiedene Perspektiven zu übernehmen, der kann davon nicht mehr lassen – es sei denn, er versucht, Kinder zu imitieren, was ihm aber auch dann noch überaus schwer fallen dürfte: So läßt sich zeigen, daß die narrative Strukturierung der Kindheitserinnerungen junger Erwachsener an Szenen aus deren 4. Lebensjahr nicht der Strukturierung von 4jährigen Kindern, sondern eben der von Erwachsenen entspricht (MacCabe, Capron u. Peterson, 1991).

Die Anlässe für das Umarbeiten von Erinnerungsspuren sind freilich nicht auf Entwicklungsschübe beschränkt, auch nicht auf den des Spracherwerbs. Vielmehr stößt Freud im Prinzip der Nachträglichkeit auf die *Selbstorganisation* des Gedächtnisses. Sie verläuft zum großen Teil spontan (*autostimulativ*) und bleibt weitgehend unbewußt. Sie kann aber auch bewußt in Gang gesetzt werden, z.B. wenn jemand anläßlich seines Geburtstages die eigene bisherige Lebensgeschichte bilanziert – oder sich in psychoanalytische Behandlung begibt: Denn die Psychoanalyse ist in dieser Perspektive ein professionalisiertes Verfahren der nachträglichen Umarbeitung von (pathogenen) Erinnerungsspuren.

Erinnern als Kompromißbildung: ein Modell

Teilt man Freuds Einsicht, daß der Erinnerungsprozeß motiviert ist und die Herstellung veridikaler Erinnerungen nicht zu den primären Motiven gehört, dann stellt sich die Frage, welches denn die primären Motive sind. Alle Erinnerungen, so die These, entstehen als Kompromißbildungen in einem Spannungsfeld von drei Ich-Funktionen. Ich möchte sie die archivarische, mythopoetische und quellenkritische Funktion nennen. Diese Funktionen begrenzen sich gegenseitig, wobei sie freilich nicht erst den *Erinnerungsprozeß* regulieren. Sie wirken vielmehr bereits auf den *Wahrnehmungsprozeß* ein: Indem sie die *Aufmerksamkeit* regulieren, die darüber entscheidet, was aktuell überhaupt wahrgenommen wird, entscheiden sie darüber, was später überhaupt erinnert werden kann.

Die archivarische Ich-Funktion

Die *archivarische* Funktion zielt auf *Kohärenz*. Sie umfaßt drei Dimensionen: die Optimierung von (a) Kontinuität, (b) Konsistenz und (c) Konventionalität: *Kontinuität* betrifft die intra-personale zeitliche, *Konsistenz* die intra-personale logische und *Konventionalität* die inter-personale kommunikative Integration. Dabei wirkt die dritte auf die beiden ersten Dimensionen zurück, da es sich um den Gebrauch soziokulturell etablierter Deutungsmuster handelt, die ihrerseits Vorgaben über die erwartete Kontinuität und Kohärenz enthalten. Die archivarische Funktion dient damit auch der Permanenz, weil sie für einen gestalthaften, damit kognitiv sparsamen und infolgedessen vergleichsweise leicht zu speichernden Aufbau der Repräsentanzenwelt sorgt.

Eine rein kognitive Akzentuierung wird der Psychodynamik jedoch nicht gerecht. Dies mag das folgende Beispiel für die Optimierung der intra-personalen zeitlichen Integration (Kontinuität) belegen:

Einmal hat man 300 Männer und Frauen wieder ausfindig gemacht, die während ihrer Kindheit in einer heilpädagogischen Kinderklinik behandelt worden sind (Robins, 1985). Ein Teil dieser Personen ist auch noch als Erwachsene psychosozial auffällig, ein anderer Teil dagegen nicht. Unterstellt, die lebensgeschichtlichen Erlebnisse beider Gruppen seien nicht von vornherein grundsätzlich verschieden, ergeben sich bemerkenswerte Unterschiede in dem, was erinnert wird. Die psychosozial Auffälligen erinnern sich an ihre früheren Probleme, während die Unauffälligen kaum dazu in der Lage sind! Folglich hat jede der Gruppen die Erinnerungen, die zu ihrer aktuellen Lebenssituation passen, so daß Gegenwart und Vergangenheit als gleich erscheinen.

Was nützt eine solche Strategie den Unauffälligen? Diese arbeiten ihre schlechten Erinnerungen in gute um. Mag sein, daß sie sich für ihre Vorgeschichte schämen. Solche belastenden Schamgefühle zu beseitigen, würde ihr aktuelles Selbstverständnis stärken. Zudem suggeriert die ungebrochene Kontinuität zwischen Vergangenheit und Gegenwart, daß auch die Zukunft gut sein wird, was eine beruhigende Vorstellung ist. War dagegen die Vergangenheit bereits schlecht, dann ist vielleicht die gute Gegenwart auch nicht von Dauer. Nun liegt im Repertoire der Erzählschemata, die Vergangenheit und Gegenwart (kausal) aufeinander beziehen (Hankiss, 1981), noch eine andere Strategie bereit: aus schlechter Vergangenheit in eine gute Gegenwart. Warum wählen die Unauffälligen nicht diese Strategie? Das alternative Erzählschema impliziert eine Wende, die der Erklärung bedarf. Erscheint sie unerklärlich, macht sie Angst. Desgleichen ängstigen Erklärungen, wonach die Wende außerhalb der persönlichen Kontrolle liegt. Ist man sich seiner Fähigkeiten also nicht sicher, erspart einem die Erinnerungstäuschung ungebrochener Kontinuität eine Menge Angst.

Warum aber vergißt die Gruppe der Auffälligen nicht ihre früheren psychosozialen Probleme? Hätte sie eine solche Umarbeitung aufgrund ihrer schlechten Gegenwart nicht viel nötiger? Wohl nicht. Denn diese Umarbeitung würde ihr gerade die Möglichkeit nehmen, sich ihre schlechte Gegenwart zu erklären. Das Festhalten daran, daß bereits die Vergangenheit schlecht war, kann tröstlich sein, denn dann ist es kaum verwunderlich, wenn auch die Gegenwart schlecht ist. Und eine Umarbeitung der schlechten Vergangenheit in eine gute scheidet von vornherein aus, da die betroffenen Personen ihr Leben dann als Verschlechterung deuten müßten, die einer Erklärung bedarf. Erscheint die Verschlechterung dabei z.B. als persönliches Versagen, ruft sie belastende Schamgefühle hervor. Als einzige weitere Möglichkeit, sich zu entlasten, bliebe, die schlechte Vergangenheit als schlechter zu erinnern, damit die Gegenwart als weniger schlecht erscheint.

Die mythopoetische Ich-Funktion

Wie die Diskussion der zuvor angeführten Untersuchung am Beispiel der Kontinuität zeigen soll, darf angenommen werden, daß das Kriterium der Kohärenz eng mit der Bewältigung von Emotionen verbunden ist. Pointiert könnte man sagen, die Umarbeitung von Erinnerungsspuren ordne das kognitive Kohärenzkriterium einem anderen, emotionalen Kriterium unter: der *Optimierung der Lust-Unlust-Balance* (Ciompi, 1982, insb. Kap. 2), zu der – in narzißmustheoretischer Perspektive – vor allem das *Selbstwertgefühl* gehört.

Dies bringt auch ein berühmter, von Psychoanalytikern oft und gerne zitierter Nietzsche-Aphorismus zum Ausdruck:

> „Das habe ich getan' sagt mein Gedächtnis. Das kann ich nicht getan haben – sagt mein Stolz und bleibt unerbittlich. Endlich – gibt das Gedächtnis nach" (Nietzsche, 1964b, S. 78).

In diesem Aphorismus vertritt der „Stolz" die psychodynamische Notwendigkeit eines möglichst hohen und stabilen Selbstwertes. Der Erinnerungsprozeß richtet sich nach diesem Kriterium: Erinnert wird, was das Selbstwertgefühl stärkt, vergessen, was es schwächt. Das Resultat ist eine Lebensgeschichte, die unter Zuhilfenahme *narzißtischer Erinnerungstäuschungen* erinnert (und erzählt) wird und so zur *Optimierung eines selbstwertdienlichen identitätsstiftenden Selbstbildes* beiträgt.

Ich nenne die dafür zuständige Ich-Funktion *mythopoetisch*, weil die kohärenteste Gestalt, die sie in der Repräsentanzenwelt einer Person herzustellen hilft, die eines persönlichen Mythos ist.

Das Konzept des *persönlichen Mythos* hat Ernst Kris (1956) in die Psychoanalyse eingeführt, ohne daß es lange Zeit große Beachtung gefunden hätte. Das liegt vielleicht daran, daß er ihn zum einen auf die unbewußten Phantasien zurückzuführen sucht, die Freud (1909c) als „Familienroman der Neurotiker" beschreibt, und zum anderen klinisch nahelegt, persönliche Mythen kämen vor allem bei Patienten mit einem Zwangscharakter vor. Diese Einschätzung hat inzwischen eine deutliche Revision erfahren (Hartocollis u. Graham, 1991).

Das Konzept wird seitdem nicht länger rein psychopathologisch, sondern als allgemeines autobiographisches Prinzip betrachtet. Wir alle schaffen uns Mythen, „um uns selbst zu erklären und zu rechtfertigen, wer wir sind, woher wir kommen, wie wir uns entwickelt haben, welche Art von Charakter wir haben, welche Art von Neurose" (Wallerstein, 1991, S. 358).

Im besonderen ist der persönliche Mythos ein Komplex narzißtischer Phantasien, mit dem eine Person große Teile ihrer Repräsentanzenwelt integriert. Er begleitet sie ein Leben lang und kann dabei weiter ausgestaltet werden. Seiner narrativen Struktur nach erzählt der persönliche Mythos eine Lebensgeschichte als *Heldengeschichte*: Sie handelt von grandiosen Leistungen, die sich die Person zuschreibt. Durch diese Selbstidealisierung bestätigt sie sich autosuggestiv, jede noch so schwierige Lebenslage meistern zu können. Vor allem Personen mit lebensgeschichtlich *unbewältigten Autonomiekonflikten* hilft die Gestaltung eines persönlichen Mythos, ihre Ängste im Spannungsfeld von Symbiose und Individuation zu regulieren (Green, 1991).

Die quellenkritische Ich-Funktion

Bleibt die Ich-Funktion, die der *Veridikalität* verpflichtet ist: die *quellenkritische*. Man wird sie als voraussetzungsvollste – und damit auch unwahrscheinlichste – beurteilen dürfen. Denn sie verlangt einer Person ab, ihre eigenen Erinnerungen nicht selbstverständlich zu akzeptieren. Statt dessen soll sie damit rechnen, daß das, was sie erinnert, das Resultat vielfältiger Umarbeitungen ist, weshalb es der Überprüfung bedarf. *Selbstzweifel* aber führen meist zu einer *vorübergehenden Destabilisierung* der Repräsentanzenwelt. Gerade deshalb ist es unwahrscheinlich, daß die quellenkritische Funktion vorrangig zum Zuge kommt – es sei denn eine Person *kann* eine solche Destabilisierung wagen, weil sie sich in einer handlungsentlasteten Situation befindet, oder sie *muß* sie wagen, weil alle anderen Versuche, nachteilige Handlungshemmungen zu beseitigen, bisher keinen Erfolg gebracht haben.

Kollektives Erinnern

Erinnern ist nicht nur eine individuelle, sondern auch eine kollektive mentale Operation. Darauf hat vor allem Maurice Halbwachs ([posthum, 1950] 1985) hingewiesen. Sein Begriff des „kollektiven Gedächtnisses", den er in die Kulturwissenschaften einführt, ist allerdings umstritten. Zum einen suggeriert seine *Metaphorik*, es gebe auf der Ebene sozialer Gruppen ein Speicherorgan, das dem individuellen Gehirn vergleichbar sei. Zum anderen verabsolutiert Halbwachs in der Tradition von Emil Durkheim die Konvergenz zwischen individuellem und kollektivem Erinnern. Ein „Gedächtnis der Gruppe im buchstäblichen Sinn" (Bartlett, 1961, S. 298) läßt sich allerdings nicht nachweisen; dagegen leuchtet es ein, von einem „Gedächtnis in der Gruppe" zu sprechen und dieses als die „soziale Ausrichtung und Kontrolle der [individuellen] Erinnerung" zu begreifen.

Wie erinnern sich soziale Gruppen?

In *nicht-metaphorischem* Gebrauch ist Gedächtnis eine *neurophysiologische* Funktion (Roth, 1994). Ihre materielle Grundlage sind die *Beschaffenheit und Vernetzung von Neuronen*. Veränderungen in diesen Parametern verändern das, was erinnert werden kann. Im Unterschied zum Gedächtnis ist Erinnern eine (re-)konstruktive mentale Operation, mit der – autostimulativ oder durch einen wahrgenommenen äußeren Anlaß angeregt – die mnestischen Strukturen prozessualisiert werden. Dies geschieht nach Maßgabe der gebahnten *Erregungsmuster*, die alternative Muster hemmen. Erinnerungen sind somit das Resultat dieses Erinnerungs*prozesses*. Man kann nicht sagen, daß sie sich im Gedächtnis befinden, da das Gedächtnis eben kein einzelner Ort, sondern eine *dynamische Matrix* ist.

Diese Beschreibung eignet sich für eine angemessene Explikation eines *kollektiven* Gedächtnisses: Den *Neuronen* entsprechen dann die *Mitglieder* einer sozialen Gruppe (mit ihren individuellen Gedächtnissen) und der *neuronalen Vernetzung* die *Kommunikationsmöglichkeiten (Kanäle, Codes)* zwischen ihnen. Bleibt das *Erregungsmuster*: Es ist die *institutionalisierte Form des kommunikativen Austausches*. Folglich erinnern sich soziale Gruppen (und ganze Gesellschaften), indem sie in geregelter Weise individuelle Erinnerungen abrufen und zusammenführen (Hejl, 1992). Nach einem Vorschlag von Jan Assmann (1988, S. 10 f.) läßt sich das kollektive Gedächtnis damit treffender als „kommunikatives Gedächtnis" bezeichnen.

Die Erfindung externer Gedächtnisse

Um Kommunikation zu ermöglichen, müssen die Gruppenmitglieder über geeignete Kommunikationsmedien verfügen, wobei die Sprache üblicherweise als Leitmedium begriffen wird: Am Beginn der Gattungsgeschichte stehen *orale* Kulturen, in denen die mündliche Kommunikation von Angesicht zu Angesicht vorherrscht. Da sie ohne Schrift über kein externes Gedächtnis verfügen, reichen die Erinnerungen, die in ihnen zirkulieren, im allgemeinen nicht weiter zurück als 80, höchstens 100 Jahre. Da in diesen Kulturen der Erinnerungshorizont mit der fortschreitenden Gegenwart mitwandert, gibt es in ihnen eine unaufhebbare *strukturelle Amnesie*; was seine aktuelle Bedeutung verloren hat, wird vergessen und steht fortan kulturell nicht mehr zur Verfügung. Folglich findet fortwährend eine schleichende Anpassung der Erinnerungen an die Gegenwart statt, so daß die „Vergangenheit fast ausschließlich unter dem Gesichtspunkt der Gegenwart" (Goody u. Watt, 1986, S. 72 f.) gesehen wird; somit gibt es keine Möglichkeit, „zwischen dem, was war, und dem, was ist", zu unterscheiden.

Die Situation ändert sich mit der Erfindung *externer* Gedächtnisse: Die Entwicklung beginnt mit der *Schrift* und endet (vorläufig) beim *Computer* (de Kerckhove, 1995). Diese Veränderung kann man als Schaffung eines „kulturellen Gedächtnisses" (Assmann 1988, S. 12 ff.) bezeichnen. Damit bietet sich nun die objektive Möglichkeit, den kollektiven Erinnerungsprozeß auf *Dokumenten* abzustützen, die dauerhaft – vielleicht sogar ewig – erhalten bleiben.

Ob und wie sie genutzt werden, ist freilich eine andere Frage. Denn noch so viele aufbewahrte Dokumente ändern nichts daran, daß sie kommunikativ verarbeitet werden müssen. Insofern ist das *kommunikative Gedächtnis* einer sozialen Gruppe die *Aktualisierung des kulturellen Gedächtnisses*. Es selektiert und distribuiert Dokumente, die freilich nicht bereits von sich aus eine bestimmte Bedeutung haben, sondern der bedeutungsstiftenden Rezeption bedürfen.

Indem es an der gruppenspezifischen Kommunikation teilnimmt, trifft das einzelne Mitglied zwangsläufig auf die Deutungsmuster, die dort zirkulieren. Dabei erzwingt sein Bedürfnis nach Gruppenzugehörigkeit, sich diese Muster anzueignen, und zwar um so mehr, je stärker der Homogenisierungsdruck der Gruppe ist. Sinkt er, zirkulieren alternative Deutungsmuster, aus denen das einzelne Mitglied wählen kann. Aber auch dann liefern diese Muster den „Rahmen" (Goffman, 1977), in dem jedes Mitglied seine Lebensgeschichte zu einer kommunikativ anschlußfähigen individuellen Autobiographie ausgestalten muß. Genau auf diese Weise sind *individuelle Erinnerungen kollektiv determiniert*. Als erhellendes Beispiel für eine solche Verschränkung mag der Diskurs um verdrängten sexuellen Mißbrauch dienen.

Beispiel: Die wiedergewonne Erinnerung als massenmediales Deutungsmuster

Sexueller Mißbrauch von Kindern ist ohne Zweifel eine unerträgliche Tatsache, die gesellschaftlich ernst genommen werden muß. Das darf aber nicht zu einem unkritischen Umgang mit dieser Diagnose führen. In den letzten drei Jahrzehnten ist die (geschätzte) Zahl der (weiblichen) Opfer sexuellen Mißbrauchs dramatisch gestiegen: Damals rechnete man bei jedem 100., heute bereits bei jedem 4. Mädchen mit diesem Delikt. Und immer öfter werden Eß-, Leistungs- und Sexualstörungen sowie die „Dissoziative Identitätsstörung" (vormals „Multiple Persönlichkeitsstörung": Hacking, 1996) auf einen sexuellen Mißbrauch zurückgeführt, der meist im Verlauf der therapeutischen Behandlung erst entdeckt, mithin von der Patientin erinnert wird.

Für eine solche *epidemische Zunahme* gibt es *drei Erklärungen*. Während die erste davon ausgeht, daß die *Delikthäufigkeit zugenommen* hat, betont die zweite eine *diagnostische Sensibilisierung*. Es finde eine allmähliche Enttabuisierung statt, durch die endlich die wahre (nicht zwangsläufig auch gestiegene) Delikthäufigkeit in den Blick von Fachleuten und Öffentlichkeit komme. Diese zweite Erklärung wird vor allem von sozialen Gruppen bevorzugt, die ein Interesse an einer (politischen) Skandalisierung sexuellen Mißbrauchs haben. Empört lehnen sie die dritte Erklärung ab, die betont, daß eine unklare Anzahl der Mißbrauchserinnerungen *iatrogen* sei – und dies um so wahrscheinlicher, je größer die Breitenwirkung des öffentliche Diskurses über das Phänomen werde.

Daß dieser Diskurs längst die Grenzen der Fachöffentlichkeiten verlassen und sich verselbständigt hat, belegen zahllose Publikationen: von Reportagen, Dokumentationen und Talk-Shows, die autobiographische Zeugnisse verarbeiten, über Romane und Filme, die von fiktiven Personen handeln, hin zum Handbuch, das die Symptome eines verdrängten sexuellen Mißbrauchs versammelt, sowie zu Selbsthilfeprogrammen der verschiedensten Art. Sie alle elaborieren ein spezifisches Deutungsmuster, das aufgrund seiner *massenmedialen Verbreitung* Millionen (Frauen) erreicht. Es ist das *Deutungsmuster der wiedergewonnen Erinnerung*. Ihm liegt die therapeutische Erfahrung zugrunde, daß sich nicht alle Frauen, die in ihrer Kindheit sexuell mißbraucht worden sind, auch als Erwachsene noch daran erinnern, bei manchen von denen, die sich nicht erinnern, während ihrer Psychotherapie aber die blitzartige Erinnerung an entsprechende Vorfälle auftaucht (flashback).

Für dieses Auftauchen stellt sich die Frage, ob es sich tatsächlich um veridikale Erinnerungen handelt. Denn in jeder psychotherapeutischen Behandlung ist mit Suggestion zu rechnen. Läßt man die bewußte Induktion der Vorstellung, sexuell mißbraucht worden zu sein, außer Acht, bleibt die *Suggestivität des Deutungsmusters*; sie erhöht sich in dem Maße, in dem es Psychotherapeuten und/oder Patienten selbstverständlich für wahr halten. Denn dann kann es einen *Gestaltschließungsprozeß* organisieren, der von der *Mög-*

lichkeit, sexuell mißbraucht worden zu sein, über deren *Wahrscheinlichkeit* bis hin zur *Gewißheit* fortschreitet.

Eine solche konfabulatorische Erzählung ist dann kaum mehr von einer veridikalen Erinnerung zu unterscheiden. Durch die *identifikatorische Integration* des kollektiven Deutungsmusters in den individuellen Erinnerungsprozeß wird das „kognitive System [der Person] gewissermaßen ein Opfer seiner eigenen Verführungskünste; es kann die Kohärenz, die es erzeugt, nicht leugnen und erliegt dadurch selbst der Überzeugungskraft, auf die hin seine Konstruktionen angelegt sind" (Rusch, 1987, S. 374). Mit dem entsprechenden Terminus von Freud (1916-17, S. 383): Das Erzählschema ist „psychische Realität" geworden.

Der Einwand, eine Patientin werde doch nicht freiwillig eine Vorstellung erfinden, die sie derart quält, wie diejenige, in ihrer Kindheit vergewaltigt worden zu sein, ist naiv. Es gibt einige gute, wenn auch nicht bewußtseinsnahe Gründe, sich diese Vorstellung zu eigen zu machen. Der gedächtnistheoretisch am wenigsten voraussetzungsvolle Grund ist der, daß die Aneignung des Deutungsmusters *Irritationen beseitigt*, mithin *schlüssig erklärt*, was bisher unerklärlich schien – z.B., warum eine Frau sich trotz aller Anstrengungen, anderen Personen, vor allem Männern, zu gefallen, doch gleichzeitig immer wertlos fühlt, ob sie ihnen gefällt oder nicht.

Dabei nimmt die *Attraktivität* des Deutungsmusters zu: erstens mit der *Diffusität der Selbstrepräsentanzen*, die sie klärt; zweitens mit der öffentlichen Akzeptanz oder wenigstens öffentlichen Aufmerksamkeit, die das Muster erhält, weil es die Frau in eine definierte soziale Gruppe integriert, von der sie – zumindest virtuell – *Solidarität* erfährt (Haubl, 1995a, S. 42 ff.); drittens mit der *Geschlechtsspezifität* des Musters, da der Großteil der diskutierten Symptome streng genommen Merkmale des weiblichen Geschlechtsrollencharakters sind, wodurch dieser indirekt selbst als pathogen dargestellt werden kann.

In der psychotherapeutischen Behandlung gibt es zahlreiche *Fallstricke* (Loftus u. Ketcham, 1995), die zu einer *Immunisierung* des Deutungsmusters führen:

* Das Fehlen von deutlichen Erinnerungen an einen sexuellen Mißbrauch wird bei vorliegenden Ahnungen zum Beweis, daß er vorgekommen sein muß, aber verdrängt worden ist.
* Stark sexualisierte Phantasien werden zum Beweis, weil eine anständige Frau solche Phantasien von sich aus nicht hat.
* Der Psychotherapeut regt die Frau an, ihre Mißbrauchsgeschichte nicht geheim zu halten, sondern offensiv mit ihr umzugehen: Wiederholt – vor allem in verschiedenen Öffentlichkeiten – erzählt, schleift sie sich aber autosuggestiv ein, vor allem dann, wenn die Frau für dieses Erzählen belohnt wird.

Infolge der skizzierten Probleme ist seit Mitte der 90er Jahre ein *Gegen-Diskurs* zu beobachten. Er bietet ein *neues* Deutungsmuster an und damit die Möglichkeit, die individuelle Autobiographie erneut umzuarbeiten: Nunmehr wird die wiedergefundene Erinnerung als „Erinnerungsfälschungs-Syndrom" skandalisiert. Frauen, die einst ihre Väter wegen sexuellen Mißbrauchs (vor Gericht) angeklagt haben, klagen jetzt ihre Psychotherapeuten (vor Gericht) an, sie hätten ihnen falsche Erinnerungen suggeriert. Das ist tragisch. Denn auf diese Weise gerät ihre *Opfer-Geschichte* leicht zu einem *persönlichen Mythos*, der eine *negative Identität* stabilisiert.

Erinnerungskultur

Mit zunehmender individueller Differenzierung der Gruppenmitglieder (oder gesellschaftlicher Differenzierung sozialer Gruppen) nimmt die Wahrscheinlichkeit zu, daß es zu *Kontroversen über die Selektion, Distribution und Rezeption von (dokumentierten) Deutungsmustern* kommt. Insofern ist das kommunikative Gedächtnis konfliktträchtig. Denn alle Beteiligten tragen, mit Peter Burke (1991, S. 296 ff.) gesprochen, „Erinnerungskonflikte" aus, in denen belastende „Konflikterinnerungen" aktualisiert werden, die auf „soziale Amnesie" drängen.

Wie mit diesen Konflikten umgegangen wird, darüber entscheidet die *Erinnerungskultur* einer sozialen Gruppe. Sie besteht aus den *Regeln* (Werten, Normen), nach denen sich die Mitglieder in der Zeit orientieren (sollen), denn Erinnern ist Orientierung in der Zeit. Diese Regeln betreffen nicht zuletzt die *Gewichtung* der einzelnen Funktionen, wie ich sie für das Modell individuellen Erinnerns postuliert habe. Denn auch kollektive Erinnerungen sind Kompromißbildungen, die durch die gegenseitige Begrenzung der archivarischen, mythopoetischen und quellenkritischen Funktion entstehen.

Die archivarische Funktion optimiert die *Kohärenz der kommunizierten Erinnerungen*; die mythopoetische Funktion ordnet sie einer *selbstwertdienlichen Gruppenidentität* unter; die quellenkritische Funktion prüft ihren *Realitätsgehalt*. Alle drei Funktionen können spontan oder planvoll, von allen Mitgliedern oder arbeitsteilig erfüllt werden.

Kollektives Vergessen

Die Kehrseite (motivierten) kollektiven Erinnerns ist (motiviertes) kollektives Vergessen. Wie läßt sich der Prozeß des Vergessens in sozialen Gruppen konzipieren? Geht man vom Konzept der Matrix aus, so gibt es verschiedene Fälle:

(a) Gruppenmitglieder, die über Erinnerungen verfügen, über die der Rest der Gruppe nicht verfügt, scheiden aus, oder sie ändern sich.

(b) Die zwischen den Mitgliedern bestehenden Kommunikationsmöglichkeiten (Kanäle, Codes) werden verändert: Manche Gruppenmitglieder sind nun leichter, andere schwerer als früher zu erreichen.
(c) Das bis dato bestehende institutionalisierte Kommunikationsmuster – Wer kommuniziert mit wem worüber? – wird verändert.

Mit diesem Konzept läßt sich auch die *kollektive Umarbeitung von Erinnerungen* explizieren: Sie ist das Resultat der kommunikativen Durchsetzung der Erinnerung von bestimmten Mitgliedern oder Subgruppen gegen eine bislang tradierte Erinnerung von anderen Mitgliedern oder Subgruppen. Dies kann z.B. eintreten, wenn sich die *Machtverhältnisse* in der Gruppe *verändern*, so daß die bislang tradierte Erinnerung nurmehr erschwert oder gar nicht mehr kommuniziert werden kann. Dann deckt die eine die andere zu. Kommen andere Erinnerungsträger an die Macht, erhält dieselbe Szene aus der Gruppengeschichte eine andere Bedeutung. Je ausgeglichener die Macht in diesem *interessengeleiteten Kampf um Erinnerung* verteilt ist, desto weniger kann sich die eine uneingeschränkt gegen die andere durchsetzen, so daß es infolgedessen zu Kompromißbildungen kommt.

Beispiel: Die „Neue Wache" als nationale Deckerinnerung

Als Beispiel für eine Deckerinnerung in der nationalen *Erinnerungspolitik* kann die „Neue Wache" in Berlin dienen (Akademie der Künste, 1993). Sie gilt als „Zentrale Gedenkstätte der Bundesrepublik Deutschland für die Opfer des Krieges und der Gewaltherrschaft". Betrachten wir ihre Geschichte:
Karl Friedrich Schinkels Königswache wurde zum Jahrestag der Schlacht bei Waterloo, dem Sieg über Napoleon 1815, erbaut und 1822 eröffnet, um an die Befreiungskriege zu erinnern. 1929 wurde sie dann zur „Gedenkstätte für die im Weltkrieg gefallenen Soldaten" erklärt und 1931 von Heinrich Tessenow umgestaltet: ein leerer, fensterloser Raum mit einer runden Deckenöffnung, darunter ein schwarzer Granitblock mit einem Eichenlaubkranz:
Diese erste Umgestaltung arbeitet mit einem sparsamen, aber nichtsdestotrotz symbolisch dichten ikonographischen Programm. Stein, Luft, Licht, Eichenlaub: Der Erste Weltkrieg wird naturmystisch verklärt. Seine Opfer erscheinen als schmerzliche, aber unvermeidliche Tribute an den ewigen Kreislauf von Leben und Sterben. Die Frage nach der historisch-politischen Verantwortung soll auf diese Weise erst gar nicht aufkommen.
Die zweite Umgestaltung erfolgt 1993. Sie ersetzt den Granitblock durch eine vergrößerte Kopie der Skulptur „Mutter mit totem Sohn", die Käthe Kollwitz 1937/38 geschaffen hat. Mit diesem Werk verarbeitet die Künstlerin den Tod ihres minderjährigen Sohnes, der als Freiwilliger im Ersten Weltkrieg gefallen ist. Angesteckt von der vaterländischen Kriegsbegeisterung des Sohnes

hat die Mutter seinen Tod zunächst ohne Zweifel an dessen Sinn hingenommen, erst später sind ihr Zweifel gekommen. Von diesen Selbstzweifeln aber drückt die Skulptur nichts aus. Indem sie als säkularisierte Pietà gestaltet ist, rückt sie den Tod des Sohnes in eine trostspendende Heilsgeschichte ein.

Welche Bedeutung kommt der Wahl dieses Erinnerungssymbols für eine „Zentrale Gedenkstätte der Bundesrepublik Deutschland" zu? Zunächst muß man sich vergegenwärtigen, daß die „Neue Wache" explizit an die „Opfer des Krieges und der Gewaltherrschaft" zu erinnern beansprucht. Damit wird aber der spezifische nationalsozialistische Terror zur Gewaltherrschaft verallgemeinert und Krieg nicht allein auf den Zweiten Weltkrieg, sondern auf alle Kriege bezogen. Diese weiter ausgreifende historische Erinnerung soll dann auch die Wahl der Skulptur rechtfertigen, deren Entstehungsanlaß ja der Erste Weltkrieg ist. Eine solche summarische Erinnerung leugnet jedoch die spezifische humane Katastrophe des Dritten Reiches. Zum einen scheint die eigentliche Katastrophe für die Deutschen nach wie vor der Erste Weltkrieg gewesen zu sein; zum anderen wird der Shoa überhaupt nicht gedacht.

Zu meinen, die Skulptur würde die jüdischen Opfer der deutschen Vernichtungsmaschinerie mit einbeziehen, vergewaltigt sie erneut. Wie soll die Wahl einer christlichen Ikonographie der Judenheit gerecht werden. Mehr noch: Wie kann man erwarten, daß Juden, deren Hoffnung auf Trost in den Verbrennungsöfen deutscher Konzentrationslager buchstäblich in Rauch aufgegangen ist, im Anblick einer Trauerszene Trost finden, wenn ihnen in den Lagern millionenfach zu trauern verweigert wurde? Auch das Argument, an die Opfer der Shoa in einer eigenen Gedenkstätte zu erinnern, korrigiert nichts. Denn es spaltet, was doch inwendig zusammengehört.

Und so behalten Alexander und Margarete Mitscherlich (1967), die in der Nachkriegszeit beobachtet haben, wie das Dritte Reich retrospektiv *entwirklicht* worden ist, so daß die Opfer unter den *eigenen* (arischen) Landsleuten als eigentliche Opfer erlebt werden konnten, bis heute recht. Mehr als an alles andere erinnert die „Neue Wache" damit an den *fortwirkenden* Prozeß, „daß der beschädigte kollektive Narzißmus darauf lauert, repariert zu werden, und nach allem greift, was zunächst im Bewußtsein die Vergangenheit in Übereinstimmung mit den narzißtischen Wünschen bringt, dann aber womöglich auch noch die Realität so modelt, daß jene Schädigung ungeschehen gemacht wird" (Adorno, [1959] 1972, S. 19 f.). Zu diesen narzißtischen Wünschen gehört der im Zuge der Wiedervereinigung immer drängendere Wunsch nach einem Neubeginn, der alle kollektiven Scham- und Schuldgefühle vergessen macht. Statt ihrer soll an nationale Erlebnisse erinnert werden, auf die man – wie auf den Sieg über Napoleon, der zum Bau der Königswache einst Anlaß gab – ungebrochen stolz sein kann. Damit ist ein Programm *symbolischer Politik* formuliert, dessen Umsetzung in den letzen Jahren vielerorts vorangetrieben wird (Haubl, 1995b).

Totalitäre Erinnerungspolitik: Geschichtsfälschung

Jede Form von Erinnerungspolitik wirft die Frage nach ihrer *Legitimation* auf. Denn wo beginnt die Erinnerungsmanipulation, von der vor allem totalitäre Gesellschaften träumen?

Wer „1984" von George Orwell (Eric Arthur Blair) gelesen hat, wird sich an das „Wahrheitsministerium" erinnern, in dem Winston Smith, der Protagonist des Romans, arbeitet. Diese Institution des totalitären Regimes von „Ozeanien" hat die Aufgabe, die *Realitätswahrnehmung der Gesellschaftsmitglieder zu kontrollieren.* Was wahr ist, bestimmt die „Innere Partei".

Zu den Aufgaben des „Miniwahr" genannte Ministeriums gehört es, die Bürger „mit jeder nur vorstellbaren Art von Nachrichten, Belehrung oder Unterhaltung zu versorgen" (Orwell, 1950, S. 31). Dabei soll es im Parteiauftrag vor allem das *historische Bewußtsein* der Bürger *zerstören.* Vergangenheit wird so dargestellt, daß sie ausschließlich als eine nach rückwärts verlängerte Gegenwart erscheint. Wechselt die „Innere Partei" ihren politischen Kurs, indem sie etwa einen Verbündeten „Ozeaniens" über Nacht zum Feind erklärt, werden alle Zeugnisse über das bisherige zwischenstaatliche Verhältnis in Übereinstimmung mit der neuen Situation gebracht. Folglich sind die Beschäftigten des Ministeriums tagtäglich mit der *Fälschung von Informationen* befaßt:

> „Wenn alle Korrekturen, die in einer Nummer der *Times* nötig geworden waren, gesammelt und kritisch miteinander verglichen worden waren, wurden diese Nummern neu gedruckt, die ursprünglichen vernichtet und an ihre Stelle die richtiggestellte Ausgabe ins Archiv eingereiht. Dieser dauernde Umwandlungsprozeß vollzog sich nicht nur an den Zeitungen, sondern auch an Büchern, Zeitschriften, Broschüren, Plakaten, Flugblättern, Filmen, Liedertexten, Karikaturen – an jeder Art von Literatur, die irgendwie von politischer oder ideologischer Bedeutung sein konnte. Einen Tag um den anderen und fast von Minute zu Minuten wurde die Vergangenheit mit der Gegenwart in Einklang gebracht. Auf diese Weise konnte für jede von der Partei gemachte Vorhersage der dokumentarische Beweis erbracht werden, daß sie richtig gewesen war; auch wurde nie geduldet, daß man eine Verlautbarung oder Meinungsäußerung aufhob, die den augenblicklichen Gegebenheiten widersprach. Die ganze Historie stand so gleichsam auf einem auswechselbaren Blatt, das genau so oft, wie es nötig wurde, radiert und neu beschrieben werden konnte. In keinem Fall wäre es möglich gewesen, nach Durchführung des Verfahrens nachzuweisen, daß eine Fäschung vorgenommen worden war" (Orwell, 1950, S. 29).

Ist die Fälschung vollzogen, bezeugen Wort und Bild fortan, daß es niemals anders war. Eine dokumentierte Vergangenheit gibt es nicht. Mithin kann sich niemand auf Geschichte berufen, um Entwicklungen festzustellen und zu bewerten. Fehlt aber ein Vergleichsmaßstab, an dem Behauptungen der Machthaber zu messen sind, geht die Fähigkeit verloren, sich von „der Funktionalisierung des Denkens durch die bestehende Realität" (Marcuse, 1967, S. 118) zu distanzieren.

Das Auslöschen der Vergangenheit zielt auf die Zukunft: War die Vergangenheit, so weit man chronologisch auch zurückblickt, niemals anders als die Gegenwart, wird auch die Zukunft nicht anders sein. Mit der Durchsetzung dieser Realitätswahrnehmung entfällt das Motiv, den gegenwärtigen Zustand zukünftig verändern zu wollen. Wer sich dennoch um Veränderung bemüht, kann deshalb nur verrückt sein, was seine „Vaporisierung" rechtfertigt. Alle, die Widerstand geleistet haben, werden aber nicht nur physisch getötet, sondern fallen darüber hinaus der Geschichtsfälschung anheim: Indem man die Spuren ihres Lebens in Wort und Bild tilgt, kann sich keine oppositionelle Tradition bilden, da es an Figuren fehlt, die den Widerstand symbolisieren.

Nun gibt es neben der offiziellen Darstellung aber noch die Ebene der *individuellen Erinnerung*, die *als Vergleichsmaßstab* dienen kann. Die „Innere Partei" weiß um diese Quelle der Subversion. Um sie zu verstopfen, muß eine entsprechende Bewußtseinsformung möglichst früh ansetzen. Das entsprechende Programm heißt „Neusprache". Es zielt auf eine radikale Sprach- und damit auch Denkreform. Nach ihrer erfolgreichen Durchführung soll es nicht mehr möglich sein, irgendeine subversive Vorstellung zu entwickeln – zumindest für die „Proles" nicht, denn die Machtelite, welche die Erinnerungsmanipulation betreibt, bleibt davon ausgenommen.

Indessen ist die Bewußtseinskontrolle in „Ozeanien" nicht perfekt. Und so stellt Orwell die Opposition Winstons in den Mittelpunkt seines Romans. Diese erfolgt primär als Anstrengung, die Vergangenheit zu rekonstruieren. Dabei setzt Winston an seiner eigenen lebensgeschichtlichen Vergangenheit an, indem er im toten Winkel des „Televisors", der in den Privatwohnungen der ozeanischen Bürger alle ihre Bewegungen überwacht, ein *Tagebuch* zu führen beginnt.

Als Orwell seinen Roman schrieb, waren die realen technischen Manipulationsmöglichkeiten für Informationen noch vergleichsweise gering. Inzwischen hat aber vor allem die Manipulierbarkeit von Bildern (Jaubert, 1989) enorm zugenommen. Da Photo und Film bislang unter dem positiven Rezeptionsvorurteil wahrgenommen worden sind, Augenzeugenschaft zu gewährleisten, ist überhaupt noch nicht abzusehen, was es heißt, seinen Augen wenigstens in diesem Zusammenhang nicht mehr trauen zu dürfen. Fest steht jedenfalls, daß die *digitale Bearbeitung* von Bildern auf dem Weg in die Cyberspace-Realität bereits heute soweit perfektioniert worden ist, daß sich *Manipulationen* an ihnen selbst tatsächlich *nicht mehr erkennen lassen* (Dost, 1995). Unter diesen Bedingungen wird es zunehmend wichtiger, daß *konkurrierende* Darstellungen die Chance erhalten, wahrgenommen und miteinander verglichen zu werden.

Science-fiction: Frei gewählte Erinnerungen

In Science-fiction-Produktionen (Landsberg, 1995) ist man aber auch über dieses technische Niveau der Erinnerungsmanipulation bereits hinaus. Dies belegt ein Film wie „Total Recall" (Paul Verhoeven, 1990; angeregt durch die Kurzgeschichte „We can remember it for you wholesale" von Phillip K. Dick). Er entführt den Zuschauer in eine Welt, in der jeder – gegen Geld – die Möglichkeit hat, sich die von ihm gewünschten Erinnerungen zu wählen, mithin auch die Lebensgeschichte, die er erinnern und also gelebt haben möchte. So kann man sich beispielsweise statt eines tatsächlichen Urlaubs auf dem Mars bei der Firma „Rekal Incorporated" ein Erinnerungsimplantat eines solchen Urlaubs kaufen, das einen mit täuschend echten Urlaubserinnerungen versorgt.

Als der einfache Arbeiter Douglas Quade (Arnold Schwarzenegger) sich zu diesem Eingriff entschließt, weil er mit seinem Leben unzufrieden ist, wünscht er sich zusätzlich eine andere Identität – die eines Geheimdienstagenten. Während der Implantierungsprozedur erleidet er aber eine „schizoide Embolie". Das Service-Team erkennt, daß Quade bereits eine Person mit implantierter Lebensgeschichte ist, wovon er aber nichts weiß, eben weil er seine Erinnerungen als authentisch erlebt, mithin keine Anhaltspunkte hat, an ihnen zu zweifeln.

Er scheint nicht Quade zu sein, sondern Hauser – eine Person, von der er erfährt, daß sie auf dem Mars gewesen sei. Auf dem roten Planeten herrscht zu dieser Zeit eine Rebellion. Cohagen, der machtbesessene Frontmann einer Bergbau-Company, die dort Bodenschätze abbaut, hat eine einträgliche Profitquelle entdeckt: Er verkauft reine Atemluft. Wer sich nur verunreinigte Luft leisten kann, trägt genetische Schäden davon. Der Mars ist deshalb von Mutanten bevölkert. Und von denen geht die Rebellion aus. Hauser, so erfährt Quade, habe zunächst für Cohagen gearbeitet, sei aber dann zu den Rebellen übergelaufen. Deshalb hätten ihn Cohagens Männer gefangen, seine Erinnerungen ausgewechselt und ihn dadurch in Quade verwandelt. Da dies zu befürchten gewesen sei, habe er – Hauser – vorsorglich zur Aufklärung dieses Tatbestands eine Videoaufzeichnung angefertigt.

Quade, dem diese Aufzeichnung zugespielt wird, sieht sie sich an und nimmt nahezu regungslos zur Kenntnis, daß er nicht er, sondern Hauser mit einer implantierten Quade-Identität ist. Der Hauser der Videoaufzeichnung beauftragt ihn, auf den Mars zu reisen, um die Rebellion zu vollenden und Cohagen zu überführen, indem er – Quade – Hausers Erinnerungen an Cohagens Verbrechen rettet.

Ich überspringe einige Verwicklungen im Ablauf des Geschehens und komme zum Finale: Nachdem Quade, der glaubt, Hauser mit Quade-Identität zu sein, die Zentrale der Rebellen aufgespürt und dadurch den Rebellenführer unfreiwillig Cohagens Männern ausgeliefert hat, die ihn töten, wendet sich Hauser über eine zweite Videoaufzeichnung an ihn. Er – Hauser – sei nach wie vor ein Agent Cohagens. Er habe sich die Quade-Identität freiwillig implantieren lassen, um derart getarnt die Rebellen aufspüren zu können. Die Rebellen haben Hauser mit der Quade-Identität tatsächlich auch erst getraut, nachdem er sie davon überzeugen konnte, nicht Hauser, sondern Quade zu sein. Nun, da er seinen Auftrag erfolgreich abgeschlossen habe, wolle er – Hauser – nicht länger Hauser mit einer Quade-Identität, sondern wieder er selbst sein.

Quade entzieht sich jedoch der Operation, die ihn wieder zu Hauser machen soll. Damit entscheidet er sich dafür, Quade zu sein, wodurch er Hauser auslöscht. Dies ist eine moralische Entscheidung, die den Mars rettet. Denn es stellt sich heraus, daß die Bergbau-Company beim Abbau der Bodenschätze auf einen geheimnisvollen unterirdischen Reaktor gestoßen ist, den einst Außerirdische gebaut haben. Mit seiner Hilfe kann man dem Mars eine Atmosphäre verschaffen, in der Menschen leben können. Aus Macht- und Profitgier hat Cohagen dies geheim gehalten. Quade aber gelingt es, den Reaktor wieder in Betrieb zu nehmen.

Wider den Glauben an die moralische Kraft der Authentizität

„Total Recall" führt eine Situation vor, in der die *cartesianische Spaltung* in Körper und Geist *vollständig vollzogen* ist. Der Mensch besteht wie ein Computer aus einer körperlichen Hard- und geistigen Software. Je nach Software kann er mit *beliebigen* identitätsstiftenden Lebensgeschichten programmiert werden. Da der Körper lediglich ein bewußtloser Container ist, vermag er keine eigenständigen Erinnerungen zu bewahren. Und deshalb irritiert es Quade auch nicht weiter, als ihm Hauser per Videoaufzeichnung mitteilt, er – Quade – sei eigentlich Hauser mit einer künstlichen Quade-Identität. Ihm ist die Begegnung mit seinem Doppelgänger *nicht unheimlich*, denn er nimmt ihn überhaupt nicht als Doppelgänger, sondern immer schon als eindeutig andere Person wahr.

Der Film treibt mit einem Ideal der abendländischen bürgerlichen Kultur sein Spiel: dem Ideal, authentisch zu sein. Ihm zufolge kann eine Person nur dann ein tragfähiges Identitätsgefühl entwickeln, wenn sie sich ihrer Vergangenheit stellt, indem sie diese veridikal erinnert. Ohne ein solches Identitätsgefühl aber sei sie nicht fähig, moralisch zu handeln. Und was für einzelne Personen gelte, habe auch für soziale Gruppen seine Gültigkeit.

Nun handelt Quade moralisch, ohne über eine authentische Erinnerung zu verfügen. Er kann überhaupt nicht zwischen künstlichen und authentischen Erinnerungen unterscheiden – und genau genommen befinden wir uns als Zuschauer in derselben Situation wie er.

Als Quade sich entscheidet, Quade zu sein, entscheidet er dies im Bewußtsein, er sei Hauser mit einer künstlichen Quade-Identität. Genau genommen erinnert er sich aber nur daran, daß versucht worden ist, ihn glauben zu machen, er sei Hauser mit einer künstlichen Quade-Identität. Warum aber soll er, wenn beliebige Erinnerungsmanipulationen möglich sind, gerade das glauben? Auch wir als Zuschauer können entscheiden, was wir glauben wollen. Der einfachste Weg ist, Hauser als Anker zu wählen. Wer aber sagt, daß nicht bereits er eine uns unbekannte Person mit einer künstlichen Hauser-Identität ist? Oder: Vielleicht ist Quade niemand anders als Quade. Es könnte ja sein, daß wir nur Zeugen seiner implantierten Erinnerungen sind. Dann wäre die Implantierung gelungen, und alles, was wir im Film sehen, von der ersten bis zur letzten Szene, einschließlich der Entscheidung, Quade zu sein, wäre genau die Lebensgeschichte, die Quade sich bei „Rekal Incorporated" gekauft hat. Und diese Entscheidung führt uns – gleich, welche Version wir glauben – vor Augen, daß es keiner authentischen Lebensgeschichte bedarf, um sich moralisch richtig entscheiden zu können. Denn Moral richtet sich nach dem, was eine Person *tut*, und nicht danach, für wen sie sich hält.

Wenn es aber doch so sein sollte, daß moralisches Handeln nicht völlig unabhängig davon ist, für wen sich eine Person hält, wäre dann nicht der Einsatz von geeigneten Erinnerungsimplantaten geradezu geboten? So ließe sich „Total Recall" auch als *Geschichte einer Therapie* erzählen: Der Böse (Hauser) tut das Gute, indem er sich mit der freiwilligen Wahl eines bestimmten Erinnerungsimplantates (Therapie) eine moralisch verbesserte Identität (Quade) verschafft, die seine moralisch bedenkliche Identität dauerhaft verdeckt, auch wenn er – Hauser – zwischenzeitlich ambivalent ist und diese moralisch verbesserte Quade-Identität deshalb gerne wieder los wäre.

Warum also nicht die – individuelle und kollektive – Erinnerung manipulieren, wenn dadurch solche positiven Effekte erzielt werden können? Der Film jedenfalls dürfte geeignet sein, die *Akzeptanzschwelle* seines Millionenpublikums für derartige Maßnahmen *zu senken*.

Nietzsches Plädoyer für bewußte Mythenbildung

Kaum ein Zuschauer wird „Total Recall" mit Friedrich Nietzsche in Verbindung bringen. Indessen gehört der umstrittene Philosoph zu den Ahnherren einer intellektuellen Position, die für eine Gedächtnispolitik des *Vergessen-Machens* plädiert. Deren Begründung liefert er vor allem in der zweiten seiner „Unzeitgemäße[n] Betrachtungen", die „Vom Nutzen und Nachteil der Historie" (1874) handelt, sowie in der zweiten Abhandlung über die „Genealogie der Moral" (1887), die „Schuld, schlechtes Gewissen und Verwandtes" zum Thema hat.

Nietzsche geht von einem fundamentalen menschlichen Dilemma aus: Im Unterschied zum Tier lebe der Mensch nicht im Augenblick, sondern werde gerade dadurch Mensch, daß er ein historisches Bewußtsein entwickele. Die Fähigkeit, sich der Vergangenheit zu erinnern, erweise sich somit als ein konstitutives Element der conditio humana. Unter bestimmten Bedingungen werde diese Fähigkeit aber zu einer *unerträglichen* Last:

> „Es gibt einen Grad [...] von historischem Sinne, bei dem das Lebendige zu Schaden kommt, und zuletzt zu Grunde geht, sei es nun ein Mensch oder ein Volk oder eine Kultur" (Nietzsche, 1964a, S. 103 f.)

Dieser Grad sei erreicht, wenn *zu viel erinnert* und zu wenig vergessen werde. Und der Schaden bestehe darin, daß die Last der Erinnerung die *Handlungsfähigkeit lähme*.

Nietzsche diagnostiziert eine solche Lähmung. Er schreibt sie dem *idealistischen Geschichtsbewußtsein* zu, das – allen voran Hegel – Geschichte als *säkularisiertes Heilsgeschehen* propagiert und infolgedessen den Menschen teleologisch mit Sinn versorgt. Dieser selbstverständlichen Fundierung der menschlichen Existenz vermag Nietzsche nicht zu glauben. Er hält sie für eine *Illusion*. Denn gegen Ende des 19. Jahrhunderts zeichnet sich unter dem Druck forcierter gesellschaftlicher Modernisierung ab, daß Zivilisation nicht automatisch auch Fortschritt bedeutet.

Deshalb propagiert Nietzsche nun seinerseits die Befreiung von diesem illusionären Heilsversprechen. Dazu bedarf es der Sprengkraft eines *kritischen* Geschichtsbewußtseins:

> „[Der Mensch] muß die Kraft haben und von Zeit zu Zeit anwenden, eine Vergangenheit zu zerbrechen und aufzulösen, um leben zu können: dies erreicht er dadurch, daß er sie vor Gericht zieht, peinlich inquiriert, und endlich verurteilt" (ebd., S. 124).

Danach kann er sie vergessen. Dieses Vergessen aber ist ein *aktiver* Eingriff, nichts was geschieht, sondern herbeigeführt werden muß. Es steht im Dienste der Handlungsfähigkeit, weil es von lähmenden Erinnerungen *befreit*. Mehr noch: Vergessen-Machen ist für Nietzsche „eine Form der *starken* Gesundheit" (ebd., S. 286):

> „Die Türen und Fenster des Bewußtseins zeitweilig schließen: von dem Lärm und Kampf, mit dem unsre Unterwelt von dienstbaren Organen für- und gegeneinander arbeitet, unbehelligt bleiben; ein wenig Stille, ein wenig tabula rasa des Bewußtseins, damit wieder Platz wird für Neues, vor allem für die vornehmeren Funktionen und Funktionäre, für Regieren, Voraussehn, Vorausbestimmen (denn unser Organismus ist oligarchisch eingerichtet) – das ist der Nutzen der, wie gesagt aktiven Vergeßlichkeit, einer Türwärterin gleichsam, einer Aufrechterhalterin der seelischen Ordnung, der Ruhe, der Etikette: womit sofort abzusehn ist, inwiefern es kein Glück, keine Heiterkeit, keine Hoffnung, keinen Stolz, keine *Gegenwart* geben könnte ohne Vergeßlichkeit" (ebd., S. 285 f.).

Dem Vergessen-Machen geht aber auch bei Nietzsche ein Erinnern voraus. Genau genommen ist sein Plädoyer die *Konsequenz eines Erinnerungsprojektes*. Denn er erinnert an das, was Hegels säkularisierte Heilsgeschichte ihrerseits vergessen zu machen sucht: die Gewalt, die dem historischen Bewußtsein eingeschrieben ist.

Nietzsche widerspricht – Freud vorwegnehmend – der optimistischen Vorstellung von der sozialen Natur des Menschen. Menschen müssen erst *sozialisiert* werden. Sie müssen Versprechen, die sie – z.B. als Schuldner ihren Gläubigern – geben, zu halten lernen, allgemein: *füreinander berechenbar* werden. Die psychische Instanz dieser Berechenbarkeit ist das *Gewissen*, das die Sozialisationsimperative zu erinnern zwingt. Es besteht nicht von Anfang an, sondern hat sich erst im Verlauf der Gattungsgeschichte – gegen die natürliche Vergeßlichkeit – entwickelt; die Individualgeschichte wiederholt diesen Prozeß.

Und sie ist alles andere als schmerzfrei. Im Gegenteil: Nietzsche (1964c, S. 289) beantwortet die Frage, wie man dem „teils stumpfen, teils faseligen Augenblicks-Verstande" des „Menschen-Tieres" mit seiner „leibhaften Vergeßlichkeit etwas so ein(prägt), daß es gegenwärtig bleibt", mit einem Verweis auf die älteste „*Mnemotechnik*":

> „Man brennt etwas ein, damit es im Gedächtnis bleibt: nur was nicht aufhört, *weh zu tun*, bleibt im Gedächtnis. [...] Es ging niemals ohne Blut, Martern, Opfer ab, wenn der Mensch es nötig hielt, sich ein Gedächtnis zu machen; [...]" (ebd.).

Mithin sind es die *schmerzhaften* Erinnerungen an die Unterwerfung der menschlichen Natur, die den Menschen erst sozial machen. Damit begreift Nietzsche die *Zivilisationsgeschichte als Geschichte inkorporierter Gewalt*, die mit zunehmender Zivilisationshöhe nicht aufhört, sondern lediglich verdrängt wird und dadurch unbewußt fortwirkt. Solange dieser Gewaltzusammenhang aber ungebrochen besteht, bleibt die Gattungsgeschichte eine fortwährende Leidensgeschichte.

An diesem Tatbestand setzt Nietzsches Kritik an Hegel an: Er hält ihm vor, seine säkularisierte Heilsgeschichte mystifiziere dieses Leiden. Und wenn er schreibt, daß „(man) mit Hilfe dieser Art von Gedächtnis endlich ‚zur Vernunft' (kam)" (ebd., S. 291), dann kommentiert er mit bitterer Ironie Hegels Satz „Was vernünftig ist, das ist wirklich; und was wirklich ist, das ist vernünftig" (Hegel, [1821] 1964, S. 33), indem er die gepriesene *Vernunft als Schmerzgeburt* kenntlich macht.

In Hegels säkularisierter Heilsgeschichte wirkt das Christentum fort. Und wenn Nietzsche die Gewissensbildung kritisiert, dann in erster Linie das *christliche Schuldgewissen*. Denn das Christentum gebiete es dem Menschen, seine „Tier-Instinkte" als „Schuld gegen Gott" (ebd., S. 328) zu erleben und sie deshalb, statt sie „nach außen [zu] entladen", zu verinnerlichen. Diese „*Verinnerlichung*" (ebd., S. 318) mache die „Krankheit" des „schlechten Gewissens" (ebd., S. 323) aus. Von ihr könne sich der Christ kaum befreien, da sie ihm Fesseln anlege: Denn die Vorstellung, Jesus habe die Schuld der Menschen aus Liebe zu ihnen durch seinen Tod auf sich genommen, befreie seine

Nachfolger nicht von Schuld, sondern *verewige* ihr *Schuldgefühl*. Infolgedessen wird die „Gewissens-Vivisektion und Selbst-Tierquälerei" (ebd., S. 331) zu einer moralischen Pflicht, die auch noch die „modernen Menschen" als „Erbe" mit sich schleppen.

Auch wenn Nietzsche mit seinem Plädoyer für Vergessen-Machen in erster Linie die Desillusionierung von historischer Heilsgewißheit und den Abbau eines unentrinnbaren Schuldgewissens meint, so kleidet er sie doch *anthropologisch* ein. Dadurch wird seine programmatische Forderung, *Geschichte zu machen, statt sie zu heiligen*, zu einer Aufgabe, die immer wieder neu zu bewältigen ist. Diese Aufgabe verlangt nicht Erinnerungslosigkeit, sondern die bewußte Gestaltung von Erinnerungen. Deren Ziel muß es sein, das Erleben in einen *begrenzten Horizont* einzuschließen, der alles ausblendet, was die Handlungsfähigkeit lähmen könnte.

Dieser Horizont besteht aus der *Wahl eines lebensdienlichen Mythos*. Mythenbildung ist ein „Versuch, sich gleichsam a posteriori eine Vergangenheit zu geben, aus der man stammen möchte, im Gegensatz zu der, aus der man stammt" (ebd., S. 125). Nietzsche weiß, daß dies „immer ein gefährlicher Versuch" (ebd.) bleibt, weil es sein kann, daß er auch Vergangenes vergessen macht, das zu erinnern für Gegenwart und Zukunft nützlich wäre.

Indem Nietzsche damit dem *kritischen* Geschichtsbewußtsein, für das er eintritt, vorrangig eine *mythopoetische* Funktion zuweist, ist es letztlich aber nicht weniger illusionär als das idealistische Geschichtsbewußtsein, gegen das er es aufbietet. Mit dem einzigen Unterschied: Tradierte Mythen sollen durch neue Mythen ersetzt werden. Ohne Mythen aber, davon ist Nietzsche überzeugt, kann der Mensch nicht leben. *Lebensdienlich* sind sie dann, wenn sie *so wenig Schuldgefühle wie möglich* machen.

Mythenbildung als Sackgasse

Nietzsches Position als anti-aufklärerisch zu diffamieren, greift sicher zu kurz. Viel eher ist sie ein Schritt auf dem Weg, die Dialektik der Aufklärung anzuerkennen. In dieser Perspektive greift auch Hans Blumenberg in seinem Buch „Arbeit am Mythos" (1979) das Thema auf:

Mythen haben zu allen Zeiten die Funktion, den „Absolutismus der Wirklichkeit" (Blumenberg, 1979, S. 9) zu brechen. Blumenberg meint damit eine Weltangst, die den Menschen vom Anfang seiner Gattungsgeschichte an begleitet. In ihr kommt zum Ausdruck, daß die Welt für den Menschen primär etwas erschreckend Gestaltloses, Regelloses und Übermächtiges ist. Seine Angst motiviert ihn aber gleichzeitig, sich *Symbolwelten* zu schaffen, in denen die Welt als gestaltet, regelhaft und bemächtigbar erscheint. Der Mythos ist der erste Typus einer solchen Symbolwelt.

Indem er Angst bindet, befriedigt er das menschliche Bedürfnis, „in der Welt heimisch zu sein" (ebd., S. 127). Selbst dann, wenn er sie mit Dämonen bevölkert, ist sie weniger erschreckend, weil *anthropomorphisiert*. Die Religion schließt in dieser Funktion an den Mythos an. Beide arbeiten die Schrecknisse einer stummen und gleichgültigen Welt zu *Geschichten* auf.

Diese mythischen Geschichten dienen dazu, „Unbehagen und Ungenügen zu vertreiben" (ebd., S. 204); damit ihnen dies gelingt, „brauchen (sie) nicht bis ans letzte vorzustoßen. Sie stehen nur unter der einen Anforderung: sie dürfen nicht ausgehen" (ebd., S. 143). Denn dann entlasten sie von Fragen. Der Mythos „erfindet, bevor die Frage akut wird und damit sie nicht akut wird" (ebd., S. 219). Mithin ist er das fraglos Selbstverständliche und erfüllt seine Funktion genau dann, wenn er das *ängstliche Fragen* durch das Angebot einer bedeutsamen, geschlossenen und übersichtlichen Symbolwelt *stillstellt*.

Nun läßt sich die Gattungsgeschichte als *Weg vom Mythos zum Logos* beschreiben, wobei der Logos in der Gegenwart als *moderne Wissenschaft* auftritt. Wie der Mythos ist auch sie ein Distanzierungsmechanismus, der dem Überleben dient. Aber sie *ersetzt Fraglosigkeit durch methodischen Zweifel*, der seinerseits das Erfahrungswissen so vermehrt, daß die *Antropomorphisierung von Naturbeherrschung abgelöst* wird. Aus der Sicht des Logos ist der Mythos damit überholt.

Das aber stimmt, so Blumenberg, gerade nicht. Denn die moderne Wissenschaft ist es, die durch ihre *Mythenkritik* den Absolutismus der Wirklichkeit zu vollem Bewußtsein bringt. Im zunehmenden *Kontingenzbewußtsein der Moderne* verliert die Welt ihren mythischen Zauber; das Bedürfnis nach Sinn und Geborgenheit aber besteht fort und drängt auf eine *Remythisierung* der Welt. Der ursprüngliche Zustand läßt sich jedoch nicht wiederherstellen. Aus der (bewußtlosen) „Arbeit des Mythos" ist die (bewußte) „Arbeit am Mythos" (ebd., S. 295) geworden. Und die führt in eine *Sackgasse*: denn das Bewußtsein, daß ein Mythos ein Mythos ist, setzt ihn außer Kraft.

Somit bleiben Remythisierungsversuche, die sich immer schneller verbrauchen und nur notdürftig überspielen, daß der moderne Mensch weder mit ihnen noch ohne sie leben kann. Folglich *osziliert* sein Erleben permanent zwischen der Täuschung und der Ent-Täuschung seiner Sinn- und Geborgenheitsansprüche.

Psychoanalyse als moderne Mythologie?

Der Psychoanalyse wird nicht zuletzt deshalb die Anerkennung als moderne Wissenschaft versagt, weil ihr die *Grenzen* zwischen Logos bzw. (wissenschaftlicher) Aufklärung und Mythos ständig *verschwimmen*:

Selbstverständlich sind Ödipus, Laios und Jokaste keine historischen Figuren. Das Drama, das sich zwischen ihnen abspielt, ist ein Mythos. Von ihm macht Freud in seinem Fließ-Brief vom 15. Oktober 1897 einen bemerkenswerten Gebrauch. Dort schreibt er, daß „die griechische Sage einen Zwang auf(greift), den jeder anerkennt, weil er dessen Existenz in sich verpürt hat" (Freud, 1986, S. 293). Damit hat Freud den Ödipus-Komplex in sich, in seinen PatientInnen und – generalisierend – in allen Menschen entdeckt.

Bemerkenswert ist der Gebrauch des Mythos deshalb, weil Freud ihn zur Aufklärung von rätselhaftem menschlichen Erleben gebraucht, wo doch Mythos und Aufklärung eigentlich als unvereinbare Gegensätze gelten. Rückt er damit nicht streng genommen individuelles Erleben in die Kontinuität einer mythischen Gattungsgeschichte ein? Oder anders gefragt: Was ist die allgemeine historische Wahrheit, die Freud entdeckt zu haben beansprucht: (a) daß alle Menschen Mythenbildner sind, (b) daß sie dieselben (universalen) Mythen bilden, oder (c) daß der Ödipus-Mythos der Antike sowie die diesem Mythos entsprechenden Phantasien auf ein verdrängtes, aber reales Geschehen von Vatermord und Inzest verweisen? *Schreibt Freud einen Mythos fort oder klärt er ihn auf?*

Jahre später verfaßt Freud „Totem und Tabu" (1912-13), auf dessen Ideen er fortan immer wieder zurückgreift. Welcher Textgattung gehört diese Arbeit an, die er zu seinen wichtigsten zählte? Freud beansprucht, die *Urgeschichte* der Menschheit *aufzuklären*. Zu diesem Zweck bedient er sich aller möglichen ethnologischen und historischen Dokumente. Aber der Text ist mehr als ein akademisches Literaturreferat. Rückblickend schreibt Freud (1939a, S. 186):

> „Die Geschichte [der Gattung] wird in großartiger Verdichtung erzählt, als ob sich ein einziges Mal zugetragen hätte, was sich in Wirklichkeit über Jahrtausende erstreckt hat und in dieser langen Zeit ungezählt oft wiederholt worden ist."

Freud stellt sich selbst als Erzähler einer Geschichte mit mythischen Qualitäten vor. Denn auch der Mythos erzählt, daß alles gleich bleibt, historische Variationen lediglich Varianten desselben – ewigen – Musters sind, das wiederholt wird, ohne sich zu ändern. In einem anderen Kontext nennt Freud (1921c, S. 151) seine Erzählung der Urgeschichte dann explizit einen „wissenschaftlichen Mythos".

Diese Formulierung zwingt Gegensätze zusammen. Und Freud wird dies wiederholt tun, z.B. im Falle seiner Triebtheorie. Für sie erhebt er einen wissenschaftlichen Erklärungsanspruch, bestimmt sie – in Anbetracht seines Todestriebkonzeptes – aber gleichzeitig als mythische Erzählung: „Die Trieblehre ist sozusagen unsere Mythologie" (Freud, 1933a, S. 101).

Hinsichtlich der Gattungsgeschichte hat Freud Mühe zu entscheiden, ob er tatsächlich prähistorische Ereignisse erfaßt oder ob die vermeintlichen Ereignisse nicht wiederum psychische Realität, also kollektiv wirksame Phantasien sind. Wenn er sich letztlich entschließt, sie für prähistorische Ereignisse auszugeben, schlägt er sich abrupt auf die Seite der Wissenschaft. Dadurch *verschenkt* er allerdings – aus Angst, aus der scientific community ausgeschlossen zu werden – seine wichtigste Einsicht: die *Dialektik von* (wissenschaftlicher) Aufklärung und Mythos, *Wahrheit und identitätsstiftender Sinnbildung*.

Die moderne Wissenschaft kann den Mythos nicht ablösen, es sei denn, sie wird selbst zu einem Mythos, wodurch sie sich aber ihrerseits auflöst. Eine solche Auflösung geschieht in der Wissenschaftsgläubigkeit, da diese verhindert, daß das wahrheitsverbürgende Prinzip permanenten methodischen Zweifels auf die moderne Wissenschaft selbst angewendet wird. Der Mythos kann seinerseits nicht die moderne Wissenschaft ablösen. Denn dies würde die Realitätsprüfung schwächen und mit fortschreitender Realitätsblindheit letztlich das Überleben gefährden. Somit bleibt nur, beide Seiten so in Spannung zu halten, daß keine Seite über die andere triumphiert.

Rekonstruktion oder Remythisierung?

Die Dialektik von (wissenschaftlicher) Aufklärung und Mythos reicht direkt in die psychoanalytische Behandlungspraxis hinein. Denn diese steht nicht allein vor der Frage, ob veridikale Rekonstruktionen der Lebensgeschichte überhaupt möglich sind, sondern gleichzeitig vor der Frage, welche *Notwendigkeit* dafür besteht. Wenn Freud (1937d, S. 403) schreibt, daß „eine sichere Überzeugung von der Wahrheit der Konstruktion [...] therapeutisch dasselbe leistet wie eine wiedergewonnene Erinnerung", dann legitimiert er damit die mythopoetische Funktion.

Diese Position wird im *narrativen Paradigma* der Psychoanalyse (Loch, 1976; Schafer, 1983) weiter ausgearbeitet. Seine *Radikalisierung* erfährt sie bei Donald Spence (1982) und mehr noch bei Richard Rorty (1988, S. 52):

> „Freud hat uns die Möglichkeit gegeben, alternative Geschichten und alternative Vokabulare nicht als perspektivisch richtige Abbilder des Verhaltens der Dinge in ihrem Ansichsein zu sehen, sondern als Werkzeuge des Wandels."

In dieser Perspektive sind *veridikale* Rekonstruktionen *weder möglich noch notwendig*. Statt dessen wird dem Analytiker die Aufgabe zugewiesen, „neue Selbstbeschreibungen [mit und für den Patienten] zu entdecken, deren Übernahme [dem Patienten] die Veränderung des eigenen Verhaltens ermöglicht" (ebd., S. 53). Beim Wort genommen erscheint damit jede *Suggestivbeeinflussung* therapeutisch *erlaubt, ja sogar geboten*, die dem Patienten zu einer besseren Lebensqualität verhilft. Und wenn es dazu erforderlich sein sollte, ganz auf eine Rekonstruktion der Lebensgeschichte zu verzichten, dann läßt sich auch dagegen nichts einwenden.

Damit schlägt sich Rorty auf die Seite des Mythos. Gemäßigter, aber in Übereinstimmung damit tritt Ernest Wolf (1991, S. 105) in der Diskussion um die behandlungspraktische Bedeutung von persönlichen Mythen dafür ein, daß „Illusionen einer einzigartigen und glückseligen höchsten Vortrefflichkeit" vom Psychoanalytiker unbedingt zu respektieren seien. In seiner selbstpsychologischen Perspektive erscheinen die *orthodoxen* Kollegen als *aufklärungswütig*. Indem sie jede Illusion als Abwehr deuteten, würden sie es auch in Kauf nehmen, ihren Patienten zu schaden, nur um das *professionelle Ideal eines illusionslosen Lebens* hochzuhalten.

Keine Frage: Es wird solche Psychoanalytiker geben. Freuds Leitlinie aber verfolgen sie damit nicht. Sein *pragmatischer Krankheitsbegriff* impliziert, Desillusionierungen soweit zu treiben, wie sie notwendig sind, mithin die psychische Not des Patienten durch eine Stärkung seiner Fähigkeit zur Realitätsprüfung zu wenden. Allerdings ist Freud fest davon überzeugt, daß eine *Symptomheilung* nur das *zweitbeste* therapeutische Ziel sei. Er setzt auf das *beste*: eine umfassende Rekonstruktion der Lebensgeschichte; ihr traut er eine *Umstrukturierung der Erlebnisstruktur* der Patienten zu, die sie *vor Symptomverschiebungen schützt*.

Während Spence und Rorty die Dialektik zwischen (wissenschaftlicher) Aufklärung und Mythos sprengen zu können glauben, weil es sowieso keine Möglichkeit gebe, der narrativen Wahrheit einen Grund in der historischen Wahrheit zu verschaffen, hält Freud an deren *Konvergenz* fest. Er trennt nicht strikt zwischen fact und fiction, sondern bemüht sich um *faction*: fact soweit möglich, fiction soweit nötig.

Die *Arbeit*, die er dabei sich und den Patienten abverlangt, läßt sich nach hundert Jahren Psychoanalyse allerdings nicht mehr fraglos mit therapeutischem Erfolg begründen. Denn die Erfolgskriterien sind selbst kontrovers, was die empirische Psychotherapieforschung in ihrem Schulterschluß mit dem Krankenversicherungssystem aber gerne ausblendet. Legt man deren effizienzorientierten instrumentellen Therapiebegriff zugrunde, zeichnet sich ab, daß die Psychoanalyse eine spezifische Einheit von Therapeutik und Ethik ist (Haubl, 1997).

Die *behandlungspraktische Erwartung* an den Patienten, sich mit seiner Vergangenheit auseinanderzusetzen, gehört vor diesem Hintergrund vielleicht eher zu den *ethischen* als zu den therapeutischen Prinzipien. Insoweit behält die autobiographische Orientierung auch dann ihre Gültigkeit, wenn sie nichts zum Wohlbefinden des Patienten beiträgt. Es hat Züge einer *Verpflichtung*, die eigene Lebensgeschichte mit der Familiengeschichte zu vermitteln, die ihrerseits integraler Bestandteil der Geschichte einer Nation und letztlich der Gattungsgeschichte ist.

Vermittlung heißt weder, den Selbstverwirklichungsanspruch des Patienten gesellschaftlichen Normalitätsstandards zu unterwerfen, noch den Patienten von diesen Standards zu befreien. Sie verlangt, *beide Seiten kritisch durchzuarbeiten*. Dieses Projekt – als Erinnerungsprojekt gedacht – kann in zwei Richtungen *scheitern*, denen zwei Psychopathologien korrespondieren. Die eine hat Nietzsche thematisiert. Es ist die individuelle und auch kollektive *Melancholie*. In ihr wird der Erinnerungsprozeß durch die erinnerte Ver-

gangenheit überwältigt, kann sich nicht von ihr lösen. Die Zeit steht still. Erinnern wird zum Gedenken (Haas, 1994).
Still steht die Zeit aber auch am Gegenpol der Melancholie: in der *Manie*. Dort überwältigt die Gegenwart in der Form eines *absoluten Hier-und-Jetzt* die Vergangenheit. In diesem narzißtischen Triumph über die Zeit durch Erinnerungslosigkeit trifft die Manie mit der *Verabsolutierung des Tauschgesetzes* im Kapitalismus zusammen:

> „Tausch ist dem eigenen Wesen nach etwas Zeitloses, so wie ratio selber, wie die Operationen der Mathematik ihrer reinen Form nach das Moment von Zeit aus sich ausscheiden. So verschwindet denn auch die konkrete Zeit aus der industriellen Produktion. [...] Das sagt aber nicht weniger, als daß Erinnerung, Zeit, Gedächtnis von der fortschreitenden bürgerlichen Gesellschaft als eine Art irrationaler Rest liquidiert werden, ähnlich wie die fortschreitende Rationalisierung der industriellen Produktionsverfahren mit anderen Resten des Handwerklichen auch Kategorien wie die der Lehrzeit, also des sich Erwerbens von Erfahrung, reduziert. Wenn die Menschheit der Erinnerung sich entäußert und sich kurzatmig erschöpft in der Anpassung ans je Gegenwärtige, so spiegelt sich darin ein objektives Entwicklungsgesetz" (Adorno, 1972, 13).

Für Personen, die sich mit dieser Entwicklung *identifizieren*, indem sie Systemzeit und Lebenszeit kurzschließen, wird die *autobiographische Orientierung* der Psychoanalyse eine *unerträgliche* Zumutung sein. Falls sie therapeutische Hilfe suchen, dann wohl bei anderen Verfahren. Wie groß der Bevölkerungsteil postmoderner Gesellschaften ist, der diesem Trend folgt, läßt sich kaum angeben. Wächst er, gerät die Psychoanalyse zunehmend unter Anpassungsdruck. Infolgedessen muß sie sich fragen, wie weit sie bereit ist, ihre Identität dementsprechend umzuarbeiten. In der Vergangenheit jedenfalls hat sie sich aus guten Gründen für eine Lebensführung jenseits der Melancholie und diesseits der Manie stark gemacht. Erinnern ist *Orientierung in der Zeit und nicht gegen sie* und als solche eine notwendige Voraussetzung dafür, *trotz Anerkennung der eigenen Vergänglichkeit an Entwicklungsmöglichkeiten festzuhalten.*

Literatur

Adorno, Th.W. (1972): Was bedeutet: Aufarbeitung der Vergangenheit. In: Ders.: Erziehung zur Mündigkeit. Frankfurt a.M.: Suhrkamp, S. 10-28.
Akademie der Künste (Hg.) (1993): Streit um die Neue Wache. Zur Gestaltung einer zentralen Gedenkstätte. Berlin: Akademie der Künste.
Assmann, J. (1988): Kollektives Gedächtnis und kulturelle Identität. In: Assmann, J., Hölscher, T. (Hg.): Kultur und Gedächtnis. Frankfurt a.M.: Suhrkamp, S. 9-19.
Baartz, U. (1996): Dieses Gefühl kann ich bei mir nicht entdecken. Ozeanisches Bewußtsein und Religionskritik bei Freud, Rolland und Nietzsche. In: Figl, J. (Hg.): Von Nietzsche zu Freud. Übereinstimmungen und Differenzen von Denkmotiven. Wien: WUV-Universitätsverlag, S. 143-163.
Bartlett, F.C. (1961): Remembering: A study in experimental and social psychology. Cambridge: Cambridge University Press.
Blumenberg, H. (1979): Arbeit am Mythos. Frankfurt a.M.: Suhrkamp.

Burke, P. (1991): Geschichte als soziales Gedächtnis. In: Assmann, A., Harth, D. (Hg.): Mnemosyne. Formen und Funktionen der kulturellen Erinnerung. Frankfurt a.M.: Fischer, S. 289-304.
Ciompi, L. (1982): Affektlogik. Über die Struktur der Psyche und ihre Entwicklung. Stuttgart: Klett-Cotta.
de Kerckhove, D. (1995): Schriftgeburten. Vom Alphabet zum Computer. München: Fink.
Dost, B. (1995): Hat Kohl Madonna geküßt? Wie man mit Bildern manipulieren kann. Fernsehdokumentation.
Freud, A. (1980): Kinderentwicklung in direkter Beobachtung. In: Dies.: Schriften. Bd. IV. München: Kindler, S. 289-304.
Freud, S. (1899a): Über Deckerinnerungen. In: Ders.: GW I. Frankfurt a.M.: Fischer, S. 531-554.
- (1909c): Der Familenroman des Neurotikers. In: Ders.: GW VIII, S. 225-231.
- (1912-13): Totem und Tabu. In: Ders.: GW IX.
- (1914g).Weitere Ratschläge zur Technik der Psychoanalyse III: Erinnern, Wiederholen und Durcharbeiten. In: Ders.: GW X, S. 125-136.
- (1916-17): Vorlesungen zur Einführung in die Psychoanalyse. In: Ders.: GW XI.
- (1918b): Aus der Geschichte einer infantilen Neurose. In: Ders.: GW XII, S. 27-157.
- (1921c): Massenpsychologie und Ich-Analyse. In: Ders.: GW XIII, S. 71-116.
- (1927c): Die Zukunft einer Illusion. In: Ders.: GW XIV, S. 323-380.
- (1930a): Das Unbehagen in der Kultur. In: Ders.: GW XIV, S. 419-506.
- (1933a): Neue Folgen der Vorlesungen zur Einführung in die Psychoanalyse. In: Ders.: GW XV.
- (1937d): Konstruktionen in der Analyse. In: Ders.: GW XVI, S. 41-56.
- (1939a): Der Mann Moses und die monotheistische Religion. In: Ders.: GW XVI, S. 101-246.
- (1986): Briefe an Wilhelm Fließ. Frankfurt a.M.: Fischer.
Goody, J., Watt, I. (1986): Konsequenzen der Literalität. In: Goody, J., Watt, I., Gough, K.: Entstehung und Folgen der Schriftkultur. Frankfurt a.M.: Suhrkamp, S. 63-122.
Goffman, E. (1977): Rahmen-Analyse. Ein Versuch über die Organisation von Alltagserfahrungen. Frankfurt a.M.: Suhrkamp.
Green, A. (1991): On the constituents of the personal myth. In: Hartocollis, P., Graham, I.D. (eds.): The personal myth in psychoanalytic theory. Madison, CT.: International University Press, S. 63-89.
Haas, E. (1994): Gedenken und Erinnern. Jahrbuch der Psychoanalyse, 33, S. 155-173.
Hacking, I. (1996): Multiple Persönlichkeit. Zur Geschichte der Seele in der Moderne. München: Hanser.
Halbwachs, M. (1985): Das kollektive Gedächtnis. Frankfurt a.M.: Fischer.
Hankiss, A. (1981): Ontologies of the self: On the mythological rearranging of one's life history. In: Bertaux, D. (ed.): Biography and society: The life history approach in the social sciences. Berverly Hills, CA: Sage Publications, S. 203-209.
Hartocollis, P., Graham, I.D. (eds.) (1991): The personal myth in psychoanalytic theory. Madison, CT.: International University Press.
Haubl, R. (1995a): Die Gesellschaftlichkeit der psychischen Realität. In: gruppenanalyse, 5 (1), S. 27-51.
- (1995b): Happy Birthday, Germany! Nachrichten, Irritationen und Phantasien. In: Müller-Doohm, S., Neumann-Braun, K. (Hg.): Kulturinszenierungen. Frankfurt a.M.: Suhrkamp, S. 27-59.
- (1997): Das Veralten der Psychoanalyse und die Antiquiertheit des Menschen. Über Psychoanalyse und Zeitgeist. In: Psychoanalyse im Widerspruch, 17, S. 7-26.
Hegel, G.W.F. (1964): Grundlinien der Philosophie des Rechts. Bd. 7 der Glocknerschen Jubiläumsausgabe. Stuttgart: Frommann.
Hejl, P.M. (1992): Wie Gesellschaften Erfahrungen machen oder: Was Gesellschaftstheorie zum Verständnis des Gedächtnisproblems beitragen kann. In: Schmidt, S.J. (Hg.): Gedächtnis. Probleme und Perspektiven der interdisziplinäre Gedächtnisforschung. Frankfurt a.M.: Suhrkamp, S. 293-336.

Hirshberg, L.M. (1989): Remembering: Reproduction or construction? In: Psychoanalysis and Contemporary Thought, 12 (3), S. 343-381.

Jaubert, A. (1989): Fotos, die lügen. Politik mit gefälschten Bildern. Frankfurt a.M.: Athenäum.

Kris, E. (1956): The personal myth. A problem in psychoanalytic technique. In: Journal of the American Psychoanalytic Association, 4, S. 653-681.

Landsberg, A. (1995): Prosthetic memory: *Total Recall* and *Blade Runner*. In: Featherstone, M., Burrows, R. (eds.): Cyberspace/Cyberbodies/Cyberpunk. Cultures of technological embodiment. London: Sage, S. 175-189.

Loch, W. (1976): Psychoanalyse und Wahrheit. In: Psyche, 30, S. 865-898.

Loftus, E., Loftus, G. (1980): On the permanence of stored information in the human brain. In: American Psychologist, 35, S. 409-420.

Loftus, E., Ketcham, K. (1995): Die therapierte Erinnerung. Vom Mythos der Verdrängung bei Anklagen wegen sexuellen Mißbrauchs. Hamburg: Klein.

Marcuse, H. (1967): Der eindimensionale Mensch. Neuwied, Berlin: Luchterhand.

McCabe, A., Capron, E., Peterson, C. (1991): The voice of experience: The recall of early childhood and adolescent memories by young adults. In: MacCabe, A., Peterson, C. (eds.): Developing narrative structure. Hillsdale, N.J.: Erlbaum, S. 137-175.

Neisser, U. (1981): John Dean's memory: A case study. In: Cognition, 9, S. 1-22.

Nietzsche, F. (1964a): Unzeitgemäße Betrachtungen. In: Ders.: Sämtliche Werke in 12 Bdn. Bd. II. Stuttgart: Kröner, S. 1-389.

- (1964b): Jenseits von Gut und Böse. In: Ders.: Sämtliche Werke in 12 Bdn. Bd. VII. Stuttgart: Kröner, S. 3-236.

- (1964c): Zur Genealogie der Moral. In: Ders.: Sämtliche Werke in 12 Bdn. Bd. VII. Stuttgart: Kröner, S. 237-412.

Nigro, G., Neisser, U. (1983): Point of view in personal memories. In: Cognitive Psychology, 15, S. 467-482.

Orwell, G. (1950): Neunzehnhundertvierundachtzig. Zürich: Diana.

Robins, L. (1985): Early home environment and retrospective recall: A test for concordance between siblings with and without psychiatric disorders. In: American Journal of Orthopsychiatry, 55, S. 27-41.

Rorty, R. (1988): Freud und die moralische Reflexion. In: Ders.: Objektivität und Solidarität. Stuttgart: Reclam, S. 38-81.

Roth, G. (1994): Das Gehirn und seine Wirklichkeit. Kognitive Neurobiologie und ihre philosophischen Konsequenzen. Frankfurt a.M.: Suhrkamp.

Rusch, G. (1987): Erkenntnis, Wissenschaft, Geschichte. Von einem konstruktivistischen Standpunkt. Frankfurt a.M.: Suhrkamp.

Schafer, R. (1983): Narration in the psychoanalytic dialogue. In: Ders.: The analytic attitude. New York: Basic Books, S. 212-239.

Schmidt, S.J. (1991): Gedächtnisforschungen: Positionen, Probleme, Perspektiven. In: Ders. (Hg.): Gedächtnis. Probleme und Perspektiven der interdisziplinären Gedächtnisforschung. Frankfurt a.M.: Suhrkamp, S. 9-55.

Spence, D. (1983): Narrative truth and historical truth: Meaning and interpretation in psychoanalysis. New York: Norton.

Spero, M.H. (1990): Portal aspects of memory overlay in psychoanalysis. In: Psychoanalytic Study of the Child, 45, S. 79-103.

Wallerstein, R. (1991): Observations on the personal myth and on theoretical perspectives in psychoanalysis. In: Hartocollis, P., Graham, I.D. (eds.): The personal myth in psychoanalytic theory. Madison, CT.: International University Press, S. 357-372.

Wolf, S.E. (1991): The personal myth and the history of the self. In: Hartocollis, P., Graham, I.D. (eds.): The personal myth in psychoanalytic theory. Madison, CT.: International University Press, S. 89-107.

Zur Wissenschaftstheorie der Psychoanalyse[1]

Johann August Schülein

Zur Funktion von Wissenschaftstheorie

„Ich bin nicht immer Psychotherapeut gewesen, sondern bin bei Lokaldiagnosen und Elektroprognostik erzogen worden wie andere Neuropathologen, und es berührt mich selbst noch eigentümlich, daß die Krankengeschichten, die ich schreibe, wie Novellen zu lesen sind, und daß sie sozusagen des ernsten Gepräges der Wissenschaftlichkeit entbehren. Ich muß mich damit trösten, daß für dieses Ergebnis die Natur des Gegenstandes offenbar eher verantwortlich ist als meine Vorliebe; Lokaldiagnostik und elektrische Reaktionen kommen bei dem Studium der Hysterie eben nicht zur Geltung. Während eine eingehende Darstellung der seelischen Vorgänge, wie man sie vom Dichter zu erhalten gewohnt ist, mir gestattet, bei Anwendung einiger weniger psychologischer Formeln doch eine Art von Einsicht in den Hergang einer Hysterie zu gewinnen." (GW I, S. 227) Mit diesen etwas erstaunten, aber auch selbstsicheren Worten kommentierte Freud seine ersten Schritte in Richtung auf ein neues psychologisches Paradigma. Er selbst war davon überzeugt, nichts anderes zu tun, als das Prinzip der Naturwissenschaften auf die Psychologie zu übertragen. Der erste Satz der Traumdeutung lautet: „Indem ich hier die Darstellung der Traumdeutung versuche, glaube ich den Umkreis neuropathologischer Interessen nicht überschritten zu haben." (GW II/III, S. VII) – Daß seine Arbeit nicht ganz mit der des Chirurgen vergleichbar war (wie er es trotzdem gern tat[2]), entging ihm zwar nicht, aber er hielt an der Vorstellung einer einheitlichen Wissenschaft und der Ähnlichkeit der Methodologie fest und betrachtete die Psychoanalyse, wie er sie verstand und betrieb, selbstverständlich als dazugehörig.

Nicht alle Vertreter und Beobachter der Psychoanalyse konnten oder wollten Freud folgen. Es gibt Bemühungen, psychoanalytische Konzepte empirisch-analytisch – im Sinne der analytischen Wissenschaftstheorie – zu fundieren (etwa Thomae u. Kächele, 1985). Für die meisten Vertreter des Neopositivismus oder des Kritischen Rationalismus war und ist dies Unterfangen allerdings müßig. Popper (1962) beispielsweise brachte unmißverständlich zum Ausdruck, die Psychoanalyse sei keine Wissenschaft und könne auch niemals eine werden, weil ihre Aussagen nicht falsifizierbar seien. – Andere Theoretiker wiederum zweifelten nicht an der Wissenschaftlichkeit der Psychoanalyse, sondern an Freuds Interpretation ihres Status. Seit Habermas (1968) und Lorenzer (1972) ist diese Kritik unter der Bezeichnung „szientistisches Selbstmißverständnis" bekannt, womit gemeint ist, daß die Psychoanalyse keine Natur-, sondern eine hermeneutische Sozial- bzw. Erfahrungswissenschaft sei.

Damit waren die Diskussionen jedoch nicht abgeschlossen. Im Gegenteil: Der wissenschaftstheoretische Streit um die Psychoanalyse ist endemisch; ein Ende ist nicht abzusehen.[3] Damit geht es der Psychoanalyse wie einer Reihe von anderen Wissenschaften. Während über die Grundlagen von Physik, Chemie, Geologie vergleichsweise wenig gestritten wird[4], ist die wissenschaftstheoretische Debatte von (und in) Soziologie, Geschichte, Pädagogik heftig und kontrovers.[5]

Doch nicht nur der wissenschaftstheoretische Status der Psychoanalyse ist umstritten, sie selbst stellt sich als ein schier unüberschaubares Feld von unterschiedlichen Theorien dar. Bis auf die Berufung auf Freud gibt es von Ferenczi bis Balint, von Klein bis Winnicott, von Kohut bis Kernberg, von Grunberger bis Lacan eigentlich hauptsächlich Unterschiede und Auseinandersetzungen. – Wie ist es möglich, daß zu einem Thema so viele und so verschiedene Positionen bezogen werden können? Und welche Leistungen kann – angesichts solcher Heterogenität – eine wissenschaftstheoretische Auseinandersetzung erbringen? Um bei der zweiten Frage anzufangen: An wissenschaftstheoretischen Untersuchungen der Psychoanalyse mangelt es nicht. Wenn es jedoch bisher nicht gelungen ist, eine zufriedenstellende Lösung zu finden, muß davon ausgegangen werden, daß sie mit den (bisher) zur Verfügung stehenden Mitteln nicht gefunden werden kann – oder daß es sie nicht gibt. Das verweist zunächst auf die Wissenschaftstheorie selbst. Obwohl sie immer wieder als die entscheidende Hoffnung der Theorieentwicklung betrachtet wird, nachdem alle materialen Ontologien gescheitert sind (so daß schon von der wissenschaftstheoretischen Wende der Philosophie die Rede ist), handelt es sich keineswegs um ein gut fundiertes und allgemein akzeptiertes Theoriegebäude mit klaren Prämissen, Methoden, Konzepten. Auch die Wissenschaftstheorie stellt sich als heterogenes Feld von verschiedenen Diskursen und Perspektiven, von Moden und Marotten dar.

In ihrer dissenten Struktur ähnelt die wissenschaftstheoretische Diskussion der Psychoanalyse selbst – was, wie noch deutlich werden wird, kein Zufall ist. Eine eindeutige, unumstrittene Interpretation der Psychoanalyse ist daher weder aus ihrer Eigenentwicklung noch aus wissenschaftstheoretischen Analysen zu erwarten. Das wäre auch eine falsche Erwartung an die Wissenschaftstheorie. Man kann keine klaren Handlungsanweisungen und Beurteilungskriterien für bzw. der Wissenschaft von ihr verlangen. Wissenschaftstheorie ist keine Voraussetzung von Wissenschaft; zweifellos sind die meisten wissenschaftlichen Leistungen von Kennern der jeweiligen Materie, nicht der dazugehörigen Wissenschaftstheorie erbracht worden. Sie stellt ein eigenes kognitives Feld dar, welches eine wissenschaftliche Spezialdisziplin ermöglicht und erfordert, was vielen Theoretikern und Themen Raum und Ressourcen verschafft und zu einem elaborierten internen Diskurs führt. Ihre wesentlichen Leistungen für die

Wissenschaft selbst sind indirekter Art, liegen in der Reflexion von Zusammenhängen, die in der wissenschaftlichen Praxis selbst nicht Thema sind. Wissenschaftstheorie bleibt jedoch der wissenschaftlichen Praxis selbst äußerlich.[6] Sie entwickelt Kontexte und Referenzen, die bei Bedarf (und das heißt meistens: in Krisen oder bei festlichen Anlässen) je nach Bedarf herangezogen werden – oder auch nicht.

Das kann zur Verbesserung des Selbstverständnisses oder aber zur Stabilisierung der Selbstlegitimation (oder zu beidem) beitragen. Allerdings erscheint es angesichts des skizzierten Dissens wenig sinnvoll, eine der angebotenen Positionen zu beziehen und von dort aus die Psychoanalyse zu beurteilen. Dies würde nur bereits vorhandene Positionen wiederholen. Auch erscheint es – angesichts der bestehenden Angebote – nicht unbedingt zielführend, noch eine neues Konzept zwischen den bestehenden zu entwickeln oder den bestehenden weitere Nuancen abzugewinnen. Statt also ein neues Modell zu entwickeln oder die bestehenden zu kritisieren, betrachte ich das Thema abstrakter. Ich versuche im folgenden zu erklären, warum psychoanalytische Theorien so unterschiedlich sein können und warum sie so unterschiedlich beurteilt werden können. Ich möchte also die Bedingung der Möglichkeit der angesprochenen Heterogenitäten untersuchen und hoffe, auf diese Weise einen Zugang zu der Problematik, die psychoanalytischer Theoriebildung und Praxis zugrunde liegt, zu gewinnen. Von da aus (so hoffe ich weiter) könnten sich Perspektiven auf den Umgang mit psychoanalytischen Erkenntnissen außerhalb der Psychoanalyse ergeben.

Zu diesem Zweck kehre ich die historische Entwicklung (die von der Erkenntnistheorie zur Wissenschaftstheorie führte) um, weil ich der Ansicht bin, daß gerade ein Thema wie Psychoanalyse nicht auf wissenschaftliche Praxis beschränkt werden kann, sondern allgemein erkenntnistheoretisch behandelt werden muß. Zugleich ziehe ich punktuell wissenssoziologische Argumente heran, weil ich davon ausgehe, daß der soziale Prozeß der Theorie von ihrer Dynamik nicht zu trennen ist. Dabei verfahre ich auf eine Weise, die im allgemeinen „eklektisch" genannt und wenig geschätzt wird. D.h., ich verwende Argumente aus sehr verschiedenen Zusammenhängen, wo mir dies sinnvoll und produktiv erscheint, und gehe dabei selektiv vor.

Gegenstandslogik und Theoriebedarf

Nomologische und autopoietische Realität

Erkenntnistheorie beschäftigt sich mit der Beziehung von drei Dimensionen des Erkenntnisprozesses: Erkenntnisgegenstand, erkennendes Subjekt und Medium der Erkenntnis. Die klassische Erkenntnistheorie machte dabei zunächst keinen Unterschied zwischen verschiedenen Gegenständen der Erkenntnis und den Typen des subjektiven Zugangs. Erst im Laufe des 19. Jahrhunderts bildeten sich jene Unterscheidungen heraus, die die weitere Diskussion prägten. Dilthey entwickelte eine spezielle Erkenntnistheorie der sogenannten „Geisteswissenschaften", die sich auf die hermeneutische Rekonstruktion des Sinns der Objektwelt bezog (im Gegensatz zur thetischen Rekonstruktion der natürlichen Objekte). Mit Blick auf diese Differenzen unterschied dann Windelband zwischen „nomothetischen" Naturwissenschaften und „idiographischen" Geisteswissenschaften. – Zur gleichen Zeit entstanden Perspektiven, die sich mit der Logik von kognitiven Systemen beschäftigten. Dabei wurde der Gegenstandsbezug der erkennenden Subjekte differenzierter betrachtet. In Anlehnung an phänomenologische Konzepte entstand in diesem Kontext die Unterscheidung zwischen „Alltagsbewußtsein" und „Theorie" als unterschiedlichen Modi des Wirklichkeitszugangs – Alltagsbewußtsein als der Modus, in dem die Aufrechterhaltung der situativen Handlungsfähigkeit des erkennenden Subjekts im Zentrum steht, während es bei Theorie ausschließlich um die Gegenstandslogik geht.

Beide Unterscheidungen sind – wie alle einschlägigen Unterscheidungen – heftig umstritten. Gegen die Unterteilung der Wissenschaften (von massiver Kritik am Konzept und an Verfahren der „Hermeneutik" ganz abgesehen) wurde und wird vor allem eingewendet, daß jede Wissenschaft die gleiche Methodologie und gleiche Prüfkriterien zu erfüllen hätte. Außerdem sei eine Reduktion von Geschichte auf Einzelheiten unangemessen. Auch gegen die Unterscheidung von Alltagsbewußtsein und Theorie wird verstärkt durch die gegenwärtige Tendenz zu ethnomethodologischen und konstruktivistischen Perspektiven eingewendet, sie trenne, was in Wirklichkeit eine Einheit bilde. Diese Einwände sind berechtigt. Ich halte es trotzdem für sinnvoll, an den intendierten Unterscheidungen festzuhalten, wenn man sich darüber im Klaren ist, worauf sie sich beziehen.

Die Vorstellungen von Einheit der Wissenschaft und der Differenz zwischen verschiedenen Wissenschaften widersprechen sich nicht, wenn es sich um verschiedene Bezugsebenen handelt, wenn man also zwischen Kriterien unterscheidet, die für *jede* Wissenschaft oder *jede* Form der Erkenntnis gelten, und solchen, die *nur bestimmte* betreffen. Wenn man etwa (in Anlehnung an Hegel) Allgemeinheit, Besonderheit und Einzelheit unterscheidet (oder, moderner ausgedrückt: System, Subsystem, Element), kann und muß man angeben, *auf welche Ebene* sich eine Aussage bezieht. Das Einheitsargument zielt stets auf den *Allgemeinheitsstatus* von Wissenschaft, während das Differenzargument sich auf die *Besonderheiten* von Wissenschaftstypen oder auf einzelne Wissenschaften bezieht.

Hinzu kommt ein zweiter Punkt. Nicht nur der Theoriebedarf, auch das Konzept von Realität muß differenziert werden. Eine einheitliche Realitätskonzeption wird den realen Unterschieden nicht gerecht. Aber auch einfache Dichotomien sind unzulänglich. So auch die klassische Unterscheidung, die auf Windelband zurückgeht. Seine Gegenüberstellung von Nomothetik und Idiografik muß abstrakter gefaßt werden. In seinem Konzept wird sie zu sehr mit bestimmten Wissenschaften identifiziert, und die zwei Basistypen werden zu schematisch gegenübergestellt.[7] Es empfiehlt sich statt dessen, die Unterscheidung abstrakt als *logische* Differenz des *Gegenstands* und sie empirisch als ein *Kontinuum* mit unterschiedlichen Konstellationen zu betrachten. Dadurch wird der Zwang zu binären Entscheidungen (entweder/oder) vermieden.

Gleichzeitig wäre auf dem Hintergrund neuerer Erkenntnisse die Polarität des Kontinuums anders zu bestimmen. „Idiografik" ist in der Windelband'schen Fassung zu eng auf Kultur und Geschichte begrenzt. Aus heutiger Sicht erscheint es angemessener, allgemeiner vom Prinzip der Selbststeuerung auszugehen. Dieses Prinzip betrifft (in verschiedener Weise) empirisch wesentlich mehr und verschiedene Wirklichkeitsbereiche. Außerdem verbindet „Idiografik" die Logik des Gegenstandes zu unmittelbar mit der Art seiner Thematisierung. Ich möchte daher den Begriff der *Autopoiesis* verwenden (ohne hier ausführlicher auf die Karriere und sonstige Verwendung dieses Begriffs einzugehen).[8] Folgt man dieser Unterscheidung – ebenfalls ohne nähere Auseinandersetzung mit den einschlägigen Diskussionen[9] –, ließen sich die damit verbundenen erkenntnistheoretischen Charakteristika so umreißen:

- *Nomologische Realität* ist dem erkennenden Subjekt als zwingender Ablauf vorgegeben, unterliegt keiner Veränderung oder Entwicklung, folgt spezifischen, alternativelosen Kalkülen. Das impliziert die Identität von Logik und Empirie oder, in der Sprache der idealistischen Philosophie: von Allgemeinem und Besonderem und entsprechend auch inerte Kontinuität. Nomothetik bedeutet entsprechend Objektivität (obiectum: das „Entgegengeworfene") im Sinne eines definitiven „Produkts". Daher kann das erkennende Subjekt zu dieser Wirklichkeit nur eine rein kontemplative Beziehung aufnehmen – die Befunde können zwar praktisch genutzt werden, diese Realität läßt sich jedoch nicht beeinflussen.[10]
- *Autopoietische Realität* basiert auf eigenständigen, d.h. autonomen Entitäten, die zu Selbstorganisation fähig sind. Dies schließt konstruktive und selektive Anschlüsse an die Umwelt, aber auch ebensolche Modi der Selbststeuerung ein. Es handelt sich also nicht um eine definitive Wirklichkeit, sondern um einen permanenten Prozeß der Entwicklung, Realisierung und Veränderung. Dabei gibt es Alternativen, aus denen bestimmte ausgewählt und andere unterdrückt werden, und es werden durch diesen Prozeß ständig neue Alternativen erzeugt. Autopoiesis ist daher nicht nur reflexiv, sie ist emergent, und diese Emergenz ist prinzipiell nicht antizipierbar. – Dieser Realitätstyp hat *Subjektcharakter*, weil und wo Autonomie Differenz nicht nur zum Kontext, sondern auch zu ähnlichen Prozessen bedeutet. Autopoiesis heißt daher Nicht-Identität von Allgemeinem und Besonderem, heißt historischer Wandel und offene Zukunft. Ein solcher offener Prozeß kann beeinflußt und verändert werden.

Daher kann das erkennende Subjekt zu ihm eine nicht nur kontemplative, sondern aktive Position beziehen. Erkenntnis wird hier zur Intervention(smöglichkeit).

Wie gesagt: Es handelt sich um eine *logische* Schematisierung. *Empirisch* ist Realität über weite Strecken durch die *Interferenz nomologischer und autopoietischer Strukturen* gekennzeichnet. Bereits das Zusammenspiel von verschiedenen nomologischen Prozessen erzeugt eine Wirklichkeit, die auch autopoietisch ist. Verschiedene physikalische und chemische Prozesse ergeben ein komplexes System, welches wir als „Wetter" erleben. Versuche, Wetter zu verstehen, führten schnell an die Grenzen rein nomothetischen Denkens. Die verschiedenen theoretischen Konzepte, die daraufhin entwickelt wurden (von der „Chaos-Theorie" bis zur Theorie „dissipativer Strukturen")[11] haben gemeinsam, daß sie die Eigenlogik und Selbststeuerung der Prozesse – also ihre Autopoiesis – fokussieren.

Die meisten *empirischen Realitätsformen* stellen also keinen „reinen" Typus dar, sondern sind – jeweils spezifische – *„Mischungen" von Nomologie und Autopoiesis*. Allerdings gibt es, was den jeweiligen Status der Autopoiesis betrifft, qualitative Differenzen. Die meisten natürlichen Systeme basieren auf *zyklischer Autopoiesis*; d.h., verschiedene Formen und Dynamiken, die ihrerseits nomologischen Charakter haben, wechseln auf typische, aber nicht identische Weise. So lassen sich „Regen", „Sonnenschein", „Frost" usw. als Modi des Wetters identifizieren, die jeweils bestimmte interne Strukturen haben und sich auf bestimmte Weise abwechseln. Wenn man so will: Hier ist Autopoiesis noch nomologisch strukturiert. – Im Gegensatz dazu steht *dynamische Autopoiesis*. Hier kommen Autonomie und Eigendynamik der Entität voll zur Geltung; d.h., sie steuern sich selbst nach eigenen Prinzipien bzw. Prinzipien, die sie selbst steuern können. Diese Leistung eigenständiger Konstitution und Selektion meint der Begriff „Sinn", sie ist die Prozeßstruktur von Realität mit Subjektcharakter. Subjektivität (subjectum heißt auch: das Zugrundeliegende) meint hier nicht eine Person, sondern allgemeiner: die autopoietische Kompetenz (die entsprechend auch soziale Prozesse, kulturelle Entitäten, kognitive Systeme etc. besitzen können).[12]

Dynamische Autopoiesis bedeutet zudem stets das Zusammenspiel von verschiedenen autopoietischen Prozessen: Es gibt sie nicht im Singular. Entitäten sind ihrerseits das Ergebnis des Zusammenspiels von Teilprozessen, sie stehen in einem Kontext von anderen autopoietischen Entitäten und Prozessen. Dies bildet eine Metarealität, eine abstrakte Realitätsebene, welche ihrerseits autopoietische Eigenschaften besitzt und den konstitutiven und selektiven Rahmen ihrer Innenwelt bildet. Autopoietische Realität muß also als Gesamtprozeß, als Dialektik abstrakter und konkreter Momente verstanden werden. In der Sprache der idealistischen Philosophie: Die Differenz von Interferenz von Allgemeinem und Besonderem ist konstitutiv für transzendierende Autopoiesis.

Die darin integrierten Ebenen, Prozesse, Entitäten sind zwangsläufig heterogen, entwickeln sich verschieden, gegeneinander, mischen sich auf komplexe Weise, so daß ein System von Einheit und Differenz, von Mehrdeutigkeit und Widersprüchen entsteht. Weder Einzelheiten noch das Ganze müssen in ihrer Tendenz eindeutig sein, wahrscheinlicher ist, daß verschiedene Dynamiken zugleich ablaufen, sich überlagern und in verschiedene Richtung weisen. Einzelheiten sind dann u.U. überdeterminiert und widersprüchlich, d.h. sie stehen zugleich in verschiedenen Sinnzusammenhängen, die gegenläufig sein können. „Fortschritt" und „Rückschritt", „neu" und „alt" usw. sind dann nichts Getrenntes, sondern bilden eine Einheit. Ein im traditionellen Sinn ontologisches Substanzdenken erweist sich insofern als unzulänglich: Nichts „ist" einfach und nur das, was es ist, sondern zugleich auch Anderes.[13]

Das gilt – wie in anderen Problemfeldern heterologer Komplexität auch – ebenfalls für den Begriff der Kausalität. Neben Heterogenität und Widersprüchlichkeit ist transzendente autopoietische Realität noch dadurch gekennzeichnet, daß das Zusammenspiel zwischen verschiedenen Momenten des Prozesses sich nicht einfach als unmittelbare kausale Relation darstellt. Von besonderer Bedeutung sind indirekte und systemische Einflüsse. Hegel hat dafür den Begriff der „Vermittlung" gebraucht. Vermittlung bedeutet Entwicklung durch Formwandel, in verschiedenen Modi, über Umwege, Hintergrundwirkungen und Struktureffekte.[14]

Objektreflexion und Selbstreflexion

Ein weiterer Punkt betrifft das Verhältnis von Erkenntnisobjekt und erkennendem Subjekt. In der Gegenüberstellung von erkennendem Subjekt und Erkenntnisgegenstand wird zunächst auf die für jede Erkenntnis konstitutive Differenz abgehoben. Diese Differenz ist logisch zu verstehen: Erst aus der Entgegensetzung ergibt sich eine Relation, in der ein Subjekt etwas zum Thema seiner Erkenntnis machen kann. Empirisch gibt es jedoch die Möglichkeit, daß das Objekt das Subjekt selbst ist. Wenn es zwischen erkennendem Subjekt und Erkenntnisgegenstand eine Überschneidung bzw. eine mehr oder weniger weit reichende Identität gibt, d.h., wenn das erkennende Subjekt sich mit sich selbst und seiner Welt beschäftigt, verkompliziert sich diese Relation. Diese Überschneidung wird in der Literatur unter verschiedenen Überschriften behandelt; treffend (wenn auch methodisch ungeklärt) ist die Bezeichnung Selbstreflexion.[15]

Die Unterscheidung von Objekt- und Selbstreflexion[16] deckt sich nicht mit der Differenz von Nomologie und Autopoiesis, es gibt jedoch systematische Korrelationen. Objektreflexion ist naturgemäß immer gegeben, wenn nomologische Realität thematisiert wird. Dagegen sind psychische und soziale Realität autopoietisch. Damit überschneiden sich Subjekt und Objekt nicht nur, sie sind vor allem vom Realitätstyp her identisch.[17] Selbstreflexion hat deshalb besondere Bedingungen und Probleme zur Folge. Sie bedeutet, daß das erkennende Subjekt Teil der bzw. die autopoietische Realität ist, die es thematisiert. Dies hat Auswirkungen nach beiden Seiten. Hier wird die weiter oben angesprochene Unterscheidung von Alltagsbewußtsein und Theorie relevant. Zur eigenen Welt hat jedes Subjekt unvermeidlich einen handlungspraktisch sinnvollen (d.h. konstitutiven, selektiven und daher normativen) Kontakt, der im Alltagsbewußtsein repräsentiert ist. Eine Theorie bezieht sich auf dieselbe Realität, aber nicht unter dem Vorzeichen subjektiver Funktionalität, sondern dem der Objektangemessenheit.

Damit *verdoppelt* sich der Realitätsbezug.[18] Das Alltagsbewußtsein ist mit seinen Orientierungsleistungen, Prinzipien, Modalitäten Teil dieser Wirklichkeit, wird durch sie konstituiert und konstituiert sie durch seine Leistungen (mit). Parallel dazu steht jetzt der Versuch einer theoretischen Erfassung der gleichen Realität, getragen vom gleichen Subjekt, ebenfalls als Teil dieser Realität, auf die sie sich bezieht, aber mit einer – verglichen mit dem Alltagsbewußtsein – exzentrischen Perspektive. Das erkennende Subjekt hat in beiden Fällen zum Erkenntnisgegenstand einen selektiven und konstitutiven, damit auch normativen Kontakt; die Alternativen, die der autopoietische Prozeß enthält und erzeugt, sind für beide kognitive Modi relevant und unausweichlich gegeben. Beide werden also von ihrem Gegenstand bestimmt, und beide mischen sich in seinen autopoietischen Prozeß ein – allerdings auf verschiedene Weise. Während das Alltagsbewußtsein unmittelbar in die Realität verstrickt ist, ist der Modus der Reflexion durch Distanz und Brechung der Unmittelbarkeit gekennzeichnet (dominiert also in der Selbstthematisierung das Prinzip der Distanzierung).

Damit stellt sich die Frage des Verhältnisses von Alltagsbewußtsein und Theorie. Einerseits ergeben sich notwendig Gegensätze und Konkurrenzbeziehungen, weil sich beide unter verschiedenen Vorzeichen mit dem gleichen Thema beschäftigen. Das zeigt sich nicht zuletzt darin, daß Theorien der Persönlichkeit, der Gesellschaft, der Literatur usw. auch in Alltagsdiskursen entwickelt und rezipiert werden (was einer Theorie chemischer Prozesse in dieser Form nicht passiert[19]). Und weil sie sich auf Realitäten beziehen, zu denen das Alltagsbewußtsein dezidierte eigene Einstellungen hat, werden sie in den Sog der Verarbeitungsformen hineingezogen, die dort vorherrschen. Das heißt: Sie stoßen auf Unverständnis und Ablehnung, es wird ihnen widersprochen, es werden Argumente, die passen, in andere Kontexte (z.B. ideologische) transponiert, es werden Befunde instrumentalisiert usw. Das Alltagsbewußtsein behauptet seine kognitiven Modi gegen die der Theorie, es hält an ihnen gegen die Zumutungen der Theorie fest.

Auf der anderen Seite steht die Notwendigkeit von Kooperation. Alltagsbewußtsein und selbstreflexive Theorie sind nicht zwei getrennte Welten, sie koexistieren im erkennenden Subjekt, welches zwar über die Form der Zuwendung zu beiden Modi getrennt fähig ist (und sein muß, sonst wäre selbstreflexive Theorie überhaupt unmöglich), welches aber nicht von sich abstrahieren kann. Wie noch deutlich werden wird, bleibt selbstreflexive Theorie über die notwendigen subjektiven Leistungen und über die Formen der Institutionalisierung ihren psychosozialen Grundlagen verbunden; ein Austausch läßt sich nicht verhindern – und es ist fraglich, ob dies sinnvoll wäre. Denn lebensweltliche Anregungen, Erfahrungen, Themen stellen für selbstreflexive Theorien nicht nur wesentliche Anregungen dar dominiert – schließlich beziehen sie sich auf den Prozeß, der sich in der Autopoiesis von Alltag und Alltagsbewußtsein vollzieht –, es handelt sich auch um wichtiges „Rohmaterial", um Zugänge, ohne die Theorie letztlich kontaktlos bliebe.[20]

Damit wird deutlich, inwiefern die Analyse autopoietischer Realität, wenn sie zur Selbstreflexion des erkennenden Subjekts wird, im besonderen Maß der Kommunikation zwischen Alltagsbewußtsein und Theorie sowie einem dynamischen (um nicht zu sagen: autopoietischen) Verhältnis von erkennendem Subjekt und Erkenntnisobjekt ausgesetzt ist. Dies führt zu Abgrenzungs- und Stabilisierungsproblemen, auf die noch zurückzukommen sein wird.

Theoriebedarf

Die bisherigen Überlegungen bezogen sich auf den Gegenstand der Erkenntnis sowie das Verhältnis von erkennendem Subjekt und Erkenntnisgegenstand. Die angedeuteten Differenzen wirken sich jedoch auch massiv auf das Erkenntnismedium und die Praxis der Erkenntnis aus. Bei näherer Betrachtung der Frage nach dem *Bedarf an Theorie*[21], der sich aus den jeweiligen Besonderheiten des Gegenstandes und der Beziehung des erkennenden Subjekts zum Gegenstand ergibt, wird schnell deutlich, daß Nomologie und Autopoiesis verschiedene Anforderungen an das Symbolsystem stellen. In Stichworten:

– *Nomologische Realität* verlangt einen Theorietyp, der imstande ist, deren *Algorithmen* zu erfassen und intern korrekt abzubilden. Ein solches kognitives System muß transsituativ und transsubjektive Gültigkeit unabhängig von seiner Genese besitzen, und es muß nomologisch und eindeutig formuliert sein. Diese Leistungen erbringt ein *denotatives Symbolsystem*[22], d.h. ein System von subjekt- und kontextunabhängigen Zeichen mit nomologischer Gegenstandsreferenz. Dies ist im Idealfall ein mathematisches Modell, in dessen Formelsprache die Algorithmen des Gegen-

standes abbildbar sind. Dieses Erkenntnismedium ist reiner Objektausdruck, es schreibt dem (jedem) erkennenden Subjekt vor, wie es zu nutzen sei. Eine nomothetische Theorie verlangt daher korrektes Einhalten definiter Regeln – nur wer sich an die Regeln hält, rechnet richtig.
- Diese Theorieleistung ist in gewisser Weise die Grundlage *jeder* Theorie (und zwar insofern, als jedes kognitive System, welches verläßliche Objektaussagen beinhalten soll, Subjektunabhängigkeit und logischen Objektbezug voraussetzt). Die theoretische Reflexion *transzendenter autopoietischer Realität* läßt sich jedoch nicht ausschließlich auf dieser Basis entwickeln – rein nomothetische Logik reicht nicht aus. Das denotative Symbolsystem muß ergänzt (und in gewisser Weise ersetzt) werden. Nichtidentität von Allgemeinem und Besonderen, Selbstorganisation, Selbststeuerung und Eigendynamik von Entitäten und Interferenzen, Heterogenität und Mehrdeutigkeit, Geschichtlichkeit, offene Zukunft, Alternativen und deren Selektion – alle diese Realitätseigenschaften verlangen ein Symbolsystem, welches imstande ist, diese Eigenschaften zu berücksichtigen. Dies leistet ein *konnotatives Symbolsystem*[23]. Es operiert nicht mit abgegrenzten (und abgrenzenden) Zeichen, die eindeutig festlegen, sondern mit kognitiven Konzepten, in denen die (Fähigkeit zur) Herstellung passender Relationen und die Erfassung des jeweils Besonderen im Mittelpunkt steht.

An die Stelle logisch eindeutig formulierter Algorithmen müssen daher *Begriffe* treten. Begriffe sind, so könnte man in Anlehnung an Hegel[24] sagen, Medien der Entwicklung des Gegenstandes in einem doppelten Sinn: Sie bringen ihn in seiner Allgemeinheit und Besonderheit, als widersprüchliche, sich in Entwicklung befindende, multiple, determinierte und autonome Einheit in einem bestimmten Kontext zum Ausdruck – und sie erfassen sich in ihrer Beziehung zu dem, was thematisiert wird.

Ein konnotatives Symbolsystem zielt also auf die spezifische Logik und Dynamik, auf die Rekonstruktion besonderer interner und externer Relationen, kurz: auf Subjektivität und Reflexivität des Prozesses. Begriffe sind ihr „Produktionsmittel", aber ein Produktionsmittel, welches ein aktives Verhältnis zum Gegenstand hat und entsprechende Aktivitäten des erkennenden Subjekts verlangt.[25] Wer beispielsweise den Begriff „Rolle" verwendet, muß einerseits nachvollziehen können, welche soziale Realität damit gemeint ist, und andererseits eine aktive Erkenntnisstrategie entwickeln, die es ermöglicht, den Begriff pragmatisch zu konzeptualisieren, also konkret zuzuordnen, abzugrenzen, Interaktionen einzubeziehen usw. Das heißt zugleich, daß ein Konzept der Begriffsbildung und -verwendung zur Verfügung stehen muß.

Damit stellt sich eine Reihe von Problemen, die (so) in denotativen Symbolsystemen nicht auftauchen.[26] Dazu gehört zunächst das *Problem des Gegenstandsbezugs* der Theorie: Er ist notorisch instabil und uneindeutig. Die systematische Differenz zwischen Allgemeinem und Besonderen hat zur Folge, daß die (Eigen-)Logik eines autopoietischen Prozesses nicht (unmittelbar) verallgemeinert werden kann und umgekehrt Allgemeinheit nicht die jeweilige Besonderheit zum Ausdruck bringen kann. Deshalb gibt es keine logische „Zentralperspektive". Insofern bedürfen beide Formen der Übersetzung ihrerseits spezieller Transformationsstrategien, die nur auf losen Verbindungen und Erfahrungsregeln, nicht aber auf Sicherheit und Eindeutigkeit basieren können. – Ein weiteres unlösbares Problem stellt die mit einer multiplen Struktur verbundene Möglichkeit unterschiedlicher Relationen dar. Autopoietische Prozesse stehen auf kontingente Weise in Kontexten, generieren auf ebenso kontingente Weise neue Kontexte, was bedeutet, daß bestimmte Bezüge hergestellt werden können, aber nicht müssen – ob Handlungen mit bestimmten Tendenzen übereinstimmen oder ihnen widersprechen, läßt sich nicht schematisieren, sondern muß jeweils entwickelt und begründet werden.

Darin liegt letztlich auch die Bedingung der Möglichkeit *multipler Thematisierbarkeit* autopoietischer Realität. Multiple Thematisierbarkeit hängt zunächst mit der systematischen Möglichkeit, autopoietische Realität auf verschiedene Weise zu analysieren, zusammen – je nach Gewichtung der jeweiligen Dimensionen und Aspekte des Themas, nach Paradigma und Prämissen, kann derselbe Sachverhalt unterschiedlich begriffen und kontextualisiert werden. Multiple Struktur erlaubt/verlangt multiple Thematisierung. – Dazu kommt, daß unterschiedliche Gegenstandsstrukturen nicht zugleich hinreichend differenziert symbolisiert werden können. Daher besteht ein Bedarf an begrifflicher Spezialisierung. Begriffliche Spezialisierung schließt jedoch aus, daß zugleich andere mögliche Perspektiven auf gleiche Weise behandelt werden. – Das bedeutet, daß verschiedene Theorien mit gleichem Recht angemessenen Gegenstandsbezug behaupten können. Deshalb gibt es nicht *eine* Theorie der Psyche, sondern viele, nicht eine Gesellschaftstheorie, sondern viele.[27] Eines der damit verbundenen Folgeprobleme betrifft die Beurteilung. Die übliche Schematisierung wahr/falsch[28] funktioniert hier nicht ohne weiteres. Zwar konkurrieren die verschiedenen Theorien und nehmen jeweils für sich Wahrheitswert in Anspruch, sie lassen sich jedoch nicht unmittelbar vergleichen und an gleichen Maßstäben messen. Das Problem der multiplen Thematisierbarkeit mündet gewissermaßen in das Problem der multiplen Legitimierbarkeit bzw. der Unmöglichkeit monologischer Evaluation.[29] Es ist daher schwierig, definitive Unterscheidungskriterien zwischen „richtiger" und „falscher" Theorie zu gewinnen. Es besteht jedoch auch innerhalb der Theorien keine saubere Trennung von „richtig" und „falsch". Die Widersprüchlichkeit des Gegenstands, aber auch die skizzierten Probleme des Gegenstandbezugs führen dazu, daß Theorien nicht entweder stimmen oder nicht stimmen, sie können beides gleichzeitig. Es gibt richtige Einsichten aus falschen Gründen und in falschen Kontexten, verschiedene Konsequenzen aus gleichen Prämissen und falsche Schlüsse auf der Basis richtiger Theorien. Dadurch ist erst recht ein definitives, instrumentalisierbares Kriterium für Theoriebeurteilung und -nutzung erschwert.

Ein weiteres Problem ergibt sich aus dem Leistungsvermögen von Symbolsystemen. Alle Theorien operieren im Prinzip mit digitalen Modi.[30] Während jedoch denotative Zeichensysteme in der Auseinandersetzung mit der Komplexität nomologischer Realität in hochspezialisierte *Digitalität* (etwa mathematische Formeln) eine angemessene Form der Theorie finden, müssen konnotative Symbolsysteme, um vermittelte Zusammenhänge wiedergeben zu können, auch zu *analogen Modi* greifen: Sie entwickeln Modelle, bildliche Vorstellungen, Idealtypen, die durchweg die Funktion haben, die unendliche Vielfalt der empirischen Realität und ihre vielschichtige Struktur handhabbar werden zu lassen.[31]

Neben dem Gegenstandsbezug ist auch die Binnenstruktur konnotativer Symbolsysteme geprägt von Instabilität und Kontingenz. Es liegt auf der Hand, daß Begriffe keine scharfen Grenzen haben (können), sich ändern, auf unterschiedliche Weise relationiert sein können. Innere wie äußere Geschlossenheit der Theorie ist nicht erreichbar. Auch der Theoriegebrauch kann und muß je nach subjektiver Definition und Strategie variieren. Da erst die Konstruktion von Verbindungen und Eigenlogiken die Theorie produktiv werden läßt, ist sie von der *Aktivität des erkennenden Subjekts* nicht zu trennen. Die Besonderheit, daß Begriffsgebrauch eine subjektive (und damit vermittelt auch soziale)[32] Aktivität ist, erlaubt keine Abgeschlossenheit und Unabhängigkeit des konnotativen Symbolsystems.[33]

Diese Problemkonstellation konnotativer Symbolsysteme birgt erhebliche Risiken. Man kann in diesem Zusammenhang *zwei unterschiedliche Typen von Risiken* unterscheiden (vgl. dazu Schülein, 1987). *Primäre Risiken* ergeben sich aus der systematischen Unzulänglichkeit von Theorie: Fokussierung und Reproduktion des Gegenstands bleiben zwangsläufig verkürzt, unpassend, unsicher. „Fehler" lassen sich daher gar nicht vermeiden; der Versuch, bestimmte Fehler zu vermeiden, führt mit Sicherheit zu Problemen in anderen Hinsichten. Primäre Risiken sind also Probleme, die sich aus der Theoriebalance bzw. aus der Balance ihres Gegenstandsbezugs ergeben.

Dagegen sind *sekundäre Risiken* die Risiken, die sich aus der Aktivität des erkennenden Subjekts und aus der Überschneidung von Erkenntnisgegenstand und Erkenntnissubjekt ergeben. Sie werden vor allem da deutlich, wo diese Überschneidung Selbstthematisierung impliziert. Während denotative Symbolsysteme nach ihrer Entwicklung eine von der Genese unabhängige Geltung besitzen, bleiben konnotative in ihren Gegenstand verstrickt. Das heißt aber auch: Die psychische Identität des Subjekts und die soziale Form der Erkenntnis bleiben konstitutiv, bedingen und beeinflussen einander auf Dauer. Alltagsbewußtsein und Theorie sind keine verschiedenen kognitiven Welten mit unterschiedlicher Struktur, sondern sie operieren im Prinzip mit ähnlichen Mechanismen und beziehen sich auf die gleiche Realität. Damit sind Überschneidungen und Vermischungen mit allen Folgeproblemen, die daraus resultieren, unvermeidlich, d.h. das konnotative Symbolsystem muß sich in diesem Milieu der Verstrickung entwickeln.[34]

Die vielfältigen Beziehungen zwischen Erkenntnisprozeß und gesellschaftlicher Institutionalisierung, Formen subjektiver Identitätsbalance, subkulturelle Strukturen, Theoriemoden usw. sind daher keine „Störung" der Entwicklung des Symbolsystems, sondern sein Entwicklungsmedium. Das konnotative Symbolsystem ist selbst ein autopoietischer Prozeß, Teil dessen, was es thematisiert, und teilt daher dessen Logik. Entsprechend verlaufen Theorieentwicklung und -verwendung nicht linear und akkumulativ, sondern eigendynamisch bis erratisch. Eine systematische Untersuchung dieses „Theorieschicksals" wäre Thema einer Institutionsanalyse, was den Rahmen dieser Arbeit weit überschreiten würde. Ihr Ziel wäre es u.a., *Entstehungsbedingungen* (d.h. gesellschaftlichen „Bedarf" und verfügbare Ressourcen), *Entwicklungsgrad* und *-dynamik* der Theorie und Praxis, den *produktiven* und *reproduktiven Prozeß* sowie *manifeste* und *latente Strukturen* der Institution Psychoanalyse näher zu erfassen, um auf diese Weise die spezifische Eigendynamik und „Erratik" interpretieren zu können. Ein solches Unternehmen würde zugleich die generellen Probleme der Institutionalisierung selbstreflexiver Praxis aussprechen (vgl. Schülein, 1978).

Zur Problematik der Psychoanalyse

Die bisherigen Überlegungen betrafen

- die Struktur autopoietischer Prozesse,
- die Merkmale konnotativer Symbolsysteme, die zu ihrem Verständnis erforderlich sind, sowie
- die besondere Problemkonstellation bei einer Überschneidung von erkennendem Subjekt und Erkenntnisgegenstand, also bei Formen der Selbstthematisierung.

Sie verdeutlichen, warum konnotative Symbolsysteme keine „Ruhezeiten" und „Ruhezonen" kennen (können). Theorien dieses Typs sind chronisch instabil. Umso größer ist der Bedarf an Stabilisierungsmechanismen, an Strategien, die Folgen der primären und sekundären Risiken zu bewältigen und angesichts der unvermeidlichen Kontingenz und Unzulänglichkeit das eigene Denken überhaupt durchzuhalten. Dies ist der wichtigste Grund für die chronischen Balanceprobleme konnotativer Symbolsysteme, für die unheilbaren Unsicherheiten, die zu ständigen Selbstvergewisserungen und Reformulierungen zwingen. Und es ist auch der Grund für die buchstäblich endlosen wissenschaftstheoretischen Debatten über Theorien dieses Typs sowie die dabei möglichen hochgradig verschiedenen Positionen – beides ist bezogen auf denotative Symbolsysteme weder nötig noch möglich.[35]

Das skizzierte Problemprofil trifft auf psychologische Theorien in besonderer Weise zu. Sie stellt eine Zuspitzung der Selbstthematisierung dar. Das Problem des Objektzugangs und der Struktur der Theorie war daher von Anfang ein neuralgischer Punkt jeder psychologischen Forschung. Unter diesem Problemdruck und beeindruckt von der Leistungsfähigkeit empirischer Forschung, gab es viele Versuche, sie auf das Modell nomothetischer Theorie festzulegen (und damit die genannten Schwierigkeiten zu unterlaufen). Sie sind, so kann man heute sagen, im Prinzip gescheitert. Empirische Forschung hat sich als wichtiges Forschungsinstrument erwiesen, aber die behavioristische Theorie, die der Psyche rein nomologischen Status zuweist und rein nomothetisch argumentiert, erwies sich als Sackgasse. Die „kognitivistische Wende" der akademischen Psychologie indiziert auch die Einsicht, daß psychische Prozesse sich nicht angemessen denotativ abbilden lassen.[36]

Auch Freud war mit den Problemen psychologischer Theoriebildung konfrontiert. Sein Vorgehen war wissenschaftstheoretisch problematisch, pragmatisch dagegen ideal: Er identifizierte sich zwar, das belegen die eingangs zitierten Äußerungen, mit dem Typus der wissenschaftlichen Forschung des 19. Jahrhunderts, aber er übernahm die positivistische Gleichsetzung von empirischem Zugang und Objektivität nicht (vgl. Schülein, 1975). Das bewahrte ihn vor der nomologisch-denotativen Sackgasse der Theorie, perpetuierte aber auch die Probleme, die darin verdeckt sind. Es ist ein Kapitel für sich, wie es ihm gelang, Schritt für Schritt aus denotativen theoretischen Prämissen, die für nomologische Realität entwickelt wurden, ein eigenständiges konnotatives Modell zu entwickeln[37] (dem aus heutiger Sicht diese Herkunft jedoch noch anzumerken ist). Bemerkenswert ist in diesem Zusammenhang, daß sein theoretisches und praktisches Vorgehen wesentlich weiter ging als er dies selbst darstellte. Freud wagte sich extrem vor – man könnte vermuten, daß sein Bemühen, dies alles als völlig normale Wissenschaft darzustellen, ein Versuch war, die institutionelle Balance zu halten (durch das Eindämmen der potentiellen Konsequenzen seines Vorgehens).[38]

Dies war erforderlich, weil seine Kreativität nicht nur seine, sondern auch die seinerzeit verfügbaren Interpretationsmöglichkeiten bei weitem überstieg. Das Thema, welchem er sich widmete, war mit den konventionellen Methoden nicht zugänglich. Als gelernter Neurologe und Psychiater erkannte er schnell, daß die Suche nach physiologischen Grundlagen psychischer Prozesse von deren Eigenlogik ablenkt. Vor allem, wenn es um latente psychische Sinnzusammenhänge geht, erwies (und erweist) sich zudem ein rationalistisches Modell von Handlungsmotiven als unzulänglich. Rationalistische Handlungsmodelle – etwa der „homo oeconomicus" – abstrahieren gerade von den spezifischen subjektiven Bedingungen, weil sie ein transsubjektiv gültiges Kalkül unterstellen. Freud nahm dagegen die (scheinbar) irrationalen Lebensäußerungen ernst und bemühte sich, sie ungestört zuzulassen. Das von ihm entwickelte Arrangement diente vor allem dazu, die diversen Brechungen und Vermittlungen intrapsychischen Geschehens zu überbrücken und zu neutralisieren, also Intrapsychisches möglichst unchiffriert zu erfahren. Dies gelang ihm durch die Entwicklung einer sozial exzentrischen Situation, in der normale Interaktionsregeln ausdrücklich außer Kraft gesetzt sind, aber (oder besser: gerade deshalb) die psychische Verarbeitung von Realität in Form von Beziehungsmustern besonders elaboriert wird.

Dabei machte er sich einen Aspekt alltäglicher Interaktion zunutze, den viele seiner Vorgänger und seiner Nachfolger – auch der moderne Konstruktivismus – (noch) nicht hinreichend begriffen haben. Während der „klassische" Konstruktivismus (Kant) sich mit den transzendentalen Modalitäten der Konstruktion beschäftigte und dabei von spezifischer Subjektivität abstrahierte, tendiert der „moderne" Konstruktivismus dazu, sich auf soziale Konstruktionsregeln zu konzentrieren. Auch hier fehlt ein substanzlogisches Konzept der subjektiven Kontaktaufnahme mit Realität.[39] Hier hat Freud wichtige Schritte unternommen. Er bezeichnete die Tatsache, daß Realität nicht nur entlang lebensgeschichtlich erworbener kognitiver Muster interpretiert, sondern entlang lebensgeschichtlich erfahrener Beziehungsmuster erlebt wird, als *Übertragung*: Realität wird in bezug auf die Psychodynamik der subjektiven Identität konstruiert. Dabei spielen vor allem biographisch relevante psychosoziale Syndrome eine zentrale Rolle. Sie bilden einerseits Orientierungsrahmen für bekannte und unbekannte Realität ab, drängen sich andererseits an passenden und unpassenden Stellen ins Erleben.

Übertragung ist, so könnte man sagen, der Modus der Überbrückung der Differenz zwischen subjektiven und objektiven Prozessen, in den kognitive Leistungen eingebettet sind. Das Verhältnis beider ist variabel. Es reicht von völliger Autonomie kognitiver Aktivitäten (objektiviert in denotativen Zeichensystemen) bis zur völligen Abhängigkeit der Kognition von psychodynamischen Prozessen (in Projektionen). Wo es weder dominante psychosoziale Syndrome gibt, noch kognitive Prozesse völlige Autonomie besitzen, fungieren Übertragungen als *subjektive Anschlußmöglichkeit* an Realität, indem sie Wirklichkeit durch Wiedererkennen, Einordnen, Evaluieren handhabbar werden lassen. Dabei basiert ihre Leistung nicht zuletzt darauf, daß sie bedingungslos fungieren, d.h. als selbstverständliche Prämisse wirksam sind.

Freuds Interesse konzentrierte sich nicht auf die Leistungen der Übertragung für das Alltagsbewußtsein, sondern für jene neurotischen Verzerrungen von Handeln und Erleben, in denen Übertragungen dominieren. Während die „milden" Übertragungen des Alltagsbewußtseins zumindest potentiell im Modus reflexiver Zuwendung systematisch thematisierbar sind, erweisen sie sich hier als reflexionsresistent. Das Subjekt ist nicht imstande, objektiv nachvollziehbare Begründungen oder Legitimationen für Erleben und Handeln abzugeben, von außen bleibt beides unzugänglich, weil die Übertragungen in ihrer Besonderheit immer stärker quantitativ wie qualitativ von „normalen" Formen abweichen und daher auch nicht mehr auf der Basis geteilter Lebenserfahrung evident nachvollziehbar sind. Je ausgeprägter der Übertragungsprozeß, desto idiosynkratischer wird er. Und je weniger diese Idiosynkrasie sowohl dem Subjekt selbst als auch anderen Subjekten zugänglich ist, desto ausgeprägter ist der latente Charakter des psychosozialen Syndroms – dadurch, daß es eine wesentlich stärkere Bindung von Handeln und Erleben an biographische Beziehungsmuster gibt, aber auch dadurch, daß der Zugang mit „normalen" Mitteln nicht möglich ist.

Eine von Freuds herausragenden Leistungen bestand darin, ein interaktives Arrangement zu entwickeln, in dem diese idiosynkratischen Prozesse zugänglich wurden. Er fand heraus, daß eine Situation, in der die sozialen Imperative und Fähigkeiten des Subjekts (weitgehend) suspendiert sind, besonders geeignet ist, sie zu fokussieren. Je weniger die Situation „normalen" sozialen Halt bietet, desto stärker besteht die Tendenz, die daraus resultierenden Leerstellen mit Übertragungen zu füllen; d.h., die latenten Übertragungsbereitschaften kommen überdeutlich zum Ausdruck.[40]

Damit sind sie jedoch noch nicht zugänglich. Freud selbst bemühte sich an dieser Stelle – ganz in der Tradition der herkömmlichen Medizin –, mit Hilfe kognitiver Interpretationen der Übertragungen zu operieren. Er ging zwar davon aus, daß es notwendig sei, auch die andere Seite der Interaktion kennengelernt zu haben, aber es dominiert in seinen Darstellungen doch die diagnostische – sprich: autonom kognitive – Seite des Geschehens. Daß auch der Analytiker seinerseits mit Übertragungen auf die Situation reagiert, wurde von ihm eher beiläufig erwähnt (vgl. Laplanche u. Pontalis, 1972), betont wurde dagegen das Moment der „Detektivarbeit", des logischen Rekonstruierens von latenten subjektiven Sinnzusammenhängen aufgrund von Indizien. Entsprechend konzentrierte sich seine Aktivität auf die „Widerstände", die die Patienten der Einsicht in ihre wahren Handlungsmotive entgegensetzten.[41]

Freud hoffte, mit Hilfe seiner logischen Rekonstruktionen des psychischen Geschehens die wissenschaftliche Welt überzeugen zu können. Paradoxerweise führte gerade sein Bemühen, seine Erkenntnisse in Form von nomothetischen Konzepten zu fassen (also sich den Kriterien der Naturwissenschaft seiner Zeit anzupassen), zu formal wie inhaltlich problematischen Konzepten. So geriet ihm die „Traumdeutung" durch das Bemühen, ihr „Gesetzmäßigkeiten" abzugewinnen, zu einem teilweise zwiespältigen Konzept. Weil und wo er versuchte, alle Träume definitiv als Wunscherfüllung zu interpretieren und jede Traumäußerung als durch unbewußte Assoziationen determiniert abzuleiten, enthalten seine Texte eine ganze Reihe von Über-Interpretationen. Kaum ein Analytiker würde heute Träume noch so (nomothetisch) interpretieren.[42] – Der Versuch der Nomologisierung hat Freud sicher genutzt, seine Pionierarbeit zu stabilisieren, aber außerhalb des Kreises seiner Anhänger fand er kein positives Echo. Im Gegenteil: Das Bemühen, die letztlich weder denotativ noch digital darstellbaren idiosynkratischen Prozesse in eine zumindest teilweise unpassende Sprache zu übersetzen, wirkte irritierend und führte dazu, daß daran auch die falsche (nomothetische) Meßlatte angelegt wurde – mit dem Effekt, daß das Unverständnis noch bestärkt wurde.

Freuds Bemühen um äußere Anerkennung, aber auch seine Selbstinterpretation führten zunächst zu einer nomologischen Darstellung der Psychoanalyse – allerdings von Anfang an mit so vielen Möglichkeiten der flexiblen Gestaltung, daß sich dies – gerade angesichts des Entwicklungsstandes der frühen Psychoanalyse – nur wenig hemmend auswirkte. Im Lauf der weiteren Entwicklung kam es jedoch zu einer Reihe wichtiger neuer Einsichten und Erkenntnisse. Ein wesentlicher Punkt war Freuds einseitige Betonung der Übertragung in der analytischen Situation. Die „Gegenübertragung" des Analytikers, die latente Resonanz der Identität des Analytikers auf die latenten Beziehungsmuster des Patienten, wurde erst in der Wende von der „Widerstands-" zur „Übertragungsanalyse" deutlicher. Damit verschob sich der Akzent von der Korrektheit der Detektivarbeit des Analytikers zur Fähigkeit, angemessen mitzuerleben und daraus die passenden begrifflichen und praktischen Schlüsse zu ziehen. Die von Freud postulierte Einheit von Erkennen und Heilen wurde dadurch komplizierter. Während Freud sozusagen nur die eine Seite eines Interaktionsprozesses als aktiv, die andere als passiv und reflexiv betrachtet hatte, erschienen nunmehr beide Seiten als aktive Teilnehmer der Interaktion. Mit dieser Einsicht ergaben sich völlig neue Stabilisierungs- und Begründungsprobleme. Denn wenn es stimmt, daß der Analytiker durch seine Persönlichkeit selektiv und konstitutiv auf die Interaktion einwirkt, läßt sich eine personenunabhängige Interaktionsstrategie nicht mehr ohne weiteres begründen. Darüber hinaus muß nunmehr damit gerechnet werden, daß jede Interaktion systematisch anders verläuft und dabei vom Therapeuten (mit-)gesteuert wird.

Parallel dazu ergab sich eine strukturelle Veränderung der psychoanalytischen Theorie. Zu Freuds Lebzeiten gab es zwar immer wieder alternative theoretische Konzepte, aber sie wurden als Abweichung von der doxa behandelt und meist mit Ausschluß geahndet – wenn sie nicht schon bereits als Abfall von der Bewegung inszeniert waren. Nach Freud, mit der zunehmenden Normalisierung der Psychoanalyse als Institution, kam es zu einer hochgradigen Differenzierung der psychoanalytischen Theorie. Aus dem Freud'schen Entwurf wurde ein breites Spektrum von sehr verschiedenen Theorien. Zugespitzt: Jeder Psychoanalytiker hat seine eigene Theorie.[43]

Beide Entwicklungen haben die erkenntnistheoretische Problematik der Psychoanalyse endgültig deutlich werden lassen. Denn nunmehr waren zwei Konsequenzen unverkennbar:

– psychoanalytische Theorie ist nicht wie ein denotatives Zeichensystem, welches nomologisches Geschehen abbildet, kanonisierbar;
– die praktische Einbindung in einen hochspezifischen Interaktionsprozeß ist ein zentrales Medium der Erkenntnis, für welches es keinen Ersatz gibt.

Nach allem, was weiter oben ausgeführt wurde, ist dies keine Überraschung. Die Psychoanalyse behandelt autopoietische Prozesse – die Psyche –, und sie ist hochgradig selbstreflexiv. Und statt dies einzugrenzen, forciert sie im interaktiven Prozeß Übertragung und Gegenübertragung. Auf diese Weise stößt sie in den Bereich archaischer Beziehungsmuster und des damit verbundenen komplexen emotional-kognitiven Zusammenspiels vor, für das es keinen hinreichenden digitalen Ausdruck mehr gibt.

Damit treffen auf sie alle die genannten Probleme der Theoriebildung, das ganze Spektrum primärer und sekundärer Risiken zu. Psychisches Geschehen besteht im – autopoietischen – Zusammenspiel heterogener Teilprozesse im Austausch mit einer – autopoietischen – Umwelt statt. Theorie muß hier versuchen, die Möglichkeiten und Modalitäten von Relationen zu erfassen und offenzuhalten, da es keine algorithmischen Festlegungen gibt. Daß es dabei angesichts der Vielschichtigkeit psychodynamischer Konfliktquellen und Konflikte kein Einheitsmodell, sondern, ausgehend von vektoriellen Prämissen, eine Reihe verschiedener Modelle mit jeweils spezifischen Leistungen und Schwächen gibt, überrascht nicht; ebensowenig, daß jeder, der Gebrauch von Theorien macht, sie auf seine Weise selegiert und interpretiert, ohne daß dabei von vornherein unterschieden werden könnte zwischen richtigen und falschen Variationen. Mehr noch: Richtige Einsichten bzw. Darstellungen können mit falschen gemischt oder gar gekoppelt sein. Zudem ist jeder empirische Einzelfall (unvermeidbar) anders, so daß es kein generalisiertes Modell geben kann, welches linear für jeden Fall paßt. Kurzum: Theorie kann immer nur ein instabiles, changierendes Konzept sein, das permanent akkomodiert und assimiliert wird (werden muß), ohne daß je ein Schlußpunkt erreicht wird.

Zu Recht spricht deshalb Grünbaum – aus seiner Sicht – von den „verheerenden wissenschaftstheoretischen Konsequenzen", wenn es stimmt, daß jeder Analytiker den Verlauf der Therapien selbst bestimmt. Tatsache ist, daß dies dem Versuch, sie auf traditionelle wissenschaftstheoretische Weise zu behandeln, in gewisser Weise die Grundlage entzieht. Wer erwartet, psychoanalytische Theorie nomologisch absichern zu können, wird aufgrund der Logik der Sache zu einem negativen Ergebnis kommen – und der Psychoanalyse nicht gerecht. Benötigt wird ein auf die Problemlage der Psychoanalyse eingestelltes Konzept. – Aber auch die Psychoanalyse muß hier mehr tun. Ein immer wieder zu Recht angemahnter Punkt ist die Verbesserung der klinischen Forschung und die systematische Entwicklung nicht-klinischer Forschung. Die dazu erforderlichen Bedingungen bedürfen gründlicher Förderung.

Auf definitive Klärungen ist allerdings nicht zu hoffen. Wenn die hier angestellten Überlegungen stimmen, müssen für konnotative Symbolsysteme andere Evidenzkriterien entwickelt werden, die die Besonderheit des Gegenstands und der Theorie berücksichtigen und zugleich die Art der Theoriepraxis sowie deren Bedingungen einbeziehet.

Dazu gehört zweifellos eine Institutionsanalyse, die, wie angedeutet, den produktiven und reproduktiven Prozeß der Theorie näher erfaßt, sozusagen ein Protokoll ihrer Autopoiesis führt. Dieser Reflexionsprozeß findet ohnehin ständig statt – in Form von theoretischen Auseinandersetzungen, Ideologiekritik, Institutionskritik. Dies wäre noch zu optimieren, wenn systematisch einbezogen würde, wie konnotative Symbolsystem als kognitive Systeme und als soziale Institutionen funktionieren.[44]

Anmerkungen

1 Dies ist die überarbeitete Fassung eines Vortrags, den ich im Rahmen des Projekts „Aufgeklärte Kriminalpolitik" (dessen Leiter Klaus Lüderssen sich sehr für die Verbindung von Psychoanalyse und Rechtswissenschaft einsetzt) gehalten habe. Eine erste Fassung ist im Band III der Projektpublikationen (Lüderssen, 1998) abgedruckt.

2 Dieser Chirurgen-Vergleich bezog sich letztlich auf die korrekte Attitüde: darauf, daß sich auch der Analytiker nur von der Sache leiten lassen soll.

3 Auch Adolf Grünbaums (1988) Kritik der Psychoanalyse (auf die hier nicht weiter eingegangen werden kann) hat zwar ein starkes Echo ausgelöst, aber zur Klärung der Probleme wenig beigetragen. Bemerkenswert ist jedoch die Fülle von neueren Arbeiten, die sich kreativ und differenziert mit der Thematik beschäftigen (vgl. z.B. Moser, 1991; Buchholz u. Streeck, 1994; Kaiser, 1996; König, 1996; Warsitz, 1997 u.a.m.). Auf diese Diskussionen kann ich hier nicht näher eingehen.

4 Genauer gesagt: Es wird auch hier praktisch über jeden Aspekt intensiv gestritten – allerdings auf einer weitgehend konsensuellen Basis. Diese bestimmt die Analytische Philosophie mit ihren Grundprämissen, die sich vor allem auf die Präzision und Evaluierbarkeit von Aussagen beziehen. Umstritten sind die Wege, die von da aus zum Ziel führen sollen – und hier zeigen sich Probleme der definitiven Klärung, an denen die Sicht des hier vertretenen Konzepts kein Zufall sind, sondern systematischen Charakter haben. – Die mainstream-Perspektive der Wissenschaftstheorie behandelt die Probleme der Sozialwissenschaften nicht oder nur subsumtionslogisch, d.h. die Orientierung beispielsweise am Hempel/Oppenheim'schen Nomologie-Konzept bleibt dominant. Alternative Begründungskonzepte – etwa die zur Kritischen Theorie – blieben randständig. Wie weit die „postmoderne" Wissenschaftstheorie (z.B. konstruktivistische Ansätze) hier für Bewegung sorgt, bleibt abzuwarten.

5 Hier geht es – im Gegensatz zu der auf die Naturwissenschaften zentrierten mainstream-Wissenschaftstheorie – häufig um grundsätzlichen Dissens, was die Entwicklung vom „Werturteils-Streit" über die „Positivismusdebatte" bis hin zur Kontroverse über den Konstruktivismus dokumentiert.

6 Dies gilt nicht für normative und interaktive Prämissen wissenschaftlicher Praxis. Diese sind jedoch nicht von einem elaborierten wissenschaftstheoretischen Konzept abhängig, sondern vom sozialen Kontext und der institutionellen Struktur der Wissenschaft. Soweit innerwissenschaftlich überhaupt auf Wissenschaftstheorie Bezug genommen wird, hat dies meist Legitimationsfunktion.

7 Insofern ist die Windelband'sche Unterscheidung zu Recht als falsche Dichotomie von Gesetz und Singularität kritisiert worden. In der Tat kann nicht die Rede davon sein, daß nur die Geschichte singuläre Ereignisse kennt und daß sie keine generelle Logik habe.

8 Besonders in der Soziologie hat der Begriff „Autopoiesis" durch die „autopoietische Wende" in Luhmanns Systemtheorie eine inflationäre Verwendung erfahren. Der Kerngedanke der Selbststeuerung und -reproduktion von Systemen ist für diese Darstellung gut geeignet, weil er eine grundlegende Differenz zwischen identisch-inerter und nichtidentisch-emergenter Realität markiert.

9   Mit diesem Ausgangspunkt ist keine Rückkehr zum naiven Realismus intendiert. Es ist damit auch keine erkenntnistheoretische Ontologie verbunden. Es stellt sich jedoch immer das Problem, an welchem Punkt man in die Thematik einsteigt; in Luhmanns Diktion: welche Unterscheidung dem Beobachter als Leitdifferenz dient. Eine zentrale Schwierigkeit jeder Erkenntnistheorie – die im folgenden noch diskutiert wird – liegt darin, daß es keinen exklusiven archimedischen Punkt gibt, sondern verschiedene Leitdifferenzen möglich und nötig sind. Das läßt jeden Ausgangspunkt arbiträr erscheinen, was auch durch noch so subtile Bemühungen um „wasserdichte" Begründungen nicht heilbar ist. – Daß sich die Wissenschaftstheorie von realitätsbezogenen Begründungen weitgehend abgewendet hat, hängt vor allem auch damit zusammen, daß Realität nie direkt erfaßbar und „unkontaminiert" zu haben ist. Die Feststellung von Gesetzen – auch wenn sie als empirisch bewährte Aussageformel, d.h. semantisch definiert sind – ist jedoch letztlich ohne Rekurs auf Realität nicht möglich. Daher rechtfertigt sich pragmatisch (auch) dieser Ausgangspunkt.

10 In den Vordergrund ist hier gestellt, daß es sich um monologische und praktisch inerte Realität handelt. Die damit aufgeworfenen Fragen, wie weit diese Unbeweglichkeit reicht bzw. gefaßt ist (etwa: wann und wie diese nomologische Realität entstanden ist, wie weit Unveränderlichkeit von den verfügbaren Mitteln abhängt etc.), bleiben hier offen.

11 Diese Wende zur Systemperspektive öffnet einen Weg aus der Sackgasse rein nomologischer Naturforschung, die zwangsläufig sich auf Zusammenhänge konzentrieren mußte, die nomologisch abbildbar waren. Damit geriet jedoch ein Großteil realer Ereignisse völlig aus dem Blick. – Andererseits bringt diese Wende im Grunde nichts wirklich Neues, weil alle Theorien autopoietischer Prozesse (etwa die Sozialwissenschaften) schon immer „Chaostheorien" gewesen sind.

12 Der hier verwendete Begriff von Subjektivität ist nicht durch den Bezug auf humane Akteure bestimmt. Es geht um die Möglichkeit der Selbststeuerung und die der Entwicklung/Erhaltung von Differenz zur Umwelt. Subjektivität in dieser Konzeption ist weiter gefaßt und kommt viel mehr Realität bzw. Realitätstypen – in jeweils spezifischen Formen – zu. Ähnliches gilt für den Sinnbegriff. Luhmann hat in seinem frühen Theorieentwurf vorgeschlagen, Subjektivität durch Sinn (als spezifische Form der Reduktion von Komplexität) zu definieren. Allerdings blieb er hier noch bei einer bewußtseinsbezogenen Definition von Sinn stehen und hielt an einer personenbezogenen Subjektivitätskonzeption fest (Luhmann, 1972, S. 26). Sein späteres Konzept autopoietischer Systeme (Luhmann, 1995) generalisiert die Perspektive der Selbstreproduktion, verliert jedoch das Spezifikum von Subjektivität aus dem Auge, weil es sich stärker für Probleme operativer Geschlossenheit und systemspezifische Differenzen interessiert. Mit dem Begriff „Subjektivität" wird hier an der Akteurperspektive festgehalten, allerdings unter systematischer Ausweitung, so daß damit heterogene Typen von Aktionen faßbar sind. Sinn ist entsprechend die Bezeichnung für die jeweils spezifische Konstitution und Entwicklung von Realität, die mit (jeder Form von) Subjektivität verbunden ist. Entsprechend gibt es verschiedene Typen von Sinn (vgl. Schülein, 1982).

13 Die Anlehnung an Hegel ist Absicht. Hegels Philosophie ist nach wie vor ein bedeutsames Modell eines Denkens, welches sowohl Widersprüchlichkeit als auch Dynamik der Realität leitmotivisch berücksichtigt. Insofern kann er als Pionier einer Theorie autopoietischer Prozesse gelten.

14 Damit ist sowohl das Kausalitätskonzept als auch die Vorstellung einer definitiven Entität relativiert. Kausalität ist letztlich ein einfacher Sonderfall einer multiplen Beziehungsstruktur, welche nur begrenzte Möglichkeiten der Reproduktion bietet, weshalb praktisch in allen Wissensbereichen auch zu nichtkausalen Interpretationsmustern gegriffen wird. Dies zeigt am Beispiel der Mikrophysik Falkenburg (1994). Auch der Entitätsbegriff ist eine Idealisierung von Realität in Richtung auf Eindeutigkeit, die nur als Abbreviation verstanden (und nicht à la lettre genommen) werden darf.

15 In der klassischen Wissenssoziologie wurde die Frage der Standortgebundenheit – in Konsonanz mit den meisten wissenschaftstheoretischen Positionen – als Beschränkung behandelt. Habermas hat die Position in bezug auf die Begründung einer selbstreflexiven Wissenschaft, die er in „Erkenntnis und Interesse" vertrat, bald wieder aufgegeben bzw. in Richtung auf eine Diskurs-Ontologie weiterentwickelt. Eine grundlegende Analyse der Dimensionen von Selbstreflexion steht noch aus (vgl. dazu auch Schülein, 1986).

16 Die vielfältigen Probleme dieses Problemkomplexes können hier nicht behandelt werden. Die folgenden Andeutungen sind daher auch nur als Grobmarkierungen zu verstehen, die nicht den Anspruch haben, das Verhältnis von Objekt- und Selbstreflexion hinreichend zu beschreiben (vgl. auch Schülein, 1986, 1987).

17 Ausgeklammert bleibt hier, daß auch nomologische Realität autopoietisch thematisiert werden kann (etwa, wenn Naturphänomene emotional interpretiert werden) oder daß auch autopoietische Realität in ihren nomologischen Aspekten (z.B. der Physiologie des menschlichen Körpers) behandelbar ist.

18 Diese dichotome Darstellung ist insofern unangemessen, als auch und gerade die Funktionalität des Alltagsbewußtseins Objektangemessenheit verlangt. Dies allerdings stets im Kontext der Subjektangemessenheit, d.h. relativ zum Bedarf an Identitätsstabilisierung.

19 Auch dieser Punkt ist in erheblichem Umfang diskussionsbedürftig. Hier werden historische Rahmenbedingungen wie auch Überschneidungszonen von objekt- und selbstreflexivem Wissen ausgeklammert. Was dann bleibt, ist die Tatsache, daß in Alltagsdiskuren permanent mit paratheoretischen Konzepten gearbeitet wird, die sich auf den gleichen Gegenstandsbereich beziehen wie die entsprechenden Theorien und mit ihnen konkurrieren. Von daher können Systemtheoretiker, Marxisten, Interaktionisten von vornherein mit „Laien-Kritik" und Verweigerung der Akzeptanz rechnen. Dagegen wird in Alltagsdiskursen keine Konkurrenztheorie zur Reaktion von SO_2 und H_2O entwickelt (und die Theorien der Chemie werden nicht bestritten).

20 Die Problematik des Realitätszugangs stellt sich auch für objektreflexive Theorien, jedoch in anderer Weise. Der inert vorgegebene Gegenstand reduziert die Dimension der normativen und lebenspraktischen Entscheidungen, während zugleich ein bewährter methodologisch begründeter Objektzugang subjekt- und kontextunabhängig funktioniert und (dadurch) seine lebenspraktische Fundierung quasi überspringt bzw. verdeckt.

21 In lockerer Anknüpfung an die komplexen sprachtheoretischen Entwürfe zur Theoriediskussion (ohne den Anspruch, sie erschöpfend zu nutzen) wird hier davon ausgegangen, daß Theorien Symbolsysteme sind, die Wirklichkeit repräsentieren, und daß bei der Repräsentation verschiedener Arten von Wirklichkeit unterschiedliche Leistungen und Modi von Symbolsystemen verlangt werden.

22 Denotativ heißt hier, daß es sich um eindeutige und definitiv abgegrenzte Modi der Darstellung von entsprechenden Beziehungen handelt. Denotative Symbolsysteme sind semantisch wie syntaktisch festgelegt und legen fest; sie abstrahieren von Akzidenzien und zentrieren auf die inerte Allgemeinheit, was bei nomologischer Realität ohne Informationsverluste möglich ist.

23 In der Sprachtheorie meint „Konnotation" die „Nebenbedeutungen", die Ausdrücke neben ihrer „Hauptbedeutung" haben; wenn man so will: ihr Bedeutungsfeld. Hier soll die Verwendung des Begriffs, an die Logik von Bedeutungsfeldern anknüpfend, vor allem hervorheben, daß bestimmte semantische und syntaktische Verbindungen nicht definitiv festgelegt sind, sondern erst hergestellt werden, wobei das Symbolsystem diese Verbindungsleistungen ermöglichen muß. Es darf daher nicht „abgeschlossen" sein, sondern offen für die jeweils erforderlichen Konnotationen, und es muß die jeweils erforderlichen Verbindungen bahnen und stabilisieren.

24 Der Begriff des Begriffs hat bei Hegel eine wichtige Vermittlungsfunktion (Hegel, 1970). Einerseits gehört er der Theorie an, andererseits ist er Entwicklungsmedium der Sache selbst (d.h. bei Hegel: der Selbstbewegung des Geistes). Diese doppelte Zugehörigkeit wie auch der Aspekt der aktiven Leistung des Begriffs lassen Hegels Vorstellungen hochmodern erscheinen.

25 Die Aktivität des Begriffs, auf der die Leistung des konnotativen Symbolsystems zugleich eine des erkennenden Subjekts ist, welches im Rahmen der Vorgaben (und über sie hinaus!) Relationen herstellt, ausprobiert und evaluiert. Es sei hier schon angemerkt, daß dies den Vorsprung gegenüber denotativen Theorien im Bereich autopoietischer Realität ausmacht, zugleich jedoch eine Achillesferse, da es keine definitiven Möglichkeiten der Absicherung und Kontrolle geben kann – Offenheit der Erkenntnis impliziert das Risiko der Fehl-Verbindung (s.u.).

26 Auch dies ist wieder nur in extremer Verkürzung dargestellt.

27 Daher ist das Nebeneinander unterschiedlicher Theorien kein Ausdruck von „Unreife" oder gar Unwissenschaftlichkeit, sondern eine sich aus der Logik der Sache ergebende Konstel-

lation. Daß sich daraus Folgeprobleme (etwa des Zusammenlebens der verschiedenen, prima vista inkompatiblen, Theorien) ergeben, liegt auf der Hand (vgl. dazu auch Schülein, 1986).

28 In diesem Zusammenhang sei daran erinnert, daß die binäre Schematisierung wahr/falsch wie auch die exklusive Kausalzuordnung von Ursache und Wirkung eine pragmatische Vereinfachung ist, die aus Problemen der begrenzten Thematisierungskapazität stammt. Sie kann im Zusammenhang von denotativen Theorien über weite Strecken risikolos verwendet werden, weil sie selbst (und die von ihnen thematisierten Sachverhalte) eine solche Logik implizieren. Der reduktionistische Charakter dieses Vorgehens wird immer dann deutlich, wenn es auf Sachverhalte angewendet wird, auf die das Identitätspostulat (A ist nicht Non-A) nicht zutrifft.

29 Im Unterschied zu konnotativen Theorien verfügen denotative über generalisierbare Wahrheitskriterien (etwa die Gültigkeit von Gesetzen betreffend), während die jeweiligen Konnotationsstrategien (und die Aspekte autopoietischer Realität, auf die sie sich beziehen) auch eigene Kriterien definieren.

30 Genauer gesagt, gibt es bereits hier Differenzen: Denotative Theorien können unbegrenzt digitale Modi verwenden, während konnotative, soweit sie mit Begriffen arbeiten, bereits die rein digitale Form überschreiten müssen. Allerdings zielen Theorien generell auf systematische und begründete Aussagen, was verlangt, daß sie sich intersubjektiv verständlich – in Form eines generalisierten Kommunikationsmediums – ausdrücken. Dies wiederum setzt ein Mindestmaß an Digitalität voraus, da auch konnotative Symbolsysteme eine Verständigungsgrundlage voraussetzen. Auch wenn dies letztlich durch die logische Leistung der Begriffe gewährleistet werden muß, basiert sie praktisch auf der Möglichkeit digitaler Verständigung.

31 Das Operieren mit analogen Modi, also Bezeichnungen wie „Risikogesellschaft" oder „Erlebnisgesellschaft", „Vorderbühne" und „Untergrund" o.ä. bringt erst recht Risiken konnotativer Theorien zum Ausdruck. Ihre Leistung liegt in ihrer plastischen Charakterisierung wichtiger Aspekte von Realität, ihr Problem ist das damit verbundene Problem der Unbestimmtheit und Unbestimmbarkeit.

32 Das, was als „hermeneutischer Zirkel" bezeichnet wird, ist das Resultat der Offenheit der Theorie, die diese subjektiven Eigenleistungen ermöglicht und voraussetzt. In Anlehnung an Lorenzers Unterscheidung von „hermeneutischem Feld I und II" (Lorenzer, 1974, S. 164 ff.) könnte man dabei von einem primären hermeneutischen Zirkel zwischen Gegenstand und erkennendem Subjekt sowie einem sekundären zwischen Theorie und Gesellschaft sprechen.

33 Dies gilt im Prinzip auch für denotative Symbolsysteme. Hier ist jedoch die verlangte Eigenleistung des erkennenden Subjekts anders gelagert, da es um die Einhaltung von Regeln geht, die mit dem nomologischen Konzept von Realität kompatibel sind. Der „hermeneutische Zirkel" – die Einführung von Interpretationsmustern, die dann in der Interpretation reidentifiziert werden – wird dadurch nicht aufgehoben, aber stillgestellt: Der Spielraum für die subjektive Einführung von Interpretationsmustern ist reduziert, der Gegenstand gibt Bestätigungsmöglichkeiten vor – und die Prämissen des nomologischen Denkens sind ohnehin selbstbestätigend konstruiert.

34 Das erschwert die Emanzipation der Theorie von ihrem Entstehungszusammenhang. Das Verhältnis von Genesis und Geltung bleibt unangeschlossen; das Symbolsystem bleibt als Teil der Sache selbst in deren Bewegung eingebunden. Dies ist einerseits nötig (weil sonst die Bewegung des Gegenstands nicht mitvollzogen werden könnte), andererseits vollzieht sich die Entwicklung der Erkenntnis nichtakkumulativ und nichtlinear: Einsichten können „vergessen" und (in veränderter Form) „wiederentdeckt" werden, Erkenntnis kehrt immer wieder zu ihren Grundproblemen zurück usw.

35 Es wird zwar, wie erwähnt, sehr intensiv gestritten, und es gibt hochgradig verschiedene Konzepte und Strategien. Es käme jedoch kaum ein Vertreter der Analytischen Philosophie auf die Idee, der Physik die Wissenschaftlichkeit abzusprechen. Damit müssen jedoch bestimmte Arten von Psychologie, Soziologie u.ä. – genauer gesagt: jene Variationen, die sich im Symbolsystem auf den autopoietischen Charakter ihres Gegenstands einstellen – immer wieder rechnen.

36 Die kognitivistische Wende ist vordergründig eine Reversion der radikalen „black-box"-Konzeption, die der Behaviorismus an Stelle eines dezidierten Subjektbegriffs verwendete. Zugleich handelt es sich jedoch auch um ein Wiederanknüpfen an Theoriekonzepte, die die Gegenstandslogik konnotativ behandeln.

37 An dieser Stelle ist Grünbaum (1984) in der Sache zuzustimmen: Er stellt Freud als bemerkenswerten Theoretiker mit einem bemerkenswerten wissenschaftstheoretischen Konzept dar, welches er als „hypothetisch-deduktiven Induktivismus" bezeichnet (a.a.O., S.162) – eine Bezeichnung, die in der Beschreibung den hier vertretenen Überlegungen nahe kommt, wenn man Freuds kreativen (und eigenwilligen) Umgang mit Erfahrungen und Konzepten so benennt. Allerdings sind Grünbaums Interpretationen sowie die Schlüsse, die er daraus zieht (bzw. die Kritik der Psychoanalyse, die er daraus ableitet), völlig unangemessen.

38 Diese und die folgenden Überlegungen habe ich an anderer Stelle ausführlicher dargestellt (Schülein, 1995).

39 Von Maturana/Varela bis zu Knorr Cetina ist man sich zwar einig, daß Wirklichkeit ein Konstrukt ist, es wird jedoch nirgends die Frage näher untersucht, wer der Konstrukteur ist und welchen subjektiven Strategien er (oder sie?) folgt. Diese Leerstelle kann mit rein konstruktivistischen Methoden (oder auf ethnomethodologischer Basis) auch nicht angemessen behandelt werden.

40 In dieser Perspektive handelt es sich um ein generelles Merkmal, welches (auch) interaktionsspezifischen Merkmalen variiert. Freud hat mit seinem therapeutischen Arrangement intuitiv, aber keinesfalls zufällig, eine Möglichkeit gefunden, diese Dimension ins Zentrum der Interaktionsdynamik zu bringen und zugleich ihr bloßes Agieren zu verhindern. Zu Freuds Übertragungsverständnis vgl. z.B. GW XI, Kap. XXVII.

41 Der von Freud verwendete Vergleich von Psychoanalyse und Detektivarbeit ist vielfach diskutiert und auch kritisiert worden. Er steht für ein frühes Verständnis von psychischem Konflikt und Therapie, in der die Mitarbeit des Patienten noch vergleichsweise geringe Bedeutung besaß, so daß komplementär die kognitiven Leistungen des Analytikers wesentlich mehr Bedeutung hatte. Mit der Wende von der Widerstands- zur Übertragungsanalyse (s.u.) haben sich wichtige Verschiebungen ergeben, deren erkenntnistheoretische Konsequenzen – die Abhängigkeit der psychoanalytischen Erkenntnis von der Kooperation der Patienten – für Grünbaum (1984) eines der schwerwiegendsten Probleme darstellt.

42 Das Verhältnis einer Zunft zu ihren Gründervätern ist, zumal, wenn es sich um eine so bedeutsame Figur wie Freud handelt, stets heikel. Es tendiert oft dazu, deren Vorstellungen für sakrosankt zu erklären, was wiederum zu Probleme führt, wenn Theorie und Praxis darüber hinausführen (müssen). Sehr oft wird versucht, auch kontrafaktisch an den ursprünglichen Konzepten festzuhalten oder über Uminterpretationen den Anschluß auch da noch zu halten, wo Denken und Handeln längst fortgeschritten sind. An diesem Punkt hat die Psychoanalyse jedoch eher beiläufig und stillschweigend sich von Freuds ursprünglichen dogmatischen Vorstellungen entfernt. Allerdings liest man mehr und mehr Texte, die ein „normales", d.h. ein nicht von übermäßigem Gehorsam, Schuldgefühlen bei Abweichungen von der Doxa u.ä. verzerrtes Verhältnis zur Tradition fordern (siehe z.B. Whitebook, 1995).

43 Nach allem, was gesagt wurde, ist dies der eigentliche „Normalzustand", während in der Frühphase der Psychoanalyse durch hohe Identifizierung mit dem Meister und Ausgrenzung von Alternativen eine instabile Homogenität erhalten wurde, die keine lange Dauer haben konnte.

44 Es gibt inzwischen auch eine große Zahl von Arbeiten, die sich an dieses mühevolle und schwierige Unterfangen wagen. Das gilt sowohl für theoretische wie empirische Probleme (vgl. zusammenfassend zu den Auseinandersetzungen mit der Kritik der Analytischen Philosophie: Strenger, 1991; als Beispiel für eine kreative Ausweitung des Empiriekonzepts: Leuzinger-Bohleber, 1995).

Literatur

Buchholz, M.B., Streeck, U. (1994): Heilen, Forschen, Interaktion, Psychotherapie und qualitative Sozialforschung. Opladen: Westdeutscher Verlag.

Falkenburg, B. (1994): Teilchenmetaphysik. Zur Realitätsauffassung in Wissenschaftstheorie und Mikrophysik. Mannheim: BI-Wissenschaftsverlag.

Grünbaum, A. (1988): Die Grundlagen der Psychoanalyse. Stuttgart: Philipp Reclam jun.

Habermas, J. (1968): Erkenntnis und Interesse. Frankfurt a.M.: Suhrkamp.

Hegel, G.W.F. (1970): Phänomenologie des Geistes. Werke Bd. 3. Frankfurt a.M.: Suhrkamp.

Kaiser, E. (1996): Psychoanalytisches Wissen. Beiträge zur Forschungsmethodik. Opladen: Westdeutscher Verlag.

König, H. (1996): Gleichschwebende Aufmerksamkeit, Modelle und Theorien im Erkenntnisprozeß des Psychoanalytikers. In: Psyche, L, S. 337-376.

Laplanche, J., Pontalis, J.-B. (1972): Vokabular der Psychoanalyse. Frankfurt a.M.: Suhrkamp.

Leuzinger-Bohleber, M. (1995): Die Einzelfallstudie als psychoanalytisches Erkenntnisinstrumente. In: Psyche, XLIX, S. 434-481.

Lorenzer, A. (1972): Der Gegenstand der Psychoanalyse oder: Sprache und Interaktion. Frankfurt a.M.: Suhrkamp.

– (1974): Die Wahrheit der psychoanalytischen Theorie. Frankfurt a.M.: Suhrkamp.

Lüderssen, K. (1998): Aufgeklärte Kriminalpolitik oder Kampf gegen das Böse? Bd. IV: Legalbewährung und Ich-Struktur. Baden-Baden: Nomos.

Luhmann, N. (1972): Sinn als Grundbegriff der Soziologie. In: Habermas, J., Luhmann, N.: Theorie der Gesellschaft oder Sozialtechnologie – was leistet die Systemforschung? Frankfurt a.M.: Suhrkamp.

– (1995): Die Soziologie und der Mensch. Opladen: Westdeutscher Verlag.

Moser, U. (1991): Vom Umgang mit Labyrinthen. Praxis und Forschung in der Psychoanalyse – eine Bilanz. In: Psyche, 45, S. 315-334.

Popper, K.R. (1962): Conjectures and Refutations. London: Routledge & Kegan.

Schülein, J.A. (1975): Das Gesellschaftsbild der Freudschen Theorie. Frankfurt a.M.: Campus.

– (1978): Probleme und Risiken selbstreflexiver Institutionen am Beispiel der Psychoanalyse. In: Kölner Zeitschrift für Soziologie und Sozialpsychologie, 30, S. 60-87.

– (1982): Zur Konzeptualisierung des Sinnbegriffs. In: Kölner Zeitschrift für Soziologie und Sozialpsychologie, 34, S. 649-665.

– (1986): Selbstbetroffenheit. Über Aneignung und Vermittlung selbstreflexiver Kompetenz. Gießen: Focus.

– (1987): Theorie der Institution. Opladen: Westdeutscher Verlag.

– (1998): Von der Neurophysiologie zur „Wissenschaftlichen Weltanschauung". Über Struktur- und Funktionswandel von Freuds Wissenschaftstheorie. In: Zeitschrift für psychoanalytische Theorie und Praxis, 13, S. 145-174.

Strenger, C. (1991): Between Hermeneutics and Science. An Essay on the Epistemology of Psychoanalysis. Madison: Internat. Univ. Press.

Thomä, H., Kächele, H. (1985): Lehrbuch der psychoanalytischen Therapie. Bd. 1. Berlin: Springer.

Warsitz, R.-P. (1997): Die widerständige Erfahrung der Psychoanalyse zwischen den Methodologien der Wissenschaften. In: Psyche, 51, S. 101-142.

Whitebook, J. (1995): Athen und Mykene. Zur Integration klassischer und neuerer psychoanalytischer Theorie. In: Psyche, XLIX, S. 434-481.

Ruf an!
Die Stimme und ihr Trieb

August Ruhs

Narziß und Echo

In angemessener Form kann nur der Mythos von der Vorzeit des Subjekts Rechenschaft ablegen, von der Zeit also vor der Errichtung eines menschlichen und somit der (menschlichen) Sprache unterworfenen *sub-iectum*. Dabei kommt innerhalb des psychoanalytischen Diskurses dem hauptsächlich mit der Macht des Bildes assoziierten Narzißmythos besondere Bedeutung zu. Und es liegt offenbar an der scheinbaren Übermacht des Auges und an der außergewöhnlichen Sinnfälligkeit des Visuellen, daß in den diversen Versionen und Verwendungen dieser Geschichte das Schicksal der Echo so konsequent unterschlagen wird, was als tragische Wiederholung auf jener ersten Seite der zweifachen Tragödie imponiert, in der die innige Liebe der Nymphe zum schönen Jüngling Narziß verschmäht wird, so daß sie sich in Liebesgram verzehrt. Und während sich der eitle Narziß in sein eigenes Bild verliebt und dahinschmachtet, bis er in eine Blume verwandelt wird, lebt Echos Stimme, der Widerhall, auf den Bergen und in den Wäldern fort:

> „Die Stimme allein und die Knochen sind übrig; jene hat Dauer, die Knochen, sie wurden zu Stein, so erzählt man. Und jetzt ist sie verborgen in Wäldern; man sieht sie auf keinem Berg, doch jedermann hört sie: ihr Ton ist lebendig geblieben." (Ovid, 1964, S. 104)

Dabei ist dem Primat des Optischen und der Vorrangigkeit des Visuellen die Vorgängigkeit des Akustischen gegenüberzustellen. Denn in der Entwicklung des Subjekts und in seiner Naturgeschichte der Sinne geht das Universum des Hörbaren der Welt des Sichtbaren eindeutig voraus, wenngleich die offenbar größere Gier des Auges und die stärkere Überzeugungskraft seiner Bilder das von Immaterialität und Intensität bestimmte Akustische stets in den Hintergrund zu drängen trachtet. Hingegen ist es aber der hauptsächlich von der Stimme getragene Diskurs, der die Neigung jenes Spiegels bestimmt, der uns einen Ausschnitt aus der Unendlichkeit des Sichtbaren liefert, indem er sagt, was zu sehen ist und damit der Intentionalität des Sehens als Schauen die Richtung vorgibt, sofern man gewillt ist, der Sprache und ihrer Ordnung ein organisierendes Primat gegenüber der reinen Dingwelt einzuräumen.

Bilderflut und Tonschwall

Ohne Zweifel hat sich in unserer Zivilisation während der letzten Jahre der vielbeschworenen Bilderflut ein Tonschwall und ein Stimmengewirr hinzugesellt. Diese Phonomanie, die einem gegenwärtigen Panoptikum ein Panakustikum gegenüberstellt und im Rahmen einer bereits gesellschaftlich geforderten akustischen Tele-Präsenz mit einem (Lust-)Zwang zu intersubjektiver Kommunikation auf partieller Basis einhergeht, ist selbstverständlich soziokulturell mehrfach determiniert. Von psychoanalytischer Relevanz dürfte vor allem die bisweilen in die Obszönität der öffentlichen und privaten Telefonerotik reichende Hör- und Sprechlust sein, welche sich durchaus als Vermeidung „ganzheitlicher" zwischenmenschlicher Beziehungen interpretieren läßt. Dafür spricht die immer schwieriger werdende Bildung der sexuellen Identität mit ihrem Ausgang in normierte narzißtische Charakterbildungen, aber auch, nicht unabhängig davon, ein sich zunehmend verschärfender Geschlechterkampf sowie eine allgemeine Angst vor einer unter dem Eindruck von Aids tödlich konnotierten genitalen Sexualität. Sofern letzteres nicht durch soziale, zeitgeistliche Bewegungen im Sinne der „neuen Keuschheit" neutralisiert werden kann, treten offenbar kollektive „Perversionen" verstärkt auf den Plan, welche die gehemmte Sexualität auf die Befriedigungen diverser Partialtriebe bündeln. In dieser Hinsicht rückt auch eine akustische Triebhaftigkeit in den Vordergrund, welcher von der Psychoanalyse bisher – wenn überhaupt – nur randständige Bedeutung eingeräumt worden ist. Ein solches aus Stimme und Gehör zusammengesetztes Triebdispositiv, welches die Zusammenarbeit zweier getrennter Apparate bzw. Organe impliziert, zeigt sich im allgemeinen aber eher von sublimem Charakter, weil es das mit Mäßigung und Vernunft verknüpfte Feld des Sprechens eröffnet. Allerdings weist vor allem der stimmliche Anteil rasch über eine solche Triebzähmung hinaus, wobei der Stimme einerseits in der Polarität des Schreies unmittelbare und unvermittelte Ausdruckskraft realen seelischen Erlebens zukommt und wobei sie andererseits, vereint mit sadomasochistischen Strebungen, in jeder Macht und Herrschaftausübung eine entscheidende Rolle spielt. Während hier zwar *Mündigkeit* und *Hörigkeit* in aggressiver Weise zusammentreffen, tritt doch in einer Art Rollenverteilung gerade das Hören als ein passiver Vorgang in den Hintergrund, so daß sein Organ, das Ohr, im allgemeinen als ein Rezeptakel für anderswo verortete triebhafte Regungen erscheint. Dem ist allerdings entgegenzusetzen, daß auch dem Begriffsfeld des Hörens Wahrnehmungsmodalitäten verschiedener Intensität mit verschiedenem Aktivitätsgrad zugehören, so daß Steigerungsstufen etwa vom Zuhören über das Lauschen, Horchen, Aushorchen, Verhören, bis hin zum aktuell vieldiskutierten Lauschangriff, die Unschuldsvermutung des Ohrs in Frage stellen und seine Einbindung in ein triebdynamisches Geschehen als sinnvoll erscheinen lassen. In dieser Hinsicht wäre auch das Ohr als erogene Zone, als Quelle eines

Triebes, so wie auch das Auge, ursprünglich und grundsätzlich ein gefräßiges und gewalttätiges Organ (vgl. dazu Ruhs, 1994).

Der taube Fleck der Psychoanalyse

Wie bereits angedeutet, kommt in Freuds Triebtheorie und in seiner Entwicklungsgeschichte der Triebe zwar dem Sehen, aber nicht dem Hören triebhafte Bedeutung zu. In dieser Hinsicht ist zu bedenken, daß Freuds (letztlich sogar anthropologische) Revolution auf einem Paradigmenwechsel beruhte, auf einem Wechsel des Wahrnehmungsraumes vom Visuellen zum Auditiven, wodurch sich ein bis dahin unerhörtes Sprechen jenseits des auffälligen und augenfälligen hysterischen Gebarens aufspüren ließ. Indem es Freud immer besser gelang, zuzuhören anstatt anzuschauen, indem er immer stärker das Gesehene zugunsten des Gesagten zurückzudrängen und seine „talking cure" bis zur Vollendung zu verfeinern vermochte, kam es auch zu dem von ihm inaugurierten *linguistic turn* in der Klinik der Neurosen. Damit offenbarte sich die Wahrheit des klinischen Tableaus nicht mehr in einer Logik der Bilder oder in der richtigen Auswahl der Anschauungen (wie bei Charcot), sondern sie äußerte sich in dem an Wort und Rede gebundenen Logos, wodurch ein Subjekt der Aussage gegenüber einem Subjekt der leidenschaftlichen Äußerung in den Vordergrund treten konnte. So wurde die Psychoanalyse mit ihrer Analyse der affektbegleiteten (unerträglichen)*Vorstellungen* bis hin zu den latenten *Gedanken* zu einer akribischen Untersuchung der Auswirkungen der Sprache und des Sprechens auf den Menschen. Daraus erwächst die Erkenntnis, daß das spezifisch menschliche Subjekt erst durch Sprache und Sprechen erzeugt wird und somit ein der symbolischen Ordnung unterworfenes Subjekt, ein *höriges* Subjekt ist. Damit rückt aber auch die unsprachliche, an die Identifizierung mit einem Bild gebundene und im Medium des Imaginären sich vollziehende Konstituierung des Ich zugunsten der Frage der Subjektgenese in den Hintergrund, was auch mit der Notwendigkeit einer weitestgehenden Eliminierung des Visuellen und der am Imaginären orientierten *Person* des Analytikers in der psychoanalytischen Praxis einhergeht. Dies bedeutet aber nicht, daß damit auch der Schautrieb eliminiert wird. Im Dispositiv der Behandlung selbst verbündet er sich für Freud mit dem Bemächtigungstrieb und bildet dabei als sogenannter Wißtrieb den Motor für die psychoanalytische Investigation. Aber auch in der allgemeinen Theorie findet er früh seine adäquate Ausarbeitung, wobei ihm etwa in den drei Abhandlungen zur Sexualtheorie zusammen mit dem sadomasochistischen Partialtrieb eine privilegierte Stellung eingeräumt wird, um die grundsätzlichen Triebcharakteristika im Sinne von Aktivität, Passivität und Reflexivität zu veranschaulichen.

Auffallend ist aber eben andererseits, daß trotz des Phono- und Logozentrismus des psychoanalytischen Verfahrens eine an Ohr und Stimme gebundene Triebmodalität, ein akustischer Trieb also, in Freuds Katalog der Partialtriebe praktisch nicht vorkommt. Und, worauf Pazzini (1993, S. 16) hinweist, es findet sich auch in keinem späteren psychoanalytischen Standardwerk (wie Nageras „Grundbegriffen", Laplanche und Pontalis' „Vokabular" oder Thomä und Kächeles „Lehrbuch der psychoanalytischen Therapie") ein Stichwort über das Hören, das Gehör, das Akustische oder das Ohr. Es scheint, als ob die an das Sprechen gebundene Psychoanalyse nur schwer ihr Standbein zu bewegen vermag, um sich durch die Infragestellung und die Analyse ihres entscheidenden Trägermediums nicht ihres Fundaments zu begeben. So bildet sich am Ort der Psychoanalyse als dem Ort des schärfsten Hörens ein Zentrum aus, das – analog zum blinden Fleck auf der Netzhaut – als tauber Fleck imponiert.

In dieser Stille läßt eine Arbeit von K. Abraham (1913) aufhorchen, welche unter dem Titel „Ohrmuschel und Gehörgang als erogene Zone" Überlegungen zu einem genuin akustischen Trieberleben verspricht. Dieser Text erweist sich jedoch sehr bald als eine an bestimmten klinischen Symptomen orientierte Abhandlung über allgemeine und besondere Erregbarkeiten des äußeren Gehörorgans im Sinne einer relativ spezifischen Erogenität seiner Haut bei verschiedensten Berührungsreizen. Dabei wird einerseits auf die häufige Verbindung entsprechender Reizungs- und Kitzelpraktiken mit sadomasochistischen Impulsen hingewiesen, andererseits die genitale Symbolhaftigkeit des äußeren Ohres hervorgehoben, wobei die erogene Bedeutung des äußeren Ohres für die Erklärung des neurotischen Ohrensausens und anderer subjektiver Ohrgeräusche nur Andeutung und Anregung zu weiteren Überlegungen und Forschungen bleibt.

Triebe und ihre Objekte

Es bedurfte offenbar einer Wende in der Geschichte der psychoanalytischen Theoriebildung, um die Existenz eines spezifischen und relativ abgegrenzten akustischen Partialtriebs in Erwägung zu ziehen. Der von Lacan und seiner strukturalen Psychoanalyse eingeführte Perspektivenwechsel, den man nach dem *linguistic turn* Freuds als *imaginary turn* bezeichnen könnte und der die Bedeutung des Bildes mit seinem durch Punkt-für-Punkt-Entsprechung charakteristischen imaginären Medium für die Konstituierung des Ich (gegenüber dem symbolisch verfaßten Subjekt) in den Vordergrund rückt, stellt sich auch die Frage nach der Funktion der Stimme und ihrer Objekthaftigkeit bezüglich eines spezifischen, an das Gehör gebundenen Triebes. Nach Jacques-Alain Miller (1989, S. 180) ist die Herausarbeitung von Blick und Stimme als eher verkannten Objekten zweier Partialtriebe auch im Zusammenhang mit der psychiatrischen Erfahrung Lacans und insbesondere mit seiner Beschäftigung mit dem Problem der Psychosen zu sehen. Um aber diese Objekthaftigkeit (vgl. dazu Widmer, 1983) im Sinne der strukturalen Psychoanalyse zu verstehen, soll zunächst auf den Triebbegriff Lacans (und damit auch jenen Freuds) eingegangen werden. Freuds (sexueller) Triebbegriff läßt es nicht zu, von einer „ganzen Sexualstrebung", d.h. von einer Repräsentation einer Triebgesamtheit als Endpunkt der psychosexuellen Entwicklung zu sprechen. Daher ist der Trieb prinzipiell Partialtrieb und als solcher bekanntlich durch seine Quelle, durch sein Objekt und durch sein Ziel bestimmt. Aus diesem Grund unterscheidet auch Freud die Ebene der (Sexual-)Triebe relativ deutlich von jener der Liebe, welche im Gegensatz zum „kopflosen" Subjekt des Triebs die Bildung eines zunächst imaginären Gesamt-Ichs sowie schließlich eines vom symbolischen Anderen her bestimmten Subjekts impliziert. Für Lacan (1964, S. 198) ist in dieser Hinsicht auch der Genitaltrieb, sofern seine Existenz nicht grundsätzlich in Zweifel gezogen wird, von den Sexualtrieben im engeren Sinn zu unterscheiden, weil er ebenfalls auf der Seite des Anderen einzutragen sei, indem er der Zirkulation des Ödipuskomplexes bzw. den symbolisch bedingten elementaren Strukturen der Verwandtschaft unterworfen sei. Aus diesem Grunde hebt auch Lacan das scheinbare Objekt Phallus aus dem Triebkontext heraus, um ihm als imaginärem Signifikanten eine privilegierte Stellung für das Heraufkommen eines symbolischen Subjekts zuzuordnen.

Die Triebe sind den Bedingungen von Lustprinzip einerseits und von Real-Ich andererseits unterstellt. Das Homöostaseprinzip, welches durch das Real-Ich gewährleistet wird, bedingt das Auftreten der Sexualität als Partialtrieb, wobei *partial* im Hinblick auf den biologischen Zweck der Sexualität zu verstehen ist, hinsichtlich der Paarung der Geschlechter zum Zweck der Reproduktion. Unter dieser Prämisse ist der Trieb in zweifacher Hinsicht mit dem Tod verbunden, wobei er zunächst insofern Todestrieb ist, als die Präsenz des Geschlechts gleichzeitig den Tod des geschlechtlichen Lebewesens bedeutet, was andererseits auch heißt, daß es ohne Sexualität keinen Tod gäbe. Tödlich ist der Trieb aber auch insofern, als er stets nach sofortiger Befriedigung, nach Rückkehr zu seinem Ausgangspunkt, nach Auslöschung seines ihn tragenden Impulses trachtet. Erst durch die Arbeit am Trieb und durch das, was Freud unter dem Begriff der Triebschicksale zusammenfaßt, kann die Wirkung dieses tödlichen Prinzips herabgemildert werden, so daß schließlich in einer mehr oder weniger langen Lebenszeit die Triebdestruktivität eingegrenzt, verzögert und in Schach gehalten werden kann.

Wenn Freud unter den Haupteigenschaften des (Partial-)Triebes die Kategorien der Aktivität, der Passivität und der Reflexivität hervorhebt, so sieht Lacan darin eine an Sprache und Grammatik gebundene Kategorisierung, welche aufgrund der sprachlichen Relativität die strukturellen Gegebenheiten der grundsätzlichen Triebmodalitäten nicht trifft. Vielmehr sieht er in einer solchen Dynamik des Triebes (Lacan, 1964, insbesondere S. 182 ff.) das Moment einer Hin-und-Her-Bewegung im Spiel, wobei der Partialtrieb von seinem Ausgangspunkt, seiner Quelle bzw. seiner erogenen Zone dorthin wieder zurückkehrt. Indem er sein Objekt umkreist, kommt er zu seiner Befriedigung, freilich aber nicht zum Ziel der Sexualität, welches eben der Arterhaltung und der geschlechtlichen Reproduktion dient. Das durch einen Weg bestimmte, im Hinblick auf die eigentliche Funktion zielgehemmte Ziel des Partialtriebes ist somit eine kreisläufige Rückkehr, welche im Idealfall jenem Autoerotismus entspricht, den Freud so treffend mit dem Munde, der sich selber küßt, illustriert.

Unter diesem Gesichtspunkt erscheint dann auch das Triebobjekt als etwas Sekundäres, was Freud bekanntlich in der Weise ausgedrückt hat, daß das Variabelste am Trieb das Objekt sei. Dieses Triebobjekt, welches Lacan zunächst mit den Begriffen der Leere, der Höhle, der Beliebigkeit assoziiert, ist als solches immer als ein Rest und als ein Abfall zu verstehen, Effekt der Verhaftung des Subjekts und seiner Um- bzw. Innenwelt mit der symbolischen Ordnung, Rest eines ursprünglichen, unvermittelten, aber auch nicht bewußten Genießens nach der symbolischen Kastration, Abfall des Signifikanten und damit Ur-Sache des Begehrens als Ausdruck eines symbolisch nicht assimilierbaren Überbleibsels, das nur im imaginären Szenario des Phantasmas dem Subjekt gegenüber seinen Platz findet. Dieses Objekt, das ewig fehlt, dieses verlorene Objekt, das bei jeder erneut auftretenden Bedürfnisspannung auf ein ursprüngliches Befriedigungserlebnis verweist und durch eine Besetzung von Erinnerungsspuren charakterisiert ist, kennzeichnet Lacan mit dem Begriff des Objekts „a". Dabei wird jedem Partialtrieb ein spezifisches Ur-Objekt zugeordnet, dessen Merkmal es aber ist, Objektalität dadurch zu besitzen, daß es sich von einem Körper ablösen läßt. Dieser Körper ist sowohl der Körper des anderen als auch der eigene Körper, weil auf dieser Ebene der Subjektgenese der Transitivismus der imaginären (Spiegel-)Beziehung vorherrscht. So stellt Lacan ohne zu zögern den Freud'schen Triebmodalitäten des Oral-, Anal- und Schautriebs die Objekte Brust, Faeces und Blick gegenüber, und obwohl in dieser Liste auch die Stimme als spezifisches Objekt figuriert, ergibt sich für deren Zuordnung zu einem entsprechenden Partialtrieb ein Problem. Bevor aber darauf eingegangen wird, seien noch einige Überlegungen zur Frage von Aktivität und Passivität des Triebgeschehens aus der Sicht der strukturalen Psychoanalyse angeführt.

Deklination der Passivität: werden – lassen – machen

Von Anfang an stellt in der Triebtheorie das Gegensatzpaar von Aktivität und Passivität eine dem Trieb eigentümliche Kategorie dar. Gleichzeitig nimmt aber diese Opposition einen bedeutenden Platz in der Frage des Geschlechterverhältnisses auf dem Feld der Liebe und des Begehrens ein, womit Freud Lacan zufolge jenen unauslotbaren Rest metaphorisiert, der dem Geschlechtsunterschied zugrunde liegt, ohne die Frage von Maskulinität und Feminität je anders wirklich zu thematisieren (Lacan, 1964, S. 201 f.). Wo aber diese angeblichen Geschlechtsattitüden von aktiv und passiv in auffallender und klinisch bedeutsamer Weise in die Liebesbeziehungen von Mann und Frau intervenieren würden, handle es sich wohl eher um Einschlüsse von Sadomasochismus, welchen man bezüglich der eigentlichen Geschlechtsverwirklichung überhaupt nicht in Anschlag zu bringen brauche. Diese sei, was die weibliche Linie auf dem Niveau des Psychismus betreffe, in anderen Erscheinungen zu suchen, wie etwa dem Phänomen der Maskerade (Rivière, 1964), wobei allerdings die menschliche Maskerade gegenüber analogen Erscheinungen im Tierreich sich nicht mehr auf der imaginären, sondern auf der symbolischen Ebene abspiele.

Im Bereich der (Partial-)Triebe hingegen sieht es so aus, als würde der Trieb sich der grammatikalischen Opposition nicht beugen. Es ist schon darauf hingewiesen worden, daß Lacan die Triebbewegung als die Kreisbahn eines Drangs, einer Kraft betrachtet, welche von ihrem Ausgangspunkt, dem Rand ihrer erogenen Zone, nach einer Schleife um das spezifische Triebobjekt (das Objekt „a") wieder an diesen Rand zurückkehrt. Die Revision der Auffassung Freuds über die aktive und passive Modalität des Triebs, die an den Beispielen der Schaulust (Voyeurismus und Exhibitionismus) sowie des Sado/Masochismus deutlich zur Darstellung gelangt, beachtet nun anhand des Schautriebs, daß Freud die aktive Variante als das Beschauen eines fremden *Objekts* und die passive Variante als das Beschautwerden von einer fremden *Person* formuliert. Aber, so Lacan:

„Ein Objekt und eine Person sind tatsächlich nicht dasselbe. Am Ende des Kreises allerdings gehen sie ineinander über, wie wir feststellen müssen ... Tatsächlich sieht Freud, um sie zusammenzubringen, sich genötigt, sie an der Basis – wo Ursprung und Ziel zusammenfallen – mit seinen Händen zu zwingen, ihre Vereinigung zu erpressen – und zwar genau am Wiederkehrspunkt. Diese Zusammenzwingung gelingt ihm durch seine Aussage, daß die Wurzel des Schautriebs als ganze im Subjekt, in dem Umstand erfaßt werden kann, daß das Subjekt sich selbst sieht.

Aber gerade an diesem Punkt gibt ein Freud sich keiner Täuschung hin. Es geht nicht um ein Sich-im-Spiegel-Sehen, sondern um jenes *Selbst ein Sexualglied beschauen* – oder wie ich sagen würde: *einer beschaut sich in seinem Sexualglied.*

Aber Achtung! Auch das ist hier noch nicht richtig. Freud identifiziert nämlich diese Aussage mit ihrer Umkehrung – was ziemlich komisch klingt ... Diese Umkehrung ergibt dann also – *Sexualglied von eigener Person beschaut werden".* (Lacan, 1978, S. 203 f.)

Die Artikulation der Schlinge eines Hin und Zurück des Triebs ergebe sich dann aber deutlich erst durch die Änderung *eines* Begriffs dieser Aussage, nämlich die Ersetzung von *werden* durch *machen (se faire voir / sich sehen machen)* bei gleichzeitigem Hinweis auf die Funktion des anderen, was schließlich im Deutschen folgendermaßen formuliert werden könnte: *eigenes Objekt macht sich von fremder Person beschaut* (der deutsche Übersetzer Lacans weist auf die Schwierigkeit der Übersetzung des *se fair voir* hin, was sich seiner Meinung nach am ehesten durch *sich sehen lassen* oder durch *sich zu sehen geben* ausdrücken lasse, was aber wiederum den entsprechenden Aktivismus des Französischen nicht exakt wiedergebe). In diesem *sich machen*, das auch für die anderen Triebe Gültigkeit habe, sieht also Lacan die Aktivität des Triebs in einer somit nur noch scheinbaren Passivität des Subjekts weiterwirken, wohingegen in der narzißtisch strukturierten Dimension der Liebe das Oppositionspaar von Aktivität und Passivität durchaus seine Gültigkeit habe. Mit der Ersetzung der Freudschen Triebmomente durch die verschiedenen Formeln eines *sich machen*

> „ist grundlegend Aktivität impliziert, und ich bringe damit nichts anderes zum Ausdruck als Freud, der zwei Felder unterscheidet: Triebfeld auf der einen und narzißtisches Feld auf der anderen Seite, und der unterstreicht, daß auf der Ebene der Liebe *lieben* und *geliebt werden* reziprok sind, es auf dem andern Feld aber für das Subjekt um reine Aktivität geht: *durch seine eigenen Triebe* ... Es springt in die Augen, daß die Umsetzung eines Triebs, eines masochistischen Triebs zum Beispiel, noch in der angeblich passiven Phase vom Masochisten verlangt, daß er sich, wenn ich so sagen darf, abmüht wie ein Hund" (Lacan, 1964, S. 210).

Wie könnte letzteres besser unterstrichen werden als durch die Klagen jener opferwilligen Mitmenschen, die nicht müde werden, darauf hinzuweisen, was sie in ihrem Leben nicht schon alles *mitgemacht* hätten.

Der Anrufungstrieb – La pulsion invocante

Beim Versuch, dem Objekt Trieb einen genuinen akustischen Partialtrieb zuzuordnen, ergibt sich in erster Annäherung die Schwierigkeit, daß hier offensichtlich zwei im Organismus voneinander getrennte Organe im Spiel sind. Denn in die Modalitäten des Hörens und des Gehörtwerdens, nach Lacan besser verfaßt als Triebkomplex *Hören / sich hören* machen treten sowohl der Stimmapparat als auch der Hörapparat in ihrer Heterotopie in Funktion. Lacan macht für die Eigenart eines solchen Triebs, den er als *pulsion invocante / Anrufungstrieb* bezeichnet, vor allem die Eigenart geltend, daß die Ohren auf dem Feld des Unbewußten die einzige Öffnung sind, die sich nicht schließen können. Aus strukturellen Gründen gehe im Gegensatz von *se faire voir / sich sehen machen*, welches eine Rückkehrbewegung zum Subjekt durchmache, das *se faire entrendre / sich hören machen* an den anderen.

Um hier weiterzudenken, ist es offenbar gerade diese Streckung des Bogens der Triebbewegung, welche durch das Zusammenwirken zweier erogener Zonen innerhalb eines Partialtriebkomplexes bedingt ist, daß der Stimme und ihrem Ausdrucks- und Rezeptionsapparat eine so bedeutsame Stelle in der Bildung des Über-Ichs zuteil wird. In diesem Aufklaffen eines Bedürfnisses liegt also unseres Erachtens einer der Gründe für die Möglichkeit dessen, was einer Objektbeziehung außerhalb einer unmittelbaren und unvermittelten, eben kopflosen Reflexivität entspricht.

In bezug auf das Über-Ich, das sich im psychoanalytischen Diskurs natürlich nicht auf eine Instanz der Moral, der Kritik und der idealen Werte im Sinne eines Über-Ichs des Bewußtseins reduzieren läßt, müssen wir zwischen einem ödipalen Über-Ich und einem, diesem vorgängigen, tyrannischen Über-Ich unterscheiden. Um zu verstehen, wie eng das Phänomen Stimme mit dem Über-Ich verbunden ist, seien dessen Entwicklungslinien hier kurz skizziert.

Stimme und Über-Ich

Schon Freuds diesbezügliche Ausführungen legen es nahe, zwei Formationen der Über-Ich-Strukturen zu unterscheiden und das Über-Ich im engeren Sinne, d.h. als Erbe des Ödipuskomplexes, einem grundsätzlich unbewußten archaischen und tyrannischen Über-Ich gegenüberzustellen. Denn hinter der mit der Fähigkeit zur Objektbesetzung und Identifizierung mit dem Objekt einhergehenden Bildung des Ich-Ideals, welches die Wurzel des Über-Ichs darstellt, konfiguriert sich für Freud eine zweite Instanz, welche in der primitiven oralen Phase des Individuums noch diesseits einer Trennung von Objektbesetzung und Identifizierung steht. In „Das Ich und das Es" (1923, S. 258) schreibt Freud:

> „Dies führt uns zur Entstehung des Ich-Ideals zurück, denn hinter ihm verbirgt sich die erste und bedeutsamste Identifizierung des Individuums, die mit dem Vater der persönlichen Vorzeit. Dieser scheint zunächst nicht der Erfolg oder Ausgang einer Objektbesetzung zu sein, sie ist eine direkte und unmittelbare und frühzeitiger als jede Objektbesetzung".

Erst auf dieser widersprüchlich und paradox anmutenden totalen Identifizierung mit einem Objekt als ganzem scheinen sich mit der Organisation des Genießens in der ödipalen Phase jene imaginären und symbolischen Identifizierungen, scheint sich jenes Über-Ich im engeren Sinne herauszubilden, welches ebenfalls eine Paradoxie und Widersprüchlichkeit zu überwinden hat. Denn Freud (1923, S. 262) weist darauf hin, daß das Über-Ich nicht einfach ein Residuum der ersten Objektwahlen des Es ist, sondern daß es auch die Bedeutung einer energischen Reaktionsbildung gegen dieselben hat: „Seine Beziehung zum Ich erschöpft sich nicht in der Mahnung: ‚So (wie der Vater) *sollst* Du sein', sie umfaßt auch das Verbot: ‚So (wie der Vater) *darfst* Du *nicht* sein'".

In diesem Sinne läßt sich das Über-Ich nicht auf das Gesetz reduzieren, sondern auf einen Komplex von Gesetz und Genießen, wobei das Gesetz nicht das (inzestuöse) Begehren des Kindes verbietet, sondern nur dessen Befriedigung, dessen Genießen. Daraus folgt weiterhin, daß sich ein Teil des Individuums mit dem Begehren identifiziert, ein anderer mit dem Gesetz bzw. mit dem Verbot, was hinsichtlich des Genießens zu drei verschiedenen Verhaltensweisen führt: Zunächst muß das Objekt auf das verbotene Genießen *verzichten*, sodann aber auch sein Begehren bezüglich des als unerreichbar erachteten Genießens *aufrechterhalten* und schließlich seine körperliche und seelische Integrität vor der Gefahr der Zerstörung *retten*, was sich auf der Rettung des Penis durch die Kastrationsdrohung als Stütze des Gesetzes aufbaut. „Wenn das Über-Ich diese drei Prinzipien auf eine einzige zwingende Formel bringen könnte, würde es dem Ich anordnen: ‚Begehre das Absolute, auf das Du verzichten mußt, weil es für Dich verboten und gefährlich ist!'" (Nasio, 1992, S. 194, eig. Übers.)

Die Beziehung des Über-Ich zum Genießen entspricht der engen Es-Über-Ich-Relation bei Freud: „Somit steht das Über-Ich dem Es dauernd nahe und kann dem Ich gegenüber dessen Vertretung führen. Es taucht tief ins Es ein, ist dafür entfernter vom Bewußtsein als das Ich" (Freud, 1923, S. 278). Und an nicht weit davon entfernter Stelle heißt es: „Während das Ich wesentlich Repräsentant der Außenwelt, der Realität ist, tritt ihm das Über-Ich als Anwalt der Innenwelt, des Es, gegenüber." (Freud, 1923, S. 264) Dies bedeutet aber auch, wie es Leikert (1995, S. 38, eig. Übers.) anders formuliert:

> „Das Über-Ich spricht für das Es, das Über-Ich ist die Stimme des Dings. Das Über-Ich als Imperativ des Es ist somit die Stimme des Genießens; die Stimme, die das Genießen einerseits begrenzt – indem sie erfahrbar macht, was definitionsgemäß jede Form von Umrahmung überschreitet –, andererseits befördert sie es auf eine Art und Weise, die gelegentlich jede Kontrollfähigkeit des Subjekts übersteigt. Das Über-Ich ist eine Instanz, die das Genießen gleichzeitig repräsentiert und eingrenzt, und gerade darin liegt die Funktion der Vermittlung des Genießens mit dem Anderen ..., worin es dem Objekt „a" nahekommt".

Das andere schon von Freud postulierte archaische Über-Ich ist aber diesem Über-Ich des moralischen Bewußtseins mit seinen Funktionen des Verbots, der Ermunterung und des Schutzes entgegengesetzt. Es ist von besonderer psychoanalytischer Relevanz, weil es unbewußt das moralische, kritische und ideale Bewußtsein des hauptsächlich dem Rationalen untergeordneten Über-Ichs subvertiert.

> „Während das Trachten des Über-Ichs des Bewußtseins zur Förderung des Wohlbefindens beiträgt, gibt es ein anderes, wildes und grausames Über-Ich, das zum großen Teil Ursache für menschliches Elend sowie absurder und infernalischer Handlungen des Menschen (Selbstmord, Mord, Zerstörung und Krieg) ist. Das ‚Gute', das uns das wilde Über-Ich zu finden befiehlt, ist nicht die gute Moral (d.h. das, was aus der Sicht der Gesellschaft gut ist), sondern das absolute Genießen selbst. Es befiehlt uns, jede Grenze zu überschreiten und die Unmöglichkeit eines unaufhörlich sich entziehenden Genießens zu erlangen. Das tyrannische Über-Ich befiehlt und wir gehorchen, ohne zu wissen, auch dann, wenn es oft den Verlust und die Zerstörung dessen herbeiführt, was uns das Teuerste ist". (Nasio, 1992, S. 196, eig. Übers.)

Dieses grausame Über-Ich repräsentiert gegenüber dem Ich nun ausschließlich die ekstatische Kraft des Es, dem es befehlenden Nachdruck verleiht. In diesem Sinne müssen wir Lacans Formulierung „Das Über-Ich ist der Imperativ des Genießens – Genieße!" verstehen. Auf der (vergeblichen) Suche nach einer absoluten Befriedigung führt dieses Über-Ich das Subjekt zu den grausamsten Handlungen bis hin zu Verbrechen, Selbstmord und Mord, wodurch es sich als die „kulturelle" Ausformung des Todestriebes erweist. Aber auch dieses Über-Ich wirkt, wie Nasio (1992, S. 197 f.) ausführt, auf den drei Ebenen des *Verbots*, der *Ermunterung* und des *Schutzes*, wenn auch auf krankhafte Weise übersteigert. Während die übertriebene Ermahnung zur Realisierung destruktiver Impulse führt, gibt das zu strenge Verbot Anlaß zu absurden Manifestationen der Selbstbestrafung – wie etwa im Falle der Melancholie oder bestimmten paranoiden Entwicklungen. Als Ich-Protektor kann es schließlich derartig eifersüchtig über das Subjekt wachen, daß es zu einem von sinnlosen Verboten charakterisiertem Verhalten führt.

Was nun die Genese dieses grausamen Über-Ichs anbelangt, ist es nach Nasio als „Erbe eines primitiven Traumas" (1992, S. 200) zu betrachten, in welchem das Zerrbild eines Verbots in einer zum grotesken Schrei deformierten Stimme zur Wirkung gelangt und ein Phantasma erzeugt, das durchaus jenen oralen und sadistischen Phantasmen des Säuglings entspricht, wie es die Schule Melanie Kleins in bezug auf eine frühzeitige Über-Ich-Bildung herausgearbeitet hat. In einem solchen Phantasma kann das Kind die Stimme eines Erwachsenen wie einen brutalen und verletzenden Befehl erleben:

„Berauscht spürt das Kind das Gewicht der elterlichen Autorität und Einschüchterung, ohne zu verstehen, worauf sich das von den phantasierten Stimmen der Eltern geäußerte Verbot wirklich bezieht. Der Sinn des Verbotes, ein Sinn, der grundsätzlich über jedes symbolische und strukturierende Sprechen vermittelt werden kann, wird durch den penetranten Ton des elterlichen Schreiens aufgehoben. Der phantasierte Ton vertreibt den symbolischen Sinn und wird innerhalb des Ich zum klingenden, isolierten und herumirrenden Ort, in dem sich das tyrannische Über-Ich einrichtet". (Nasio, 1992, S. 199, eig. Übers.)

Indem das Symbolische im Sinne einer Verwerfung energisch zurückgewiesen wird, reduziert sich die Substanz dieses Über-Ichs auf ein herumirrendes Stimmfragment, das als Objekt „a" das sinn- und bedeutungslose Loch im Realen imaginär als „wildes und unsinniges Dröhnen des Gesetzes" (Nasio, 1992, S. 200) auffüllt.

Schrei und Musik

Gerade von dieser wahrlich archaischen Dimension der Stimme ergibt sich ein anderer Zugang zum psychoanalytischen Verständnis des Wesens musikalischer Phänomene als von jener Verfassung der Stimme aus, die bereits von der Kategorie des Wortes eingenommen worden ist, so daß sie nicht mehr als partielles Ur-Objekt im Sinne eines Objekts „a" zu betrachten ist, sondern eher als ein vom signifikanten System eingefangenes phonematisches Objekt. Denn gerade in bezug auf das Genießen in der Musik erhebt sich mit Nachdruck die Möglichkeit der Umgehung der symbolischen Kastration, weil gerade die Musik sich am vehementesten gegen Sinn- und Bedeutungszuordnungen wehrt. In diesem Sinne ordnet auch Leikert (1994) das Musikalische dem Register der Perversion zu, weil es sich gegenüber dem Neurotischen keinem Sinn unterwirft und sich niemals an die imaginäre Adresse einer festen Bedeutung fixieren läßt. Wenn auch die Stimme im weitesten Sinn des Wortes jenem Realen des Körpers und der Körper entspricht, in welches die notierten Signifikanten ihre Einschnitte, Modulationen und Artikulationen einbringen, und wenn sie als solche ein grundsätzliches Urobjekt der Musik darstellt, so ist doch für die Erfassung der reinen Dimension des Genießens in der Musik jenseits des Symbolischen ein Begriff zu erwägen, welcher einer präziseren *Bestimmung* und damit einer gewissen Festlegung entgeht. Leikert (1994, S. 7) greift diesbezüglich auf den Terminus „objet sonore" eines anonymen Autors (1974, S. 330 ff.) zurück, welches ein vages und unabgegrenztes und, wie alle anderen Objekte von Trieben, verlorenes Objekt repräsentiert. Dieses *Klangobjekt / objet sonore* scheint dem Objekt „a" Lacans, dem Objekt des Genießens und des ursprünglichen Befriedigungserlebnisses, das, wie bereits erwähnt, durch die Einschreibung als Erinnerungsspur ins Register der Signifikanten verlorengeht und immer wieder gesucht wird, eher zu entsprechen als das in den Dimensionen von Psychose und Neurose relevante Objekt der Stimme in ihrer Nähe zum Genießen und zum bewußtseinsfähigen und bewußtseinsnahen Organ des ödipalen Über-Ichs. Durch Sprache und Sprechen, durch die Wirkung des Signifikanten verwandelt sich nach Lacan das Objekt „a" als „Objekt des Genießens" in ein „Objekt-Ursache des Begehrens", welches nun, dem Begehren als einem grundsätzlichen Begehren des (immer) anderen unterworfen, ein stets ersehntes und gesuchtes Objekt ist. Für Leikert (1994) bedeutet die Suche nach dem verlorenen Objekt in der Musik vor allem die Suche nach der absoluten Stimme, wobei gerade im Kastraten dieses ultimative *Klangobjekt* in herausragender Weise verkörpert erscheint. Die reale Kastration anstelle der symbolischen bedeutet für das Subjekt, nicht zum Subjekt des Signifikanten, sondern zum Objekt des Genießens zu werden, wodurch die Fetischfunktion des Kastraten und der Zusammenhang von Musik und Perversion deutlich wird. Hier nimmt also der Kastrat den Platz des *Klangobjekts* ein. Das Absolute an diesem Objekt ist für Leikert (1994, S. 11 f.) der Schrei jenseits der binären Artikulation des Sprechens, in dem der Signifikant das Genießen aufgehoben hat. Dabei wird auch die Zeit-Ordnung aufgehoben, die eine Leistung des Signifikanten ist. So wird der Begriff des „*Augenblicks der Stimme*", welcher in verschiedenen Variationen in den diversen Musikstücken auftaucht, zum Inbegriff eines Moments des Genießens. Die dem Schrei benachbarte musikalische Stimme als *Klangobjekt / objet sonore* eines akustischen Partialtriebs ist somit der letzte Schutzschirm vor der Unerträglichkeit des Realen des Triebs, welcher hier in besonderer Weise seine imaginäre Zähmung erlangt.

Der reale Untergrund der Musik bedeutet auch eine Verkörperung des Seins und eine Vergegenwärtigung der Existenz selbst. Als Sublimierung eines angeblich kaum erträglichen Ur-Geräusches im Mutterleib, in dem ontogenetisch der Widerhall eines phylogenetischen Ur-Knalles herüberzutönen scheint, siedelt sich die Musik am Rande des Diskurses an, aus welchem sie hinunterreicht in die Unmittelbarkeit und Unvermitteltheit des Realen und damit sowohl in den Bereich des reinen Lebens als auch des reinen Todes.

Literatur

Abraham, K. (1913): Ohrmuschel und Gehörgang als erogene Zone. In: Cremerius, J. (Hg.): Karl Abraham. Psychoanalytische Studien II. Frankfurt a.M.: Fischer (1971), S. 127-130.
Anonym (1994): Vom Objekt der Musik im psychoanalytischen Feld. In: RISS, Nr. 26, S. 43-49. (Franz. Original: Anonym: De l'objet musical dans le champ de la psychanalyse. In: Scilicet, 6/7, Paris: Seuil, S. 329-336).
Freud, S. (1923): Das Ich und das Es. GW XIII. Frankfurt a.M.: Fischer, S. 237-289.
Nasio, J.-D. (1992): Enseignement de 7 concepts cruciaux de la psychanalyse. Paris: Edition Payot.
Lacan, J. (1964): Das Seminar von Jacques Lacan. Buch XI: Die vier Grundbegriffe der Psychoanalyse. Olten: Walter (1978).
Leikert, S. (1994): Das Objekt des Genießens in der Musik. In: RISS, Nr. 26, S. 5-18.
- (1995): La perversion du signifiant. Eléments et constructions d'une interpretation psychanalytique de la musique. Thèse de Doctorat, 1995, Université de Paris VIII St.-Denis.
Miller, J.-A. (1989): Lacan et la voix. In: Colloques d'Yvry. Paris: Lysiaques.
Ovid: Metamorphosen. Stuttgart: Philipp Reclam jun. (1964).
Pazzini, K.-J. (1993): „Wer nicht hören will, muß fühlen". Einige Diskussionsbeiträge zum Hören in der Psychoanalyse und der Pädagogik. In: Paragrana, 2, S. 15-28.
Rivière, J. (1964): La féminité en tant que mascarade. In: La Psychanalyse (Zschr. der Société francaise de psychanalyse), Nr. 7, S. 257-270.
Ruhs, A. (1994): Schautrieb, Auge, Blick. In: texte. psychoanalyse. ästhetik. kulturkritik. Heft 2, S. 50-69.
Widmer, P. (1983): Ein verkanntes Objekt in der Psychoanalyse: Die Stimme. In: Texte zur Theorie und Praxis der Psychoanalyse, 3. Jg., Heft 3/4, S. 297-307.

Neugier und Urszene

Margarethe Grimm

„Und sie waren beide nackt, der Mensch und sein Weib, und schämten sich nicht." (Das 1. Buch Mose). Ein paradiesischer Zustand, in dem Nacktheit und Geschlechtsunterschied durch Unwissenheit bedeutungslos bleiben. Das Streben nach Wissen, die Gier, Neues zu erfahren, ist das Verbotene, welches in der Darstellung des Sündenfalls als „Erkenntnis von Gutem und Bösem" bezeichnet wird und ein infantiles Paradies sichert. Dem Vater erhält dieses Verbot ewig Kinder, erspart ihm die Auseinandersetzung mit dem Generationenkonflikt, sichert ihm das Geheimnis der Urszene und seine alleinige Herrschaft. Die infantile Sexualität bleibt ohne Schuldgefühle, da es kein Wissen, wie oben dargestellt, über Nacktheit, über Gut und Böse gibt.

Bis die Schlange diese Idylle stört.

> „Und die Schlange war listiger denn alle Tiere auf dem Felde, die Gott der Herr gemacht hatte, und sprach zu dem Weibe: Ja, sollte Gott gesagt haben: ihr sollt nicht essen von allerlei Bäumen im Garten? ... Sondern Gott weiß, daß, welches Tages ihr davon esset, so werden eure Augen aufgetan, und werdet sein wie Gott und wissen, was gut und böse ist. Und das Weib schaute an, daß von dem Baum gut zu essen wäre, und daß er lieblich anzusehen und ein lustiger Baum wäre, weil er klug machte; und sie nahm von der Frucht und aß und gab ihrem Mann auch davon, und er aß. Da wurden ihrer beider Augen aufgetan, und sie wurden gewahr, daß sie nackt waren, und flochten Feigenblätter zusammen und machten sich Schurze". (Das 1. Buch Mose)

Mit dem Öffnen der Augen beginnt ein Wissen um die Nacktheit und um die Verschiedenheit der Geschlechter. Erst da beginnen in der Bibel der Mann und das Weib Namen zu bekommen, werden befähigt, als Adam und Eva Eltern zu werden, die Sexualität zu verstehen und zu erleben. Damit erlischt auch ihre Unsterblichkeit, den „Baum des Lebens" weiß nun Gott besser zu schützen. Das Wissen um die Geheimnisse des Lebens bezahlt man, neben sonstigen Qualen, mit der Vergänglichkeit, mit dem Sterben.

Das „Verbrechen" im biblischen Sündenfall wird über die Verführung durch die Schlange eingeleitet. Die Schlange umschließt sowohl das weibliche als auch das männliche Symbol – und in der Darstellung des Kreises, in der sie den eigenen Schwanz im Maule hält, die Vereinigung von Mann und Frau.

Auge – Quelle des Schautriebs – Wißtrieb

Die Befriedigung über das Öffnen der Augen wird im ersten Augenblick durch die Scham über das Erkennen der Nacktheit getrübt. Die Schamreaktion auf das Nacktsein verrät dabei das beginnende triebhafte Geschehen. Die dadurch entstehende Lust am sich Herzeigen, löst wiederum Neugier und *Begehren nach mehr Sehen* aus. Später kommt es zur Frage der Schuld und damit verbunden zur Angst vor dem Blick und der Rache des Herrn. Der Mann gibt der Frau die Schuld, diese der Schlange. Erst nach der Frage bezüglich der Schuld können sie als Paar ihr autonomes Reich erringen und die Urszene vollziehen: „Adam erkannte sein Weib".

Diese Beschreibung enthält die Forschung der infantilen Sexualneugierde bis hin zum Vollzug der erwachsenen, genitalen Sexualität. Bei der Geburt ist das Kind nur mit phylogenetischem Wissen (Urphantasien) ausgestattet, die eigenen Erkenntnisse muß es sich erst aneignen. Die Erlaubnis, Neugier entwickeln zu dürfen, Wissen zu haben von Penis, Vagina und elterlichem Koitus (der Urszene), die alle drei in der Geschichte der Verführung durch die Schlange dargestellt sind, diese Erlaubnis ist wesentlich für die weitere Entwicklung des Wißtriebes und Forschergeistes.

Das Öffnen der Augen ist der erste Schritt zum *Erkennen:* Adam erkannte sein Weib, in einem durchaus sexuellen Sinn. Freud betrachtete den Sexualtrieb als Zusammensetzung verschiedener Partialtriebe. Für die Neugierde, den Wissensdrang und das Denken hat der Wißtrieb, der vor allem über den Partialtrieb des Voyeurismus Zufuhr erfährt, eine besondere Bedeutung. Deutlich sichtbar wird er auch im Exhibitionismus und im oralen wie analen Bemächtigungstrieb.

> „Um dieselbe Zeit, da das Sexualleben des Kindes seine erste Blüte erreicht, vom dritten bis zum fünften Jahr, stellen sich bei ihm auch die Anfänge jener Tätigkeit ein, die man dem Wiß- oder Forschertrieb zuschreibt. Der Wißtrieb kann weder zu den elementaren Triebkomponenten gerechnet noch ausschließlich der Sexualität untergeordnet werden. Sein Tun entspricht einerseits einer sublimierten Weise der Bemächtigung, anderseits arbeitet er mit der Energie der Schaulust. Seine Beziehungen zum Sexualleben sind aber besonders bedeutsame, denn wir haben aus der Psychoanalyse erfahren, daß der Wißtrieb der Kinder unvermutet früh und in unerwartet intensiver Weise von den sexuellen Problemen angezogen, ja vielleicht erst durch sie geweckt wird." (Freud, 1905, S. 95)

Freud nimmt an, daß es praktische Interessen sind, die das Werk der Forschertätigkeit in Gang setzen. So machen zum Beispiel die Geburt eines Geschwisters, die Sorge um den Verlust an Fürsorge und Liebe das Kind nachdenklich und scharfsinnig. Die erste Forschertätigkeit beginnt Freud zufolge mit der Frage, woher die Kinder kommen. Seine Theorie, daß der Geschlechtsunterschied vorerst ohne Bedeutung bleibe, da bei allen Menschen die Annahme des männlichen Genitales „die erste der merkwürdigen und folgenschweren infantilen Sexualtheorien" (1905, S. 95) sei, ist nach neueren Erkenntnissen zu modifizieren.

Spätestens seit den Untersuchungen von Roiphe und Galenson (1968, 1980) ist es anerkannt, daß Kinder beiderlei Geschlechts ab der zweiten Hälfte des zweiten Lebensjahres ein erstes Wissen über ihr Genitale entwickeln. Das erklärt auch das frühe Interesse des Kindes für das Rätsel des Geschlechtslebens. Es entwickeln sich Fragen wie: Woher komme ich? Wie bin ich entstanden? Was ist das Geheimnis der Eltern, und inwiefern hat es mit dem Geschlechtsunterschied zu tun? Gleichzeitig entsteht der Wunsch nach Antworten. Freud (1916-17) brachte die Antworten, welche die Kinderstube damals bereit hielt – beispielsweise die, daß der Storch die Kinder bringe –, mit einer Vereinsamung des Kindes in Verbindung. Durch die Empfindung, von den Erwachsenen um die Wahrheit betrogen zu werden, müsse es den Weg zur selbständigen Nachforschung einschlagen. Aber das Kind ist nicht imstande, diese Probleme mit eigenen Mitteln zu lösen. Seiner Erkenntnisfähigkeit sind durch seine unentwickelte Sexualkonstitution bestimmte Schranken gesetzt. Daß der Vater eine Rolle beim Kinderbekommen spielt, merken Kinder bald, sie ahnen wohl, daß das Geschlechtsglied des Mannes einen wesentlichen Anteil an der Entstehung der Kinder hat, können diesem Körperteil aber keine andere Leistung zuordnen als das Urinieren. Daraus entsteht die häufig vorkommende Phantasie, daß der Koitus darin bestünde, daß der Mann in die Frau hineinuriniere. Diese findet sich oft noch, so wie viele andere infantile Sexualtheorien, im Unbewußten von Erwachsenen.

Selbst wenn es zufällig Zeuge eines geschlechtlichen Aktes wird, weiß das Kind ihn nicht zu deuten. Es sieht und erlebt den elterlichen Geschlechtsverkehr vor dem Hintergrund seiner eigenen psychischen Realität. Diese ist noch gekennzeichnet durch magisches Denken, polymorph perverse Strukturen und ein schwaches Ich, welches die Triebüberflutung nicht verarbeiten kann. Dadurch kommt es beim Sehen und Erleben des Koitus zu einem Mißdeuten des Triebgeschehens. Das Kind sieht in der Urszene einen Versuch der Überwältigung, eine Rauferei, ein sadistisches Mißverständnis.

Die Frage, ob sich die Situation für die Kinder im Laufe der Jahrzehnte mit zunehmender, gründlicherer Aufklärung verändert hat – vom Storch wird heute doch in viel weniger Familien gesprochen –, würde ich aufgrund meiner langjährigen kindertherapeutischen Erfahrung im Institut für Erziehungshilfe mit einem Nein beantworten. Die Kinder verstehen die Welt mit den Möglichkeiten ihres Erlebens. Über körperliche Lustquellen und Untersuchungen versuchen sie die Welt projektiv zu gestalten. Ihre Welt ist voll von Phantasien: Einverleibungsphantasien, solche über orale Befruchtung, Kopfgeburten, anale Geburtsvorstellungen sowie urethrale, anale, sadistische oder masochistische Urszenenphantasien. Voyeuristische Sexualerkundung betreiben auch aufgeklärte Kinder, da die kindlichen Sexualtheorien eng mit ihrer Triebbefriedigung verknüpft sind und nur so verstanden werden können.

Objektbeziehungen

Die infantilen, inzestuösen Liebesobjekte spielen dabei eine zentrale Rolle, sie sind mit einer Erregung verknüpft, die das kindliche Ich oft vor eine schwer zu lösende Aufgabe stellt. Die Lust kann daher häufig mit Angst einhergehen oder von ihr überdeckt werden. Anna Freud (1971) beschreibt sehr eindrücklich, wie die einzelnen psychosexuellen Entwicklungsschritte des Kindes eine Krise auslösen und immer aufs neue bewältigt werden müssen; wobei ein Milieu von Freiheit des Denkens und Lust an der Erkenntnis dem Kinde durchaus flexiblere Möglichkeiten der Abwehr und des Umgangs bieten. Freud meint zur kindlichen Liebesfähigkeit:

> „Anderseits ist das Kind der meisten psychischen Leistungen des Liebeslebens (der Zärtlichkeit, der Hingebung, der Eifersucht) lange vor erreichter Pubertät fähig, und oft genug stellt sich auch der Durchbruch dieser seelischen Zustände zu den körperlichen Empfindungen der Sexualerregung her, so daß das Kind über die Zusammengehörigkeit der beiden nicht im Zweifel bleiben kann. Kurz gesagt, das Kind ist lange vor der Pubertät ein bis auf die Fortpflanzungsfähigkeit fertiges Liebeswesen, und man darf es aussprechen, daß man ihm mit jener ‚Geheimtuerei' nur die Fähigkeit zur intellektuellen Bewältigung solcher Leistungen vorenthält, für die es psychisch vorbereitet und somatisch eingestellt ist." (1906-1909, S. 22)

Das Schicksal der kindlichen Neugier – Sexualforschung

Der Erfolg in der kindlichen Sexualforschung kann ermutigend sein, der Mißerfolg zu einer Hemmung führen. In seiner Arbeit über die Kindheitserinnerung des Leonardo da Vinci sieht Freud (1909-1913) drei verschiedene Möglichkeiten für das weitere Schicksal des kindlichen Forschertriebs.

Die erste und erfolgloseste besteht in der neurotischen Hemmung, die Forschung teilt das Schicksal der Sexualität, die Wißbegierde bleibt gehemmt und die Intelligenz vielleicht ein Leben lang eingeschränkt. Besondere Macht schreibt er dabei auch der Erziehung durch die religiöse Denkhemmung zu.

Im zweiten Fall ist die Intelligenzleistung stark genug, der an ihr zerrenden Sexualverdrängung zu widerstehen; die unterdrückte Sexualforschung kehrt zurück, häufig in Form eines Grübelzwangs, und es kommt zu einer Sexualisierung der Denktätigkeit. Die intellektuellen Leistungen sind mit der Lust und der Angst der eigentlichen Sexualvorgänge verbunden, das Forschen wird zur Sexualbetätigung. Dabei besteht die Gefahr, daß die Forschung den unabschließbaren Charakter der Kinderforschung wiederholt, das Grübeln nie eine Ende findet, das gesuchte intellektuelle Gefühl der Lösung immer weiter in die Ferne rückt, wie wir es in extremer Form beim Zwangsneurotiker finden können.

Im dritten Fall, den Freud als seltensten und vollkommensten beschreibt, entzieht sich die Libido dieser Partialtriebe dem Schicksal der Verdrängung, indem sie sich von Anfang an in Wißbegierde sublimiert und den Forschertrieb verstärkt. Durch die Fähigkeit zur Sublimierung bleibt die Neurose aus, und der Trieb kann sich frei in den Dienst des intellektuellen Interesses stellen.

Infantile Sexualität und Neurose

Für Freud (1908) ist die Kenntnis der infantilen Sexualtheorie Vorbedingung, um die Neurosenbildung zu verstehen, da sie Einfluß auf die Gestaltung der Symptome hat. In vielen Fällen werden die Sexualtheorien zwar verdrängt, aber nicht aufgegeben.

Der alttestamentarische Mythos des Verbots vom *Baum der Erkenntnis* zu essen und damit Neugier zu befriedigen und Wissen zu erwerben, entspricht der Einschränkung, der neurotische Menschen unterliegen. Auch die Neurose will, ähnlich der Religion, das Erkennen der Realität verhindern.

Die Neurose hat den Vorteil, daß sie die Strafe für sexuelle und aggressive Triebwünsche abwendet und sie gleichzeitig teilweise befriedigt. Damit kann zum Teil ein infantiles Paradies aufrechterhalten bleiben, die Lust, ohne sie zu erkennen, ausgelebt werden. Allerdings um den Preis einer eingeschränkten Erkenntnis. Die Idee der Unsterblichkeit kann durch die Illusion des Kind-bleibens, eine ewige Zukunft zu haben, weiterbestehen. Fenichel (1983) weist uns darauf hin, daß der Neurotiker einen jugendlichen Eindruck mache, da es ihm nicht gelungen sei, ein richtiges Verhältnis zu seiner Sexualität zu finden. Er zeige weiterhin das Verhaltensmuster Jugendlicher, von jemandem, der in einem Provisorium lebt, hinter welchem die *volle Wirklichkeit* noch in unbestimmter Zukunft warte.

Die Beharrlichkeit, mit der der Neurotiker seine ödipale Situation verteidigt, infantilisiert ihn und läßt ihn sein kindliches Paradies bewahren. Dafür sind verschiedene Abwehrleistungen nötig. Eine besondere Form davon möchte ich herausheben, da sie gerade im Zusammenhang mit Urszenenerinnerungen häufig zu beobachten ist. Die Möglichkeit, unverträgliche sowie unerträgliche Erinnerungen zu verschleiern, wird durch sogenannte *Deckerinnerungen* erreicht. Dabei handelt es sich um eine Ersatzbildung, die mittels Verschiebung die ursprüngliche, jetzt unbewußt gewordene, Erinnerung durch eine andere, indifferente, ersetzen soll.

Freud (1901b) stellt die frühen Kindheitserinnerungen allesamt in Frage:

> „Man wird so von verschiedenen Seiten her zur Vermutung gedrängt, daß wir in den sogenannten frühesten Kindheitserinnerungen nicht die wirkliche Erinnerungsspur, sondern eine spätere Bearbeitung derselben besitzen, eine Bearbeitung, welche die Einflüsse mannigfacher späterer psychischer Mächte erfahren haben mag. Die „Kindheitserinnerungen" der Individuen rücken so ganz allgemein zur Bedeutung von „Deckerinnerungen" vor und gewinnen dabei eine bemerkenswerte Analogie mit den in Sagen und Mythen niedergelegten Kindheitserinnerungen der Völker." (S. 56)

Die Kindheitserinnerungen und die dabei auftretenden Phantasien oder Deckerinnerung besitzen „psychische Realität im Gegensatz zur materiellen, und wir lernen allmählich zu verstehen, daß in der Welt der Neurosen die psychische Realität die maßgebende ist" (Freud, 1916-17, S. 329).

Die psychische Realität, die unbewußt wirksam ist, durchwirkt das Leben der Menschen; eine Realität, der auch der Analytiker sich nicht entziehen kann, die nicht nur in Übertragungs- und Gegenübertragungsgefühlen hinter der Couch von Bedeutung ist, sondern ständig die Auseinandersetzung mit der eigenen Abwehr erfordert.

In den Urszenenphantasien des Menschen erhalten wir einen umfassenden Eindruck von seiner psychischen Realität. In dieser Sexualphantasie zeigt uns das Individuum seine Vorlieben für bestimmte Partialtriebe, die psychosexuelle Entwicklung mit möglichen Fixierungsstellen, die geglückte oder mißglückte Triebmischung bzw. -entmischung sowie die Entwicklung in seiner Objektwahl.

Urszene – Urphantasien

Freud verwendet den Ausdruck *Urszene* meist im Zusammenhang mit den von ihm angenommenen Urphantasien.

> „Die Beobachtung des Liebesverkehrs der Eltern ist ein selten vermißtes Stück aus dem Schatze unbewußter Phantasien, die man bei allen Neurotikern, wahrscheinlich bei allen Menschenkindern, durch die Analyse auffinden kann. Ich heiße diese Phantasiebildungen, die der Beobachtung des elterlichen Geschlechtsverkehres, die der Verführung, der Kastration und andere, Urphantasien, ...". (Freud, 1915, S. 242)

Diese seien phylogenetisch über das individuelle Erleben vererbt. Der Mensch sei in den Urphantasien immer gegenwärtig, selbst in der *Urszene*, von der er ausgeschlossen sein kann, spiele er in der Phantasie als Beteiligter eine Rolle, der zum Beispiel den elterlichen Koitus störe oder in einer von ihm gewünschten Art involviert sei.

In der Traumdeutung schreibt Freud (1900) zu der assoziierten Urszenenerinnerung eines Träumers zu einem Traum aus dessen neuntem Lebensjahr:

> „Er subsumierte, was bei den Eltern vorfiel, unter den Begriff: Gewalttat und Rauferei. Ein Beweis für diese Auffassung war ihm, daß er oft Blut im Bette der Mutter bemerkt habe. Daß der sexuelle Verkehr Erwachsener den Kindern, die ihn bemerken, unheimlich vorkommt und Angst in ihnen erweckt, ist, möchte ich sagen, Ergebnis der täglichen Erfahrung. Ich habe für diese Angst die Erklärung gegeben, daß es sich um eine sexuelle Erregung handelt, die von ihrem Verständnis nicht bewältigt wird, auch wohl darum auf Ablehnung stößt, weil die Eltern in sie verflochten sind, und die darum sich in Angst verwandelt." (S. 591)

Weiters nimmt er auch an, daß die bei Kindern so häufigen nächtlichen Angstanfälle mit Halluzinationen (Pavor nocturnus) auf die Urszenenbeobachtungen und/oder -geräusche zurückzuführen seien.

Freud (1940) betont, daß die Urszenenerlebnisse meist eine neurotische Entwicklung bewirken; wenn jedoch die Neurose ausbleibe, könne es zur Entwicklung von mannigfachen Perversionen kommen oder gar zu einer Unbotmäßigkeit, die sich nicht nur auf die Fortpflanzung, sondern auf alle für die Lebensgestaltung wichtigen Funktionen auswirke.

Überlegungen zur Urszene

Schon länger beschäftigt mich das Phänomen, daß bei psychoanalytischen Vorträgen, gleich ob sie sich mit theoretischen oder praktischen Themen befassen, die inhaltliche Auseinandersetzung der Zuhörer mit dem Vorgetragenen oft zu kurz kommt. In den anschließenden Diskussionen wird von Teilnehmern gerne das eigene theoretische Steckenpferd geritten (ich selbst schließe mich da nicht aus); Kritik am Vortrag und dem Vortragsstil wird vorgebracht: er sei zu oberflächlich, uninteressant, intellektualisierend, abwehrend oder anderes. Bei Fallgeschichten interessiert oft mehr, wer sich wohl dahinter verbergen könnte, als der Inhalt; oder es wird Kritik laut, daß die Patienten nicht genug geschützt wurden. So berechtigt solche Kritik auch sein mag, sollte sie doch niemanden daran hindern, sich auch auf die dargestellten Inhalte einzulassen. Formkritik vor Inhalt ist ein erkennbarer Widerstand; das heißt: Neugier und Wißbegierde sind gehemmt. Meine These lautet daher: Sowohl die Ausarbeitung und das Herzeigen psychoanalytischer Arbeiten als auch das Zuhören und das Zuschauen haben einen ähnlichen Konflikt als Ausgangspunkt.

Anhand eines Vortrags betrachtete ich dieses Phänomen genauer. Ich begann damit beim Inhalt meines letzten vorangegangenen Vortrags. Dieser hatte sich mit der Darstellung eines Traums und dessen Deutung befaßt. Der Traum beinhaltete infantile sexuelle Wünsche prägenitaler, bisexueller, ödipaler, inzestuöser Natur sowie die Erfüllung partialtriebhafter Gelüste. Unbewußte Phantasien und Wünsche wurden dargestellt. Ich gelangte in der Folge zu der Erkenntnis, daß solche Inhalte in allen psychoanalytischen Vorträgen in verschiedensten Formen enthalten sind. Sowohl psychoanalytische Theorie als auch intimes Material verleiten dazu, Widerstände zu mobilisieren, um zu verhindern, daß die Berührung damit überraschend unbewußte psychische Inhalte heraufbeschwört.

Der dargestellte Traum berührte, wie schon erwähnt, die infantile Sexualität und infantile Objektbeziehungen. Jeder Mensch hat sie erlebt, sie prägen die Persönlichkeitsstruktur, sind in jedem als unbewußte Phantasien vorhanden und weiter wirksam. Deshalb kommt es, wie ich vermute, zum Widerstand; besser gesagt: Die eigene Betroffenheit erzeugt Widerstand.

Bei der Anhörung einer Fallgeschichte sind wir Schlüssellochgucker, Voyeure. Wir sehen durch das Schlüsselloch in ein fremdes Schlafzimmer, in eine fremde Praxis, und werden mit einer Urszene konfrontiert. Die altbekannte infantile Sexualneugierde wird reaktiviert. Was passiert nun bei der Erfüllung dieses Wunsches? Nach meiner Erfahrung ist es so, daß der Betrachter zwar neugierig hinschaut, alles darüber wissen will, aber letztendlich soll *nichts* geschehen beziehungsweise sollen nur seine eigenen Vorstellungen wahr sein, um hierdurch Kontrolle über die Urszene und die eigenen unbewußten Regungen auszuüben. Eine Möglichkeit, das zu beobachten, liegt in den Wortmeldungen, die sich auf die eigene psychoanalytische Position beziehen und durch den eigenen Blick den *gewünschten* Inhalt bestimmen. Im Publikum bleiben wir deshalb oft in der Deskription oder an Nebensächlichkeiten hängen und vermeiden es, den Inhalt genau anzuschauen. Wir starren ins Schlafzimmer, stellen unser Objektiv darauf ein, daß die Eltern ruhig schlafen, nichts passiert, ähnlich wie im Wolfsmann-Traum: Die Wölfe sitzen regungslos da, schauen ihn an, aber rühren sich nicht, wobei die miterlebte Urszene, auf die sich bekanntlich der Traum bezieht, *heftigst bewegt* war. Oft wird die Szene, im Sinne der Intellektualisierung, zwar genau, bis ins kleinste Detail, beschrieben, aber so „gesäubert", daß von der Triebhaftigkeit und dem Affekt wenig übrig bleibt, auf diese Weise abgewehrt oder schlichtweg verleugnet wird. Um die Anerkennung der Realität zu vermeiden, setzt eine Denkhemmung ein. Häufig finden wir in den Analysen Deckerinnerungen in bezug auf die Urszene; zum Beispiel in der Form, daß der Vater immer so geschnarcht oder es in diesem Zimmer so gestunken habe. Ein Patient, der bis zum dreizehnten Lebensjahr im Zimmer der Eltern geschlafen hat, erinnert, daß er durchs Fenster bei den Nachbarn einen Vampirfilm gesehen habe, den zugehörigen Ton jedoch nicht hören konnte. Eine Verkehrung in der Erinnerung: In der Realität stand nämlich sein Bett, nur durch einen Vorhang getrennt, neben dem Elternbett, er konnte alles fern- besser: nah-*hören*, aber nichts sehen. Nur so ist es möglich, die Phantasie aufrechtzuerhalten, daß die Sexualität der Eltern nicht existiert. Warum gibt es den Wunsch nach Verleugnung des elterlichen Koitus? Die Betrachtung der Sexualforschung der Kinder kann darüber Auskunft geben. Ihre Rückschlüsse aufgrund des Gesehenen, Gehörten, Erahnten, Gespürten, verstehen und erklären die Kinder durch ihr eigenes triebhaftes psychisches und körperliches Erleben. Bei der Betrachtung der Urszene geschieht daher noch viel *Ungeheuerlicheres* als lediglich diese selbst. Es kommt zu einer Überflutung von Gefühlen, die nicht nur Neid und Aggression aufgrund des Ausgeschlossenseins erzeugen, sondern – das ist meine eigentliche These – der einer Urszene beiwohnende Zuhörer bzw. Zuseher erlebt eine Konfrontation mit der eigenen Erregbarkeit. Infantile sexuelle und aggressive Phantasien werden aktiviert, verbunden mit frühen Vernichtungs- und Kastrationsängsten. Neben der Mobilisierung partialtriebhafter, prägenitaler Lustquellen kommt es auch zu einer Konfrontation mit frühkindlichen Formen der Objektbeziehungen und ihren ödipalen, inzestuösen und bisexuellen Anteilen.

Wir erleben eine Konfrontation mit unverträglichen Vorstellungen, die wir genötigt sind innerhalb kurzer Zeit psychisch zu bewältigen. Das heißt, daß jetzt eine Abwehrtätigkeit einsetzt, manchmal in Form einer Denkhemmung, nicht nur um die Realität der Urszene zu verleugnen, sondern um die eigenen Phantasien und Gefühle zu beherrschen. Unsere unbewußten Phantasien sind zeitlos wirksam. Freud (1892-99) schreibt im Zusammenhang mit der Unverträglichkeit des Vorstellungslebens:

> „Bei dem von mir analysierten Patienten hatte nämlich psychische Gesundheit bis zu dem Moment bestanden, in dem ein Fall von Unverträglichkeit in ihrem Vorstellungsleben vorfiel, d.h. bis ein Erlebnis, eine Vorstellung, Empfindung an ihr Ich heran trat, welches einen so peinlichen Affekt erweckte, daß die Person beschloß, daran zu vergessen, weil sie sich nicht die Kraft zutraute, den Widerspruch dieser unverträglichen Vorstellung mit ihrem Ich durch Denkarbeit zu lösen." (S. 61 f.)

Freud sagt damit, daß es wichtig ist, die Funktion des Denkens wiederherzustellen, die zum Beispiel beim Anblick der Urszene durch Affektüberflutung beeinträchtigt wird. Das heißt, daß in dem Ausmaß, in dem es gelingt, anstößige Regungen in unser Leben zu integrieren, die Neugier und die Wißbegierde nicht gehemmt wird und die Gedanken zusammengefügt werden können. Einzelne Gedanken ergeben, erst wenn sie miteinander in Verbindung gebracht werden, das *Denken;* aus der Kenntnis des Geschlechtsunterschieds (wie im Paradies) entstehen Frau und Mann, die wiederum erst durch die Urszene Eltern werden können.

Meine Überlegungen fand ich auch in der Theorie von Bion (1993) wieder. In seinem Konzept Container-contained betrachtet Bion die Vereinigung von Penis und Vagina oder Mund und Brustwarze als Prototyp der Art und Weise, wie psychische Objekte eins ins andere zusammengefügt werden. Der Prozeß, Erfahrungen in Gedanken umzusetzen und Gedanken in Worte zu fassen, macht deshalb eine wiederholte Aneinanderreihung von Verbindungsprozessen notwendig, die nach dem Vorbild des körperlichen Geschlechtsverkehrs zwischen zwei Körperteilen erfolgen.

Auch Margret Mahler (1942) ist im Zusammenhang mit dem Denken auf die Urszene gestoßen; sie interpretiert das Syndrom von Pseudodummheit als Abwehrantwort auf die Urszene: „Ich habe es nicht gesehen, ich weiß nichts darüber, aber ich kann in der Nähe sein, um es zu beobachten". Dies ähnelt meiner Beobachtung, daß es ein Bedürfnis gibt, zuzusehen, ohne etwas sehen zu wollen.

Der Analytiker ist in seiner Arbeit und in seiner theoretischen, wissenschaftlichen Auseinandersetzung mit seinen eigenen unbewußten Phantasien konfrontiert. Dies erfordert eine ständige Selbstanalyse – trotz des eigenen Widerstands und der Triebansprüche –, damit er seine Denkfähigkeit aufrechterhalten kann. Freud beschreibt diese Aufgabe in „Ratschläge für den Arzt bei der psychoanalytischen Behandlung" (1909-1913) folgendermaßen:

Neugier und Urszene

> „... er (der Analytiker) soll dem gebenden Unbewußten des Kranken sein eigenes Unbewußtes als empfangendes Organ zuwenden, sich auf den Analysierten einstellen wie der Receiver des Telephons zum Teller eingestellt ist. Wie der Receiver die von Schallwellen angeregten elektrischen Schwankungen der Leitung wieder in Schallwellen verwandelt, so ist das Unbewußte des Arztes befähigt, aus den ihm mitgeteilten Abkömmlingen des Unbewußten dieses Unbewußte, welches die Einfälle des Kranken determiniert hat, wiederherzustellen." (S. 381)

Dabei betont er, daß der Arzt in sich selbst keine Widerstände dulden dürfe, welche das von seinem Unbewußten Erkannte von seinem Bewußtsein abhalten könnten. Dafür muß er sich einer eigenen Psychoanalyse unterziehen, da jede ungelöste Verdrängung einem „blinden Fleck" in seiner analytischen Wahrnehmung entspricht.

Joyce McDougall (1997) überlegt im Zusammenhang mit einer Arbeit über die Perversion – ähnlich wie Freud – einige Jahrzehnte später:

> „Wenn wir es in unserer Praxis notwendig mit zwei Teilnehmern zu tun haben, auf welcher der beiden Seiten des psychoanalytischen Zauns sollten wir dann zuerst nach perversen und quasi-perversen Erscheinungsbildern suchen? Bei unseren Analysanden oder bei uns selbst? Im Idealfall sollten wir selbstverständlich beide Seiten zugleich betrachten." (S. 309)

Und:

> „Wir können uns angesichts dieses Themas auch fragen, warum Freud die menschliche Sexualität so faszinierte, daß er sie in ihren vielfältigen Verwirrungen und Verirrungen unablässig erforschte. Möglicherweise verdanken wir seine monumentalen Entdeckungen des Unbewußten und der kindlichen Sexualität, die sich in Träumen verbergen, dem Umstand, daß er selbst unter sexuellen Problemen litt – aber neugierig und ehrlich genug war, ihre Ursprünge begreifen zu wollen." (S. 311)

Neugier und Ehrlichkeit in der Erforschung der Seele stellen eine permanente Herausforderung in der Arbeit des Analytikers dar. Dazu nochmals Joyce McDougall:

> „Während wir schnell bei der Hand sind, auf die verborgenen Verbindungen zwischen Voyeuren und Photographen, Sadisten und Chirurgen, Exhibitionisten und Schauspielern, Fetischisten und Philosophen aufmerksam zu machen, sind wir weniger geneigt, die libidinösen Wurzeln unserer eigenen Berufswahl kritisch zu betrachten. Haben wir unsere voyeuristischen Wünsche, den Geheimnissen der Urszene auf die Spur zu kommen, durch einen bewunderungswürdigen Willen zum Wissen ersetzt? Haben wir das Verlangen, die männlichen wie die weiblichen Fortpflanzungsfähigkeiten unserer Eltern zu besitzen, durch den Wunsch ersetzt, Theorien über unsere Analysanden zu entwickeln? Haben wir die Schuld angesichts unserer phantasierten Attacken auf die Introjekte unserer Innenwelt durch das Bedürfnis ersetzt, sie im Seelenleben anderer zu heilen und wiederherzustellen. Inwieweit haben wir es bei unserer analytischen Arbeit ständig mit uneingestandenen oder unbemerkten Bestandteilen unserer selbst zu tun?" (S. 311 f.)

Ähnlich äußert sich auch Greenson (1967). Er betont, daß der Analytiker hinreichend mit seinen eigenen unbewußten Prozessen vertraut sein sollte, um die Vorstellung akzeptieren zu können, daß er selber wahrscheinlich die gleichen Seltsamkeiten aufweist wie der Patient; das Seltsame erweise sich oft als etwas, das früher einmal vertraut war und später verdrängt worden ist.

In der psychoanalytischen Tätigkeit sind wir permanent mit unbewußten Phantasien konfrontiert und erleben uns in Konfrontation mit dem unbewußten Seelenleben der Patienten. Diese Herausforderung erkannte Alfred Freiherr von Bergen (Direktor des Burgtheaters), der eine Rezension zu den damals erschienenen Studien zur Hysterie schrieb. Als ob er die Grundprinzipien der ausgereiften psychoanalytischen Methode – wie die Gesetzmäßigkeiten von Empathie, sogar Gegenübertragung im heutigen Sinn – verstünde, stellt er fest:

> „Doch seelische Vorgänge, in welchen der innerste Nerv einer fremden Persönlichkeit bloß liegt, locken aus Jedem, der sich mit ihnen einläßt, er mag es wissen und wollen oder nicht, die eigene Persönlichkeit hervor. Sie verrät sich darin, wie er jene bemerkt, mitempfindet, versteht und auslegt. Darin liegt vielleicht der feinste Reiz des Buches." (zit.n. Grubrich-Simitis, 1995, S. 1125 f.)

Diese Herausforderung, die Auseinandersetzung mit der eigenen Persönlichkeit hat Breuer – im Unterschied zu Freud – nicht bewältigt, er scheiterte an seiner Angst vor seinen Gefühlen, die er in Verbindung mit der Konfrontation mit der infantilen Sexualität erlebte.

In einem Brief an Auguste Forel vom 21. November 1907 – Forel hatte ihn wohl nach seinem Anteil an den Studien zur Hysterie befragt – begründete Breuer seinen Rückzug später folgendermaßen:

> „Mein Verdienst bestand wesentlich darin, daß ich erkannte, welch ungemein lehrreichen, wissenschaftlich wichtigen Fall mir der Zufall zur Bearbeitung zugewiesen hatte, daß ich in aufmerksamer treuer Beobachtung ausdauerte und nicht durch vorgefaßte Meinungen die einfache Auffassung des wichtigen Gegebenen störte. So habe ich damals sehr viel gelernt; viel wissenschaftlich wertvolles; aber auch praktisch wichtige, daß ein „general practitioner" unmöglich einen solchen Fall behandeln könne, ohne daß seine Tätigkeit und Lebensführung völlig dadurch zerstört würde. Ich habe mir damals gelobt, noch einmal durch ein solches Ord(e)al nicht zu schreiten. Als nun Fälle zu mir kamen, bei denen ich von analytischer Behandlung viel erwartete, die ich selbst aber nicht behandeln konnte, wies ich sie an Dr. Freud, der aus Paris und der Salpetrière gekommen war, und mit dem ich im intimsten freundschaftlichen und wissenschaftlichen Verkehre stand." (S. 1125 f.)

In dem eben zitierten Brief an Forel hat Breuer später selbst bekannt, daß „dieses Eintauchen ins Sexuale in Theorie und Praxis nicht mein Geschmack ist", freilich nicht ohne vorher betont zu haben, daß das Thema gänzlich den „großenteils sehr unerwarteten Befunden der ärztlichen Erfahrung, also der Empirie entstammte. Ein Punkt der Entzweiung zwischen Freud und Breuer war offenbar die ätiologische Rolle der Sexualität bei der Entstehung der

Neurosen und die von Breuer dazu formulierte Ängstlichkeit vor der eigenen psychischen Verwicklung mit den Geschehen im Patienten. Hannes Ranefeld bemerkte zu diesem Thema wiederholt: „Achtung, zuviel Empathie kann Ihre Gesundheit gefährden!"

Breuer ahnte die Differenz zwischen ihm und Freud und dessen Möglichkeiten, sich mit seinem Unbewußten auseinanderzusetzen, damit verbunden partialtriebhafte Lust wie Voyeurismus, Neugierde, Wißbegierde in Sublimierung zu verwandeln, bereits in seinem Brief vom 5.7.1895 an Fließ, in dem er schreibt: „Freud ist im vollsten Schwung seines Intellekts; ich schaue ihm schon nach wie die Henne dem Falken" (1995, S. 1125 f.).

Joyce McDougall (1997) bemerkt im Zusammenhang mit Urszenenphantasien:

> „Schöpferische Menschen wagen es, für sich allein mit einem eigens gewählten Ausdrucksmittel zu spielen, um geheime libidinöse, sadistische und narzißtische Triebziele zu verfolgen und das entstandene Produkt vor aller Welt zur Schau zu stellen. Sie haben den Mut, in ihrer Produktion auf die prägenitale Sexualität mit all ihren Ambivalenzen zurückzugreifen. Und schließlich zögern sie nicht, in unbewußten Phantasien den Eltern die Macht ihrer Zeugungsorgane zu ‚stehlen' und kraft dieser gestohlenen Macht eigene Nachkommen zu schaffen." (S. 103)

Ich verstehe dies so, daß es für die Kreativität und wohl auch für jede Art von Sublimierung wichtig ist, sich mit der Vorstellung über die Urszene der Eltern auseinanderzusetzen und sich selber dabei mit allen Anteilen der infantilen Sexualität zu sehen und zu erkennen. Ein solches *Sicheinlassenkönnen* beinhaltet auch die Vorbedingung, sich von den Eltern der Urszene zu trennen.

Einen psychoanalytischen Vortrag zu halten, bei einem psychoanalytischen Vortrag zuzuhören, aktiviert ähnliche Ängste. Im Zuschauen sehen wir uns selber, in der Darstellung sehen uns auch die anderen. Während des Zuschauens bzw. Zuhörens befindet man sich scheinbar in sicherer Umgebung. Der Zuhörer kann schweigen, sogar gehen, und doch können verdrängte Gefühle zu Bewußtsein kommen. Beim Vortragenden wird durch die Konfrontation mit dem Inhalt die eigene Persönlichkeit sichtbar. Sie verrät sich in der Art, wie psychoanalytische Inhalte bemerkt, mitempfunden, verstanden und ausgelegt werden. Alfred Freiherr von Bergen meint sogar, daß vielleicht darin der feinste Reiz des Buches – in unserem Fall des Vortrags – liege, in dem man eben auch den Analytiker, Vortragenden selber erkennen könne.

Die Urszene in der psychoanalytischen Praxis

Real erlebte Urszenen werden selten erinnert, Urszenenphantasien sind oft leichter zugänglich, werden aber oft auch verdrängt. Während einer Analyse kann man die verschiedenen Verkleidungen des Themas am besten mit Hilfe der Übertragung erkennen und nur so aufarbeiten. Hier wiederholen die Patienten, was sie nicht erinnern können; dabei inszenieren sie ein unbewußtes Szenario, indem sie dem Analytiker eine Rolle zuschreiben, an Hand derer er durch seine Deutungen weitere Abkömmlinge der unbewußten Phantasietätigkeit heraufbeschwört. Weiters erschließt der Analytiker die verdrängten Sachvorstellungen mit den dazugehörigen Affekten, die er wiederum mit Hilfe der Deutung zu Wortvorstellungen verbindet. Dadurch werden sie bewußtseinsfähig gemacht und sind damit dem Denken und der Realitätsprüfung zugänglich.

Wie sehr die reale Urszene traumatisch im Leben der Patienten wirkt, hängt von mehreren Faktoren ab. Freud (1939) mißt folgenden Umständen für eine traumatische Verarbeitung von Urszenenerlebnissen besondere Bedeutung bei:

1) Erlebnisse in den ersten fünf Lebensjahren;
2) die Ereignisse werden – außer einzelnen Erinnerungsresten in Form von Deckerinnerungen – völlig vergessen;
3) die Urszene wird als sexuell aggressives Geschehen erlebt, und es kommt zu einer frühzeitigen Schädigung des Ich.

Meine Erfahrung damit ist, daß es solchen Patienten, die über einen langen Zeitraum der realen Urszene ausgesetzt waren, in der Therapie nur schwer gelingt, ihre Urszenenerlebnisse als Phantasien in die Übertragung zu bringen und sie nicht statt dessen im Alltagsleben zu agieren. Sei es, daß die Urszenenerlebnisse tatsächlich wiederholt werden, zum Beispiel durch den Besuch von Sexclubs, in denen die Möglichkeiten gegeben sind, real statt phantasiert die Urszene und die damit verbundenen partialtriebhaften Lustquellen und inzestuösen Objektbeziehungen auszuleben; sei es, daß der Analytiker durch das Agieren des Patienten in der Übertragung in eine Gefühlssituation manövriert werden soll, ähnlich der, die dieser selbst während der Urszene, der er beiwohnte, erlebte – das Agieren des Patienten zielt darauf ab, den Analytiker zu überwältigen und damit zu paralysieren. Eine andere neurotische Variante, mit solchen traumatischen Erfahrungen umzugehen, kenne ich von Patienten, die in ihren sexuellen Strebungen gehemmt geblieben sind und sexuellen Verkehr vermeiden, um sich damit zu beweisen, daß ihre Eltern, zumindest nach der eigenen Zeugung, auch keinen Geschlechtsverkehr mehr pflegten. Welchen neurotischen Umweg die Psyche nun auch immer wählt, die einzige Möglichkeit, ihn aufzudecken, ist, daß diese unbewußten Phantasien über die Urszene in der Übertragung reinszeniert werden und mit deren Hilfe dann auch bearbeitet und integriert werden; dies im Sinne von Freuds Maxime *Erinnern – Wiederholen – Durcharbeiten*. Damit wird ein Potential erschlossen, das neue Möglichkeiten fürs Denken und kreative Arbeiten ergibt.

Beim Anhören von Vorträgen wird eine Situation hergestellt, die im Unterschied zur analytischen Kur nur das *Erinnern* möglich macht; im besten Fall eine Katharsis und kein Bewußtmachen. In der vermeintlichen Sicherheit durch die Anonymität der Zuhörergruppe können durch die Urszenensituation assoziativ Verbindungen mit unseren eigenen infantilen Anteilen entstehen, wobei Inhalte auftauchen können, die in der seinerzeit als traumatisch erlebten Situation verdrängt werden mußten. Man denke zum Beispiel an Freuds Bericht über den Wolfsmann und dessen unterbliebene Trauerreaktion auf den Selbstmord seiner Schwester – erst beim Denkmal eines bekannten Dichters, der damals sein großes Ideal war, vergoß er heiße Tränen. Während eines psychoanalytischen Vortrags gibt es viele Gelegenheiten, auf ähnliche *Denkmäler* zu stoßen.

„Was du ererbt von deinen Vätern hast, Erwirb es, um es zu besitzen." Im Sinne dieses von Freud geliebten Goethe-Zitats gilt es in der psychoanalytischen Praxis ständig und immer wieder aufs Neue gemeinsam mit den Patienten um Erkenntnisse zu ringen – selbst wenn wir sie endlich gesichert meinen, können sie uns wieder wie Wasser zwischen den Händen zerrinnen. Diese ständige Bemühung bleibt uns aber auch selbst nicht erspart: sowohl bezogen auf das Erbe, das uns Freud hinterlassen hat, als auch bezogen auf den Umgang mit unseren höchstpersönlichen Denkmälern.

Literatur

Die Heilige Schrift, nach der deutschen Übersetzung Dr. Martin Luthers, Wien 1963.
Fenichel, O. (1983): Psychoanalytische Neurosenlehre. Bd. 1 u. 3. Frankfurt a.M.: Ullstein Materialien, S. 164-166, S. 84-85.
Freud, S. (1892-1899): Abwehrneuropsychosen. GW 1. Frankfurt a.M.: S. Fischer, S. 61-62.
– (1900): Die Traumdeutung. GW 2/3. Frankfurt a.M.: S. Fischer, S. 591.
– (1901): Zur Psychopathologie des Alltagslebens. GW 4. Frankfurt a.M.: S. Fischer.
– (1905): Drei Abhandlungen zur Sexualtheorie. GW 5. Frankfurt a.M.: S. Fischer, S. 95-107.
– (1906-09): Zur sexuellen Aufklärung der Kinder. GW 7. Frankfurt a.M.: S. Fischer, S. 22.
– (1908): Über infantile Sexualtheorien. GW 7. Frankfurt a.M.: S. Fischer, S. 19-27.
– (1909-13): Eine Kindheitserinnerung des Leonardo da Vinci. GW 8. Frankfurt a.M.: S. Fischer, S. 127-212.
– (1915): Mitteilung eines Falles von Paranoia. GW 10. Frankfurt a.M.: S. Fischer, S. 233-246.
– (1916-17): Vorlesungen zur Einführung in die Psychoanalyse. GW 11. Frankfurt a.M.: S. Fischer, S. 329, 23. Vorl.
– (1932-39): Der Mann Moses und die monotheistische Religion. GW 16. Frankfurt a.M.: S. Fischer, S. 176-185.
– (1940): Abriß der Psychoanalyse. GW 17. Frankfurt a.M.: S. Fischer, S. 63-168.
Freud, A. (1971): Wege und Irrwege in der Kinderentwicklung. Stuttgart: Huber-Klett, S. 60ff.
Greenson, R.R. (1967): Technik und Praxis der Psychoanalyse. Stuttgart: Klett-Cotta, S. 390.
Grubrich-Simitis, I. (1995): Urbuch der Psychoanalyse. Hundert Jahre „Studien über Hysterie" von Josef Breuer und Sigmund Freud. In: Psyche, 12, S. 1125-1126.
Mahler, M. (1942): Pseudoimbecillity. In: Psych. Quart., 11, S. 149-164.
McDougall, J. (1997): Die Couch ist kein Prokrustesbett. Stuttgart: VIP, S. 309-312.
Roiphe, H. (1968): On early genital phase. In: Psychoanalytic Study of the Child, Vol. 23, S. 348-365.

Abstinenzprinzip und Realität in der analytischen Beziehung.
Von der Bedeutung und Gefährdung
des metaphorischen „Raumes"

Johanna Wagner-Fürst

„Ich verbiete nicht, ich analysiere!"

... so antwortete Joseph Shaked als Leiter der Großgruppe während eines Altausseer Workshops auf den erbosten Hinweis eines Teilnehmers, daß angeblich ein Analysand Herrn Shakeds in dieser Veranstaltung sitze.

Ich als Teilnehmerin war damals sehr beeindruckt von der Einfachheit und Eleganz dieser Antwort, die mehreren Erfordernissen entsprach: Sie klärte, worum es hier und jetzt ging – nicht um Rechtsprechung, sondern um psychoanalytische Arbeit, d.h. darum, was diese Tatsache oder Befürchtung hier und jetzt für eine Bedeutung hatte; sie schützte den Analysanden, falls er sich tatsächlich in der Großgruppe befand – indem sie ihm in etwa mitteilte: Was die Bedeutung für Sie und Ihre Analyse anlangt, so ist der Ort für die Klärung Ihre Analysestunde; sie rettete durch das sichere Beharren des Analytikers auf seiner Funktion und der anstehenden Arbeit auch das Setting und seine Position als Leiter der Großgruppe; sie schützte mit all dem die Gruppe vor einem Agieren auf anal-sadistischem Niveau und eröffnete die Möglichkeit, von einem konkretistischen wieder auf ein analysierendes Niveau, auf eine metaphorische Ebene zu gelangen.

Für Ilse Grubrich-Simitis ist die analytische Arbeit „neben der Dichtung vielleicht das metaphorische Unterfangen ‚*par excellence*'" (1984, S. 25). Sie schreibt in ihrem Aufsatz „Vom Konkretismus zur Metaphorik", in welchem sie zu dem damals erschienenen Buch „Children of the Holocaust" weitreichende Überlegungen zur Wirkung von Extrem-Traumatisierung auf stabilisierende und stützende Ich-Funktionen und das Verhältnis zu Phantasie und Realität anstellte:

> „Worauf es mir ankommt, sind einige Charakteristika des Sprachgebrauchs, die bei der Metaphorisierung ins Spiel kommen, gleichgültig, welche rhetorische Figur für das bildliche Analogisieren gewählt wird, ob z.B. Metapher oder Vergleich. Ein Wort läßt sich nur deshalb metaphorisieren, weil ihm eine ‚eigentliche', eine nicht-metaphorische Bedeutung zukommt. Diese nicht-metaphorische Bedeutung muß sozusagen feststehen, damit sich sein viel umfassenderes, viel variableres, so gut wie unbegrenztes metaphorisches Potential zu entfalten vermag. Das Wort kann dann – und dabei wird zumeist tatsächlich ein spielerisches Moment wirksam – aus seinem nicht-metaphorischen Bedeutungszusammenhang herausgelöst und auf andere Objekte und Ereignisse mit irgendeiner – und sei es minimalen –

Teilähnlichkeit übertragen werden, beispielsweise zu deren Erhellung, verdichteten Pointierung, überraschenden, belebenden Hervorhebung."

Und weiter:

„Mit anderen Worten: in sublimierter, weder Subjekt noch Objekt real gefährdender Weise kann im metaphorischen Sprachgebrauch ein aggressiver Triebimpuls kompromißhaft befriedigt werden, ohne daß buchstäblich etwas Zerstörerisches, gar Mörderisches geschieht. Nicht nur, daß nicht gehandelt, vielmehr ‚nur' gesprochen wird – überdies wird etwas gesagt, von dem klar ist, daß es ‚eigentlich' nicht gemeint ist: eine *zweifache* Abschwächung des ursprünglichen Impulses also, der gleichwohl nicht gänzlich unterdrückt zu werden braucht.

Mir scheint, daß im Konkretismus beides fehlt: nicht nur die metaphorische Bedeutung, sondern auch die ‚eigentliche', die nicht-metaphorische. Mehr noch: es ist – metaphorisch und simplifizierend ausgedrückt –, als fehle der Boden der Wirklichkeit, von dem das Metaphorische sich abstoßen kann." (ebd., S. 17)

Der psychoanalytische Dialog

Psychoanalyse ist für mich Symbol und Realisierung eines Widerspruchs in sich, eng verflochten damit, wie ich die Achtung der Würde des anderen und damit auch die Herstellung der eigenen verstehe. Sie bedeutet für mich den Versuch, einen Dialog sui generis herzustellen, in welchem der eine Partner (AnalytikerIn) dem anderen (AnalysandIn) durch seine besondere Haltung der Intention nach die Entfaltung eines Diskurses – ohne Herrschafts- und Machtspiele von seiner Seite – über sich selbst, seine Beziehung zu anderen (auch zum(r) AnalytikerIn) sowie über den Dialogpartner und dessen Beziehung zu ihm zu ermöglichen sucht. Und da dies letztlich ohne Kampf und Versagung nicht möglich ist, ist ein wesentliches Element dieses Diskurses, ja vielleicht sein wichtigstes, die Reflexion dieser Unmöglichkeit. Die Haltung, die dies ermöglicht, ist die der Abstinenz.

In der Intention liegt der Wunsch nach Erkenntnis und Wahrheit, die wiederum ohne die Vorstellung eines „freien" Gedankenaustauschs nicht zu entfalten sind. Entsteht Analyse, so ermöglicht sie einerseits die weitestgehende, mir vorstellbare Annäherung an diese Freiheit, andererseits macht sie mit ebensolcher Einprägsamkeit auch die Unmöglichkeit ihrer Realisierung deutlich, indem sie die Relativität jeder Einsicht in ihrer Abhängigkeit von jeweils historisch und sozial determinierter Befindlichkeit und Orientiertheit der Denkenden/Fühlenden offenbart. In genau dieser Entgrenzung und zugleich Begrenztheit ist für mich die Begegnung des einen im anderen, bekannt und fremd, möglich, kann Trauer stattfinden (über die nie wirklich einholbare eigene Wahrheit), die uns damit aber auch aus den Zwängen des Hier und Jetzt befreit und somit wiederum „spielerischen" Zugang zu unserem eigenen Denken und Fühlen ermöglicht; gleichzeitig aber auch das Ertragen der immer einengenden Realität als Raum, in welchem wir Sozialität als bedürfnisbefriedigend und zugleich einschränkend erfahren und ohne die wir unser selbst auch gar nicht gewahr werden könnten – eben auch nicht in der analytischen Situation.

Der seelische und sprachliche Raum, in welchem dies alles möglich ist, ist angesiedelt zwischen Realität und Phantasie, es ist der Bereich des Symbols und der Metapher, der Träume und Bilder, in welchem sich Unbewußtes mit Bewußtem mischt. Nur wenn es möglich ist, diese metaphorische Ebene zu erreichen, kann eine Verständigung der zwei Dialogpartner über Unbewußtes zustandekommen und damit „Unbewußtes bewußt" werden.

Um diesen Dialog zu gewährleisten, ist auf der Seite des/der AnalytikerIn eine Haltung erforderlich, die den/die AnalysandIn als Partner ernst nimmt, bereit ist, sich einerseits mit ihm/ihr an seine/ihre subjektive Wahrheit heranzuarbeiten, um seine/ihre Leiden zu verstehen, ihm/ihr andererseits und dadurch den Weg freizumachen für die Bewältigung der Realität, d.h. den Weg vom Lustprinzip zum Realitätsprinzip zu beschreiten, was bekanntlich Trauerarbeit und Verzicht erfordert. Für die Entwicklung dieser Haltung braucht der/die AnalytikerIn *theoretisches und praktisches Rüstzeug,* sowohl die Erfahrung der eigenen Analyse als auch theoretische und technische Ausbildung.

Neben den klassischen Komponenten wie der Arbeit an Übertragung und Widerstand, der Kontrolle bzw. Reflexion und Nutzbarmachung der Gegenübertragung, der Grundregel der freien Assoziation und der ihr entsprechenden freischwebenden Aufmerksamkeit des/der AnalytikerIn – alles Begriffe, über die ein mehr oder weniger kontinuierlicher, sich entfaltender Diskurs stattfindet – scheint mir das Prinzip der Abstinenz (nach Freud keine „Regel", sondern ein „Grundsatz"), ohne welches nichts von alledem verwirklichbar oder auch nur konziperbar wäre, bisher vielleicht als so selbstverständlich angenommen worden zu sein, daß es in der theoretischen Auseinandersetzung kaum eine Rolle spielt, während der eng damit zusammenhängende, aber doch stärker technisch konnotierte Begriff der Gegenübertragung immer wieder Gegenstand ausführlicher Erörterung und Differenzierung ist.

Die „reale" Beziehung

Psychoanalyse findet weder im luftleeren Raum noch hoch in den Lüften, fernab der Realität statt. Voraussetzung des oben beschriebenen Diskurses ist eine Beziehung zwischen zwei realen Menschen, die im Rahmen bürgerlicher Umgangsformen ein Abkommen miteinander treffen, einen Vertrag miteinander schließen. Hierbei teilen sie einiges, in anderem nehmen sie geradezu entgegengesetzte Positionen ein.

Das „Liebespaar"

Einerseits treffen zwei erwachsene Personen aufeinander, von denen die eine Hilfe sucht, die andere sie professionell anbietet. Aber schon im ersten Augen-Blick des Kontakts wird deutlich, wie sehr dieses Begehren, dieser Vertragsabschluß und die Erfüllung des Wunsches von der handwerklichen Dienstleistung etwa eines Installateurs, Kochs oder Reinigungspersonals verschieden ist, obwohl, wie wir wissen, Elemente all dieser in symbolischer Form auch immer wieder Gegenstand des analytischen Diskurses sind. Bei Zahnarzt, Friseur oder Haushaltshilfen ist klar, daß ohne Vertrauen, Sympathie, ja gemeinsame „Wellenlänge" nichts wirklich geht und man diese, hat man sich einmal „mit ihnen eingelassen", nur sehr ungern wechselt, ja oft tief getroffen sein kann vom Verlust derselben.

Wer Hilfe in einer analytischen Therapie (im allgemeinen Sinn) sucht, hat schon viel selbst probiert und/oder ist von unerwarteten Ereignissen und Vorgängen in seinem Seelenleben sehr betroffen, jedenfalls kommt er/sie mit sich selbst und grundlegenden Anliegen in seinem/ihrem Leben so wenig zurecht, daß er/sie bereit ist, die Scham darüber zu überwinden und sich einem professionellen Helfer zuzuwenden, der „heilend" eingreifen soll.

Treffen die beiden aufeinander, so bewegen sie sich nicht nur in einem „geschäftlichen" Rahmen von Terminen, Bezahlungs- und Absageregelungen, sondern sie sind darauf angewiesen, in relativ kurzer Zeit festzustellen, ob sie „miteinander können", d.h. ob sie gewillt sind, sich mit dem jeweils anderen auf eine längerdauernde, sehr intime Beziehung einzulassen. Für den einen, den Hilfe Suchenden, ist es ein existentiell tiefgreifendes, lebensgeschichtlich möglicherweise einschneidendes Unterfangen, in welchem – und das weiß er/sie unbewußt oder auch bewußt – seine/ihre verstecktesten Ängste, Aggressionen, erotischen Bedürfnisse „in Gedanken und Taten", seine/ihre nächsten und wichtigsten Beziehungen mit all ihren Konflikten Gegenstand sein werden. Daher muß dieser Dialogpartner schon zu Beginn eine Erfahrung mit dem anderen machen, die die Hoffnung ermöglicht, verstanden, akzeptiert und gehalten zu werden und zugleich so viel Neues über sich zu erfahren, daß Veränderung möglich erscheint, was die narzißtische Kränkung wegen der eigenen Unvollkommenheit wieder wettmachen könnte.

Auf seiten des(r) AnalytikerIn muß recht schnell entschieden werden, ob er/sie sich zuständig fühlt, ob er/sie diesen Menschen in seiner Bedürftigkeit wie auch in seiner Art, sie abzuwehren, grundsätzlich genug libidinös besetzen kann, um sich Sympathie, Interesse und Engagement für längere Zeit schwieriger Arbeit mit ihm vorstellen zu können. Andererseits will er/sie auch Anerkennung, will – und das immer mehr, seit nicht mehr nur eine Handvoll Analytiker das Therapiegeschäft betreibt – unter möglichen anderen zur Verfügung stehenden Therapeuten und Analytikern „erwählt" werden. Er/sie – mit einiger Erfahrung – weiß auch, daß er/sie selbst sehr gefordert sein wird, immer wieder

Phasen der Entmutigung, Enttäuschung und Wut auszuhalten, dabei stets die Therapie im Auge zu haben und bei der Gratwanderung zwischen Halten und Stützen einerseits, Konfrontation und Arbeit auch unter Schmerz und Trauer andererseits nicht zu verzagen. Er/sie ist, wie gesagt, auch narzißtisch exponiert und steht – stellt man die Arbeit und das Erkennenwollen auch noch so sehr in den Vordergrund – doch immer wieder unter Erfolgsdruck.

Beide Partner müssen also schon in der ersten Begegnung soweit Gefallen und Interesse aneinander und an den gegenseitigen Angeboten (interessant sein von der Problematik her – interessant sein vom Arbeitsangebot her) finden, daß sie einander das Ja-Wort geben zu einer tiefgehenden, langandauernden Beziehung, einer Liebesbeziehung besonderer Art. Oder, in Abwandlung eines Morgenthaler-Zitates: „Wir können keinen Analysanden in Analyse nehmen, ohne daß er... (uns dazu verführt), und wir können keinen analytischen Prozeß einleiten, wenn wir uns nicht eingestehen, daß wir ihn dazu verführen." (Morgenthaler, 1978, S. 25)

Das „Kind"

In diese noch annähernd zwischen zwei Erwachsenen stattfindende Begegnung verwoben, findet gleichsam noch eine zweite statt. Hier kommt uns nicht nur ein leidender Erwachsener entgegen, sondern sein Leiden gründet in unerkannten und ungelösten Konflikten und verletzenden Ereignissen seiner Kindheit, die sich seiner im jugendlichen oder Erwachsenenalter wieder bemächtigt, ihn eingeholt haben, aber, weil sie sich in einer Sprache ausdrücken, die das seinerzeit Abgewehrte in der Sprache des damaligen Unbewußten formuliert, auch heute nicht verstanden werden können und dem Betroffenen als seelisch fremd, als körperliche Symptome, als Ängste. Zwangshandlungen, Beziehungsprobleme usw. entgegentreten. (Auf Kinderneurosen bzw. analytische Arbeit mit Kindern will ich aus Übersichtlichkeitsgründen nicht einghen; aber Vieles von meinem Verständnis kindlicher und „erwachsener" Leiden habe ich auch aus jahrelanger therapeutischer Arbeit mit Kindern gewonnen.)

Mein Verständnis neurotischer Konflikte basiert einerseits auf der psychoanalytischen Entwicklungspsychologie, andererseits auf den Konzepten von Traumatisierung und Nachträglichkeit. Unter allen Personen, die bei mir in Psychoanalyse oder in analytischer Psychotherapie waren, gab es keine einzige, die in der Kindheit nicht eine oder mehrere traumatische Erfahrungen gemacht hätte, die dann auch – bewußt oder unbewußt, verstanden oder nicht – mit ihrem aktuellen Leiden in inhaltlichem oder strukturellem Zusammenhang gestanden wären und deren Bewußtwerden und Durcharbeiten im Rahmen der analytischen Beziehung den Kern des Heilungsprozesses gebildet hätte.

Unter „traumatisch" verstehe ich Erfahrungen, denen das Individuum entweder in solcher Massivität oder unvorbereitet (oder meist beides) oder in einem Stadium der Entwicklung ausgesetzt ist, daß es sie gar nicht verarbeiten, höchstens auf eine rigorose („primitive") Art abwehren und nur unter beträchtlichen Einbußen in der Persönlichkeitsentwicklung weiterleben kann. Das sind *Verluste* (einer wichtigen, geliebten Person durch Tod, Krankheit, Persönlichkeitsveränderung, Verlassen o.ä., oder der existentiellen Grundlage wie Bedrohung oder Verlust der körperlichen Integrität durch Krankheit, Behinderung, Invalidität, erlebte Lebensgefahr, oder des sozialen Gefüges wie Familie, Wohnung, Heimat, soziale Schicht, Sprache usw. durch Not, Krieg u.ä., wie bei Adoptiv- und Pflegekindern, Migranten, Flüchtlingen) oder *Grenzüberschreitungen* (ständiges Dominiert-, Übergangen-, Entwertetwerden oder Leben in einem emotional kalten, zurückweisenden Milieu, bis hin zu körperlichen oder seelischen Mißhandlungen und ökonomischem oder sexuellem Mißbrauch) bzw. jede mögliche Kombination dieser oder ähnlicher Faktoren.

Wesentlich ist, daß diese schlimmen Erfahrungen zu Zeiten gemacht werden, wo das kindliche Ich einerseits noch unreif und daher besonders verletzlich ist, zugleich auch sich jeweils in besonderen Phasen der Entwicklung befindet, in denen die normalen Entwicklungskonflikte virulent sind, deren integrierte, progressive Lösung behindert wird. Die Beeinträchtigung wird jedenfalls vom kindlichen Ich einerseits phasenspezifisch interpretiert, andererseits wird eine strukturelle Konsequenz aus ihr gezogen, die fortan vor Wiederholung schützen soll, sei's auf der Ebene der Phantasie – z.B. als Phantasie-Verbot –, sei's auf der Ebene des Tuns als Handlungseinschränkung oder –gebot. Da das Kind noch seelisch real abhängig ist, ein egozentrisches Weltbild hat und sich noch nicht als (autonomes) Individuum seinen (sich seiner) (selbst-)bewußten Platz in der Sozietät auch außerhalb der Familie geschaffen hat, ist, was ihm widerfährt, zunächst eben „seine Welt". Seine Mißempfindungen kann es nur als eigene Inferiorität, Schuld und Schlechtigkeit codieren (was zu Depression, psychosomatischen Beschwerden, neurotischen Inferioritätsgefühlen, Ängsten, Zwängen etc., auch zu Psychosen und z.T. Borderline-Strukturen führen kann) oder, um sich vor Vernichtung zu schützen, die Umwelt negativ besetzen und Verantwortung zurückweisen, was zu Dissozialität, Manie, mitunter auch Perversionen oder Gewalttätigkeit, letztlich zum Festhalten am Lustprinzip führen kann, je nachdem, wieweit einerseits das Überich zum Zeitpunkt der Traumatisierung entwickelt war und welche Erfahrungen andererseits in weiterer Folge gemacht wurden. Basierend auf kindlichen Neurosen können sich Charakterstrukturen aufbauen, die ich-synton sind und so lange bestehen bleiben, wie der Schaden aus ihnen den Nutzen nicht überwiegt. Zu ich-dystonen Symptomen kommt es m.E. eher dann, wenn in späteren Lebenssituationen etwas von der einstigen Trieb-Konflikt-Konstellation aktiviert wird und die Abwehr neu einsetzen muß, um die schon damals für das kindliche Ich nicht verarbeitbaren Erfahrungen weiter am Bewußtwerden zu hindern.

In psychoanalytische Behandlung kommt jedenfalls freiwillig nur, wer sein Konfliktpotential so weit verinnerlicht hat, daß er sich selbst krank oder unfähig fühlt, sein Leben nach seiner Façon zu leben, obwohl er meint, er müßte es können; und wer aufgrund seiner Phantasien über die Möglichkeit von Beziehungen und seiner Realitätsprüfung durch Verstehen bessere Integrationsmöglichkeit oder Heilung erhofft.

Der Grundsatz der Abstinenz

Die heikle „Liebesbeziehung", die wir im analytischen Dialog eingehen, und die Verantwortung, die wir für das „Kind" übernehmen, das sein Recht – aber auch zur Ruhe kommen – will, wirken beide auf Bewußtsein und Unbewußtes der AnalytikerIn. Wir werden in all unseren eigenen Bedürfnissen und Ängsten angesprochen, und diese wirken, ob wir es wollen oder nicht, auch zurück auf die gesamte Situation, auf Bewußtes und Unbewußtes der AnalysandInnen. Ich betone diese scheinbare Banalität, weil ich meine, daß es viel öfter geschieht, als wir es wahrhaben wollen, daß wir annehmen, es könnte uns gelingen, die Gegenübertragung zu „kontrollieren" oder die Wirkung unseres Unbewußten auf den/die AnalysandIn auszuschalten, wenn wir nur vorsichtig genug, zurückhaltend genug, analysierend genug sind. Und eine unserer größten Ängste ist doch die vor dem, was wir anstreben: daß sich die Übertragung entfaltet – und das heißt doch, daß der/die AnalysandIn, während er/sie bewußt nach Heilung und Veränderung strebt, unbewußt danach trachtet, die alten Konstellationen herzustellen, sei's, um die alten Wünsche endlich zu befriedigen, sei's, um alte Rechnungen zu begleichen, meist beides, und wir sind mitten in der Szene, noch ehe wir uns versehen. Und nun muß unsere Kunst in Kraft treten, die Kunst, das Alte, Verdrängte, Abgespaltene lebendig werden, d.h. zum affektiven Ausdruck und zur Sprache kommen zu lassen, jedoch ohne daß es zu einer *realen* Wiederholung traumatischer oder wie auch immer fixierender Erfahrungen kommt und ohne daß wir real ins Leben derer eingreifen, die uns ständig dazu verführen wollen und doch gerade brauchen, daß wir engagiert, aber standhaft bleiben, damit sie uns so bald wie möglich nicht mehr brauchen, sondern eigenverantwortlich und handlungsfähig und dabei liebes- und arbeitsfähig werden – und das heißt, wie ich es sehe, zunächst metaphorisierungs- und spielfähig.

Freud hat in den behandlungstheoretischen Schriften von 1911 bis 1915 bzw. 1919 die Grundelemente der psychoanalytischen Technik entworfen. Wo er von Abstinenz spricht, hat er nie eine „Abstinenzregel" aufgestellt, sondern immer von einem „Grundsatz" gesprochen.

In „Bemerkungen über die Übertragungsliebe" (1915) spricht er davon, „daß die einzigen wirklich ernsthaften Schwierigkeiten bei der Handhabung der Übertragung anzutreffen sind." (S. 219) Es geht darum, daß die durch die analytische Situation – nicht durch die Persönlichkeit des Analytikers – hervorgerufene Übertragungsliebe einerseits erwünscht ist, andererseits die analytische Situation gefährdet, wenn man ihrer nicht Herr wird, und das heißt, sie nicht verbietet, aber auch nicht erwidert; sie muß vielmehr zum Gegenstand gemacht werden.

> „Die Kur muß in der Abstinenz durchgeführt werden; ich meine dabei nicht allein die körperliche Entbehrung, auch nicht die Entbehrung von allem, was man begehrt, denn dies würde keine Kranke vertragen, sondern ich will den Grundsatz aufstellen, daß man Bedürfnis und Sehnsucht als zur Arbeit und Veränderung treibende Kräfte bei der Kranken bestehen lassen und sich hüten muß, dieselben durch Surrogate zu beschwichtigen. Anderes als Surrogate könnte man ja nicht bieten, da die Kranke infolge ihres Zustandes, solange ihre Verdrängungen nicht behoben sind, einer wirklichen Befriedigung nicht fähig ist." (S. 224)

Und weiter:

> „Es wäre ein großer Triumph für die Patientin, wenn ihre Liebeswerbung Erwiderung fände, und eine volle Niederlage für die Kur. ... (Die Patientin) würde im weiteren Verlaufe des Liebesverhältnisses alle Hemmungen und pathologischen Reaktionen ihres Liebeslebens zum Vorscheine bringen, ohne daß eine Korrektur derselben möglich wäre, und das peinliche Erlebnis mit Reue und großer Verstärkung ihrer Verdrängungsneigung abschließen. Das Liebesverhältnis macht eben der Beeinflußbarkeit durch die analytische Behandlung ein Ende; eine Vereinigung von beiden ist ein Unding." (S. 225)

Freud will in dieser Schrift nicht moralisch, sondern sachlich-technisch im Interesse der Durchführung der analytischen Therapie argumentieren. Verschiedene manipulatorische Absichten kommen dabei nicht in Betracht, weil die

> „psychoanalytische Behandlung auf Wahrhaftigkeit aufgebaut ist. Darin liegt ein gutes Stück ihrer erziehlichen Wirkung und ihres ethischen Werts. Es ist gefährlich, dieses Fundament zu verlassen. ... Da man vom Patienten strengste Wahrhaftigkeit fordert, setzt man seine ganze Autorität aufs Spiel, wenn man sich selbst von ihm bei einer Abweichung von der Wahrheit ertappen läßt." (S. 224)

Wesentlich ist hierbei: Wenn die beiden „Dialogpartner" die reale Liebesgeschichte vorziehen, so wird eben das, weswegen die/der PatientIn in Behandlung kam, ihr/ihm gerade nicht gegeben.

In einer späteren Schrift („Wege der psychoanalytischen Therapie", 1919) argumentiert Freud durchaus manipulativer; die Entbehrung und Versagung wird noch stärker auf die Seite des/der AnalysandIn verlagert.

Hier spricht er von einem

> „Grundsatz ..., dem wahrscheinlich die Herrschaft auf diesem Gebiete (der Technik, JWF) zufallen wird. Er lautet: Die analytische Kur soll, soweit es möglich ist, in der Entbehrung – Abstinenz – durchgeführt werden. Wieweit es möglich, dies festzustellen, bleibe einer detaillierten Diskussion überlassen. Unter Abstinenz ist aber nicht die Entbehrung einer jeglichen Befriedigung zu verstehen – das wäre natürlich undurchführbar – auch nicht, was man im populären Sinne darunter versteht, die Enthaltung vom sexuellen Verkehr, sondern etwas anderes, was mit der Dynamik der Erkrankung und der Herstellung weit mehr zu tun hat." (S. 244)

Hier geht es darum, daß während der Analyse bei jeder Linderung des Leidenszustandes „das Tempo der Herstellung verzögert und die Triebkraft verringert (wird), die zur Heilung drängt. ... Wir müssen, so grausam es klingt, dafür sorgen, daß das Leiden des Kranken in irgendeinem wirksamen Maße kein vorzeitiges Ende finde." (S. 244 f.)

In diesem Zusammenhang schneidet Freud auch die Frage an, ob AnalysandInnen inhaltlich in ihren Werthaltungen und Weltanschauungen beeinflußt werden sollen. Natürlich werden sie es durch die Arbeit in gewisser Weise, aber:

> „Wir haben es entschieden abgelehnt, den Patienten, der sich hilfesuchend in unsere Hand begibt, zu unserem Leibgut zu machen, sein Schicksal für ihn zu formen, ihm unsere Ideale aufzudrängen und ihn im Hochmut des Schöpfers zu unserem Ebenbild, an dem wir Wohlgefallen haben sollen, zu gestalten. ... Denn ich habe Leuten helfen können, mit denen mich keinerlei Gemeinsamkeit der Rasse, Erziehung, sozialen Stellung und Weltanschauung verband, ohne sie in ihrer Eigenart zu stören." (S. 246)

Obwohl es an vielen Stellen nahelege, geht Freud hier nie explizit oder ausführlicher auf die Gegenübertragung ein, obgleich er sie schon 1910 in „Die zukünftigen Chancen der psychoanalytischen Therapie" erwähnt und um diese Zeit bereits eine rege Diskussion in internen Kreisen und Papieren sowie in Briefen belegt ist. In der Auseinandersetzung damals faßte man ihre „Bewältigung" noch so auf, daß sie „niederzuhalten", „zu kontrollieren" etc. sei.

Andererseits verraten die Konzepte der „Grundregel" und der „freischwebenden Aufmerksamkeit", die 1912 in den „Ratschlägen für den Arzt bei der psychoanalytischen Behandlung" vorgestellt werden, eine sehr weite Vorstellung von Nichtfestlegung und Offenheit, mit der der/die AnalytikerIn sein Unbewußtes von dem der AnalysandInnen ansprechen lassen soll. Insgesamt ist auch klar, daß keine wertende Haltung eingenommen werden soll.

Obwohl Wahrheitsgebot, Verantwortung gegenüber dem analytischen Prozeß, Achten darauf, daß nicht bloß etwas wiederholt wird, sondern daß die Fixierungen bearbeitet werden, Thema der Abstinenzforderung sind, werden doch die Wünsche, Nöte und Bedürfnisse des/der AnalytikerIn, die ihn/sie doch auch ziemlich blind machen können dafür, wie sehr sie ihre AnalysandInnen mit ihren Anschauungen zu formen und ihren Interessen unterzuordnen trachten können, weitgehend ausgeklammert. Und es wird doch von einem relativ „gleichmächtigen" Verhältnis zwischen AnalytikerIn und AnalysandIn ausgegangen.

Auch in „Die Frage der Laienanalyse" (1926) wird bei der Diskussion um die Gefahr von Kurpfuscherei (Abschnitt IV) – wenn Ärzte, die Psychoanalyse betreiben wollen, sich keiner Selbstanalyse unterziehen – die Gefahr für die AnalysandInnen nicht sehr groß eingeschätzt im Vergleich etwa zu Konsequenzen eines Kunstfehlers bei einem ungeschickten Augenchirurgen.

> „Der mögliche Schaden beschränkt sich darauf, daß der Kranke zu einem nutzlosen Aufwand veranlaßt wurde und seine Heilungschancen eingebüßt oder verschlechtert hat. Ferner, daß der Ruf der analytischen Therapie herabgesetzt wird. ... die unerfreulichen Reaktionen klingen nach einer Weile wieder ab. Neben den Traumen des Lebens, welche die Krankheit hervorgerufen haben, kommt das bißchen Mißhandlung durch den Arzt nicht in Betracht. Nur daß eben der ungeeignete therapeutische Versuch nichts Gutes für den Kranken geleistet hat." (S. 324)

Auch wenn diese Bemerkungen etwas zynisch/ironisch gemeint sein mögen, so kommt an keiner der anderen Stellen im Zusammenhang mit der Notwendigkeit einer profunden Ausbildung und Eigenanalyse mehr Kritisches in bezug auf den möglichen Schaden zu Wort. Alles in allem empfinde ich den großartigen Entwurf des Abstinenzgedankens doch immer wieder zu eng gefaßt und rein an der technischen Durchführbarkeit der Analyse orientiert, während der weitere Aspekt, nämlich die Achtung vor der Gefährdetheit des uns anvertrauten Subjekts, obwohl inhaltlich angelegt, doch nicht wirklich voll zum Tragen kommt. Das hat einerseits, wie ich meine, längere Zeit zu einem technizistisch verstandenen Abstinenzbegriff geführt (wozu auch die Verbindung mit „Regel" paßt) und stellte wahrscheinlich in diesem Zusammenhang auch einen rigiden Schutz des/der AnalytikerIn vor den Ängsten bezüglich der eigenen Gegenübertragung dar. Andererseits ist nicht voll die Bedeutung dessen in Diskussion gekommen, was die Herstellung eines realen sexuellen Verhältnisses mit einem(r) AnalysandIn bedeuten muß; d.h. wenn, wie oben ausgeführt, nicht nur ein „erwachsener" liebesbedürftiger Partner uns verführt, sondern ein abhängiges „Kind" mit seinen möglichen traumatischen Erfahrungen uns in Wiederholungen seiner alten Szenerie hineinmanövriert (bzw. wir uns manövrieren lassen) und es in diesem Zusammenhang zu einer Reinszenierung seiner traumatischen Erfahrungen kommt und der/die AnalytikerIn zur realen TäterIn wird.

Solange es uns nur im metaphorischen Bereich passiert, was schon oft schlimm und schwierig genug ist, weil es die traumatisierende Intention verrät, können wir doch – eben durch Reflexion der Gegenübertragung auch in der Kommunikation mit dem/der AnalysandIn – aus der Position der Abstinenz heraus analysieren. Agieren wir real, so retraumatisieren wir und begeben uns nicht nur der Analysemöglichkeit, sondern sind unwiderruflich zum/r TäterIn geworden und haben den/die AnalysandIn in der Opferrolle fixiert.

Abstinenz, Realität und reale Beziehung

Fragen von Therapiesuchenden nach der Art und Weise des analytischen Arbeitens beinhalten oft verzerrte Ansichten von „Abstinenz", in welchen bisweilen mehr als nur ein Körnchen Wahrheit steckt: „Sind sie als Analytikerin nicht sehr abstinent?" „Was verstehen sie darunter?" „Na, daß sie da hinten sitzen und schweigen, nix sagen und ich muß alles alleine machen!" Oder was in Witzen und Karikaturen Platz findet, etwa die Verletzung der Abstinenz, wenn z.B., der Analytiker bereits auf der Couch liegt und über den Grad seines Agierens nachdenkt.

Es gibt aber auch in der Realität Grenzfälle, die ich in erster Linie Berührungsängsten, der Angst der Analytiker vor dem eigenen Agieren in der Gegenübertragung, zuschreiben würde und die zu einem Zerrbild von Abstinenz werden können; etwa wenn AnalytikerIn AnalysandIn bei einem zufälligen Zusammentreffen (oder weniger zufällig, z.B. in Ausbildungsvereinen) nicht grüßt, nicht zu wichtigen Anlässen im Leben von KlientInnen als „auch-sonst-Mensch" Anteilnahme äußert (wie z.B. Esther Menaker von Anna Freud, ihrer ehemaligen Analytikerin, berichtete, die nicht einmal nach dem Ende der Analyse willens oder imstande war, ihr zur Geburt eines Kindes zu gratulieren).

Eine andere Frage ist auch, wie weit die – natürliche – Anteilnahme an Leiden und Freuden der AnalysandInnen gehen soll. Müssen wir alles jeweils sofort und ausschließlich analysieren? Bewegt uns mancher Bericht des Grauens, der Verzweiflung, der Wut, der tiefen Trauer, der enormen Hilflosigkeit, des Schmerzes, manchmal aber auch der großen Freude, nicht zu Recht, und ist es dann ziemlich, sich in der analytischen Situation dazu zu äußern?

Ich glaube, daß ich selbst in dieser Hinsicht oft sehr spontan war und bin, worin vielleicht auch Reste meiner ersten Therapie-Ausbildung nach Rogers zum Ausdruck kommen. Ich halte Anteilnahme, solange sie nicht dazu führt, die Arbeit außer Acht zu lassen, für etwas, das einerseits sehr unterstützend und haltend sein kann, das aber ebenso in hohem Maße von der Übertragungs-/Gegenübertragungs-Situation bestimmt wird.

Wieviel davon gleichsam „unanstößig", wieviel „overprotective" bis übergriffig ist, wieviel ein Ausweichen vor der analytischen Anstrengung darstellt etc., wird von den jeweiligen „Liebespartnern" abhängen, ist aber auch etwas, das hier und jetzt zum Thema gemacht werden kann. Je mehr Vertrauen in der Arbeit aufgebaut wurde (Arbeitsbündnis!), desto sparsamer wird man auch in dieser Hinsicht sein können.

Ohne eine gewisse natürliche Sympathie für meine AnalysandInnen und die Möglichkeit, sie in wichtigen Lebenssituationen anteilnehmend ausdrücken zu können, möchte und könnte ich nicht arbeiten, würde ich mich unnatürlich und steif fühlen.

Freud selbst hat ja schon festgestellt, wie schwierig es ist, die Grenzen der abstinenten Haltung abzustecken (1915, S. 224 und 1919, S. 244)

Ich denke, das Kriterium ist, ob ich willens und imstande bin, sowohl in Supervision als auch durch die KlientInnen selbst meine Haltung (zuviel oder zu wenig „Anteilnahme") in Frage stellen zu lassen und damit interessiert, im Zusammenhang mit den aktuellen Themen der Analyse, auch an meinen eigenen Äußerungen zu forschen und zu arbeiten, meine „Täterschaft" zu akzeptieren und mein Sensorium auch für diesen Teil der Analyse zu schärfen.

Wenn das gelingt, so zeigt sich das jeweils in einem Gewinn an Authentizität, Sicherheit und an Flexibilität – auch im Umgang mit der Abstinenz.

An den Grenzen der Abstinenz

Am Ende möchte ich nochmals auf den oben erwähnten Aufsatz von Grubrich-Simitis zurückkommen: Für die psychoanalytische Arbeit mit erwachsenen Kindern von Holocaust-Überlebenden mit ihren oft massiven Metaphorisierungshemmungen, denen der „Boden" der sicheren Realität für den „Absprung" in die Metapher gefehlt hat (das Schweigen, die Erstarrung, die verborgenen, zugleich auch delegierten Ängste und Vergessenswünsche der Eltern hatten eine Atmosphäre der Entwirklichung, des Totseins im Leben, der grundlegend verunsicherten Identitäten der Kinder geschaffen), für diese AnalysandInnen sei der analytische Prozeß zunächst nicht möglich gewesen. Sie benötigten eine Phase der Suche nach und Orientierung in der historischen Realität – der Eltern –, und das hieß: Arbeit an der Realität (auch im Sinne von Recherchieren); gemeinsam mit der AnalytikerIn, die mit ihnen das Grauen und das Entsetzen aushält, die Tatsachen trotz ihrer Unerträglichkeit nicht verleugnen muß; die mit ihnen ein Stück gemeinsam trauert, wodurch überhaupt erst Vergangenheit und damit ein Raum-Zeit-Koordinatensystem entstehen konnte. Erst danach konnten sie – von diesem Boden aus – den analytischen Weg beschreiten.

Um den Unterschied wohl wissend, möchte ich doch für den analytischen Prozeß mit frühtraumatisierten AnalysandInnen eine ähnliche Konsequenz ziehen, und zwar durchaus aufgrund meiner Erfahrungen in der analytischen Arbeit, für die mir die Gedanken von Grubrich-Simitis eine wertvolle Hilfe und Unterstützung sind. Auch für Kinder, die schweren Übergriffen, Gewalt, Perversion und inzestuösen Handlungen, v.a. im Bereich der Familie, ausgesetzt waren, gilt, daß sie in ihrer noch kleinen Welt so etwas wie ein psychotisches und/oder perverses Universum mit drohender Vernichtung ihrer noch wenig robusten Ichstruktur erlebt haben. Für die Entwicklung von Vertrauen zur AnalytikerIn, zu ihrer eigenen Wahrnehmung und Erinnerung, der Fähigkeit, zwischen Realität und Phantasie zu unterscheiden, ist es ebenso notwendig, nicht nur am Beginn der Therapie, sondern immer wieder zwischendurch, die Realität als solche aufzufassen, wie sie war – und oft auch sehr entsetzt und fassungslos –, weil sonst die Abgrenzung der eigenen Phantasien hiervon nie möglich wird.

Abstinenz heißt dann auch: die Realität des anderen zu akzeptieren, Voraussetzungen für die analytische Arbeit zu schaffen und mögliche eigene Täter-Eigenschaften nicht zu verleugnen. Nur so kann auch das Opfer zu einer Identität gelangen, in der die traurige, aber wichtige Erkenntnis enthalten ist, daß, unter bestimmten Bedingungen, der Mensch „faschismusfähig" ist, wie Grubrich-Simitis es ausdrückt.

Aber er ist auch analysefähig. Eine meiner Patientinnen hat beim Nachdenken darüber, ob ich als Analytikerin auch wirklich ich (Ich?) bin, „echt" bin, gemeint, es sei vielleicht wie bei dem von ihr (und auch mir) bewunderten Schauspieler Gert Voss: Er weiß, daß er spielt, aber er steigt voll in seine Rolle ein, mit der ganzen Erfahrung und dem Reichtum seiner Persönlichkeit, er *ist* diese Rolle, aber er kann auch aus ihr heraussteigen.

Oder, wie ein – schon in sehr frühem Alter schwer mißhandeltes und mißbrauchtes – Kind in einer äußerst schwierigen Therapie, in welcher wir die grauenhaftesten Szenen von Gewalt, Perversion und Vernichtung nachspielen mußten, weil es keine andere Sprache dafür gab, wie um mich und sich zu beruhigen, zwischendurch immer wieder „ausstieg", mich „normal" ansah und sagte: „Weißt eh, ist nur Spaß!"

Literatur

Aichhorn, T. (1995): „Nachträglichkeit" bei Freud oder „Das Prinzip der Etsch in Verona". In: Bulletin. Zeitschrift der Wiener Psychoanalytischen Vereinigung, Nr. 4, S. 58-103, Wien: Picus.
Freud, S. (1910): Die zukünftigen Chancen der psychoanalytischen Therapie. In: Studienausgabe, Ergänzungsband: Schriften zur Behandlungstechnik. Frankfurt a.M.: Fischer (1982), S. 121-132.
– (1912): Ratschläge für den Arzt bei der psychoanalytischen Behandlung. Ebd., S. 169-180.
– (1915): Bemerkungen über die Übertragungsliebe. Ebd., S. 217-230.
– (1919): Wege der psychoanalytischen Therapie. Ebd., S. 239-249.
– (1926): Die Frage der Laienanalyse. Ebd., S. 271-349.
– (1937): Die endliche und die unendliche Analyse. Ebd., S. 351-392.
Grubrich-Simitis, I. (1979): Extremtraumatisierung als kumulatives Trauma. In: Psyche, 33, S. 991-1023.
– (1984): Vom Konkretismus zur Metaphorik. In: Psyche, 38, S. 1-28.
Kemper, W. (1953): Die Gegenübertragung. In: Psyche, 10, S. 593-626.
– (1954): Die Abstinenzregel in der Psychoanalyse. In: Psyche, 10, S. 636-640.
Menaker, E. (1997): Schwierige Loyalitäten. Psychoanalytische Lehrjahre in Wien 1930-1935. Wien: Psychosozial-Verlag.
Morgenthaler, F. (1978): Technik. Frankfurt a.M.: Syndikat, S. 25, zit. bei Schneider, P., a.a.O., S. 81.
Nerenz, K. (1985): Zu den Gegenübertragungskonzepten Freuds. In: Psyche, 39, S. 501-518.
Schneider, P. (1988) Die Psychoanalyse ist kritisch, aber nicht ernst. Zur Politik der Psychoanalyse der Politik. Frankfurt a.M.: Nexus.
Thomä, H. (1984): Der Beitrag des Psychoanalytikers zur Übertragung. In: Psyche, 38, 1, S. 29-62.

Vom Nutzen und Nachteil des Hier und Jetzt im psychoanalytischen Prozeß[1]

Jürgen Hardt

Das Vorurteil der Arbeit oder eine Art von Glaubensbekenntnis

Psychoanalyse ist für mich ein *Weg des Fragens*, um Antworten zu *suchen*, eine Methode des Feststellens, um Selbstverständliches zu hinterfragen, und schließlich eine Reise des Weiterdenkens ins Unbekannte.

Dieses Fragen hat einen Anfang im *unhinterfragten Alltagsverständnis* der Menschen von sich selbst. Es hat darin seinen Anfang, seinen Grund, aber es stellt zugleich *das selbstverständliche Verstehen radikal in Frage*. Und dieses Fragen hat ein utopisches Ziel, nämlich verstehen zu wollen, was die Menschen wirklich bewegt, und warum das so ist, daß die Menschen meinen müssen, zu wissen, und zugleich nicht wissen.

Dieses Fragen hat eine Sprache (ein Vokabular), die sich seit hundert Jahren entwickelt hat; sie ist in die Alltagssprache eingedrungen, und soweit das geschehen ist, hat sie ihre psychoanalytische Provokation verloren. Diese Sprache gibt uns aber auch Anleitung/Hilfe, vom Alltagsverstehen immer wieder auszugehen, loszugehen und den Übergang zu den, in der fachlichen Sprachgemeinschaft gesammelten (geteilten?), Antworten zu bewältigen. (Ich rede lieber von *Antworten*, da, wo man *Wissen* einsetzen könnte, weil nur die *Frage der Antwort den Status des Wissens verleiht.*)

Dieses Fragen ist ein schweres Geschäft. Metaphorisch gesagt: Das Alltagsverstehen hindert uns, und wir kommen davon nicht los. Es klebt an uns und hat eine Sogwirkung. Es ist aber auch wie eine Art *Schwerkraft*, die uns hindert, zu große Sprünge zu machen und uns in Spekulationen zu verlieren, indem wir abheben. Das Alltagsverstehen hält uns auf dem Boden, auf den wir spätestens dann zurückkommen müssen, wenn wir mit unseren Patienten reden und uns ihnen verständlich machen wollen (vgl. Loch, 1993, §38, 39, 40). Darin unterscheiden wir uns von den Philosophen, die in ihrer Sprachtradition, ihren Sprachspielen und ihrer Sprachgemeinschaft bleiben können. Das psychoanalytische Fragen, das vom Alltagsverstehen ausgeht, ist wie eine Kraft, die als Anstrengung des Begriffs dem Widerstand der alltäglichen Meinungen oft nicht gewachsen ist.

Psychoanalyse ist, weil sie auf das Alltagsverstehen angewiesen ist – von dem sie sich befreit, indem sie es in Frage stellt –, ständig vom Alltagsverstehen bedroht. (Wir können uns – an uns selbst – davon überzeugen. Entschuldigen wir uns doch immer wieder für einen Mißgriff, den wir tun, ein Mißgeschick, das uns geschieht, indem wir, was wir tun, als Fehlleistung bezeichnen. – Geschieht es nicht ständig, daß psychoanalytische Antworten, von den Fragen gelöst, zu leicht verdaulichen Wissensbrocken mit beliebiger Verwendung werden? – Ein Lehranalysand sagt: Das habe ich nicht so gemeint, das ist mir nur so eingefallen!)

Die Schärfe des Fragens wird ohne theoretischen Kontext stumpf. Die Schärfe des Fragens ist aber auch anstrengend und nötigt zur Konsequenz; dann und darum wird sie verunglimpft, gerade weil sie Konsequenzen für das Alltagsverstehen hat und haben muß. Weil das Alltagsverstehen ein Kulturgut mit Tradition ist, das man unter Schutz stellen möchte, scheint das psychoanalytische Fragen zersetzend gefährlich, gemeinschaftsgefährdend, gemeingefährlich. Wenn wir miteinander, untereinander reden, vergessen wir das meist. Bis dann ein Kollege daherkommt, der allen theoretischen Anspruch als perfektionistische Obsession mit persekutorischen Tendenzen entlarvt. Einer, der verspricht, daß alles doch ganz einfach ist im Grunde, nämlich einfach menschlich und zwischenmenschlich, nett und freundlich und nicht so anspruchsvoll, so wie wir doch alle sind oder sein möchten. Ganz geheim und im Grunde sind wir doch eigentlich liberal und fortschrittlich und nehmen es nicht so genau; und sind nicht konsequent oder puristisch, rigoristisch und dogmatisch.

Psychoanalyse ist unzeitgemäß, und innerhalb der psychoanalytischen Profession gibt es unterschiedliche und sehr eigene Zeiten. Zeitströmungen, die bestimmen, was gedacht und gefragt werden darf und soll. Da ist manchmal der Entwicklungsstand von Konzeptionen hinderlich, und es ist verlokkend, hinter das zurückzufallen, was schon sicher erreicht (begründet) schien, um wieder naiv denken zu können. Die Problematik des Mainstream lasse ich hier außer Acht. Aber daß jemand im Recht sein muß, nur weil er von sich behauptet, gegen den Strom zu schwimmen (wie z.B. Cremerius das oft tut), möchte ich ernsthaft bezweifeln.

Der Anlaß und der Ansatz der Arbeit

Daß die Handhabung und Deutung der Übertragung in der psychoanalytischen Situation (genauer im Hier und Jetzt) das Zentrum des psychoanalytischen Geschehens bildet, ist meines Erachtens seit 60 Jahren nur mit großer konzeptueller Anstrengung oder Ignoranz hinterfragbar und damit unhintergehbar. Wie ist es dann zu verstehen, daß ein Psychoanalytiker mit großem Erfolg, zur Erleichterung vieler psychoanalytischer Kollegen, einen Vortrag hält mit dem vielversprechendem Titel „Immanente und artifizielle Grenzen des psychoanalytischen Prozesses" und dem Untertitel „Zum Problem der Überbewertung von Übertragung und Übertragungsdeutung"? Henning Graf von Schlieffen hat diesen Vortrag auch an meinem Heimatinstitut gehalten.

Dort ist dieser Vortrag von einigen mit einer für mich befremdlichen Erleichterung aufgenommen worden. Man verspürte angeblich einen Hauch von Liberalität, von Entlastung gegenüber den strengen Forderungen, die hauptsächlich von den Analytikern vertreten werden, die in irgendeiner Weise mit der kleinianischen Gruppe in London zusammenarbeiten oder zusammenphantasiert werden.

Von Schlieffen warnt vor den hohen, viel zu hohen Ansprüchen an die Psychoanalyse. Er bringt die hohen Erwartungen mit einem Größenwahn ähnlichen Allmachtsanspruch in Zusammenhang, einer Krankheit der Idealität, die, in ihrer Perfektionssucht als Babywatching getarnt, das schützenswerte Kleinstkind bis in die Familie hinein verfolgt, um letzte Unklarheiten aufzudecken.

Ich stelle das so dar, um aufzuzeigen, wie die Ängste, aber auch die Heilserwartungen des Alltags (unsere Patienten) sich in theoretischen Überlegungen durchsetzen, wenn sie nicht analytisch bearbeitet werden. Die Angst, daß sich Patienten verfolgt fühlen durch hellseherische Fähigkeiten, kennen alle Psychoanalytiker.

Levine (1993) hat die Wirkung unbewußter Phantasien auf die Theoriebildung über Heilungsvorgänge in der Psychoanalyse untersucht. Er meint, unbewußte Phantasien setzen sich durch, wenn sie nicht analysiert werden, und führen zu unlösbaren theoretischen Gegensätzen mit hoher, emotionaler Besetzung. Analysand und Analytiker teilen dann die Erwartung solcher phantasierter Heilungsvorgänge, z.B. einer relativ primitiven analen Heilungsphantasie, die man in der Katharsis erfüllen könnte. Man wird das Böse einfach los, scheidet es aus. Die andere Heilungsphantasie ist die, daß man eine Korrektur durch bessere Eltern erfahren kann, nach dem Motto: „Alles wird jetzt wieder gut". Das ist eine schon sehr viel differenziertere Vorstellung und trotzdem eine *unbewußte Phantasie*, die, wenn nicht analysiert, Auswirkung auf die Praxis einer Psychoanalyse hat und sich sogar bis in die Theoriebildung von Psychoanalyse auswirkt.

Noch schlimmer als die grenzenlos forschenden Psychoanalytiker sind nach von Schlieffen die Psychoanalytiker, die sich in ihrer therapeutischen Begrenztheit nicht bescheiden können, statt dessen ihre Patienten mit Hilfe der eigenen Gefühle (Gegenübertragung) bis in die letzten Winkel ihrer Seele verfolgen. Das hat von Schlieffen schon 1983 sehr besorgt gemacht, in seiner Arbeit „Psychoanalyse ohne Grundregel": daß es Psychoanalytiker gibt, die „das Grundregel-Arrangement" gegen ihre Angst benützen, daß der „Analysand irgendwo Geheimnisse hat, aufbaut und aufrecht erhält, an die er als Analytiker nie herankommt" (S. 495). – Scheinheilig rhetorisch fragt er anschließend „Ob es für bestimmte Analytiker eine Kränkung sein könnte, von ihren Analysanden nicht alles zu wissen"?

In seinem neuesten Werk geht es von Schlieffen um die Überschätzung der Übertragung/Gegenübertragung und der Übertragungsdeutung. Die Überschätzung der Übertragung ist für ihn ein noch schlimmeres Übel als die Psychoanalyse mit dem Gebot der Grundregel. Sie befriedigt *nur* die narzißtische Bedürftigkeit des Psychoanalytikers (mit Hilfe der „eigentlich meinen Sie *mich*" –

Deutung). Sie ist Ausdruck des Machtanspruchs des Psychoanalytikers („egal was Sie sagen, Sie haben *mich* zu meinen") und schädigt den Patienten, weil sie seine Freiheit beschränkt, jemand anderen als den Analytiker und die Psychoanalyse im Sinn zu haben („Wenn Sie *mich* nicht meinen, sind Sie im Widerstand usw.").

Was wie eine üble Polemik scheinen mag, ist nur eine leichte Vergröberung und quasi ein Talion für die Karikatur oder Verunglimpfung von Deutungsverläufen, die von Schlieffen nachzeichnet. Für ihn ist Übertragung Widerstand, und zwar eine Widerstandsform unter anderen und „als eine Form des Widerstands ... ein manchmal unumgängliches Übel". (S. 12) „Sie (muß heißen die Übertragungsdeutung im Gegensatz zur Übertragung) ist die ultima ratio, wenn alle anderen Mittel der Abwehrdeutung, der Überzeugung und Konfrontation versagt haben". (S. 12)

In der Warnung vor der Überschätzung der Übertragung und Übertragungsdeutung sieht sich von Schlieffen mit Blum (1983) einig, der den Wert der Außerübertragungsdeutung betonte. Blum und nach ihm Haesler (1992) haben die transference only position (TOP) für eine Einschränkung der Freiheit des Analysanden gehalten. Die Konzentration der Deutungsarbeit auf das Hier und Jetzt der Übertragung wird mit Zwang und Gewalt verbunden. Nach Blum entsteht die Gefahr, daß durch TOP die psychoanalytische Begegnung zu einer folie á deux entartet.

Der Anfang dieser verhängnisvollen Entwicklung von TOP wird mit Strachey (1934) gesetzt, der behauptet hat (so Blum nach von Schlieffen: „was klinisch nicht zu rechtfertigen und theoretisch nicht haltbar ist"), daß *nur* die Übertragungsdeutung verändernde Wirkung habe. (Was Strachey wirklich und mit welcher Begründung schrieb, findet man weder bei Blum noch bei Haesler oder gar bei von Schlieffen).

Ist die TOP schon schlimm genug, so gibt es doch noch eine Steigerung, und das ist die Arbeitsweise der „hic et nunc – Analytiker" (S. 21). Ihr methodischer Anspruch ist grenzenlos. Ihre Obsession wirkt wie ein Trichter, „die psychoanalytische Situation saugt alle Welt auf". Dabei wird die Person des Psychoanalytikers völlig überbewertet, die Nebenübertragungen werden in ihrem Eigenwert nicht beachtet. Überhaupt maßt sich ein solcher Psychoanalytiker göttliche Qualitäten an, verkündet er doch: „Du sollst keine anderen Götter haben neben mir". (S. 27)

Angeblich hat auch Freud der Übertragung und Übertragungsdeutung nur einen geringen Wert beigemessen; so z.B. in „Konstruktionen in der Analyse" (1937), in denen er den Übertragungsdeutungen die Konstruktionen gleichwertig an die Seite gestellt habe.

Ganz in Cremerius'scher Manier teilt dann Schlieffen halbvertraulich mit, daß Kollegen „hinter vorgehaltener Hand" (!) immer wieder von Analysen berichten, die „ganz ohne Übertragungsdeutungen auskommen". Analysen nach dem „Strachey Law" dagegen führen zu einer „gemeinsamen Irrfahrt" durch das

Unbewußte, zu einem Prozeß, in dem „sich Analytiker und Analysand im Dikkicht der Verfolgung unbewußter Zusammenhänge verirren und versteigen" (Fürstenau, 1986, zit. nach von Schlieffen)

Soweit zum vermeintlichen Übel der TOP, wobei in Loch'scher Manier das „hic et nunc" mit „et mecum" ergänzt werden sollte (Loch, 1993, §53). Statt dieser Deutungsstrategie wird von v. Schlieffen eine alibi-et-alias-Deutungsstrategie anempfohlen.

Es werden eine Reihe weiterer Einwände gegen die um das „hic et nunc et mecum" zentrierte Psychoanalyse angeführt, die ich nicht alle diskutieren kann. Es lohnt auch nicht, sie im einzelnen zu behandeln. Ein Moment tauchte aber auch in der Diskussion um die Hochfrequenzbehandlung in der Ausbildung auf, das einige Anmerkungen verlangt. Die TOP – meist den Londoner Kleinianern zugeordnet – wird verbunden mit der Hoch- und Höchstfrequenz-Analyse.

Das ist auch richtig so, ist doch das ausschließliche Arbeiten im Hier und Jetzt an einen gemeinsamen Erfahrungsprozeß mit großer Dichte gebunden. Und hier setzen dann auch die Einwände gegen diese Praxis an:

1. Die dichte Stundenfolge wird als eine *gewaltsame Nötigung* des Patienten *in* die Übertragung und *in* die Regression angesehen.
2. Daß die Psychoanalyse als ein gemeinsamer Prozeß gehandhabt wird, wird als eine fahrlässige Aufgabe der „ärztlichen" Distanz und damit der Verantwortung für die *souveräne Handhabung* von Übertragung und Regression verstanden. Der Psychoanalytiker soll nach dieser Auffassung *außen vor* bleiben.
3. Gegenübertragungen sind kurzzeitig zu tolerierende und schnellstmöglich zu behebende Störungen der Neutralität.
4. Übertragungen sind Ersatzbildungen für Erinnerungen und sofort in solche zu übersetzen, um unschädlich gemacht zu werden.
5. Die Regression ist eine lästige Begleiterscheinung, der entgegengewirkt werden muß.

Aus diesen Überlegungen und Rücksichten folgt dann eine Analyse, die ohne Analyse des Hier und Jetzt und ohne Bearbeitung der Übertragung als lebendiger Gegenwart auskommt. Hier wird etwas besprochen, hier wird etwas vom Analytiker *an*gesprochen, und dann wird alles mehr oder weniger gründlich *durch*gesprochen. Alles geschieht in einem Klima von milder Freundlichkeit, wird als milde positive Übertragung angesehen, und dies geschieht im mitfühlenden Verständnis für den Patienten als Opfer der Eltern, der Geschwister, der Geschichte, der Ehepartner und aller anderen, die kein Verständnis für ihn hatten und haben, ganz im Gegensatz zum Analytiker.

Solche Art Psychoanalyse gibt den hohen behandlungstheoretischen Anspruch der Psychoanalyse auf und fällt damit auf das Niveau einer Alltagspsychologie zurück. In dieser alltagspsychologischen Version der Psychotherapie scheint dann wieder alles möglich. Das ist aber nur das, was dem jeweiligen Zeitgeist oder den Heilungsvorstellungen der jeweiligen dominierenden Modeströmungen entspricht. (Ein Beispiel hierfür war die quasireligiöse Bewegung, die A. Miller in den späten siebziger Jahren auslöste.) Aber mehr noch: Eine Psychoanalyse ohne Übertragung, ohne Übertragungsdeutung und ohne genaue Erforschung der Situation, in der Übertragungen manifest werden, wird zwangsläufig zu einer Psychoanalyse ohne Unbewußtes.[2]

Vom Sinn und Nutzen der Deutung

Über Nutzen und Nachteil der Hier- und Jetzt-Deutung nachzufragen, führt zu einem Gesamtentwurf von Psychoanalyse. Ich werde mich daher beschränken müssen.

Handhabung und Deutung von Übertragung stehen im Zentrum fast *aller* Arbeiten zur Wirkungsweise der Psychoanalyse. Warum wird der Übertragung ein zentraler Stellenwert gegeben und was ist die Funktion der Übertragungsdeutung im psychoanalytischen Prozeß? Das Konzept der Übertragung hat eine lange verzweigte Geschichte. Vom Widerstand gegen und Ersatz für die Erinnerung wurde sie schnell zur notwendigen Neuauflage des Alten in der lebendigen psychoanalytischen Situation. Um sie bearbeiten zu können, sollte die Situation und der Anteil des Psychoanalytikers an dieser Situation möglichst neutral sein. Damit wird eine getreue Neuauflage ermöglicht. Freud hat in seinem Bemühen, die historische Wahrheit möglichst unverfälscht zu rekonstruieren, Wert darauf gelegt, daß der Psychoanalytiker sich „tadellos" benehmen solle, um das Bild der Übertragung nicht zu trüben, d.h. die Wiederkehr des Alten ohne Zutat des Analytikers mehr oder weniger unretuschiert zu ermöglichen. Gute Technik des Analytikers hatte zum Ziel, Verunklarungen, Retuschen der Neuauflagen zu verhindern.

Einerseits hielt Freud Einwirkungen auf die Übertragungsentwicklung von seiten des Psychoanalytikers für vermeidbar, wenn die Analyse korrekt durchgeführt wird, d.h. er maß dem Benehmen des Analytikers doch einen Einfluß zu, andererseits schienen ihm die Übertragungsmanifestationen völlig unabhängig vom Benehmen des Psychoanalytikers zu sein (vgl. die Diskussion der Provokation spontan ausgebliebener negativer Übertragung in „endliche und unendliche Analyse"); ein bei Freud nicht aufgelöster Widerspruch.

Für Freud lag der Wert der Übertragung erstens darin, daß sie hilft, durch Übersetzung ihrer Inhalte die „Lücken der Erinnerung" auszufüllen, und zweitens, daß sie ein Stück konfliktuöser Vergangenheit im Beisein des Psychoanalytikers lebendig werden läßt. Konflikte, die dann mit Hilfe des Psychoanalytikers, in seiner Funktion als Helfer, Lehrer und Erzieher, einer anderen/erwachseneren Erledigung zugeführt werden können.

In dieser groben Skizze fallen einige Momente auf, die *nach* Freud zu sehr kontroversen Entwicklungen geführt haben.

- Erstens muß man fragen, was der *Wert einer lückenlosen Erinnerung* oder was *heilsam* am Erinnern ist?
- Zweitens muß man fragen, ob die Übertragung nur *eine „spontane"*, vom Psychoanalytiker nicht beeinflußbare Manifestation oder der Psychoanalytiker nicht doch irgendwie an der *Übertragungsproduktion beteiligt* ist, und wenn – wie?
- Drittens muß man fragen, was es heißt, einen *alten, übertragenen* und *rekonstruierten Konflikt* einer *neuen, erwachseneren* und damit *besseren Erledigung* zuzuführen?
- (Viertens muß man fragen, was es heißt, daß *Konstruktionen den gleichen, verändernden Wert* haben können wie Rekonstruktionen, darauf werde ich zum Schluß indirekt eingehen.)

Die lückenlose Erinnerung heilt dann und nur dann, wenn man an die moderne Entwicklungsgeschichte der Aufklärung und der Emanzipation glaubt; eine Fortschrittsgeschichte, die, bei aller Skepsis Freuds, auch der wissenschaftlichen Weltanschauung der Psychoanalyse als Motor zugrunde liegt. Für die Psychoanalyse heißt dies: Ontohistorie und Phylohistorie sind in die Metanarration[3] von fortschreitender Rationalität und Emanzipation eingegliedert. Symptome sind Relikte aus einer Urzeit, Fixierungen an eine Vorzeit und in der aufgeklärten Moderne unzeitgemäß. Therapie heißt, den Fortschritt von heute wirksam werden lassen. Der therapeutische Wert der „lückenlosen Erinnerung" liegt also darin, daß die individuelle Geschichte in eine Geschichte des Fortschritts einbezogen wird und sich so die unzeitgemäße Verirrung aufklärt.

Der therapeutische Wert der lückenlosen Erinnerung liegt darüber hinaus darin, einen Aufwand zu ersparen, nämlich den Energieaufwand des Ichs, der erforderlich ist, etwas Geschehenes von der Erinnerung fernzuhalten. Ist die Erinnerung zurückgewonnen, d.h. wieder zugelassen, wird diese Energie dem Ich zur Verfügung stehen und es so stärken.[4]

Die Übertragung als unerkannte Erinnerung zu entdecken, heißt schließlich ihre Wirkung auf die Gegenwart offenzulegen und damit das Verhältnis zur aktuellen Realität von Verzerrungen und Verfälschungen zu befreien.

Das alles heißt aber natürlich nicht, daß das *Erinnern selbst* im Prozeß der Veränderung überhaupt keinen Wert hat, sondern soll darauf aufmerksam machen, daß zum Erinnern dessen, was einmal war, etwas hinzukommen muß, um ändernde Wirkung haben zu können, oder daß das Erinnern selbst in *einer Geschichte geschieht*, die dem Akt des Erinnerns erst verändernde Wirkung verleiht. Erinnern geschieht nicht an sich. Dies entspricht dem, daß es nicht Geschichte an sich gibt, und schon gar nicht Geschichte als Fortschrittsgeschichte, (gegen die Nietzsche polemisiert). Geschichte wird immer *mit einer Absicht* erzählt und geschrieben, und Erinnern ist *nie Selbstzweck*, sondern immer mit einer Absicht verbunden. Im Rahmen von Absichten können Erinnerungen und Geschichte heilend wirken.

Die zweite Frage ist die nach der Übertragung als einer spontanen/eigenständigen Produktion. Schon zu Zeiten Freuds gab es Bestrebungen, die „spontanen" Übertragungsentwicklungen zu beeinflussen, zu vertiefen und zu manipulieren. Aber erst in den 80er Jahren wurde systematisch in den Mittelpunkt gerückt, daß auch bei korrekt durchgeführten, d.h. parameterfreien Analysen, die Übertragungsmanifestationen gemeinsame Produktionen im psychoanalytischen Prozeß sind. Die sogenannten Intersubjektivisten (z.B. Cooper, Renik u.a.) betonen, daß Übertragungen Koproduktionen von beiden Teilnehmern am analytischen Prozeß sind. Sie versuchen folglich, entweder den Verunreinigungen der Übertragungsproduktion des Analysanden durch den Analytiker durch *Selbstoffenbarung* des Analytikers zu entkommen, oder sie schätzen ihren Beitrag als einen *heilsamen Zusatz* zur Übertragung des Patienten ein; dies ist quasi ein Konzept verändernder Wirkung durch Übertragungs*beimischungen* (Skolinkoff, 1993).

Die psychoanalytische Situation wird bei den Intersubjektivisten zu einer, in der subjektive Realitäten gegeneinander stehen, die sich durchmischen, und sie wird nicht mehr als eine Situation angesehen, in der historische Wahrheit und psychische Wahrheit voneinander geschieden werden sollen und können. Die Auseinandersetzung dreht sich in der manifesten Situation um die Trennung manifester psychischer Wahrheiten, wobei unter psychischer Wahrheit immer eine gegenüber der historischen Wahrheit irgendwie individuell „verunreinigte" Wahrheit verstanden wird.

Die von A. Cooper beschriebene psychoanalytische Praxis, ausschließlich die aktuelle und manifeste Wahrheit in der analytischen Situation gemeinsam zu untersuchen, birgt eine Gefahr in sich, auf die Inderbitzin 1994 hingewiesen hat: die Gefahr, das Unbewußte in seiner Wirkung außer Acht zu lassen und zu unterschätzen. Das kann man sich an folgendem Beispiel klar machen. Wenn der Psychoanalytiker eine ungeschickte Unfreundlichkeit auf der manifesten Ebene „zugibt", um sie damit für erledigt zu erklären, dann kann das eine Gegenbewegung gegen die Wucht der unbewußten Phantasiebildungen sein. Aus einer solchen manifesten Kleinigkeit kann und wird sich aber eine eventuell groteske Vergeltungsphantasie bis hin zu einer Tötungsphantasie entwickeln, die es zu allererst zu untersuchen gilt. Das ausschließliche Arbeiten auf der Ebene der intersubjektiven Austauschprozesse kann die Psychoanalyse harmlos machen, weil sie die Wirklichkeit von Unbewußtem in den Hintergrund treten läßt (vgl. auch St. Cooper, 1998).

Coopers Strategie lebt von der Erfahrung des Gegensatzes zwischen Altem und Neuem. Das Alte verwirklicht sich in der Übertragung. Auf dem Hintergrund der sicheren, um Verständnis bemühten und verständigen Erfahrung in der psychoanalytischen Situation wird das Alte (das Böse und die

Entwicklung störende) als *zu Erinnerndes* entlarvt/gedeutet. Aus der entstehenden aktuellen kognitiven Dissonanz zwischen Altem und Neuem entsteht das Bedürfnis nach Veränderung im Patienten, und daraus entsteht verändernde Einsicht, nämlich durch die in der psychoanalytischen Situation erlebte Dissonanz zwischen böser Vergangenheit und guter Gegenwart.

Weil ich nicht glaube, daß das Wissen um eine schlechte Erfahrung in der Vergangenheit eine heilsame, verändernde Wirkung hat, denke ich eher, daß in solchen psychoanalytischen Prozessen eine Vergangenheit *erfunden* wird. Daß durch diese Erfindung, diese Konstruktion, (vgl. auch W. James: „Wahrheit als Werkzeug und Erfindung") das Böse, Unbekömmliche, mit Erinnerungssymbolen gekennzeichnet, als Vergangenes erfunden, d.h. in die Vergangenheit verlegt und projiziert wird. Das ist natürlich eine Entlastung: Sie lebt vom Kontrast zwischen der bösen Vergangenheit und der guten Gegenwart in einer Fortschrittsgeschichte, die uns alle verständig, erwachsen und gesund gemacht hat oder gemacht haben sollte, sofern wir gesund sind.

Vom Nutzen der Deutung ohne Fortschrittsglaube

Um nicht mißverstanden zu werden: Ich meine nicht, daß es überflüssig sei, Traumatisches zu erinnern und als solches zu bezeichnen, d.h. aus der Vergessenheit zu holen und zu benennen, aber das alleine reicht nicht. Auch das Trauma muß bearbeitet und seine Folgen müssen durchgearbeitet werden. Ebenso müssen Situationen völliger Ohnmacht in die Verantwortung des Ichs gehoben werden (Winnicott, 1991; Gabbard, 1997). Das Traumatische mittels einer Kontrasterfahrung von Alt/Böse versus Neu/Gut in der psychoanalytischen Situation zu entwerten und in die Vergangenheit zurückzuverlegen, nachdem es sich als wirksame Gegenwart in der Übertragung manifestierte, reicht meines Erachtens als Bewältigungsform nicht aus. Es birgt darüber hinaus eine große Gefahr für die therapeutische Beziehung in sich, die bis zum Mißbrauch als Wiederholung des Traumas führen kann. Darauf hat Gabbard (1997) hingewiesen. Der zentrierte Blick in die Behandlungsbeziehung reicht ihm zufolge auch für die Behandlung von Traumata aus. Das, was er die Disidentifikation des Psychoanalytikers mit dem Aggressor nennt, d.h. das Bestreben, ein gutes Objekt für den Patienten zu sein und zu bleiben sowie Haß und Wut nach außen in Vergangenheit und Gegenwart zu projizieren, beinhaltet nach ihm das Risiko, die positive Übertragung und Gegenübertragung zu agieren. Das kann dann bis zur sexuellen Beziehung als Reinszenierung der Traumatisierung führen. Die agierte positive Übertragung schlägt notwendigerweise in eine negative Übertragung um.

Es besteht ein historischer Legitimationsbedarf für eine Auffassung der Psychoanalyse, die von der Kontrastierung zwischen Alt und Neu lebt. Deswegen kreisen die Diskussionen der Wirksamkeit solcher psychoanalytischer Arbeitsformen ständig um die Abgrenzung von den Vorstellungen der Katharsis auf der einen und von den Vorstellungen der korrektiven Erfahrung auf der anderen Seite. Von den Protagonisten wird betont, daß in der intersubjektiven Praxis ausschließlich Erinnern, Wiederholen und Durcharbeiten in der Übertragung geschieht, also rite Psychoanalyse praktiziert wird.

Was heißt dann, den übertragenen, d.h. vergangenen, unzeitgemäßen Konflikt einer neueren adäquateren Erledigung zuzuführen; ihn in der Wiederholung neu zu bearbeiten? Beinhaltet dies nicht doch das Vertrauen auf eine Fortschrittsgeschichte?

Das knüpft einerseits an das an, was ich oben streifte: Das reifere, erwachsenere Ich des Analysanden kann sich in der geschützten Situation der Analyse, vertrauend auf die hilfreiche Gegenwart des Analytikers – in milder, positiver Übertragung – der alten Aufgabe neu stellen. Allerdings mit besseren Voraussetzungen als früher, nämlich in der Distanz zu einer Lebensform, die *nur* von primitiven Abwehrmechanismen bestimmt war. Implizit nehmen wir doch an, wenn wir die Arbeit mit der Übertragung als *Erledigung alter Konflikte* verstehen, daß die basalen, primitiven Mechanismen und Probleme in einer kindlichen Vorzeit zu lokalisieren sind, die weit zurückliegt oder zumindest zurückliegen sollte. Wir haben es zwar mit *Nachwirkungen* dieser Vorzeit zu tun, aber diese erscheint in einer *Distanz*, weil wir älter und reifer geworden sind. Wegen der gewonnen Distanz sollte das Primitive keinen Einfluß mehr haben, insofern wir erwachsen sind, d.h. aus der Kindheit herausgewachsen sind.

Hier stoßen wir dann doch auf eine psychoanalytische Historie von Fortschrittsglauben und Erlösungshoffnung; eine Historie, die Verbindlichkeit für jede einzelne Lebensentwicklung beansprucht und Maßstab für sie sein soll. Die moderne Fortschrittsgeschichte beansprucht die Metanarration der individuellen Entwicklungsverläufe zu sein und ist das Heilsversprechen individueller Störungen. Die Metanarration von Fortschrittsglaube und Erlösungshoffnung spielt innerhalb der Psychoanalyse als Therapie eine zentrale Rolle. Der Fortschritt der Geschichte ist ein grundlegendes heilendes Movens. Was ist, wenn der Fortschritt der Geschichte fraglich wird, so daß wir nicht mehr selbstverständlich darauf bauen können?

Psychoanalyse und Erlösungshoffnung

Man muß fragen, ob eine Psychoanalyse ohne Vertrauen auf die Metanarration der Moderne als Therapie denkbar ist? Ist sie nicht im Grunde Aufklärung im Vertrauen auf Emanzipation durch Erinnern und Einsicht? Muß sie nicht darauf vertrauen, daß die Einsicht wächst, die Rationalität befördert wird, und daß die Stimme des Intellekts sich schließlich doch durchsetzen wird, auch wenn sie noch so leise ist?

Ich denke, daß Psychoanalyse als Wissenschaft in das Projekt der Aufklärung eingebunden ist und sich dieser Tradition trotz aller postmodernen Verunsicherung und Herausforderung nicht entziehen kann und sollte. Aber die unhinterfragte Funktion dieser Metanarration für therapeutische Veränderungen in den *individuellen* psychoanalytischen Prozessen muß man untersuchen und in Frage stellen.

Spätestens nach den Entdeckungen von Bion müssen wir zur Kenntnis nehmen, daß die Geschichte von ihrer Herkunft aus dem Primitiven nicht dazu dienen kann, Distanz vom Primitiven zu gewinnen. Die Geschichte des Werdens (Kermode, 1989) verhilft uns zwar zur Einsicht, wie etwas Gegenwärtiges zu verstehen ist, aber das Herkommen als Vergangenes abzutun und sich davon zu distanzieren, ist nicht möglich. Britton, Feldman und andere werden nicht müde zu betonen, daß die primitiven Arbeitsweisen und Probleme des Seelischen sich immer wieder stellen, *überall* und *hauptsächlich* in der psychoanalytischen Situation. Bions „Grid" (1989) als schematische Darstellung aller seelischen Verläufe, stellt das in anschaulicher Weise dar.

Soll das heißen, daß ich keinen Fortschritt erkenne? Es gibt natürlich eine seelische Entwicklung. Es ist aber fraglich, ob diese seelische Entwicklung ein *verbindliches Ziel* hat, das quasi *gesetzmäßig* zum Fortschritt führt und mit der Dominanz von Kultur über Natur endet. Wir sollten als Analytiker skeptisch gegenüber einer Haltung sein, die manches analytische Denken mitbestimmt, nämlich dem festen, blinden Vertrauen darauf, daß wir alle es so herrlich weit gebracht haben. Daß wir als Erwachsene auf Kinder – wie Zivilisierte auf die Primitiven – herabsehen können. Die postmoderne Kritik an der Moderne hat oft genug gezeigt, daß der Fortschritt nicht einmal annähernd halb so groß war, wie er zuerst ausschaute, und daß scheinbarer Fortschritt vielleicht sogar ein Rückschritt war oder einfach nur ein Schritt in eine andere Richtung als vorgesehen (vgl. Freud, GW XI, XIV).

Die Skepsis gegenüber dem Fortschrittsglauben, der vielen psychoanalytischen Entwicklungs- und Veränderungsmodellen zugrunde liegt, entspringt der Auffassung, daß das Unbewußte nicht abzuschaffen ist. Die Trockenlegung der Zuidersee kann tatsächlich nicht ein Bild für die psychische Veränderung in einer Analyse sein. Im Gegensatz zu Loch meine ich, daß Freuds Psychologie sich auch von einer solchen einfachen Fortschrittsideologie zunehmend befreite. Liest man seine Psychologie als eine Entfaltung von verschiedenen Entwürfen, dann wird meines Erachtens deutlich, daß Freud die anfängliche Konzeption des Unbewußten als Ausgangszustand in einem Entwicklungs-, Handlungs-, Abfuhrmodell später zu einer umfassenden Qualifizierung des Seelischen machte, zu dem das Bewußte als Qualität hinzutritt. Im Spätwerk Freuds ist das Seelische unbewußt. Das Bewußtsein ist nur eine zusätzliche Qualität (vgl. Hardt, 1996) Nach dieser Auffassung kann man nicht mehr erwarten, daß das Unbewußte durch analytische Arbeit aufgelöst wird. Diese veränderte Auffassung entspricht auch den Entwicklungen, die sich außerhalb der Psychoanalyse in den letzten 60 Jahren ergeben haben. Spätestens seit der „Dialektik der Aufklärung" ist klar geworden, daß auch die tiefste, gründlichste Deutung immer wieder neues Unbewußtes schafft. Das ist auch nicht anders zu erwarten, ist doch das Licht des Bewußtseins immer mit neuen Schattenwürfen verbunden.

Auch die letzten Reste epiphänomenalistischer Ansatzbildung werden im Spätwerk Freuds aufgegeben. Er glaubt dort nicht mehr, daß man die psychische Wahrheit „hintergehen kann", indem man sich auf historische oder objektive, externe Realität bezieht. Meines Erachtens ist in den letzten Entwürfen Psychoanalyse als eine Psychologie zu verstehen, die sich nur auf psychische Wahrheit beruft. Auch in dieser Sichtweise unterscheidet sich die hier skizzierte Konzeption von dem Entwurf W. Lochs. Für ihn, mit Bezug auf Wittgenstein, gibt es eine Wahrheit der „Erklärung", die sich auf „wirkliche Wahrheit" der Realität bezieht, und eine Wahrheit des Verstehens, die sich auf psychische Bildungen und die psychische Realität bezieht. Meines Erachtens kann man nicht „die" Realität gegen eine „psychische Realität" minderen Ranges ausspielen, als sei die objektive, materielle Realität die Trumpfkarte im Zusammenspiel der multiplen psychischen Realitäten.

Es wird uns als Psychoanalytikern schwerfallen, den impliziten Fortschrittsglauben und die damit verbundene Erlösungshoffnung aufzugeben. Gerade die Allgegenwart der Übertragung als Manifestation der archaischen Arbeitsweise des Seelischen in der psychoanalytischen Situation scheint nach der Lösung zu verlangen, die ich oben skizzierte, nämlich die Aktualität von der Übertragung zu entlasten und das Primitive, als Unzeitgemäßes entlarvt, in die Vergangenheit zu projizieren.

Wie ist es aber, wenn sich das Primitive, Archaische als eine zwingende und notwendige Erfahrung in einer Situation erweist, der wir nicht entkommen können. Wenn wir uns ihm als Gegenwärtigem stellen müssen, um es dann gemeinsam in der aktuellen Situation zu bändigen und mit ihm zu ringen? Das ist das wirkliche Rätsel der Übertragung und das Rätselhafte der Arbeitsweise im Hier und Jetzt.

Für Adatto (1989) ist die Übertragung ein Rätsel, weil er nicht über eine der wichtigsten Konzeptionen verfügt, die zur Bewältigung des Problems der Übertragung in der professionellen psychoanalytischen Beziehung erforderlich ist, nämlich die *projektive Identifizierung*. Ohne diese Konzeption ist das Übertragungsproblem rätselhaft und nicht handhabbar. Allerdings kann sich Adatto der Problemstellung nicht entziehen, ist doch auch gemäß seiner Auffassung der Psychoanalytiker im Übertragungsgeschehen „das Vehikel", durch das der Patient Änderungen erfährt. Er läßt es aber offen, wie das im einzelnen ohne unbewußte Austauschprozesse vorstellbar ist. Grinberg (1997) stellt die Frage, warum Psychoanalytiker die Übertragung fürchten, und gibt die Antwort: weil Übertragungen auf den Psychoanalytiker einwirken. Brenman-Pick macht 1991 darauf aufmerksam, daß schon Strachey (1934) darauf hinwies, daß Übertragungsdeutung das sei, was Psychoanalytiker am meisten fürchten und was sie am allermeisten zu vermeiden suchen.

Die Übertragung wirkt auf den Psychoanalytiker ein, sie beeinflußt sein Denken und Fühlen, sie übt einen Druck auf ihn aus, dem er sich entziehen möchte, und dabei ist fast jedes Mittel recht. Aber sich der Einwirkung nicht zu entziehen, Auswirkungen (Gegenübertragung im weitesten Sinne) zuzulassen, ist die Voraussetzung, in solcher Art Betroffenheit mutative Deutungen zu formulieren. Das ist der Kern von Stracheys Arbeiten aus den dreißiger Jahren, daß nämlich durch die *verträgliche Bearbeitung* des Materials des Patienten es zu einem *benignen Austauschprozeß* (bei Strachey bezieht sich das in erster Linie auf Über-Ich-Anteile) kommen sollte, der den Circulus vitiosus von Selbsterfahrung und Selbstverurteilung durchbricht. Meissner (1989) hat in einem Aufsatz mit dem Untertitel „Strachey revisited" das sehr fortschrittliche Veränderungsmodell von Strachey herausgearbeitet. Heute stellen wir uns diese Veränderungsvorgänge meist in der Begrifflichkeit von Bion vor: Projektion – projektive Identifikation (Containing mit Einwirkung der Alpha-Funktion auf Beta-Elemente) – Reintrojektion. Das sind Austauschprozesse, die nur in einer *geteilten Situation* geschehen können. Das Material, das auf solche Art bearbeitet wird, muß beiden Teilnehmern am Prozeß *unmittelbar präsent* sein (Feldman, 1993).

Diese mutativen Vorgänge sind mit *Durcharbeiten in der Gegenübertragung* (Brenman-Pick, 1991) gemeint. Es sind dies Prozesse, die den Psychoanalytiker ganz fordern, denen er sich nicht entziehen kann. Selbst der Ausweg in die Geschichte (alias: die bösen Eltern, damals) oder in die Welt der Nebenübertragung (alibi: die bösen Partner, von denen berichtet wird) sind verstellt. Es geht um das *Hier und Jetzt*, um das *hic et nunc et mecum*. Die Geschichte ist als wirksame Gegenwart in der Übertragung und Gegenübertragung präsent (raumzeitliche Gegenwärtigung im Sinne von Leibniz).

Solches Ausgesetztsein macht Angst und rechtfertigt fast jede Abwehr. Jungbloed (1998) bemerkt hierzu, daß ihn der Beginn einer jeden neuen Analyse ängstigt; er bekennt, daß er nicht weiß, was auf ihn zukommen wird. Nimmt man ernst, was Searles in seinen Arbeiten zur Behandlung von Psychosen immer wieder betonte – daß nämlich jede auch noch so verrückte und verzerrte Übertragung (Projektion) immer an einem Kern von Wahrheit ansetzt, den es zuerst in sich zu entdecken gilt, bevor die Übertragung als Projektion gedeutet werden darf –, so heißt dies, daß wir als Psychoanalytiker in jedem psychoanalytischen Prozeß, auf den wir uns wirklich einlassen, neue, unerwartete und oft unerfreuliche Entdeckungen an uns selbst machen werden. Solches Analysieren macht Angst, und die Minderung des Anspruchs an die psychoanalytische Arbeit wird verständlich. So ist es erleichternd, z.B. die Übertragungs-/Gegenübertragungsdynamik nicht ernst zu nehmen oder die Übertragung nur als Widerstand zu verstehen und überhaupt den Psychoanalytiker aus dem Prozeß herauszuheben, um ihn wieder zum Meister eines Geschehens zu machen, das ihn selbst (persönlich) nichts angeht, das er vertieft, verflacht, beschleunigt, verlangsamt, lenkt, aussetzt, und das er beenden kann, wenn er es für angebracht hält.

Zwei Fälle

Eine kurze Vignette:
In der Analyse mit einer Ärztin breitet sich nach über 300 Stunden Langeweile aus. Die Patientin schweigt oft und lange; ich werde zuerst ungeduldig, dann in seltsamer Weise uninteressiert und gereizt. Die Situationen werden immer ungemütlicher, ich fühle mich in den Schweigepausen von der Patientin attackiert, obwohl es von dem Material her, über das sie redet, keinen Anhaltspunkt hierfür gibt. Wegen einer Hörbehinderung ist sie mittlerweile in die Pathologie gewechselt, trotzdem fühle ich mich durch ihr Lauschen angegriffen.

Mir fällt oft „Lauschangriff auf Bürger H." ein, ich denke mich weg, zeitlich und räumlich. Versuche, Verbindungen zur Geschichte zu erfassen, fruchten, zünden nicht (mir fällt oft ein, daß die Patientin von der ungeheuren Verachtung berichtete, mit der der Vater über andere Menschen sprach) Die Situationen sind kaum noch auszuhalten. Um mich zu retten, mache ich Aufzeichnungen.

Dann mache ich seltsame Entdeckungen an mir: Mein Arm erscheint mir fremd, wie losgelöst, auch mein Bein sehe ich wie ein Präparat abgetrennt, und ich muß es bewegen, um es wieder zu mir gehörig zu erleben. Diese Empfindungen sind äußerst irritierend und befremdlich, gehen wieder vorüber. Dann entdecke ich im Schweigen eine ungeheure Wut und Verachtung. Ich beginne mich darüber aufzuregen, daß die Patientin oft still vor sich hinweint und das Kissen mit Wimperntusche beschmutzt. Ich sehe mit Ekel die Schmutzflecken und bin schließlich entsetzt über mich, als ich den Einfall habe: „Wenn sie noch einmal das Kissen so beschmiert, schlage ich ihr auf den Kopf, so lange, bis sie nicht mehr kommen kann".

Damit war ein Punkt erreicht, an dem aus Notwehr eine Veränderung eintreten mußte. Langsam gelang es (ich kann nicht rekonstruieren, wie das in einzelnen Schritten geschah), über das sich auszutauschen, was in der Situation wirklich geschehen war. (Das heißt nicht, daß ich der Patientin von meinen Einfällen berichtete, sondern eher, daß ich von der ungeheuren Wut *in der Situation* sprach).

Die Patientin konnte mir schließlich unter großen Schuldgefühlen gestehen, daß sie in den Schweigepausen phantasierte, mich zu sezieren. Sie sah mich vor sich auf dem Tisch, stellte sich vor, meinen Schädel zu öffnen, um meine Seele zu suchen, um zu erfahren, was in mir vorging. Später stellte sie von selbst eine Verbindung zur Erfahrung mit ihrem Vater her: daß sie ihn nicht verstehen konnte, aber sich bemühte, zu erraten, was in ihm vorging, wenn er mit entmenschlichender Verachtung von der Mutter sprach.

Solche psychoanalytischen Prozesse von Übertragung und Gegenübertragung laufen auf einen Punkt (point of urgency, Strachey) zu, wo es unausweichlich notwendig wird, das, was in der Situation geschieht, zur Sprache zu bringen und zu deuten. Das heißt, das Unerträgliche muß in Sprache übersetzt werden, um es ertragbar und handhabbar zu machen. Solche Punkte sind Verdichtungen von Raum und Zeit in einem „punktartigen Horizont" (Nietzsche, 1874, S. 118). Die gesamte Historie (Vergangenes und Zukünftiges) fließt in diesen Augenblicken zusammen. Es ist die Zeit des Erhabenen, nämlich eine Zeit für sich, in der uns ein Gefühl der „Erschütterung", „anziehend" und „abstoßend" zugleich, „bewegt" (Kant, o.J., S. 84). Im „Widerstreit" und am „Abgrund" entsteht eine „negative Lust" „der Bewunderung" und „der Achtung" (ebd., S. 72).

Die Empfindung des Erhabenen im Augenblick „erhöht" die „Seelenstärke" über ihr „gewöhnliches Mittelmaß" (ebd., S. 87). Das heißt, daß solche Augenblicke, in denen die „Welt fertig ist" (Nietzsche), voller erschütternder, bewegender Kraft sind. Einsicht und Rührung – nicht Rührseligkeit – sind nicht voneinander zu trennen. Sie drängen zu einer Veränderung; die Veränderung wird dringend erforderlich.

Vielleicht habe ich den Leser mit diesem Fallbeispiel geschockt. Das war meine Absicht, denn ich glaube wie Walter Benjamin, daß nur der Schock wirkliche Einsicht ermöglicht. (Auch seine Theorie verweist auf den Augenblick, das Hier und Jetzt, in dem wirkliche Einsicht und wirksame Veränderung geschieht). 1986 faßte van Reijen Benjamins Theorie der Schockwirkung wie folgt zusammen:

> „Der Schock, oder überhaupt das Moment der Diskontinuität, liegt für Benjamin nicht zwischen Vergangenheit und Heute, sondern zwischen Heute (Jetztzeit) einerseits und Vergangenheit und Zukunft andererseits. Nur in der Jetztzeit kann das stillgestellte Heute mit der Vergangenheit und der Zukunft zugleich konfrontiert werden. Es ist nun diese Konfrontation, welche unzugängliche, aber uns bestimmende Erfahrungsinhalte lesbar macht."

Ein anderes Beispiel, an dem das Ringen um die geteilte Realität in der psychoanalytischen Situation besonders deutlich wird. Es handelt sich um eine Sequenz der Analyse mit einem hochbegabten Mann, etwa gleichen Alters wie ich, der in einem künstlerischen Fach lehrt, mit einer gewissen Nähe zur Psychotherapie. Er kam in die Analyse mit einer schweren Dekompensation: suizidal, orientierungs- und haltlos, nicht mehr arbeitsfähig. Die Stunde findet nach etwa 1½ Jahren Analyse im Winter statt. Es ist die erste Stunde nach einer kurzen Pause. Vor dieser Pause hatte ich seinen Kostenübernahmeantrag für die Beihilfestelle begründet.

Erste Stunde: Der Patient zieht umständlich die Schuhe aus und beginnt dann: „Die Unterbrechung kam mir sehr lange vor." Er fragt dann, zuerst zögernd, dann drängend: „Wie lange wird die Analyse noch dauern?

Wann ist der Prozeß abgeschlossen? Ist das nur Ihre Entscheidung? Könnte auch ich sagen, jetzt bin ich geheilt? Ist ihr Kriterium „geheilt von Depression" oder „er kann besser damit umgehen"?

(Ich werde ärgerlich, denke, daß er wohl von der Beihilfestelle die Diagnose mitgeteilt bekommen hat – vielleicht aber auch mehr.)

Er beginnt zu überlegen, daß er von Umbauarbeiten geträumt hatte und vorher von vielen Katastrophen, dann, in jüngster Zeit, von Neueinrichtungen, daß aber alles noch nicht abgeschlossen sei. „Zwar hat es einen Modernisierungsschub gegeben, aber noch nichts wirklich Neues."

(Ich denke, daß die Analyse gerade erst begonnen hat, daß er vielleicht Angst hat vor dem weiteren Verlauf.) Schließlich sage ich: „Sie stellen Fragen an mich, und weil ich nicht so schnell antworte, wie Sie das möchten, werden die Fragen zu Fragen an Sie selbst, und Sie überlegen sich passende Antworten dazu."

Der Patient: „Ich habe keine Vorstellung, wie Sie mich einschätzen. Ob Sie schon einen Fortschritt sehen. Oder wie lange das noch dauern soll. Das sind Fragen an Sie. Ich denke, Sie werden sie mir nicht beantworten. ... Außerdem habe ich Probleme damit, daß Sie eine Diagnose stellen, feststellen."

(Ich fühle mich sofort sehr bedrängt und wundere mich selbst, daß ich mich rechtfertige, und versuche, ihn auf Distanz zu halten, indem ich sage:) „Die Genehmigung einer Krankenbehandlung braucht eine Diagnose ..."

Er unterbricht mich. „Ich hätte Probleme mit so etwas", sagt er provozierend, „jemandem eine Krankheit zu bescheinigen, ihm eine Krankheit anzuhängen wie eine Sache, eine Tatsache ..."

Ich unterbreche ihn meinerseits: „Sie unterstellen mir, daß ich Sie in ein Schema einordne, Ihnen einen Krankheitsbegriff anhänge und mich so über Sie stelle." (Ich denke an meine studentischen Erfahrungen in der Psychopathologie: wie ein Gang durch den Zoo, mit gehobenem Kinn und einer ungeheuren Distanz, und ich versichere mich, daß ich nicht so bin.)

Der Patient: „Ich habe Ihnen das nicht unterstellt. Ich denke eher, daß das eine Verführung ist, einen Menschen so zu sehen. Einen Menschen wie eine Sache in ein Lehrbuch einordnen." Er unterbricht sich. „Es wird mir immer unbehaglicher. Wie entscheiden Sie, ob es weitergeht? Ob ich Fortschritte mache oder nicht? Ich unterstelle Ihnen, daß Sie die Symptomatik beobachten und beurteilen." (Er redet dann über Regelungen des Gesundheitssystems, über verschiedene Krankheitsbegriffe, Kostenträger usw.)

Ich höre zu und kann nicht erfassen, was er mir eigentlich sagen will. Schließlich sage ich: „Das wissen wir beide, daß es Regelungen gibt, die die Kostenübernahme betreffen, aber hier geht es doch darum, ob ich bei einer so wichtigen Frage, wie und ob es weitergeht, mich aus der Beziehung stehle und mich auf meßbare Symptomatiken und ähnliches beziehe und die Entscheidung dann wenig mit Ihnen und mir zu tun hat."

„Ja," sagt er eher kleinlaut, „das meine ich, das befürchte ich, daß Sie das tun könnten." – Ende der Stunde –

Zweite Stunde: Ich bin gespannt, was kommt. Außerdem gibt es eine Unregelmäßigkeit im Praxisraum. Der Druckregler der Heizung im Haus ist defekt, was zum plötzlichen Druckanstieg führt und das Heizungsventil im Behandlungsraum in einem hohen, klagenden Ton pfeifen läßt. Ich bin ratlos, hilflos und ärgerlich, überlege, ob die Stunde stattfinden kann oder ob die Störung zu groß sein werde.

Der Patient kommt in den Raum und legt sich hin. Die Heizung pfeift laut. Er fragt: „Ist das die Heizung?" Ich antworte prompt: „Ja."

Der Patient: „Die Stunde gestern hat mich verwirrt. Ich spüre einen Widerspruch in mir. Ich neige dazu, andere zu klassifizieren und habe das wohl auf sie projiziert. Ich stehle mich oft aus Beziehungen."

(Die Heizung „schreit" fast) Er seufzt, fragt: „Wird an der Heizung gearbeitet?" Ich antworte: „Es ist im Moment nicht zu verändern."

Er erzählt dann von einem Krankenbesuch bei einer sehr schwer Kranken, wo er sich distanzierte, indem er sich die Diagnose vorsagte. „Das ist eine infame Sache." Er erzählt von Kollegen usw.

Die Heizung wird wieder sehr laut. „Wie Schreie aus Ihrem Leben – so ein Quatsch." Er stellt dann weitere Überlegungen zu Krankheit und Distanz an, ganz abstrakt. „Der Ton hat was Bedrängendes, diese Stimme lenkt mich ab, sie hat etwas Klagendes." Ich antworte mit „Hhm".

Der Patient: „Es löst unweigerlich eine Resonanz in mir aus."

Ich sage: „Sie können sich der Situation nicht entziehen, dem Leiden und der Angst, ich könnte Sie distanziert betrachten."

„Ja," unterbricht er mich, „im Hause des Heilers herrscht eine Klage. Ich bin der kranke Heiler!" (Er war tatsächlich für die Eltern in grotesker Weise so etwas wie ein wilder Therapeut. Er mußte der Mutter in ihrer Verzweiflung die Hände auflegen und den schwer alkoholkranken Vater oft versorgen. Außerdem kam er in seiner Berufstätigkeit immer wieder in die Klemme, weil er sich Studentinnen quasi therapeutisch annahm und dann in fatale, chaotische Liebesgeschichten geriet.)

Der Patient klagt: „Ich bin der Traurige, der weint."

Der Heizungston wird unüberhörbar und immer penetranter. Eine Pause.

Der Patient: „Ich glaube, daß auch Sie ein leidender Mensch sind. Das ist mein Gefühl. Die Verbindung besteht im Leid." Er kommt dann auf eine lebensfrohe Frau, die plötzlich an Krebs erkrankt ist und absolut keine Chance hat. „Das ist eine Art von Selbstzerstörung, die wir alle in uns tragen. Ich will Ihnen aber nicht unterstellen, daß Sie das auch haben."

Ich sage: „Dann sind wir beide dem Leiden, das uns verbindet, ausgeliefert."

Der Patient: „Ja, das denke ich. Aber wir arbeiten an dem gemeinsamen Leiden. Deswegen sind wir ihm nicht ganz ausgeliefert ... Wie zwei Verbündete im Kampf. Oder zwei Kameraden im Krieg" – er wird verlegen –, „merkwürdig, das wäre ja dann auf gleicher Ebene. Ich habe Sie vorher immer auf ein Podest gestellt und Sie mir vom Leib gehalten. Ihre Abstinenz war für mich Distanz."

„Es würgt mich etwas," sagt er plötzlich und wird ganz unruhig, „es würgt mich, als müßte ich erbrechen." (Ich bin bestürzt und denke, ich muß etwas sagen. Überlege: Abstinenz, Distanz? Ich weiß nicht so recht.) Der Patient: „Ich weiß nicht, was das ist."

Ich sage: „Vielleicht kommt der Gedanke hoch, daß Sie Distanz schaffen, weil Sie die Vorstellung haben, ich könnte Ihnen zu nahe kommen, und Sie wollen, daß ich ihre Symptome und nicht Sie behandele."

Der Patient: „Ich weiß nicht, was Sie von mir wollen, was das ist." Ich erinnere ihn an einen Traum, in dem es um gemeinsames kreatives Spielen ging. „Ich kann den Traum nicht erinnern, der ist völlig weg. Wahrscheinlich wäre ich überfordert, wenn er mir wieder einfallen würde."

Ich sage: „Sie haben Angst, daß ich Ihnen eine große Nähe anbiete, und ziehen die Vorstellung vor, daß ich Sie in pathologisierendem Abstand halte."

Der Patient seufzt: „Beides macht mir große Angst. Ich kenne überhaupt keine normalen Beziehungen. Alles geht nicht. Nähe ist chaotisch, und sonst gibt es nur strenge Normen und Einteilungen. Warum kann das nicht einfacher sein. Ich bin doch selbst wie mein Vater: aufrecht, streng, genau, pflichtbewußt und gleichzeitig amorph, konturlos, ein bedürftiges Bündel, das besoffen, kotzend in der Küche liegt und schreit."

Psychoanalyse ohne Ausweg

Auf die methodischen/technischen Gesichtspunkte dieser Art psychoanalytischer Arbeit werde ich jetzt nicht weiter eingehen. Ich möchte auf die verschiedenen Publikationen von R. Britton und M. Feldman verweisen, denen ich viel zu verdanken habe und zu deren überzeugenden Schilderungen ich nichts hinzufügen kann. Ich möchte mich vielmehr auf einige Bemerkungen zur „Metatheorie" der Psychoanalyse begrenzen. Bei aller Wertschätzung von Fallberichten und Ableitungen direkt aus dem Fallmaterial glaube ich, daß wir den Horizont des psychoanalytischen Denkens zu sehr einschränken, wenn wir nur vom Fall ausgehend denken, und daß es manchmal notwendig und sinnvoll ist, eine Tour d' horizon zu unternehmen, um uns einen Überblick darüber zu verschaffen, wohin sich Psychoanalyse bewegt.

Die Deutungsstrategie des *hic et nunc et mecum* stellt die psychoanalytische Begegnung, die geteilte Situation, den gemeinsamen Prozeß von Analysand und Analytiker, ganz in den Mittelpunkt. Die Situation wird zu einem Stück *Leben*, in dem Zeit und Raum sich bündeln. Eine solche Auffassung von Psychoanalyse kommt ohne Metanarration des Fortschritts – jenseits der Begegnung zwischen Analytiker und Analysand – aus, muß sogar darauf verzichten. Dadurch werden aber auch alle Auswege aus der Situation versperrt. Die Historie bietet keinen Ausweg. Der Analytiker wird zwar auf eine Kontinuität des Lebens bauen, darf sie aber nicht als Historie mißbrauchen, indem er mit ihr in die Vergangenheit projiziert und damit die Gegenwart entlastet.

Die Historie bietet keinen Ausweg aus dem Hier und Jetzt. Das Alias hat sich im Nunc verdichtet, ist „wirklich" geworden. Aber auch die sogenannte äußere Lebenswelt, die Nebenübertragungen, bieten keinen Ausweg. Alles Leben hat sich in der Situation verdichtet. Es gibt kein Alibi. Der Analytiker weiß natürlich von der Lebenswelt der Patienten außerhalb der psychoanalytischen Situation, aber er weiß es nur *in und mittels der gemeinsamen Begegnung;* nur diese Begegnung ist der Ort, an dem sich die geteilte Realität in ihrer unbewußten Dimension entfalten kann.

Um die psychoanalytische Funktion möglichst unbehindert erfüllen zu können, d.h. die Mitteilungen der Patienten in ihrer unbewußten Bedeutung zu verstehen, brauche *ich* den Schutz vor dem Alibi der Lebenswelt. Eine Analysandin überfiel mich einmal mit einem Bild ihrer Mutter, das sie mir „immer schon mal zeigen wollte". Dieses Bild verfolgte mich in der Behandlung, schränkte meine Vorstellungen von der Mutter der Patientin ein. Vorstellungen, die vorher, je nach Bedürfnis der Patientin, in mir changieren konnten.

Der Analytiker weiß um die Historie. Er baut auf sie, weil er den Wiederholungszwang einberechnet, aber er kann mit Hilfe der Historie nicht aus der Situation fliehen. Der Blick auf die Vergangenheit birgt die Gefahr, daß die Aktualität durch Historisierung unterhöhlt wird. Das Bedürfnis unserer Patienten nach Geschichte (Bott-Spillius, 1991) erfüllen sich diese meist selbst. Nur dann, wenn das Bedürfnis nach Geschichte ganz ausfällt, wenn die Patienten meinen, außerhalb aller Kontinuität zu stehen, wird das als Übertragungsmanifestation in der Situation deutlich und muß wie jede andere Manifestation bearbeitet werden. (Vgl. dazu die Diskussion in der Kleinianischen Gruppe, auf die Bott-Spillius (1991) hinweist).

Es gibt kein Leben ohne Kontinuität, aber das Leben verläuft ohne die große, alles umfassende Geschichte im Hegelschen Sinne[5], und besonders die Analyse kann/sollte/muß auf die allumfassende Geschichte von Fortschritt und Erlösung verzichten.

Auf die allgemeine Geschichte mit Fortschrittsglaube und Erlösungshoffnung zu verzichten, setzt den Patienten und den Analytiker der Notwendigkeit aus, eine eigene Geschichte im Beisein des Anderen zu konstruieren. Diese ist natürlich keine freie Erfindung, sondern steht in einer Kontinuität und ist eine Geschichte über die immer gleichen Lebensprobleme. Schafer (1996) hat in Abgrenzung seiner Position von Spence darauf hingewiesen, daß seine Erzählwahrheit von Leben an unhintergehbare, allen Menschen gemeinsame Lebensprobleme gebunden ist. Hanly (1979) hat auf die „basic facts of life" verwiesen und damit den Lebenskonstruktionen in der Psychoanalyse eine Verbindlichkeit gegeben, die im Gegensatz zur Entwurfsfreiheit des Existentialismus steht.

Daß es Historie als Rahmen für alles und jedes nicht gibt, hat Nietzsche in seiner zweiten unzeitgemäßen Betrachtung „Vom Nutzen und Nachteil der Historie für das Leben" (1874), behauptet; eher in jugendlicher Empörung herausgeschrieen. Er polemisiert gegen den Historismus und gegen die Fortschrittshoffnung und den Erlösungsglauben in der Hegelschen Geschichtskonzeption. Zutiefst aber ist dem Entlarver geheimer Gedanken die evolutionäre, quasi religiöse Philosophie des unbewußten Geistes Gegenstand des Spotts. Er nennt E.v. Hartmann einen „philosophischen Parodisten", der eine „Spaßphilosophie" geschrieben habe. Alles sei nach ihm in einen Weltprozeß einbeschlossen (vom Urschleim bis zum modernen Menschen). Der moderne Mensch „steht hoch und stolz auf der Pyramide des Weltprozesses; indem er oben darauf den Schlußstein seiner Erkenntnis legt, scheint er der horchenden Natur rings umher zuzurufen: „'Wir sind am Ziel, wir sind das Ziel wir sind die vollendete Natur'" (S. 160).

In der Überzeichnung ist schwer zu erkennen, daß es sich um eine Übersteigerung der modernen Fortschrittsideologie handelt, einer Ideologie, der wir tagtäglich begegnen. Glauben wir doch selbst noch immer, daß es ein Fortschritt wäre, möglichst viele Zuiderseen und andere Gewässer trockenzulegen; als wäre das Faust'sche Projekt doch noch zu vollenden.

Entgegen der Behauptung, daß Geschichte und geschichtlicher Fortschritt „natürlich sei", betont Nietzsche, daß Historie immer erzählt wird und Absichten dient. Von Hartmanns Historie ist eine gewaltige *„monumentalische"* Geschichte, die betonen soll, „wie herrlich weit wir es gebracht haben". Sie betont aber auch die *Kontinuität* in allem und jedem, in ihr ist die gesamte Welt wie in einem *„Antiquariat"* geordnet. Damit löst sich der *Augenblick der Situation* auf, in dem *Geschichte kritisch zum Zwecke* des Lebens *konstruiert* werden muß, und eben das, nämlich Geschichte kritisch für die Zwecke des Lebens zu konstruieren, ist die zentrale Bedeutung der Historie für die Psychoanalyse.

Ich spreche, indem ich mich auf den jungen Nietzsche beziehe, natürlich nicht für eine dezisionistische Lebensphilosophie, die allen psychoanalytischen Einsichten widerstrebt; machen wir doch ständig die Erfahrung, daß Menschen in einer Kontinuität stehen und an Fixierung, Wiederholung, d.h. an Kontinuität leiden. Oft meinen Analysanden, neu beginnen zu können, und wiederholen gerade damit immer das gleiche. Der Neubeginn *geschieht* ja eher, als daß er *gemacht* werden kann. Überall sehen wir Kontinuitäten, und es gibt wenig Raum, wenig Zeit für "Entscheidungen"; schon gar nicht Entscheidungen in der Unverbindlichkeit, zu der Nietzsche aufrief und zu der Sartre die Menschen verdammt sah.[6]

Was ich herausstellen möchte, ist, daß oft unbemerkt dem psychoanalytischen Verstehen ein Geschichtsverständnis zugrunde gelegt wird, nach dem die basalen, primitiven Lebensprobleme in die frühe Kindheit verbannt werden können. Wenn sie als Übertragungen wiederbelebt werden, sollen sie schnellstmöglich mittels historischer Übertragungsdeutung (Morgenthaler, 1978) in die Vergangenheit zurückgeschickt werden. Damit meint man, sich gemeinsam in der Gegenwart vom Alten und Primitiven befreien zu können.

Demgegenüber sehe ich die psychoanalytische Situation als eine Raum-Zeit, in der das unzeitgemäß Scheinende (Übertragene) gegenwärtig und wirksam ist (Modell, 1989). In der gemeinsamen Erfahrung des persistierenden Unbewußten können und müssen die basalen Lebensprobleme immer neu bewältigt werden. Die Aktualität der gemeinsamen Erfahrung in der psychoanalytischen Situation ist eine wirkliche Praesentia, in der sich Leben-können entscheidet (vgl. Feldman, 1993: dort ausführliche Schilderung). Die basalen Lebensprobleme sind nie vorbei, sie werden nie aufhören, uns zu beunruhigen: Wir können und müssen um sie herum immer neue Lebensgeschichten konstruieren, um mit ihnen irgendwie zurecht zu kommen (James, 1908; vgl. auch Loch, 1993, §52).

Der Fortschritt könnte nur darin liegen, daß wir darum wissen, daß nichts endgültig erledigt werden kann und immer neue Lösungen gefunden werden müssen. Dies wäre Wissen, das nicht resigniert, sondern ohne Bezug auf eine Erlösungshoffnung von Geschichte sich zufrieden gibt. Die Übertragung als Wiederholung in einem Prozeß ohne Fortschrittsglaube und Erlösungshoffnung (der Metanarration der Moderne) findet ihre Wahrheit und Einlösung nicht in der Spiegelung des Vergangenen (Rorty, 1981). Die Übertragungsdeutung sucht nicht nach der historischen Wahrheit, um das Unzeitgemäße *festzustellen und um den Fortschritt zu betonen*, sondern mit der Deutung und der Auflösung der Übertragung ist eine pragmatische Bewahrheitung seelischer Realität in ihrer gesamten Vielfalt verbunden. In diesem Vorgang werden immer neue Konstruktionen gebildet, die wie Werkzeuge einem besseren Leben dienen können (vgl. James u. Loch). Die Geschichten, die wir konstruieren, sind aber nicht beliebig, wie Rorty (1987) meinte, sondern sie sind gebunden an die „facts of life" (Money-Kyrle, zitiert nach Feldmann, 1993), sie sind eingebunden in eine Kontinuität des Lebens und sie sind gebunden an die wirkliche Geschichte der gemeinsamen Erfahrung in der psychoanalytischen Situation, in der alleine sich Horizonte eröffnen, nachdem alle Welt in ihr zusammengeflossen ist.

Anmerkungen

1 Leicht veränderte Fassung eines Vortrages, gehalten am 19.06.1998 im Wiener Arbeitskreis für Psychoanalyse, Berggasse 17, Wien.

2 Um Mißverständnisse zu vermeiden muß ich auf eine wichtige Unterscheidung hinweisen, die ich anderswo skizziert habe: die systematische Differenz zwischen der *psychoanalytischen Methode* und den *Techniken der Psychoanalyse* (s. Hardt (1996): „Der Methodenbrief").
Die Ableitung dieser Differenz kann hier nicht im einzelnen dargestellt werden. Es geht nur darum, die Konsequenz für die zu diskutierenden Fragen herauszustellen. Methodisch gesehen kann mit der systematischen Differenzierung zwischen psychoanalytischer Methode und den Techniken der Psychoanalyse ein sonst schwer zu fassender Unterschied deutlich gemacht werden, der oft eher ideologisch wahrgenommen und gehandhabt wird: der Unterschied zwischen *analytischer Psychotherapie* und der *Psychoanalyse als Therapie*.
Die strenge Form der im hic et nunc et mecum zentrierten Arbeitsform hat ihre *ausschließliche Gültigkeit* für die hochfrequente, nicht zeit- und nicht zielbestimmte psychoanalytische Technik der Behandlung, das, was man oft die rite Technik oder klassische Technik nennt und zur allgemeinen Verwirrung mit *psychoanalytischer Methode* gleichsetzt.
Die ausschließliche Zentrierung auf das hic et nunc et mecum gilt aus methodischen Gründen gerade nicht für alle Techniken der Psychoanalyse. Dies ist sogar der entscheidende methodische Unterschied zwischen der *Psychoanalyse als Technik* und der *psychoanalytisch-psychotherapeutischen Technik*.
In der Psychoanalyse als Therapie besteht eine *zentripetale Deutungsrichtung*: d.h. alles Material wird auf die aktuelle und aktualisierte Beziehung in der Situation bezogen und gedeutet.
In der Psychotherapie (d.h. einem Behandlungsprozeß mit geringer Frequenz, höherem Realanteil in der Beziehung) überwiegt eine *zentrifugale Deutungsrichtung*: Die Manifestationen in der aktuellen Situation werden entweder auf die Vergangenheit oder auf die „reale Lebenswelt" der sogenannten Außerübertragungsrealität bezogen und gedeutet.
Ob und wie Zwischenformen methodisch begründet werden können, ist für mich schwer vorstellbar. Ein Kontinuum zwischen diesen beiden Formen mit den gegensätzlichen Deutungsrichtungen anzunehmen, scheint mir aus methodischen Gründen nicht möglich. Meines Erachtens gehen Psychoanalyse und analytische Psychotherapie *nicht* in *Zwischenformen* ineinander über; Zwischenformen sind methodisch schwer ableitbar.
Die üblichen Begründungen eines solchen Kontinuums, die als Ableitungen dienen sollen, beziehen sich entweder auf erhoffte Effekte der Behandlung oder die angebliche Notwendigkeit, die Technik „elastisch" zu handhaben; das hat aber keine methodische Stringenz.
Auf methodische Stringenz in der Begründung von psychoanalytischer Praxis zu verzichten, würde meines Erachtens bedeuten, den *Tod der Psychoanalyse als Wissenschaft* zu riskieren.

3 Unter Metanarration versteht man eine strukturgebende Erzählung, die als Leitlinie der Moderne mit einer Auffassung von Vernunft in der Geschichte, von Fortschritt und einer Entwicklung zum Besseren verknüpft war, eine Emanzipations- oder verkappte Heilsgeschichte (vgl. Lyotard, 1979).

4 Überhaupt ist das Werk von W. Benjamin bisher von Psychoanalytikern völlig unzureichend rezipiert worden. Dabei sind die Ausführungen sowohl zur Allegorie als auch zur Melancholie (Allegorie in Beziehung zum oft unzureichend definierten Symbolbegriff der Psychoanalyse; Melancholie in Bezug zur depressiven Position) für psychoanalytisches Weiterdenken äußerst fruchtbar. In den Darstellungen Benjaminscher Gedanken durch W. v. Reijen kann man direkte Anschlüsse an psychoanalytische Fragestellungen finden (v. Reijen, 1986, 1992).

5 Über die Nietzsche so trefflich spottet „Gott wurde sich selbst innerhalb der Hegelschen Hirnschalen durchsichtig und verständlich, so daß für Hegel der Höhepunkt und Endpunkt des Weltprozesses in seiner eigenen Berliner Existenz zusammenfiel".

6 Kontinuität und Diskontinuität in der Lebensentwicklung berührt die wesentliche Differenz zwischen modernen und postmodernen Konzeptionen. (v. Reijen (1989): „Das unrettbare Ich").
Nietzsche als einer der Urväter der Postmoderne betont die Diskontinuität in der Entscheidung entgegen der Erfahrung von ewiger Wiederholung. Damit stellt er ein Problem heraus, das die Psychoanalyse immer bewegte.
In der Psychoanalyse besteht trotz ständiger gegenteiliger Erfahrung die Illusion einer Zone (z.B. im Ich, und wenn schon nicht in einem realen, so doch in einem idealen Ich/Selbst), in der eine *Befreiung von der Kontiunität* (Determinierung) möglich ist.

So besteht z.B. die Hoffnung, daß die Gesetze des Unbewußten (der Primärprozesse) nach gründlicher Analyse keine Geltung mehr haben. Es wird sogar behauptet, daß seelische Gesundheit psychische Determinierung aufhebt.
Das ist eine Thematik, an der sich viele intellektuelle Reservationen gegenüber der Psychoanalyse entzünden, nämlich die Problematik des Restes einer säkularisierten, modernen Erlösungshoffnung, die in den Konzeptionen der Heilungsvorgänge der Psychoanalyse auszumachen ist. So ist z.B. das deutlich verkrampfte Bemühen von Meissner (1989) zu verstehen, irgendwie ein Terrain für das rationale, erwachsene Ich zu behaupten und zu sichern; als würde die ganze Welt dem Triebhaft-Animalischen und Primitiven verfallen, wenn das Ich nicht sicher ausgegrenzt ist. (Meissner tut das, indem er die rationale Arbeitsbeziehung von allen, auch den milden positiven Übertragungen distanziert definiert.) In den psychoanalytischen Konzeptionen der Ichpsychologischen Tradition, sollte Freuds vernünftiges Ich ein Gebiet der Befreiung von der Kontinuität beschreiben. - Daß Freuds Metapher des Lichts, des Bewußtseins, der Vernunft selbst keinen eigenen Raum beansprucht, sondern nur einen Raum ausleuchtet, ist mit zu großer Unsicherheit verbunden. Freuds Haltung ist aber in dieser Frage der Kontinuität der Determination und der Freiheit der Vernunft uneindeutig. Seine Einstellung dazu hat sich im Laufe seines Lebens gewandelt. Zum Schluß bleibt ein vorsichtiger, verhaltener Geschichtsoptimismus übrig, mit der Hoffnung auf die „leise Stimme" der Vernunft. Diese gedämpfte Vernunft hat eher einen Hobbes'schen als einen Descartes'schen Zuschnitt. Wenn es sich um Einsicht handelt, die erreicht werden kann/soll, dann ist es eher eine Einsicht aus Not geboren, weil sich Unvernunft auf die Dauer nicht auszahlt. Ob dieser Rest Geschichtsoptimismus noch aufrechtzuerhalten ist, ist fraglich; wie es möglich ist, ohne ihn auszukommen, ist allerdings noch fraglicher. Einerseits beansprucht Freud die volle Determinierung für alle kranken und gesunden seelischen Phänomene (Produktionen), andererseits hält er an der Zielsetzung fest, die Determination zu lockern, gar aufzuheben. Meines Erachtens aber (im Gegensatz zu W. Loch, der Freud ohne Rücksicht auf die Entwicklung seiner Psychologien zitiert) gibt es in bezug auf die Erlösungshoffnung und den Fortschrittsglauben in Freuds Werk eine Revision. Die Einführung des Wiederholungszwanges und des Todestriebes lassen kaum noch Freiheiten von Determinierung und Entscheidungshoffnungen zu. Die psychoanalytischen Konzeptionen von Ich-Stärke und der Entscheidungsmacht des Ichs, als Qualifizierung des Freiheitsraumes, weisen eine unbemerkte Nähe zu dezisionistischen Befreiungs-(Größen-)Phantasien auf (von Krockow, 1989). Psychoanalytisch gesehen zeigt sich aber, daß jede Dezision, die sich auch noch so frei fühlt, durch Kontinuität bestimmt ist, und gerade emphatisch gefeierte Dezisionen (Willensakte) sind oft maskierte Riten von ewiger Wiederkehr. Wie und ob das Ich zu befreien, d.h. zu retten ist, ist eines der zentralen Entwicklungsmotive der Psychoanalyse.

Literatur

Adatto, C.F. (1989): The enigma of transference. In: International Journal of Psychoanalysis, 70, S. 3.
Bion, W.R. (1989): Two Papers: the grid and caesura. London: Karnac Books.
Blum, H.P. (1983): The position and value of extratransference interpretation. In: Journal of the American Psychoanalytic Association, 31/3.
- (1984): The value of extratransference interpretation. Scientific proceeding – paneelreport. In: Journal of the American Psychoanalytic Association, 32/1.
Bott-Spillius, E. (1991): Einleitung. In: Bott-Spillius, E. (Hg.): Melanie Klein Heute. München, Wien: Verlag Internationale Psychoanalyse.
Brenman-Pick, I. (1991): Durcharbeiten in der Gegenübertragung. In: Bott-Spillius, E. (Hg.): Melanie Klein Heute. München, Wien: Verlag Internationale Psychoanalyse.
Castelnuovo-Tedesco, P. (Hg.) (1989): Change and therapeutic effectivenes in psychoanalysis and Psychotherapy. In: Psychoanalytic Inquiry, 9/1.
Cooper, A. (1987): Changes in psychoanalytic ideas – transference interpretation. In: Journal of the American Psychoanalytic Association, 35/1.
- (1989): Concepts of therapeutic effectivenes in psychoanalysis. In: Psychoanalytic Inquiry, 9/1.
Cooper, S.H. (1998): Analyst Subjectivity, Analyst Disclosure, and the Aims of Psychoanalysis. In: Psychoanalytic Quarterly, LXVII/3.
Feldman, M. (1993): Aspects of reality and the focus of interpretation. In: Psychoanalytic Inquiry, 13/4.

Freud, S. (1926): Die Frage der Laienanalyse. GW XIV. London: Imago Publishing.
- (1932): Neue Folge der Vorlesungen zur Einführung in die Psychoanalyse. GW XV. London: Imago Publishing.
- (1937): Die endliche und die unendliche Analyse. GW XVI. London: Imago Publishing.
- (1937): Konstruktionen in der Analyse. GW XVI. London: Imago Publishing.
- (1939): Some elementary lessons in Psycho-Analysis. GW XVII. London: Imago Publishing.
Gabbard, G.O. (1997): Discussion. In: Psychoanalytic Inquiry, 17/3.
Goldberg, A. (1998): Deconstructing the dialect. In: International Journal of Psychoanalysis, 79, S. 2.
Grinberg, L. (1997): Is the transference feared by the psychoanalysis? In: Int. J. of Psa., 78, S. 1.
Haesler, L. (1992): Die Beziehung zwischen Außerübertragungsdeutungen und Übertragungsdeutungen. Eine klinische Studie. In: Zeitschrift für psa. Theorie und Praxis, VII/ 4.
Hanly, Ch. (1979): Existentialism and Psychoanalysis. New York: International University Press.
Hardt, J. (1996): Bemerkungen zur letzten psychoanalytischen Arbeit Freuds: ‚Some elementary lessons in Psycho-Analysis'. In: Jahrbuch der Psychoanalyse, Bd. 35.
- (1996): Der Methodenbrief. In: DPV Informationen, Nr. 20.
Inderbitzin, B.L., Levy, S.T. (1994): External reality as defense. In: Journal of the American Psychoanalytic Association, 42/3.
James, W. (1908/1977): Der Pragmatismus. Hamburg: Felix Meiner.
Kant, I. (1790/o.J.): Kritik der Urteilskraft. In: H. Remmer (Hg.): Immanuel Kant. Werke in acht Bänden. Berlin: A. Weichert.
Kermode, F. (1985): Freud and interpretation. In: Int. Rev. of Psa., 12, S. 1.
Krockow, Ch., Graf von (1958/1990): Die Entscheidung. Eine Untersuchung über E. Jünger, C. Schmitt, Heidegger. Frankfurt a.M.: Campus.
Levine, F.J. (1993): Unconscious fantasies and theories of technique. In: Psychoanalytic Inquiry, 13/4.
Loch, W. (1993): Deutungskunst. Tübingen: Edition Diskord.
Lyotard, J.-F. (1979): La condition postmoderne. Paris: Les editions de minuit.
- (1987): Der Widerstreit. München: Firek Verlag.
Meissner, W.W. (1989): The therapeutic action of psychoanalysis: Strachey revisited. In: Psychoanalytic Inquiry, 9/1.
Modell, A.H. (1989): The psychoanalytic setting as a container of multiple levels of reality: a perspective on the theory of psychoanalytic treatment. In: Psychoanalytic Inquiry, 9/1.
Morgenthaler, F. (1978): Technik. Zur Dialektik der psychoanalytischen Praxis. Frankfurt a.M.: Syndikat.
Nietzsche, F. (1874): Vom Nutzen und Nachteil der Historie für das Leben. Zit. nach der Ausgabe im Hanser Verlag. Bd. 2. München: Hanser (1967).
Reed, G.S., Levine, H.B. (1993): Locating transference – actuality and illusion in the psychoanalytic encounter. In: Psychoanalytic Inquiry, 13/4.
Reijen, W. van (1986): Philosophie als Kritik. Königstein: Athenäum.
- (1988): Das unrettbare Ich. In: Frank, M., Raulet, G., van Reijen, W. (Hg.): Die Frage nach dem Subjekt. Frankfurt a.M.: edition Suhrkamp.
- (Hg.) (1992): Allegorie und Melancholie. Frankfurt a.M.: edition Suhrkamp.
Rorty, R. (1981): Der Spiegel der Natur: Eine Kritik der Philosophie. Frankfurt a.M.: Suhrkamp.
- (1988): Solidarität oder Objektivität. Stuttgart: Reclam.
Schafer, R. (1994): The contenporary Kleinians of London. In: Psychoanalytic Quarterly, LXIII/3.
- (1996): Authority, evidence and knowledge in the psychoanalytic relationship. In: Psychoanalytic Quarterly, VLXV/1.
Schlieffen, H., Graf von (1983): Psychoanalyse ohne Grundregel. In: Psyche, 37.
- (1994): Immanente und artifizielle Grenzen des psychoanalytischen Prozesses – Zum Problem der Überbewertung von Übertragung und Gegenübertragung. Vortragsmanuskript. Zur Publikation vorgesehen in Forum der Psychoanalyse.
Schoenhals, H. (1994): Contemporary Kleinian Psychoanalysis. In: Psychoanalytic Inquiry, 14/3.
Skolnikoff, A.Z. (1993): The analyst experience in the psychoanalytic situation: a continuum between objective and subjective reality. In: Psychoanalytic Inquiry, 13/4.
Strachey, J. (1934): The nature of therapeutic action of psychoanalysis. In: International Journal of Psychoanalysis, 15.
Winnicott, D.W. (1991): Die Angst vor dem Zusammenbruch. In: Psyche, 45/12.

Die Verdrängung des Wiedergekehrten?
Ein Beitrag zur Hysterie-Debatte[1]

Walter Parth

In der psychoanalytischen Diskussion um das Problem der Hysterie herrscht 100 Jahre nach Erscheinen der „Studien über Hysterie" Uneinigkeit darüber, wie Hysterie zu verstehen sei (Green, 1982, S. 631). „Hysteriker" erscheinen vielen Psychoanalytikern nicht mehr wie ehedem als die bevorzugten Patienten zur Durchführung einer Analyse; ganz im Gegenteil, die „Hysteriker" werden als unverständlich, enttäuschend und unsympathisch empfunden und, im Unterschied zu besser geordneten Patienten, als für die psychoanalytische Praxis störend beschrieben. Dabei wird in der neueren Literatur manchmal ein deutlich ärgerlicher und abweisender Affekt gegenüber den Hysterikern spürbar, und es wird die Tendenz beschrieben, sich mit der Hysterie in der Praxis und der Theorie lieber gar nicht mehr zu beschäftigen. Dieser Ärger, der mit einer diagnostischen Unsicherheit Hand in Hand geht, führt in Versuchung, die Frage aufzuwerfen, ob im Laufe der Entwicklung der Psychoanalyse etwas Unbewußtes, das schon einmal durch die Analyse der Hysterie bewußt gemacht worden war, wieder der Verdrängung anheim gefallen ist.

In einer Neubewertung der psychoanalytischen Auffassungen über Hysterie fassen Easser und Lesser (1965, S. 390) die Erfahrungen der Psychoanalytiker mit der Hysterie zusammen: „Wiederholte Unverläßlichkeit der (psychoanalytischen) Methode in der Fähigkeit, den Verlauf hysterischer Symptome rückgängig zu machen, hat zu Unsicherheit, Entmutigung und Desinteresse geführt..." Auch wenn wir an dieser Stelle gleich einwenden, daß dies keinesfalls für „die" Psychoanalytiker und „die" Psychoanalyse zutrifft, kann vielleicht die Untersuchung dieses Ärgers an der Hysterie, ähnlich einer Fallvignette, dazu dienen, bestimmte Strömungen und Tendenzen innerhalb der Psychoanalyse anzusprechen, die in unserem psychoanalytischen Alltag Bedeutung erlangen.

Ein wichtiger Bezugspunkt für die wieder beginnende Debatte um die Hysterie in den 60er Jahren ist eine großangelegte Studie in Chicago zur Indikationsstellung für Psychoanalyse. Das vielzitierte Ergebnis dieser Untersuchung von 100 Patienten lautet für die Hysterie: „... that hysterical patients are, to put it simply, very good or very bad Patients." (Knapp et al., 1960, S. 460)

Easser und Lesser, die dieses Ergebnis kommentieren, sehen die Analytiker gefangen in ihrer Gegenübertragung und „erregt durch die Ansteckung eines übertriebenen Affektes" (1965, S. 391). Dies führe zur Vorsicht, nicht in bezug auf einzelne Patienten, sondern auf eine ganze Kategorie von Störungen. Sie sehen als ein bemerkenswertes Paradoxon, daß die Hysteriker, deren Störung auf dem „reifsten" Level der psychosexuellen Fixierung, dem phallisch-ödipalen, angesiedelt wird, in der Praxis „... als frustrierende, provokative, infantile, quälende, suggestible, unverantwortliche, uneinsichtige, egozentrische und unproduktive Menschen, also sehr ‚unreife' Patienten wahrgenommen werden. Als solche werden sie mit Verachtung und Herabsetzung betrachtet" (ebd., S. 392).

Wenn Elisabeth Zetzel (1968, S. 256) im Bemühen um größere diagnostische Genauigkeit in „gute" und „weniger gute" Hysteriker unterteilt, kommt hierin der Ärger aus der Perspektive einer geplagten Analytikerin zum Ausdruck. Auch bei Andre Green (1976, S. 647), der sich in einem Kommentar zu diesen beiden Autoren über „... ein gewisses ‚anklägerisches' Verhalten vor allem den Frauen gegenüber ..." wundert, kann man sich des Eindruckes eines etwas moralisierenden Untertones nicht erwehren, wenn er Hysteriker etwa als „Unfähig, die Gabe des Anderen anzunehmen ..." beschreibt. E. Brenman (1985, S. 1063) beginnt eine Untersuchung zur Hysterie mit ähnlichen Beobachtungen und ähnlichem Affekt. Er schreibt: „Ich bezweifelte, daß die Diagnose der ‚Hysterie' noch Bedeutung habe, ..." und, „... daß es ein Konzept des ‚hysterischen Charakters' gibt, das uns in einer Weise beeinflußt, daß wir Antipathien entwickeln." Diese Antipathie wird in seiner Beschreibung der Hysteriker deutlich spürbar: „Die Identifizierung ist seicht wie ihre Objektwahl oder ihr Leben: oberflächlich etc..., Sie attackieren wahres Wissen und Forschen, sie suchen nur den infantilen Wahn narzißtischer Liebe, ... die Hysterische Lüge bricht zusammen, ..., sie benutzen verführerische Propaganda."

Diese Haltung gegenüber der Hysterie, die ihre klinischen Beobachtungen in einen distanzierenden, teilweise moralischen und ärgerlich-abweisenden Affekt kleidet, steht nun in mehrerer Hinsicht im Gegensatz zur Würdigung der Hysterie, die ihr Fenichel (1931/93, S. 13) als Forschungsgegenstand der Psychoanalyse Anfang der dreißiger Jahre angedeihen ließ:

> „Die Hysterie ist das klassische Forschungsobjekt der Psychoanalyse. An ihr wurde die Methode der Psychoanalyse entdeckt, erprobt und ausgebaut; an ihr entstanden die Grundzüge der analytischen Theorie; ihrer Eigenart ist die Technik am besten angepaßt und auf ihrem Gebiet erzielt sie auch heute noch ihre großen therapeutischen Erfolge. Das Studium ihrer Phänomene überzeugt von der Richtigkeit der psychoanalytischen Neurosenlehre und erst auf ihrer Grundlage wird das Studium auch anderer Objekte ermöglicht."

War der Gewinn der frühen Hysterieanalysen Freuds und seiner Schüler nicht nur in wissenschaftlicher Hinsicht bedeutsam, sondern schloß auch das Freiwerden von großer Lust ein, so scheinen Hysteriker heute eher wieder Unlust zu verbreiten und die Interessen vieler Psychoanalytiker in andere Bahnen zu lenken. Die verunsichernde Frage, die sich durch die psychoanalytische Diskussion zieht, ist die Frage danach, was Hysterie denn tatsächlich sei. A. Green (1982, S. 631) faßt das Ergebnis eines Panels über Hysterie auf dem

Internationalen Kongreß für Psychoanalyse in Paris 1978 zusammen „... das aber hat klar gezeigt, daß die ‚Hysterie heute', so das Diskussionsthema, immer noch ungreifbar ist."

Aus einer Vielzahl von Veränderungen, die als mögliche Gründe für den Wandel der Bedeutung der Hysterie angeführt werden können, sei es die Institutionalisierung der Psychoanalyse, das Vordrängen eines klinischen Standpunktes, der Wandel der Symptombilder, um nur einige zu nennen, möchte ich lediglich zwei, mir bedeutend erscheinende Entwicklungen herausgreifen und diskutieren.

1) Durch den vielfältigen Paradigmenwechsel in der Psychoanalyse und, damit verbunden, ein „Dahinschwinden des Ödipuskomplexes" (Loewald, 1980, S. 377) und der Libido in der Aufmerksamkeit der Psychoanalytiker zugunsten der Beschäftigung mit den präödipalen Entwicklungen sind wesentliche Ergebnisse der Freudschen Hysterieanalyse in den Hintergrund gedrängt, zum Teil verdrängt worden. Dies betrifft vor allem die Bedeutung der infantilen Sexualität, die historische Dimension der Phantasie und des intrapsychischen Konfliktes. Dieser Verlust führt in der Auseinandersetzung mit der Hysterie zu Konfusion und, aus der Verdrängung resultierend, zum Freiwerden von Ärger und Ablehnung.

2) Durch die Veränderung der Identität der Psychoanalytiker, die von aufklärerischen Außenseitern zu integrierten Mitgliedern des Systems der Gesundheitsversorgung wurden, ist die Hysterie aus dem Selbstbild des Analytikers ausgeschlossen, ihm selbst wieder fremd gemacht worden Dies legt den Psychoanalytikern nahe, die Hysterie zu vernachlässigen, zu pathologisieren, als fremd und lästig zu empfinden – oder zu romantisieren.

Paradigmenwechsel

Eine Gemeinsamkeit vieler Arbeiten besteht darin, einen nosologischen Zugang zu suchen, der beschreiben soll, was Hysterie ist. Das Problem, das dabei gelöst werden soll, ist die Beobachtung, daß gerade bei den Patienten, die die auffallendsten und lautesten hysterischen Symptome zeigen, präödipale Störungen dominieren. Etwas überspitzt könnte man die Bemühungen so charakterisieren, daß, je genauer versucht wird, vom Präödipalen aus zu bestimmen, was Hysterie sei, desto schwieriger eine genaue Bestimmung dessen wird, was die Hysterie ausmacht und von anderen narzißtischen Störungen tatsächlich abgrenzt. Aber, es könnte sein, daß die Frage, was denn Hysterie im klinischen Sinne sei, überhaupt falsch gestellt oder zumindest vom ursprünglichen Forschungsziel weit entfernt ist. Um dies zu erläutern, möchte ich Freuds Ergebnisse unter diesem Blickwinkel diskutieren.

Es ist oft gesagt worden, die Psychoanalyse gründe auf Freuds Analyse der Konversionshysterie; genauer: auf seiner Analyse bestimmter Aspekte von

Konversionssymptomen. Freud hat ja tatsächlich nicht „Hysteriker" behandelt, sondern er hat bei der Behandlung von als „hysterisch" Bezeichneten die theoretischen und technischen Grundzüge der Psychoanalyse beschrieben. Er entwickelte dabei die erste Triebtheorie und das topische Modell. Indem er im Laufe seiner Untersuchungen über die traumatische Ätiologie der Neurosen hinausging, entdeckte er die Bedeutung der infantilen Phantasie als bestimmend für die Symptombildung und die Entfaltung des seelischen Apparates generell und damit den eigentlichen Gegenstand der Psychoanalyse.

Ich möchte, um des Diskussionsstandpunktes willen, Freud so interpretieren, daß der Erfolg seiner Arbeit darin bestand, nicht nur in der Therapie das Krankheitsbild der Hysterie, sondern darüber hinaus den bis dahin geltenden nosologischen Begriff „Hysterie" durch seine Analyse aufgelöst zu haben. In der Folge wurden jedoch auch innerhalb der Psychoanalyse zwei Begriffe gleichzeitig verwendet, die oft ganz Unterschiedliches bezeichnen. Einmal ein weiter gefaßter, medizinischer und alltagssprachlicher Begriff, der ein bestimmtes Benehmen, bestimmte Symptombilder und ein bestimmtes Verhalten meint und einen pejorativen Charakter trägt, und zum zweiten, ein engerer, psychoanalytischer Begriff, der sich vom ersten dadurch absetzt, daß er nicht mehr das äußere Verhalten beschreibt, sondern ein innerseelisches Kräftespiel, dessen Konfliktlösung in Symptomen mündet.

Dies war der eigentliche historische Schritt in einem sich verändernden Prozeß der Ansichten über die Hysterie. Vom wandernden oder überhitzten Uterus der Antike, dem Zeichen für Besessenheit, den „stigmata diaboli" des Mittelalters zur experimentellen Hervorbringung der hysterischen Symptome durch ein medizinalisiertes verwissenschaftlichtes Vorgehen Charcots entwickelte ja jede Kultur die ihr möglichen Erklärungsversuche für unerklärliches Verhalten (Gödde, 1994). Erst die Psychoanalyse ermöglichte das Verstehen des seelischen Geschehens im Wechselspiel zwischen Körper und Seele und damit den Übergang von der Heredität der Hysterie zu einem ubiquitären, beschreibbaren und verstehbaren Phänomen, das paradigmatisch ist für die Entwicklung des Seelenlebens überhaupt. Daß die Gesetzmäßigkeiten, die sich bei der Analyse Hysterischer auffinden ließen, jeden, auch den „Gesunden", betreffen, war das eigentlich Anstößige an der jungen Wissenschaft.

So epochemachend seine theoretischen Erkenntnisse auch waren, wird manchmal angeführt, war Freud mit seinen therapeutischen Ergebnissen doch nur mäßig erfolgreich. Aber die neue Methode ermöglichte so gute Ergebnisse, daß gerade auch in therapeutischer Hinsicht von einem qualitativen Sprung gesprochen werden kann. Die meisten von Freuds Patienten werden heute als mit viel komplexeren seelischen Konflikten ausgestattet beschrieben. Die Hysterieanalyse, nachträglich gesehen, war nur ein Teil der therapeutischen Arbeit (man denke an den Wolfsmann). Aber dies war Freud durchaus bewußt.

Schon im abschließenden Kapitel der „Studien über Hysterie" (1895) unterscheidet er einen praktisch-therapeutischen von einem theoretischen Standpunkt. Er führt an:

> „Ich mußte mir jetzt sagen, daß es nicht angeht, eine Neurose im ganzen zur hysterischen zu stempeln, weil aus ihrem Symptomenkomplex einige hysterische Zeichen hervorleuchten". [und weiter unten:] „ Für die Hysterie folgt ... hieraus, daß es kaum möglich ist, sie für die Betrachtung aus dem Zusammenhange der Sexualneurosen zu reißen; daß sie in der Regel nur eine Seite, nur einen Aspekt des komplizierten neurotischen Falles darstellt, ..."
> ... „Man kann in jeder Hinsicht die von allen Beimengungen gereinigte Hysterie selbständig abhandeln, nur nicht in Hinsicht der Therapie." (S. 259)

Freud war also nicht so sehr bestrebt, einen klinischen Begriff der Hysterie zu definieren, sondern mehr eine Gruppe von seelischen Vorgängen, ein spezifisches konflikthaftes Kräftespiel innerhalb des Erscheinungsbildes der Neurosen herauszuarbeiten und daraus seine theoretischen Schlußfolgerungen abzuleiten.

Erst in der Krankengeschichte der Dora können wir sehen, wie sich die Vorstellung von der Bedeutung der infantilen Sexualität für die Ätiologie der Hysterie bei Freud verdichtet. Der Zweifel an der realen Verführung veranlaßt ihn, Doras Beziehung zum Vater genauer zu verfolgen, und führt ihn zu Überlegungen über die Triebkraft und die Natur des Sexuellen (Blass, 1992, S. 81). Freud beginnt hier, über die Erwachsenensexualität hinaus, an die Entwicklungsphasen der infantilen Sexualität zu denken.

Freud hat stets den Ursprung der Hysterie im körperlichen Empfinden betont. In einer Diskussion in der Mittwochgesellschaft am 8. Jänner 1913 sagt er in einer Diskussionsbemerkung:

> „Wenn das hysterische Symptom konstituiert ist, sieht man, daß der Mensch sein Genitale durch ein anderes Nebengenitale ersetzt hat (das in der Regel in der Kindheit erogene Bedeutung hatte). Bei der Hysterie handelt es sich nicht um eine Rückbildung der Sexualität, sondern die Triebe haben sich unter einem anderen Primat neu angeordnet."
> (Freud, 1905e, S. 217)

Er sieht im „frühzeitigen Auftreten echter Genitalsensationen, sei es spontan, oder durch Verführung und Masturbation hervorgerufenen" (ebd., S. 217), die Ausgangsbedingungen für die Hysterie. In der Betonung der körperlichen Erregung ist die Verbindung zwischen der traumatischen Ätiologie der Neurosen und dem ökonomischen Faktor der Phantasiebildung hergestellt.

Freud betont, daß die Sexualität nicht nur eine Beziehungsvariante, sozusagen ein ideelles Derivat körperlicher Empfindungen ist, sondern eher, daß die Erzeugung und Verarbeitung körperlicher Sensationen durch diejenigen Phantasien, die aus den für das Kind wichtigen Beziehungen erwachsen, bestimmend für die weitere Strukturierung der psychischen Dynamik werden.

> „Es lag mir auch daran zu zeigen, daß die Sexualität nicht bloß als einmal auftretender Deus ex Machina irgendwo in das Getriebe der für die Hysterie charakterisierten Vorgänge eingreift, sondern daß sie die Triebkraft für jedes einzelne Symptom und für jede einzelne Äußerung eines Symptoms abgibt. Die Krankheitserscheinungen sind, geradezu gesagt, die Sexualbetätigung der Kranken." (Freud, 1905e, S. 278)

So wird nicht nur die Triebkraft und die Objektbeziehung, sondern die Triebbefriedigung und deren Verhältnis zum noch unreifen psychischen Apparat des Kindes bestimmend für die Ätiologie der hysterischen Mechanismen. Die infantile Sexualität fungiert als Verbindungsglied zwischen Physiologie und Psychologie (vgl. Reicheneder, 1990, S. 467). Dieses Wechselspiel zwischen Körper und Seele, das am Symptom der Konversion deutlich wird wie sonst nirgends, war das wichtige Kernstück der Hysterieanalyse. Erst das Abgehen von der Traumatheorie erlaubte es, sich ganz auf den Standpunkt des Patienten zu stellen und seine innere Welt der Phantasiebildung zu verstehen. Was Freud dadurch erarbeitet hatte, war die Möglichkeit, den intrapsychischen Konflikt zu beobachten, und dies blieb auch bei aller Weiterentwicklung der psychoanalytischen Theorie, die Freud selbst vollzog, im Zentrum der Aufmerksamkeit.

Anna Freud fordert zur Bewältigung dieser Aufgabe die Äquidistanz des Psychoanalytikers unter dem Dach der Strukturtheorie:

> „Aufgabe der Analyse ist die möglichst weitgehende Kenntnis aller drei Instanzen, aus denen wir uns die psychische Persönlichkeit zusammengesetzt denken, die Kenntnis ihrer Beziehungen untereinander und zur Außenwelt." (1936, S. 8)

Gerade dieser Aspekt scheint in der Diskussion über die Hysterie zugunsten des Beziehungsaspektes in den Hintergrund gedrängt zu sein. Die Phantasiewelt und das Selbstbild der Patienten werden tendenziell weniger in bezug auf ihre inneren Konflikte, sondern mehr in bezug auf ihre Konflikte mit der Außenwelt diskutiert. Dies ist eine zentrale Ursache für die Verwirrung in der Diskussion.

Viel Raum nimmt die Beschreibung des Verhaltens der Patienten in Beziehungen ein, in Beziehungen zu den Eltern, als Erwachsene und als Kind, zum Selbstbild allgemein und dem eigenen Körper im Besonderen, dem Sexualpartner und dem Verhalten im sozialen Kontext und in der Analyse. Die Hysterikerin gilt als femme fatale, als burlesque Queen, Vaters Liebling oder regressiv unterworfen im Umgang mit der Mutter. Angst vor genitaler Sexualität und Phantasien über einen anziehenden Körper, der exhibiert wird, stehen im Vordergrund der Beschreibungen. Die Väter werden charakteristischerweise als verführerisch gesehen, die Mütter als sehnsüchtig in den Töchtern sich selbst verwirklichend.

Nach Easser und Lesser haben die Hysterischen Schwierigkeiten *in* der Beziehung, im Unterschied zu den Hysteroiden, die Schwierigkeiten *mit* der Beziehung haben. Zetzels Hysteriker sind „gut", wenn sie bereit und fähig zur

Analyse sind, und „vorgeblich gut", wenn sie nicht diese Möglichkeiten aufweisen. Sie führt die Qualität der frühen Beziehungen zu den Eltern, deren Persönlichkeit oder deren äußere oder innere Anwesenheit als entwicklungspsychologisch relevante Kriterien an. Brenman beschreibt hauptsächlich die unbewußten Beziehungen des Hysterikers zu seinen äußeren Objekten, zu Liebespartnern oder dem Analytiker, und wie die Hysteriker äußere Objekte benutzen, um den psychotischen Zusammenbruch zu vermeiden.

Die Beschreibung der Hysterie droht auf diese Weise entweder selbst zu einer Karikatur zu werden, wie etwa die der jungen gutsituierten Frau mit Orgasmusproblemen, oder die Hysterie wird zu einer allumfassenden frühen Störung, die ein instabiles primitives Abwehrniveau durch Sexualisierung aufrechterhält.

Gerade durch das Vorherrschen von Verhaltensbeschreibungen, Eigenarten und Auffälligkeiten in ihren Beziehungen entsteht der abwertende und verurteilende Ton. Durch die Beziehungsbeschreibungen der Kindheit kehrt der traumatische Faktor als bedeutsam für die Ätiologie der Hysterie wieder stärker zurück (vgl. Winnicotts „Good enough mother").

Was unter dem Aspekt des intrapsychischen Konfliktes beispielsweise als mehr oder weniger entstellte Abkömmlinge der infantilen Sexualbetätigung verstehbar wäre, ähnlich der Konversion oder der Amnesie, wird unter dem Blickwinkel der Beziehung zu den Objekten zum „... frustrierenden, provokativen, infantilen, quälenden usw. ..." Verhalten der Patienten. Ist die Eigenart des Patienten im einen Fall ein Gegenstand der Analyse, wird sie im anderen Falle als störend und hinderlich für die Analyse erlebt.

Brachte also der Fortschritt der psychoanalytischen Theorieentwicklung die Erkenntnis, daß die Beachtung ausschließlich ödipaler Phantasiebildungen nicht ausreichte, die Patienten mit hysterischen Symptomen zu verstehen, weil den Psychoanalytikern Inhalte aus der präödipalen Zeit unbewußt geblieben waren, so brachte die Betonung der präödipalen Entwicklung eine zunehmende Verdrängung der Inhalte ödipaler Phantasiebildung und des strukturellen Konflikts. Nicht nur, daß sie von anderen Bereichen an den Rand gedrängt wurden, sondern es scheint, als wären sie wieder unbewußt gemacht worden, wie wir aus dem Auftreten des Affektes schließen können.

Dabei scheint der intrapsychische Konflikt zwischen den psychischen Instanzen im Sinne des Strukturmodells ersetzt durch interpsychische Konflikte in Vergangenheit oder Gegenwart. Die Arbeit an der historischen Dimension der Übertragung scheint verschoben zugunsten einer Aufmerksamkeit auf die aktuelle Beziehungsanalyse. Die Problematik der präödipalen Zeit, die auf die Objektverlustängste zentriert ist, hat die Probleme der ödipalen Entwicklung, die sich eher an den Kastrationsängsten zeigen, an den Rand gedrängt. Rangell sieht diesen Konflikt zwischen zwei Strömungen als einen „Scheideweg" (1988, S. 313) der wissenschaftlichen Entwicklung der Psychoanalyse an. Was er allgemein in bezug auf die „interaktionelle" Psychoanalyse konstatiert, beschreibt diesen Umgang mit der Hysterie in besonderem Maße zutreffend:

„Man hört wenig, wenn überhaupt, von intrapsychischen Konflikten, von Angst, Schuld, zwingenden Triebimpulsen, unbewußten Konflikten um latente präödipale Wünsche, Aggressionen, verbotenen Perversionen, Strafangst, Kastrationsangst." (ebd., S. 328)

Der ökonomische Gesichtspunkt, der mit der Hysterie am Beispiel der Konversionsbildung verknüpft ist, scheint ganz aufgegeben, und bei der Symptombildung scheint tendenziell die Beachtung des sekundären Lustgewinns die Bedeutung des primären ersetzt zu haben.

Die Ablösung des ödipalen Triebgeschehens von der Hysterie macht den Begriff aber diffus bis beliebig. Das Konzept des hysterischen Charakters, meint Numnum, „... ist unglücklicherweise eine Art von Allzweckbehälter (Hold-all) für alle Sorten von Störungen, oft stark regressiven bis zu jenen von Suchtproblemen geworden ..." (Laplanche, 1974, S. 461).

So gesehen imponiert die Beschreibung der Hysterie als präödipale Störung nur auf der einen Seite als Fortschritt und Erweiterung, auf der anderen Seite birgt sie die Gefahr eines Verlusts nicht nur an Orientierung, sondern auch an Verständnis für diese Art von Patienten. Dementsprechend ist die Frage, was denn Hysterie sei, auf dem generelleren Hintergrund der Kontroverse, was denn Psychoanalyse überhaupt sei, zu sehen.

Damit in Zusammenhang und zusätzlich hat die Ablehnung der Hysterie aber auch mit dem veränderten Selbstbild der Psychoanalytiker zu tun, und damit komme ich zu meiner zweiten Behauptung:

Es ist vielleicht interessant, sich zu vergegenwärtigen, daß im Europa der Jahrhundertwende der Begriff der Hysterie, im umgangssprachlichen als auch im medizinischen Sinne, nicht nur ein exaltiertes, unbequemes, eingebildetes Frauenleiden, sondern auch ein Synonym für den Juden war (Gilman, 1993), genauer, für die männlichen Ostjuden; nicht nur im Arsenal antisemitischer Zuschreibungen, sondern auch in der wissenschaftlichen Diskussion über die Hysterie. S. Gilman[2] beschreibt, wie sowohl bei Charcot als auch in der Mittwochgesellschaft, und auch noch Anfang der 20er Jahre vor der New York Psychoanalytical Society argumentiert wurde, daß die Juden als Rasse besonders disponiert für die Hysterie und die Neurosen seien. „Die Juden besäßen eine biologische Grunddisposition für spezifische Formen der Geisteskrankheit, nicht anders als die Frauen." (S. 176)

Man muß sich fragen, inwieweit dies Freud nicht doch sehr beeindruckt haben muß. Immerhin ging es in seinem ersten Vortrag über Hysterie vor der Medizinischen Gesellschaft in Wien um die Behauptung, daß Männer genauso wie Frauen hysterische Symptome produzieren könnten und diese nicht angeboren, sondern Ergebnisse von Vorstellungen seien; damit nicht an Rasse und Geschlecht gebunden.

In dem Maße, wie sich die Psychoanalyse mit der Hysterie beschäftigte, mit ihr verbunden war und an die Öffentlichkeit trat, wurden nach den Frauen und den Juden auch die Psychoanalytiker selbst zu den Hysterikern gezählt.

Die Psychoanalyse selbst galt als eine Form der Massenhysterie, als psychische Epidemie unter Ärzten (vgl. Gilman, 1994, S. 178). Erinnern wir uns an Karl Kraus' boshaften Aphorismus, daß die Psychoanalyse die Krankheit sei, die sie vorgibt, zu heilen.

Was Gay über Freud schreibt, mag eine lange Zeit für die ganze analytische Bewegung gegolten haben: „Es bereitete ihm Vergnügen, der Führer der Opposition zu sein, der Enthüller von Betrug und Schein, die Nemesis von Selbsttäuschung und Illusion." (1989, S. 678) Die Psychoanalytiker waren Partei in dem Sinne, als sie sich mit dem Unangepaßten, Ordnungswidrigen und Störenden, kurz, dem Triebhaften, beschäftigten, das in der Hysterie eindrucksvoll, wenn auch verschlüsselt, in Erscheinung trat, weit offensichtlicher als in anderen seelischen Störungen. Spätestens mit dem Exodus der Psychoanalytiker aus Europa veränderte sich dieses Selbstbild gründlich.

Ein zentrales Problem der Psychoanalyse in den USA war die Integration in das Gesundheitssystem. Dies scheint bis heute so zu sein. Kernberg (1990) berichtet von einer Diskussion unter dem Titel „Die Zukunft der Psychoanalyse", daß als erste und größte Sorge amerikanischer Psychoanalytiker die Entmedizinalisierung der Psychoanalyse angeführt wird. Befürchtet wird die Gefahr der Kosteneinschränkung durch die Krankenversicherung, der Verlust der schützenden Rolle der Psychiatrie und ein allgemeiner Prestigeverlust in der Öffentlichkeit.

Vor dieser gesellschaftlichen Realität nun müssen sich Psychoanalytiker heute bewähren und sich durchsetzen gegen verschiedene andere, meist symptomorientierte Psychotherapieangebote oder medikamentöse Behandlungen.

Die Psychoanalytiker erleiden in diesem Anpassungsprozeß einen Verlust an Maßstäben für die psychoanalytische Behandlung. „Der Verlust an beruflichen Fähigkeiten (deskilling) des Psychoanalytikers, der sich dieser Sicht zufolge ergibt, muß seine Überzeugung über die psychoanalytische Behandlung schwächen und die Wirkung der optimalen psychoanalytischen Technik noch weiter schmälern", schreibt Kernberg (1994, S. 488). Die Psychoanalyse steht innerhalb des Gesundheitssystems in Konkurrenz mit anderen Methoden, von denen sie sich vor allem dadurch unterscheidet, daß sie den Versuch unternimmt, in der Theorie und der Therapie eine methodische und systematische Rekonstruktion der historischen Vergangenheit der Phantasiebildung zu erreichen.

Wir stehen derzeit in Österreich vor der neuen Situation, daß Patienten und Analytiker sich vor den Krankenkassen zu verantworten haben und für die Behandlung ein „krankheitswertiges" Leiden präsentieren müssen. Die sexuelle Ätiologie der Neurosen und ihre Folgen lassen sich in einer solchen Auseinandersetzung schwerlich ins Treffen führen und werden (wie ich aus eigenen Erfahrungen weiß) in Verhandlungen mit der Krankenkasse taktvoll verschwiegen. Viel wirkungsvoller ist es, die Psychoanalyse als besonders geeignet für die Behandlung der Folgen traumatischer Einwirkungen in der

Kindheit, zur Behandlung schwerer narzißtischer Störungen oder psychosomatischer Erkrankungen anzupreisen. Mit der Zeit gehend, scheinen die Psychoanalytiker auch dazu verführt zu werden, Neurosen als weniger behandlungsbedürftig darzustellen und zu erleben. Anstelle der Phantasie wird das Trauma wieder betont, statt des inneren Konfliktes der äußere, die „schädliche" Auswirkung der Objektbeziehung.

Die gesellschaftliche Anpassung der Psychoanalyse begünstigt ein Auseinanderdriften nicht nur der klinischen und der kulturtheoretischen Sicht, sondern auch von triebtheoretischen und anderen Theorieansätzen.

Sicher erfordert die gesellschaftliche Stellung der Psychoanalytiker, die sich grundlegend von jener der Pioniere des beginnenden 20. Jahrhunderts unterscheidet, neue berufliche und ständische Orientierung, und fraglos hat der Fortschritt der psychoanalytischen Theoriebildung der letzten 100 Jahre grundlegende Erweiterungen unseres Verständnisses des menschlichen Seelenlebens ermöglicht. Dennoch ist kritische Distanz angebracht.

Wie bei der Beschreibung der Hysterie deutlich wird, besteht die Gefahr, daß es im Schatten der Bereicherung unseres Wissens zu einer erneuten Verdrängung dessen kommt, was mit Hilfe der Psychoanalyse schon einmal aus der Verdrängung geholt und im Bewußtsein präsent war.

Anmerkungen

1 Überarbeitete Fassung eines Vortrages vom 18.11.1996, gehalten in Wien anläßlich der Tagung der Sigmund-Freud-Gesellschaft zum Thema „100 Jahre Hysterie".
2 Es ist wichtig, zu sehen, daß die Hysterie vor allem an Äußerlichkeiten, dem Anblick, der Haltung der Physiognomie und der „Rasse" diagnostiziert wurde.
Dies kam auch in der Mittwochgesellschaft zur Sprache. In den Protokollen der Wiener Psychoanalytischen Vereinigung vom 11. November 1908 findet sich eine Diskussionsbemerkung von Isidor Sadger: „Es gibt gewisse Rassen (russische und polnische Juden) bei denen fast jeder Mann hysterisch ist." (II: 40)
Auch in einem psychoanalytischen Vortrag vor der New York Psychoanalytical Society 1923 drehte sich der Vortrag von I.S. Wechsler um die „Weite Verbreitung von Neurosen bei Juden".
(S. Gilman (1994): Freud, Identität und Geschlecht. Frankfurt a.M.: Fischer, S. 174)

Literatur

Blass, B.R. (1992): Hatte Dora einen Ödipuskomplex? In: Jahrbuch der Psychoanalyse, Bd. 32, (1994), S. 74-111.
Brenman, E. (1985): Hysterie. In: Psyche, 44 (1990), S. 1063-1081.
Easser, B., Lesser, St. (1965): Hysterical Personality: A Re-Evaluation. In: Psychoanal Quart., 3/34, S. 390-405.
Fenichel, O. (1931): Hysterien und Zwangsneurosen. In: Psychoanalytische spezielle Neurosenlehre. Darmstadt: Wissenschaftliche Buchgesellschaft (1993).

Freud, A. (1936): Das Ich und die Abwehrmechanismen. München: Kindler.
Freud, S. (1895): Studien über Hysterie. GW I. Frankfurt a.M.: Fischer.
- (1905e): Bruchstück einer Hysterieanalyse. GW V. Frankfurt a.M.: Fischer.
Gay, P.(1987): Freud. Frankfurt a.M.: Fischer (1989).
Gilman, S.L. (1993): Hysteria Race and Gender. In: Ders.: The Image of the Hysteric in: Hysteria beyond Freud. Princeton, New Jersey: Univ. of California Press (1993).
- (1994): Freud, Identität und Geschlecht. Frankfurt a.M.: Fischer (1994).
Gödde, G. (1994): Charcots neurologische Hysterietheorie – vom Aufstieg und Niedergang eines wissenschaftlichen Paradigmas. In: Luzifer-Amor. Zeitschrift zur Geschichte der Psychoanalyse, 7. Jg., 14, S. 7-54.
Green, A. (1982): Die Hysterie. In: Kindlers Psychologie des 20. Jahrhunderts. Bd. 1. Weinheim Beltz, S. 623-651.
Kernberg, O.F. (1990): Der gegenwärtige Stand der Psychoanalyse. In: Psyche, 68, 6 (1994), S. 483-508.
Knapp, P. et al. (1960): Suitability for psychoanalysis; a review of one hundred supervised analytic cases. In: Psychoanal. Quart., 29, S. 459-457.
Laplanche, J. (1974): Panel on ‚Hysteria today'. In : Int. J. Psycho-Anal., 55, S. 459-469.
Loewald, H.W. (1978): Das Dahinschwinden des Ödipuskomplexes. In: Ders.: Psychoanalyse. Stuttgart: Klett-Cotta (1980), S. 377-400.
Protokolle der Wiener Psychoanalytischen Vereinigung 1977, Bd. IV. Frankfurt a.M.: Fischer.
Rangell, L. (1988): The Future Of Psychoanalysis: The Scientific Crossroads. In: Psa. Qarterly, 57, S. 313-340.
Reicheneder, J.G. (1990): Zum Konstitutionsprozeß der Psychoanalyse. Stuttgart.
Zetzel, E. (1968): The So Called Good Hysteric. In: Int. J. Psycho-Anal., 49.

Die laute und die leise Stimme.
Verführung, Übertragung, Analysieren, Nachträglichkeit[1]

Johannes Ranefeld

Zur Einführung

Wie kommt die Quantität zur Qualität, wie kommen die Bataillone zum Strategen, wie stehen Erlebnis und Einsicht zueinander in der psychoanalytischen Kur? In Begleitung von Monsieur Laplanche, aus der Sichtweise seiner „Allgemeinen Verführungstheorie", wird ein Streifzug durch die Freudsche Psychoanalyse unternommen, wobei folgende Begriffe interpretiert werden: Verführung, Übertragung, Analysieren, Nachträglichkeit. Daraus sollte sich ergeben, wie das Erlebnis zur Einsicht kommt, ein Gefühlssturm zum Intellekt, und überhaupt: die Kur zur Wirkung.

Verführung

Infantile Verführung

Vor dem Jahr 1897, in dem Freud aufhörte, an seine „Neurotica" zu glauben (vgl. Knörzer, 1986), ist er mit der Auffindung des „caput Nili der Neuropathologie" befaßt, mit der Begründung einer Ätiologie der Hysterie durch „infantile Verführung" (Laplanche, 1988, S. 200), durch Erlebnisse vorzeitiger sexueller Erfahrung, bei denen ein Kind dem Einbruch erwachsener Sexualität ausgesetzt ist.

> „Genauso wie in der traumatischen Neurose der Erwachsenen der Zustand des ... Unvorbereitet-Seins für das Trauma notwendig ist, genauso soll sich das kleine Kind ... in einem Zustand des seinem Wesen innewohnenden Unvorbereitet-Seins befinden, ausweglos, hilflos im Verhältnis zur Willkür des vom Erwachsenen verübten sexuellen Attentats" (1988, S. 201).

Es ist der perverse Erwachsene, „abwegig in bezug auf das Objekt, da er pädophil oder blutschänderisch ist, abwegig in bezug auf das Ziel" (S. 202). Die „infantile Verführung", als „sexueller Kindesmißbrauch" in den Schlagzeilen, soll

---

[1] Nach drei Vorträgen: „Verführung. Übertragung" (17.2.1998) und „Enttäuschung. Nachträglichkeit" (3.3.1998) im Allgemeinen Seminar des Wiener Arbeitskreises für Psychoanalyse sowie „Schicksale der Lust", 29. Internationales Seminar für Psychotherapie, Österreichische Gesellschaft für Autogenes Training und Allgemeine Psychotherapie, Bad Gastein, 11.-18.9.1998.

hier nicht weiter diskutiert werden. Historisch ist dieses Konzept bedeutsam, da Freud anhand seiner klinisch-ätiologischen Verführungshypothese eine „Theorie der Nachträglichkeit" bzw. eine Theorie „des Traumas in zwei Zeiten" (Laplanche, 1988, S. 207) formulierte.

Frühzeitige Verführung

„Der Vater, hauptsächlich Figur der infantilen Verführung, überläßt seinen Platz, vor allem in der sogenannten ‚vorödipalen' Beziehung, der Mutter" (Laplanche, 1988, S. 216), „denn es war wirklich die Mutter, die bei den Verrichtungen der Körperpflege Lustempfindungen am Genitale hervorrufen, vielleicht sogar zuerst erwecken mußte" (Freud, 1933, S. 552).

Verweist die „infantile Verführung", der sexuelle Kindesmißbrauch, durch einen perversen, meist männlichen Erwachsenen implizit auf ein sexuell unschuldiges, scheinbar asexuelles Kind, so verweist die „frühzeitige Verführung" auf mütterliche Pflegehandlungen, die zwar sexuell stimulieren mögen, aber so von der Mutter nicht gemeint waren. Was die Formulierung, die Mutter „mußte Lustempfindungen erwecken" auszeichnet: sie „verabsäumt, das elterliche Unbewußte einzuführen" (Laplanche, 1988, S. 217), wodurch „die impliziten Bedeutungen jeder noch so zufälligen Geste Trägerinnen von Phantasien der Eltern" (Laplanche, 1970, S. 69) sind. Frau Mutter wäre so sexuell unschuldig, gar asexuell, ohne verdrängte Sexualität, während ihre Pflege dazu beiträgt, bestimmte Regionen des Körpers besonders auszuzeichnen, als erogene Zonen des Austausches, welche Erregungen anziehen und hervorrufen (Laplanche, 1970, S. 68). Ohne unbewußte Sexualität ginge dieser Frau und Mutter das Heimliche und das Unheimliche ab – all das, was die Stiefmütter und Hexen in den Märchen so anziehend und schrecklich macht.

Ein Beispiel: Die Brust der Frau ist erogen. Dem Kind die Brust geben, ist so mitnichten nur ein Akt alimentärer Versorgung. Was hier unbewußt an Botschaft mitläuft, läuft zum Gutteil nichtsprachlich. Die Frau und Mutter, Frau Mutter, tut mit ihrem sexuell männlichen Kind anders als mit ihrem weiblichen, obwohl das Kind mit diesen Zuordnungen noch lange nichts wird anfangen können. Sie legt ihre eigenen Phantasmen von Geschlecht, Differenz und Begehren in ein infantil-sexuelles Wesen, das damit so nichts anfangen kann – oder richtiger: mit dem es irgend etwas anfangen muß. In Anlehnung an die kleinianische Schule (Bion) läßt sich sagen: Die Mutter legt ihre Träume in das Kind, bringt es zum Träumen. Diese Träume sind für die Mutter „Übersetzungen" (Laplanche, 1992) ihres Unbewußten, für das Kind sind sie Rätselhaftes in den Botschaften eines anderen Wesens, auf das es ganz bezogen ist.

Das Kind macht sich seinen infantil-sexuellen Reim daraus, übersetzt das Begehren des anderen in sein Denken, sein orales, anales und phallisches Vorstellen und Verstehen, in seine Sprache des Wünschens und des Abwehrens. Diese frühe Abwehr hat Freud (1915) als prototypische und als Triebschicksale beschrieben: Verkehrung ins Gegenteil und Wendung gegen die eigene Person. So ist das Übersetzen des unbewußten Begehrens in den Botschaften des anderen auch ein Bewältigen von Erregungen.

Mit diesen Beschreibungen haben wir uns der Grundlage des Mensch-Werdens angenähert, ihrem Ursprung.

Urverführung

Sie ist gleichsam die Mutter aller Verführungen, der Nabel von Verführung und Verführbarkeit, ihr genetischer Ursprung.

> „Die universale und ursprüngliche Situation, die wir als Grundlage der zwischenmenschlichen Beziehung festlegen, ist die der Verführung ... Die Verführung muß als eine Beziehung von Passivität und Aktivität definiert werden ...: Das Aktive ist das, was mehr an Wissen, mehr an Erfahrung etc. enthält als das Passive. Außerdem führt die Psychoanalyse in diese Asymmetrie die wesentliche Ergänzung ein, daß dieses ‚Mehr' ein mehr an unbewußtem Wissen auf seiten des Verführers ist. Die Verführung ist eine dissymmetrische Beziehung, für die das Paar Kind-Erwachsener das Vorbild abgibt. Ein Kind, das sich einer Erwachsenenwelt gegenüber sieht, die ihm von Anbeginn an Botschaften schickt, durchdrungen von (dem Sender selbst) unbewußten sexuellen (in der Psychoanalyse aufzudeckenden) Bedeutungen, Botschaften, die rätselhaft, also als ein ‚Zu-Übersetzendes', wahrgenommen werden" (Laplanche, 1992, S. 82, 83).

Für das Kind am Ursprung heißt das: Was an Rätselhaftem nicht übersetzt werden kann, wird zu den „ersten Ansätzen des Unbewußten" (Laplanche, 1992, S. 84), was Freud die „Urverdrängung" genannt hat. So ist das Fremde in uns ein Verweis auf das Fremde in den Botschaften der anderen. In der Urverführung spaltet sich vom Psychischen ein ursprüngliches Unbewußtes ab, ein „Es", das die „ersten Quell-Objekte, die (psychischen, J.R.) Quellen des Triebes" (Laplanche, 1988, S. 142) begründet.

Mit der Urverführung ist das Subjekt durch einen „Fremdkörper" dezentriert, um den sich die späteren Verdrängungen (das als unverträglich fremd Gemachte) anlagern. Dieser Fremdkörper des Unübersetzbaren und Nichtsymbolisierbaren, ein Unruheherd, attackiert von innen das sich entwickelnde Ich. Die Versuche, diese Attacken von innen „zu binden und zu symbolisieren" (Laplanche, 1988, S. 142) werden zu den ersten komplexen Übersetzungen von Sexualität und Geschlechterdifferenz, zu den Urphantasien. Sie „beziehen sich auf die Ursprünge. Ebenso wie die Mythen geben sie vor, eine Darstellung und eine ‚Lösung' dessen zu geben, was sich dem Kind als großes Rätsel darbietet ..." (Laplanche, Pontalis, 1985, S. 42).

Die große Unruhe in uns, die uns als Subjekte dezentriert, verlangt unaufhörlich nach Übersetzungen: Träume, Tagträume, Mythen, Urphantasien, Erinnerungsphantasien, Symptome und Charakterzüge. Nicht daß damit das Leben zum Traum würde, aber: „Die Ursachen, denen die Psychoanalyse nachforscht und die sie aufdeckt, gehören zur Gattung der Vorstellungen" (Laplanche, 1988, S. 126, 127); und: „Das menschliche Wesen ist und bleibt ein sich selbst übersetzendes, sich selbst theoretisierendes Wesen. Die Urverdrängung ist nur der erste und beginnende Moment eines Prozesses, der das ganze Leben lang andauert" (Laplanche, 1988, S. 228); die Urverführung als Nabel aller späteren Verführungen und Verführbarkeiten.

Übertragung der Verführung

Laplanche folgend, haben wir Verführung als Konsequenz asymmetrischer Begegnung nach dem Urbeispiel Kind-Erwachsener definiert, in dem der Erwachsene dem Kind gegenüber grundsätzlich ein Verführer ist.

Was für das Kind verführend ist: das verdrängt Sexuelle in den Botschaften des Erwachsenen, welches das Kind zu entschlüsseln und zu beruhigen sucht. Was für das Kind nicht übersetzbar ist, implantiert sich ihm unberuhigt als (sexueller) Fremdkörper im Psychischen.

Was für den Verführer verführend ist: Ist der Verführer auch ein Wissender, so ist ihm selbst sein Wissen, da verdrängt, unbekannt. In den Übersetzungsversuchen des Kindes kann der Verführer sich selbst enträtseln, sein eigenes Verführt-worden-sein szenarisch verwirklichen.

Verführung ist nicht gleich Verführung. Ein Maß für das Traumatische einer Verführung ist das Nichtzuübersetzende; was fremd bleibt. Was das sich entwickelnde Ich überwältigt, reißt eine Lücke ins Psychische, eine Erinnerungs- und Bedeutungslücke, die von Deckerinnerungen überbrückt wird. Was mit einem bereits erstarkenden Ich unverträglich ist, kann abgewehrt, verdrängt bzw. verleugnet werden, wobei immer auch Teile des beteiligten Ichs der Abwehr verfallen.

In der Asymmetrie Kind-Erwachsener ist der Erwachsene ein Wissender, der nichts weiß; ein Verwirrender, der verwirrt ist; ein Erregender, der erregt ist. Was als Konsequenz der Asymmetrie dem Kind implantiert ist, produziert Abkömmlinge, die dem bewußten Ich rätselhaft sind, Abkömmlinge, die nach Antwort verlangen: z.B. Träume, Symptome, neurotische und perverse, Phantasien; Rätsel als Abkömmlinge des in uns unheimlich und heimlich Wirksamen. Dieser Asymmetrie kann das Kind als physiologische Frühgeburt, mit einem unzureichenden und fragilen erbkoordinierten und erwerbskoordinierten Instinktprogramm ausgestattet, nicht entkommen; die Kindheitsgeschichte ist eine Geschichte der Abhängigkeiten, Leidenschaften, durch elterliche Macht, vielleicht auch Ohnmacht, nicht selten durch Gewalt gekennzeichnet.

Begegnen einander zwei in etwa gleich erwachsene Menschen, stellt sich die Frage von Verführung und Verführbarkeit im Sinne von Laplanche aus einer etwas anderen Perspektive.

Begegnungen sind soziale Situationen; diese sind nicht, sie werden gemacht. Mächtig in einer sozialen Situation ist, wer ihre Regeln und Ziele definieren und seine Definition auch durchsetzen kann. Eine asymmetrische Situation ergibt sich so, wenn einer von zweien bedürftig ist, leidet, verwirrt ist und dem anderen Wissen und Macht zuschreibt, zu helfen, zu weisen, zu leiten. Die psychoanalytische Situation reproduziert die Asymmetrie der Verführung, indem ein (scheinbar) Unwissender einem (scheinbar) Wissenden begegnet. Ginge nun in der psychoanalytischen Situation tatsächlich Verführung in Szene, so produzierte der Wissende sein Unwissen (seine verdrängte Sexualität) in der Begegnung, der Unwissende versuchte, dieses ihm rätselhafte Wissen, dieses ihn erregende Wissen zu verstehen und zu integrieren, oder abzuwehren durch Verleugnung und Verdrängung. Das wäre eine Wiederholung früherer Verführungen und der Sinn solcher Wiederholungen ein fragwürdiger. Tatsächlich suchen wir als Patienten die Geschichte der Verführungen unseres Lebens in jeder asymmetrischen Begegnungssituation zu wiederholen, sei es als Verführer oder als Verführbarer; es geht ein faszinierender Reiz aus von jeder Asymmetrie. Als Patienten wiederholen und übertragen wir die Geschichte unserer Verführungen auf einen Verführer: wir übertragen das Fremde in uns (wieder zurück) auf den Fremden vor bzw. hinter uns, um Antwort zu bekommen auf etwas, das unerbittlich nach Antwort verlangt. Dieses Verlangen ist ein leidenschaftliches, jedenfalls wenn wir lieben, wenn wir leiden, wenn wir verliebt sind und die Situation der aktuellen Begegnung (wie ein Tagesrest für den Traum) die Asymmetrie der Kindheit reproduziert, denn: es ist der Erwachsene für das Kind grundsätzlich ein Verführer. Und dann geht es in der Behandlung zu wie in einem „Theaterstück, in dem auf der Bühne das Feuer ausbricht" (Laplanche, 1992, S. 178).

Übertragung

Reminiszenz

Einsicht braucht das Erlebnis, und sie ist Erlebnis, wenn Vergangenheit sich aktuell in der Behandlung in Szene setzt. Vergangenheit liegt vor als Reminiszenz, eine verinnerlichte erste Szene, die von Lücken durchsetzt ist; Erinnerungs- und Bedeutungslücken, die die Reminiszenz arbeiten lassen. „Mythen entstehen, wenn man vor Abgründen steht, in die man nicht stürzen will" (Franz Hodjak, Spectrum der „Presse", 11.5.1996, III).

Lücken sind Abgründe, Fremdes in uns, das die Reminiszenz arbeiten läßt; quasi die Ränder der Lücken produzieren Erinnerungsphantasien, das sind Phantasien über lückenhafte Erinnerungen und ebenso lückenhafte Erinnerungen an Phantasien, wobei Phantasien komplexe Szenarien konflikthafter Wunscherfüllung sind, in denen das Ich mehrfach vorkommt. Die dynamisch-konflikthaften Brüche in den Reminiszenzen produzieren Phantasien als Ausdruck eines unablässigen Grenzverkehrs entlang der Zensur. Phantasien sind Formen psychischer Realität, die ihre Verwirklichung in einer sozialen suchen. Die Behandlungssituation ist die Bühne, auf der sich die Reminiszenz und ihre produktiven Lückenränder verwirklichen.

Derart haben Reminiszenzen Einfluß auf Wahrnehmung und Erleben in der Gegenwart. Diese wieder bringen die Reminiszenz gleichsam dort in Resonanz, wo Entsprechungen bestehen zwischen Gegenwärtigem und Vergangenem, und besonders dort, wo Erinnerungs- und Bedeutungslücken nach Verstehen, Beruhigen und Befriedigung verlangen.

Die Wirksamkeit der psychoanalytischen Kur ist an ein szenisches Zusammenspiel von Zeiten und Orten gebunden. Die Aktivierung der Reminiszenz ermöglicht dieses Zusammenspiel, sie ist eine Brücke zwischen den Zeiten.

Übertragung hat Zeiten und Orte: den Augenblick – das Jetzt und Hier; die Gegenwart – das Heute, aber Dort; die Vergangenheit – das Damals und Dort. Korrespondiert ein Damals und Dort mit einem Jetzt und Hier, aktiviert sich die Reminiszenz bevorzugt um ihre Lücken, um das Fremde und Fremdgemachte der Reminiszenz. Einmal von der aktuellen Gegenwart aktiviert, ergreift das Vergangene nun vom Jetzt und Hier Besitz, prägt dem Augenblick seinen bedeutungsvollen Stempel auf. Dieses Zusammenspiel von Jetzt-Damals-Jetzt heißt man Nachträglichkeit, wobei die Wiederholung die Nachträglichkeit verdeckt (Laplanche, 1992, S. 154).

Ein Beispiel: Schweigen in der Kur. Mit dem Schweigen zerfällt die Struktur der Arbeitssituation. Sagt der Analysand nun: „Mir fällt nichts ein, ich weiß nichts, fragen Sie mich doch", so mag das auch bedeuten: „Ich weiß nichts, Sie wissen doch alles"; oder: „Ich bin heute so passiv, tun Sie doch etwas mit mir"; oder: „Ich bin so faul, seien Sie streng mit mir", oder: „Fragen Sie mich aus, nehmen Sie die Schuld auf sich für alles, zu dem Sie mich verführt haben und was wir dann miteinander getan haben werden".

Die ungleichgewichtige Situation, der der Arbeitsauftrag abhanden kam, verwirrt, regt auf, erregt; aktiviert Reminiszenzen der Asymmetrie und der Verführung. Je traumatischer das Damals und Dort, desto lückenhafter die Reminiszenz und desto drängender das Begehren, diese Lücken mit Bedeutung zu erfüllen, indem sie gegenwärtig in Szene gesetzt werden, um eine aktuelle Übersetzung zu erhalten.

Damit mögen sich z.B. folgende Inszenierungen entwickeln: „Ich bin so passiv, willst Du nicht mit mir spielen, etwas mit mir tun?", oder: „Ich bin faul und schlimm, sei streng, zwinge mich, bestrafe mich, aber verlasse mich nicht", oder: „Ich weiß nichts, kenn mich nicht aus, fragen Sie mich und zeigen Sie mir, was es zu wissen gibt. Was immer passiert, Sie haben Schuld. Vielleicht bin ich auch schlecht".

Was als Reminiszenz an Vergangenem vorliegt, verwirklicht sich im Augenblick, indem sie sich der Gegenwart als Material bedient. Die Gegenwart lädt die Reminiszenz mit Bedeutungen auf, die Affekte produzieren: Übersetzungen des Vergangenen entstehen, die das Ich (oder Teile davon) zu affektiven Gegenreaktionen provozieren. Das ist die kathartische Wiederholung in der Übertragung, wobei die Wiederholung verdeckt, daß die Lücken im Vergangenen durch das Jetzt und Hier auch *nachträglich* einer neuen, abweichenden Übersetzung zugeführt werden können, z.B. in der Trauerarbeit (s. „Analysieren" und „Nachträglichkeit"). Die Reminiszenz ist eine Vergangenheit aus Erinnerung, Lücken und Phantasien. Sie sind der Stoff, aus dem sich das Übertragungsmaterial aufbaut, in dem sie sich in Szene setzen.

„Verzeitlichung" (Laplanche, 1992, S. 85, 86)

Die menschliche Neigung, zu übertragen, ist Ausdruck seiner „Verzeitlichung", Ausdruck seiner zeitlichen Ordnung. Entwirft ein Mensch sich in die Zukunft, so macht er aus Erinnerungen, Lücken und Phantasien seine Entwürfe des Zukünftigen; er geht also grundsätzlich von der Gegenwart ins Vergangene. Übertragung ist Ausdruck menschlicher Determinierung in der zeitlichen Abfolge. Gegenwart – Vergangenheit – Zukunft, Ausdruck einer Abfolge, die durch die Zeiten geht und die Zeiten wirksam verschmilzt.

Verführung zur Übertragung

Übertragung ist immer dann und überall dort, wann und wo ein Jetzt und Hier die Situation einer Asymmetrie, einer Verführung im Sinne von Laplanche, reproduziert. „Der Patient wendet sich an den Analytiker wie an jemanden, der weiß: die Ursache seines Leidens ..., was er wirklich will ..., was sein Heil ist" (Laplanche, 1988, S. 175).

Der Analytiker ist *Provokateur der Übertragung*, denn „das Angebot schafft die Nachfrage" (Laplanche, 1992, S. 189). Die psychoanalytische Situation: eine Situation der Verführung, der Analytiker ihr Provokateur, der Patient wird provoziert und provoziert zur Wiederholung der Verführungen eines Lebens, besonders wenn er verwirrt ist, wenn er leidet, wenn er begehrt. Bevorzugt aktiviert werden die traumatischen Verführungen, jene, die lückenhafte Reminiszenzen zur Folge hatten, da vieles aus diesen verführerischen Begegnungen fremd blieb, fremd gemacht werden mußte. In der Übertragung machen sich die Ränder dieser Lücken (Grenzerinnerungen) im Vergangenen breit, suchen nach Übersetzung und Inszenierung.

Der Analytiker als *Garant der Methode*: Er provoziert Verführung, verweigert aber, sie zu agieren; er führt (im Idealfall) nicht auf etwas hin (seine Werte) und verführt nicht zu etwas (zu seinen Lüsten z.B.). Provokation ohne Aktion läßt einen symbolischen Raum entstehen, in dem der Patient seine Verführungen reinszenieren kann, oder besser: muß; die Lücken des Fremdgebliebenen und Fremdgemachten und ihre Ränder, das Nichtsymbolisierte und das Nichtintegrierte, verlangen nach einer übersetzerischen Verwirklichung als Träume, Tagträume, Symptome, Charakterhaltungen, als Wünsche und ihre Abwehr. Sind die Lücken in unseren Reminiszenzen das geheimnisvoll Unbewußte in uns, das uns nicht Herrin, nicht Herr sein läßt im eigenen psychischen Haus, so produzieren sie in den symbolischen Raum der Analyse laufend Rätsel. Die Übertragung ist voll von ihnen: „Das Geheimnis macht dem Rätsel Platz und das Rätsel öffnet den Geist – in der gleichen Zeit, in der es ihn verwirrt – macht ihn offen, wenn nicht für die Lösung, so doch für die Suche nach ihr" (Pontalis, 1992, S. 16).

Das Fremde in uns, die unheimlichen Geheimnisse des Unbewußten, sind die treibende Kraft, die das Material der Kur produziert – als Rätsel in der Begegnung. Von den so inszenierten Rätseln geht eine Faszination der (sexuellen) Neugier aus, die den psychoanalytischen Einsichtsprozeß vorantreibt.

Der Analytiker ist drittens *Hüter des Rätsels* (Laplanche, 1992, S. 191), was er nur bleiben kann, wenn er als Garant der Methode Verführung provoziert, nicht aber agiert: Die in Szene gesetzten Rätsel wollen primär nicht den Geist öffnen, sondern als Erlebnis genossen und gelitten, in Leidenschaft wiederholt, und nicht gelöst und fortentwickelt werden. Als Hüter der Rätsel steht der Analytiker gegen den Übertragungswiderstand.

Die Übertragungsneurose ist die komplexe Wiederholung der Verführungen eines Lebens und der Versuch des Verkehrens von Verführungen: Übertragung ist keine Einbahnstraße. Der Analytiker mit seiner Geschichte der Verführungen und Verführbarkeiten ist ebenso affizierbar durch die Rätsel des anderen, die mit dem geheimnisvoll Fremden in ihm selbst korrespondieren. Damit kommt seine Übertragung und seine Gegenübertragung ins Spiel, was heißt: Verführer und/oder Verführter, die Rollen sind nie fix verteilt, die im Prozeß immer zu klärende Frage ist, wer gerade wer oder was ist in einer Situation und auf was wer gerade hinaus will.

Die Wahrheit von Übertragung und Gegenübertragung ist eine komplizierte; ein Dialog (Váquez Montalban, 1983, S. 131): „,Soll ich Ihnen die Wahrheit sagen?' ‚Es ist eine Frage der Menge. Die ganze Wahrheit ist zu viel für einen Abend'".

In der Übertragung, Folge der Verzeitlichung des Menschen, setzt das Unbewußte (das Unpersönliche, aber Einzigartige (Pontalis, 1992, S. 16)) sich ungestüm (ökonomischer Aspekt) und rätselhaft (konflikthaft dynamischer Aspekt) in Szene, allerdings primär nicht der Rätsel Lösung suchend, sondern um sich szenisch und leidenschaftlich (kathartischer Aspekt der Wiederholung) zu verwirklichen. In der Übertragung ist (brüllt) die laute Stimme der Psychoanalyse.

Analysieren oder: „Die Psychoanalyse ist eine Enttäuschung"
(Zitat aus einer Analyse)

> Laplanche (1992, S. 64), Verse von Hölderlin umschreibend:
> Und immer
> Ins Zusammengesetzte geht ein Zwang. Vieles aber
> Ist zu entbinden.

Einer nicht ganz umsichtigen Ansicht zufolge führt Psychoanalyse unsere gegenwärtigen bewußtseinsfähigen Wünsche und Ängste, Symptome und Haltungen, Taten und Hemmungen auf unsere Vergangenheit zurück, um ... ja, um nun was zu tun, was zu bewirken? Um zu deuten? In etwa so: „Da haben wir es wieder, warum Sie immer wieder das immer Gleichbleibende tun, wiederholen ..." Dann folgen Rekonstruktionen oder eigentlich Konstruktionen, die die Zeiten und Orte eines Lebens miteinander verknüpfen: den Augenblick der psychoanalytischen Situation im Jetzt und Hier mit der Gegenwart des Analysanden im Heute, aber Dort mit der Vergangenheit im Damals und Dort eines erinnerten und erzählten Lebens – wobei Erinnerungen bekanntlich keine Beweise sind.

Das Jetzt und Hier erzwingt für die Vergangenheit in erlebter Aktualität eine emotionale Bedeutung, die sie als rekonstruierte oder konstruierte Erinnerung nicht erhalten kann. Im Jetzt und Hier verschmelzen die Zeiten. Dem Damals und Dort gebührt der Glanz der Einsicht, dem Jetzt und Hier gebührt der Triumph der Leidenschaften; im Jetzt und Hier kommen jene Energiequantitäten zur Wirkung, die im neurotischen Konflikt ökonomisch ausschlaggebend sein können. Überwunden (ökonomisch) und erkannt (einsichtig gemacht) werden kann Vergangenheit im bedeutsamen Jetzt und Hier.

Was heißt aber „überwunden und erkannt?" Seien wir ehrlich: Eine solche die Zeiten verschmelzende Wiederholung und rekonstruierte Deutung der Wiederholung mag die Vergangenheit in Szene setzen, mag die Wiederholung mit ihrem Zwang in alle Sinne bringen – aber was bringt eine solche Deutung der Wiederholung oft an Neuem und weshalb sollte sie mutativ, gar strukturell mutativ, wirksam sein (wobei Strukturen Prozesse mit langsamer Veränderungsrate sind)?

„Mag sein", könnte der so gedeutete Analysand betroffen, verärgert, erstaunt, bewundernd, dankbar, erwidern oder denken, „aber was soll ich jetzt damit anfangen, nachdem ich mit Ihrer Hilfe einsehe, daß ich mich auf Grund eines Damals heute im Kreis drehe? Soll ich auf meine alten Wünsche verzichten, meine Ängste mit starkem Willen überwinden oder sie als gegenstandslos bezeichnen, obwohl ich sie noch immer, gegen alle Vernunft, spüre, oder was? Ich weiß jetzt, daß ich wiederhole, was ich wiederhole, warum ich wiederhole und wozu ich wiederhole – nur, wie soll ich mich vor weiteren Wiederholungen schützen, falls ich mich überhaupt schützen will?"

Die psychoanalytische Kur (Laplanche, 1992) ist im wesentlichen keine Übersetzung eines gegenwärtigen Szenarios in ein vergangenes und vice versa, denn das hieße nur, eine Übersetzung des Unbewußten (z.B. die aktuelle Übertragung) in eine andere Übersetzung des Unbewußten (in eine Erinnerungsphantasie über eine Vergangenheit) zu überführen.

Die Psychoanalyse braucht ihre Wirksamkeit nicht auf Übersetzungen von Übersetzungen von Übersetzungen des Unbewußten begründen. Symptome und Haltungen, Handlungen und Hemmungen sind bereits Übersetzungen von Übersetzungen des Unbewußten in Bewußtseinsfähiges. Ebenso die Rede, die Erzählung des Analysanden: Sie ist Darstellung des Gegenwärtigen und des Vergangenen, eine Darstellung, die mehr an Latentem verhüllt als enthüllt, wenn auch aus aller Rede Verrat dringt. Eine karge Rückführung des Gegenwärtigen auf ein Vergangenes bringt weder wesentlich mehr an Wahrheit noch gar die Wahrheit eines Symptoms, eines Traums, einer Übertragungsinszenierung ans Tageslicht.

Was ich also benötige, um ein Mehr an Informationen über unbewußte Hintergründe und deren gegenwärtige Wirksamkeit zu bekommen, ist nicht ein Verfahren, das eine gegebene Übersetzung des Verdrängten in eine andere Übersetzung überführt, sondern ist ein Verfahren, das eine gegebene, spezielle Übersetzung *ent*übersetzt, rückgängig macht und damit das Unbewußte zu neuen vorbewußten Produktionen anregt, wodurch es sich mehr zu erkennen gibt, in neuen Variationen zu erkennen gibt.

Analyse ist, wie ihr Name sagt, ein Verfahren des Zerlegens in Elemente. Nehmen wir den Traum als Beispiel. Der manifeste Traum als Traumerzählung ist meist eine mehr oder weniger plausible Geschichte, deren Elemente durch sekundäre Bearbeitung in ihrer Bedeutung festgelegt und damit eingeengt sind – ebenso wie auch die Bedeutungsvielfalt von Worten und Silben durch den Satzzusammenhang sinngemäß eingeschränkt wird.

Zerreiße ich analysierend den Sinnzusammenhang der Traumerzählung, so stehen die einzelnen Traumelemente vorerst einmal isoliert da. Die manifeste Traumerzählung ist eine Übersetzung der latenten Traumgedanken, die wieder auf das Infantile, das Fragmentierte und Formlose, das Unpersönliche, wenn auch Einzigartige (Pontalis, 1992) verweisen. Der Duktus der manifesten Erzählung, der Übersetzung des Latenten, des Infantilen und der ersten Szenen (Reminiszenzen) legt die Bedeutung der enthaltenen einzelnen Traumelemente quasi vernünftig fest, gibt ihnen eine Form. Zerlege ich den Traum in seine Elemente, sprenge die Form, so ziehen diese Elemente Assoziationen an sich. Assoziationen sind Abkömmlinge des Vorbewußten und des Unbewußten, die bevorzugt an den Rändern von Lücken als Grenzvorstellungen entstehen. Sie reichern sich um diese Elemente an. Durch solche um einzelne Elemente sich gruppierenden, anreichernden Einfälle (Vorstellungen, Erinnerungsphantasien) produziert sich das dynamisch Unbewußte im Bewußtsein.

Das Zerreißen des manifesten Traumes in Elemente, um die sich Einfälle gruppieren, zerstört eine Geschichte, die eine Übersetzung war; die so destruierende Entübersetzung einer sekundären Bearbeitung schafft Raum für andere, weitere verrückte und abwegige Assoziationen, Produktionen des Verdrängten im Vorbewußten, Material dann für weitere Deutungen.

Im Gegensatz zu Konstruktionen oder Rekonstruktionen, die „Deutungen en masse" zu nennen sind, können Traumelemente und die sich produzierenden Assoziationen „en detail" gedeutet werden, im Sinne eines „Element-für-Element-Verfahrens" (Laplanche, 1992, S. 49). Eine „vollständige und systematische Zerstückelung der Traumerzählung" zielt auf das Unbewußte des Traumes, indem sie den manifesten Traum als abwehrendes, *täuschendes* „Konglomerat von psychischen Bildungen" auffaßt (Laplanche, 1992, S. 48). Die psychoanalytische Praxis setzt dem Grenzen.

Die Deutung en detail ist eine „Entübersetzung, um umfassenderen Übersetzungen freien Raum zu schaffen ... Wir trennen Vorbewußtes (Symptom, Traum, Erinnerung, Phantasie, J.R.) auf (wir übersetzen es nicht: keine Übersetzung der Übersetzung), damit ein neues Vorbewußtes einen Teil zurückerobern kann, was beiseite gelassen wurde" (Laplanche, 1992, S. 61).

Die Deutung en masse, wie sie die Konstruktion darstellt, ist eigentlich ein synthetisches Verfahren, das durch Verknüpfen Bedeutung und Sinn stiftet. Die Deutung en detail ist das eigentlich analytische Verfahren, das den Bahnen sinnverwirrender Assoziationen zu folgen sucht, indem es eine gegebene Sinntextur auftrennt. Sie ist ein Verfahren der Entübersetzung, das enttäuscht, indem es die Täuschungen des Manifesten in seine Elemente zerlegt.

Insofern ist Sinn Täuschung. Analysierend heben wir Sinn auf, konstruierend stiften wir Sinn. Das Instrument der Konstruktion (Deutung en masse) ist Vernunft, das der Deutung en detail der Intellekt.

Das Verhältnis „en detail" zu „en masse" in der Psychoanalyse wird sich den Erfordernissen des Prozesses anpassen. Dieses Verhältnis ist auch ein Differenzierungsmerkmal zwischen Psychoanalyse und psychoanalytischer Psychotherapie (mündliche Mitteilung S. Warta): Die psychotherapeutische Strategie setzt mehr auf Konstruktion, auf Synthese des Widersprüchlichen, sucht konstruktiv das Vernünftige und Verständige im Verrückten zu stiften.

Wie wird die im engeren Sinn analytische Methode des Deutens en detail im dynamisch Vorbewußten und Unbewußten des psychischen Apparates wirksam? Das führt zur Nachträglichkeit (s. folgenden Abschnitt).

Zuvor noch einige Anmerkungen zur Deutung der bzw. in der Übertragungsanalyse: Übertragungsanalyse ist die Untersuchung von Suggestionen, eine Untersuchung, warum und wozu der eine den anderen wovon überzeugen will, warum und wozu der eine dem anderen etwas ausreden will. Sie ist ein Erlebnis der besonderen Art und führt zu Einsichten der besonderen Art. Das Damals und Dort von Verführungen, Verdrängungen, Übersetzungen wird im Jetzt und Hier der psychoanalytischen Situation fortgesetzt übersetzt, also: verzerrt, vervielfältigt, begehrlich und angstvoll aktualisiert; im Jetzt und Hier ist verdrängte und übersetzte Vergangenheit aktuell als selektive Wahrnehmung und als latente Handlungsbereitschaft *ent*halten und *er*halten; Urverführung, frühzeitige Verführung und eventuelle infantile Verführung warten als sogenannte Reminiszenzen, als verinnerlichte erste Szenen (Laplanche) auf ihre Chance, szenisch im Jetzt und Hier wirksam zu werden.

Die im engeren Sinne analytische Deutung en detail zerreißt die manifeste Kohärenz der von den Reminiszenzen her abkommenden Erinnerungsphantasien. Deren Elemente ziehen im Jetzt und Hier abwegige, verrückte Assoziationen an sich, welche, en detail gedeutet, die bisher unterdrückten Bilder und Intentionen in den gegebenen, bisherigen Übersetzungen freisetzen: unzusammenhängend, widersprüchlich, verwirrend, scheinbar beliebig – und damit Widerstand provozierend.

Die Synthese als Konstruktion (Deutung en masse) im Anschluß an Zerlegen und Deuten en detail bedient sich der somit freigesetzten Elemente und Assoziationen *nach* der Entübersetzung, läßt eine neue Übersetzung zu, die Zeiten und Orte einer Reminiszenz aus nun varianter Perspektive verbindet.

Während das Zerlegen und Deuten en detail meist beträchtlichen Widerstand zu überwinden hat, entstehen neue Übersetzungen, neue Konstruktionen fast wie von selbst und am besten auch (fast) ohne die Hilfe des Analytikers. Wir haben ein Faible für sekundäre Bearbeitungen, für ganze Geschichten, für Geschichten, die nach der Logik des Vorbewußten, der Vernunft ausgehen. Wie ich schon eingangs dieses Kapitels, Laplanche zitierend, notiert habe:

„Und immer
Ins Zusammengesetzte geht ein Zwang. Vieles aber
Ist zu entbinden".

Nachträglichkeit

Die Freudsche Theorie der infantilen Verführung (im Sinne von sexuellem Kindesmißbrauch) hat, neben ihrem klinisch-ätiologischen Aspekt, einen zeitlichen Aspekt: sie ist eine Theorie der sogenannten Nachträglichkeit oder auch eine Theorie des Traumas in zwei Zeiten (Laplanche, 1988, S. 207): Während der ersten Zeit, der prototraumatischen, hat das Individuum mit seinem im Entstehen begriffenen Ich bei einem von außen kommenden Angriff keine angemessenen Verteidigungsmittel, „es hat nicht die richtige Antwort ... Zur zweiten Zeit hat es wohl die Mittel, aber es sieht sich umgangen und auf seiner wehrlosen Seite, d.h. von innen her angegriffen ... Hier ist alles exogen und endogen" (S. 208). Man kann das auch so sagen: Zuerst geschieht etwas ziemlich Arges, aber es passiert nichts. Später geschieht wieder etwas Ähnliches, nichts Spektakuläres aber, und diesmal passiert als Reaktion sehr viel.

Der Freudsche Terminus der Nachträglichkeit ist gekennzeichnet durch „zwei Anschauungen, die beide Einbahnstraßen sind: die von der aufgeschobenen Wirkung der Vergangenheit auf die Gegenwart; und die vom rückwirkenden Verständnis von der Gegenwart in die Vergangenheit" (Laplanche, 1992, S. 88, Anm. 31). Also: erstens die Anschauung von Nachträglichkeit als ein ökonomisches Phänomen, indem nachträglich, in der Gegenwart, Energiequantitäten aus einer Reminiszenz entbunden werden (eine Reminiszenz ist eine verinnerlichte erste Szene mit Erinnerungs- und Bedeutungslücken). Die zweite Anschauung von Nachträglichkeit versteht sie als bedeutungsstiftendes, bedeutungsergänzendes Phänomen: Durch ein gegenwärtiges Ereignis, das in unbewußte Analogie zu einem früheren gesetzt wird, bekommt eine Reminiszenz nachträglich zusätzliche oder andere oder überhaupt erst Bedeutung – wobei Reminiszenzen mit ausgeprägten Lücken besonders empfänglich sind für Nachträglichkeit.

Die aktualisierte Reminiszenz, die aktualisierte verinnerlichte erste Szene, ist eine Wiederholung des Vergangenen, aber auch ihre Variation in Nachträglichkeit. So deckt die Wiederholung in ihrem scheinbar stereotypen Ablauf die Veränderungen zu, die nachträglich dadurch geschehen, daß Lücken Bedeutung bekommen und ein mittlerweile stärkeres Ich auf diese neuen Bedeutungen reagiert. An unseren Reminiszenzen erkranken wir nachträglich.

Fassen wir die Nachträglichkeit in der Theorie des zweizeitigen Traumas nach infantiler Verführung als Sonderfall einer allgemeinen „Verzeitlichung" (Laplanche, 1992, S. 85) des Menschen auf, wobei Verzeitlichung die „Art und Weise (bezeichnet), in der sich die menschliche Existenz in der Zeit organisiert und dabei versucht, bei jeder neuen Wendung eine neue Perspektive über sich selbst einzunehmen" (S. 86). Wir formulieren eine allgemeine Theorie der Nachträglichkeit, welche die Theorie des zweizeitigen Traumas bei infantiler Verführung zu einem Spezialfall der Verzeitlichung des Menschen und zu einem Spezialfall von nachträglicher Wirkung macht.

Die „Bewegung der Verzeitlichung: Gegenwart – Vergangenheit – Zukunft (ist) eine Bewegung der Entübersetzung-Wiederübersetzung. Sie setzt ein bereits früher Übersetztes voraus, aber auch ein uranfänglich Zu-Übersetzendes, das wir Unbewußtes nennen" (Laplanche, 1992, S. 82). Das verweist auf die ursprünglichen Rätsel in den intersubjektiven Botschaften, auf die Rätsel des Ursprungs (des Subjekts, des Sexuellen, der Geschlechter), auf Urverführung, Urverdrängung, Urphantasien, auf die uranfängliche Dissymmetrie als Grundlage der zwischenmenschlichen Beziehung, auf das unbewußte Sexuelle in den ursprünglichen Botschaften, das zum Fremden in uns wird und uns zum dezentrierten Subjekt macht.

> „Der Mensch erstreckt sich nur deshalb in die Zukunft, weil er selbsttheoretisierend ist; jeder bedeutsame Umstand seines Lebens (z.B. Verlust – Trauer – Trauerarbeit oder psychoanalytische Kur – Übertragung – Deutung, J.R.) ist für ihn Gelegenheit, die gegenwärtige „Übersetzung" wieder in Frage zu stellen, sie zu entübersetzen, indem er sich

der Vergangenheit zuwendet ... Grundlegend sind jene Momente der menschlichen Verzeitlichung, in denen sich die Umarbeitung in der Nachträglichkeit (und nicht Katharsis in der Wiederholung, J.R.) vollzieht" (Laplanche, 1992, S. 84).

Die Wiederholung als Zirkel bestätigt eine gegebene Übersetzung des Vergangenen, reproduziert aufladend und abreagierend eine Reminiszenz, ohne sie bedeutungsvoll zu verändern, stereotyp. Nachträglichkeit zerreißt einen festgefügten Zusammenhang einer Reminiszenz, entübersetzt sie also zum Teil und läßt die neuübersetzte, umgearbeitete Reminiszenz im Gegenwärtigen wirken.

Wiederholungszirkel und Katharsis sind Beispiele, in denen Übersetzungen von Übersetzungen von Übersetzungen von Reminiszenzen sich wiederholen. Kathartische Therapien und Übertragungswiderstand sind dafür exemplarisch. Trauerarbeit und mutative Deutung sind exemplarisch für Entübersetzung.

Die Reminiszenz ist eine Brücke zwischen Gegenwart und Vergangenheit. Nachträglichkeit heißt der Verkehr auf der Brücke, dessen Güter Bedeutung und Affekt sind.

Die Psychoanalyse bevorzugte bekanntlich schon immer, sich von der Gegenwart aus der Vergangenheit zuzuwenden. Laplanche (1992, S. 85) bleibt „es überlassen, diese Abfolge: Gegenwart – Vergangenheit – Zukunft im Lichte einer übersetzerischen/entübersetzerischen Theorie der menschlichen Existenz zu deuten" und diesen Vorgang mit der dissymmetrischen Situation der Urverführung in Beziehung zu setzen, in der Übersetzung des Ursprungs (Urphantasien) und Urverdrängung den Ursprung des Subjekts bedeuten, eines Subjekts, das durch ein unpersönlich Fremdes bestimmt wird; das zum Objekt des Fremden in uns gemacht wird.

„Unter dieser Perspektive erweist sich das Leben als Subjekt in seiner Gesamtheit geformt durch etwas, das man, um seinen strukturierenden Charakter zu betonen, ein System von Phantasien nennen könnte" (Laplanche, Pontalis, 1967, S. 392), welche immer wieder übersetzt und entübersetzt werden. So setzt z.B. Trauerarbeit die Entübersetzung der latenten Objekt*wahl und* der manifesten Objekt*findung* voraus, die depressive Verarbeitung des Verlustes ist hingegen ein Übersetzungsstereotyp des Manifesten, ein Wiederholungszirkel bei Vermeidung einer Entübersetzung.

Indem sich in der psychoanalytischen Situation die ursprüngliche Verführungssituation und ihre Varianten als Übertragungsneurose wieder einstellen, bekommt die Deutung en detail die Qualität der Entübersetzung, die es erlaubt, neue Vergangenheits- und Gegenwartsperspektiven zu entwickeln.

Die leise Stimme der Psychoanalyse, der Intellekt, bedient sich der Deutung en detail, der „verrückten" Deutung, um nachträglich Bedeutungen, die verrükken, ins Vergangene, in die Reminiszenz zu tragen. Die leise Stimme bedient sich der Deutung en masse, der vernünftigen Deutung, um konstruktiv eine neue Sinnperspektive auf der Achse Vergangenheit-Gegenwart zu stiften. Die leise Stimme bedient sich also primärprozeßhafter und sekundärprozeßhafter Logik, Intellekt ist nicht zwingend vernünftig.

Die Übertragung, die laute Stimme, verschmilzt die Zeiten, entbindet der Reminiszenz wiederholend die Energiequantitäten, um sie als Leidenschaften wiederholend und verwirklichend abzureagieren. Übertragung entbindet Energiequantitäten der Vergangenheit in der Gegenwart.

Den Spuren der Übertragung folgt die leise Stimme; den Fährten der Übertragung, dem Hall der lauten Stimme lauschend, geht der Intellekt nach.

So bedarf die Psychoanalyse der lauten und der leisen Stimme: der lauten Stimme aus der Vergangenheit, auf daß sich überhaupt etwas bewegt; der leisen Stimme, damit diese Bewegung nicht blind im Kreis herumgeht, immer wieder Wiederholung erzwingend.

Literatur

Bittner, J. (1997): Nachträglichkeit und Vorzukunft. Vortrag im Allgemeinen Seminar des Wiener Arbeitskreises für Psychoanalyse (16.12.1997).
Freud, S. (1933): Neue Folge der Vorlesungen. Studienausgabe I. Frankfurt a.M.: Fischer.
Knörzer, W. (1986): Psychoanalyse und „Verführungstheorie". In: Psyche, 42, 1988, S. 97-131.
Laplanche, J. (1970): Leben und Tod in der Psychoanalyse. Frankfurt a.M.: Nexus (1985).
– (1988): Die allgemeine Verführungstheorie. Aufsätze. Tübingen: edition diskord.
– (1992): Die unvollendete Kopernikanische Revolution in der Psychoanalyse. Frankfurt a.M.: Fischer Wissenschaft (1996).
–, Pontalis, J.-B. (1967): Vokabular der Psychoanalyse. Frankfurt a.M.: Suhrkamp (1972).
–, Pontalis, J.-B. (1985): Urphantasien. Frankfurt a.M.: Fischer Wissenschaft (1992).
Pontalis, J.-B. (1992): Die Macht der Anziehung. Frankfurt a.M.: Fischer Wissenschaft (1992).
Velásquez, M. (1983): Die Vögel von Bangkok. Reinbek b. Hamburg: Rowohlt (1987).

Ein Ungar mit System und vielen Fragen.
David Rapaports Beitrag zur Psychoanalyse

Wolfgang Lassmann

Noch zwanzig Jahre später erinnert sich Jorge Luis Borges, wie sehr ihn beim Lesen der englischen Übersetzung eines bestimmten chinesischen Philosophen der folgende Satz bewegt und beeindruckt hatte: „Einem zum Tode Verurteilten macht es nichts aus, am Abgrund zu wandern, denn er hat mit dem Leben abgeschlossen." Vom inneren Nachhall dieser Worte bewegt, folgte er einem Sternchen im Text zu einer Anmerkung, die ihn darüber aufklärte, daß ein anderer Sinologe die gleiche Passage folgendermaßen übersetzt hatte: „Die Diener zerstörten die Kunstwerke, um nicht ihre Schönheiten und Mängel beurteilen zu müssen." Seither nistete ein beharrlicher Skeptizismus gegenüber Übersetzungen aus dem Chinesischen in seiner Seele. Wann immer er nun eine neue „wörtliche" Übersetzung aus der chinesischen oder arabischen Literatur in die Hand bekam, gedachte er unwillkürlich des für seine Begeisterung abträglichen Vorfalls (Borges, 1938).

Die Anekdote illustriert recht gut, wovor Rapaport, der persönlich eine hohe Wertschätzung für Dichtung hatte[1], seine Disziplin bewahren wollte: Wie im Falle des chinesischen Philosophen bestand die Möglichkeit, daß die Psychoanalyse, die in einem bereits der Vergangenheit angehörenden Ort entstanden war, zum bloßen Ausgangspunkt einander widersprechender beliebiger Deutungen verkümmern möchte. Ohne ein gewisses Ausmaß an Begriffsklärung konnte sie in einem neuen Kontext nicht wirksam angewendet werden. Nicht die Psychoanalyse allein stand in der Emigration in jenen Tagen vor diesem Problem: So mußte der Philosoph und Soziologe Alfred Schütz in Amerika bemerken, daß seine eigenen Referenzpunkte Max Weber, Henri Bergson und Edmund Husserl dort weitgehend unbekannt waren. Er reagierte auf diese Herausforderung flexibel, indem er statt auf seine alten, in Amerika unbrauchbar gewordenen Bezugspunkte nun stärker auf William James verwies (der mit Bergson in Korrespondenz stand und seinerseits von Husserl gelesen wurde[2]). Um aufzuzeigen, welche Lösungsmöglichkeiten sich aus der phänomenologischen Methode ergeben würden, wählte er in der Emigration stets als Ausgangspunkt aktuelle amerikanische Problemformulierungen, die er sodann bis zu jenem Punkt befragte, an welchem die ungeprüften Voraussetzungen ihrer Grundannahmen offenlagen. Durch seine Schüler erlangte er – wenn auch spät – beträchtlichen Einfluß auf die amerikanische Soziologie und Ethnologie (Sprondel, 1981, S. 190-196).

Wer solcherart vorgehen möchte, muß zunächst einmal seine eigenen Positionen einer Sichtung unterzogen haben:

> „Methodological analysis is the tool that shows which concepts depend on others, which are fundamental and which can be altered without damage to the whole. Or, defined in terms of strategy and tactics, a general has a good strategic plan if he knows exactly which positions must be held at any cost, and which others can be given up without touching the original plan. Good strategy in science means methodology; methodology means the hierarchical arrangement of concepts and theories making clear which concepts are built on others, which are basic and which are subsidiary" („The Scientific Methodology of Psychoanalysis" (1944), in Rapaport, 1967, S. 173 f.).

Wenn man überhaupt jemals auf eine solche Aufgabe unter den Bedingungen der Emigration vorbereitet sein konnte, brachte Rapaport sehr nützliche Kenntnisse und Fähigkeiten in das Unterfangen ein: Am 30.9.1911 in Budapest geboren, engagierte sich Rapaport früh in der Zionistischen Jugendbewegung[3], in der er bald eine führende Rolle einnahm. In diesen Jahren hörte er durch einen Analytiker, der entfernt mit seinem Vater verwandt war, von der Psychoanalyse. Da dieser Analytiker Schwierigkeiten hatte, seine Erfahrungen und Gedanken zu Papier zu bringen, schrieb Rapaport, noch bevor er einundzwanzig war, zwei Bücher für ihn als „ghostwriter". Er studierte Mathematik und Physik an der Universität in Budapest, unterbrach seine Studien, um von Jänner 1932 bis August 1934 nach Palästina in ein Kibbutz zu gehen. Nach seiner Rückkehr im Auftrag der Bewegung begann er eine Psychoanalyse bei Dr. Theodor Rajka (1935-38) und erlangte (nach einem Absolutorium in Mathematik und Experimentalphysik 1935 und, zwischendurch, einer Qualifikation als Montessori-Lehrer) sein Doktorat in Psychologie und Philosophie 1938 mit einer Doktorarbeit über die Geschichte des Konzepts der Assoziation von Bacon bis Kant.[4] Im Dezember 1938 emigrierten er, seine Frau und seine viereinhalbjährige Tochter in die USA. Nicht in den Kibbutz zurückzukehren war ihm offensichtlich schwer gefallen (Gill, 1961, S. 755), beeinflußte jedenfalls seinen ganzen weiteren Lebensweg.[5] Rapaport warf sich neben seiner Arbeit als Psychologe am Mount Sinai Hospital in New York und später am Osawatomie State Hospital in Kansas mit unglaublicher Energie in das Studium der englischsprachigen psychoanalytischen Literatur.[6] Von 1940 bis 1948 arbeitete er in zunehmend leitender Funktion an der Menninger Clinic; von 1948 bis zu seinem Tod war er am Austen Riggs Center, in Stockbridge, Massachusetts, tätig. „At both Menninger's and Rigg's he created for himself that unusual combination in which he could best thrive – an academic post in a clinical setting." (Gill, 1961, S. 756). In seinem Beitrag „The Psychologist in the Private Mental Hospital" (1944), zieht er aus seinen Erfahrungen aus damaliger Sicht strategische Schlüsse:

> „To the author it appears that the present trend in psychiatry as a discipline-in-change is to accept clinical psychology and to pay at least lip service to such acceptance – a breach

in the previous forbidding solid wall. It is merely a breach, however, and essentially the resistance is still great. This resistance is supported by the fact that neither has clinical psychology succeeded in developing an educational program for clinical psychologists worthy of respect and confidence, nor have clinical psychologists done sufficient pioneering into the field ..." (Rapaport, 1967, S. 164).

Kritisch (und innovativ) zu sein, legt dem, welcher neuartigen Erkenntnissen auf der Spur ist, die Verantwortung und das Risiko auf, seine Thesen in bestehenden Erfahrungsfeldern zu erproben (Rapaport, 1967, S. 260)[7]. Ähnlich wie Schütz es versuchte, heißt dies, bestehende Fragen aufzunehmen, um die Validität des eigenen Ansatzes zu demonstrieren. Angesichts der Größe dieser Aufgabe kann es dem Wissenschaftler jedoch ähnlich ergehen wie jenem ungarischen Studenten, von dem uns Rapaport in folgender Passage berichtet:

„Vom Grafen Eoetvoes, dem großen Physiker, wird erzählt, er habe bei einer Prüfung einen Studenten aufgefordert, eine analytische Definition der kinetischen Energie zu geben. Die Antwort des Studenten war unbefriedigend. Eoetvoes bat ihn darauf, die analytische Definition der potentiellen Energie zu geben. Der Student versagte wieder. Als er fortgeschickt wurde, bat der Student den Professor flehentlich, er solle ihm noch eine letzte Chance geben. Eoetvoes gab nach und stellte ihm eine letzte Frage: „Was ist der Unterschied zwischen den analytischen Definitionen der kinetischen und der potentiellen Energie?"[8]

Diese Zeilen finden sich in „Emotions and Memory" (1942), als Rapaport gerade dabei war, die bisherige, weitverstreute Literatur zur experimentellen und klinischen Forschung auf für ihn charakteristische Weise einer gründlichen Zusammenschau und Sichtung zu unterziehen. In seiner für die Folgezeit einflußreichen Synthese streicht Rapaport heraus, daß „die gleichen schichtenbildenden, verbindenden und ordnenden Einflüsse, die im Denken wirksam sind [...] auch in der Organisation des Gedächtnisses am Werk" sind (S. 140).[9] Umrisse einer Gedächtnistheorie, in deren Mittelpunkt emotional-affektive Organisationsfaktoren standen, rückten ins Blickfeld (S. 173).[10] Schwierigkeiten bereitete allerdings die genaue begriffliche Formulierung der psychoanalytischen Beiträge zur Problematik (S. 174f.), wurde doch

„bei der Schnelligkeit, mit der sich diese Theorie entwickelt hat, oftmals ein Ausdruck, der zunächst benützt worden war, um eine bestimmte Erscheinung oder Funktion zu bezeichnen, später in einer zweiten Bedeutung gebraucht, obwohl die erste Bedeutung wieterbestand und gleichzeitig mit der zweiten verwendet wurde; ..."

Infolgedessen zitierten Außenstehende oft voneinander abweichende Definitionen gleicher Ausdrücke. Rapaport schließt daraus,

„daß die Ergebnisse der Psychoanalyse erst dann ‚Allgemeingut' werden können, wenn Psychoanalytiker und Psychologen sich bemüht haben, die Lehren der psychoanalytischen Theorie in eine gemeinsame Sprache zu übersetzen. Sonst können die Verwirrung in bezug auf psychoanalytische Theorien und die Mißverständnisse und Mißdeutungen der Psychoanalyse nur noch schlimmer werden – falls das möglich ist" (S. 322).[11]

Behelfsmäßige Vorläufigkeit des Wissensstandes mußte dabei nicht unbedingt ein Nachteil sein[12] – Rapaport sah dies vermutlich nicht anders als Bela Mittelmann, welchen er zitiert: „You can get with a jeep where you cannot get with a Rolls Royce" (Rapaport, 1967, S. 775). Was der Jeep leistet, ist Verbindungen in unwegsamem (Forschungs-)Gelände herzustellen.[13] Mental immer bloß im eigenen Haus zu bleiben, erhöht vielleicht die Sicherheit[14], läßt hingegen wenig Spielraum für neue Fragen, die im Lichte neuer Entwicklungen alten Gedanken einen neuen Stellenwert zuweisen können:

> „For him [Rapaport] the historical approach was not only a means of arriving at the most advanced understanding of a concept; it also made it possible to revive the usefulness of previously discarded concepts, which for one reason or another had not been digestible within the theory, by bringing them into relationship with later developments in the theory." (Gill u. Klein, 1964, S. 486)

Reevaluationen der Forschungsgeschichte sind insbesondere deshalb so wichtig, weil jede wissenschaftliche Errungenschaft ihren konzeptuellen Preis hat. Wie Robert Frosts Wanderer in dem Gedicht „The Road not Taken" kann der Denkende in seinen Überlegungen bei einer Abzweigung häufig nur jeweils einen Weg gehen: Neue Verbindungen werden sowohl für das Individuum wie auch die Forschungsdisziplin mit der Vernachlässigung anderer möglicher Wege erkauft.[15] Nicht anders, so vermutet Rapaport, verhält es sich mit den historisch getrennt verlaufenen Wegen von Psychoanalyse und Psychologie:

> „A separation existed between psychoanalysis and psychology in spite of their common heritage from the Helmholtz tradition – [...] It would seem that this gulf actually arose out of the different way in which each viewed its commitment to the Helmholtz program. Psychology did not recognize Freud's serious commitment to the ‚forces equal in dignity' [...] as parallel to their own concern with the first part of this oath, the part which called for a ‚reduction to physical-chemical forces'. Its own early focus on the ‚rigor' demanded by the latter led psychology to skip almost entirely the naturalistic stage usual in the development of a science and to identify itself with the ‚exact' of a hypothetical Science, rather than with the ‚meaningful' that psychoanalysis had chosen."[16] (Shakow u. Rapaport, 1964, S. 191 f.)

Gerade durch Freuds Beschränkungen auf seine Praxis waren entscheidende Fortschritte möglich, die anderswo, trotz großen Horizonts, nicht erzielt werden konnten:

> „It must be realized, ..., that Freud systematically pursued what James, because of his much greater catholicity, only glimpsed and noted. It is likely that only Freud's adherence to such a plan made it possible for him to forge a relatively cohesive and meaningful theory out of his clinical observations. James, who made some of the observa-

tions but did not (or perhaps, would not) adhere to such a plan, could not (or would not) cast his insights into a cohesive theory." (Shakow u. Rapaport, 1964, S. 51 f.)

Dies heißt jedoch nicht, daß die Entwicklungslinien auf späterer Stufe nicht in eine sinnvolle Beziehung zueinander gesetzt werden durften: „Not only was the contemporary scene to be surveyed against the background of history, but history was to be surveyed against the background of contemporary development"[17]. Wenn die psychoanalytische Metapsychologie begrifflich sorgfältig ausgewertet werden würde, könnte sie sich als Begegnungsfeld der Psychoanalyse mit experimentell abgeleiteten Theorien erweisen[18]: „Definitions are matters of strategy" (Rapaport, 1967, S. 867). Hatte Rapaport bereits mit „Emotions and Memory" (1942) eine interdisziplinäre Erkundungsmission in zentralen Bereichen von Forschungsfeldern unternommen, die für Psychologie wie Psychoanalyse von strategischem Interesse sein konnte, so versuchte er mit „On the Psychoanalytic Theory of Affects" (1953) eine Klärung der begrifflichen Grundlagen, indem er die verschiedenen Schichten des Konzepts bei Freud beleuchtete.[19] Der Überblick, den er dazu gibt, blieb, bis auf André Greens spätere Arbeit (1973), der umfassendste und gründlichste über die Entwicklung der Gedanken Freuds und der darauf folgenden psychoanalytischen Literatur zu diesem Thema. Aus der Zusammenschau leitet Rapaport eine Reihe von Fragen ab:

„... to what point (threshold) must drive-tension mount before discharge becomes imperative?...Does the relation of affect-discharge thresholds to drive-discharge thresholds explain why drive-action too (e.g. sexual intercourse, cf.Jacobson) – and not only its delay – is accompanied by affect-discharge and affect-experience?" (S. 184)

wobei er charakteristischerweise nicht die historische Dimension der verschiedenen Betrachtungsweisen vergißt (schon Spinoza vertritt ansatzweise eine Konflikt-Theorie der Affekte – S. 183; vgl. Rapaport, 1967, S. 414). Wiewohl er eine umfassende Theorie für verfrüht hält (s. S. 193), zögert Rapaport nicht, nachdrücklich auf die Bedeutung und Dignität des theoretisch so sperrigen Forschungsgegenstandes hinzuweisen:

„... affects as signals are just as indispensable a means of reality-testing as thoughts. ... Reality testing without the contribution of affect-signal readily changes into obsessional or paranoid magic." (S. 196)

In diesem Sinne gehören Gefühle zu jenem komplexen Instrumentarium der Seele, das Freiräume sowohl schafft wie auch begrenzt:

„... while the *ultimate guarantees of the ego's autonomy from the id* are man's constitutionally given apparatuses of reality relatedness, the *ultimate guarantees of the ego's autonomy from the environment* are man's constitutionally given drives."[20]

Wenige Monate vor seinem frühen Tod geht Rapaport in seinem Beitrag „On the Psychoanalytic Theory of Motivation" (1960) der Frage von Dependenz, Independenz und Interdependenz weiter nach:

> „It is not questioned that motives just like any other psychological processes, have a (neuro-)physiological substrate in the organism. What is denied is that motives can be equated with this substrate. Motives are concepts derived from observations of behavior, and any observed correlations between them and physiological conditions can indicate at best that one of the necessary conditions of their operation has been discovered." (S. 862)

Während alle Motive Ursachen („causes") darstellen, treten nicht alle Verursachungen innerseelisch als Motive in Erscheinung. Besetzung mit Aufmerksamkeit, seelische Struktur und Motivation gehen ein komplexes Wechselspiel ein:

> „The complex conditions of incidental perception ... combine [1] low levels of cathecting and structuralization with the consequent ready decomposition, recomposition, displacement, fragmentation, distortion, and indirect representation of percepts with [2] motivational and structural conditions which by themselves are likely to bring about or permit (respectively) such vicissitudes of percepts." („The Theory of Attention Cathexis" (1959), in Rapaport, 1967, S. 791).

Rapaport interessiert sich wiederholt auch für „reveries" und bewegt sich wie Bion, jedoch mit anderem konzeptuellen Instrumentarium[21], auf eine psychoanalytische Theorie des Denkens und der seelischen Wahrnehmung hin. „The core of my professional work has been my interest in the nature of thinking", schreibt er im April 1960 in seinen „Research Plans"[22] Als er am Abend des 14. Dezember 1960 an einem Herzinfarkt stirbt[23], hinterläßt er ein unvollendetes, aber folgenreiches Werk.[24]

> „Every man's life, wrote William James to his father, can be summarized in a single cry. If one searches for the central preoccupation in all of Rapaport's theoretical and empirical efforts, one could say it was to unravel a paradox: ,... how man can know of, and act in accord with, his environment when his thoughts and actions are determined by the laws of his own nature'„ (Gill u. Klein, 1964, S. 483; vgl. dazu Rapaport, 1967, S. 724 und Fußnoten; dt. Fassung Rapaport, 1959, S. 61 f.)

In seinen akribischen Arbeiten hat die Reverenz vor dem Gedanken Präzedenz vor dem Wunsch, Urheber einer Originalität zu sein (Gill u. Klein, 1964, S. 486 f.). So wie Dignaga um 440 u. Z. in Indien den Buddhismus für eine Wissenschaft der Logik fruchtbar machte und damit seine Reichweite in Konkurrenz zum Hinduismus beträchtlich erhöhte (Conze, 1953, S. 156; Schneider, 1980, S. 168), interessierte sich Rapaport als Wissenschaftsstratege der Psychoanalyse für Ideen, die eindeutig „seminal qualities" aufwiesen (Rapaport, 1942/1994, S. 9). In seinen Vorträgen lebendig und informell, befleißigte er sich in seinen Publikationen einer trockenen Prägnanz, die bisweilen als quasi-talmudisch gewürdigt wurde (Gedo, 1986, S. 66; Gill, 1961, S. 758). Trotz seiner Neigung zu analytischen Anmerkungen (wenn nötig, in für amerikanische Leser anscheinend ennervierend ausführlichen Fußnoten – vgl. Gill u. Klein, 1964, S. 487), gleicht sein Versuch der Sammlung und Systematisierung vielleicht doch weniger den Talmudkommentaren Rashis als der „Mischne Tora": dem Versuch einer Zusammenstellung wesentlicher talmudischer Lehren im logischen Gebäude durch Maimonides. Konnte man die bahnbrechende Leistung Rapaports für die Psychoanalyse auch als kulturelle Übersetzertätigkeit verstehen, so entzieht sich ihr doch zugleich das, was sie erst bedingte und hervorbrachte: Für jenen geistigen Ort, an dem Rapaport zu zionistisch-sozialistischer Jugendbewegung, Psychoanalyse und philosophischer Neugier gefunden hatte, gab es in der weiteren Entwicklung der Psychoanalyse keinen wirklich adäquaten Ersatz. Wie Rapaport erkannte, geht durch Wegabzweigungen immer wieder Einsicht verloren. Es ist nicht allein die umfassende kritische Synthese, derer die Psychoanalyse heute bedürfte. Selbst auf die Gefahr hin, das Genre zu mischen: Auch die Kunst des Midrasch (der praxisrelevanten Auslegung von normativen Zusammenhängen in Alltagssprache) hätte in der Bibliothek und Praxis der Psychoanalyse durchaus noch ihren angemessenen Platz. Es gibt in Rapaports Werk Anhaltspunkte dafür, daß er das sehr gut wußte, sich aber auf anderes spezialisierte. Eine praktische Kultur des forschenden Denkens, bereits auf „grass-roots"-Ebene, kann durch keine Akademie völlig ersetzt werden und geht in keiner umfassenden Synthese gänzlich auf. Ohne Referenzrahmen jedoch findet Neugier nur unzureichend ein Betätigungsfeld und mündet allzu leicht in beliebige, samt und sonders irgendwie treffliche Einzelbeobachtungen. Der Rapaportsche Funke des Fragens bleibt somit weiterhin unentbehrlich – als „ungesättigtes Element" (Bion) innerhalb der Psychoanalyse.

Anmerkungen

1 Siehe „Poetry", 1942, in Rapaport, 1967, S. 98: „I know however, that in great sorrow or great joy, in the long hours of expectancy and in the hours of letdown, after days of tension, in tiredness and in voluntary repose, I reach for poetry." (Gedo, 1986, bezeichnet den Aufsatz als „his only piece of published self-relevation). Vgl. a. Rapaport, 1967, S. 776 oben.

2 Vgl. dazu übrigens auch Rapaports Rezension (1952) von William James' „The Principles of Psychology" (Rapaport, 1967, S. 473-475): „If read carefully, it is found to contain a blueprint for psychology broad enough to have space and place for all that psychoanalysis and academic psychology have discovered to date."

3 Die Atmosphäre im Wiener Schomer um 1917 beschreibt Manes Sperber sehr lebendig im ersten Band seiner Autobiographie, S. 156-158. Zur gleichzeitigen Lesewut des Jugendlichen: ebd., S. 160.

4   „Az Asszociáció Fogalomtörténete", Budapest: Royal Hungarian Peter Pazmany University. Ein Einblick in seine Gedanken zu diesem Thema gibt sein Aufsatz: „The Recent History of the Association Concept" (1938), in Rapaport, 1967, S. 37-51, in welchem er Freud in einen philosophischen Zusammenhang stellt. Dabei betont er die Verbindung von Symbolismus, Assoziation und Wunschdynamik bei Freud (S. 43; im Gegensatz etwa zu neuerdings sehr kurzen Abfertigungen Freuds, etwa bei Symington u. Symington, 1996, S. 75). Das Ende von Teil 1 dieses Artikels umreißt bereits im Ansatz seine späteren Fragerichtungen: „Along with original needs, man has quasi needs. Intentions are the products of wish dynamics, necessary intermediates to attaining instinctual satisfaction (culture and civilization are just these intermediate activities); they create quasi needs which, in turn, seek satisfaction."

5   Jüdischem Leben bleibt er weiterhin, wenn auch in religiöser Hinsicht anscheinend skeptisch, verbunden: vgl. z.B. Rapaport, 1967, S. 288; Rapaport, 1967, S. 724; Rapaport, 1967, S. 777 und Rapaport, 1967, S. 710-721: „The Study of Kibbutz Education and Its Bearing on the Theory of Development".

6   „Here he carried on his assigned duties in the daytime and sat up much of every night reading through the complete back volumes of the psychoanalytic literature in English; before his emigration he had become thoroughly familiar with the German and Hungarian psychoanalytic literature." (Knight, 1961, S. 263).

7   Vgl."Discussion in ‚The Psychologist in the Clinic Setting' Round Table" (1948) in: Rapaport, 1967, S. 299-303, insbes. S. 300: „If we are not successful in doing so, then the next economic crisis, or the wave of disappointment in psychiatric-psychological help, inevitable if not based on sound ‚tested knowledge', will leave clinical psychology exposed as naked and lacking sound foundations. It will leave hungry the great mass of people who are attracted to clinical psychology. And I mean hungry in the very concrete sense of the word. Clinical psychology has about 2.000 practitioners or would-be practitioners at present. It is on the verge of becoming a profession, or else it is on the verge of receding into ignominious oblivion!" Und auf S. 303: „As we get older our pragmatic results will no longer satisfy our conscience. We will be scorned by the younger generation or our profession because we will have nothing systematic to teach. And finally, we may get caught by an economic crisis showing us up in our actual present state."

8   „Emotions and Memory" (1942), zitiert nach der dt. Ausgabe, S. 312.

9   Kantsche Anregungen waren Rapaports hauptsächlich praktisch orientiertem Forschen nie gänzlich fern, vgl. „Dynamic Psychology and Kantian Epistemology" (1947), in Rapaport, 1967, S. 289-298. Vgl. Rapaport, 1951, S. 722: „The relatedness of Kant's epistemology to the assumptions underlying dynamic psychology seems to be more than apparent or accidental." Vgl. Gedo, 1986, S. 81: „as a Kantian he is less interested in behavior (the outcome of mental processes) than in its mediation (the question of how the mind works)".

10 „Eine solche Theorie würde die Lerntheorien der Assoziationisten und der Gestaltpsychologen als Beschreibungen von Extremfällen minimaler Organisation mit umfassen." (ebd.)

11 Oder dies könnte zur Nichtbeachtung verführen. Vgl. Rapaports Worte in seinem „Book Review: Jean-Paul Satre, The Emotions. Outline of a Theory" (Rapaport, 1967, S. 306-308), „Sartre makes it too easy for us not to notice a worth-while point of to notice it only to say that we have known it all the time" (S. 308). Siehe auch Rapaport, 1959, S. 145: „Die allgemeine [psychoanalytische] Theorie – weit entfernt davon, ein festverwurzeltes Dogma darzustellen – ist ein heimatloses Wesen, vielen unbekannt, von einigen bemerkt, nur wenigen wohlvertraut."

12 Siehe „Cognitive Structures" (1957), in Rapaport, 1967, S. 631-664: „Further study may well replace these concepts. But it cannot abolish the phenomena to which the present structure concepts refer. So far psychoanalysis is the only theory that has attempted to take account of these phenomena. If this theory is weak by the yardstick of academic psychology, the latter has not yet proposed a better one to account for these phenomena and the poet's words may well apply: „Whither we cannot fly, we go limping; the Scripture saith, limping is no sin." (S. 659)

13 Vgl dazu Richard Rortys pragmatischen Standpunkt: „.... a criterion (...) is a criterion because some particular social practice needs to block the road of inquiry, halt the regress of interpretations, in order to get something done." (Rorty, 1982, S. xli)

14　Im „Obituary: Leo Berman, M.D. April 13, 1913-December 27, 1958", in Rapaport, 1967, S. 812-819, spricht Rapaport an einer Stelle (S. 816) von „the psychoanalyst's long, arduous, and expensive clinical training, and later on both his lack of specific research training and the gap between the financial rewards of research and therapeutic work".

15　„For every achievement we pay dearly by turning away and indeed cutting ourselves away from other possibilities and facts. No individual and school can encompass the riches of phenomena in any science, and even less so in the science of man, ... The price is determined by what our interest centers on, and our interest in turn flows from our character and personal proclivities." („Paul Schilder's Contribution to the Theory of Thought Processes" (1951), in Rapaport, 1967, S. 368-384. Das Zitat befindet sich auf S. 381 f.).

16　Der Text fährt fort: „Since psychology had not come to terms with defining the proper place and time for exact measurement and quantification, there arose confusion in the use and meaning of the terms ‚good' and ‚bad' science – ‚bad' science being taken to be that which characterized psychoanalysis. The ‚naturalistic' method which fitted psychoanalysis so well was derogated as ‚unscientific'." Freud mußte den Eid anders anwenden, weil er nicht im Labor, sondern in seiner Praxis arbeitete (S. 47 f.), in der nicht er die Probleme aufwarf, sondern die Patienten, die zu ihm kamen, vgl. S. 46 f. / Fn. 22: „Freud's strength was that, in so far as it was possible, he applied an acceptable Helmholtzian method – observation – to the Romantic (but also Enlightenment) content". S. 51: „In any case, the course Freud followed was in some respects similar to that of the functionalists who rebelled against the narrow interpretation of the Helmholtz program ...".

17　Gill u. Klein, 1964, S. 486.

18　„Book Review: Kenneth Mark Colby, Energy and Structure in Psychoanalysis", in Rapaport, 1967, S. 670-673, S. 673. Siehe auch Gedo, 1986, S. 67 und „The Points of View and Assumptions of Metapsychology" (1959 mit Merton Gill), in Rapaport, 1967, S. 795-811.

19　„In the first theory, affects were equated with drive-cathexes; in the second theory, they appeared as drive-representation serving as safety valves for drive-cathexes the discharge of which was prevented; in the *third theory* they appear as ego-functions and as such are no longer safety valves but are used as signals by the ego." (Rapaport, 1953, S. 187) Zugleich warnte er vor voreiligen Simplifizierungen: „The treatment of the formulation of three such disparate origins ist the more difficult partly because each of them persists into the later phases, and partly because most of the later formulations are to some extent anticipated in the earlier phases." (Rapaport, 1953, S. 177)

20　Rapaport, 1967, S. 722-744: „The Theory of Ego Autonomy. A Generalization" (1956), S. 727 [Hervorhebung im Text]. Vgl. Gedo, 1986, S. 74: „He took into account that the hierarchic organization of the more mature personality involves not only drive restraint through a layering of defenses but also the continuing discharge of drive derivatives, generally partially tamed, as well as the need to *maintain* an optimal degree of tension."

21　Über Melanie Klein schreibt Rapaport 1958: „The ‚theory' of object relations evolved by Melanie Klein and her followers is not an ego psychology but an id mythology", in Rapaport, 1967, S. 750, Fn. 6). 1959 (publiziert 1967) schlägt er für Aufmerksamkeitsbesetzungen eine Art von „grid" vor (Rapaport, 1967, S. 782).

22　Zitiert in Gill u. Klein, 1964, S. 483; vgl. Gedo, 1986, S. 75.

23　„... he had suffered from chronic rheumatic heart disease since childhood" (Gill, 1961, S. 755).

24　Gedo, 1986, S. 64: „His great reputation as a theoretician actually rests on some 15 papers produced during the last ten years of his life." Unter jenen, die von Rapaport beeinflußt wurden, befinden sich u.a. George S. Klein, Robert R. Holt, Merton M. Gill, Roy Schafer, Lester Luborsky und Donald Spence (Rapaport, 1942/94, S. 9).

Literatur

Borges, J.L (1938): Eine englische Übersetzung der ältesten Lieder der Welt. In: Haefs, G., Arnold, F. (Hg.) (1994): Von Büchern und Autoren. Rezensionen 1936-1939 (= Werke in 20 Bänden, ed. Gisbert Haefs u. Fritz Arnold, Band 4). Frankfurt a.M.: Fischer, S. 278-280.
Conze, E. (1953): Der Buddhismus. Wesen und Entwicklung. Stuttgart: Kohlhammer.
Frost, R. (1969): The Collected Poems. Hg.von E.C. Lathe. New York: Henry Holt and Company.
Gedo, J.E. (1986): Conceptual Issues in Psychoanalysis. Essays in History and Method. Hillsdale, New Jersey: The Analytic Press.
Gill, M.M. (1961): In Memoriam: David Rapaport 1911-1960. In: J. of the A. Psa. Assn., 9, S. 755-759.
-, Klein, G.S. (1964): The structuring of drive and reality. In: Int. J. Psa., 45, S. 483-98.
Green, A. (1973): Le Discours vivant. La conception psychanalytique de l'affect. Paris: P.U.F.
Harmat, P. (1987): Psychoanalysis in Hungary since 1933. In: Int. Rev. Psa., 14, S. 503-508.
Hidas, G. (1985): Sviluppo storico della psicoanalisi in Ungheria. In: La cultura psicoanalitica. Atti del Convegno Trieste, 5-8 dicembre 1985, hg. von A.M. Accerboni. Pordenone: Edizione Studio Tesi, S. 61-71.
Knight, R.P. (1961): Obituary: David Rapaport 1911-1960. In: Psychoanalytic Quarterly, 30, S. 262-264.
„Rapaport, David" In: Encyclopedia Judaica, Bd. 13, Spalte 1547. Jerusalem: Keter Publishing House.
Rapaport, D. (1942): Emotions and Memory, New York: Int. Univ. Press. (dt.: Gefühl und Erinnerung. Frankfurt a.M., 1994).
- (1953): On the psychoanalytic theory of affects. In: Int. J. Psa., 34, S. 177-198. (Ebenfalls abgedruckt in Rapaport, 1967, S. 476-512).
- (1959): Die Struktur der psychoanalytischen Theorie. Stuttgart: Klett (= „The Structure of Psychoanalytical Theory: A Systematizing Attempt". In: Psychology: A Study of a Science. Study I. Conceptual and Systematic. Vol. 3. Formulations of the Person and the Social Context. New York, 1959).
- (1967): The Collected Papers of David Rapaport, hg. von M. Gill. Northvale, New Jersey/ London: Jason Aronson Inc.
Rorty, R. (1982): Consequences of Pragmatism. Essays: 1972-1980. Minneapolis.
Schneider, U. (1980): Einführung in den Buddhismus. Darmstadt: Wissenschaftliche Buchgesellschaft.
Shakow, D., Rapaport, D. (1964): The Influence of Freud on American Psychology. New York/Cleveland: Meridian Books. The World Publishing Company.
Sperber, M. (1974/1978): Die Wasserträger Gottes. (= All das Vergangene, Band 1). München: dtv.
Sprondel, W.M. (1981): Erzwungene Diffusion. Die „University in Exile" und Aspekte ihrer Wirkung. In: Lepenies, W. (Hg.): Geschichte der Soziologie. Studien zur kognitiven, sozialen und historischen Identität einer Disziplin (4 Bde.). Frankfurt a.M.: Suhrkamp, Bd. 4, S. 176-201.
Stemberger, G. (1977): Geschichte der jüdischen Literatur. Eine Einführung. München: Beck'sche Verlagsbuchhandlung.
Symington J., Symington N. (1996): The Clinical Thinking of Wilfred Bion. London: Routledge.

Inszenierungen mit dem Körper: Psychoanalytische Aspekte in der Behandlung von insulinpflichtigen Diabetespatientinnen[1]

Marianne Ringler

> „Die Wahrnehmung der Impotenz,
> des eigenen Unvermögens zu lieben,
> infolge seelischer oder körperlicher Störungen,
> wirkt im hohen Grade herabsetzend auf das Selbstgefühl ein."
> S. Freud (1914)

Einleitung

In den langen Jahren, die ich mit körperlich kranken Menschen arbeitete, die intensiver und langwieriger ärztlicher Behandlungen bedürfen, stellte sich mir wiederholt die Frage, welchen Beitrag mein psychoanalytisches Wissen liefern kann, nicht allein, um den aktuellen Status der Patienten[2] besser zu verstehen, sondern auch um herauszufinden, welche Handlungsrichtlinien ich einerseits für meine Arbeit mit diesen Menschen daraus gewinnen kann und auch, was ich davon an die medizinischen Behandler weitergeben möchte. Diese für manche Psychoanalytiker fremd wirkende Fragestellung resultiert einerseits aus den

---

[1] Meine Ausführungen basieren auf Gesprächen sehr unterschiedlicher Intensität mit insgesamt etwa 70 insulinpflichtigen Diabetespatientinnen in meiner Funktion als psychoanalytische Psychotherapeutin und klinische Psychologin. Davon waren zwei Psychoanalysen, 4 mittelfristige psychoanalytische Psychotherapien, weitere 22 psychotherapeutische Erstgespräche und Beratungen (bis zu 5 Sitzungen), sowie 54 anamnestische Gespräche, die von StudentInnen durchgeführt und von mir supervidiert wurden. Einige der PatientInnen kamen auf eigenen Wunsch zum psychotherapeutischen Gespräch, die überwiegende Anzahl wurde von den behandelnden Diabetologen geschickt, der sie ambulant betreut hatte, und 7 PatientInnen waren zum Zeitpunkt unseres Gesprächs stationär aufgenommen. Letztere waren, wegen massiver Stoffwechselentgleisung, über die Notfallaufnahme in die Klinik gekommen,.
Gründe für eine Zuweisung zum psychotherapeutischen Gespräch waren häufig Behandlungs- und Kooperationsprobleme, die in ¹ ınganhaltenden schlechten HbA1c-Werten, mit zum Teil massiven Stoffwechselentgleisungen resultierten. D.h. meine Erfahrungen basieren auf Gesprächen mit PatientInnen, die den Erfolg einer modernen Diabetesbehandlung und die Bemühungen und den Einsatz der Behandler in Frage stellen, aber auch solchen, die diese Probleme nicht aufweisen.

[2] Der leichteren Lesbarkeit halber habe ich beschlossen, keine geschlechtsneutralen Endungen zu verwenden. Ich will aber die Gelegenheit benutzen, darauf hinzuweisen, daß junge Frauen, die an Typ I Diabetes erkrankt sind, in höherem Maße gefährdet sind, die beschriebenen psychopathologischen Reaktionen zu entwickeln, als Männer, was auch in allen statistischen Untersuchungen belegbar ist.

Zuweisungsgründen der medizinischen Behandler, andererseits daraus, daß die überwiegende Mehrzahl der betroffenen Patienten für eine klassische psychoanalytische Behandlung nur selten motiviert ist. Auch für die Patienten stehen ihr unmittelbarer Körperstatus und seine Erfordernisse im Vordergrund. Sie haben zumeist eine lange und chronische Behandlungsgeschichte hinter sich und erwarten sich vom Psychoanalytiker ein ähnliches Vorgehen. Ärzte werden zur Überweisung an den Psychoanalytiker/Psychotherapeuten von den schlechten metabolischen Werten bewegt, die aus einer mangelnden Kooperation mit den Behandlungsvorgaben resultieren. Die Patienten sprechen auf die üblichen Interventionen eines Arzt-Patient-Gesprächs nicht an. Daraus ergibt sich oft eine sehr destruktive Kommunikation, i.S. von Resignation, Drohungen, Vorwürfen und Beschuldigungen, die in einem häufigen Behandlerwechsel ausagiert wird, und zwar sowohl seitens der Patienten als auch des medizinischen Systems, das keine personelle Kontinuität der Behandler bereitstellt.

Die psychoanalytische Arbeit mit chronisch kranken Menschen wirft eine Reihe von Fragen auf. Die Psychoanalyse betrachtet die Behandlung chronischer Krankheiten nicht als ihr Ziel, denn „der Körper als Organismus ist Gegenstand naturwissenschaftlicher Erforschung; der Körper in seiner Bedeutsamkeit für das Individuum ist Gegenstand hermeneutischen Zugangs" (Gill, 1997, S. 205). Diese Aussage Gills wird sicherlich nicht allgemein akzeptiert sein, sie ist aber pragmatisch sinnvoll, umso mehr, als alle psychodynamischen Erklärungsversuche des Typ I Diabetes keine zufriedenstellenden Resultate erbracht haben (Kämmerer u. Reindell, 1977). Psychische Faktoren sind für eine richtunggebende Verursachung äußerst unwahrscheinlich, für den Verlauf der Erkrankung aber unbestritten, wenn wir Verlauf als die psychische Fähigkeit betrachten, notwendige Behandlungsmaßnahmen wahrzunehmen und in die Lebensvollzüge zu integrieren. McDougall (1997) betont, daß kein Mensch die Verantwortung für das Geschick bzw. die Schicksalsschläge, die er/sie im Verlauf des Lebens erfährt, trägt, denn sie sind unausweichlich; hingegen sehr wohl für ihre Verknüpfung mit den inneren Objekten und sein Verhältnis zu ihnen. Sie weist weiters darauf hin, daß dieses Geschick zu einer Fehlinterpretation der Lebenskräfte im Dienste des wahren Selbst führen kann. So stünde auch der Wiederholungszwang im Dienste des psychischen Überlebens – und damit auf der Seite des Lebens. Ziel dieser psychischen Manifestationen, auch dort, wo sie selbst- und fremddestruktives Verhalten beinhalten, sei es, das Gefühl der subjektiven und sexuellen Identität intakt sowie sich seelisch und körperlich am Leben zu halten. Die Abwehrmechanismen sollen verhindern, daß innere und äußere Informationen eine solche Bedeutung gewinnen, daß das zentrale Selbst oder die Selbstidentität der Person durch sie gefährdet wird, wie Dornes (1997) ausführt, oder in anderer Terminologie ausgedrückt, daß die Selbst- und Objektrepräsentanzen in Frage gestellt werden. Es geht somit um die Abwehr unerträglicher Affekte und Gedanken in bezug auf das Selbst und die Objekte, von denen das Individuum fürchtet zerstört zu werden. Dies ist auch eine der wesentlichsten Überlegungen, die in der neueren Literatur zur Frage selbstbeschädigenden Verhaltens anhand von Fällen diskutiert und illustriert werden (Fonagy, 1995; McDougall, 1997; Kernberg, 1992).

Die diabetische Persönlichkeit

Sowohl in der Literatur wie in Diskussionen im Kollegenkreis taucht wiederholt der Begriff der diabetischen Persönlichkeit auf. Sie wurde erstmals von Dunbar (1943) beschrieben. Prämorbid fänden sich Schwächegefühle, Hypochondrie, häufige Stimmungsschwankungen und eine Tendenz zum Oszillieren zwischen starker Abhängigkeit und Rebellion. Hinkle und Wolfe (1952) und Slawson u.a. (1963) meinten, Diabetes würde nach einer Periode des vermehrten Stress auftreten. Grant u.a. (1974) und Bradley u.a. (1979) zeigen einen Zusammenhang zwischen „stressful life events" und mangelnder metabolischer Kontrolle auf.

Alle Versuche, Beweise für emotionale Faktoren als Ursache für die Krankheitsmanifestation zu finden, schlugen ebenso fehl, wie Beweise, daß zwischen Diabetikern und Nichtdiabetikern unterschiedliche Persönlichkeitseigenschaften anzutreffen wären (Hauser u. Pollets, 1979; Johnson, 1980; Dunn u. Turtle, 1981; Fisher u.a., 1982). Auch Zusammenhänge zwischen psychologischem Stress und diabetischen Stoffwechselveränderungen sind über psychophysiologische Hormonreaktionen nicht nachweisbar (Fisher u.a., 1982; Edwards u. Yates, 1985; Kemmer u.a., 1986).

Dies bedeutet selbstverständlich nicht, daß einzelne Betroffene im Vorfeld der Erkrankung belastende Lebensereignisse erfahren und in ihrer subjektiven Krankheitstheorie ebenso wie viele psychologische und nichtpsychologische Behandler Zusammenhänge konstruieren. Die psychische Konstruktion und Bedeutung solcher verursachender Zusammenhänge ist in der psychoanalytisch-psychotherapeutischen Behandlung außerordentlich relevant.

Dabei muß in Betracht gezogen werden, daß die Konstruktion von ursächlichen Zusammenhängen dem psychischen Bedürfnis entspricht, Kontrolle über das Ereignis „fehlende körperliche Intaktheit", dessen Unbeeinflußbarkeit und Unkontrollierbarkeit, zu gewinnen, also das wiederzugewinnen, was in der neuen Literatur zur Säuglingsforschung/Entwicklungspsychologie als primäres menschliches Bedürfnis der „Selbstwirksamkeit" bzw. „Wirkmächtigkeit" beschrieben wird (Dornes, 1997). In der medizinisch-psychologischen Literatur hat sich hierfür in den letzten Jahren der Terminus „Empowerment" (Selbstwirksamkeit) eingebürgert.

Bräutigam und Christian (1973, S. 225) zitieren Alexander und weisen für das psychodynamische Verständnis hin auf „starke rezeptive Wünsche nach Versorgtsein, infantil abhängige und fordernde Einstellungen, eine Empfindlichkeit gegenüber Versagungen dieser oralen Wünsche." Als krankheitsabhängige Verhaltensweisen, die konflikthaft erlebt werden, werden folgende Reaktionen und Persönlichkeitsmerkmale diabetischer Patienten angeführt: Resignation, Nachlässigkeit, Gleichgültigkeit, Depression, Frustration, Rückzug, Vereinsamung, Isolierung, Ängste, Hypochondrie, Regression, Ambivalenz zwischen kindlichem Fürsorgeverhalten und Unabhängigkeitsstreben, zwischen gefügiger Unterordnung und Auflehnung, Ringen um Geborgenheit und Autonomie, passive masochistische Haltung, Protest und autoaggressives Agieren im „gefährlichen Spiel mit dem Feuer durch Nahrungs- und Alkoholexzesse", gestörte zwischenmenschliche Beziehungen, sexuelle Ängstlichkeit, Neigung zu paranoiden Ideen. Der Schuldkomplex des Diätsünders werde analog der Masturbationsschuld erlebt (Bräutigam u. Christian, 1973).

In diesen Beschreibungen werden psychische Erlebnismuster und Charakterzüge benannt, die im Gefolge der Erkrankung auftreten und die Adaptation an die Erkrankung erschweren, also sekundäre psychische Veränderungen. Ihre besondere Psychodynamik in Abhängigkeit von den Umweltfaktoren Krankheitsmanifestation und -behandlung unter Einbeziehung der prämorbiden Persönlichkeitsstruktur wird jedoch nicht beschrieben. D.h. die Dynamik und das Zusammenspiel von äußeren Anforderungen und inneren psychischen Gegebenheiten wird nicht aufgezeigt: welche seelischen Voraussetzungen es Menschen ermöglichen oder erschweren, in einem bestimmten Kontext besser oder schlechter zu funktionieren.

Dies ist aber eine sehr wichtige Frage, die insbesondere die Mediziner zu Recht an uns Psychoanalytiker stellen: die Frage, welche Menschen gefährdet sind, die komplexen Behandlungsanweisungen, die mit dem Diabetes einhergehen nicht befolgen zu können, bzw. sie bewußt oder unbewußt mißbrauchen, wieviel der therapeutischen Anstrengungen von ihnen zu übernehmen sind und in welchen Fällen eine Überweisung an psychoanalytisch arbeitende Kollegen sinnvoll ist.

Der äußere Kontext des insulinpflichtigen Diabetes

Die Behandlung eines insulinpflichtigen Diabetes ist immer, gleichgültig welches der verfügbaren Behandlungsschemata empfohlen wurde, mit beträchtlichem seelischem Aufwand und diszipliniertem Handeln verknüpft. Die Erkrankung erfordert, daß die Behandlungsmaßnahmen über 24 Stunden am Tag präsent gehalten werden müssen. Nahrungsaufnahme, Bewegung/Sport und insbesondere auch Alkoholkonsum müssen im Hinblick auf ihre Auswirkungen auf den Blutzuckerspiegel mentalisiert und in Handlungen, wie die Berechnung der Insulinmenge und -dosierung sowie einem regelmäßigen Überschreiten der Körpergrenze zur Blutzuckermessung und des Insulin-Spritzens übersetzt zu werden. Die Behandlung des Diabetes erfordert also eine kontinuierliche Selbstbeobachtung, Selbstkontrolle und Selbstbehandlung. Dabei kommt ein

Schema zur Anwendung, das entsprechend dem „state of the art" vom medizinischen System vorgegeben wird. Somit müssen sich Betroffene Behandlungsvorgaben und -regeln unterwerfen. Letzteres, so wird versprochen, garantiere ein langes Leben ohne die bedrohlichen diabetischen Spätkomplikationen. Diese betreffen alle Körperorgane und -funktionen und gefährden die körperliche Intaktheit zusätzlich. Im schlechtesten Fall müssen Gliedmaßen amputiert werden, kommt es zu Erblindung, Niereninsuffizienz, Impotenz etc. Daß hier massive Ängste geweckt werden (im übrigen häufig bewußt von den medizinischen Behandlern als pädagogische Maßnahme zur Förderung der Kooperation mit den Behandlungsvorgaben eingesetzt werden) und sich mit infantilen Kastrationsängsten verbinden, ist leicht nachvollziehbar. Diabetes und seine Behandlung implizieren totale Ordnung/Unterwerfung unter eine äußere Autorität, die Diabetologen, um der gleichzeitigen destruktiven physiologischen Prozesse, die sich im Körperinneren abspielen, Herr werden zu können. Ich kenne kaum andere chronische Erkrankungen mit einem ähnlichen Einfluß auf Alltagsprozesse und gleichzeitiger Konfrontation mit der zerstörerischen Dynamik der physiologischen Vorgänge (z.B. Morbus Wilson). Damit ist durch die Behandlungserfordernisse ein höchst virulenter affektiver Faktor eingeführt, der maligne Grandiositätsgefühle ebenso kennzeichnet wie sadomasochistische Inszenierungen (Kernberg, 1992).

Zur Psychodynamik selbstschädigenden Verhaltens

Im Fall von schlechten HbA1c Werten (Laborparameter für die metabolische Einstellung des Blutzuckerspiegels über einen Zeitraum von 4-6 Wochen, woran die Kooperation mit Behandlungsvorgaben gemessen werden kann) läßt sich das psychische Problem der Patienten primär dahingehend zusammenfassen, daß sie massive Schwierigkeiten haben, auf den eigenen Körper achtzugeben und für ihn und damit für sich selbst zu sorgen. In dieser Sicht handelt es sich um selbstbeschädigendes Verhalten (Leithner u.a., 1998). Da diese PatientInnen aber auch den Arzt aufsuchen, bedeutet ihr Verhalten gleichzeitig, und daran sollte immer in der Begegnung gedacht werden, daß sie doch eine Besserung ihres Zustandes wünschen. D.h., die Betroffenen befinden sich in einem großen Zwiespalt: nämlich einem Wunsch, auf Signale des Körpers achten zu können, seine Signale ernst nehmen und Schritte unternehmen zu können, dem wahrgenommenen Körperstatus entsprechend zu handeln (z.B. durch Einhalten bestimmter Vorgehensweisen in der Behandlung) und einem inneren Widerstand, jene Vorgehensweisen tatsächlich durchzuführen, die eine Besserung bzw. Stabilisierung ihrer körperlichen Befindlichkeit versprechen. Dies wird von manchen Patienten agiert, indem sie sich akut in einen Körperstatus manövrieren, in dem sie ärztlicher Notfallhilfe bedürfen. Versorgungswünsche und Aggression sind in diesen Fällen in einem solchen Ausmaß verdichtet, daß sie via projektiver Identifikation von den medizinischen Behandlern erlebt werden, die sich „gleichgültigen" Patienten hilflos ausgeliefert fühlen, von denen sie sich bei ihren Bemühungen ‚zu helfen' betrogen fühlen. Tatsächlich findet sich bei letzteren Patienten nicht selten, daß sie ihre Behandler bezüglich ihres Behandlungsmanagements belügen und ihnen Informationen vorenthalten. Dies wurde von Rosen und Lidz bereits 1949 beschrieben. Sie untersuchten 12 Patienten, die wegen einer ketoazidotischen Entgleisung einer stationären Aufnahme bedurften. Entgegen der Hypothese, daß sich emotionale Probleme direkt auf die metabolischen Prozesse auswirken würden, wurde im Verlauf einer guten Beziehung deutlich, daß es sich hierbei um das Ergebnis wissentlicher und absichtsvoller Manipulationen handelte. „Such conscious efforts to become acidotic often to destroy themselves, go beyond the type of illness as an escape or defense usually seen in the chronically ill" (S. 213). Sie heben weiters hervor, daß die Patienten mittels üblicher psychiatrischer Klassifikation nicht einfach einordenbar waren, aber massive Probleme in ihrer Persönlichkeitsorganisation aufwiesen, wie Ich-Schwäche und regressive Muster, wenn ihre infantilen Bedürfnisse nicht erfüllt wurden. Essen wurde als Waffe eingesetzt, um andere und sich selbst zu verletzen. Ihre knappen Ausführungen entsprechen auch meinen Erfahrungen.

Das Nicht-Einhalten der medizinischen Behandlungsanweisungen, wenn es über einen beträchtlichen Zeitraum persistiert, wird von vielen Autoren als chronisches selbstschädigendes Verhalten klassifiziert (Leithner u.a., 1998), da den PatientInnen die negativen Konsequenzen ihres Verhaltens bekannt sind, wenngleich sich diese oft auf eine „ferne" Zukunft beziehen. In der kurzfristigen Perspektive bedarf es allerdings beträchtlicher Manipulationen (s.o.), damit sich dieser Aspekt in der Außenperspektive niederschlägt. Aus all dem folgt, daß das Vorliegen einer Borderline-Struktur immer in Betracht gezogen werden muß. Kernberg (1992, S. 255) beschreibt „Perversität" als eine bewußte oder unbewußte Verwandlung von etwas Gutem in etwas Schlechtes. Liebe würde in Haß transformiert, Bedeutungsvolles in Bedeutungsloses, Zusammenarbeit in Ausbeutung, Nahrung in Fäces. In der Übertragung und anderen Objektbeziehungen fände sich Perversität bloß bei Patienten, die an malignem Narzißmus litten. Es würden sich darin die Bemühungen niederschlagen, sadistische Kontrolle auszuüben, und die Allmacht des pathologischen grandiosen Selbst, das die schweren negativen therapeutischen Reaktionen verursacht. Diese Sicht könnte erklären, weshalb es mit metabolisch katastrophal eingestellten Patienten nur selten möglich ist, ein langfristiges psychoanalytisches Arbeitsbündnis einzugehen, und sie selbst bei sehr erfahrenen Kollegen dazu neigen, nach wenigen Sitzungen die Behandlung abzubrechen.

Die Manifestation eines insulinabhängigen Diabetes kann/muß als traumatische Erfahrung gewertet werden. Da zumeist sehr junge Menschen davon betroffen sind, muß davon ausgegangen werden, daß entweder die psychische

Entwicklung behindert wird und/oder bereits erworbene psychische Fähigkeiten wieder verloren gehen, weil auf ein niedrigeres psychisches Entwicklungsniveau regrediert wird. Es finden sich auch regelmäßig jene für Borderline-Persönlichkeitsstörungen typischen Abwehrmechanismen wie projektive Identifikation, Spaltung, magisches Denken, persistierende und verleugnete Grandiosität, Identifikation mit dem Aggressor und schizoider Rückzug (Galatzer-Levy, 1987; Kernberg; 1983/1978). Diese dienen dazu, die psychische Annihilierung durch das Trauma auszuschalten, und behindern in der weiteren Folge die psychische Lernfähigkeit.

McDougall (1997) hebt bei Patienten mit Unfallneigung, psychosomatischen Symptomen und selbstschädigenden und riskanten Verhaltensweisen hervor, daß sie bei diesen wiederholt auf folgendes Konfliktmuster stieß: Verleugnung suizidaler Tendenzen, nicht anerkannte Wut oder stark konfliktbehaftete erotische Wünsche. Boehnert und Popkin (1986) betonen, daß DiabetikerInnen mit einer gravierenden Compliance-Problematik häufig jene Kriterien erfüllen, wie sie bei BorderlinePatientInnen zu finden sind. Begänne man mit ihnen psychotherapeutisch zu arbeiten, dann fänden sich Phänomene wie Verleugnung, manipulative Verhaltensweisen und Abhängigkeitswünsche sowie magische Hoffnungen auf Heilung und Ärger über die behandelnden Ärzte, die die Heilungswünsche nicht erfüllen. Ich kann ihre Ergebnisse nur unterstreichen, möchte aber betonen, daß diese Phänomene auch bei gut und mäßig eingestellten Diabetikern zu finden sind. Moran und Fonagy (1987) sowie Rodewig (1997) beschreiben in Fallstudien, daß „Brittle Diabetes" (schwer einstellbarer Diabetes mit häufigen „unerklärlichen" Blutzuckerschwankungen) im Sinne eines neurotischen Symptoms verstanden werden könne, bei dem die Betroffenen den Diabetes benutzen, um Erleichterung von Angst und Schuldgefühlen zu finden.

Die Arbeitsgruppe um Fonagy (Fonagy, 1995) betrachtet Aggression gegen das Selbst oder andere Menschen als Ausdruck des Wunsches, Gedanken in einem selbst oder in anderen zu bekämpfen. Beispielsweise wird Selbstverletzung mit einem Messer als Versuch betrachtet, unerträgliche Gedanken/Bilder über die psychische Welt des Anderen in der Psyche des Patienten auszulöschen. In diesem Sinne wird selbstdestruktives Verhalten als Ausdruck des Wunsches verstanden, nicht nur sich selbst vor unerträglichen Gedanken zu schützen, sondern den Anderen davor, was man meint, daß man ihm in Gedanken antut. Er beschreibt eine junge Frau (Emma, 21 a) mit einem Typ I Diabetes, die wegen ihrer offen eingestandenen Manipulationen der Blutzuckerwerte und entsprechenden Insulindosierung zur Gewichtskontrolle, mit 8 stationären Aufnahmen im vorangegangenen Jahr, aufgrund ketoazitotischer Entgleisungen vom Diabetologen überwiesen worden war. Er beschreibt als Hauptthema in der psychoanalytischen Arbeit mit Emma „ihre Sorge um meine Gesundheit und ihre Überzeugung, daß es mich in Verwirrung und vielleicht Verrücktheit treiben würde, würde sie mir in aller Offenheit ihre Gedanken und Gefühle mitteilen ..." (S. 6).

Das Körper-Selbst wird als eine Zuflucht verstanden, in der paradoxerweise Sicherheit und Verständnis erfahren werden kann, weil schutzgebende Objekte innerlich nicht verfügbar sind.

Scherff (1985) berichtet in einer Falldarstellung von einer 28jährigen Frau, die seit ihrem vierten Lebensjahr an Diabetes litt. Sie hatte bereits eine Folgeerkrankung, eine Retinopathie mit Blutungen am linken Auge und Angst vor Erblindung. Sie wünschte, die Eltern würden, wenn es ihnen möglich wäre, den Zucker irgendwie übernehmen. Seit sie sich vor drei Jahren von den Eltern getrennt hatte – litt sie unter massiven Blutzuckerschwankungen. Sie konnte abends die Diät nicht einhalten, stopfte sich mit Essen und Alkohol voll, besonders am Wochenende.

> „und dann denk' ich so, wenn ich jetzt esse und Wein trinke und morgen früh oder in der Nacht Überzucker habe, mir ist es jetzt egal, ich setz' das so auf's Spiel, daß ich tot bin. Ich denke sehr häufig an Tod. Und wünsch' mir auch manchmal, tot zu sein, weil ich denke, vielleicht irgendwie glaub' ich, daß es 'was danach gibt. Oder steigere mich da rein. Und ich denke, vielleicht wäre der Zucker dann weg oder so. Ich will einfach oft nicht akzeptieren, daß ich Zucker habe. Das ist mein Hauptproblem! ... Auf der anderen Seite möchte ich eigentlich 'mal lernen, das zu akzeptieren. Das ist so ein ständiger Widerspruch in mir" (Scherff, 1985, S. 82).

Klinische Beobachtungen

Die spezifischen affektiven Probleme, die mit der Behandlung des Diabetes einhergehen, lassen sich aus meiner Perspektive folgendermaßen beschreiben:

1. Fähigkeit, andrängende bedrohliche Gedanken unter Kontrolle halten zu können/müssen.
2. Fähigkeit zu Spannungstoleranz.
3. Die fortlaufende/kontinuierliche Konfrontation mit Unkontrollierbarkeit und Unvorhersehbarkeit.
4. Die fortlaufende/kontinuierliche Konfrontation mit einem „beschädigten" Körper.
5. Die Unterordnung unter die Behandlungserfordernisse nicht als Identitätsverlust erleben.

Die vorangestellten knappen Ausführungen werfen folgende Fragen auf: Wie funktioniert der psychische Apparat in seiner Interaktion mit den Behandlungsanforderungen? Oder anders formuliert: was sind die Herausforderungen der Behandlungsaufgaben an die psychischen Funktionen? Die so gestellten Fragen verweisen auf eine diametral andere Sicht, als die Erkrankung lediglich als Produkt eines psychosomatischen Vorgangs zu betrachten und ursächliche Beziehungen herstellen zu wollen. Dies schließt keineswegs aus, zu erkunden, welche bewußten und unbewußten seelischen Bedeutungen ein bestimmtes gefordertes Vorgehen gewonnen hat, welche inneren Objekte aktiviert und affektiv bedeutsam werden.

Die Diabetesbehandlung auch unter Funktioneller Insulintherapie (FIT, NIS, Basis-Bolustherapie) erfordert, wie schon zuvor beschrieben, eine oft übersehene enorme Disziplin und Anforderungen an die Ich-Funktionen. Orale Triebkontrolle ist in besonders hohem Ausmaß gefordert. Damit wird einer jener Triebbereiche am stärksten eingeschränkt, der sozial die höchste Akzeptanz besitzt, nämlich Spannung über die Befriedigung oraler Strebungen abzuführen. Daher ist die Fähigkeit zur Spannungstoleranz und die Kapazität, psychische Spannung aushalten zu können anstatt auszuleben, von entscheidender Bedeutung. Bei der Nahrungsaufnahme muß Triebaufschub geleistet werden, hinzu kommt Triebkontrolle in bezug auf die Menge der Nahrung, die ja zur vorangegangenen Insulinmenge in Beziehung stehen muß, auch wenn die Nahrung nicht schmecken oder auch viel zu gut schmecken sollte. Hinzu kommt die Fähigkeit zur Angstspannungstoleranz, die notwendig ist, um die Behandlungsregeln konsequent und dauerhaft einzuhalten. Hier konkurriert oft die Angst vor den Folgeerkrankungen mit jener vor einem hypoglykämischen Zustand, wie ich bei vielen meiner PatientInnen herausgefunden habe. Behandlungsregeln können nur eingehalten werden, wenn eine Balance besteht zwischen Anerkennen der Behandlungsnotwendigkeit in einer kurz- und vor allem langfristigen Perspektive, also die Angst vor den Spätkomplikationen präsent sein kann, ohne jedoch ein solches Ausmaß zu erreichen, daß nur das Nicht-Wahrnehmen, die Verleugnung dieser Ängste, die augenblickliche psychische Spannung zu reduzieren vermag. D.h., es bedarf einer inneren Gewißheit, daß das Ertragen momentaner Einschränkungen langfristig sinnvoll ist. Hinderlich sind Größenphantasien wie bspw. „ich kann alles", „mir passiert nichts", „ich kann genauso unkontrolliert leben wie andere Menschen" und ein inneres Schwanken zwischen diesen Größenideen und der rigiden Einhaltung von Behandlungsregeln. Im letzteren Fall vermögen die Patienten zwar oft einen relativ guten HbA1c Wert zu erreichen, ihre Haltung verhindert aber eine Anpassung an die Erkrankung und ihre Behandlungserfordernisse, ohne übermäßige psychische Energie aufzuwenden. Die Fähigkeit zu Triebaufschub und Triebkontrolle sowie Angstspannungstoleranz muß daher in die Diagnostik und das ärztliche Gespräch unbedingt mit einbezogen werden.

Menschen mit einer eher zwanghaften Persönlichkeitsstruktur und einer Idealisierung von Disziplin können häufig trotz einer vergleichsweise hohen Depressivität relativ gut in der Behandlung mitarbeiten. Ihr Problem beginnt meist erst dann, wenn als Folge jahrelanger Erkrankung und eines langen Zeitraums schlechter Einstellung, wie wir es bei vielen älteren Diabetikern unweigerlich finden, Folgekomplikationen eintreten, die sie in jenen Aktivitäten beschränken, aus denen sie Erfolgserlebnisse ableiten konnten. Dies ist oft der Zeitpunkt, zu dem sie in Pension gehen müssen, also Spannungsabfuhr durch physische und berufliche Aktivität zusätzlich stark eingeschränkt werden. Diese Menschen erleben die narzißtische Kränkung nicht so sehr durch die Einschränkungen, die ihnen die Einhaltung der Behandlungsregeln auferlegt; im Gegenteil, oft erleben sie diese als hilfreiche Struktur, ihren Alltag zu ordnen. Sie erleben die Einschränkung zu jenem Zeitpunkt, zu dem ihre Leistungsfähigkeit massiv herabgesetzt ist und sie sich um ihre Bemühungen um Disziplin betrogen fühlen.

Der Körper wird als unkontrollierbar erlebt. Dies bedeutet eine narzißtische Kränkung. Infolgedessen ist sämtliche Wertschätzung vom Körper abgezogen worden. Dieses ungeliebten Teils des Selbst versucht sich die Person zu entledigen, indem die Spaltung in das gute Selbst – der schlechte Körper eingeführt wird, wodurch es zumindest teilweise bzw. zeitweise möglich ist, sich nicht völlig entwertet fühlen müssen. Damit wird der Körper aber zu einem Fremden, einem Dritten in der Beziehung (Rodewig, 1996). Der psychische Schmerz der Kränkung aktiviert alle ähnlichen vorangegangenen Beziehungserfahrungen und die entsprechende Abwehr. In dieser Position wird der Körper aber zu einem Feind und als solcher behandelt. Das beinhaltet, alle Mittel und Tricks anzuwenden, die die betroffene Person im Umgang mit Feinden für erlaubt erachtet, z.B. den Körper als eine Art Maschine zu betrachten, die zu funktionieren hat. Daraus resultiert, daß diese Patienten im Gespräch über sich selbst oder andere Menschen ein Bild präsentieren, als ob dieser Körper nicht ureigentlich zu ihnen selbst gehören würde. Da die Behandlung der Erkrankung mit einer Vielzahl von Anforderungen verbunden ist, die oft schwer erfüllbar sind, kritisieren sie projektiv Schwächen anderer Menschen oft gnadenlos, wodurch wir einen Einblick gewinnen, wie sie unbewußt über sich selbst denken. In meiner bisherigen Tätigkeit bin ich keiner anderen Gruppe chronisch Kranker begegnet, die in diesem Ausmaß und mit dieser Konstanz sadistische Über-Ich Forderungen verbalisiert. Die Verachtung für die unkontrollierbaren physiologischen Reaktionen, das Ausgeliefertsein an sie, sowie den innerpsychischen Mangel, den Behandlungsanforderungen zu genügen, im Verein mit erlebtem mangelndem Verständnis seitens der Umwelt für den enormen, sich tagtäglich wiederholenden psychischen Aufwand, den Behandlungsanforderungen zu genügen, mobilisieren unterschiedliche psychische Mechanismen. Viele davon sind allerdings dysfunktional. Dazu gehören: Nicht-Wahrnehmen, nach dem Motto „du existierst nicht", Verleugnen, also so tun, als ob das Kranke nicht zu einem Selbst gehören würde, weshalb man sich nicht fortlaufend darum bemühen muß, oder aktiver Kampf, der sich in Gefühlen des Triumphs niederschlägt, wenn trotz Nicht-Beachtens der Behandlungsregeln keine spürbaren negativen Folgen eingetreten sind. Zumeist bestehen diese psychischen Vorgänge nicht alternativ, sondern gleichzeitig, wobei es dann wichtig ist zu sehen, unter welchen Bedingungen welche Art des inneren Umgangs mit dem Körper aktiviert wird.

Diese Formen des Umgangs mit sich selbst sind oft gar nicht so leicht zu entdecken, da sie nicht ausschließlich sind. Man kann sie aber auffinden, wenn es gelingt, mit den Patienten darüber ins Gespräch zu kommen, wie sie denken, daß sie von anderen als Kranke gesehen werden, was sie meinen, zeigen zu dürfen von sich selbst und was nicht, und was in ihnen vorgeht, wenn es ihnen gelungen oder mißlungen ist, die Behandlungsregeln einzuhalten. Dabei ist es wichtig, sich in der Gegenübertragung weder vom real existierenden äußeren Druck, der auf diesen Menschen lastet, wie beispielsweise die oft bestehende reale Einschränkung der Handlungsfähigkeit, in die Irre führen zu lassen, noch durch die auftauchende Angst, der Patient könnte sich durch Mißmanagement der Insulindosierung in eine körperlich gefährliche Lage manövrieren. Entsprechend ist es sinnvoll, klare Grenzen im Arbeitsbündnis zu vereinbaren, im Sinne der Einführung eines Parameters.

Erwähnt werden müssen die Versuche, sich die körperliche Intaktheit immer wieder zu beweisen, was sich oft in magischem Denken und Handlungen äußern kann („nächstes Mal, wenn ich wieder nicht messe, spritze etc., wird sich herausstellen, daß ich doch gesund bin und der Diabetes verschwunden ist") oder in der Nicht-Aufgabe bzw. extremen Weiterführung von schädlichen Lebensweisen („ich kann doch noch alles, und es passiert nichts"). An diesem Verhalten imponiert neben dem grandiosen Selbst die scheinbar „mangelnde Lernfähigkeit", aus Konsequenzen zu lernen. Diese findet sich vor allem dann, wenn der Kampf gegen den als unkontrollierbar erlebten Körper und die in ihm repräsentierten negativen Objekte dominieren.

Das gestörte narzißtische Gleichgewicht führt zu einer Wiederbelebung ungelöster Konflikte. Ebenso können bestehende neurotische Probleme verschärft werden. Sie werden dann mit der Erkrankung in einen ursächlichen Zusammenhang gebracht und befördern „verrückte" Krankheitstheorien ebenso wie „verrückte" Gesundungstheorien. Besonders gefährdet sind Menschen, die Denkschemata von „alles oder nichts" verhaftet sind, also entweder die Behandlungsregeln hundertprozentig einhalten oder gar nicht, solche, die die Welt in Starke und schwache Menschen einteilen, wobei Kranksein als schwach und verachtenswert gilt und von daher das Selbstwertgefühl zusätzlich stark beeinträchtigt wird. Zu erwähnen sind weiters Zustände, in denen die Gedanken der Betroffenen im Übermaß um Heilungswünsche kreisen, wie z.B. eine Spontanremission und/oder eine Bauchspeicheldrüsentransplantation, also um magische Heilungen, die reale Handlungen, für einen guten Körperstatus zu sorgen, ersetzen. Alle Menschen machen sich Gedanken über die möglichen Ursachen ihrer Erkrankungen. So wird die Erkrankung zu einem Kristallisationspunkt vorangegangener ungelöster neurotischer Konflikte.

Romana, einer jungen Diabetikerin, gelang es, die Behandlungsregeln, die sie bis dahin mäßig eingehalten hatte, konsequent anzuwenden, und zwar ohne großen Einsatz psychischer Energie, als sie erkannte, daß sie den Diabetes als Repräsentanten der Unkontrollierbarkeit ihres Körpers mit ihren ungelösten sexuellen Triebwünschen ebenso gleichsetzte wie mit den psychischen Problemen ihrer Eltern und deren triebhafter Sexualität, der sie sich als Kind ungeschützt ausgeliefert fühlte (Ringler, 1997).

Über das häufig anzutreffende Gefühl, gegenüber Nicht-Diabetikern benachteiligt zu sein, läßt sich oft leicht ins Gespräch kommen. Dabei geht es nicht um Beruhigung oder Beschwichtigung, sondern darum, welche Rechte und Folgen die betroffene Person glaubt daraus ableiten zu dürfen oder zu müssen. Hierbei geht es um ein realistisches Gleichgewicht zwischen unangemessener Schonhaltung und Anspruch auf Privilegien einerseits und andererseits der tatsächlichen Notwendigkeit, auf sich zu achten und die Behandlungserfordernisse in die tägliche Routine zu integrieren. Hierbei eine tragfähige Balance zu finden, ist eine äußerst schwierige Aufgabe, die nicht unterschätzt werden sollte. Das Gefühl der Benachteiligung ist oft verbunden mit der inneren Forderung, daß man ebenso gut, und darunter wird oft auch Unauffälligkeit subsumiert, funktionieren solle wie andere Menschen, also Nicht-Diabetiker. So geraten Betroffene leicht in eine Zwickmühle und unter Konkurrenzdruck, weil sie auf der einen Seite ebenso gut funktionieren wollen, sich aber andererseits überfordert und benachteiligt fühlen. Aggraviert wird diese Haltung dann, wenn gleichzeitig auch noch die Überzeugung besteht, daß außer einem selbst niemand anderer eine Behinderung und Einschränkung aufweise. Dabei sollte immer bedacht werden, daß gerade junge Typ I Diabetiker real in einem Lebensalter mit Belastungsgrenzen konfrontiert sind, in dem, aus ihrer Perspektive, andere Menschen ihre Leistungen immer noch steigern.

Die Wut über die eigene Verletzlichkeit und Verletztheit wird gegen den eigenen Körper ebenso gerichtet wie gegen die Behandler, indem deren Behandlungsvorschläge mißachtet und entwertet werden, desgleichen auch jene Mitmenschen, die Schwächen zeigen. Die Wut gegen die Behandler, die sich in mangelnder Compliance äußert, muß als Projektion verstanden werden und wird im Sinne der projektiven Identifikation von den Behandlern auch so empfunden. D.h., es treten bei den Behandlern massive Ärgergefühle gegenüber den Patienten auf, die unmittelbar nicht zugeordnet werden können, sich aber oft darin äußern, daß man meint, es sei besser, wenn dieser Patient nicht mehr käme, denn er würde ohnedies nur die Statistik versauen. Ähnlich reagieren oft auch Psychoanalytiker, die eine große Abneigung haben, diese Kranken zu behandeln, oft mit der Erklärung, daß diese ihre Probleme nicht psychologisch verstehen würden.

Diabetes und Affekt

Aus den vorangegangenen Ausführungen wurde sicherlich deutlich, daß die Frage des Affekts in der Behandlung dieser Patienten zentral ist. Wir haben dies auch in einer empirischen Studie nachzuweisen vermocht (Ringler u.a., 1998, in Vorbereitung). In dieser zeigte sich, daß die Affekte Wut über die Erkrankung,

Gefühle der Benachteiligung und Angst vor den Folgeerkrankungen, imstande sind, über 50% der Varianz der Güte der metabolischen Einstellung beim insulinabhängigen Diabetes zu erklären. Dabei muß bedacht werden, daß in einer Fragebogenuntersuchung nur bewußtseinsfähige Affekte einschätzbar sind.

Daß Affekte die Handlungsfähigkeit bestimmen und wesentliche motivationale Faktoren darstellen, die kognitivem Wissen weit überlegen sind, ist für Psychoanalytiker keine Frage, ebenso, daß negative Affekte die Merkfähigkeit beeinflussen, und zwar schon bei Säuglingen (Ohr u.a., 1990; Singer u. Fagan, 1992, zit.n. Dornes, 1997). Dies ist insofern bedeutsam, weil viele Untersuchungen, die kognitive Leistungen des Diabeteswissens überprüfen, zu dem Schluß kommen, daß mangelndes Diabeteswissen mit schlechterer metabolischer Einstellung einhergeht, und daraus schlußfolgern, den Patienten Nachschulungen zu verordnen, d.h. so etwas wie Sitzenbleiben, Klasse wiederholen, ohne in Betracht zu ziehen, daß es affektive Faktoren sind, die die Merkfähigkeit beeinträchtigen. Negative Affekte sind Ursache für Verdrängung, Vergessen, Spaltung etc. und beeinflussen über die Wirksamkeit der Abwehrmechanismen die Merkfähigkeit und damit in der weiteren Folge die Selbstwirksamkeit. Die Psychoanalyse postuliert, daß nicht der Affekt selbst verdrängt werden kann, sondern nur die ihn begleitende Vorstellung (Laplanche u. Pontalis, 1967, S. 586, 618). Das Affektsystem laufe dem Phantasiesystem zeitlich voraus. Es werden zwei Arten von Affekten unterschieden: solche, die durch Wahrnehmungen oder innere Empfindungen ausgelöst werden (nicht symbolisierte Affekte), und solche, die durch Phantasien ausgelöst werden (symbolisierte Affekte). Der Wunsch nach „Wirkmächtigkeit", äußere Ereignisse beeinflussen zu können, läßt sich in rudimentärer Form bereits im Alter von zwei Monaten nachweisen, wobei Ärger auftritt, wenn ein einmal als beeinflußbar erlebtes Ereignis nicht wieder beeinflußt werden kann (Dornes, 1997, S. 261/262). Der Wunsch nach Wirkmächtigkeit und sich selbst zu spüren, wird als Wurzel von Selbst- und Fremddestruktivität betrachtet.

Kernberg (1995/1998, S. 39) definiert Affekte als „Instinktstrukturen (s. Kernberg, 1992), als ihrem Wesen nach psychophysiologische, biologisch gegebene, im Verlauf der Entwicklung aktivierte Phänomene, die psychische Komponenten umfassen". Sie umschließen spezifische kognitive Bewertungen, eine spezifische Mimik, lustvolle und belohnende oder schmerzhafte und aversive subjektive Erfahrung sowie ein muskuläres und neurovegetatives Abfuhrmuster (Kernberg, 1992, S. 5). Er hält sie für Brückenstrukturen zwischen biologischen Instinkten und psychischen Trieben. Jeder Affektzustand schließe eine verinnerlichte Objektbeziehung ein (Kernberg, 1995/1998, S. 42). Die Intensität libidinöser und aggressiver Triebe steigere sich „in verschiedenen Lebensphasen dadurch, daß neue, psychophysiologisch aktivierte Affektzustände in die bereits bestehenden, hierarchisch organisierten Affektsysteme eingegliedert werden" (Kernberg, 1995/1998, S. 42).

Affekte als primären Antrieb menschlichen Handelns zu betrachten, wie dies in der Literatur zu Objektbeziehungstheorien geschieht, ist gleichermaßen ängstigend wie im Konzept der Triebtheorie, in dem der Affekt als qualitative Äußerungsform der Quantität an Triebenergie und ihrer Variationen definiert wird, wobei der Affekt neben der Vorstellung nur ein Aspekt des Triebes ist (Laplanche u. Pontalis, 1973). In jedem Fall handelt es sich um einen Persönlichkeitsbereich, der nur unzureichend kontrollierbar ist und logischem Denken und planendem Handeln äußerst schwer zugänglich ist.

Aus der psychoanalytisch/psychotherapeutischen Arbeit ist sehr wohl bekannt, daß nicht die logische Einsicht die Veränderung bewirkt (bzw. nur sehr beschränkt), sondern erst eine solche, die mit dem zugehörigen Affekt verbunden ist und ein sicheres neues Wissen über das Selbst und die Objekte zu vermitteln vermag. Dabei gilt es die Entpersönlichung, also den Entzug der persönlichen Bedeutung des dargebotenen Materials mit Hilfe der Abwehrmechanismen, rückgängig zu machen, wodurch sich die Einsicht mit der persönlichen Bedeutung verbindet. Fonagy (1994) und Dornes (1997) weisen explizit auf die Bedeutung der Affektmuster für die Organisation des analytischen Materials hin. In ihnen zeige sich die psychosomatische Grundbefindlichkeit eines Patienten deutlicher und ergreifender, aber auch quälender als in den Erzählungen und Phantasien.

Nun ist es beim diagnostizierten und behandelten Diabetes nicht möglich, daß das Wissen um ihn verdrängt werden könnte. Überleben und Behandlungsmanagement rufen in kurzer zeitlicher Folge diverse Gedankenketten und Vorstellungsbilder hervor. Daraus entsteht ein Muster starken Oszillierens zwischen bewußt und vorbewußt, d.h. es können nur solche Abwehrmechanismen zur Geltung kommen, die damit vereinbar sind. Daher gewinnen primitive Abwehrmechanismen die Überhand und befördern primitive Wut. Kernbergs (1992) Ausführungen über den Haß sind für mich eine äußerst hilfreiche theoretische Brücke. Er beruft sich auf Bion und meint, Haß beruhe insbesondere auf der Unfähigkeit des Patienten, die Realität zu ertragen. Patienten, die von primitivem Haß beherrscht seien, würden die Bewußtheit darüber durch Destruktion, Ausagieren, projektive Identifizierung und zeitweilig durch Fragmentierung der kognitiven Prozesse abwehren. So wird die Abwehr gleichzeitig zum Ausdruck des abgewehrten Impulses. „Intolerance of reality becomes hatred of psychic reality directed against the self and against the hated object" (S. 211). Haß gegen das Selbst würde in selbstdestruktiven Impulsen wie selbstbeschädigenden oder suizidalen Handlungen oder massiven masochistischen Perversionen sichtbar.

Kernberg (1992) schreibt, daß der Unfähigkeit der Patienten, ihren intensiven Haß wahrzunehmen, zugrunde liegt, daß sich darin tiefe Ängste Ausdruck verschaffen würden, das Liebesobjekt zu verlieren; ursprünglich die gute Mutter, die durch den Haß des Patienten zerstört wurde. Pathologische Projektionsmechanismen lassen das enttäuschende und gehaßte Objekt zu einem mächtigen und gefährlichen Feind werden, der den Patienten zu vernichten vermag (S. 212). Die phantasierte Bedrohung durch Vernichtung, durch körperliche und geistige Zerstörung, sei die unmittelbare Ursache, sowohl den Einfluß des Objekts abzuwehren, als auch die Bewußtheit darüber, wie das Selbst unter dem Einfluß von Haß sich verhält. Selbstbeschädigendes Verhalten sei auf die unbewußte Identifizierung mit einem verabscheuten und verhaßten Objekt zurückzuführen. Die Verbindung mit dem gehaßten Objekt könne nicht aufgegeben werden, weil sich dahinter die Suche nach einem idealen Objekt (einer idealen Mutter, repräsentiert in einem idealen Körper) verberge. Dies führe zu einer machtvollen Fixierung an die traumatisierende Beziehung und wiederhole sich in der Übertragung.

Der Diabetes repräsentiert im Körper alle Anteile des Vaters und der Mutter. Seine zerstörerischen Aspekte sind geeignet, alle negativen, gehaßten Objektrepräsentanzen wiederzubeleben. Das kranke Kind identifiziert sich mit der Rolle des kranken Kindes, wenn es als solches geliebt und von der Mutter (den Eltern) wahrgenommen wurde, und somit auch mit der Rolle der pflegenden Mutter. In dieser Weise lernt das Kind seinen Körper wahrzunehmen und zu pflegen bzw. pfleglich zu behandeln, wenn diese Aspekte in der Beziehung vorhanden waren, da die Identifizierungen immer auf eine Beziehung zurückgehen.

Schlußbemerkungen

Zum Abschluß zitiere ich einen kurzen Ausschnitt aus einer Stunde mit Rosa, einer 24jährigen Diabetikerin, seit kurzem in 4-stündiger Psychoanalyse. Sie war in den 10 Jahren seit der Erstmanifestation des Diabetes so schlecht eingestellt, daß beinahe eine Zehe amputiert werden mußte. Freunde drängten sie damals mit viel Energie, sich in medizinische Behandlung zu begeben, und sie wurde von den behandelnden Ärzten weiter an mich überwiesen. Seit dieser stationären Aufnahme hält sie konsequent die Diabetes-Behandlungsregeln ein.

> R: Vielleicht brauch ich die Regeln, vielleicht bin ich ohne Regeln hilflos und weiß nicht, was zu tun ist. ... versuch ich durch die Regeln meine Unsicherheit zu verbergen. Als ob ich das Gefühl hab, etwas falsch zu machen, wenn ich mich nicht an die Regeln halte.
> T: Dann stellen sie die Regeln auf und sagen: es sind die Regeln der anderen
> R: Ich tue es, um dann ein angenehmes Gefühl zu haben, so wie: ich bin zu jemandem freundlich, obwohl ich nicht freundlich sein möchte, nur, um dann zu glauben, daß er mich als freundlichen Menschen sieht ... wenn ich das sagen würde, was ich möchte, glaub ich das ... (es folgen lange Ausführungen ohne neuen Inhalt)
> T: Vielleicht haben Sie auch diesen Konflikt mit mir?

> R: Ist so, ich möchte vor Ihnen auch gut dastehen, aber da ist die Hoffnung größer, daß Sie mir helfen können, und da muß ich sagen, wie's ist. ... ich muß mich schon überwinden, es zu sagen, aber letztendlich sage ich es doch. ... obwohl ich am Anfang noch mehr Probleme damit gehabt hab ... ist das Gefühl da, ich muß mich dazu zwingen, etwas zu tun, was ich nicht möchte, damit es mir dann besser geht ... trotzdem war es total schwer, mir gestern einzugestehen, daß ich nicht zur Kontrolle gehen möchte, aber ich dachte, Sie könnten sich mit meinem Arzt in Verbindung setzen und darüber reden ... und wenn ich das nicht sag, dann bringt die Therapie nichts, wenn ich nicht sag, was ich zu sagen hab ... Hab mich auch schon gefragt, ob es so was wie ein Diagnose für mich gibt, was für ein Problem ich hab, ... ob es eine Krankheit oder eine Störung ist ... oder ob ich mir alles nur einbilde.

Ich habe diesen Ausschnitt ausgewählt, weil er die Komplexität der psychischen Vorgänge, die zuvor beschrieben wurden, illustriert. Ich möchte aber auch eine Besonderheit hervorheben, die mir in der Arbeit mit vielen mäßig eingestellten Diabetikern aufgefallen ist. Auch wenn, wie zuvor beschrieben, viele dieser Patienten Strukturmerkmale einer Borderline-Pathologie und von malignem Narzißmus aufweisen, so weichen diese, im Vergleich zu den Patienten mit Borderline-Symptomatik und malignem Narzißmus, in einer psychoanalytischen Psychotherapie und Psychoanalyse sehr viel schneller neurotischen Strukturen. Ich habe versucht, jene Berührungspunkte darzustellen, die sich aus der therapeutischen Realität und der äußeren Realität, i.S. der Kontextfaktoren des diabetischen Behandlungsmanagements, ergeben und in Übertragung und Gegenübertragung ihren Niederschlag finden. Da die Psychoanalyse ausschließlich auf das Verständnis innerer psychischer Strukturen zielt, erscheint mir der Einfluß der äußeren Gegebenheiten des diabetischen Behandlungsmanagements außerordentlich wichtig. Von besonderer Bedeutung ist für mich die offene Frage, ob und in welchen Fällen die beobachtete Charakterpathologie sich sekundär auf der Basis vorhandener Objektbeziehungen entwickelt oder ob das diabetische Behandlungsmanagement von den Betroffenen als eine Variante selbstschädigenden Verhaltens wahrgenommen wird, weil es sich eben auch besonders dafür eignet.

Literatur

Boehnert, C.W., Popkin, M.K. (1986): Psychological issues in the treatment of severely noncompliant diabetics. In: Psychosomatics, 27,(1), S. 11-20.
Bradley, C. (1979): Life events and the control of diabetes mellitus. In: J. psychosom. Res., 23, S. 159-162.
Bräutigam, W., Christian, P. (1975): Psychosomatische Medizin. Stuttgart: Thieme (2. Aufl.).
Dornes, M. (1997): Die frühe Kindheit. Frankfurt a.M.: Fischer.

Dunbar, F. (1943): Psychosomatic diagnosis. New York: Hoeber.
Dunn, S.M., Turtle, J.R. (1981): The myth of the diabetic personality. In: Diabetes Care, 4, S. 640-646.
Edwards, C., Yates, A.J. (1985): The effects of cognitive task demand on subjective stress and blood glucose levels in diabetics and non-diabetics. In: J. Psychosom. Res., 29, S. 59-69.
Fisher, E.B., Delameter, A.M., Bertelson, A.D., Kirkley, B.G. (1982): Psychological factors in diabetes and its treatment. In: J. Consul. Clin. Psychol., 50, S. 993-1003.
Fonagy, P. (1995): Fortschritte in der Technik mit jugendlichen Borderline Patienten. Anna Freud Vorlesung, Wien, 17.11.1995, pers. Manuskript.
Freud, S. (1914): Zur Einführung des Narzißmus. GW 10. Frankfurt a.M.: Fischer, S. 137-170.
Galatzer-Levy, R.M. (1987): Thew borderline and severly neurotic child. In: J. Am. Psychoanal. Assoc., 35 (1), S. 189-201.
Gill, M.M. (1997): Psychoanalyse im Übergang. Stuttgart: Verlag Internationale Psychoanalyse.
Grant, I., Kyle, G.C., Teichmann, A., Mendels, J. (1974): Present life events and diabetes in adults. In: Psychosom. Med., 36, S. 121-128.
Hauser, S.T., Pollets, D. (1979): Psychological aspects of diabetes mellitus: A critical review. In: Diabetes Care, 2, S. 227-232.
Hinkle, L.E., Wolf, S. (1952): A summary of experimental evidence relating life stress to diabetes mellitus. In: J. Mt. Sinai. Hosp., 19, S. 537-570.
Johnson, S.B. (1980): Psychological factors in juvenile diabetes. A review. In: J. Behav. Med., 3, S. 95-116.
Kämmerer, W., Reindell, A. (1977): Psychosomatische Aspekte des Diabetes Mellitus. In: Z. Psychosom. Med. Psychoanal., 23, S. 351-362.
Kemmer, F.W., Bisping, R., Steingrüber, H.J., Baar, H., Hardtmann, F., Schlaghecke, R., Berger, M. (1986): Psychological stress and metabolic control in patients with type I diabetes mellitus. In: New England J. Med., 314, S. 1078-1084.
Kernberg, O.F. (1983, 1978): Borderline Störungen und pathologischer Narzißmus. Frankfurt a.M.: Suhrkamp.
– (1992): Aggression. New Haven :Yale University Press.
– (1998, 1995): Liebesbeziehungen. Normalität und Pathologie.Stuttgart: Klett-Cotta.
Laplanche, J., Pontalis, J.B. (1973/1967): Das Vokabular der Psychoanalyse. Frankfurt a.M.: Suhrkamp.
Leithner. K., Schuster, P., Etzersdorfer, E., Presslich-Titscher, E., Schmidt, K. (1998): Schwierige PatientInnen: PatientInnen mit chronischer Selbstbeschädigung. In: Psychotherapie Forum, 6 (3), S. 133-138.
McDougall, J. (1997): Die Couch ist kein Prokrustesbett. Stuttgart: Verlag Internat. Psychoanalyse.
Moran, G.S., Fonagy, P. (1987): Psychoanalysis and diabetic control: A single case study. In: Brit. J. Med. Psychol., 60, S. 357-372.
Ohr, P., Fleckenstein, C., Fagen, J., Klein, S., Pioli, L. (1990): Crying produced forgetting in infants: A contextual analysis. In: Infant Behavior and Development, 13, S. 305-320.
Ringler, M. (1997): Fallvortrag im Wiener Arbeitskreis für Psychoanalyse. Unveröff. Manuskript.
–, Ogris, G., Ludwig, C., Gessl, A., Kurzemann, S., Czellesz, A., Zesch, H., Enzenhofer, E., Fasching, P., Waldhäusl, W. (1998): Der Zusammenhang zwischen psychosozialen Variablen und metabolischer Einstellung des IDDM. In Vorbereitung.
Rodewig, K. (1997): Der kranke Körper in der Psychotherapie. Göttingen: Vandenhoeck & Ruprecht.
Rosen, H., Lidz, T. (1949): Emotional factors on the precipitation of recurrent diabetic acidosis. In: Psychosom. Med., 11, S. 211-215.
Scherff, R. (1985): Psychosomatik des Diabetes mellitus. Eine Falldarstellung. In: Materialien Psychoanalyse, 11 (2/3), S. 75-89.
Singer, J., Fagen, J. (1992): Negative affect, emotional expression, and forgetting in young infants. In: Developmental Psychology, 28, S. 48-57.
Slawson, P.F., Flynn, W.R., Kollar, E.J. (1963): Psychological factors associated with the onset of diabetes mellitus. In: J. Am. Med. Ass., 185, S. 166-170.

Was ist psychoanalytische Psychotherapie?
Psychoanalytische Psychotherapiemodelle im Vergleich

Christine Butterfield-Meissl und Brigitte Grossmann-Garger

Neben den hochfrequenten, zeitlich nicht limitierten Psychoanalysen führen die meisten Psychoanalytiker auch niederfrequente, zum Teil zeitlich limitierte „psychoanalytisch orientierte Psychotherapien" durch. Nach einer Umfrage in Österreich bei Psychoanalytikern und erfahrenen Kandidaten sind mehr als die Hälfte ihrer Behandlungen stützende und expressive psychoanalytische Psychotherapien (Burian, 1996). Vor allem Psychoanalytiker in Institutionen arbeiten mit Patienten, für die Psychoanalyse nicht die geeignete Methode ist oder für die Psychoanalyse aus verschiedenen anderen Gründen nicht in Frage kommt. Die Auswahl des Therapieverfahrens ist von seiten des Therapeuten nicht immer patientenorientiert, sondern richtet sich nach den eigenen Behandlungsinteressen, finanziellen und berufsbedingten Notwendigkeiten und gesundheitspolitischen Entwicklungen.

Die Geschichte der psychoanalytischen Psychotherapieformen ist so alt wie die Geschichte der Psychoanalyse: sie beginnt mit Freud. Neben den Psychoanalysen führte er immer wieder, zum Teil sehr kurze, Therapien durch. Bezüglich des Wertes der Abänderungen der Langform war er sehr ambivalent. Ferenczi und Rank experimentierten ab 1918 mit der Technik der Psychoanalyse. Sie wollten eine Verkürzung der Behandlung durch Intensivierung der Affektivität in der Übertragungsbeziehung und durch zeitliche Limitierung erreichen. Zum Zeitpunkt der Veröffentlichung begrüßte Freud die Modifikationsvorschläge seiner beiden Kollegen, aber 1935 nannte Freud Rank in einem Brief an Arnold Zweig in diesem Zusammenhang einen Hochstapler, wenn er behaupte, eine schwere Zwangsneurose in vier Monaten heilen zu können. Sein Zitat vom Budapester Kongreß 1918: „Wir werden auch sehr wahrscheinlich genötigt sein, in der Massenanwendung unserer Therapie das reine Gold der Analyse reichlich mit dem Kupfer der direkten Suggestion zu legieren", scheint die Geschichte der psychoanalytischen Psychotherapie zu prägen und ihr einen geringeren Rang sowohl bei Psychoanalytikern als auch bei Patienten einzuräumen. Wer will schon mit der Kupferlegierung neben dem reinen Gold stehen (vgl. Oberlehner, 1999)?

Anfang der 90er Jahre wurde eine große Zahl von Forschungsergebnissen bekannt zur Frage, in welchem Zusammenhang Psychoanalyse und psychoanalytische Psychotherapie stehen. Das Literaturstudium erbringt das interessante Ergebnis, daß es die *eine* psychoanalytische Psychotherapie an und für sich nicht gibt, dafür aber eine mittlerweile nicht geringe Anzahl von ausgefeilten psychoanalytischen Psychotherapiemodellen, die ganz unterschiedliche Faktoren für besonders wichtig halten.

Theorieentwicklung steht in engem Zusammenhang mit den Ergebnissen von Forschungsberichten und den aktuellen gesellschaftspolitischen Entwicklungen, deshalb beginnen wir mit einem kurzen Streifzug durch den internationalen Forschungsstand, wenn uns auch die Problematik der Interpretation von Forschungsberichten bewußt ist. Vor allem wissen wir zu wenig, was in den Behandlungen tatsächlich geschah. In der Regel handelt es sich bei den vorliegenden, großangelegten, komplexen Untersuchungen um Therapien mit besonders schwierigen Patienten. Theorie, Technik und Diagnostik haben sich in den letzten Jahrzehnten massiv verändert. Viele Krankheitsbilder der untersuchten Personen würden vermutlich heute meist als schwere Persönlichkeitsstörung bezeichnet werden, und die Indikation für Psychoanalyse wäre fraglich. Andererseits existieren frühe Abwehrmechanismen wie projektive Identifizierung, Spaltung und Verleugnung nicht nur als Einfälle, sondern werden in der Phantasie der Übertragungsbeziehung ausgelebt. Heute ist die Bearbeitung dieser Erkenntnisse der Kleinianer und der Vertreter der Objektbeziehungstheorie in Psychoanalysen eher möglich geworden.

Im Anschluß an die Diskussion der Forschungsergebnisse werden wir vier psychoanalytische Psychotherapiemodelle vorstellen, in einigen psychoanalytischen Dimensionen untersuchen und deren Unterschiede herausarbeiten: Vertrag, Setting, Indikationsstellung, Interventionstechnik, dabei vor allem der Umgang mit Deutung, Übertragung und Widerstand sowie das Therapieziel stehen dabei im Zentrum unseres Interesses.

Der Forschungsstand

In den letzten Jahren sind einige Abschlußberichte großer, über Jahrzehnte gehender Forschungsprojekte veröffentlicht worden, die wichtige Beiträge zur Entwicklung von unterschiedlichen psychoanalytisch orientierten Theoriekonzepten liefern. Wir beziehen uns in diesem Teil der Arbeit vor allem auf das Menninger-Psychotherapieforschungsprojekt (Wallerstein, 1986, 1990), das Pennsylvania-Psychotherapieprojekt (Luborsky, 1984 und 1988) und das Projekt von Weiss und Sampson (1986).

Verglichen wurden von Psychoanalytikern Patienten, die durchgängig schwerer gestörte Menschen waren, als sie üblicherweise in der ambulanten psychotherapeutischen Praxis behandelt werden, in drei Behandlungsformen: in der (a) klassischen Standardmethode, in (b) expressiven (das sind aufdeckende, deutende, auf Einsicht abzielende) und in (c) supportiven (das sind stützende) Therapieformen. Psychoanalyse und andere expressive Methoden haben die Analyse der Abwehrformen (Widerstände, Übertragungen) als entscheidenden

Interventionsschritt zu einer möglichen Reintegration gemeinsam, wobei sich die beiden in der Intensität ihrer Bemühung über die gesamte Persönlichkeitsstruktur hinweg und bezüglich der Eindringtiefe in die Entwicklungsgeschichte unterscheiden. Supportive Techniken zielen auf eine Stärkung der Abwehr, um die Konfliktverdrängung wirksamer werden zu lassen. Das wird erreicht durch Übertragungsheilung „dem Therapeuten zuliebe", durch Identifizierung mit adaptiven Verhaltenszügen des Therapeuten, ferner durch eine Reihe von Aufspaltungs- und Verschiebungsprozessen. Dazu gehört auch die „Übertragung der Übertragung" auf andere Menschen, mit denen zusammen sie sich in einer verbesserten Lebenssituation befinden, und die diese Last unbestimmt lange tragen. Gemeinsam ist diesen supportiven Techniken, daß sie zu einer Stabilisierung des Patienten führten, ohne daß die betreffenden inneren Konflikte aufgedeckt und bearbeitet werden.

Was Ausmaß und Wirkung des supportiven Anteils an der Wirksamkeit des Analytikers in den untersuchten Behandlungsprozessen betrifft, gab es die folgenreichsten Ergebnisse. Wir wollen einige herausgreifen, die unserer Meinung nach die Entwicklung der Technik der psychoanalytischen Psychotherapiemodelle in ihrem kurativen Bestreben relevant beeinflussen:

- In allen drei Methoden ist ein wichtiger Stützmechanismus das Hervorrufen und die stabile Festlegung einer positiven, abhängigen Übertragungsbindung, die in wichtigen Teilen ungedeutet und unanalysiert blieb.
- Therapeutische Ziele, die durch supportive Techniken für den Therapeuten erreicht wurden, erwiesen sich als stabiler und dauerhafter als vorher angenommen. Sie wurden wahrscheinlich ohne vollständige intrapsychische Konfliktlösung und ohne die damit einhergehende Einsicht erreicht.
- Ein Wirkmechanismus ist die „korrigierende emotionale Erfahrung", wenn man dem Übertragungsverhalten des Patienten mit Neutralität begegnet, ohne den Interaktionen der Übertragung-Gegenübertragung zum Opfer zu fallen, mit denen es dem Patienten im Leben vor der Behandlung gelungen ist, sein neurotisches Leiden aufrechtzuerhalten.
- Ein Wirkmechanismus ist die Realitätsprüfung und die Nacherziehung mittels der geborgten Ich-Stärke, die der Identifizierung mit dem Therapeuten entstammt.
- Die Deutung zeigte einen geringeren therapeutischen Erfolg als erwartet, ebenso die Einsicht in bisher verdrängte unbewußte Konflikte als Basis „realer" struktureller Persönlichkeitsveränderungen und einer stabilen und dauerhaften Besserung von Symptomen sowie von Einstellungs- und Verhaltensänderungen in gewünschter Richtung. Damit wird die dominierende Stellung der Deutung in Frage gestellt.
- Es fanden Strukturänderungen im Sinne von Veränderungen in spezifischen intrapsychischen Konfigurationen, von Abwehrmustern, Gedankenorganisation, Affektorganisation, Angsttoleranz und Ich-Stärke statt, die mit intra-

psychischen Konfliktlösungen verbunden sind. Es fanden aber auch strukturelle Ich-Veränderungen ohne intrapsychische Konfliktlösung statt.

Aus diesen Ergebnissen kann man folgende Verallgemeinerungen ableiten:

– Die Behandlungsergebnisse bei Patienten mit Psychoanalyse und bei Patienten mit einer unterschiedlichen Mischung expressiv-stützender Psychotherapien konvergieren.
– Alle Behandlungen enthielten mehr stützende Elemente als ursprünglich vorgesehen, und die stützenden Elemente waren in erheblich größerem Umfang für die erreichten Veränderungen ausschlaggebend, als man zunächst vorausgesehen hatte.
– Die stützenden Aspekte – innerhalb eines psychoanalytischen Theorierahmens und von psychoanalysekundigen Therapeuten durchgeführt – enthielten mehr Modifikationen, als ihnen in der Psychodynamik-Literatur zugestanden wird.
– Die Unterscheidung von „echter Veränderung", der Strukturveränderung durch deutende Auflösung unbewußter intrapsychischer Konflikte und Veränderungen in manifesten Verhaltensmustern durch stützende psychotherapeutische Techniken und Verfahrensweisen ist hinsichtlich Stabilität und Dauerhaftigkeit kaum möglich.

Diese Ergebnisse haben dazu geführt, daß es zu einer Diskussion über die Höherwertigkeit von Psychoanalyse oder psychoanalytischer Psychotherapie kam. Aber auch dazu, daß eine Vielzahl von eigenständigen psychoanalytischen Psychotherapiemethoden entwickelt wurden, die in unterschiedlicher Weise den Ergebnissen Rechnung tragen. Wir wollen in der vorliegenden Arbeit der zweiten Linie folgen.

In der Reihenfolge ihrer zeitlichen Entwicklung stellen wir zuerst die analytisch orientierte dynamische Psychotherapie von Annemarie Dührssen (1972) vor, dann die psychoanalytische Psychotherapie von Luborsky (1984), als nächstes die psychodynamische Psychotherapie von Kernberg (1989) und als letztes die progressionsorientierte psychoanalytisch-systemische Therapie von Fürstenau (1992).

Annemarie Dührssen (1972):
Die analytisch orientierte dynamische Psychotherapie

Für dieses Modell haben wir uns entschieden, weil wir es zu den Klassikern im deutschen Sprachraum zählen. Es ist recht elaboriert und differenziert in einigen Standardwerken dargestellt worden. Dührssen verwendet viel kasuistisches Material, das ihr Vorgehen nachvollziehbar und verständlich macht.

Ihre Beschreibung hingegen erfolgt manchmal in einer befremdlichen, nichtanalytischen Sprache. Der Name bedeutet, daß die von ihr beschriebene Behandlungsmethode die Bearbeitung von unbewußten Trieb-Triebabwehr-Prozessen im Sinne Freuds beabsichtigt.

Das Ziel der psychoanalytisch orientierten dynamischen Psychotherapie unterscheidet sich nicht von dem der klassischen Methode, wohl aber der Weg. Als grundsätzliche Momente aller psychoanalytischen Psychotherapien nennt sie:

- Der Therapeut verhilft dem Patienten zu Entlastungserlebnissen und ermöglicht eine Erweiterung des Bewußtseinsumfangs, um ein Umlernen in Gang zu setzen, damit Möglichkeiten für Glück und Zufriedenheit eröffnet werden.
- Es entwickeln sich Übertragungsreaktionen, deren sachgerechte Behandlung ein wesentliches therapeutisches Hilfsmittel darstellt.
- Genauso wichtig sind genetische Deutungen, die dem Patienten die Verbindung zwischen seiner gegenwärtigen psychodynamischen Konstellation und der bisherigen Entwicklung, seiner Vor- und Frühgeschichte aufzeigen.

Diese charakteristischen Elemente hat die psychoanalytische Standardmethode mit der dynamischen Psychotherapie gemeinsam. Zusätzlich gilt für letztere folgendes:

- Der Patient erhält keine umschriebenen Instruktionen über die Art, wie er seine Mitteilungen zu gestalten hat. Er braucht sich auf keine Regeln, Abmachungen und Verabredungen einzustellen, die seine eigenen Mitteilungen angehen.
- Frequenz und Zeitpunkt der Behandlungsstunden liegen nicht fest, beides wird an die Erfordernisse der Therapie angepaßt.
- Regressive Tendenzen werden beim Patienten durch das therapeutische Arrangement nicht gefördert.

Die Persönlichkeit des Analytikers behält reale Züge. Übertragungsreaktionen treten auf, werden aber nur selten spontan vom Patienten berichtet. Sie müssen vom Therapeuten erkannt und zu therapeutischen Zwecken aufgezeigt und interpretiert werden. Übertragungsreaktionen sollen in der Beschreibung personenorientiert bleiben. Dührssen empfiehlt Mutter-, Vater-, Geschwisterübertragungen und die Vermeidung von trieborientierten Attributen (etwa orale, retentive, libidinöse, sexuelle) in der Übertragung. D.h., der Therapeut bleibt für den Patienten ein realer Mensch, dessen Alter, Geschlecht und Wesensart eine Rolle spielen. Der Therapeut stellt sich auf das Material ein, versucht es zu verstehen und regt durch themenbestimmende oder klärende Fragen und Kommentare den weiteren Bericht über psychodynamisch wichtiges Erlebnismaterial an. Mit diesem auf jeweilige Anregung gewonnenen Material geht der The-

rapeut klärend, interpretierend und durcharbeitend um. Das beigebrachte Material wird sowohl in der Realität wie in der Übertragung gedeutet.
Zur Lenkung und Leitung des Behandlungsprozesses unterscheidet sie dreierlei Interventionen:

- Interventionen, die das affektive Klima bestimmen: Trost und Aufmunterung, Anerkennung, Verständnis, Reserve und Skepsis, Kritik, Mißbilligung.
- Interventionen, die einen pädagogischen Charakter haben: Informationen oder Belehrungen allgemeiner Art, Vorschläge, Ratschläge, Aufforderungen, Verbote. Diese beiden nicht-analytischen Interventionen machen den persönlichen Stil des Analytikers aus und tragen damit wesentlich zur therapeutischen Atmosphäre bei. Man kann sie aber nicht lehren und sie sollten sehr sparsam eingesetzt werden.
- Die im engeren Sinn analytischen Interventionen, die sich mit der unbewußten Dynamik des Patienten befassen. Dazu gehören klärende Fragen und Kommentare, welche die unbewußte Problematik verdeutlichen; weiters themenbestimmende Fragen und Kommentare zur zielgerichteten Sammlung des psychodynamisch wichtigen Materials und zur Vorbereitung auf Deutungen; drittens Deutungen und Interpretationen zur Erweiterung des Bewußtseinsumfangs; schließlich Rückgriffe auf frühere Interpretationen, Themen oder Probleme im Sinne des Durcharbeitens und um den Prozeß des Umlernens in Gang zu halten.

Der Umgang mit dem Patienten erfolgt in drei Schritten:

- Zuerst sollte man versuchen, die Gefühlslage des Patienten richtig zu verstehen und den Patienten dazu befähigen, seine Gefühle zu beschreiben.
- Im zweiten Schritt sollen die Motive oder die begleitenden Vorstellungen für die erlebten Gefühle aufgespürt werden.
- Wenn Gefühl und Vorstellung deutlich geworden sind, soll die zugehörige Triebqualität ins Bewußtsein gehoben werden.

Dührssen warnt vor übereilten Deutungen, die sich auf Triebqualitäten beziehen, da sie neurotischen Widerstand provozieren. Ebenfalls wichtig ist die häufigere Anwendung von genetischen Deutungen gegenüber Übertragungsdeutungen. Der Patient muß erst verstanden haben, daß alle Haltungen, Einstellungen und Reaktionsweisen in der frühen Kindheit erworben wurden und heute aktualisiert werden, erst dann kann man ihm im Hier und Jetzt Übertragungskonstellationen deutlich machen. Übertragungsreaktionen bedürfen überhaupt nur einer Deutung, wenn sie zum Widerstand werden.
Der Heilungsprozeß, der im Kranken angeregt wird, erfolgt in drei Phasen: Am Beginn der Behandlung steht die Sammlung des psychodynamisch bedeutungsvollen Materials. Im Mittelabschnitt der Behandlung nimmt die Deutung

den größten Raum ein und richtet sich auf die Erweiterung des Bewußtseinsumfangs, auf den Abbau von Ängsten und auf die Eröffnung neuer Gefühlsmöglichkeiten. Der letzte Abschnitt gilt dem Durcharbeiten. Dieser dreiphasige Verlauf entspricht dem psychoanalytischen Standardverfahren. Es dauert an Jahren etwa gleich lang, der Prozeß läßt sich bei geeigneten Patienten nur mit geringerer Stundenzahl aufrechterhalten. Symptomänderung erreicht man relativ früh; soll sie auf strukturelle Veränderung und nicht auf Übertragungserfolgen beruhen, dann muß man mit zwei Jahren Behandlung rechnen.

Die analytisch orientierte dynamische Psychotherapie beinhaltet spezielle Schwierigkeiten. Der Therapeut muß auf wichtige psychoanalytische Hilfsmittel verzichten: auf die Arbeit mit Träumen und die dazugehörigen freien Assoziationen und die Einhaltung der analytischen Grundregel. Statt dessen muß er aus den spontanen Berichten des Kranken alle Signale auffangen, die ihm die psychodynamisch wichtigen Erlebnisse ankündigen, um dann mit Hilfe von themenbestimmenden Fragen und Kommentaren das emotional bedeutungsvolle Material hervorzulocken und schließlich auf dem gleichen Wege auch noch die notwendige Bewußtseinserweiterung beim Patienten herbeizuführen. Der Therapeut benötigt dazu all jene klinische Erfahrung, die er nur mit Hilfe der psychoanalytischen Standardmethode sammeln kann, da viele psychische Phänomene gewissermaßen nur in „Verdünnung" zu beobachten sind.

Fragen der Indikation für die dynamische Psychotherapie behandelt Dührssen in Abgrenzung zur Psychoanalyse. Sie beschreibt ausführlich Kriterien für die Standardmethode, ergänzt um Kriterien, wann die Standardmethode entbehrlich und kontraindiziert ist: Entbehrlich ist sie bei großer Beweglichkeit der neurotischen Strukturelemente, beim Zugang zu den unbewußten Kräften ohne Traumarbeit, freiem Einfall und Einhalten der Grundregel. Kontraindiziert ist sie bei geringer Angsttoleranz und Neigung zu grenzpsychotischen Reaktionen sowie maligner Regression durch Liegen, bei Abbruchtendenzen und starkem Rededrang.

Außerdem benötigt die dynamische Psychotherapie einige spezielle Therapeuten-, Patienten- und Situationsvariablen: Eine günstige Therapeutenvariable ist z.B. die Fähigkeit, dem Patienten ein Gefühl der Ruhe und Intensität zu vermitteln. Das ist vor allem deshalb wichtig, weil zwischen den einzelnen Stunden oft längere Intervalle bestehen. Er soll aufbauende Zuversicht einbringen, die dem Patienten vermittelt, daß seine Belastbarkeit im Grunde nicht geringer ist als sein Entwicklungspotential. Sie nennt auch den Humor als förderliche Therapeutenvariable, weil er verhindert, daß schwierige, aber nicht unlösbare Situationen zum Melodrama werden. Zu den günstigen Patientenvariablen zählt sie folgende Fähigkeiten: eher tätige Menschen, deren Partnerbeziehungen keine wesentlich destruktiven Elemente enthalten und die über ein ausreichendes Maß an Kommunikationsfähigkeit, Umstellungsfähigkeit und psychische Mobilität verfügen. Kurz zusammengefaßt sind Menschen mit gutartiger Regression im Sinne Balints geeigneter, d.h. Menschen, für die es wichtig ist, verstanden zu werden, und die in diesem Gefühl ihren eigenen Weg suchen wollen; im Gegensatz zu Patienten mit maligner Regression, d.h. Menschen, die auf Bedürfnisbefriedigung durch den Therapeuten aus sind. Zu den günstigen Situationsvariablen zählt sie vor allem den poliklinischen Hintergrund. Die dort arbeitenden Psychoanalytiker haben flexiblere Stundenpläne, die die wechselnden Intervalle realisierbar machen können.

Lester Luborsky (1984): Analytische Psychotherapie

Dieses Modell wollen wir vorstellen, weil es ein klares Konzept einer analytischen Kurztherapie beinhaltet. Es wurde im Rahmen des anfangs zitierten großangelegten Pennsylvania-Psychotherapieforschungsprojektes entwickelt und in katamnestischen Untersuchungen evaluiert. Luborsky beschreibt sein Konzept der analytische Psychotherapie als eine Therapie- und Forschungsmethode. Sie umfaßt eine Festlegung der Behandlungsmethode, eine ausführliche Therapeutenanleitung zur Handhabung der Methode und ein Beobachtungsinstrument, um zu prüfen, inwieweit der Therapeut die Behandlungstechnik wirklich anwendet. Die Darstellung erfolgt schematisch und regelhaft in Form eines Manuals.

Luborsky nennt drei kurative Faktoren, die zu einer stabilen, positiven Veränderung während der Psychotherapie beitragen. (1) Selbsterfahrung und Selbstverständnis, (2) die supportive therapeutische Beziehung und (3) die Förderung nachhaltiger Behandlungserfolge durch eingehende Bearbeitung des Therapieendes.

In der hier beschriebenen Form der analytischen Psychotherapie kommen supportive und expressive, d.h. deutende Behandlungstechniken, zur Anwendung. Die Bearbeitung und Deutung von Übertragungsphänomenen ist ein wesentlicher Bestandteil der Therapie. Das Erteilen von Ratschlägen wird weitgehend vermieden. Therapeut und Patient sitzen einander gegenüber.

Das Festlegen des Behandlungsvertrags ist ein wesentlicher Bestandteil der Behandlung. Der Patient soll Gelegenheit bekommen, seine Probleme als Zielvorstellungen zu formulieren und nach ihrer Bedeutung zu ordnen. Die Zielvorstellungen des Patienten stehen im Mittelpunkt der therapeutischen Arbeit, in ihnen liegt eine wesentliche Motivation für Veränderungen. Weitere Faktoren für die Veränderung sind die stützende, hilfreiche therapeutische Beziehung und die Ermöglichung des emotionalen Ausdrucks und des Verstehens. Der Therapeut erklärt und verdeutlicht, was der Patient und der Therapeut in der Therapie tun werden. Patient und Therapeut versuchen gemeinsam herauszufinden, was das Erreichen der Therapieziele verhindert, und suchen gemeinsam nach Möglichkeiten, die Probleme des Patienten zu bewältigen. Klare Absprachen über den äußeren Rahmen der Behandlung wie Termine, Honorar, Kostenübernahme, Absageregelung, voraussichtliche Dauer der Behandlung werden getroffen. Die Stundenzahl beträgt meist 12 bis 30 Sitzungen, ist von vornherein zeitlich begrenzt, mit einer Sitzung pro Woche zu Beginn und einer Sitzung alle zwei Wochen zum Ende der Therapie. Auch zeitlich nicht von vornherein begrenzte Therapien sind nach diesem Konzept möglich.

Der Behandlungsprozeß wird mit einer grundlegenden Formulierung der wichtigsten Beziehungsprobleme, des zentralen Beziehungskonfliktthemas und der damit verbundenen Symptome eingeleitet. Die fokale Behandlungsführung ist eines der wesentlichen Merkmale der zeitlich festgelegten psychoanalytischen Kurztherapie. Interventionen und Deutungen sollen begründet sein und werden auf einzelne Aspekte des zentralen Beziehungsproblems fokussiert. Die supportive therapeutische Beziehung ist hier einer der wesentlichen kurativen Faktoren. Sie ist erforderlich, damit sich der Patient sicher genug fühlen kann, die Einschränkungen im Erleben und Verhalten zu verringern, die ihn in die Therapie geführt haben. Bei der Anwendung supportiver Behandlungstechniken kann man allerdings nicht davon ausgehen, daß sie sich so auswirken, wie sie gemeint sind. Eine Behandlungstechnik ist nur dann supportiv, wenn der Patient sie so empfindet. Neben der impliziten supportiven Wirkung einer Psychotherapie brauchen manche Patienten jedoch zusätzliche unterstützende Maßnahmen, z.B. Patienten mit Charakterstörungen und Psychopathien, Patienten, bei denen eine Regression verhindert, die Abwehr gefestigt oder das Anpassungsniveau stabilisiert werden muß. Luborsky empfiehlt drei Punkte zur diagnostischen Klärung:

- In welcher Hinsicht benötigt der Patient Unterstützung?
- Wie soll die Unterstützung erfolgen?
- Wann wird die Unterstützung am ehesten notwendig sein?

Häufig wird Unterstützung gebraucht bei der Aufrechterhaltung des Selbstwertgefühls oder des Realitätssinnes bzw. im Umgang mit der übermäßigen Strenge des Gewissens und in der Angstregulierung im Zusammenhang mit Wünschen. Abwehrformen und Handlungen, die die Lebenstüchtigkeit fördern, werden unterstützt. Luborsky fand, daß die hilfreiche Beziehung einen Vorhersagewert für den Therapieverlauf hat. Früh in der Therapie auftretende Zeichen einer positiven hilfreichen Beziehung stellten sich als signifikante Prädiktoren für einen späteren Therapieerfolg heraus. Negative oder geringe Anzeichen einer hilfreichen Beziehung erwiesen sich als weniger zuverlässige Prädiktoren und bedeuten nicht notwendigerweise einen erfolglosen Therapieverlauf. Häufig stellen sie ein allgemeines Beziehungsmuster des Patienten dar.

In dieser zeitlich auf wenige Sitzungen festgelegten Form der analytischen Psychotherapie wird versucht, die wesentliche Beziehungsthematik bereits während der ersten Sitzungen zu bestimmen und als Fokus der Behandlung auszuwählen. Das zentrale Beziehungskonfliktthema wird in standardisierter Form dargestellt, d.h. als ein Satz mit einer Aussage über den Wunsch, das Bedürfnis oder die Absicht des Patienten sowie einer Aussage über die positiven und negativen Konsequenzen, die sich aus einer Verfolgung dieses Wunsches ergeben. Es werden Beziehungsepisoden mit dem Therapeuten innerhalb der Sitzungen betrachtet und ebenso Interaktionen des Patienten in aktuellen und früheren Beziehungen, von denen er während der Sitzung erzählt. Es ist für den Patienten leichter, die jeweilige Beziehungsproblematik tatsächlich als seine Schwierigkeit anzuerkennen, wenn er sie in allen drei Bereichen sehen kann. Die Symptomatik wird als eine Form der Problemlösung betrachtet, die für den Patienten ungünstige Auswirkungen hat. In supportiver Weise wird der Patient jetzt ermutigt, alternative Lösungen zu entwickeln und deren Auswirkungen zu untersuchen. Unter expressiver Behandlungstechnik versteht Luborsky die Deutungstechnik der Psychoanalyse. Es ist dies ein Prozeß von Zuhören, Verstehen, Intervenieren und erneutem Zuhören.

Die Interventionen werden klar auf das zentrale Beziehungskonfliktthema hin ausgerichtet. In der Durcharbeitung soll der Patient eine bessere Wahrnehmung der zentralen Beziehungsproblematik und seines Beitrags dazu erreichen sowie ein Verständnis für die Funktionalität der Beziehungsprobleme gewinnen. Eine größere Vielfalt von Handlungsmöglichkeiten wird erarbeitet, Behandlungsfortschritte und Annäherungen an das Behandlungsziel werden positiv markiert.

Die Beendigung der Behandlung ist von Anfang an ein wichtiges Thema in der zeitlich festgelegten Psychotherapie. Während des ganzen Verlaufs hebt der Therapeut immer wieder Behandlungsabschnitte hervor, die dem Patienten ein gutes und nachvollziehbares Gefühl für Fortschritte vermitteln können, und setzt damit Meilensteine des Therapieverlaufs. Fortschritte werden mit den ursprünglich vereinbarten Therapiezielen in Verbindung gebracht und diese gegebenenfalls neu formuliert. Es wird deutlich gemacht und durchgearbeitet, daß ein Behandlungserfolg nicht die Lösung aller Probleme des Patienten bedeutet. Am Ende der Behandlung besprechen Patient und Therapeut die Frage einer erneuten Konsultation nach Abschluß der Therapie. Die Möglichkeit einer erneuten Konsultation wird grundsätzlich zugelassen, und es wird mit dem Patienten besprochen, wie vorzugehen ist, wenn er die Wiederaufnahme einer Therapie für nötig hält. Auch katamnestische Sitzungen können vereinbart werden. Wenn zum Zeitpunkt des vorgesehenen Therapieendes neue Zielvorstellungen entstehen oder die ursprünglichen Ziele in der verbleibenden Zeit nicht zu erreichen sind, kann eine Fortführung der Therapie vereinbart werden. Eine Überweisung an einen anderen Therapeuten wird überlegt.

Otto F. Kernberg (1989):
Psychodynamische Therapie bei Borderline-Patienten

Dieses Modell ist für uns interessant, weil es hinsichtlich der Technik der Psychoanalyse sehr nahe steht. Es folgt einem klaren Konzept, das in einem Handbuch dargestellt ist. Beeindruckend sind die klaren Anleitungen für den Umgang mit schwierigen Therapiesituationen. Kernberg nennt die Behandlungsmethode expressive oder psychodynamische Psychotherapie. Unter expressiv wird deutend, aufdeckend verstanden. Sie basiert auf dem psychodynamischen Modell der Psychoanalyse, daher sollte sie nur von Psychotherapeuten angewendet werden, die mit der psychoanalytischen Technik vertraut sind.

Die vorgestellte Therapieform ist besonders für Patienten mit den charakteristischen Merkmalen einer Borderline-Persönlichkeitsorganisation geeignet. Diese Bezeichnung ist bei Kernberg relativ weit gefaßt. Sie bezieht sich auf ein Niveau von Charakterpathologie, zu dem die meisten Fälle infantiler histrionischer und narzißtischer Persönlichkeiten, praktisch alle Fälle schizoider, paranoider, „als-ob" und hypomanischer Persönlichkeiten und alle antisozialen Persönlichkeiten gehören. Für die meisten Patienten mit antisozialer Persönlichkeitsstörung ist diese Therapieform allerdings nicht geeignet. Die Borderline-Persönlichkeitsorganisation ist nach Kernberg durch drei strukturelle Kriterien gekennzeichnet: Identitätsdiffusion, Niveau der Abwehroperationen und Fähigkeit zur Realitätsprüfung.

- Identitätsdiffusion ist definiert als mangelnde Integration des Selbstkonzepts und des Objektkonzepts. Sie zeigt sich in widersprüchlicher Selbst- und Objektwahrnehmung, widersprüchlichem Verhalten, der Unfähigkeit, etwas von sich und den bedeutsamen Wechselbeziehungen mit anderen zu vermitteln, und einem Gefühl chronischer innerer Leere.
- Das Niveau der Abwehroperationen besteht in primitiven, hauptsächlich um den Mechanismus der Spaltung zentrierten Abwehrformen wie primitive Idealisierung, projektive Identifizierung, Verleugnung, omnipotente Kontrolle und Entwertung.
- Die Fähigkeit zur Realitätsprüfung ist im allgemeinen erhalten. Sie besteht in der Fähigkeit, das Selbst vom Nicht-Selbst und intrapsychische Wahrnehmungen und Reize von solchen äußeren Ursprungs zu unterscheiden und die eigenen Affekte, das eigene Verhalten und die eigenen Gedankeninhalte im Rahmen üblicher sozialer Normen einzuschätzen.

Als Behandlungsziele nennt er, die Fähigkeit des Patienten zu steigern, sich selbst und andere als kohärente, integrierte und realistisch wahrgenommene Individuen zu erleben. Die Notwendigkeit für Abwehrmechanismen, die die Ich-Struktur schwächen, soll reduziert werden. Eine gesteigerte Fähigkeit zu Impulskontrolle, Angsttoleranz, Affektregulation und Sublimierung bei gleichzeitiger Entwicklung stabiler und befriedigender interpersoneller Beziehungen sind die Folgen.

Die Grundtechniken der dynamischen Psychotherapie, Deutung, Übertragungsanalyse und technische Neutralität, entsprechen denen der Psychoanalyse. Kernberg betont den prozeßhaften Charakter der Deutung, die in mehreren Schritten erfolgt. Der erste Schritt ist das Erkennen und Klären der dissoziierten Anteile der inneren Objektwelt des Patienten, wie sie sich in der Übertragung zeigen. Durch Klärung und Deutung werden die partiellen Selbst- und Objektrepräsentanzen nach und nach zu einer vollständigen Selbst- und Objektrepräsentanz verbunden, die aggressive und libidinöse Tendenzen einschließt. Die primitiven, dissoziierten Ich-Zustände werden durch Auflösung der Abwehroperationen, die sie getrennt und abgespalten voneinander aufrechterhalten, integriert. Die Deutung mit ihren Schritten Klärung, Konfrontation und Interpretation stellt das grundlegende technische Instrument der expressiven Psychotherapie dar. Sie kann sich beziehen (1) auf das „Hier und Jetzt" der Übertragung, (2) auf die äußere Realität, (3) auf die Vergangenheit des Patienten, (4) auf die Abwehr des Patienten, oder sie kann (5) in den späteren Phasen der Therapie eine genetische Rekonstruktion darstellen. Die Deutung erfolgt vorwiegend im „Hier und Jetzt" der Übertragung. Primitive Übertragungen können in der Therapie schnell mobilisiert werden, sie sind stark verzerrt, fragmentiert in Teil-Objektbeziehungen und kurzlebig. Das kann für den Therapeuten verwirrend und bedrohlich sein und erschwert die Einfühlung. Durch das Nebeneinanderstellen der abgespaltenen Teil-Repräsentanzen in der gleichen Stunde wird die Grundlage für eine überzeugende Deutung geschaffen. Primitive Übertragungsreaktionen werden zuerst gedeutet, reifere später. Vor der Übertragungsdeutung ist es wichtig, den Realitätsgehalt der Situation zu klären und so gemeinsame Realitätsgrenzen zu etablieren. Wenn das Ausagieren der Übertragung während der Stunden nicht durch Deutungen beeinflußt werden kann, wird es durch Strukturierung und Grenzsetzung in den Stunden unterbunden, um den sekundären Gewinn daraus zu vermeiden. Zum Beispiel kann durch Beschimpfung des Therapeuten der sekundäre Gewinn aus der Befriedigung sadistischer Bedürfnisse so groß sein, daß ein Durcharbeiten der Übertragung unmöglich wird.

Kernberg bezeichnet mit dem Begriff Gegenübertragung alle emotionalen Reaktionen des Therapeuten auf den Patienten. Aufgrund der intensiven, primitiven Übertragung des Patienten entwickeln sich Gegenübertragungsreaktionen oft mit großer Unmittelbarkeit und Intensität. Sie sind eine entscheidende Informationsquelle für des Verständnis des Patienten und repräsentieren die Auswirkungen der primitiven Abwehr des Patienten.

Die technische Neutralität drückt ein engagiertes, unparteiisches Interesse aus. Ohne sie ist die Deutung der Übertragung wirkungslos. Um das Leben des Patienten und den Behandlungsprozeß zu schützen, kann ein Abweichen von der technischen Neutralität und das Einführen von Parametern vorübergehend notwendig werden. Die technische Neutralität muß aber so bald wie möglich wiederhergestellt werden, die Modifikationen müssen durch Deutungen bearbeitet und aufgelöst werden.

Ein klarer Behandlungsvertrag ist eine wesentliche Voraussetzung für den Beginn der Therapie. Patient und Therapeut sollten einen Konsens darüber erreichen, „welche wesentlichen Punkte im Leben des Patienten erforscht und im Verlauf der Behandlung verändert werden sollen" (Kernberg, 1989, S. 29). Die Behandlungsmethode soll dem Patient erklärt werden, die Therapieziele sollen realistisch sein. Wichtig ist, die Verantwortung beider Vertragspartner deutlich zu machen in bezug auf Honorar, Bezahlungsmodus, versäumte Termine, Vertraulichkeit der Behandlung, Umgang mit Dritten (z.B. Krankenkasse). Es werden mindestens zwei Stunden pro Woche vereinbart, auch vier und fünf Stunden pro Woche sind möglich. Die Therapiedauer beträgt mehrere Jahre und wird nicht von vornherein begrenzt. Ein Hauptziel des Vertrages ist, die Therapie vor destruktiven Handlungen des Patienten zu schützen. Bedrohung des Lebens des Patienten oder anderer Personen, Bedrohungen für die Fortsetzung der Therapie und Unehrlichkeit des Patienten sind Problembereiche, die häufig in den Behandlungsvertrag aufgenommen werden müssen (z.B. Umgang mit Suizidversuchen). Aus der Anamnese können sich noch weitere Punkte ergeben, die im Vertrag zu berücksichtigen sind (z.B. alkoholisiert in die Stunde kommen). Der Patient wird natürlich versuchen, die Grenzen des Behandlungsvertrages während der Therapie zu testen. Je nach Bedrohlichkeit der Situation kann der Therapeut mit unterschiedlich stark kontrollierenden Interventionen darauf reagieren. Hier ist es wesentlich, daß der Therapeut hinter den im Vertrag festgelegten Grenzen steht.

Grundsätzlich sollte die Therapie erst begonnen werden, wenn der Therapeut sich über die Gründe und Ziele der Behandlung im Klaren ist und der Vertrag festgelegt ist. Ein Widerstand des Patienten gegen den Vertrag wird nicht gedeutet, sondern es werden die realen Gründe für den Vertrag erklärt. Die Therapie sollte beendet werden, wenn die anfänglichen Behandlungsziele mit einer hinreichende Aufhebung der Symptome erreicht sind und eine Persönlichkeitsveränderung mit Auflösung der Identitätsdiffusion und Zunahme der Ich-Stärke stattgefunden hat. Borderline-Patienten zeigen oft heftige Reaktionen beim Herannahen des Therapieendes. Das wird schon bei Trennungen während der Therapie deutlich und muß immer wieder durchgearbeitet werden. Kernberg weist auf die Gefahr hin, daß sich die Behandlung endlos verlängert und Patient und Therapeut die unbewußte Phantasie teilen, daß der Patient auf jeden Fall vollkommen werden soll.

Peter Fürstenau (1992):
Die progressionsorientierte psychoanalytisch-systemische Therapie

Fürstenau hat sich zweifelsohne im Vergleich mit den hier besprochenen Modellen am weitesten von der klassischen psychoanalytischen Theorie entfernt, obwohl er sich in seiner Argumentation oft auf Freud beruft. Auch in bezug auf Luborsky betont er immer wieder die Ähnlichkeit seiner Sichtweise, vor allem was die Bedeutung der supportiven Elemente einer Theorie für die Entwicklung des Patienten betrifft.

Wir haben uns für die Vorstellung dieses Modells entschieden, weil sich zur Frage der Vermittlung von Psychoanalyse und Systemtheorie schon etliche Autoren seit Jahren äußern.

Das Konzept fußt auf folgenden Grundannahmen:

(1) Herstellung und Aufrechterhaltung eines guten persönlichen Kontakts zwischen zwei verantwortlich handelnden Partnern, wenn nötig unter beträchtlichem Einsatz des Therapeuten. Fürstenau meint damit ein „Arbeitsbündnis", ein für den Patienten spürbares Interesse und Engagement des Therapeuten für die Förderung des Patienten und die Lösung seiner Probleme: eine Solidarisierung des Therapeuten mit den Heilungswünschen des Patienten, seinen guten Absichten und Lebenszielen. Dieser gute Kontakt enthält auch positive Übertragungsmomente. Er kritisiert aber, diesen Kontakt ausschließlich unter Übertragungsgesichtspunkten zu betrachten; das verschließe den Blick auf die gesunden Ich-Anteile und ihre behandlungsdynamische Funktion.

Charakteristisch für diesen Therapieansatz ist es, Mißverständnisse, Spannungen, Irritationen sofort und in angemessener Form anzusprechen und nicht zurückhaltend „pathologische Umgangsformen sich entfalten zu lassen". Die hier eingenommene Position ist der analytischen insofern entgegengesetzt, als die Etablierung einer Übertragungsneurose oder -psychose durch sofortige Kommunikation mit den gesunden Ich-Anteilen des Patienten verhindert wird, ohne die Übertragung einzuschränken oder gar zu bekämpfen. Idealisierende Übertragungen, die zur Konfliktlösung beitragen, werden zugelassen, destruktive relativiert. Zur Herstellung und Aufrechterhaltung einer guten erwachsenen Kooperation gehört die Ausübung der Elternersatzfunktion, die die gesamte Skala gesunden elterlichen Verhaltens gegenüber Kindern von der Geburt bis zum Erwachsensein umfaßt. Das ist der konkrete Gehalt dessen, was Freud mit „Nacherziehung" meinte.

(2) Direkte Förderung der Progression. Der Therapeut fördert und verstärkt jeglichen Ansatz des Patienten zu eigenen individuellen Lösungen für Verhaltensprobleme und interpersonale Schwierigkeiten einschließlich der Modifikation der zugehörigen Überzeugungen und Reaktionsmuster. Der Patient wird zum konkreten Ausphantasieren seiner persönlichen Lösung samt ihrer

interpersonalen und verhaltensmäßigen Konsequenzen angeregt. Hierher gehört auch die Lenkung der Aufmerksamkeit des Patienten auf die Situationen, in denen er symptomfrei ist bzw. sich besser fühlt, oder auf frühere Situationen, in denen es ihm gut oder besser ging, mit Herausarbeitung der unterschiedlichen Umstände beider Klassen von Situationen.

Häufig werden kleine Erfolge aufgrund hoher Erwartungen und Ansprüche vom Patienten nicht angemessen als solche wahrgenommen. Dann ist darauf besonders einzugehen, also eine ausdrückliche Aktivität zur Sicherung von Erfolgen zu entfalten. Vor vorhersehbaren Mißerfolgen und vor voreiligen Schritten ist der Patient durch Thematisierung zu warnen, um Mißerfolgserlebnisse mit der Gefahr der Verstärkung symptomatischen Verhaltens und Erlebens bzw. der Dekompensation nach Möglichkeit zu vermeiden. Die skizzierte Arbeit bedeutet eine konkrete Ausgestaltung des supportiven (manchmal suggestiven) Aspekts unter Gesichtspunkten individueller Weiterentwicklung. Für Fürstenau sind die Aktivitäten des Therapeuten, die der Bewältigung der interpersonalen und Verhaltensaufgaben dienen, die konsequente Weiterentwicklung der ichpsychologischen Aspekte der Psychoanalyse.

(3) Verständniskommunikation als entwicklungsfördernde Einflußnahme. Der verstehende Umgang mit den Symptomen und den persönlichen Eigenheiten des Patienten ist einerseits darauf gerichtet, dem Patienten zu einer Orientierung und Klarheit bezüglich seiner Symptomatik zu verhelfen, indem die genaue, differentielle Wahrnehmung des Patienten für deren Umstände geschärft, die Beschwerden sozusagen auf den Begriff gebracht werden. Andererseits wird der Prozeß der Veränderungen bewirkenden Auseinandersetzung des Patienten mit seinen Beschwerden und Eigenheiten durch eine mit den gesunden Persönlichkeitsanteilen des Patienten kongruente Deutungsmethodik im Sinne positiver Konnotation kontinuierlich angeregt und gefördert. Fürstenau kritisiert die punktuelle, atomisierende Deutung als Hervorhebung vom Therapeuten unterstellter ich-fremder, d.h. vom Patienten negativ erlebter Motive. Demgegenüber bietet die positive Konnotation von Beschwerden und Eigenheiten dem Patienten in Anknüpfung an bereits ausgetauschte Informationen eine Erklärung des Sinns seiner Symptomatik und Eigenheiten. Sie bezeichnen also nicht einzelne partikuläre Abwehrvorgänge, sondern formulieren Strukturen, die für den Patienten Sinn ergeben. Damit wird die Ich-Fremdheit der Symptomatik relativiert und zugleich eine Distanzierung von der Symptomatik eingeleitet und gefördert. Das Ausrichten der Therapie auf die Lösung der aktuellen Probleme und Schwierigkeiten verhindert ein Versinken in der Kindheitsmisere.

Widerstand bedeutet in diesem Sinne, daß der Patient zu einer besseren Lösung im Moment noch nicht imstande ist, und es wird daher mit ihm bestätigend, tolerierend umgegangen. Die Symptomatik wird dem Patienten in diesem Sinne unter bestimmten modifizierenden Bedingungen ausdrücklich verschrieben, was ihre Relativierung im Gesamtzusammenhang erwarten läßt.

Die skizzierte Verfahrensweise zielt darauf ab, die Etablierung und Elaborierung einer Übertragungsneurose und damit einer regressiven Entwicklung des Patienten innerhalb der Therapie und einer Gegenübertragungsproblematik des Therapeuten möglichst zu verhindern, ohne das Auftreten von Übertragungsphänomenen einzuschränken. Diese werden sofort als solche angesprochen und relativiert. Indem sich der Therapeut gerade nicht als Container für pathologische Überzeugungen und regressive Ichpositionen zur Verfügung stellt, sondern darüber sofort mit dem Patienten auf erwachsenem Niveau kommuniziert, wird die wiederholende Etablierung defizienter Erlebnis- und Interaktionsweisen vermieden. Statt dessen werden diese sofort therapeutisch nutzbar gemacht. Dabei achtet der Therapeut sorgfältig auf das Entwicklungsniveau der betreffenden Patientenäußerung, das von der frühen Kindheit bis zur adoleszenten Position reichen kann, und bezieht die Identifizierung des Entwicklungsniveaus ausdrücklich in seinen deutenden Umgang mit dem Patienten ein.

Fürstenau sieht als primäres Ziel psychoanalytischer Therapie an, als Analytiker dazu beizutragen, daß der Patient die bestmöglichen persönlichen, d.h. inneren Bedingungen für die Meisterung des nächsten Lebensabschnitts in sich, seinem Ich, herstellt. Die klassische Haltung wäre, sich den pathologischen Persönlichkeitsanteilen zuzuwenden, die aktualisiert wurden, indem sich der Analytiker der Arbeit an der Übertragung zuwendet, die sich im analytischen Raum entwickelt. Er empfiehlt also, an den gesunden oder mit dem von Freud bevorzugten Wortgebrauch: normalen Persönlichkeitsbereichen anzuknüpfen, sie zu fördern, zu verstärken, kurz: ihre weitere Entwicklung anzuregen.

(4) Behandlungsorganisatorische Settingskonsequenzen.

- Dauer der Therapie: In dem Maße, in dem es gelingt, eine progressionsorientiere Haltung des Patienten zu fördern, seine pathologischen Überzeugungen zu fokussieren und ihn zu deren Überprüfung anzuregen, ist eine kürzere Therapie in übersehbarem Zeitraum prognostizierbar und realisierbar. Das Ziel einer solchen Therapie ist nicht die Symptomfreiheit, sondern die Fähigkeit des Patienten, mit dem Problem lösungsorientiert umzugehen. So kann es durchaus vorkommen, daß ein Patient bei Bedarf in einer außergewöhnlichen Streßsituation auch nach Jahren wieder ein, zwei Stunden kommt.
- Behandlungsfrequenz: Da sich aus den therapeutischen Sitzungen handlungsmäßige Konsequenzen ergeben, ist das Intervall als Erfahrungschance mindestens ebenso wichtig wie die therapeutischen Sitzungen, auch um Regression zu vermeiden. D.h. höchstens eine Sitzung pro Woche, eher alle zwei bis vier Wochen eine.

(5) Indikation. Hauptkriterium für die Eignung eines Patienten ist seine geringe Regressionstendenz und nicht die Diagnose. Die großen Intervalle zwischen den Stunden sollen die regressiven Aspekte bearbeiten und Lösungs-

möglichkeiten ausprobieren. Gelingt dies nicht, ist diese Form der Therapie für den Patienten nicht geeignet.

(6) Integration von systemischen und lösungsorientierten Verfahrensweisen in die psychoanalytische Psychotherapie. Dies ermöglicht eine elastische Anpassung der psychoanalytischen Behandlungsmethode an unterschiedlichste klinische Situationen und Versorgungsbedingungen. Da es oft günstiger ist, paar- oder familientherapeutische Settings unterschiedlicher Art gegenüber einer Behandlung des „Indexpatienten" in einer Einzeltherapie zu bevorzugen, braucht der Therapeut neben genauen psychoanalytischen auch profunde Kenntnisse in systemischer Wahrnehmungsverarbeitung und Interventionsmethodik. Damit werden die Möglichkeiten der Anwendung von Psychoanalyse im Therapiebereich voll ausgeschöpft.

Zusammenfassung

Indikation

Die Gruppe der Patienten, die psychotherapeutische Hilfe sucht, wird zunehmend heterogener; neben den klassischen Neurosen kommen mehr Patienten mit schweren Charakterneurosen, Borderline-Störungen, schweren narzißtischen Störungen, Alkoholismus und anderen Suchtformen, endogenen Psychosen und Belastungsreaktionen unterschiedlicher Genese zur Behandlung. Dies machte die Entwicklung von Therapiekonzepten notwendig, die für diese Patienten geeignet sind. Die Frage, für welche Patienten die klassische Psychoanalyse die geeignetere Methode ist, im Gegensatz zur analytischen Psychotherapie, wird unterschiedlich beantwortet. Neben der klassischen Meinung, daß die Standardmethode das Verfahren für gut integrierte neurotische Patienten ist und die analytische Psychotherapie für schlecht integrierte, schwerer gestörte Patienten, gibt es auch die umgekehrte Sicht, daß schwerer gestörten Patienten nur mit einer hochfrequenten, langdauernden, klassischen Psychoanalyse geholfen werden kann.

Die vier von uns vorgestellten Modelle implizieren unterschiedliche Angaben über die Indikation und die Grenzen ihrer Anwendung und sind für eine relativ große Gruppe von Patienten geeignet. Die Modelle von Dührssen, Luborsky und Fürstenau zeigen eine große Flexibilität in der Behandlung eines breiten Spektrums von Patienten, von leichten Belastungsreaktionen bis zu frühen Persönlichkeitsstörungen. Kernberg bezieht sich auf eine relativ weit gefaßte Diagnose der Borderline-Persönlichkeitsorganisation. Für Patienten mit endogenen Psychosen sind diese vier Methoden nicht geeignet.

Neben der Diagnose kommt noch weiteren prognostischen Kriterien bei der Indikationsstellung und Einschätzung der Erfolgsaussichten große Bedeutung zu. Bei Kernberg sind dies die Qualität der Objektbeziehungen, die sich in der Möglichkeit, Wärme, Zuneigung und Sorge um andere zu erleben, manifestiert, und die Über-Ich-Integration, die sich in der Fähigkeit zur Identifikation mit ethischen Werten und zum Erleben von Schuld als Hauptregulator zeigt. Beim Modell von Fürstenau ist entscheidend, daß die Regressionsneigung des Patienten nicht zu groß ist. Luborsky nennt den Grad der seelischen Gesundheit bzw. Gestörtheit, sodann emotionale Offenheit und optimistische Erfolgserwartung sowie Ähnlichkeit zwischen Patient und Psychotherapeut in den wichtigsten demographischen und Einstellungsmerkmalen wie Alter, Ehestand und Interessen als prognostische Faktoren. Bei Dührssen waren Patienten mit gutem Behandlungserfolg eher tätige Menschen, deren Partnerbeziehungen keine wesentlichen destruktiven Elemente enthielten und die über hinreichende Kommunikationsfähigkeiten und psychische Mobilität verfügten. Was die Regressionsneigung betrifft, haben Patienten, die vor allem verstanden werden wollen, eine bessere Prognose als Patienten, die vor allem auf Bedürfnisbefriedigung aus sind.

Behandlungsmethode

Das wohl interessanteste Ergebnis bringt der Vergleich in bezug auf den Stellenwert der Deutung und den Umgang mit der Übertragung in den vier Therapiemodellen. Bei Kernberg sind Deutung und Übertragungsanalyse die Hauptstrategien in der Therapie und werden ähnlich gehandhabt wie in der klassischen Analyse. Die Deutungen beziehen sich in erster Linie auf das Hier und Jetzt der Übertragung, auf die äußere Realität des Patienten und auf die Abwehr. Deutungen in bezug auf die Vergangenheit des Patienten und genetische Rekonstruktionen werden nur selten und erst in späteren Phasen der Therapie gegeben. Bei Dührssen werden neben der Deutung auch supportive und pädagogische Interventionen eingesetzt. Durch themenbestimmende Fragen werden die Einfälle in eine bestimmte Richtung gelenkt. Genetische Deutungen werden öfter und früher gegeben als Übertragungsdeutungen, da sie als Voraussetzung für das Verständnis von Übertragungskonstellationen angesehen werden. Für Luborsky haben Deutung und supportive Interventionen einen großen Stellenwert. Die Deutung wird auf das zentrale Beziehungskonfliktthema gerichtet und bezieht sich auf die Übertragung sowie auf aktuelle und frühere Beziehungen des Patienten. Es wird versucht, das Beziehungsproblem in allen drei Bereichen aufzuzeigen. Das Modell von Fürstenau ist am weitesten von der klassischen Analyse entfernt. Das Deuten wird durch positives Konnotieren ersetzt. Die Ausbildung einer Übertragungsneurose soll verhindert werden. Die Therapie ist lösungsorientiert mit deutlich supportiven Komponenten.

Vertrag, Therapieziel und Beendigung der Therapie, Setting

Der Therapievertrag hat bei Kernberg und Luborsky einen hohen Stellenwert. Beide handeln genaue Bedingungen aus und versuchen, während der Behandlung zu erwartende Schwierigkeiten und Fragen bereits in den Vertrag aufzunehmen.

Im Setting, den Therapiezielen und der Frage, was zu Behandlungsende erreicht worden sein soll, unterscheiden sich die vier Modelle beträchtlich. Bei Kernberg ist das Ziel eine Veränderung der Borderline-Persönlichkeitsorganisation, also eine Strukturveränderung. Die Fähigkeit des Patienten, sich selbst und andere als ganze, integrierte Personen realistisch wahrzunehmen, soll gesteigert werden, die Notwendigkeit für frühe, die Ich-Struktur schwächende Abwehrmechanismen soll reduziert werden. Die Behandlung wird beendet, wenn (1) eine hinreichende Symptomauflösung und (2) die beschriebenen Persönlichkeitsveränderungen erreicht sind. Die Sitzungen finden zwei- bis dreimal pro Woche statt, die Therapie dauert mehrere Jahre. Luborsky nennt eine spezifische Verbesserung der Hauptsymptome als allgemeines Behandlungsziel. Das als Fokus ausgewählte zentrale Beziehungskonfliktthema bleibt in der Regel auch am Behandlungsende erkennbar. Die Veränderungen bestehen in einem besseren Verstehen des zentralen Beziehungskonfliktmusters. Daraus resultieren neue Reaktions- und Handlungsmöglichkeiten. Luborsky nimmt an, daß solche Veränderungen zu einem höheren psychischen Organisations- und Entwicklungsniveau, also zu einer Strukturveränderung führen. Luborsky plädiert für eine zeitlich von vornherein festgelegte Therapie, die bedeutsame Veränderungen beim Patienten bewirken kann, welche gewöhnlich nicht geringer sind als bei zeitlich nicht festgelegten Behandlungen. 12 bis 30 Sitzungen in ein- bis zweiwöchigem Abstand werden empfohlen. Bei Fürstenau werden Therapieziel und Therapieende inhaltlich bestimmt. Angestrebt wird nicht Symptomfreiheit, sondern ein lösungsorientierter Umgang mit den Symptomen. Wenn dies erreicht ist, wird die Therapie beendet, d.h. ein möglichst rasches Therapieende angestrebt. Ein Wiederauftreten der Symptome wird als Signal für neue Problemlösungen interpretiert. Die Sitzungen werden unregelmäßig und situationsabhängig vereinbart, so schnell wie möglich wird zu einer Frequenz von einer Sitzung pro Monat übergegangen, um die Erprobung handlungsmäßiger Konsequenzen zu ermöglichen und der Regressionsneigung entgegenzuwirken. Dührssen formuliert die Ziele eher allgemein: Die Therapie soll Entlastungserlebnisse, eine Erweiterung des Bewußtseinsumfanges, Umlernprozesse und den Abbau von Schuldgefühlen, Ängsten, und Sekundärverarbeitungen bewirken. Die Therapiesitzungen werden hier unregelmäßig nach den momentanen Situationserfordernissen vereinbart. Beim gleichen Patienten kann die Frequenz zwischen mehrmals wöchentlich und Intervallen von zwei bis drei Monaten schwanken. Die gesamte Therapie dauert zwischen einigen Monaten und wenigen Jahren. Das Therapieende wird durch das Bedürfnis des Patienten bestimmt.

Situation des Therapeuten, Anforderungen an die Ausbildung

Über die Ausbildungsanforderungen an den Therapeuten sind sich die Autoren der dargestellten Psychotherapie-Modelle einig. Übereinstimmend stellt für sie eine fundierte psychoanalytische Ausbildung die Voraussetzung zur Ausübung der psychoanalytisch orientierten Psychotherapie dar, die Therapeuten sollten mit der Arbeit mit Übertragungs- und Gegenübertragungsphänomen, Abwehrmechanismen, Widerstandsformen und Deutungstechniken vertraut sein. Weiters wird die Arbeit nach einem klaren Konzept empfohlen. Luborsky und Kernberg betonen dies in der Präsentation ihrer Methode in Form eines Handbuchs mit Richtlinien für die Durchführung der Therapie, Dührssen durch reichliches, detailliert dargestelltes Fallmaterial.

Alle vier Autoren betonen die speziellen Belastungen und die hohen Anforderungen an den Therapeuten in bezug auf Diagnostik, emotionalen Einsatz, Verbalisierungs- und Kombinationsfähigkeit, Empathie und Takt. Beim Gegenübersitzen bleibt der Therapeut für den Patienten viel eher ein realer Mensch, dessen Alter und Wesensart viel deutlicher ins Spiel kommen. Dührssen betont hier die Fähigkeit, eine Atmosphäre der Ruhe und Intensität herzustellen, und die wichtige Funktion des Humors.

Insbesondere niederfrequente Therapien und Kurztherapien sind für den Therapeuten belastend. Er muß rasch auf das Übertragungsangebot reagieren und mit der Gegenübertragung gut umgehen können. Aufgrund der großen Abstände zwischen den Stunden und der damit verbundenen höheren Patientenzahl ist es oft notwendig, Notizen zu machen und sich auf die einzelnen Stunden vorzubereiten. In einer Kurztherapie braucht der Therapeut für die kognitive und emotionale Verarbeitung des therapeutischen Prozesses viel Zeit außerhalb der Therapiestunden und ist auf Stundenprotokolle angewiesen. Durch die hohe Patientenzahl entsteht ein hoher Supervisionsbedarf.

Hier zeigt sich eine deutliche Diskrepanz zwischen den hohen Anforderungen an den Therapeuten, der analytische Psychotherapien durchführt, und einer wohl weitverbreiteten Praxis. Zu Beginn der psychotherapeutischen Tätigkeit und lange vor Abschluß der eigenen psychoanalytischen Ausbildung wird die Arbeit mit Patienten nach Art einer im Sitzen durchgeführten psychoanalytischen Psychotherapie mit unklaren Konzeptvorstellungen begonnen, wobei meist nach dem Vorbild der eigenen Analyse gearbeitet wird. Dazu kommt, daß junge Therapeuten Patienten zugewiesen bekommen, die die Zuweiser selbst nicht behandeln wollen. Es handelt sich häufig um schwer gestörte Patienten mit schlechter Prognose. So wird zu Beginn mit unzureichender Ausbildung eine Therapie durchgeführt, die allgemein als besonders schwierig und belastend eingeschätzt wird.

Die intensive Beschäftigung mit dem Thema hat gezeigt, daß psychoanalytische Psychotherapie eine eigenständiges Gebiet ist, das sich methodisch von der Psychoanalyse klar abgrenzt. Entsprechend dem weiten Indikationsbereich wurden zahlreiche Therapiemodelle entwickelt. Den von uns untersuchten vier Modellen liegen sehr unterschiedliche Arbeitskonzepte zugrunde. Fürstenau hat sich mit seinem Ansatz methodisch und inhaltlich von der Psychoanalyse am weitesten entfernt. Die Arbeit von Dührssen hat im deutschen Sprachraum wichtige Impulse gesetzt. Beide Modelle entsprechen jedoch methodisch nicht den Anforderungen der modernen Psychotherapieforschung. Luborsky gibt in seinem Manual klare therapeutische Richtlinien und Anleitungen. Sein methodischer Ansatz ist gleichzeitig Psychotherapie und Psychotherapieforschung. Beim Modell von Kernberg ist die Indikation auf die Borderline-Pathologie eingeschränkt, wobei durch eine genaue Spezifizierung der Behandlungstechnik den Forderungen der modernen Psychotherapieforschung Rechnung getragen wird.

Trotz der breiten Anwendung von psychoanalytischer Psychotherapie gibt es, wie bei allen anderen Psychotherapieformen auch, heute noch wenig wissenschaftlich gesichertes Wissen über die Bedingungen ihrer Wirksamkeit. Freuds Zitat vom Budapester Kongreß 1918 über das reine Gold der Analyse und die Kupferlegierung der analytischen Psychotherapie beinhaltet noch einen Nachsatz, mit dem wir unsere Überlegungen abschließen möchten: „Aber wie immer sich auch diese Psychotherapie fürs Volk gestaltet, aus welchen Elementen sie sich zusammensetzen mag, ihre wirksamsten und wichtigsten Bestandteile werden gewiß die bleiben, die von der strengen, der tendenzlosen Psychoanalyse entlehnt worden sind."

Literatur

Ahren, Y. (1996): Psychoanalytische Behandlungsformen: Untersuchungen zur Geschichte und Konstruktion der analytischen Kurzpsychotherapie. Bonn: Bouvier. Daraus zitiert: Brief von Freud an Arnold Zweig.
Burian, W. (1996): Psychoanalysen brauchen ihre Zeit. In: Bulletin, 6, S. 121-130.
Dührssen, A. (1972): Analytische Psychotherapie in Theorie, Praxis und Ergebnissen. Göttingen: Vandenhoeck & Ruprecht.
Ferenczi, S., Rank, O. (1924): Entwicklungsziele der Psychoanalyse. Zur Wechselwirkung von Theorie und Praxis. Wien, Leipzig, Zürich: Internat. Psychoanalyt. Verlag.
Fürstenau, P. (1992): Entwicklungsförderung durch Therapie. Grundlagen psychoanalytisch-systemischer Psychotherapie. München: Pfeiffer.
Kernberg, O. (1989): Psychodynamische Therapie bei Borderline-Patienten. Bern: Huber (1993).
Luborsky, L. (1984): Einführung in die analytische Psychotherapie. Berlin: Springer (1988).
Oberlehner, F. (1999): Analytische Kurztherapie unter dem Zwang einer Institution. Unveröffentlichtes Manuskript.
Wallerstein, R. (1988): Zum Verhältnis von Psychoanalyse und Psychotherapie. In: Psyche, 44 (1990), S. 967-994.

sualsyceuppkylowchbaelaysnzcaprotebgecnhueiuselusckepinotoemopreleuelcbetllalhbudlaloukeueccodarloukyeuuerunchccnylscthoueucooueleuetclsttaulyauelyteeutlomlrlsthecutueuelapyalclootsealoctstolbotatovouaprbtoy
Studien zur Gruppenanalyse

Randbemerkungen zu analytischen Großgruppen in Ausbildung und Selbsterfahrung

Alice Ricciardi von Platen

Die analytisch geführte Großgruppe ist in den letzten Jahren zu einem Instrument der Ausbildung und der Selbsterfahrung unterschiedlicher Professionen geworden. Im heutigen Leben ist es wichtig zu erfahren, welche Schwierigkeiten für den Einzelnen auftreten, wenn er oder sie sich einer anonymen Menge gegenüber befindet. Es ist aber auch nötig zu erfahren, welche unbewußte Dynamik in einer Menge auftreten kann. Die analytische Großgruppe zeigt den Teilnehmern eine neue Dimension des Zusammenlebens in der Gesellschaft, die vor allem für die Ausbildung zum Psychotherapeuten und für seine spätere Tätigkeit unerläßlich ist. Auch für Institutionen und Betriebe kann die Großgruppe Spannungen klären und beseitigen. In den meisten Fällen ist die Teilnahme an einer Großgruppe in Verbindung mit der Teilnahme an einer Kleingruppe verbunden. Dies hat sich vor allem in den Block-Workshops der psychotherapeutischen Ausbildung eingebürgert, wobei sich herausstellte, daß besonders der Gegensatz zwischen der Arbeit in der bergenden Kleingruppe und der beängstigenden Großgruppe eine wesentliche Bereicherung für beide darstellt.

Leider gibt es noch wenig Literatur über die analytische Großgruppe, so daß es schwer ist, sich an den verschiedenen Modellen der Großgruppe zu orientieren. Ich möchte hier nur auf einige Variablen eingehen, die mir bei der häufigen Teilnahme an Großgruppen und deren Leitung aufgefallen sind. Dieser Bericht gibt also nur meine persönliche Erfahrung wieder und erhebt keinen Anspruch auf Wissenschaftlichkeit oder Vollständigkeit.

Einigkeit darüber, worin eigentlich das Besondere der Großgruppe liegt, scheint nicht zu herrschen, außer in zwei Punkten: Eine Großgruppe hat eine Teilnehmerzahl von über 30 Personen plus eine Leitung, weiters ist die Dauer einer Gruppensitzung festgelegt, meist auf 1,5 Stunden, außer bei Stationsgruppen in psychiatrischen Institutionen ist sie etwas kürzer. Diese Stationsgruppen sind keine analytischen Großgruppen, haben aber oft dieselbe Dynamik der analytischen Großgruppe und tragen viel zur Sozialisation der Patienten und zur Zusammenarbeit mit dem Personal bei.

Bei den Großgruppen sind zwei Richtungen besonders ausgeprägt: erstens diejenigen, die auf die sozialen Spannungen eingehen, die die Bestätigung des Einzelnen in seiner Identität gegenüber der anonymen Menge und die Überwindung seiner Ängste zum Ziele haben, und zweitens die analytische

Richtung, welche unbewußte Mechanismen tiefenpsychologisch bewußt zu machen sucht, Widerstände, primitive Mechanismen und Ängste der Gruppe analysiert.

Das Konzept der im engeren Sinn analytischen Großgruppe wurde von Analytikern des „Tavistock Institute of human relations" in London ausgearbeitet und in dem noch heute wichtigen Buch „Die Großgruppe", herausgegeben von Kreeger (1975), veröffentlicht. Besonders in den Arbeiten von Main (1975) und Turquet (1975) werden die primitiven unbewußten Mechanismen der Großgruppe dargestellt. Shaked hat eine besonders interessante Arbeit über die Großgruppe bei der Jahrestagung der Sektion Analytische Gruppentherapie beim DAGG in Köln 1991 (veröffentlicht 1993) vorgestellt. Er unterscheidet die analytische Großgruppe von der von P. de Marè, der den rationalen Dialog in der Großgruppe anstrebt. Shaked geht den Mechanismen der Großgruppe nach, die auf Ansätzen von Freudschen und Kleinianschen Theorien beruhen. In der tiefen Regression, die ein Charakteristikum der analytischen Großgruppe ist, treten Phänomene auf, die Melanie Klein (1946) als zugehörig zur schizoid-paranoiden Position der Entwicklung beschreibt. Es können große Ängste bei manchen Teilnehmern im Laufe der Sitzung auftreten, die an jene des hilflosen Kleinkindes erinnern. Es ist darum wichtig, daß der Leiter vor Ende der Sitzung die Gruppe in die Realität zurückführt. Möglichst spärliche Deutungen der (des) Leiter(s) geschehen im Hier und Jetzt, helfen der Gruppe, unbewußte Gruppenphänomene zu erkennen und zu verarbeiten – die Gruppe als Ganzes sowie der einzelne Teilnehmer machen einen Reifungsprozeß durch.

Wenn wir das Setting der analytischen Großgruppe betrachten, fällt uns als erste Variable auf, daß eine Großgruppe einen, zwei oder auch mehrere, nämlich bis zu vier Leiter haben kann. Je nach Anzahl der Leiter ändert sich die Tiefe der Übertragung und der Regression. Ein Leiter stellt den übermächtigen Vater oder die übermächtige Mutter dar, der bzw. die idealisiert oder gefürchtet wird. Verschmelzungsängste, aber auch Verschmelzungswünsche können auftreten. Die Regression tritt meist schnell auf und ist tief. In der Ausbildung in Block-Workshops finden täglich Kleingruppensitzungen und eine Großgruppe statt. Die Ausbildung dauert meist mehrere Jahre mit jährlich 2-3 Workshops, so daß die Teilnehmer eine fortlaufende Großgruppen-Erfahrung sammeln können, manchmal mit denselben oder auch mit verschiedenen Leitern. Großgruppe und Kleingruppe können sich ergänzen und so zu einer ausgewogenen Erkenntnis der verschiedenen Dimensionen der Erfahrung führen. Gerade bei diesem kombinierten Setting ist die mehrmalige Wiederholung eine Garantie für die vielseitige Erfahrung. In der psychotherapeutischen Ausbildung wird der Leiter in diesem Setting zum Vorbild, besonders wenn er gleichzeitig Leiter einer Kleingruppe ist, also in einer Doppelrolle mit doppeltem Übertragungsangebot auftritt. In dieser Situation ist es für den Leiter in der Gegenübertragung besonders schwierig, nicht zu viel auf Beiträge des Einzelnen und seine Probleme einzugehen, sondern die Entwicklung der Großgruppe als Ganzes im Hier und Jetzt im Auge zu behalten.

Aus meiner Erfahrung erlebt jeder Leiter immer wieder primitive Ängste und Zweifel an seinen Fähigkeiten, wenn er einer eintägigen oder mehrtägigen Großgruppe gegenübertritt. In der Gegenübertragung sind es dieselben Ängste, wie sie die Gruppe erlebt. Wenn es am Ende gelingt, daß die Gruppe Struktur bekommt und fähig wird, ein gemeinsames Gruppen-Ich zu erarbeiten, durchlebt der Leiter oder die Gruppe von Leitern einen Augenblick großer Befriedigung gemeinsam mit der Gruppe, welche allerdings nicht zu Omnipotenz-Phantasien führen sollte. Die emotionale Stimmung und die Kohäsion der Gruppe, die gut verlaufen ist, erinnert an Freuds (1921) Beschreibung der emotionalen Bindung der Gruppenmitglieder untereinander und an den Vorgesetzten.

Wenn die Großgruppe zwei Leiter hat, ist das Setting weniger beängstigend für die Leiter, die sich gegenseitig stützen können. Die Dynamik einer solchen Gruppe läßt sich mit Konzepten der Freudschen Analyse beschreiben. Zwei männliche Leiter lassen oft Phantasien über Männerbünde und Homosexualität entstehen. Zwei Leiter bewirken auch, daß sich die Großgruppe, besonders wenn sie von einem Mann und einer Frau geleitet wird, mit ödipalen Problemen beschäftigt und eine Übertragung auf ein Elternpaar erlebt wird. Dieses Modell wird oft von Gruppenleitern auf Kongressen angeboten. Im Unterschied zur Großgruppe des Tavistock Modells, bei der die Sitzordnung einer Spirale gleicht, wird dort ein großer Kreis mit höchstens zwei gestaffelten Sitzreihen bevorzugt. Der große Kreis ermöglicht es der Gruppe, jeden Teilnehmer zu sehen, aber nur schwerlich auch zu hören. Der leere Raum in der Mitte ist bedrohlich, es kommt zu einem acting out, bei dem die leere Mitte aufgefüllt wird. Die Kontaktmöglichkeit des einzelnen Teilnehmers ist bei diesem Modell sehr beschränkt. Das Leiterpaar sitzt meist auf demselben Platz, wohl um der chaotischen Gruppe eine feste Struktur zu geben. Die Sitzordnung der Spirale ermöglicht mehr Kontakt, läßt aber leicht paranoide Ängste entstehen, da jeder Teilnehmer mehrere andere im Rücken hat und sie nur schwer mit den Augen kontrollieren kann. Besonders kontaktgestörte Teilnehmer setzen sich darum oft in die äußere Reihe. Der oder die Leiter dieser Großgruppe haben keine festen Plätze, so daß die Teilnehmer, oft mit Schrecken, neben einem Leiter zu sitzen kommen. Die Gruppe kann aber auch die Sitzordnung unbewußt so manipulieren, daß der oder die Leiter neben bestimmten Teilnehmern zu sitzen kommen. Bei diesem Modell wird die Starre der festen Plätze der Leiter vermieden, sie sind Teil der Gruppe. Bei mehreren psychologischen Kongressen von ca. 400 Teilnehmern wurde der Leiter erst bei einer Deutung des Geschehens wahrgenommen. Er wirkte einsam und verloren, als er sich alleine aus dem Saal entfernte. Es fragt sich überhaupt, ob eine solche einmalige Kostprobe einer Großgruppe mehr tun kann als Neugier erwecken. Es war eine bewunderungswürdige Leistung, daß trotz der Schwierigkeit zuletzt der Ansatz einer Arbeitsgruppe sich aus dem Chaos entwickelte.

Vier Leiter einer Großgruppe bieten sich zunächst als Team an, welches vorführt, daß die Zusammenarbeit verschiedener Menschen möglich ist. Die Übertragung kann auf einzelne Mitglieder des Teams stattfinden oder auch auf das Team als ganzes, als Ideal einer Arbeitsgruppe. Nach oft sehr langem Schweigen werden die gleichen Ängste, die primitiven Abwehrmechanismen gegen die Bedrohung durch das Chaos und die unerträgliche Ambivalenz der Gefühle ausgesprochen wie in der Gruppe mit nur einem Leiter. Es fehlt natürlich die Auseinandersetzung mit dem idealisierten mächtigen Urvater und der sogenannte „Vatermord".

Veranstaltungen in Ausbildung und Selbsterfahrung, in denen nur mehrere Sitzungen der Großgruppe an einem oder zwei Tagen angeboten werden, sind selten. In den Workshops, besonders für die Ausbildung von Psychotherapeuten, treffen sich die Teilnehmer außerhalb der Gruppensitzungen oder auch in den Kleingruppen, was bald zu persönlichen Beziehungen unter den Teilnehmern führt. Es ist erstaunlich, daß die Bekanntschaft außerhalb der Großgruppe die charakteristischen Projektionen und Regressionen, wie sie J. Shaked so plastisch beschreibt, keineswegs verändert oder abschwächt. Es scheint bei einer Gruppe von über 30 Teilnehmern ganz automatisch zu Regressionen und primitiven Ängsten und deren Abwehr zu kommen, wenn die Gruppe nicht strukturiert ist, sondern ihre Struktur aus sich selber heraus erarbeiten muß.

Psychologische Ausbildungsgruppen unterscheiden sich erheblich von Gruppen, die der persönlichen Selbsterfahrung oder der Klärung von Schwierigkeiten mit den Beziehungen am Arbeitsplatz dienen. Bei Ausbildungskandidaten herrscht eine analytische Grundhaltung vor. Die Teilnehmer haben das Ziel, eine später anzuwendende Technik zu erwerben, was zu einer größeren Abhängigkeit vom Leiter als Ausbilder führt. Der Kampf mit ihm setzt später ein und ist weniger virulent. Der sogenannte „Laie" ist weniger bereit, Begriffe wie Abhängigkeit, Ambivalenz und Widerstand oder analytische Deutungen des unbewußten Geschehens fraglos anzunehmen. Das behindert nicht die Entwicklung eines starken Gruppenerlebnisses, wobei es zu einer Art Bekehrung zu der zuerst fremden Gedankenwelt kommen kann. Der Wandel im Verhalten der Teilnehmer kann bei jeder länger dauernden oder sich öfter wiederholenden Teilnahme an der Großgruppe stattfinden, unabhängig von der Anzahl der Teilnehmer. Ich möchte darum nicht auf die Größe der Gruppe als eine weitere Variable eingehen.

Ich habe versucht, einige Variablen in der Struktur und Leitung der analytischen Großgruppe zu beschreiben. Dabei wollte ich aufzeigen, daß die Aufgabe der (des) Leiter(s) nicht einfach ist. Sie sollen den Prozeß der Strukturierung und Reifung der Gruppe durch ihre Deutungen fördern und den

Einzelnen sowie die Gruppe als Ganzes zu einer sinnvollen, bewußten und störungsfreien Zusammenarbeit führen. Der Einzelne soll hierbei lernen, sich ohne Ängste in seiner besonderen Identität zu zeigen.

Die analytische Großgruppe scheint sich bei ganz verschiedenen Modellen mit einer spezifischen Eigendynamik zu entwickeln. Am Anfang erscheint sie wie eine bedrohende, aber auch nährende archaische Mutterfigur, die primitive Ängste, Liebe und Haß erweckt. Im Laufe der Gruppenarbeit soll sie sich zu einem Container entwickeln, der unbewußte Konflikte enthalten kann. Anerkennung dieser Konflikte kann eine bewußte Zusammenarbeit ermöglichen, die den Gruppenteilnehmer zu befriedigenden Lösungen führen kann. Auch hier soll an der Stelle des Es das Ich, soweit es überhaupt möglich ist, treten.

Literatur

Freud, S. (1921): Massenpsychologie und Ich-Analyse. GW XIII, S. 71-161.
Klein, M. (1946): Notes on some schizoid mechanisms. Int. J. Psycho-Anal., 27, S. 99-110.
Kreeger, L. (Ed.) (1975): The Large Group, Dynamics and Therapy. London: Constable.
Main, T. (1975): Some psychodynamics of large groups. In: Kreeger, L. (Ed.): The Large Group, Dynamics and Therapy. London: Constable, S. 57-86.
Shaked, J. (1993): Die psychoanalytische Großgruppe – Freudianische und Kleinianische Ansätze. In: Zeitschrift für Gruppentherapie und Gruppendynamik, 29 (1), S. 4-20.
Turquet, P. (1975): Threats to identity in the large group. In: Kreeger, L. (Ed.): The Large Group, Dynamics and Therapy. London: Constable, S. 87-144.

Der Schnee ist das Blut der Gespenster. Ausdauer und Geduld in der psychoanalytischen Therapie der Psychosen

Rainer Danzinger

Thomas, ein schizophrener Patient mit Vitalitätsstörungen

Viele schizophrene Patienten leiden unter dem Gefühl, nicht recht lebendig zu sein. G. Benedetti (1983) spricht davon, daß „die psychische Landschaft dieser Patienten von Todeslöchern übersät sei, davon zerrissen und aufgelöst sei". Todeslandschaften definiert er als „...Leerräume, in denen gewisse menschliche Fähigkeiten nicht zur Entwicklung gelangen können". Diese Patienten klagen gelegentlich über Halluzinationen von Leichengeruch und haben das Gefühl, wie lebende Leichen, wie Zombies herumzulaufen. Manche schneiden sich sogar, nicht in suizidaler Absicht, sondern nur, um nachzuschauen, ob noch rotes Blut in ihren Adern fließt.

Thomas ein blasser, schlaff wirkender 20jähriger schmächtiger Bursche ist seit zwei Jahren wegen Schizophrenie in Behandlung, und seit mehreren Wochen wird versucht, ihn in das Programm einer Tagesklinik zu integrieren. Seine langen Haare hängen ihm tief in die Stirne, und es ist nahezu unmöglich, mit ihm Blickkontakt aufzunehmen. Leicht gebückt schlurft er über die Gänge der Tagesklinik, verschwindet immer wieder in dunklen Winkeln. Für die Betreuer ist es fast unmöglich, ihn zur Pünktlichkeit und zum verläßlichen Einhalten des Tagesklinikprogramms zu bewegen. Auch den Mitpatienten gelingt es nicht, ihn mit liebevoller und energischer Kritik zu aktivieren. Wenn er sich wieder einmal aus der Beschäftigungstherapie davongestohlen hat, kann man ihn außerhalb des Tagesklinikgebäudes am Rande einer Garage kauern sehen. Dort klimpert er kraftlos auf einer klapprigen Gitarre.

Die einzigen Menschen für die er sich begeistern kann, sind die von ihm so genannten „Indianer". Als Indianer bezeichnet er Personen, die deutlich nonkonformistisch sind, wie beispielsweise einen Mitpatienten, der gerne verschlüsselte mystische Botschaften von sich gibt und sich wie ein Mönch den Kopf geschoren hat, eine junge Drogenabhängige, die er in einem Kaffeehaus kennengelernt hat, und in Ansätzen auch Betreuer, die durch ihren Outfit einen gewissen alternativen Lebensstil erkennen lassen.

Durch seine Weigerung, das hochstrukturierte Programm der Tagesklinik konsequent mitzumachen, erzeugt Thomas beim Betreuerteam der Tagesklinik eine kritische und fordernde Haltung. Diese Haltung mißdeutet er als lieblose und böse Einstellung ihm gegenüber.

Alle näheren zwischenmenschlichen Beziehungen wirken auf Thomas bedrohlich; er flüchtet immer, wenn es zu intensiverer Bekanntschaft kommt. Der Rückzug aus den Beziehungen, auch aus der Beziehung zum eigenen Selbst, drückt sich eben in dem Gefühl, eine lebende Leiche zu sein, aus. Die ichpsychologischen Therapeuten empfehlen, nur auf gesunde Persönlichkeitsanteile einzugehen, um nicht ohnehin Auffälliges, Pathologisches zu verstärken. In der Psychosenbegleitung sei auf das zu achten, was Stärken des Patienten seien, was er könne.

Aber was sind Stärken, was ist gesund – was ist krank? Sind nicht gerade Wahnsymptome ein kreativer Versuch zur Selbstheilung?

Wie bei den meisten Erkrankungen, auch bei den somatischen, vermengen sich in der Symptomatologie entweder gleichzeitig oder in gewissen zeitlichen Abläufen Zerstörung und Selbstheilungsversuche. Wir kennen diese dialektische Struktur von Krankheitsbildern beispielsweise aus zweizeitigen Zwangssymptomen oder aus der Gegensätzlichkeit von regressiven Zerfallssymptomen und restitutiven Wiederaufbausymptomen bei schizophrenen Patienten. Gerade bei letzteren erkennen wir an den produktiven Symptomen oft erstaunlich kreative Leistungen, wenn private Kosmologien geschaffen werden. Ohne romantische Idealisierung des Wahns muß man diesen poetischen Leistungen eine gewisse Achtung zollen. Auch Thomas verblüfft eines Tages das Tageklinikteam mit einer derartigen Aktion. Er sprayt mit großen blauen Buchstaben an die Wand der bereits erwähnten Garage, an deren Außenwand er sich gerne hinkauert, folgende Worte:

„Der Schnee ist das Blut der Gespenster"

In poetischer Verdichtung wird in diesem Satz einerseits die Blutleere, die Vitalitätsstörung des Schizophrenen ausgedrückt, andererseits aber durch die poetische Darstellung der Problematik doch auch eine – wenn auch gespenstische – Identität gesucht.

Das Graffiti von Thomas ist wohl offensichtlich ein Kommunikationsangebot, wenn auch in agierender Handlungssprache. Es wäre eine Mißachtung des Patienten und irgendwie auch unnatürlich für die Betreuer, auf solche Angebote nicht einzugehen. In der Tat interessieren sich die Betreuer intensiver für Thomas als Regelverletzer, sie beginnen ihre pädagogisch kontrollierenden Einstellungen ihm gegenüber zu reflektieren, und es wächst, gefördert von der psychoanalytischen Kommunikationskultur der gegenständlichen Tagesklinik, allmählich eine therapeutisch etwas tragfähigere Beziehung.

Diese kurz skizzierte Fallvignette soll als Einstieg zur Darstellung der Grundsätze und Chancen psychoanalytischer Arbeit in der Behandlung von Psychosen dienen.

Warum gerade ein psychoanalytischer Ansatz?

In den zeitgemäßen Behandlungsrichtlinien wird von einsichtsorientierter psychodynamischer Therapie eher abgeraten, ganz besonders bei schizophrenen Psychosen. Statt dessen werden verhaltenstherapeutisch inspirierte, sogenannte psychoedukative Verfahren zum Training der lebenspraktischen Fähigkeiten empfohlen. Schon die New Yorker ichpychologische psychoanalytische Schule hat davor gewarnt, bei Psychotikern auf die sogenannten produktiven Symptome einzugehen. Im Vordergrund der Therapie sollte eine Beziehung zu den intakten Ichanteilen des Patienten stehen, und diese Beziehung wäre schrittweise mit einer sozialen Integration des Patienten weiter auszubauen.

Dagegen stellt sich die Frage, welche Qualität denn eine Beziehung hat, in der das für den Patienten wichtigste, nämlich sein Wahn, ausgeklammert würde. Zudem sind diese kreativen Abwehrsymptome oft auch für Therapeuten interessant und faszinierend, und es mutet merkwürdig an, sie gezielt beiseite zu lassen. Abgesehen davon, kann ein systematisches Trainingsprogramm für soziale Geschicklichkeiten und für die Verläßlichkeit der Medikamenteneinnahme möglicherweise von einem Computer besser durchgezogen werden als von einem, von menschlichen Schwächen behafteten Therapeuten. Derlei psychoedukative Dressurprogramme als einzige Psychotherapie anzuwenden, ohne sich um ein tieferes Verständnis der Symptome zu bemühen, ist eine Zumutung für die Patienten, aber auch für die Betreuer, die oft jahrelang eng mit den Patienten zusammenarbeiten. Bei vielen Stunden wöchentlichen Kontakts entsteht ein viel intensiveres und plastischeres Bild der Störung, als dies den technokratischen Defizitmodellen entspräche.

Nach Einschätzung des Autors kommt es gerade im engen Zusammenleben in einer Tagesklinik zu einer tieferen und weiteren Beziehung, für die man als verläßlichen Kompaß, um aus ihren Verstrickungen wieder therapeutisch sinnvoll herauszufinden, sinnvollerweise psychoanalytische Prinzipien benötigt.

Die wichtigsten derartigen Prinzipien lassen sich in vier Kernpunkten zusammenfassen:

Empathie

Dabei geht es um Einfühlung, um ein subjektives Verstehen im interaktiven Prozeß, das beide Partner verändert: „The proof of the pudding is the eating".

Unbewußte Konflikte

Die Psychoanalyse begnügt sich nicht damit, phänomenologisch die Fassade der Symptome zu beschreiben und Verhaltensweisen zu korrigieren. Ständig

bemüht sie sich um einen dahinterliegenden Sinn, der erst in einer gemeinsamen Suchbewegung gefunden werden kann.
Symptome werden im Sinne einer „Tiefenhermeneutik" als sinnhaft aufgefaßt.

Widerstand und Abwehr

Gegen die für das Individuum oft bedrohliche Aufdeckung des unbewußten Konfliktes richten sich charakteristische Abwehrmechanismen. Sie werden zum Widerstand gegen den Fortschritt der Therapie eingesetzt. Ein Beispiel wäre die Rationalisierung bei Zwangsneurotikern, die durch ihr kopfbetontes intellektuelles Reden und durch die Isolierung der Kommunikation von jeglicher Emotion Therapeuten in ihre rationale Abwehr hineinziehen.

Übertragungskonstellationen

In der Beziehung zwischen Patienten und therapeutischem Team entwickeln sich charakteristische Muster von Übertragungen, die aus der Vergangenheit stammende unbewußte Konflikte wiederbeleben. Die Störung stellt sich somit im sozialen Raum dar und läßt sich schwer im Patienten verdinglichen. Derlei Übertragungskonstellationen lassen sich mit einem psychoanalytischen Begriffsinstrumentarium, wie beispielsweise konkordant/komplementär, oder nach ihrer psychogenetischen Reife charakterisieren. In gewisser Weise sind komplexe interpersonelle Übertragungsfiguren, die sich auf das ganze Team und auf mehrere Patienten erstrecken, auch durch die systemische Therapie angemessen beschrieben worden.

Elemente psychoanalytischer Arbeit mit Psychotikern

In diesem Rahmen können die allgemeinen Strukturprinzipien der psychoanalytischen Arbeit mit Psychotikern, ihre Zeitpläne, die Inhalte der einzelnen Veranstaltungen eines kombinierten Therapiepaketes, welche von psychotherapeutischen Gruppengesprächen und Ergotherapie bis zu kreativen Therapien und Freizeitaktivitäten reichen, als bekannt vorausgesetzt werden. Ohne darauf weiter einzugehen, soll die Frage untersucht werden, welche Elemente spezifisch für eine psychoanalytische Begleitung sind. In welchem Ausmaß eine psychoanalytische Kultur durch Ausbildung der Mitarbeiter, Supervision, theoretische Konzepte für das Team etc., einfließen, kann dabei sehr verschieden sein. Die spezifisch psychoanalytischen Aspekte sollen unter den Stichworten Arbeitsbündnis, therapeutische Gemeinschaft und Teamarbeit dargestellt werden.

Arbeitsbündnis

Bekanntlich entstehen durch die intensive Kommunikation zwischen Patienten und therapeutischem Team enge Beziehungen. Auch zwischen den Patienten entwickeln sich durch das mehrstündige enge Zusammenleben vielfältige zwischenmenschliche Beziehungen. Dadurch verschwimmen die Grenzen zwischen psychotherapeutischen Bemühungen im engeren Sinn, sozialarbeiterischer Hilfe und pädagogischen Angeboten im Sinne des lebenspraktischen Trainings und der Lebensschule.

Eines der zentralen Elemente psychoanalytischer Arbeit ist aber die Spannung zwischen einem sehr strengen Rahmen von festen Therapiezeiten und einem betont spontan ablaufenden Fluß der Phantasie im sogenannten freien Assoziieren. Je strenger der Rahmen ist, desto mehr entsteht Sicherheit und Vertrauen zur freien Darstellung innerer Konflikte. Im therapeutischen Arbeitsbündnis mit Psychotikern sind nun sowohl die Grenzen des therapeutischen Raumes als auch die Möglichkeiten der freien Assoziation – bis hin zum freien Agieren in Handlungssprache – gewaltig erweitert. Dies darf jedoch keineswegs heißen, daß in einem symbiotischen Niemandsland Therapie und Leben sich voneinander nicht mehr trennen lassen.

Im anfänglichen und immer wieder zu verdeutlichenden Arbeitsvertrag müssen verbindliche und klare Spielregeln definiert werden. Ihre Übertretung und Verletzung sollte nach Möglichkeit stets therapeutisch bearbeitet werden, worin eben ein fruchtbares Element der Therapie liegt.

Im Vergleich zur psychoanalytischen Einzeltherapie heißt dies natürlich, daß eine ganze Reihe von sogenannten Parametern eingeführt werden muß. Statt eines einzelnen Psychoanalytikers und eines Analysanden stehen sich oft eine Gruppe von Patienten und ein Team von unterschiedlich involvierten Therapeuten gegenüber. Diese Gemeinschaft wird durch unterschiedlich starke Arbeitsbündnisse zusammengehalten. Damit ist aber auch klar, daß sich das therapeutische Team in der Behandlung ständig um das Vertrauen und die Motivation der Patienten zur Therapie bemühen muß.

Therapeutische Gemeinschaft

Das komplizierte Übertragungsgeflecht in kombinierten Behandlungssettings läßt eine zusammenhängende größere Gemeinschaft entstehen. Ohne allzu viel Mythologisierung läßt sich diese Gemeinschaft wie ein größeres Wesen auffassen, analog dazu, wie S.H. Foulkes die Gruppe als meist mütterliche Matrix aufgefaßt und Deutungen über Vorgänge in der gesamten Gruppe gegeben hat. In der Gemeinschaft, die aus ökonomischen und kommunikativen Limitierungen in der Regel 20 bis 30 Patienten und Therapeuten nicht überschreiten wird, entstehen starke Kräfte, die therapeutisch durchaus hilfreich sein können. Im Wechsel von Großgruppenveranstaltungen, Kleingruppenveranstaltungen und Einzeltherapien werden diese Kräfte oft spürbar. Um mit ihnen umgehen zu können, sollen im folgenden einige Hilfsbegriffe eingeführt und näher illustriert werden.

Die gesamte Gemeinschaft wirkt zunächst wie eine *Bühne*, auf der bestimmte Eigenarten der Akteure oft vereinfacht und klischeehaft dargestellt werden. Diese klischeehaften Rollenzuschreibungen dienen auch der Erleichterung der emotionalen Orientierung in einer symbiotischen und verschmelzenden Gesamtsituation. In den Teambesprechungen, aber auch in Unterhaltungen von Patienten erlebt man häufig, wie der individuelle Namen durch solche *Typisierungen* ersetzt wird. Beispiele hierfür sind der Kasperl, das Baby, der Schmutzfink, der Rechthaber, der Messias, der Provokateur usw. Auch für Subgruppen der Gemeinschaft werden ähnliche Charakterisierungen gefunden, beispielsweise der Raucherclub, die Blödler, die Mystiker, die ewig Benachteiligten usw. Selbstverständlich gibt es ähnliche klischeehafte Typisierungen auch in großen Institutionen wie in Firmen, Spitälern etc.

Erstaunlicherweise führen in verschiedenen therapeutischen Veranstaltungen, oft aber auch in der Ergotherapie, beim Essen oder in den Pausen, nun mehrere Patienten ganz bestimmte Szenen auf, die ich *symbolische Schlüsselszenen* nennen will. Es handelt sich dabei um Liebeszenen, Raufhändel, um skurrile Rituale, deren Sinn oft nicht leicht erkennbar ist. Beispielsweise bedeutet häufig das hartnäckige Hinausgehen und wieder Zurückkehren von bestimmten Patienten, die Nähe schlecht ertragen, unter dem Vorwand zu rauchen oder auf die Toilette zu müssen, eine Wiederholung eines Ablösungstraumas, wenn man so will, eines Geburtserlebnisses. In ähnlicher Weise kann ja durchaus die sogenannte Drehtürpsychiatrie gedeutet werden.

In diesen Schlüsselszenen drücken sich in zugespitzter Weise atmosphärisch länger mitschwingende *Leitmotive* aus. Diese Leitmotive beherrschen oft die Stimmung in der Tagesklinik, sowohl bei Patienten als auch Betreuern, und es können dann meist nur Konflikte bearbeitet werden, die in einem Zusammenhang mit dem im Vordergrund befindlichen Leitmotiv stehen.

Um noch einmal zu der Inschrift zurückzukehren, die der junge Patient Thomas auf die Wand der Garage gesprayt hatte: „Der Schnee ist das Blut der Gespenster", hatte er geschrieben. Am selben Tag war, wie schon an den Tagen zuvor, von der Patientengruppe die Frage thematisiert worden, wie schwer es sei, wieder einen Weg zurück ins Leben zu finden. Zwei Patienten hatten in der Morgenrunde berichtet, daß ihre Eltern sie zu Hause nicht mehr aufnehmen wollten, eine Frau hatte erzählt, ihr Gatte wolle sich von ihr scheiden lassen. Ein anderer Patient meinte, daß er sich jedesmal schäme, wenn er im Autobus seinen Invalidenausweis zur Fahrpreisermäßigung herzeigen müsse. Er fühle sich dann wie ein sozial Ausgestoßener.

Eben diese therapeutische Morgenrunde endete damit, daß mehrere Patienten über einen Tierfilm diskutierten, den sie am Tag zuvor im Fernsehen gesehen hatten. In diesem Film hatte eine Schlange einen Schwan angegriffen und sich um dessen Hals geschlungen. Der Schwan versuchte zu flüchten und erhob sich samt der Schlange in die Lüfte, so daß diese sich schließlich fallen ließ und der Schwan etwas torkelnd die Freiheit gewann. Dieses Bild des Überlebens einer gräßlichen Bedrohung hatte die Patienten offenbar tief beeindruckt, und sie brachten es mit ihrem eigenen Schicksal in Verbindung. Möglicherweise stimuliert von der gesamten Atmosphäre, fand dann Thomas seine lyrische Formulierung, die einerseits das Abgestorbensein ausdrückt, in der aber doch wieder der Ausdruck des Blutes auftaucht und sich ein Überleben, zumindest als Gespenst, andeutet.

Balanceakt des therapeutischen Teams

Ein lebendiges, gut funktionierendes Betreuerteam muß zahlreiche Übertragungen der Patienten wie ein Behälter aufnehmen und auch reflektieren können. Die Aufnahme der Übertragungen wird selbstverständlich von entsprechenden, als Gegenübertragung zu interpretierenden emotionalen Reaktionen der Betreuer begleitet. Nicht immer können alle diese multifokalen Übertragungsgestalten, wie P. Janssen diese Übertragung auf das Team genannt hat, bearbeitet werden. Vor allem zwischen Patientengrüppchen bleiben – wie auch sonst im Leben – Übertragungsreste oft noch nach langem Austritt aus der Therapie bestehen. Mit einer Metapher kann man sagen, daß die Patienten ihre verlorene Lebensmelodie auf dem Klavier des Teams suchen und sich dabei der Mitarbeiter wie der Tasten eines Klaviers bedienen. Bekanntlich kommt es dabei zur Aufspaltung von idealisierenden und dämonisierenden Übertragungen, zum raschen oder langsamen Wechsel von bestimmten Übertragungs-Gegenübertragungssequenzen etc. Ein gutes Beispiel stellt hier die Behandlung der Depression in der Tagesklinik dar. Im Prinzip gibt es bei der Depression drei Positionen: ein depressives, sich wertlos fühlendes Ich, ein ideales, tröstendes Überichfragment und ein böses, strafendes Überichfragment. Sowohl der Patient als auch die Betreuer können wechselseitig in verschiedenen Kombinationen in diese Positionen gelangen. Dementsprechend befinden sich die Betreuer selbst in der depressiven Position, in einer Gegenübertragungsmanie oder in einer sadistischen, abwertenden Gegenübertragung. Oft ist es schwer, die damit verknüpften Gefühle Patienten gegenüber als Übertragungsgeschehen zu identifizieren.

Die Bearbeitung derartig komplexer Vorgänge setzt selbstverständlich ein gewisses Maß an psychotherapeutischer Selbsterfahrung bei allen Teammitgliedern, eine psychoanalytische Kommunikationskultur und eine angemessene Anzahl an Fallseminaren und Supervision voraus. Besonders wichtig ist aber das Gleichgewicht des Teams. Dieses ist analog zur gleichschwebenden Aufmerksamkeit des Einzeltherapeuten zu sehen. Jedes Team pendelt bekanntlich zwischen den starren und kalten Extremen von autoritärem Dirigismus der Teamleitung, starren Berufsrollen einerseits sowie allzu viel Basisdemokratie, emotionalem Überengagement und völliger Rollenkonfusion auf der anderen Seite.

Was wirkt eigentlich an einer psychoanalytisch orientierten Psychosetherapie therapeutisch?

Eine besondere Effizienz psychoanalytischer Behandlung von Psychosen im Vergleich zu anderen vergleichbaren Verfahren ist weder untersucht noch nachgewiesen. Abgesehen davon, daß dasselbe für einen Großteil therapeutischer Veranstaltungen gilt, gibt es die bekannten schwierigen Hürden einer empirischen Evaluation. Zunächst ist es schwierig, die psychotherapeutische Ausbildung der Mitarbeiter und das gesamte Behandlungspaket wirklich vergleichbar zu standardisieren, dann erhebt sich die Frage der Kontrollgruppe und schließlich die des outcomes, der ja längst nicht mehr nur als stationärer Rückfall oder als Verminderung von Symptomen definiert wird. Führt man aber auch subjektive Parameter wie neuere Kriterien der Lebensqualität ein, wird das Design leicht zu komplex. Soziale Kriterien wie berufliche oder Wohnrehabilitation hängen wiederum bekanntlich von der Gesamtsituation am Wohn- und Arbeitsmarkt und von der gesellschaftlichen Einstellung gegenüber psychisch kranken Randgruppen ab. Die Frage nach der Wirksamkeit und auch der Interaktion mit anderen gleichzeitigen Therapieformen kann gewiß so bald nicht seriös beantwortet werden. In diesem Zusammenhang kann die therapeutische Wirkung nur aus der Erfahrung und subjektiven Überzeugung der Therapeuten und ihrer Klienten abgeleitet werden.

Im Prinzip geht es darum, daß komplexe Übertragungsfiguren in der Kommunikation in der Tagesklinik entstehen und im Rahmen der Ablösung und Verselbständigung der Patienten systematisch durchgearbeitet werden. Es wäre allerdings zu simpel, diesen Vorgang als eine Wiederholung der kindlichen Entwicklung unter günstigeren Auspizien zu metaphorisieren.

Zur Interpretation und Typisierung des Beziehungsgeschehens hat nun die Psychoanalyse doch ein beachtliches Instrumentarium entwickelt. Beispielsweise können bestimmte Beziehungskonstellationen anhand der Konflikte, die charakteristisch für Phasen der Triebentwicklung sind, bearbeitet werden. Dementsprechend gibt es mit Abhängigkeit und Verschmelzung verknüpfte orale Beziehungsthemen, mit Kontrolle, Ordnung und Pünktlichkeit verbundene analmuskuläre Beziehungsbereiche oder die erotisch anmutenden Übertragungskonstellationen, die der phallisch-ödipalen Entwicklungsstufe entsprechen. Auch bestimmte Sequenzen von Übertragungen wurden bereits angesprochen.

Darüber hinaus setzt natürlich jedes Individuum entsprechend seinem Störungsmuster charakteristische Kombinationen von Abwehrmechanismen ein, deren Kenntnis bei der Auflösung festgefahrener Therapiesituationen hilfreich ist.

Plädoyer für eine psychoanalytische Therapie der Psychosen

Ähnlich wie in der klassischen Psychoanalyse das Subjekt wirklich zu Wort kommen kann und einen Freiraum zur Entfaltung seines Innenlebens findet, stellt die psychoanalytische, modifizierte Psychotherapie gewissermaßen eine Bühne für die Darstellung und Korrektur schwerer psychischer Störungen dar. Für viele Psychotiker sind die inneren Konflikte so belastend, daß sie sich nicht nur damit begnügen, sie nach außen zu projizieren, sondern auch die Umgebung drangsalieren, diese Projektionen anzunehmen. Viel von der Externalisierung schwerer, grausamer innerer psychischer Konflikte spiegelt sich in der Geschichte der therapeutischen Methoden, welche die Psychiatrie angewendet hat. Bekanntlich reicht das Arsenal der Methoden von Zugsalbe auf den Kopf bis zu Bädern in Rindsuppe, der Anwendung von Ameisen und der künstlichen Infektion mit Malaria. Allerdings ist nicht nur die Psychiatrie eine Reaktion auf die Patienten, sondern die gesamte Medizin. Schließlich kann auch die Chirurgie ein als Wiedergutmachung erscheinender destruktiver Zerstörungswunsch sein. Solange wir unsere teilweise unbewußten Ambivalenzen psychisch Kranken, überhaupt Kranken gegenüber nicht bewußt machen, bleibt immer die Gefahr bestehen, daß diese Ambivalenzen sozial ausagiert werden. Dies kann dann von technokratisch starrer Patientenverwaltung bis hin zu ihrer Ermordung oder Vernachlässigung reichen. In einer psychoanalytischen Therapie wird jede Position, jeder Ablauf potentiell hinterfragt. Betrachtet man all die Rituale nachdenklich, träumerisch, mit dem Auge des Psychoanalytikers, so fallen einem mannigfaltige Ungereimtheiten auf. Das Gesamtszenario einer Therapie ist sicher nicht nur vernünftig und planmäßig gestaltet, sondern wird massiv von irrationalen Kräften gelenkt. Versteht man dieses Irrationale wie einen Traum mit seinem latenten Gehalt, so kann eine psychoanalytische Betrachtungsweise durchaus nützlich sein.

Die Positionen von Patient, Medikament, Psychiater, Ergotherapeut, Verwalter und Gesundheitspolitiker werden durch eine derartige Betrachtung immer wieder hinterfragt und dadurch vor dem Erstarren bewahrt. Die Gesamtveranstaltung gleitet dadurch schwerer in rein technokratische, reduktionistisch biologistische („hirnmythologische") oder gar sadistische Varianten ab.

Vor allem muß aber das individuelle Gespräch mit dem einzelnen Patienten und die sich daraus entwickelnde Beziehung stets im Mittelpunkt bleiben. Dafür ist eine psychoanalytische Kommunikationskultur ein gewisser Garant. Zumindest aber könnte dadurch ein verständnisvoller Umgang mit dem Patienten gewahrt bleiben.

Literatur

Abraham, K. (1971): Die psychosexuellen Differenzen der Hysterie und der Dementia praecox. Frankfurt a.M.: S. Fischer (1908).
Freud, S. (1911): Psychoanalytische Bemerkungen über einen autobiographisch beschriebenen Fall von Paranoia. G.W. VIII. Frankfurt a.M.: S. Fischer
Frosch, J. (1983): The Psychotic Process. Int. Univ. Press: New York.
Mentzos, S. (Hg.) (1992): Psychose und Konflikt. Göttingen: Vandenhoeck & Ruprecht.
Racamier, P.C. (1982): Die Schizophrenen. Berlin/Heidelberg/New York: Springer.
Rosenfeld, H. (1965): Zur Psychoanalyse psychotischer Zustände.Frankfurt a.M.: Suhrkamp.
Searles, H.F. (1969): Der psychoanalytische Beitrag zur Schizophrenieforschung. Stuttgart: Kindler (1974).
Sechehaye, M. (1947): La réalisation symbolique. New York: Int. Univ. Press.
Tausk, V. (1919): Über die Entstehung des „Beeinflussungsapparates" in der Schizophrenie. In: Int. Zeitschrift für ärztliche Psychoanalyse, Band 5.

‚Gangs, Crowds and Audiences' –
Über die Darstellung von Gruppen im Traum

Felix de Mendelssohn

Der klinische Ausgangspunkt für diesen Beitrag ist meine intensive Beschäftigung in den letzten Jahren mit psychoanalytischen Gruppen, als Teilnehmer und als Leiter. Mir wurde dabei klar, daß ich positive und negative Entwicklungen in Gruppen beobachten und zumeist situationsbedingt auch verstehen konnte, aber ich stand und stehe vor einem gewissen Rätsel, wenn ich die Eigentümlichkeit des psychoanalytischen Prozesses in geleiteten und ungeleiteten Gruppen konzeptualisieren und abstrahieren will. Zuviel scheint mir noch im Dunkeln zu liegen. Ein Begriff wie die „Matrix" von Foulkes wirkt zu unbestimmt, sogar mit einer Aura des Esoterischen behaftet, wenn es darum gehen soll, die Wechselwirkung zwischen den interpersonellen Beziehungen in der Gruppe einerseits und den intrapsychischen Prozessen andererseits ausreichend zu erfassen.

Als ich begann, mich mit Psychoanalyse in und durch Gruppen zu beschäftigen, war mein persönliches Modell, um den psychoanalytischen Prozeß auf der Couch zu verstehen, bereits relativ fest etabliert. Zu verstehen, betone ich, und nicht zu erklären. Die Erklärungen haben einen gewissen Nachteil: entweder sie erleiden das Schicksal von Modeströmungen – „*fashion*" statt *passion*" –, oder sie werden zum Dogma kanonisiert. Der Prozeß des Verstehens verläuft dynamisch, als lineare Entwicklung oder als Oszillation zwischen zwei Polen; aber er bedarf sehr wohl eines Modells mit Form, Struktur und Funktion, um seine Wirkung zu entfalten

Den psychoanalytischen Prozeß in der Gruppe verstehen zu wollen, war für mich mit einer fundamentalen Unsicherheit, einer fundamentalen Fragestellung verbunden. Es ist eine der allerersten Aufgaben des Analytikers, die Unterscheidungsfähigkeit zwischen innerer und äußerer Realität aufmerksam bei sich selbst und beim Analysanden aufrechtzuerhalten. Oft verbringen wir Monate oder Jahre, gegenübersitzend oder schon längst mit der Couch, um diese Unterscheidung aufrechtzuerhalten, damit ein analytischer Raum im Behandlungszimmer und ein psychischer Raum im Analysanden allmählich zutage treten kann. In diesem Raum konstelliert sich dann die Welt der Introjekte, und wir kommen analytisch erst sozusagen „ins Geschäft". Die stete Arbeit an der Übertragungs-Gegenübertragungs-Beziehung läßt eine Topographie und eine Dynamik dieser inneren Objekte entstehen und fördert ihre Entwicklung, Herausdifferenzierung und Integration. In der Sprache eines anderen Modells redet man hier von einer „synthetischen Funktion des Ichs".

Schon diese erste analytische Aufgabe, die Ausgestaltung – im Zusammenhang mit der Wahrnehmung des zeitlichen Settings der Analyse – eines psychoanalytischen und zugleich intrapsychischen Raumes, muß dem Analytiker in der *Gruppe* erheblich schwerer, wenn nicht unmöglich vorkommen. Wie sollen sich innerer Raum und seine stets persönliche Dramaturgie mit der gleichen Unmittelbarkeit und Offenheit im Sesselkreis der realen sozialen Gruppe herausbilden und entfalten können? Denn die Gruppe hat immer die inhärente Tendenz, eine Kultur zu etablieren, mit eigenen Normen und Werten. Das Thema des sozialen Verhaltens, der Anpassung oder Abweichung von der sozialen Norm, nimmt direkt oder indirekt den weitaus größten Zeitraum der Sitzungen ein, der auf lange Sicht dem potentiellen Raum für die Entfaltung der Innenwelt vorenthalten bleiben muß.

Das Individuum ist mit seiner inneren Welt in der sozialen Gruppe anwesend, aber es sind auch Abbilder von äußeren, sozialen Gruppen in seiner Innenwelt vorhanden. Wie sollen wir diese Wechselwirkung zwischen sozialem und innerem Raum begreifen? Träume, die in Gruppen erzählt werden und von Gruppen handeln, sind zwar interessantes, aber recht spärlich vorhandenes Material. Zudem erscheint mir die Technik des Umgangs mit ihnen in der Gruppe noch zu ungesichert. Die Funktion ihrer momentanen Erzählung in der Gruppe, die Art ihrer Darstellung und die Stimmungen, die sie in der Gruppe auslösen, sind so komplex, daß eine gründlichere Bearbeitung in der Gruppe meist scheitern muß. Das Problem machte mich auf die anthropologischen Forschungen von Gilbert Herdt (1987) über „dream-sharing" bei den Sambia, einem Volk in Papua-Neuguinea, aufmerksam. Die Sambia unterscheiden drei Arten des Diskurses für die Mitteilung von Träumen in ihrer Sozietät: den *öffentlichen*, den *geheimen* und den rein *privaten* Diskurs. Träume im Rahmen von Heilungszeremonien werden im öffentlichen Diskurs erzählt, Träume im Rahmen von rituellen Handlungen im geheimen Diskurs. Dies erinnert an eine Unsicherheit im Diskurs der analytischen Gruppe – ob hier eine soziale „Heilung" beschworen oder die ergebene Teilnahme an einem geheimen, vielleicht obskur anmutenden Ritus gefordert wird? Jedenfalls scheint die besondere Dimension des „privaten" Sprechens in der Gruppe kaum, vielleicht sogar niemals wirklich vorzukommen.

Die Unterscheidung zwischen Geheimsphäre und Privatsphäre ist ein Problem, welches oft jahrelange analytische und selbstanalytische Arbeit zu Recht absorbiert; denn Vermischungen dieser beiden Kategorien sorgen nur für Verwirrung in der inneren wie in der äußeren Welt. Es ist eine Sache, für den Analytiker wie für den Analysanden, zu versuchen, die Geheimnisse des anderen zu erraten – aber eine gänzlich andere, in seine Privatsphäre eindringen zu wollen! Die Intimität der Beziehung ist hier untrennbar mit dem Respekt vor den privaten Grenzen des Anderen verbunden. In der analytischen

Gruppe bleibt das Prinzip das gleiche – die Sphäre der Geheimnisse soweit zu durchlüften, daß eine praktizierbare Form von Intimität erlebt werden kann. Aber dieser Vorgang erweist sich in der Gruppe als wesentlich komplexer, wo soziale Mechanismen von „Einverleibung" oder Isolierung des Einzelnen eine subtile Gewalt entfalten und ganz unterschiedlich von den diversen Teilnehmern beurteilt werden.

Mein Interesse wurde nun allgemein auf Träume – auf eigene wie auf die meiner Analysanden – gelenkt, in denen Gruppen zur Darstellung kamen. Ich bemerkte, daß diese Figuren – kann man sie so nennen? – mir nun anders entgegentraten, nicht mehr wie bloße Ansammlungen von unbedeutenden Komparsen, gebraucht, um eine billige Massenszene auf der inneren Bühne auszustaffieren, obwohl sie gelegentlich, in der vertrackten Absicht der Traumarbeit, als solche hingestellt werden. Das Gruppenleben im Traum nahm einen elementaren Charakter an, in funktionaler Hinsicht viel eher dem Chor des antiken Dramas vergleichbar. Von Nietzsche („Geburt der Tragödie") stammt der Gedanke, der Chor und sein Gesang bildeten die eigentliche Vorstufe zur Erschaffung des Dramas. Diese Chöre im Inneren, mit ihren klagenden, beschämenden, verfolgenden und tröstenden Affekten, sind, wie ich später ausführen möchte, gleichsam die archaischen Vorläufer der jeweiligen Trauminszenierung, die sie in Gang setzen und zugleich kommentieren.

Zunächst möchte ich einige klinische Gedanken Freuds und – aus der kleinianischen Tradition – von J. Steiner, W. Bion und D. Meltzer zur Bedeutung von unbewußten Gruppenimagines diskutieren. Es sind Bausteine zu meinem persönlichen psychoanalytischen Modell; ich habe die Hoffnung, daß Analytiker, die andere Bausteine verwenden und andere Modelle konstruieren, etwas davon, entweder in der Form, Struktur oder Funktion dieses Modells, für sich verwenden können.

In einem weiteren Abschnitt werde ich eigene Beobachtungen zum Schicksal von Darstellungen von Gruppen im Traum präsentieren – über die latente, abgewehrte Konflikthaftigkeit, die sie andeuten, und über das psychische Funktionsniveau, das sie kennzeichnen und zuweilen auch kommentieren. Abschließend versuche ich, diese Gedanken mit einigen klinischen Beispielen zu veranschaulichen, um sie besser zur Diskussion stellen zu können.

Abgesehen von seinen kulturkritischen Schriften, ist Freuds einzige metapsychologische Abhandlung zum Thema der Gruppe seine „Massenpsychologie und Ich-Analyse" (1921). Er spricht dort von einer Idealisierung des Gruppenführers und von einer gemeinsamen Identifizierung mit ihm als eine Struktur, die ihn dazu veranlaßt, eine „Stufe im Ich" zu konzipieren, ein Ideal-Ich, welches, auf der Basis des Narzißmus-Konzepts, zum Vorläufer des Über-Ichs in seiner späteren Strukturtheorie werden wird. Daß diese Struktur, die sich in der Gruppe so leicht beobachten läßt, später als eine archaische Dimension in der Strukturbildung der individuellen Psyche und in der Differenzierung des Ichs angesehen wird, ist ein Gedanke, der über Steiner, Bion und Meltzer uns weiter beschäftigen wird.

Unser zweiter Hinweis auf Freud betrifft seinen ersten Traum in der Traumdeutung, den Initialtraum der Psychoanalyse, den Traum von Irmas Injektion, der in der psychoanalytischen Geschichte so viele Interpretationen angeregt hat, ohne sein ganzes Geheimnis preiszugeben. Ich zitiere nur den Beginn:

> „Traum vom 23./24. Juli 1895. *Eine große Halle – viele Gäste, die wir empfangen. – Unter ihnen Irma, die ich sofort beiseite nehme, um gleichsam ihren Brief zu beantworten, ihr Vorwürfe zu machen, daß sie die ‚Lösung' noch nicht akzeptiert."* (1900, S. 126 f.)

In seiner Analyse meint Freud zu diesem Aspekt der Gruppe im Traum bloß, es handle sich um die Antizipation eines wirklichen Festes in der großen Halle des Bellevue-Hotels, das bevorstehende Geburtstagsfest seiner Frau, an der viele Gäste, darunter auch Irma, teilnehmen würden. Aber warum diese versammelte Öffentlichkeit – bei einer reinen Privatangelegenheit! – zu Beginn eines Traumes, der eine so lange Forschungsreise in die geheimnisvolle Welt des Unbewußten einleiten sollte? Im fünften Kapitel des Traumbuchs, unter der Rubrik „Typische Träume" (1900), finden wir Freuds einzige eingehende Bemerkung zu Gruppen im Traum, im Zusammenhang mit der Nacktheit im Traum: Er diskutiert die Scham, den Exhibitionismus und das Andersen-Märchen über des Kaisers neue Kleider und sagt zur Anwesenheit der Gruppe im Traum treffend „erst die Paranoia schließt die Zuschauer ein". Weiters meint er: „‚Viele fremde Leute' finden sich übrigens auch häufig in beliebigem anderen Zusammenhang; sie bedeuten immer als Wunschgegensatz ‚Geheimnis'" (S. 251). (Ella Freeman Sharpe ist in diesem Zusammenhang noch direkter und zugleich kryptischer, wenn sie schreibt: *„I will only refer to typical dreams very briefly. A ‚crowd' in a dream indicates a secret. The analyst's work is to find the secret.",* 1937, S. 85)

Melanie Kleins Entdeckung eines Mechanismus von Spalten-plus-Idealisieren und ihre Konzeptualisierung einer paranoid-schizoiden und einer depressiven Position in der psychischen Entwicklung sind immer noch Gegenstand von Revision und Kritik, innerhalb wie außerhalb ihrer Schule. In seinem Buch „Psychic Retreats" (1993) diskutiert der Kleinianer John Steiner, ob es nicht „states of mind" gibt, seelische Zustände, die zwischen diesen beiden polaren Positionen angesiedelt sind, als Refugien eines Borderline-Zustands auf dem Rückzug vor der äußeren und der inneren Realität. „Psychic retreats" sind pathologische Organisationen der Persönlichkeit, die als Behälter und Neutralisierer von primitiven Zerstörungsimpulsen dienen. Damit kann das Individuum eigene archaische, zerstörerische Anteile in Ansammlungen von Objekten hineinprojizieren.

> „Rosenfeld und Meltzer haben beschrieben, wie diese Objekte zu einer ‚gang' versammelt werden, zu einer Bande oder Mafia in der seelischen Welt, die durch Grausamkeit und Gewalttätigkeit zusammengehalten wird. Diese mächtigen Strukturen von Gruppen von Individuen finden eine unbewußte Darstellung in der inneren Welt des Patienten und erscheinen in Träumen wie eine interpersonelle – [ich würde hier sagen *pseudo-soziale*, Anm.d.V.] – Version des Refugiums. Die Gruppe bietet einen Ort der Sicherheit und einen Schutz vor Verfolgung und Schuld, solange der Patient die Dominanz der ‚gang', der Bande, nicht bedroht ... die Organisation fungiert als Pseudo-Behälter für die Angst, indem sie sich als Beschützer ausgibt, und sie macht das auf eine perverse Weise, die sich sehr von der normalen Behälter-Funktion unterscheidet, wie Bion sie beschrieben hat, die zwischen Mutter und Säugling entsteht". (S. 8)

Und Steiner fügt noch hinzu:

> „Keine Zufluchtsstätte ist sicher, wenn sie nicht von der sozialen Gruppe, zu der sie gehört, sanktioniert und beschützt wird. Manchmal ist es möglich, Information über tiefere Phantasien zu erlangen, wo psychische Refugien als Räume innerhalb von Objekten oder Teilobjekten erscheinen. Es gibt womöglich Phantasien vom Rückzug in Mamas Gebärmutter, Anus oder Brust, die als begehrte, aber verbotene Orte erlebt werden können." (S. 8)

Wilfred Bions „Erfahrungen in Gruppen" (1961) kreist um den Gedanken, daß Gruppen einen Seelenzustand erzeugen können, der

> „wie ein Haß auf alles Lernen durch Erfahrung erscheint. Der Prozeß der Entwicklung wird eigentlich mit einem anderen Zustand verglichen, dessen Natur nicht so evident ist: wie der Glaube der Schuljungen an den Helden, der nie arbeitet, aber immer Klassenbester ist, das Gegenstück zum ‚Streber' eben. In Gruppen wird klar, daß diese ersehnte Alternative zum eigentlichen Gruppenvorgang so etwas darstellt, wie: Ein bereits voll ausgerüsteter Erwachsener sein, von seinen Instinkten unmittelbar dazu angehalten, ohne jegliche Übung oder Entwicklung genau zu wissen, wie man in der Gruppe leben, sich bewegen und sein Wesen haben soll. Es gibt nur eine Art von Gruppe und eine Art von Mensch, die diesem Traum entsprechen könnten: die Grundannahmengruppe – die Gruppe, die von einer der drei Grundannahmen beherrscht ist, von Abhängigkeit, Paarbildung oder Kampf-und-Flucht – und der Mensch, der in der Lage dazu ist, seine Identität in die Herde zu versenken." (S. 89)

Die Grundannahme der Abhängigkeit ist die depressive Gruppe mit ihrer Sehnsucht nach einer allwissenden Gruppengottheit. Die Untersuchung dieser Gruppenreligion, eigentlich die Aufgabe der „work group", fördert den Wechsel zu einer neuerlichen Grundhaltung: entweder zur Kampf-und-Flucht-Position, als Schutz gegen Bedrohung, oder zur messianischen Hoffnung der Paarbildungsgruppe, die Erlösung der Gruppe würde in und aus dem Geheimnis der Sexualität geboren werden. Die „work group" oder Arbeitsgruppe ist organisiert und strukturiert; sie hat eine Aufgabe zu erfüllen. In diesem Modell kann sie immer nur eine Position auf einmal untersuchen; sie muß zeitlich mit dem Wechsel der Grundannahmen-Konfiguration oszillieren. Selbstredend beziehen sich diese Beobachtungen nicht allein auf analytische Gruppen, sondern auf alle Gruppen und Organisationen. Ein Individuum kann nicht anders, als einer Gruppe zuzugehören, auch wenn seine besondere Form der Mitgliedschaft darin besteht, sich so zu verhalten, als könnte es zu keiner Gruppe gehören. In dieser Hinsicht, meint Bion, ist das einzelne Individuum ein Gruppen-Tier, im Krieg nicht nur mit der Gruppe, sondern auch mit sich selbst, gerade deswegen, weil es ein Gruppen-Tier ist – im Krieg mit jenen Anteilen seiner Persönlichkeit, die seine Gruppenartigkeit, seine „groupishness" konstituieren.

Ferner schreibt Bion:

„Die Gruppe als Gegenstand der Untersuchung löst Ängste einer besonders primitiven Art aus. Mein Eindruck ist, daß die Gruppe psychisch von ihren einzelnen Mitgliedern allzu eng in Anlehnung an sehr primitive Phantasien über die Inhalte des mütterlichen Körpers erlebt wird." (S. 162)

Einen Unterschied zu Freud sieht Bion darin, daß bei Freud Gruppen als Entsprechungen zum neurotischen Verhalten gesehen wurden; für Bion selbst zeigen sie vielmehr Muster des psychotischen Verhaltens. „Umso gestörter die Gruppe, umso weniger kann man sie auf der Basis von familiären Mustern oder vom neurotischen Verhalten verstehen, wie wir es beim Individuum kennen." (S. 165) Später, in „Transformations", als er die analytische Arbeit mit Gruppen aufgegeben hatte, hat Bion dieses Thema wieder aufgenommen:

„Die Annahme der Treue zur K-Verbindung (des epistemophilen Begehrens, Anm. d. V.) ist, daß die Persönlichkeiten von Analytiker und Analysand den Verlust jener Schutzhülle überleben können, die aus Lügen, Manipulation, Vermeidung und Halluzination besteht, und vielleicht sogar durch diesen Verlust gestärkt und bereichert hervorkommen. Diese Annahme wird kräftig vom Psychotiker bekämpft, wie auch *a fortiori* von der Gruppe, die sich für ihren Zusammenhalt und ihr Wohlgefühl auf psychotische Mechanismen verläßt ..." (1965, S. 129)

Zu guter Letzt nimmt sich Donald Meltzer in seinem „Traumleben" dieses Themas an. Er schreibt:

„Bion ist noch einen Schritt weitergegangen. Indem er uns nahelegt, daß die Prinzipien, die er als beherrschend im Seelenleben von Gruppen in der Außenwelt erkannte, auch innerhalb der individuellen Persönlichkeit vorherrschen können, öffnete er uns den Weg, Beweise für das ‚Stammes-' (oder politisches) Prinzip der Organisation, die intern in uns arbeitet, zu erkennen. Das Konzept vom Denken in Grundannahmen und die Andeutung, daß auch ein *negative Grid* oder ‚Raster' psychisch operieren kann, geben uns die Möglichkeit, Instrumente zu entwickeln, um das Politische in uns, das Bandenwesen, zu erkennen und zu sezieren." (1983, S. 118)

Eindrucksvoll schildert Meltzer die Besonderheit von sich gegenseitig bekämpfenden psychopathologischen Organisationen anhand des Traumes eines schizophrenen Jugendlichen:

> „Ich schaute einem Fußballmatch zu, das sich immer mehr zu einem Krieg zwischen den zwei Mannschaften zu entwickeln schien. Die Zuschauer, alles Kinder und Jugendliche, mit meiner Schwester und mit zwei Burschen, die ich aus unglücklicher Schulzeit kannte, liefen in einen dunklen Saal. Ein Bub drehte einen Projektor auf und zeigte ein Bruchstück des Matches, aber die Maschine hatte eine Panne. Der Bub nahm es mit Humor. Dann wandte sich jemand mir zu und nannte mich einen ‚Killer', und ein verrückter Bub kam und sagte ‚Mein Vater sagt, Du kannst mir Karate beibringen.'" (S. 122)

In seinem Buch „The Claustrum" (1992) erinnert Meltzer an die besondere Verflechtung zwischen der Gruppenmentalität der Grundannahmen und der strukturellen Basis der narzißtischen Organisation, die von Bion in „A Memoir of the Future" (1991) erläutert wurde. Die Herausarbeitung des Konzepts des *Claustrum* soll diese Konstellation untermauern und greift auf Bions frühere Anregung zurück, die Phantasien der Gruppenteilnehmer über die Gruppe als „allzu enge Anlehnungen an Phantasien über den Inhalt des mütterlichen Körpers" (S. 162) zu betrachten.

Parallel zu Steiners Konzept der *psychic retreats* untersucht Meltzer die Auswirkung von intrusiver Identifikation mit dem Inneren eines Teilobjektes am mütterlichen Körper. Solche *Claustra* der Psyche sind Fluchtorte vor der Erkenntnis, vor dem „Lernen-durch-Erfahrung". Sie manifestieren sich oft als klaustrophobisches und kontraphobisches Verhalten in der äußeren sozialen Welt. Die Bewohner der Kopf-Brust-Region sind die Aristokraten und Lotosfresser, die alles Gute bereits in sich haben und verkörpern, die Intellektuellen, die ihre Zugehörigkeit zu einer Elite genußvoll bekunden, die arroganten Besserwisser wie auch die naiven Schönheiten, die ewig warten, bis sie eines Tages wachgeküßt werden. Im analen Claustrum riecht alles mafios, nach Verfolgung, Rache, Scham, ewigem Machtkampf, Tyrannei und Erniedrigung, nach Judenopfern und Nazitätern. Das genitale Claustrum wird von polymorphen Variationen des elterlichen Verkehrs beherrscht; mit einem brennenden Begehren, der unwiderstehliche Phallus zu sein oder absolute Macht über ihn zu haben; das wesentliche Objekt ist der erigierte Penis. Hier nimmt man teil an einer erotomanen Untergruppe von Adoleszenten, die meistens weit in die dreißiger Jahre hineinreicht. Durch gezielte Selektion ihrer Objekte der Verführung und durch ihre entschlossenen sexuellen Handlungen verschaffen sie sich eine befriedigende Bestätigung ihrer Phantasie von der eigenen Unwiderstehlichkeit.

Der Begriff des Claustrum (der für Meltzer einen geheimen – im Gegensatz zum privaten – Bereich bezeichnet) umreißt einen Ort, der ebenso als intrapsychische wie als soziale Position verstanden wird – wo Geheimnisse gehortet, manipuliert oder auch erfunden und produziert werden. Gruppen, im realen Leben wie im Traum, können solche Orte sein. „Gangs", die Mafia- und Terrorgruppen der Traumwelt, sind im rektalen Claustrum aktiv. Massen, „crowds", können depressive Ängste des Verlorenseins erzeugen, die an die verlorene und wieder herbeigesehnte Brust denken lassen. Sie bilden aber auch, wie schon Freud erkannte, einen „geheimen", wenn auch zugleich öffentlichen Gegensatz zur privaten und intimen Beziehung und kennzeichnen damit auch einen Wunsch danach. „Audiences" oder Zuschauer, im genitalen Bühnenraum oder auf offenen Plätzen, können die manische öffentliche Bestätigung einer erotischen Phantasie oder ihre öffentliche Entwertung und Beschämung durch die soziale Gruppe, darstellen. In der griechischen Tragödie hören wir im Chorgesang alle diese Tonarten anklingen und erkennen, wie sie der Inszenierung ihre jeweilige Grundstimmung geben und zugleich die handelnden Personen aus einem sicheren Versteck in der Menge kommentieren.

Ich leite hiermit zu einer Darstellung jener eigenen Beobachtungen über, die mein klinisches Verständnis für die Entwicklung dieser inneren „Gruppen-Organisationen" der Seele bereichert haben. Zunächst fällt eine höhere Wahrscheinlichkeit auf, daß Träume, in denen Gruppen vorkommen, vor und nach Trennungen im Zeitplan der analytischen Behandlung, bei Urlauben oder in der Montags- oder Freitagsstunde berichtet werden. Archaische Separationsängste können auf diese Weise durch Gruppenphantasien bekämpft oder gebunden werden. Die meisten Patienten tendieren dazu, sich über einen längeren Zeitraum in einen bestimmten, bevorzugten Typus von Gruppenclaustrum im Traum zurückzuziehen. Lange werden bei manchen die fast ewig gleichen Verfolgungsängste von mafiosen Bandenüberfällen oder von Konzentrationslagern den größten Raum einnehmen, während bei anderen die Gruppe als begieriges Publikum, besonders von Schülern und Anhängern, oder als eine erlesene, „bessere" Gesellschaft erscheint – jedenfalls besser als die Gesellschaft des Analytikers! Wir haben es hier einerseits mit einer primitiven Abwehr zu tun, andererseits aber auch mit einem Grundkommentar zum gegenwärtigen Niveau der psychischen Entwicklung im analytischen Prozeß. Wenn solche psychischen Organisationsformen lange und beständig genug analysiert werden, zeigen sie mehr Flexibilität – in den Träumen kann die Gruppe auf einmal einen anderen Charakter annehmen, weniger verführerisch und dafür bedrohlicher werden, oder auch umgekehrt usw. Das Spektrum der Grundannahmen wird erweitert, und damit treten Entwicklungen, auch starke Veränderungen im Verhalten des Patienten in der sozialen Welt auf, die von seiner Umgebung nicht immer gern gesehen werden. Hier soll der Analytiker um die Einhaltung der Methode kämpfen, der Neigung des Patienten zum Ausagieren und seiner eigenen Tendenz zum Mitagieren energischen Einhalt gebieten.

Die günstige Wende nimmt in der Regel typische Formen an. Allmählich differenziert sich aus der Unbestimmtheit der „Gruppenimago" die Traumfigur eines archaischen Elternpaares heraus, welches die Gruppenfunktionen übernimmt und zunehmend unter sich aufteilt. Die „Mafia" wird zu bestrafenden oder beschämenden, zu bestraften oder zu beschämten Elternfiguren. Das „Publikum" oder die „Schüler", werden zu Menschen, von denen man etwas wissen oder besser noch: etwas lernen möchte. Die „allgemeine Orgie" wird zum geheimen Rendezvous mit dem ödipalen Partner, in das sich der Rivale oder die Rivalin Eintritt verschaffen kann. Es zeigt sich nun an diesen sich herauskristallisierenden Elternfiguren, wie die innere Repräsentanz der Gruppe einen archaischen, sozial gesteuerten Vorläufer des Über-Ichs darstellt. In dieser Entwicklungsstufe seines Phantasielebens ist das Individuum noch stark von äußeren sozialen Wertvorstellungen geprägt und in bezug auf seine inneren Werte meist noch erheblich konfus. Nicht seine Leidenschaften leiten sein Leben, sondern die gängige Mode oder das gängige Credo. Sobald die Intensität der Gruppenbestimmtheit seines Traumlebens nachläßt, zum Beispiel in der Mitte der analytischen Woche, beginnen die intimen, familiären Objekte die Über-Ich-Bildung zu steuern. Es entsteht so etwas wie eine individuelle Verantwortung für sein inneres Drama, die nicht so leicht auf einen anonymen sozialen Clan geschoben werden kann.[1]

Wenn wir unsere Aufmerksamkeit auf das Vorhandensein von Gruppen in unseren eigenen Träumen und in denen unserer Patienten richten, erhalten wir ein relativ verläßliches Instrument, um das Funktionsniveau der Über-Ich-Bildung und die spezifische Qualität eines sozialen „Ferngesteuert-seins" zu untersuchen, die uns alle als „Gruppentiere" unterschiedlich affiziert. Es sind die Grundannahmen von der sozialen Gruppe, die wir in unserem jeweiligen seelischen Claustrum erleben und pflegen, die uns letztlich an der Entwicklung hindern, ein leidenschaftliches individuelles Verhältnis zur Welt zu haben.

Am Schluß möchte ich einige Traumbeispiele für diese Entwicklung anführen. Ein Diplomat eines fremden Landes beginnt seine Behandlung mit Berichten von Träumen von Straflagern, öfters befindet er sich in seinen Träumen ins Gebäude des Außenamtes in seiner heimatlichen Hauptstadt zurückversetzt, das ihm wie ein Gefängnis erscheint (anales Claustrum). Die psychoanalytische Behandlung wird sitzend, zweimal in der Woche, über fast zwei Jahre fortgeführt. Während dieses Zeitraumes lassen die Verfolgungsträume nach. Es folgen nun andere Träume, die ihn in einer erhöhten Position zeigen; entweder schaut er verächtlich auf andere herunter, oder er beglückt sie mit seinen grandiosen Gaben (Brust-Claustrum). Einmal träumt er, *daß er als Astronaut zu einem fremden Planeten reist. Dort wird er umringt von Menschenmengen, die alle ein Visum in sein Heimatland beantragen und denen er somit die Rückkehr ermöglicht.* Er erwacht in hypomanischer Stimmung.

Er träumt nun zwei Träume in darauffolgenden Wochenstunden: im ersten *ist er am Flughafen einer unbekannten Stadt, vielleicht seiner Heimatstadt. Der Zollbeamte schaut seine Papiere an und sagt, er müsse noch etwas mit dem*

Namen überprüfen, und bittet ihn in eine kleine Amtsstube (der Patient zeigt mit einer Geste die Dimensionen meines Behandlungsraums an). *Hier ist alles voll mit Flaschen mit diversen Getränken, zumeist Fruchtsäften, mit Eis gekühlt, und er spürt einen enormen Durst. Er traut sich nun, eine Frage an den Beamten zu stellen, und bittet ihn um etwas zu trinken. Während er sich umdreht, um den Laden anzuschauen, hat der Beamte ihm schon eine Flasche geöffnet und schenkt ihm ein: Es ist Traubensaft, und er ertappt sich bei dem Gedanken, daß dieser nicht seine erste Wahl gewesen wäre.* Beim Aufwachen muß er sofort einen Liter Wasser trinken, „wegen der geringen Luftfeuchtigkeit im Zimmer". Auslöser für die Sache mit der Überprüfung des Namens und den Text: „*er traut sich ... eine Frage zu stellen*" war sein Wunsch, mich nach *meinem* Namen zu befragen und dessen Bedeutung zu überprüfen. Es entspann sich dann ein interessanter Exkurs über die unbewußte Signifikanz seines eigenen Namens in der Beziehung zu seinem Vater, bevor wir schließlich auf die Symbolik seiner Beziehung zur Brust im Traum eingehen konnten.[2] In diesen Träumen findet eine Entwicklung statt von „Gruppenimagines", die aus Teilobjekt-Funktionen entstehen, zu personifizierten Elternfiguren, die das Über-Ich nun mehr von innen als von außen konstellieren.

Bei einer anderen Patientin waren ebenfalls Entwicklungen im Gruppenleben in ihrer Traumwelt zu beobachten. Zu Beginn ihrer sehr langen Analyse, die sie wegen schwerer agoraphobischer Panikattacken begann, waren Träume von Gruppen von geheimen Verfolgern die Regel. Immer wieder war sie den tyrannischen, terroristischen Angriffen von asozialen Banden ausgesetzt, die in ihrer inneren Welt als maligne Organisationen aus fragmentierten, projizierten und wieder zusammengesetzten Partikeln von ihren eigenen tyrannischen Strebungen zur Darstellung gelangten. Die archaischen Objekte dieser Strebungen konnten, durch beharrliches Konfrontieren und Deuten, allmählich in ihrem Traumleben als verschwommene Elternfiguren Konturen gewinnen. In einem ihrer späteren Träume, der eine Wende andeutete, sah sie *eine lange Kolonne von behinderten Menschen, ein wenig wie die Anhänger einer Sekte, die sich in einer Art von Demonstration oder Pilgerzug befanden. Dies war alles im Traum für sie verbunden mit der Entlassung von vielen Mitarbeitern bei der großen Pleite des Lebensmittelbetriebs KONSUM. Im Traum waren dann zwei der oberen Verantwortlichen erkennbar: wie Vorstandsmitglieder des KONSUM, korrupt, überheblich und selbstbereichernd.*

Später, als diese Übertragungsfiguren zum Großteil durchgearbeitet waren, folgten Träume, die sich auf Themen der Eifersucht und der Geschwisterrivalität bezogen. Dann träumt sie folgendes: *Sie ist in einem Fleischhauergeschäft. Es ist ein karitatives Unternehmen, wofür sie sich etwas geniert. Sie steht in einer Schlange von sozial Bedürftigen, die hier eine Ausspeisung bekommen, für die sie nicht zahlen, aber etwas im Austausch dafür hergeben müssen – was das ist, bleibt unklar. Sie sieht, wie die Menschen vor ihr kleine abgeschnittene Scheiben vom Fleisch erhalten, und ihr graust ein wenig. Sie will eigentlich kein Fleisch mehr hier haben – es scheint auch bereits etwas alt und vermodert zu sein, die Stücke liegen nur herum und wurden länger nicht mehr in der Kühltruhe aufbewahrt. Aber sie schämt sich vor denen, die hinter ihr in der Schlange stehen; was würden die sagen, wenn sie sich nun nichts vom Fleisch nimmt, wo sie doch so lange ihnen den Zugang dazu versperrt hat? Schließlich denkt sie, daß sie, wenn sie das Fleisch mit nach Hause nimmt, es nicht auf den Müll schmeißen kann, denn es würde den anderen Leuten abgehen, die sie darum beneiden könnten.*

Vom ersten zum zweiten Traum wird eine Entwicklung von einem korrupten, überheblichen und ausbeutenden Über-Ich, welches außenbestimmte, aber auch innenbestimmte Züge aufweist, zur Schwelle der depressiven Position sichtbar, wo Gedanken von Schuld, Scham und Wiedergutmachung auftauchen. Bald darauf folgt eine Serie von mehreren Träumen über Todes- und Wiedergutmachungsimpulse gegenüber mütterlichen alten Frauen. Die schuldhaft-traurige Stimmung bei diesen toten, oder bald toten, Frauen, wird dann subtil beim letzten dieser Träume in die soziale Steifheit einer ordentlichen Trauer*feier* umgewandelt.

In diesem Zusammenhang sprechen wir nun miteinander über ein baldiges Ende der Analyse und fassen sogar einen Termin dafür ins Auge. Das geht ihr aber zu schnell und löst bei ihr regressive Ängste, manische Abwehr und Rachegedanken aus. Kurz danach folgte ein Traum, der das verdeutlicht: *Sie ist auf einem großen Fest mit vielen Leuten. Es passieren einige kleine Verfolgungen, aber mehr so nebenbei. Sie hält große Sprühkerzen in der Hand, wie zu einer Sylvester-Feier, und entfacht damit kleine Feuer. Überall sind diese kleinen Gruppen von Flammen zu sehen gewesen, auch das alte Radiofunkgerät aus den fünfziger Jahren, das ihrer Kinderfrau gehört hatte, ging in Flammen auf, aber es machte nichts. Einer der Verfolger wurde gefangen und in einer kleinen Kammer mit dem Kopf mit einem silbernen Draht an die Wand festgenagelt, was ihr eine Genugtuung verschaffte. Dann will sie weggehen und packt ihre Sachen noch hastig in einen Koffer, bis sie merkt, daß im Koffer noch viel Platz frei bleibt. Sie könnte für sich doch mehr Sachen mitnehmen, als sie ursprünglich dachte.*

Mit diesen Beispielen möchte ich für ein klinisches Verständnis für die Funktion der Darstellung von Gruppen und ihren Grundannahmen in Träumen plädieren, welches sie als vor allem sozial definierte Kontrolleure unseres Trieblebens auffaßt, als von außen bestimmte, soziale Anteile eines primitiven Über-Ichs. Die Gesänge solcher inneren sozialen Chöre können die Entwicklung von komplexeren emotionalen Beziehungen zu inneren elterlichen und familiären Objekten sowohl einleiten und ermöglichen wie auch behindern und vermeiden – genau so, wie sie es im griechischen Theater auch taten. Auf der Ebene des „*negative grid*" (Bion), welches der psychischen Entwicklung und Herausdifferenzierung von Intimität entgegenwirkt, stellen sie primitive pseudo-soziale Refugien vor dem psychoanalytischen Lernprozeß dar. Vielleicht hängt ein guter Teil ihrer malignen Beharrlichkeit davon ab, welche Beachtung wir ihnen in der Entwicklung der Übertragungs-Gegenübertragungs-Beziehung schenken.

Wenn ich nunmehr an meinen Ausgangspunkt zurückkehre – zur Frage: Wie kann ich die psychoanalytische Aufgabe in der Gruppe konzeptualisieren? –, komme ich auf das Thema des Geheimnisses zurück, das uns seit Freud im Zusammenhang mit der Gruppenbildung beschäftigt. Meine vorläufige Hypothese lautet: Die psychoanalytische Herausforderung an die Gruppe ist paradox. Wenn die Aufforderung in der Couch-Analyse: „Teilen Sie Ihre Einfälle spontan mit" zugleich den Beginn der Widerstandsarbeit bedingt, die letztlich in die internalisierte unendliche Analyse münden soll, so lautet die paradoxe Forderung in der Gruppenanalyse „Nehmen wir intime Beziehungen zueinander auf!" Aber die Intimität zweier Menschen miteinander, oder eines Menschen mit sich selbst, steht im absoluten Widerspruch zur gesetzmäßig normierenden Kultur der realen sozialen Gruppe. Wenn es in der Couch-Analyse der Widerspruch zwischen Trieb und Abwehr, zwischen guten und bösen Objekten ist, den wir zu analysieren haben, so kann es in der Gruppenanalyse eben dieser andere Widerspruch sein, zwischen den äußeren sozialen Normen einer Gruppenkultur und den inneren Fähigkeiten, auf Grund eines differenzierten Über-Ichs intime Beziehungen zu anderen aufzunehmen, der unsere besondere Aufmerksamkeit verdient.

Solange wir nämlich, mittels des besonderen zeitlichen Settings der sogenannten „slow-open" psychoanalytischen Gruppe, die unendliche Fortsetzung eines kommunizierbaren und überlieferbaren Erkenntnisprozesses über das gemeinsame Menschsein in der Welt postulieren, können wir unsere messianischen Hoffnungen auf die Integration dieser Prozesse nicht mehr verleugnen, sondern nur weiter in der Gruppe analysieren. In einer buddhistischen Überlieferung wird nach der Erscheinungsform des Buddha Maitreya, der kommenden Verkörperung des zukünftigen Erleuchteten, gefragt. Die Antwort lautet: „Der Buddha der Zukunft wird die Gruppe sein".

Aber dies mag wie eine in sehr weite Ferne gerichtete Hoffnung erscheinen. Denn bereits nur eine der Tugenden des „achtfachen edlen Pfades" zur buddhistischen Erkenntnis, die sogenannte „rechte Achtsamkeit", erweist sich schon in der Couch-Analyse als schwer genug zu befolgen. Im sozialen Setting der psychoanalytischen Gruppenarbeit wird sie nur in seltenen Fällen allen Mitgliedern gemeinsam zuteil. Dennoch stärken solche Erlebnisse in Gruppen unser Vertrauen, daß die real arbeitende Gruppe eine fruchtbare Möglichkeit darstellt, um die Eigenart unserer inneren Konstruktion sozial zu erfassen und mitteilbar zu machen wie auch gleichsam die Chöre in unserem Inneren zu Gehör zu bringen. In dieser analytischen Arbeit in Gruppen lassen sich auch die Grenzen zu jenem privaten Bereich, den man nur mit einem zweiten Menschen oder mit sich selbst allein betritt, oft ein wenig nachjustieren. An den Toren zu diesen privaten Orten in der äußeren und inneren Welt, wo unsere intimen Wünsche sich endlich zu einem leidenschaftlichen Wunsch nach Intimität zusammenfügen können, wird sich die soziale Gruppe immer wieder und mit den unterschiedlichsten Absichten versammeln.

Anmerkungen

1 Die zweite Form einer Wende unterscheidet sich hiervon vielleicht nur phänomenologisch und tritt oft parallel zur ersten Form auf. Sie findet sich in Träumen von Babies, hungrigen oder vernachlässigten, mißbrauchten oder behinderten Babies, zuweilen auch von verführerischen, satten und zufriedenen Babies, mit denen der Träumer beschäftigt ist. Die letztere Version zeigt die narzißtisch-grandiose Abwehr einer Abhängigkeit vom Analytiker als reales Objekt am deutlichsten, die in den ersten Bildern von den armen Babies, die von einem selber jetzt gepflegt werden müssen, eher kaschiert wird. Hier ist aber der Aspekt von Pflege und Fürsorge, im Vergleich zur verführerischen Bewunderung, ein hoffnungsvoller Indikator für das Bestreben des Patienten, nunmehr besser für seine eigene innere Entwicklung zu sorgen.
2 Das tragende Motiv seines Traumes, wie er es selbst erkannte, war sein Wissensdurst, konzipiert als eine gierige, neidische, undankbar frustrierende Stimmung an der mütterlichen Brust. Alles in allem ein inadäquates Refugium vor der Mühsal des Lernens-durch-Erfahrung.

Literatur

Bion, W. (1961): Experiences in Groups. London: Tavistock.
– (1965): Transformations. London: Sason Aronson.
– (1991): A Memoir of the Future. London: Karnac.
Freud, S. (1900): Die Traumdeutung. Studienausgabe, Bd. II. Frankfurt a.M.: S. Fischer.
– (1921): Massenpsychologie und Ich-Analyse. Studienausgabe, Bd. IX. Frankfurt a.M.: S. Fischer.
Herdt, G. (1987): Selfhood and discourse in Sambia, dream sharing. In: Tedlock, B. (Ed.): Dreaming. Santa Fe: School of American Research Press, S. 62-63.
Meltzer, D. (1967): The Psycho-Analytic Process. London: Heinemann.
– (1978): The Kleinian Development. Strath Tey: Clunie Press.
– (1983): Dream-Life. Strath Tey: Clunie Press.
– (1992): The Claustrum. Strath Tey: Clunie Press.
Sharpe, E.F. (1978): Dream Analysis. London: Maresfield Library.
Steiner, J. (1993): Psychic Retreats. London: Routledge.

Stationäre Gruppentherapie

Michael Hayne

Vorbemerkung

Die psychotherapeutische Behandlung in der Klinik ist ein Bereich, in dem die Ausübung von Herrschaft besonders nahe liegt. Die Behandler sehen sich bewußt oder unbewußt in der allgemeinen Tradition des Krankenhauses, in dem die Unterwerfung der Patienten, die Ausschaltung ihrer Selbstbestimmung, in meist unreflektierter Weise ausgeübt wird. Das kann seinen guten Grund haben, wenn Patienten notfallmäßig und im Zustand vitaler Bedrohung in eine Unfallstation oder als Suizidanten zur Notaufnahme in die Psychiatrie eingeliefert werden. Bei psychisch Kranken kann die Einweisung in eine geschlossene Station, ja sogar Absonderung und Fixierung unvermeidlich sein. Für diese Abläufe gibt es heute in unseren Berufen und in der Gesellschaft allgemein eine ziemlich hohe Sensibilität. Auch die Gesetzeslage, die zum Beispiel bei Unterbringung von Patienten gegen ihren Willen die schnelle Zuziehung eines Richters vorsieht, sichert nachhaltigen Schutz der Kranken vor Willkür und Unrecht hinsichtlich des vorübergehenden Entzugs wichtiger Selbstbestimmungsrechte.

Wirkliche Gefahren lauern in subtilerer Form: Hierzu gehören das „Parken" von neuaufgenommenen Patienten mit der Begründung, sie bräuchten reichlich Zeit, „anzukommen", erst einmal zur Ruhe zu kommen, sich einzugewöhnen. Dahinter verbirgt sich oft, daß das behandelnde Team die Patienten nicht wichtig findet, gegebenes Leiden nicht ernst nimmt. Angesichts der Nähe, die alle psychischen Erkrankten zum Durchschnittlichen, angeblich Normalen haben, stellt sich leicht bei den Behandlern eine Gegenübertragung ein, die den Patienten gegenüber vorwurfsvoll ist: sie stellen sich an, bilden sich etwas ein, steigern sich hinein, agieren aus usw. Bei Süchten geht die Gegenübertragung besonders leicht in die Richtung eines Ekels oder einer Verachtung für die hier angetroffene Willensschwäche und die verlotterte Lebensführung.

Agierte Gegenübertragung ist häufig erkennbar, wenn z.B. nur eine Zimmer- oder Gruppenvisite stattfindet, bei der in einer für die Patienten undurchschaubaren Weise ein Beschluß über Medikamente mitgeteilt wird. Die Gegenübertragung wird auch häufig ausagiert, wenn besondere Wünsche der Patienten einem Teammitglied auf dem Flur mitgeteilt werden und wenn – sofern es sich hierbei etwa um den Stationsarzt handelt – in der Pose eines strengen oder gütigen Souveräns das Erbetene gewährt bzw. verweigert wird.

Agierte Gegenübertragung kann auch unterstellt werden, wenn die Therapie der psychisch Kranken viel zu kurz kommt: 30 Minuten alle 14 Tage Einzelgespräch z.b., wobei für die Mitarbeiterbesprechungen ein wesentlich höherer Anteil vom Arbeitsvolumen reserviert wird.

Hierher gehört auch der Einsatz der Gruppentherapie. Viele Patienten läßt man als „nicht gruppenfähig" heraus, obwohl das Problem eher durch eine Anpassung der Gruppentherapie an die gegebenen Störungen lösbar wäre. In diesem Zusammenhang gehört auch, daß oft demotivierte ältere oder besonders unerfahrene Mitarbeiter die Gruppentherapie durchführen, für die meist aber nicht einmal ein Konzept ausgearbeitet wurde. Hier treffen wir oft dann die berühmten „Meckerstunden" oder die schläfrig-inhaltsleeren „Morgenrunden" an, in denen weder Behandler noch Patienten einen therapeutischen Gewinn zu erkennen vermögen. Verschenkte Zeit, versäumte Konzepte – nicht so selten auf der Basis einer unbewußten negativen Gegenübertragung seitens der Krankenhausmitarbeiter.

In diesem Zusammenhang ist es erstaunlich und im Sinne der Gegenübertragung sogar verdächtig, daß seitens der führenden Autoren der analytischen Gruppenpsychotherapie so wenig Brauchbares für diesen – klinischen – Anwendungsbereich publiziert wird. Hier ist seit langem ausschließlich die Göttinger Schule, begründet von A. Heigl-Evers und F. Heigl, gewissermaßen der Rufer in der Wüste. Falsche Abgrenzung, überzogene Rivalität der analytischen Gruppentherapie-Schulen untereinander und der daraus folgende Mangel an Dialog tragen durchaus neurotische Züge.

Die Bedeutung der Gegenübertragung für das psychotherapeutische Handeln war mir selbst anfänglich nicht zugänglich. Nach meinem Studium war ich ab 1967 als Psychologe zuerst in der Diagnostik und Beratung für gestörte Familien tätig. Zugleich erledigte ich einige Industrieaufträge zur Eignungsdiagnostik und beruflichen Förderung und schuf damit sowohl eine erste fachliche wie auch finanzielle Grundlage für die kostspielige Ausbildung zum Psychoanalytiker, derentwillen ich überhaupt studiert hatte. Daß manche Kinder oder Jugendliche sich nicht im Auftrag ihrer Eltern testen lassen wollten, daß manche Bewerber um eine Stelle sich nicht im Auftrag das potentiellen Arbeitgebers testen und interviewen lassen wollten, fiel mir wohl auf. Ich nahm dies aber nicht zum Anlaß, die Aufträge der „Mächtigen" im Hintergrund (der Eltern, der Unternehmer) zu hinterfragen und im Zweifelsfall zurückzuweisen.

Im Laufe meiner analytischen Ausbildung wurde mir zunehmend meine eigene Verwicklung erahnbar, die sich mit jeder psychologischen und psychotherapeutischen Tätigkeit ergibt. Hierzu gehört auch der unbewußte Wunsch, Macht auszuüben oder bei Konflikten mit meinen Interessen die Interessen der Personen, die auf mich angewiesen sind, zu vernachlässigen. Zur analytischen Ausbildung gehörte für mich auch, daß ich unreflektierte Machtausübung auch bei den Ausbildern wahrnahm und in Frage zu stellen lernte. Ja, ich kann sagen, daß ich das Hinterfragen der Macht anderer, die mir gegenüber in der überlegenen Position waren, ungleich schneller und leichtfüßiger betrieb. Dies ist gewissermaßen zur Leitform für das Infragestellen meiner selbst geworden, aber die Selbstanalyse hinkt bis heute typischerweise bedenklich hinter der Fremdanalyse her.

Nach anschließenden Assistentenjahren in der Klinischen Psychologie an der Universität nahm ich 1974 meine Arbeit in der Rheinklinik für Psychosomatische Medizin in Bad Honnef auf. 11 Jahre später ließ ich mich mit einer ambulanten Praxis nieder, die von Anfang an mit der Tätigkeit als Supervisor in mehreren Kliniken verknüpft war. Die Supervision klinischer Teams stellt bis heute einen erheblichen Teil meiner Berufstätigkeit dar.

Ich schreibe den nachstehenden Beitrag daher nicht als festangestellter Mitarbeiter einer Klinik, als *Insider* also, sondern aus der Position eines mitfühlenden und nachdenkenden Dritten – mit dem spürbaren Nachteil eines Außenseiters und dem Vorzug jener Einstellung, in der der Supervisor sich möglichst nur soweit emotional auf etwas einläßt, als für die gewünschte Mischung aus Empathie und analytischer Reflexion nötig ist.

Psychoanalytisch orientierte Arbeit in der Klinik?

Ich halte es für keinen Zufall, daß Freud erstmalig über Modifikationen des psychoanalytischen Vorgehens ausführlicher nachdachte, nachdem er sich gerade zuvor mit den Neuerungen auseinandergesetzt hatte, die sich aus der Entdeckung und Würdigung der Gegenübertragung ergaben. In seiner Schrift über „Die zukünftigen Chancen der psychoanalytischen Therapie" schrieb er 1911, der Behandler müsse sein unbewußtes Fühlen, das sich durch den Einfluß des Patienten in ihm einstelle, erkennen und bewältigen. Er kommt an dieser wichtigen Textstelle zu einer Erkenntnis, die, damals für Psychoanalytiker gemünzt, heute für alle psychoanalytisch orientiert Arbeitenden, also auch für Klinikmitarbeiter Geltung hat. Wörtlich führt er hier aus:

> „Wir haben, seitdem eine größere Anzahl von Personen die Psychoanalyse üben und ihre Erfahrungen untereinander austauschen, bemerkt, daß jeder Psychoanalytiker nur so weit kommt, als seine eigenen Komplexe und inneren Widerstände es gestatten, und verlangen daher, daß er seine Tätigkeit mit einer Selbstanalyse beginne, und diese, während er seine Erfahrungen an Kranken macht, fortlaufend vertiefe. Wer in einer solchen Selbstanalyse nichts zustande bringt, mag sich die Fähigkeit, Kranke analytisch zu behandeln, ohne weiteres absprechen." (Freud, 1911, S. 108)

Nach dieser Bemerkung über die notwendige Aufmerksamkeit für die Macht unbewußter Prozesse bei Patienten und Behandlern, kam Freud dann auf notwendige Modifikationen der Behandlungstechnik zu sprechen. Zwar sagte er es so nicht ausdrücklich, aber der Zusammenhang kann dem heutigen Leser nahelegen, daß unbewußte Einstellungen des Therapeuten wie auch des Patienten notwendige Modifikationen in der Therapie verhindern können; bzw. umgekehrt, daß alle Formen einer Anwendung des analytischen Ansatzes außerhalb des klassischen Settings, wie also etwa in der Klinik, nur auf der Grundlage einer sorgsamen Beschäftigung mit den eigenen unbewußten Tendenzen akzeptabel sind.

Die Modifikationen, über die er hier sprach, bestehen darin, z.B. bei Angsthysterie, d.h. bei Phobien, uns nicht darauf einzulassen, daß die Kranken ihre Schutz- und Vermeidungsstrategien aufrechterhalten. Sie müßten dahin geführt werden, auf den Schutz der Phobie, d.h. ihres Vermeidens von bestimmten Angstanlässen, zu verzichten und sich einer entsprechenden, wenn auch sehr gemäßigten, Angst auszusetzen. Im Falle der Zwangsneurosen beginnt er sehr vorsichtig, ebenfalls über Modifikationen des Behandlungsverfahrens nachzudenken.

Freud machte also zu diesem Zeitpunkt schon im Zusammenhang mit der Reflexion der Gegenübertragung und der psychischen Disposition der Therapeuten spürbare Schritte in Richtung auf problemabhängige Abänderungen des Standardverfahrens. Entschiedener noch bezüglich des Konzepts psychoanalytisch orientierter Arbeit in der Klinik äußerte sich Freud einige Jahre später (1918), als er von Ordinationsinstituten oder Anstalten sprach, in denen später schwer gestörte Kinder und Erwachsene unentgeltlich, d.h. auf Staatskosten, behandelt werden könnten. Dies würde aber bedeuten, daß wir dann unsere Behandlungstechnik den veränderten Bedingungen anpassen müßten. Es folgte hier dann die berühmte Stelle, an der er sagte, wir würden eines Tages bei einer Massenanwendung der Psychoanalyse genötigt sein,

> „das reine Gold der Analyse reichlich mit dem Kupfer der Suggestion zu legieren, und auch die hypnotische Behandlung könnte dort wie bei der Behandlung der Kriegsneurotiker wieder eine Stelle finden." (1918, S. 193)

10 Jahre später veröffentlichte Simmel seine bekanntgewordene Schrift über die Anwendung der Psychoanalyse auf die stationäre Behandlung von schwerer Gestörten in einer Anstalt in Berlin: Er behandelte Patienten mit Süchten, Charakterpathologien und Psychosen. Er führte damals offenbar analytische Einzeltherapien in seiner Klinik durch, betrachtete zugleich den Einsatz des Pflegepersonals aber schon als einen ganz entscheidenden haltenden Faktor für die Kranken (Simmel, 1928). Diese Klinik scheint aber schon bald ihre Arbeit wieder eingestellt zu haben, während sein Ansatz wenige Jahre später in den USA von Menninger aufgegriffen und weiterentwickelt wurde (Menninger, 1936).

Nach der Destruktion bzw. ideologisch geprägten Deformation der Psychoanalyse in Deutschland und Österreich durch die Nazis dauerte es Jahre, bis nach 1945 sowohl für die klassische wie für die angewandte Psychoanalyse entsprechende Institutionen wiederaufgebaut waren. So beschrieb Beese seinen stationären Behandlungsansatz zuerst 1971 und später 1977. Er schilderte zunächst die Krankheiten, die eine Klinikbehandlung sinnvoll und erforderlich erscheinen lassen: krisenhaft zugespitzte Neurosen sowie Störungen, bei denen eine eklatante Ich-Schwäche sich im Sinne von schizoiden Charakterneurosen, narzißtischen Neurosen und Borderline-Erkrankungen manifestiert hatte. Auch psychogene schwere Beeinträchtigungen des Bewegungsapparates sowie schwere Formen von Phobie und Zwangsneurose wurden aufgezählt. Er empfahl dringend, die therapeutischen Teams sollten eine analytische Selbsterfahrung gemacht haben, und in Abständen sollte die Gruppendynamik der Behandlungsteams von externen Fachleuten durchgearbeitet werden. Da aber eine gewisse Zahl von Patienten z.B. zum Agieren im Sinne von Suchtverhalten und neurotischen Partnerbeziehungen neigten und maligne Regressionen an den Tag legten, müsse eine möglichst der klinischen Aufnahme vorgeschaltete diagnostische Untersuchung solche Patienten ausschließen.

Hier müssen wir uns allerdings fragen, wo die solchermaßen Ausgeschlossenen dann die notwendige Behandlung finden sollten. Die Antwort ist natürlich ziemlich einfach: in den klassischen psychiatrischen Anstalten, die weitgehend biologisch orientiert, d.h. mit dem Einsatz von Medikamenten arbeiteten. Extrem maligne Agierende mit einer ausgeprägten Neigung zur Fremdschädigung konnten natürlich auch (und können bis heute) mit dem Gesetz in Konflikt kommen und bei entsprechender Diagnose in einer forensisch-psychiatrischen Institution landen.

Daß zum Verständnis und zur Behandlung von dissozialen und anderen destruktiven Störungen erstaunlich wenig im Bereich und im Umfeld der Psychoanalyse geforscht wurde, sei nur am Rande bemerkt. In einem Land, in dem 12 Jahre eine kollektive Kriminalität möglich war, wäre auch vorstellbar, daß gerade dieser Bereich mit besonderem Einsatz untersucht und angemessene neue Behandlungsstrategien entwickelt würden.

Aber abgesehen von dem augenfälligen Versäumnis, sich dieser schwierigen Thematik besonders zu widmen, entsteht ganz allgemein der Eindruck, daß psychoanalytisch orientierte Kliniken in einer bestimmten Phase der Nachkriegsgeschichte zu Recht den Spitznamen „Edelkliniken" erwarben. Man suchte sich die Klientel sorgfältig aus und verwies unpassend Erscheinende in die Anstalten, in denen psychoanalytische Ansätze keine Rolle spielten.

Eine Argumentation zur Begründung dieses problematischen Vorgehens findet sich bei Trimborn (1983), der sich insbesondere mit der Behandlung von Borderline-Patienten in einer analytisch-orientiert arbeitenden Klinik befaßt. Er stellt die besondere Neigung solcher Patienten zum Externalisieren ihrer inneren Dynamik fest. Im Unterschied zur harmloseren Form einer Entlastung von inneren Spannungen, die er in der Projektion sieht,

> „... manipuliert bei Externalisierung die Person so lange ihre Umgebung, bis diese ihren eigenen Projektionsbedürfnissen entspricht." (S. 208 f.).

Trimborn fährt fort:

> „Im stationären Bereich bietet sich bei Patienten mit ähnlich pathologischen Strukturen ein ausgedehntes Feld für solche Mechanismen. Die durch eine Therapie bedingte Labilisierung und Verunsicherung verstärkt den inneren Zwang der Patienten, die dadurch mobilisierten Ängste durch Externalisierung zu bewältigen. Das Ergebnis ist eine weitere Ich-Schwächung durch die Aktivierung primitiver Objektbeziehungsmuster und Abwehrstrukturen bis hin zu Teilobjekten und Fragmentierungen. Da diese Mechanismen im gesamten Raum der Klinik stattfinden, stellen sie eine Bedrohung für den therapeutischen Raum dar, auch wenn sie für den Patienten vorerst eine notwendige und unumgängliche Entlastung mit sich bringen." (S. 209).

Wenn wir nun davon ausgehen, daß die betreffenden Patienten hier nichts anderes zeigen, als ihre Pathologie ins Werk zu setzen, wie es ja typischerweise Schwergestörte tun, und zwar nicht nur im Rahmen eines eventuellen Klinikaufenthalts, sondern auch in anderen Lebenslagen, in denen sie sich spezifisch gereizt fühlen, dann können wir in der von Trimborn beschriebenen Verhaltensweise dieser Patienten eine ganz besondere Chance erblicken: Gerade dadurch, daß sich das Agieren der Patienten in der Klinik einzelnen Teammitgliedern gegenüber aufspaltet, kann es zunehmend möglich werden, daß Patienten haßvolle Affekte z.B. auf ein Teammitglied (etwa auf einen bestimmten Arzt oder auf jemanden vom Pflegepersonal) richten, zugleich aber positive Gefühle für eine ganz bestimmte Therapeutin aufrechterhalten, durch deren deutende Arbeit dann die Auflösung der haßvollen Empfindungen möglich werden kann.

Anstatt solche Chancen aber wahrzunehmen, wiederholt der betreffende Aufsatz mehrfach dieselbe Denkgestalt. Die lautet, daß da, wo frühgestörte Patienten besonders aggressive Attacken aus ihrer Übertragung heraus machen, wo sie aber zugleich besonders vehement verleugnen, daß es sich um das „Als ob" der Übertragung handelt, analytisch orientiertes Arbeiten nicht möglich ist. Tatsächlich jedoch handelt es sich bei den von Trimborn geschilderten Situationen um wichtige Herausforderungen an das jeweilige Behandlungsteam. Im Falle dieses Autors versagten seine Teams allem Anschein nach des öfteren angesichts dieser Aufgabe, woraus er schließt, analytisch orientierte Behandlungen solcher Patienten seien nicht möglich. Ein anderer, richtigerer Schluß wäre gewesen, daß die Bearbeitung der Gegenübertragung im jeweiligen Behandlungsteam gescheitert sei.

Natürlich stellen solche Prozesse schon eine arge Zumutung für die Klinikmitarbeiter dar: Sie können sich, wenn sie die betreffenden Patienten eben nicht entlassen, Vorwürfen seitens dieser Patienten ausgesetzt sehen, von denen manch einer recht unter die Haut gehen kann – zumal wenn er auf einer zutreffenden Beobachtung eines tatsächlich gegebenen charakterlichen oder professionellen Mangels beruht. Es ist klar, daß in solchen Situationen erhebliche Neigung beim Klinikpersonal aufkommt, sich solche Attacken zu verbitten und in der Position der unbezweifelten, reinen und gesunden Helfer – und das heißt letztendlich: in der Position der Macht – zu bleiben. Hierin fühlen sie sich insbesondere dadurch bestärkt, daß viele der schwerer gestörten Patienten, wie z.B. die Borderline-Fälle, wenig Neigung und Fähigkeit zeigen, ihre Wahrnehmungen und Handlungen als Boten ihrer Störung, als für die Therapie hergestellte Symbolgestalten ihrer erlittenen Schädigungen anzuerkennen.

Patienten, die einer stationären Psychotherapie bedürfen, sind – auch wenn sie sehr unterschiedliche Diagnosen aufweisen mögen – sehr häufig im Zusammenhang mit einer erheblichen Traumatisierung so schwer erkrankt. Sie zeigen eine charakteristische Schwäche in der Fähigkeit, in den problematischen, traumaverbundenen Bereichen mit Symbolisierungen umzugehen. Psychische Erscheinungen, die mit traumatischen Beziehungen assoziiert sind, werden ihres psychischen und beziehungsmäßigen Sinns entkleidet, können als körperliche Phänomene erscheinen, wie Freud (1916/17) es für die Aktualneurosen beschrieben hat. Ein anderer Abwehrweg wird über Konkretismus im szenischen Gestalten mitmenschlicher Beziehungen beschritten: Die schon erwähnten kritischen Wahrnehmungen von Klinikmitarbeitern und entsprechende Handlungen, die die Patienten an den Tag legen, werden von den Patienten als bare Realität eingeschätzt. Daß es sich um Wahrnehmungsverzerrungen und um pathologisches Agieren handeln könnte, wird nicht akzeptiert.

Hierzu können sicherlich auch die Externalisierungen gerechnet werden, d.h. die Beziehungsabläufe, in die die Patienten auf einer Station manchmal plötzlich geraten und in die sie ihre Behandler verwickeln können. Typisch ist, daß solche Externalisierungen gerade nicht symbolisierungsfähig erscheinen. Sie wirken wie Handeln, das nicht weiter hinterfragt werden kann und soll. Für die Patienten ist es daher nicht möglich, ein „Als ob" ihrer Affekte bezüglich bestimmter Teammitglieder anzuerkennen. Sie erleben das betreffende Geschehen eben nicht als Übertragung, sondern sie erleben ihre Sicht von dem betreffenden Anderen zunächst einmal als dessen nicht hinterfragbare Realität. Wir können solche Beziehungsentwicklungen auch mit dem Begriff der „projektiven Identifizierung" zusammenfassen: Die unerträglichen eigenen Zustände werden externalisiert, damit sie vom Anderen möglichst vollkommen Besitz ergreifen. Mit diesem Anderen, hier also mit den entsprechend affizierten Teammitgliedern, können die Patienten sich dann auseinandersetzen, ganz so, als wären sie von der Realität der anderen Person jetzt völlig überrascht (vgl. z.B. Ogden, 1985). Die Empfänger solcher Externalisierungen können ihrerseits so reagieren, als würden sie von der Macht des schlicht Faktischen erfaßt: von der Macht des Bösen, das sie bei ihren Patienten wahrnehmen, oder auch z.B. von der Macht unbehandelbarer

Krankheitsformen bei diesen. Entlassung bzw. Verlegung in eine andere Anstalt kann ihnen dann fatalerweise wie die einzig mögliche bzw. als die einzig angemessene Maßnahme erscheinen.

Laut Fischer und Riedesser (1998) werden von traumatisierten Personen nicht nur Situationen unbewußt aufgesucht, in denen eine Retraumatisierung erfolgen könnte. Vielmehr kommt es sogar vor, daß retraumatisierende Reizsituationen von den betreffenden Patienten selbst produziert werden: ein Vorgang, den jeder erfahrene Psychotherapeut schon zur genüge kennengelernt hat. Fischer berichtet, daß ein hoher Anteil von Borderline-Patienten in jenem Lebensalter durch schwere Mißhandlungen, durch sexuellen Mißbrauch oder durch Vernachlässigung traumatisiert wurde, in dem die Fähigkeit zur Symbolisierung nicht gegeben war. Eine Reihe von empirischen Studien zu dieser Thematik zeigt, so führt Fischer weiter aus, daß bei dieser Patientenpopulation die Traumatisierung einsetzte, als ein präoperationales oder ein frühoperationales Denken dominierte. Von daher würde uns die Tendenz der Patienten, sich durch Externalisieren und durch Agieren zu entlasten, nicht besonders verwundern. Das schwer selbstschädigende bzw. parasuizidale Verhalten solcher Patienten, das in analytisch geführten Kliniken ebenso wie fremdaggressives Verhalten häufig zur Entlassung bzw. Verlegung führt, gehört übrigens ebenfalls hierher.

Statt einer Entlassung wäre aber wünschenswert, daß von der Behandlerseite eben nicht gegenagiert würde. Vielmehr beinhalten solche Situationen eine Herausforderung an das Team, die Fähigkeit zu einer symbolischen Interpretation des Geschehens zu behalten und zur Verfügung zu stellen.

In einer psychiatrischen Klinik z.B. erarbeitete sich das therapeutische Team einer Station eine recht erfolgreiche Interpretationslinie. Es ging um die Behandlung einer Patientin, die von Anfang an ein Ärger oder Ablehnung auslösendes Verhalten zeigte. Dies begann schon mit der Aufnahmeprozedur. Die Patientin erschien zum ausgemachten Aufnahmetermin nämlich nicht und ließ die Klinikmitarbeiter einige Zeit im Ungewissen. Stunden später gab es einen Anruf, in dem sie mitteilte, sie habe wegen unerträglicher Angst vor der Fahrt nicht kommen können.

Dieser Vorgang wiederholte sich noch zweimal, nachdem am Telefon ein neuer Aufnahmetermin ausgemacht worden war. Die Verärgerung im Team und der Unwille, sie überhaupt noch aufzunehmen, stieg entsprechend. Als sie dann schließlich erschien, zeigte sich eine junge Frau, die dick, ungepflegt und in ihrer fast autistischen Art abstoßend wirkte. Im Team wurde erzählt, daß man sich von ihr unversehens verführt fühlte, für sie zu entscheiden und zu reden. Nach drei Sitzungen lehnte sie ihren Einzeltherapeuten ab: sie müsse Frauenthemen bereden, die er nicht verstehen könne. Sie müsse eine weibliche Bezugstherapeutin bekommen. Im sozialen Feld hatte sie alle Personen, die rehabilitative Schritte versucht hatten, durch mehrfache Abbrüche von Arbeitsversuchen vor den Kopf gestoßen. Nun begann die Einzeltherapie wunschgemäß bei einer Ärztin. Die Patientin faßte offenbar vorübergehend Vertrauen und Zuneigung zu der jungen Frau, die ihr interessiert und warmherzig begegnete. Inhaltlich berichtete sie aus ihrer Vorgeschichte, daß sie stets ein in der Familie abgelehnter Nachkömmling gewesen sei. Als sie 10 Jahre alt war, starb ihre Mutter. Der Vater habe sich nur mit Leistungsforderungen an sie gewandt und sie im übrigen ständig alleingelassen. Er sei nun vor 2 Jahren verstorben. Der Therapeutin kam es so vor, als halte die Patientin jetzt mitten in einer kräftigen Annäherungsbewegung inne.

Sie wirkte verschlossener, erzählte indessen noch, daß durch ihre lange Abwesenheit der Vermieter ihrer Wohnung immer unfreundlicher werde, was ihr mehrfach aufgefallen sei, wenn sie nach Hause fahre. Schließlich saß sie nur noch mit einem gequälten und zugleich fast spöttischen Gesichtsausdruck da und verstummte. In der Gruppe liefen ähnliche Geschehnisse ab. Einige Mitpatienten, die sich für sie interessiert hatten, ließ sie plötzlich links liegen, wobei sie die anderen noch besonders durch fatalistisches und negativistisches Reden gegen sich einnahm. – Hier war die Interpretationslinie erfolgreich, sie habe soviel Schlimmes mit Beziehungen in ihrer Familie erlebt, daß sie sich, gerade, wo sie jetzt eine gewisse Nähe zu einigen Personen auf der Station gespürt habe, im Rückzug auf sich selbst sicherer fühle. Wenn schon ihr ganzes Leben bisher so unerfreulich gelaufen sei, wollte sie ihre Beziehungen so gestalten, daß sie sich in dem ihr bekannten Unglück frei von Überraschungen fühle ... usw.

Dörner legte 1988 einen interessanten und sehr aufrüttelnden Gedanken zur Gegenübertragung von psychisch schwer Kranken vor. Anläßlich seiner Beschäftigung mit der Euthanasie in der NS-Zeit kam er im Zusammenhang mit einer Art Selbstanalyse zu der These, daß wir als Behandler und als Teil des Gesundheitssystems versucht sein können, dem allgemein verbreiteten Ideal von der eigenen Gesundheit und Belastbarkeit zu verfallen. Die Tatsache, daß Leid, Ausgeliefertsein an Prozesse des psychischen Abbaus und an destruktive Prozesse in unserem Körper, schließlich Siechtum und Tod zu jedem Menschen gehören, werde verdrängt. Daher gebe es eine Tendenz, manche Leiden zu unerträglichen Leiden zu erklären. Dieses Mitleid mit denen, die ganz unten seien, sei aber unaufrichtig. Es handle sich in Wirklichkeit um ein Mitleid mit uns selbst. Wir seien es, die bestimmte Formen des Leidens nicht akzeptieren könnten. Unsere eigene Demenz, die uns spätestens als Sterbende mit Sicherheit erreichen werde, werde abgewehrt durch die Erklärung, es gebe Krankheitsformen, die nicht ertragen werden könnten. Er schrieb:

„Daß wir gar nicht das Leiden des anderen meinen, sondern unser eigenes beim Anblick des vermuteten, das lassen wir gar nicht erst in unser Bewußtsein. Und noch viel weniger sind wir bereit in einem tatsächlichen Leid ein Stück Lebensqualität zu sehen, die es bei aller Schwere ins Positive umzuwandeln gilt. ... Sterbehilfe ... ist nicht Erlösung d e s anderen, sondern sie ist Erlösung v o m anderen, der mich in seiner von mir geschiedenen Lebensform beunruhigt." (S. 103 f.)

Gewiß, wenn wir bestimmte Personen als nicht gruppenfähig oder als nicht in unserer Klinik behandlungsfähig bezeichnen, sind wir noch nicht dabei, der Euthanasie das Wort zu reden. Inwieweit hier aber eine innere Verwandtschaft dennoch insgeheim bestehen mag, ist bedenkenswert.

Foulkes (1964/1974) hat seine faszinierende Wirkung, so glaube ich, nicht zuletzt dadurch erreicht, daß er beim Betrachten von Gruppenprozessen immer versucht hat, den ganzen Menschen bzw. das ganze Menschliche wahrzunehmen: wo jemand im Gruppenprozeß ins Abseits steuert, wo andere dazu neigen (und das können auch Teammitglieder sein), die betreffende Person als allzu unbequem, gestört, als zu destruktiv für jemand anders oder für alle anderen in der Gruppe zu erklären, da kann oft eine Sündenbocktechnik aufgedeckt werden. Diese hat häufig den geheimen Sinn, uns als Leiter einer Gruppe von den Angriffen anderer in der Gruppe zu entlasten. Und Foulkes hat darauf hingewiesen, daß etwas, das im einen manifest sei, im anderen auch latent gegeben sei.

Das unerträglich Provokante, mit dem ein Patient den Rausschmiß aus der Gruppe und eventuell aus der Klinik herausfordert, pflegt in latenter Form noch im bravsten, im unterwürfigsten anderen Patienten in der betreffenden Gruppe gegeben zu sein. Ja, wir gehen nicht einmal mit der Annahme fehl, daß eben diese destruktiven Prozesse in der Regel in latenter Weise auch sogar in uns Behandlern vorhanden sind.

Von hier ist es nur ein kleinerer Schritt noch, zu ahnen, daß der freche Aufstand gegen gewisse Heiligtümer der Klinik, den ein Borderline-Patient z.B. versucht, in verdeckter Weise auch im Mitarbeiterteam ausbrechen könnte. Wir können sagen, daß gerade die Patienten, die durch extremes Verhalten in die Schußlinie kommen und von anderen typischerweise mit Empörung bedacht und kommentiert werden, gerade im unbewußten Auftrag für andere in der Gruppe handeln. Dieses Prinzip („für andere"), das den Hintergrund für unsere Interpretationen und auch Basis für Einsicht und Heilung sein kann, habe ich an anderer Stelle ausführlicher dargestellt (Hayne, 1995).

Shaked (1993) hat im übrigen die dynamischen Prozesse in den therapeutischen Großgruppen als ausgezeichnete Gelegenheit verstanden (und dies auch für den Leser nachgewiesen), psychotische, demente, antisoziale Prozesse und andere menschliche Abgründe in den beteiligten Personen, das heißt: für Behandelte wie Behandler zugänglicher zu machen (vgl. auch Stutz, 1994).

Wir sind jetzt vielleicht besser vorbereitet, in einer toleranten Weise auf die psychisch bzw. psychogen schwer Erkrankten einzugehen und die stationäre Gruppentherapie dieser Menschen als etwas zu betrachten, das gerade aus der Verwicklung mit den Behandlern heraus seine Lebendigkeit, seine therapeutische Kraft, aber auch seine Gefahren erhält.

Konzepte der szenischen Analyse

Anhand des bisher Ausgeführten erscheint es als eine zentrale Aufgabe der analytisch orientierten Gruppentherapie in der Klinik, die zu behandelnden Personen möglichst ganzheitlich wahrzunehmen. Das heißt, daß sie z.B. nicht nur mit ihrem gefügigen Persönlichkeitsausschnitt die Wertschätzung im Team erwerben sollten.

Wir unterstellen ja, daß Patienten, die stationärer Behandlung bedürfen, an destruktiven Erfahrungen erkrankt sind und daß ein wesentlicher Teil dieser Erkrankung in einer Art verzweifelter Abwehr jener destruktiven Erfahrungen liegt. Wir unterstellen weiter aber, daß diese Abwehrformen für sie selbst und/oder für ihre Mitmenschen wiederum von destruktiver Art und Auswirkung sind.

Wollen wir jedoch die wirkliche Genese dieser Störungen und die bereitliegenden krankhaften Verarbeitungsformen kennenlernen, die Erleben und Verhalten der Patienten in ihren Bann geschlagen haben, dann dürfen wir die Patienten nicht ausgesprochen oder unausgesprochen drängen, lediglich sozial angepaßte Teilaspekte ihrer selbst einzubringen, wenn sie für eine Zeit bei uns leben. Vielmehr ist es ratsam, (im Rahmen einiger unabdingbarer Grundregeln und notwendiger Begrenzungen) einen möglichst günstigen Verhaltensspielraum zur Verfügung zu stellen, dessen Teil auch wir selbst und die Beziehungen sind, die die Patienten zu uns gestalten. Das Geschehen, das sich innerhalb und an den Grenzen dieses Spielraums zeigt, sollte dann Gegenstand unseres Verstehens und unserer Bemühungen sein, Schädigungen mit den Patienten zusammen zu rekonstruieren und gesünderes Erleben und Verhalten mit ihnen aufzubauen.

Ich möchte in diesem Zusammenhang darauf hinweisen, daß dieses Vorgehen, wenn auch natürlich unter anderer Ausgestaltung von Grenzen und Regeln im einzelnen, den zentralen Ansatz analytischen Arbeitens darstellt. Das Medium, so hat Lorenzer (1983) ausgeführt, in dem sich auch im klassischen Setting Psychoanalyse abspielt, sind die Szenen, in denen sich das Verhältnis des Analytikers zum Patienten manifestiert. Hierin spiegeln sich nach Lorenzer unablässig die Szenen der Realität draußen und die Szenen der Vergangenheit. Hierbei sind wir aber laut Lorenzer nicht etwa bloße Zuschauer, wir sind real beteiligt:

„Der Analytiker steht nicht in beschaulicher Distanz zum Patienten, um sich – wie aus einer Theaterloge – dessen Drama anzusehen. Er muß sich aufs Spiel mit dem Patienten einlassen, und das heißt, er muß selbst die Bühne betreten. Er nimmt real am Spiel teil. Dieser Sachverhalt hat aber eine entscheidende Konsequenz: Das Verhältnis des Analytikers zum Analysanden wird nicht vom Verstehen her über eine distanzierte Analyse des Mitteilungstextes begründet, sondern umgekehrt gründet das Verstehen vor und unterhalb von allen Verstehensprozessen selbst auf der lebenspraktisch unmittelbaren Teilnahme des Analytikers am Spiel des Patienten." (S. 113).

Ziel sei hierbei,

„aus der eigenen Miterfahrung dieses Spiels die verdrängten und das heißt, die von Sprache abgespaltenen, einmaterialisierten Verhaltensformeln wieder mit dem Gefüge der dazu ‚gehörigen' Namen verbinden zu können. ... Die Psychoanalyse hat die beiden vordem bekannten Verstehensmodi, nämlich ‚logisches' versus ‚psychologisches' Verstehen durch einen dritten Verstehensmodus ergänzt, nämlich das *szenische* Verstehen ... Der Weg vom ‚szenischen Zusammenspiel' über das ‚Bildverstehen' zum ‚Benennen der Szene' ist die Zentralachse der psychoanalytischen Technik." (S. 114)

Ein anderer Autor, Argelander (1970), hat dargelegt, wie das szenische Verstehen bereits im Erstinterview erlaubt, eine Prognose für den gesamten therapeutischen Prozeß zu stellen. Er stellte das szenische Verstehen dem Gewinnen von objektiven und von subjektiven Daten gegenüber und behauptete eine ganz eigene Evidenz für dieses Erkenntnisinstrument. Argelander meinte, die Fähigkeit, im Rahmen einer sprachlichen Kommunikation mit dem Interviewer szenisch die vorliegenden unbewußten Konflikte zu gestalten, stelle eine besondere kreative Fähigkeit im Ich des Menschen dar. Er nannte diese Fähigkeit

„die szenische Funktion des Ich – eine bewundernswerte Begabung des Menschen." (S. 61).

Natürlich komme auf der Seite des Behandlers die ebenfalls erstaunliche und durch Training genauer zu entwickelnde Fähigkeit hinzu, die szenischen Gestaltungen des anderen zu verstehen.

Der Autor legte dann weiter dar, daß mithilfe dieser Vorgehensweise, des szenischen Verstehens nämlich, nur ein bestimmter Fokus bei einem Patienten herausgearbeitet wird. Aus Erfahrung, so mahnte er, wissen wir, daß ein anderer Interviewer andere Foki erleben und herausarbeiten könne. Er berichtete sogar von einer Studie, in der ganz unterschiedliche Einsichten in die Psyche von Patienten erarbeitet wurden, je nachdem, mit welcher Einstellung ein und derselbe Interviewer an seine Tätigkeit heranging (Lickint, 1968).

Von hier aus ist leicht einzusehen, daß gerade die Erfahrungen und Beobachtungen, die unterschiedliche Teammitglieder mit den verschiedenen Inszenierungen eines Patienten in der Klinik machen, ergiebig für Erkennen und Verändern der pathologischen Strukturen sein dürften.

Dieses Prinzip wurde für die Anwendung psychoanalytischer Ansätze in der Klinik am prägnantesten von Janssen (1987) entwickelt und vorgestellt. Dabei war für ihn die grundlegende Frage, ob denn tatsächlich alles, was sich in der Klinik und innerhalb ihres Rahmens ereignet, als Teil umfassender Inszenierungen aufgefaßt und mit therapeutischem Interesse aufgegriffen werden sollte. Eine andere Position, die Janssen in einer anderen Klinik früher kennengelernt hatte, unterschied zwischen dem „Realraum" und dem „therapeutischen Raum". Im „Realraum" sollten die Verhaltensweisen der Patienten nicht weiter in die therapeutischen Betrachtungen einbezogen werden. Nur die Geschehnisse im „Therapieraum" wurden dort als Inszenierungen der Patienten aufgefaßt, dem therapeutischen Verstehen und Deuten zugänglich gemacht (bipolares Modell). Das andere Modell, Janssen nannte es das „Integrationsmodell", bezog alle Ereignisse, die sich mit einem Patienten zutrugen, in das therapeutisch relevante Geschehen ein. Das bedeutete, daß alle Ereignisse als Inszenierungen von unbewußten Konflikten bzw. prägenden Erfahrungen von Patienten, wie z.B. auch Traumatisierungen, aufgefaßt wurden. Die grundlegende Position lautete nun also: Die Patienten reinszenieren im multipersonalen Beziehungsfeld infantile Objektbeziehungen, lernen dies mit Hilfe der therapeutischen Mitarbeiter verstehen und machen neue Erfahrungen damit. Hieraus ergeben sich innere Veränderungen. Janssen entwickelte das Integrationsmodell als eine spezifisch klinische Form von psychoanalytisch begründeter Praxis: unbewußte, infantile, konflikthafte Objektbeziehungsmuster wurden in der Übertragung aktiviert. Durch Einsicht wurde dann Hilfe zur Korrektur vermittelt. Hier fand nun die Psychoanalyse im Team statt, d.h. also in der Gruppe: So können wir sagen, daß in einer so gestalteten stationären Psychotherapie die Behandlung eines Patienten innerhalb der Patientengruppe stattfindet, und zwar durch eine Gruppe von aufeinander bezogen arbeitenden Personen, den „Behandlern". Dies wurde als die Aufgabe aller Berufsgruppen verstanden, ohne eine Polarisierung in einen Real- bzw. Therapieraum. Jede Berufsgruppe entfaltete jetzt einen eigenständigen, jeweils spezifischen, psychoanalytisch geförderten therapeutischen Umgang mit ihren Patienten.

Voraussetzung war die Bereitschaft, Übertragung und Gegenübertragung zu reflektieren. Diese Bereitschaft ermöglichte es vielfach, Störungen zu benennen und zu bearbeiten. Hierzu gehörten aber z.B. auch Identitätsstörungen bei Mitarbeitern des Teams, verbunden mit narzißtischen Konflikten.

Es war offenbar nicht einfach, im Team Umgangsformen zu entwickeln, die vorsahen, daß jedes Teammitglied sich im Sinne seiner bzw. ihrer persönlichen und beruflichen Identität verhielt. Dies wurde aber sowohl für den Umgang mit Patienten wie für den Umgang untereinander durchaus angestrebt.

Alle Teammitglieder sollten sich mit der therapeutischen Aufgabe identifizieren; ihre Beiträge sollten als prinzipiell willkommen und als gleichwertig angesehen werden. Es zeigte sich eine ständige Teamdynamik mit mehr oder weniger spannungsvollen Phasen. Diese ergaben sich z.T. im Zusammenhang mit der Dynamik bei den Patienten, z.T. aber auch aus eigenen Gegebenheiten im Kreis der Mitarbeiter.

Janssen forderte auf dem Boden seiner entsprechenden Erfahrungen, daß Patienten uns als Behandlern einen Spiegel vorhalten dürfen: Lassen wir ein Inszenieren seitens der Patienten mit einigen Freiheitsgraden zu, wird es unvermeidlich, daß wir auf unsere Verwicklungen und auch auf unsere Schwächen aufmerksam gemacht werden. Das kann für uns gelegentlich kränkend sein, ja, wir könnten uns danach sehnen, die Patienten als die einzigen Träger von Störungen, uns selbst aber als den Inbegriff von Gesundheit und Normalität aufzufassen – ein Bild, das sich auch im heutigen Klinikalltag immer wieder einmal als besonders beliebt erweist.

Trotz der genannten Probleme in der Gegenübertragung durch die Mitarbeiter stellte Janssen fest, daß jedenfalls das integrative Modell dem bipolaren Modell hinsichtlich der Heilungsquoten hoch überlegen war. Die ganze Klinik wurde hier als eine strukturierte Großgruppe betrachtet, in der viele Polarisierungen möglich sind, die sich potentiell aber von Gegensätzlichkeiten und Feindseligkeiten schließlich zu Differenzierungen entwickeln können, die respektiert werden. Einzeltherapiesitzungen wurden fakultativ vergeben, d.h. sie fanden bei besonderem Bedarf statt. Hier lag also auch in bezug auf das Therapiesetting eine pragmatische und bewegliche Einstellung vor: Einzeltherapie war möglich bei regressiven Zusammenbrüchen, heftigem Agieren oder psychosomatischer Dekompensation. Dort wurden den Patienten, die nun meist aufgewühlt waren, überwiegend Hilfs-Ich-Funktionen angeboten. Auf diese Weise wurde versucht, die Therapie-Motivation auch über die gegebenen Krisen hinweg aufrechtzuerhalten. Auch die Identifizierung mit dem jeweiligen Therapeuten als einer Einsicht fördernden und Struktur vermittelnden Person sollte während der krisenhaften Phasen nach Möglichkeit nicht verlorengehen.

Eine tragfähige und möglichst vertrauensvolle Beziehung zu den Therapeuten sollte auch während der verschiedenen typischen Behandlungsphasen, die Janssen bei seinen Patienten feststellte, nicht verlorengehen. Er machte nämlich die Beobachtung, daß die Patienten in einer 1. Phase emotional isoliert wirkten und anlehnungsbedürftig waren, wobei sie nach einer idealen Person Ausschau hielten.

In der 2. Phase brach sich Enttäuschung darüber Bahn, daß es solche idealen Leitgestalten nicht wirklich gab. Jetzt traten Krisen auf: narzißtische, psychosomatische, agierende Krisen, je nach den Störungsbildern der Patienten. Verlust- und Todesängste wechselten manchmal mit kraftvollen Autonomie-Wünschen ab.

Die 3. Phase befaßte sich mit Ablösung und Trennung, wobei erneut Krisen auftreten konnten.

Das Behandlungsteam mußte lernen, mit Angriffen, Entwertungen und z.T. merkwürdigen Projektionen umzugehen. Entscheidende Frage für die gesamte Behandlung war aber immer, ob die integrative Kraft der Teammitglieder von den Patienten so erlebt wurde, daß sie wagten, ihre regressiven Inszenierungen einerseits einzubringen und sie doch andererseits mit Hilfe des therapeutischen Teams auf dem Hintergrund ihrer Lebensgeschichte und ihrer darin enthaltenen Verletzungen und Fehlentwicklungen zu betrachten.

Strukturierung der stationären Gruppentherapie

Patienten, die stationär aufgenommen werden, sind meist in einem schlechten Zustand. Sie leiden schon länger unter schweren Störungen, erleben oft eine krisenhafte Zuspitzung ihrer Lage. Daher gilt hier, wie auch für ambulante Gruppenpatienten, die von stärkerer Unsicherheit oder schon fortgeschrittener Regression betroffen sind, daß das gruppenanalytische Standardverfahren die Patienten überfordern würde. Wenn wir uns, wie im Standardverfahren üblich, nach Vorgabe der Grundregel schweigend und abwartend als Leiter zurückziehen, um jetzt in Ruhe zu schauen, was die Dynamik der Gruppe in Bewegung setzen wird, können wir einige ungünstige Entwicklungen erwarten. Einige Patienten können im Zusammenhang mit aufkommender Wut Angstanfälle erleiden, da sie ihre strukturellen Defizite schon in anderen Situationen kennengelernt haben und nun erneut befürchten, in unangemessene und ungesteuerte Ausbrüche zu geraten. Andere können depressiv oder autistisch reagieren bzw. mit einer Exazerbation von psychotischen Prozessen antworten.

Das Strukturieren der verschiedenen therapeutischen Situationen, d.h. der analytisch orientierten Gruppensitzungen, der Kreativtherapien, aber auch der Einzeltherapiesitzungen, kann uns nun wie ein Widerspruch zu dem oben entwickelten Prinzip vorkommen, daß die Patienten möglichst viel Freiraum für regressive Inszenierungen bekommen sollten. Tatsächlich geht es aber darum, die therapeutische Situation so unstrukturiert wie möglich zu lassen, dies aber in einem erträglichen Ausmaß zu halten. Mir scheint es, daß wir auch eine etwas strukturiertere Therapiesitzung mit einem projektiven Test (wie Rorschach-Test oder TAT) vergleichen können, der zwar mit einer Vorlage arbeitet, dennoch viel Raum für die individuellen Reaktionen läßt. Ich selbst habe regelmäßig die Erfahrung gemacht, daß da, wo ich mich aufgrund eines dramatischen Angstpegels zur Abänderung der Vorgehensweise entschloß und das klassische, verstummende Leiterverhalten durch strukturiertere Vorgaben ersetzte, nach einiger Zeit meist genügend Mut und Vertrauen entwickelt worden waren, um dann doch wieder auf eben jene Vorgaben verzichten zu können.

Heigl-Evers und Heigl (vgl. z.B. 1994) haben seit über drei Jahrzehnten immer wieder ähnliche Erfahrungen und entsprechende Konsequenzen beschrieben. Die von ihnen entwickelte psychoanalytisch-interaktionelle Methode, die vielfach in der Klinik Anwendung findet, vermindert die Zurückhaltung der Therapeuten in der Gruppe. Hier wird aktiv von den Gruppenleitern für die Rahmenbedingungen gesorgt, so daß vor allem labilisierte Gruppenmitglieder die Möglichkeit haben, ein Schutz, Sicherheit und Halt gebendes Objekt zu verinnerlichen. Dazu werden von der Leitung Präsenz, Respekt und Akzeptanz gegenüber den Einzelnen wie auch der Gruppe als Ganzem entgegengebracht. Die Gruppentherapeuten zeigen sich betont als nicht durch destruktive Phantasien oder entsprechende Inszenierungen in ihrer therapeutischen Funktion zerstörbar. Sie lassen sich zwar tangieren, aber nicht wirklich außer Kraft setzen, sie werden zwar von solchen destruktiven Prozessen sichtlich affiziert, wissen aber doch sich und die anderen Personen in der Gruppe zu schützen.

Die Gruppentherapeuten werden versuchen, die polarisierenden Äußerungen in der Gruppe (im Sinne von Entwertungen und Idealisierungen) zu verstehen, dann aber auch Hilfestellung zu leisten angesichts der mangelhaften psychischen Regulierungen.

Zentral ist bei alldem, daß die Therapeuten in der interaktionellen Gruppentherapie versuchen, eigene Gefühle im Sinne einer stützenden Wirkung anstelle von Deutungen auszusprechen. Sie werden also ihre Antworten, d.h. ihre verbalen Gesprächsreaktionen, selektiv so einbringen, daß sich hieraus eine zugleich klärende und stützende Funktion für die Patienten ergibt. Entsprechend unterstützen sie die Realitätswahrnehmung und die Normen und Regeln, die sich in der Gruppe herausbilden, vorsichtig im Sinne einer möglichst günstigen Auswahl. Außerdem werden Affekte identifiziert, auf Verzerrungen und Fehlentwicklungen hin betrachtet und möglichst den zur Verfügung stehenden Regulierungen zugänglich gemacht.

Mir erscheinen die Ratschläge, die sich aus dem interaktionellen Ansatz von Heigl-Evers und Heigl für die stationäre Gruppentherapie ergeben, wie ein gutartiger Rahmen, der hilft, den verunsicherten Patienten die nötige Portion Wärme und Sicherheit zu geben. Gleichzeitig wirken die Gruppenleiter in ihrer vorsichtigen und gekonnten Art des Umgangs mit Affekten als Modell für ihre Patienten – ein wichtiger Faktor für den hier gewünschten und dringend notwendigen Fortschritt angesichts z.T. katastrophaler Störungen bei den Patienten.

Auf diesen etwas allgemeineren, sehr stark auf das Klima abstellenden Grundlagen scheint mir aber eine noch konsequentere Strukturierung in vielen Behandlungssituationen in der Klinik unabdingbar.

Hierzu möchte ich vor allem die umfangreiche und wertvolle Darstellung von Yalom (1983) über die stationäre Gruppentherapie heranziehen. Auch wenn Yalom bei vielen seiner Themen eine analytische Durchdringung der dynamischen Hintergründe bei den von ihm dargelegten Prozessen nicht am Herzen liegt (eine Ausnahme ist z.B. seine Auseinandersetzung mit Wut und Ärger in der Gruppe), ist er doch wohl der erfahrenste Autor, der in den letzten 15 Jahren zur Thematik Gruppentherapie in der Klinik Stellung genommen hat. Ich möchte auch noch erwähnen, daß sein Buch in einigen Passagen etwas unsystematisch aufgebaut ist. Es ist dennoch zweifellos eine großartige Fundgrube für die Konzeptbildung beim stationären Arbeiten mit Gruppen.

Yalom schlug vor, zunächst prinzipiell anhand der gegebenen Pathologie der Patienten zu unterscheiden, ob sie zu einer „lower-level"- oder zu einer „higher-level-group" eingeteilt werden sollten. Daß alle stationären Patienten, egal ob in einer psychiatrischen, psychosomatischen oder sonstwie gearteten Klinik, Gruppentherapie haben sollten, stand für ihn außer Frage. Yalom wurde nicht müde, nachzuweisen, daß alle Patienten, die stationär untergebracht sind, sich auch in Gruppensituationen befinden. Daher und auch weil Gruppen meist an der Klinikeinweisung beteiligt sind (die Familie als Gruppe übt seit längerer Zeit bei einer Patientin Sündenbocktechniken aus, denen gegenüber die betreffende junge Frau hilflos ist) plädiert er für den überwiegenden Einsatz von Gruppentherapie.

Die lower-level-group geht davon aus, daß die betreffenden Patienten in einem besonders schlechten Zustand sind. Es kann sein, daß sie nicht in der Lage sind, selbst zu bemerken, wann sie aufstehen und zur Gruppe gehen müssen. Hier sollte ein Teammitglied notfalls diejenigen wecken und zum Gruppenraum begleiten. Manchmal gelingt es, daß ein erfahreneres anderes Gruppenmitglied aus der lower-level-group dies übernimmt. Die betreffenden Sitzungen sollten nicht zu lange sein, d.h., daß 45 oder 50 Minuten völlig genügen. Am Anfang, so der Autor, sollten wir die Atmosphäre etwas zu erspüren suchen, Informationen über besondere Ereignisse dabei einbeziehen. Auf dieser Grundlage können dann bestimmte Übungen vorgeschlagen werden. Vielfach wird es z.B. naheliegen, irgendeine körperliche Entspannungsübung zu Beginn der Sitzung zu machen. Im Laufe der Zeit ist es möglich, daß ein Patient sagt, was er zur Entspannung eines Organs als Übung vorschlagen kann. Im Anschluß wird dann thematisch weitergearbeitet, und zwar nur so leicht, daß alle Patienten mitkommen können. Hierzu gehören Übungen, wie etwa das gegenseitige Interviewen von Gruppenmitgliedern jeweils zu zweit zu einem vom Gruppenleiter vorgegebenen Thema. Er wird dabei einen Bereich aussuchen, in dem er zur Zeit eine größere Spannung spürt. Er kann etwa aufgeben, daß Gegenstand des Interviews ist: „Ein wichtiger Mensch, den ich verloren habe, war ...". „Dieser Verlust war für mich so schlimm, weil ..." Das Interview kann schriftlich festgehalten werden; nachher, zurückgekehrt in die Gruppe, soll dann jeder für sich selber sprechen, aber der andere kann anhand des Mitgeschriebenen dann noch eine Gedächtnisstütze sein. In der Gruppe werden die Ergebnisse anschließend besprochen. Es ist erstaunlich, wieviel Offenheit durch diese Vorgehensweise oft möglich wird, selbst in Gruppen, in denen zuvor eine völlige Hemmung vorlag.

Falls ein Patient später kommt, wird er in der lower-level-group prinzipiell gestützt: „Es ist schön, daß Sie noch zur Gruppe gekommen sind, auch wenn es heute etwas später geworden ist. Aber vielleicht bekommen Sie noch ein bißchen mit!" Ein Patient, der früher hinausgehen will, kann gesagt bekommen: „Schön, daß Sie es heute immerhin 20 Minuten geschafft haben, dabei zu bleiben! Vielleicht geht es morgen wieder." Ein Patient, der rauslaufen will, kann auch das Angebot erhalten, sich direkt neben den Gruppenleiter zu setzen, um sich so sicherer zu fühlen. Es könnte ihm auch eventuell angeboten werden, daß er für heute, indem er sich neben den Therapeuten setzt, einmal reiner Beobachter sein kann und nichts zu den Vorgängen in der Gruppe sagen muß.

In der higher-level-group sollte die Gruppenleitung auf Einhaltung der Zeitgrenzen bestehen. Ein wichtiger Teil dieser 60 bis 75 Minuten langen Gruppensitzungen sollte darin bestehen, daß alle in der Gruppe ein Anliegen für die heutige Sitzung, eventuell auch im Sinne eines „Fortsetzungsromans" äußern. Deutlich wird anhand vielfältiger und sorgfältig ausgeführter Beispiele, daß für Yalom das Ausarbeiten von Anliegen (sie müssen so formuliert werden, daß schließlich eine sinnvolle Bearbeitung im Hier und Jetzt dieser Gruppe möglich ist) schon einen erheblichen Teil der ganzen Therapie darstellt. Einer depressiven Patientin wurde es z.b. durch das Arbeiten an der Formulierung von Anliegen schließlich möglich zu vereinbaren, daß die anderen Gruppenpatienten sie jedesmal darauf hinweisen sollten, wenn sie in Stimme, Körperhaltung oder geäußerten Inhalten hoffnungslos erschiene.

Der Verfasser riet, daß möglichst täglich eine solche „level-group" durchgeführt werden sollte. Die Benennung sollte mit Vorsicht eingeführt werden. Man könne die lower-level-group z.B. Themen-Gruppe o.ä. nennen, die higher-level-group aber z. B. „Therapie-Gruppe" oder „Beziehungsgruppe" oder anderes entsprechend.

„Team-Group" nennt Yalom die je Station zusammentretende Gruppe, in der alle Patienten zusammenkommen, also lower- und higher-level-Mitglieder. Auch die Team-Group sollte nicht zu selten, mindestens aber einmal je Woche stattfinden.

Die Gruppentherapie war für Yalom das Herzstück der stationären Psychotherapie. Das verführte ihn aber keinesfalls dazu, als Gruppenleiter jemals drängend oder gar inquisitorisch zu werden. Es ist eindrucksvoll und sollte unbedingt verinnerlicht werden, mit welcher Natürlichkeit Yalom sich für Schwerkranke und ihr Verhalten in den Gruppen engagiert, wobei er nie müde wird, den Patienten alle Zeit einzuräumen, die sie zur Beschäftigung mit ihren Themen benötigen. Wer nicht sprechen kann, den sucht er dennoch lebhaft für das Sprechen zu gewinnen. Wer es dennoch nicht kann, der wird auf andere Sitzungen und vor allem auf die Therapie nach der Entlassung verwiesen. So gewinnt das ganze Geschehen selbst für den Leser Ruhe und Weite.

Weiter oben wurden typische Phasen erwähnt, die Janssen beim stationären Aufenthalt seiner Patienten feststellte. Ich finde es sehr wichtig, die therapeutischen Interventionen nach der Erlebensform zu richten, bei der die Patienten gerade in der Mehrzahl angekommen sind. Es scheint mir hilfreich, die Einteilung der Gruppenprozesse unter den Kategorien zu betrachten, die sich auf der Grundlage der Selbsterfahrungsgruppen in Altaussee immer wieder zeigten. Diese Einteilung von typischen Dimensionen des Erlebens in Gruppen, die sowohl für die Gruppenmitglieder wie für die Gruppenleiter gelten, ist differenzierter als das Dreierschema, das Bion mit seinen Grundannahmen von Abhängigkeit, Kampf und Flucht sowie Paarbildung vorgestellt hat, oder auch als die Phaseneinteilung von Janssen, der ebenfalls zu einer Dreiteilung kam.

Ich werde nachstehend daher eine kurze Übersicht über die Dimensionen geben, die sich in Gruppen regelmäßig einstellten.

Bei meiner Ausarbeitung einer immanenten Ablaufregel in Gruppenprozessen habe ich mich von den Erfahrungen in den Selbsterfahrungsgruppen in Altaussee leiten lassen. Dort wurden im Laufe von 20 Jahren etwa 250 Beobachterprotokolle von jeweils über 9 Tage laufenden Workshops angefertigt.

Während jedes Workshops fanden 23 Gruppensitzungen zur Selbsterfahrung statt, die von entsprechend vorgebildeten Beobachtern festgehalten wurden. Bevor die schriftlichen Berichte entstanden, diskutierten die Beobachter ihre Erfahrungen und Hypothesen im Rahmen verschiedener kollegialer Arbeitsteams und reflektierten die Prozesse in einer Supervision. Ich verweise zur genaueren Beschäftigung auf meinen an anderer Stelle vorgelegten ausführlicheren Bericht hierüber (Hayne, 1997), wo ich im übrigen auch die in der betreffenden Untersuchung zugrunde gelegten theoretischen Ansätze eingehender darstelle.

Diese 6 Dimensionen des Erlebens und Verhaltens in Gruppen sind:

a) Nidation

Ähnlich wie in der Grundeinstellung „Abhängigkeit" bei Bion (1961) zeigte sich in den von mir ausgewerteten Verlaufsprotokollen in den Gruppen ein primäres Entsetzen über das Ausgeliefertsein an die Konkurrenzsituation in der Gruppe. Gefühle, vom Untergang bedroht zu sein, wurden beantwortet durch ein gemeinsames Bemühen von Leitern und Gruppenmitgliedern, Sicherheit und Geborgenheit zu schaffen. Es zeigte sich ein starkes Streben nach Sich-Einbetten in etwas, das Halt, Wärme und Versorgung garantiert – ähnlich, wie wir uns, wenn wir eine biologische Parallele heranziehen wollen, die Einbettung eines befruchteten Eis in die Gebärmutterschleimhaut oder später die sorgsame Plazierung neugeborener Jungtiere in ein Nest vorstellen können. Die zugleich stattfindende Idealisierung der Leiter gehörte mit zu der hier gegebenen Suche nach Sicherheit.

b) Kontrolle

Trotz der Bemühungen in der Dimension Nidation bleiben der Gruppe Erlebnisse von Ungleichheit, von Ungerechtigkeit, kurz von Bedrohung, nicht erspart. Es erinnert an manche Formulierung von Bion im Zusammenhang mit der Grundeinstellung „Kampf und Flucht", wenn wir jetzt Versuche in der Gruppe sehen, das Erlebnis des Bösen durch den Abwehrmechanismus der Projektion anderen anzulasten, die man dann aber zu beherrschen sucht. Es entstehen jetzt Versuche, die anderen durch Aufstellen von Normen, die man z.T. von außen hereinholt, zu disziplinieren. Gruppenmitglieder bemühen sich, eine zwanghafte Linientreue zu leben bzw. manchmal vor allem von den anderen zu fordern. Versuche, Einzelne oder Subgruppen zu diskriminieren, sie zu beherrschen bzw. auszustoßen, sind dabei charakteristisch.

c) Initiation

Die Gruppenmitglieder fühlen sich von der Leitung, die im Zusammenhang mit der Nidation und der Kontrolle als ungeheuer mächtig erlebt wurde, betrogen und im Stich gelassen. So entsteht eine Bewegung, die Leitung abzusetzen, um sich ihrer charismatischen Kräfte und ihres Könnens zu bemächtigen. Dem kommen Gruppenleiter oft entgegen, indem sie z.B. durch ein Überziehen der Kontrolle oder auch durch eine offenkundige Resignation zur eigenen Entthronung beitragen. Gruppenleiter erleben in dieser Dimension auch den Wunsch, daß ihre Gruppenmitglieder mehr Aktivität und Selbständigkeit zeigen, und machen hierzu gewisse Angebote.

Im Rahmen der Initiation entsteht ein Aufstand, der an manches erinnern kann, was Freud (1913) als Vatertötung beschrieb bzw. auch bei Sartre (1960) über die Revolten der Entfremdeten zu lesen ist. Die Aufständischen zeigen dann aber eine Bereitschaft, im Sinne von Prinzipien weiterzuarbeiten, die zuvor von der Leiterseite vertreten wurden: Schließlich scheint die trotzige oder hilflose Verweigerung wie verschwunden, die Teilnehmer zeigen sich im Vergleich mit ihrem Verhalten in den früheren Dimensionen hoffnungsvoller und gestärkt.

d) Ökodomee

Dieser Begriff, der auch als „Hausbau" übersetzt werden kann, beinhaltet, daß jetzt eine Dimension in der Gruppe erlebt wird, in der sich die Teilnehmer unter dem schützenden Dach von mehr oder weniger vollständig akzeptierten Normen oder Verhaltensregeln befinden. Verbindliche Normen vermitteln den Eindruck auch von Sicherung und Akzeptanz. Unter diesem Eindruck kann zunehmend eine Selbstprofilierung der Gruppenmitglieder aufkommen: Die Gruppenteilnehmer „zimmern" gewissermaßen ihre Räume im gemeinsamen Haus der Gruppe. Dazu gehören Reibereien, Konflikte durch Übergriffe und Abgrenzungen. Die eigene Individualität kann sich in Identifizierung mit den Grundforderungen der Gruppenleiter jetzt auch als eine längere und differenziertere persönliche Geschichte artikulieren.

Hier zeigt sich auch eine Parallele zu der von Freud geschilderten Identifizierung mit den Normen der Eltern, die sich dann einstellt, wenn der ödipale Konflikt vorerst durchgestanden ist. Wie zur Bestätigung der Hypothese, daß eine Gruppe in dieser Dimension bezüglich des Erlebens und Verhaltens ihrer Mitglieder Ähnlichkeiten mit der Latenzzeit bzw. mit der Pubertät aufweist, werden jetzt auch (sozusagen probehalber) Paarbildungen versucht, die aber noch etwas Unreifes haben. Im Vordergrund stehen dabei etwas ängstliche Schilderungen von verwirrenden homosexuellen Erfahrungen und Bündnissen sowie von anderen mehr oder weniger angstmachenden Formen von sexuellen Erfahrungen.

e) Kollektive Assoziation

Unter dem Schutz und Halt gebenden Dach internalisierter Leiternormen entfernt sich die Gruppenkommunikation immer weiter von der polarisierten Form des Anfangs. Die ehedem strikte Aufteilung in Freund und Feind, in Gut und Böse usw. kann jetzt zunehmend aufgegeben werden. In dieser Dimension wird ahnbar, daß es mehrere Wahrheiten zu ein und demselben Sachverhalt geben kann, daß verschiedene Beiträge von Gruppenmitgliedern sich gegenseitig ergänzen und jeweils einen Teil einer umfassenden Ganzheit darstellen. Daß alle Äußerungen, verbale wie nonverbale, zu einem ganzheitlichen Kommunikationsnetzwerk gehören, sah Foulkes (1964/1974) als einen besonders entscheidenden Gewinn des gruppenanalytischen Prozesses an. Es wird vielleicht verständlich, daß viele ganz grundlegende Probleme der menschlichen Lebensführung hier gemildert und eventuell überwunden werden können: Es handelt sich um die krankmachenden Erlebnisse, die zurückgehen auf Formen der Abhängigkeit, der Konkurrenz und z.T. auch Feindschaft, d.h. auch auf Erlebnisse, übersehen und fallengelassen zu werden. Viele Störungen gehen auf diese Grundproblematik zurück, wie z.B. Angststörungen, Haß, der zu Impulsdurchbrüchen oder zur Wendung gegen die eigene Person in der Depression führen kann, krankhafte Eifersucht, paranoide Erlebnisse usw. Diese Thematik, das heißt die Bedrohlichkeit der anderen für jedes Gruppenmitglied, war schon in der Dimension Nidation aufgetaucht, wurde aber dort und im folgenden Prozeß mit Hilfe der strikten und archaischen Dichotomie im Gruppengeschehen abgewehrt: In den frühen Erlebensdimensionen wurde auf solche Bedrohungen des Selbst mit der grobschlächtigen, aber dennoch zunächst tröstlichen Unterscheidung von Ich-Gut versus Fremd-Böse geantwortet.

Im gelungenen Fall kann in der Dimension der kollektiven Assoziation (die mit einem anderen Ausdruck von Foulkes auch als „frei strömende Gruppenassoziation" zu bezeichnen wäre) die Relativität des Individuums angesichts des Daseins anderer hingenommen werden, ohne daß die Einzelnen in der Gruppe etwa ihre eigene Kontur und ein Gefühl vom eigenen Wert aufgeben müßten.

f) Ablösung

Die Ablösung ist eine Dimension, die den Teilnehmern einer Gruppe schließlich möglich macht, eigene tragfähige Paarbeziehungen einzugehen: Das kann im direkten Sinne geschehen, indem sich Teilnehmer einander annähern und so etwas wie eine Partnerschaft unter den begrenzenden Regeln der therapeutischen Gruppe oder der Selbsterfahrungsgruppe versuchen. Ablösung geschieht aber auch, indem die Teilnehmer für eine Rückkehr in ihren Alltag und damit auch für das Eingehen neuer Bindungen offen werden.

Der Prozeß der Ablösung geht typischerweise mit widersprüchlichen Gefühlen einher: zum Teil mit traurigen, zum Teil auch mit triumphalen Gefühlen.

In der Gruppe entsteht ein Eindruck, etwas zu verlieren, was bisher als gesichert galt. Manche Gruppenmitglieder leiten diesen Vorgang damit ein, daß sie, ähnlich wie in der Pubertät, die bisherigen Leitbilder entwerten und zu einer Idealisierung ihrer eigenen Person oder neuer Idole fortschreiten. Es gelingt vielleicht am ehesten über die Entwertung der bisherigen Bindungen, daß jetzt ein Zugehen auf neue Beziehungen möglich wird. Nicht selten kommt aber gerade im Rahmen der Dimension Ablösung ein Schwanken und ein Bedauern über das, was verlorengeht, mit ins Spiel. Gedanken und Gefühle über den eigenen Tod melden sich oft, die dann durch den Aufbruch zu neuen Bindungen verdrängt werden.

Es kommt vor, daß in stationären Gruppenprozessen die Dimensionen Nidation und Kontrolle nicht verlassen werden. Es handelt sich dabei dann um einen von Wünschen nach Anlehnung und Geborgenheit sowie vom Zwanghaften beherrschten, festgefahrenen Prozeß. Wir müssen hierbei aber auch bedenken, daß wir als Behandler versucht sein können, bestimmte Progressionen im Gruppenprozeß der Patienten nicht wahrzunehmen, ja sogar zu verhindern. Solche Progressionen können unser berufliches Selbstbild belasten, von dem aus wir uns abhängige Patienten wünschen können. Gerade über die Initiation können aber ungewohnte Kräfte in einer Gruppe aufkommen, die für uns selbst oder für unsere Kollegen etwas Irritierendes darstellen können.

Ich erwähne als Beispiel eine Station, in der die Therapeuten mit den Tendenzen der Initiation zunächst gar nichts anfangen konnten.

Zunächst war den Teammitgliedern aufgefallen, daß die Patienten angefangen hatten, in den Gruppensitzungen ständig zu kichern, sich untereinander Dinge zuzuflüstern, die die Mitarbeiter nicht hören sollten. Schmutzige Witze wurden erzählt, die aber für die Teammitglieder unter Niveau schienen: hier mochten sie nicht recht mitlachen. Eine Patientin begann, von einer anderen Klinik (mit der die in der gleichen Stadt befindliche hiesige Klinik rivalisiert) zu schwärmen, in der die Patienten ganz etwas anderes, d.h. deutlich mehr an Therapieaktivitäten geboten bekämen. Einige Patienten holten sich während der Gruppensitzungen Cola oder Limonade herein. Der Stationsarzt wurde gefragt, nach welchen Prinzipien er die Gruppentherapie konzipiert hätte.

Als das Thema zurück zu den Patienten kommt, sprechen sie über ihre Partnerschaften. Einige beschweren sich über ihre Beziehungen, vergleichen sie mit den verkrachten Bindungen und schließlichen Trennungen ihrer Eltern und sprechen von eigenen erlittenen oder vollzogenen Trennungen.

Im Team herrschte Verstimmung. Ein etwas älterer Therapeut sprach von den kaputten und traumatischen Beziehungen, aus denen die Patienten stammten und die sie aktuell mit ihren eigenen Partnern tragischerweise wiederhergestellt hätten. Die widerwärtig-schlüpfrige Atmosphäre wurde als besonders störend und unangemessen bezeichnet.

Hier wird nun verstehbar, wie die Gegenübertragung der Behandler gequälte, leidende und vom Verlassen-Werden bedrohte Patienten bevorzugen kann, die sich in der Dimension Nidation bewegen. Geborgenheit angesichts von soviel zerstörten Beziehungen schien das, wonach die Patienten sich sehnen sollten.

Ich verstand dennoch, daß die Patienten, von denen viele schon mehrere Monate in stationärer Behandlung waren, erhebliche Fortschritte in Richtung auf Selbständigkeit und Selbstvertrauen gemacht hatten. Sie waren jetzt in der Lage, eine Art Aufstand gegenüber den Teammitgliedern zu wagen und diese in Verlegenheit und z.T. sogar in Rage zu versetzen. Sie befanden sich in der Dimension der Initiation und begannen, ein bisher unbekanntes Gefühl von eigener Macht und von Lust an Erotik und Sexualität auszukosten.

Besonders bedeutsam scheint mir aber die Gegenwehr der Behandler zu sein, die sich doch angesichts ihres Stationskonzepts, in dem von dem Therapieziel „mündigere Patienten" die Rede ist, über die gegebene Entwicklung bei den Patienten eigentlich hätten freuen sollen. Wie sehr wir die gefügigen, im und durch Leiden abhängig und mutlos gewordenen Patienten bevorzugen, ist eben oft tief unbewußt verankert.

Ähnlich verhält es sich mit den übrigen Dimensionen: Auch die kollektive Gruppenassoziation stellt einen eigentlich und offiziell erwünschten Entwicklungsschritt unserer Patienten und auch unserer eigenen Teams dar. Meist sind wir aber weit davon entfernt, alles, was verbal oder auch nonverbal auf unserer Station geäußert wird, als wichtige und sogar wertvolle Beiträge zu einem ehrlichen Klima untereinander und zugleich zu einer Rekonstruktion vergangener Lebensereignisse der Patienten zu würdigen. Vielmehr sind typische Reaktionen auf ungewöhnliche Beiträge eher in Richtung auf Appelle an anständiges Benehmen, an den guten Geschmack usw. zu erwarten.

Auch die Anerkennung der Dimension Ablösung ist nicht immer einfach. Die Behandler können im Rahmen ihrer unbewußten Gegenübertragung die Neigung haben, ihre Patienten lieber noch festzuhalten, vielleicht sogar in ihnen eine Garantie für die eigene Versorgung zu sehen und auf die trotzdem bevorstehende Ablösung mit Verlassenheitsreaktionen zu antworten.

Dennoch: Wir verstehen, daß ein wirklich professionelles Verhalten der Mitglieder von therapeutischen Teams darin bestehen muß, die Verwicklungen in die verschiedenen Dimensionen des Gruppengeschehens bei sich selbst und den Patienten zu analysieren. Hierzu gehört schließlich auch, eine Vorstellung von einer kompletten immanenten Gruppenablaufregel zu haben und die jeweilig vorherrschende Dimension als berechtigtes Stadium auf dem Wege zu jeweils reiferen Formen zu würdigen.

Ergänzend zu den bisher gestreiften Behandlungsverfahren möchte ich noch hinzufügen, daß auch die Einzeltherapie, ebenso wie Kreativtherapien, Paar-, Familien- und auch Körpertherapie, in Integration mit den oben ausgeführten Prinzipien der Gruppentherapie durchgeführt werden sollten: Alles ist Teil des Gesamtgruppengeschehens „Klinik", sollte als Teil der jeweiligen Dimension des Gruppenprozesses verstanden und in bezug auf die zugehörigen Übertragungs- und Gegenübertragungsgefühle reflektiert werden.

Der Umgang mit Mitgefühl und Aufrichtigkeit

Im vorstehenden Text habe ich eine Reihe von Strukturierungsvorschlägen für die klinische Gruppenpsychotherapie vorgestellt.

Ich möchte abschließend auf eindrucksvolle Beiträge zu einem für die Patienten fruchtbaren Umgang mit der eigenen Gegenübertragung beim Behandlungsteam aufmerksam machen.

Barbara Cohn (1994) beschrieb, wie sie in ihrer psychiatrischen Klinik in New York ganz prinzipiell versucht, die Spannungen, die im Team gegeben sind, den Patienten nicht künstlich zu verheimlichen bzw. sie für die Patienten nicht zum Tabu zu erklären. Sie legte Beispiele vor, wie sie versuchte, die damit einhergehenden Loyalitätsprobleme zu umgehen: Ein Teammitglied, das sich in eigene schwere Probleme verstrickt hat, wird nicht erfreut sein, wenn hierüber den Patienten von einer Kollegin Mitteilung gemacht wird. Andererseits wäre es vorstellbar, daß Teammitglieder davon ausgehen, daß ihre Stimmungen und Verstimmungen Kollegen wie Patienten nicht verborgen bleiben und daß es sich lohnt, sich damit in angemessener Form in beiden Personenkreisen zu artikulieren. Oft erleben die Patienten statt dessen aber eine ganz evidente Stimmungslage bei wichtigen Mitgliedern des therapeutischen Teams, empfinden aber ein unausgesprochenes Verbot, darüber zu sprechen, was dies mit ihnen macht und zu welchen Ereignissen im eigenen Leben sie das hinführt.

Frau Cohn fühlte sich vom Behandlungserfolg darin bestätigt, überhaupt wichtigere Ereignisse, die die Klinik betreffen, zum regelmäßigen Ausgangspunkt der gruppentherapeutischen Sitzungen zu machen, sie als Einstieg zu benutzen. Vielleicht ist es am richtigsten, zu sagen, daß sie spürte, was ihre verwirrten, traumatisierten oder durch Krankheit beschämten Patienten brauchten: gerade nicht jene Therapeuten, die vor Gesundheit, Überlegenheit und Macht nur so strotzten – vielmehr Therapeuten, die sich selbst in Frage stellten, die mit dem In-Frage-Stellen der eigenen Personen und mit der Verwunderung über eigene Fehlleistungen begannen.

Dianne Campbell LeFevre (1994) stellte eine Studie vor, die sie in einer Langzeitstation mit überwiegend schizophrenen Patienten durchgeführt hatte. Die meist resignierten und zurückgezogen lebenden Patienten hatten ihren Gegenpart in den Mitarbeitern des Behandler-Staffs: Diese beschrieben sich als manchmal wie in Stücken, als beschämend leer, erschüttert, traurig, hoffnungslos und erschöpft. Außerdem waren sie häufig körperlich krank.

In diesem Projekt wurde nun eine Supervision eingerichtet, die der These folgte, daß dieser Zustand des Staff als Ergebnis eines Prozesses von projektiver Identifizierung angesehen werden konnte, der Patienten und Behandler verband. Weiter wurde eine These in Anlehnung an Searles aufgestellt, nach der Schizophrene wie unter Verlustreaktionen leidend verstanden werden können, die sie nicht betrauern, für die sie keinesfalls Worte finden konnten.

Die Arbeit mit der Staff-Gruppe erwies sich als extrem schwierig und für die Teilnehmer belastend, so daß sie oft Tage brauchten, um sich von einer Sitzung wieder zu erholen. Oft war es schwierig, die aufgekommenen Gefühle überhaupt in Worte zu fassen.

Frau Campbell LeFevre faßte die Phasen dieses Prozesses, der ca. 2 ½ Jahre dauerte, später zusammen:

a) Die Patienten verleugneten die Realität. Sie behaupteten trotz offenkundiger Misere, es gehe ihnen gut, sie seien o.k. usw. Parallel hierzu ergaben sich in der Mitarbeitergruppe die schon geschilderten Gefühle, wie in Teilen zu sein und sich leer, traurig, verzweifelt, erschüttert, hoffnungslos usw. zu fühlen.

b) Nachdem die Patienten einen veränderten Ton in den Gesprächen spürten, zeigten sie Wut und scharfe Vorwürfe. Sie fragten, warum das jetzt komme, wo die Helfer denn gewesen seien, als man sie wirklich gebraucht hätte. Parallel dazu waren die Mitarbeiter aufgebracht, wütend, schockiert, empfanden ihre Fähigkeit bedroht, sich zu kontrollieren.

c) Nun drückten die Patienten nachhaltig ihre Trauer über ein verlorenes Leben aus. Auf der Teamseite wurden jetzt folgende Gefühle geäußert: traurig, mitleidig, ausgetrocknet, ausgeschlossen, nutzlos, zurückgewiesen, erschöpft u.ä.

d) In dieser Phase drückten die Patienten ihre Ängste aus. Sie fragten sich angstvoll, was mit ihnen noch passieren wird. Erstmalig waren die Gefühle der Behandler hiermit in einer normaleren Weise konform. Sie beschrieben sich als ängstlich, schwer und besorgt.

e) Schließlich stellte sich eine neue Realitätsorientierung bei den Patienten ein. Sie stellten angemessene Fragen zu geplanten Entlassungen von der Station, fragten, wohin sie kämen und was aus ihnen würde. Passend hierzu fühlten sich die Teammitglieder erschreckt, erleichtert, erfolgreich und optimistisch.

Ich glaube, diese beiden letztgenannten Publikationen können sowohl zu Mitgefühl als auch zur Aufrichtigkeit im Umgang mit den Patienten nur ermutigen, wobei natürlich therapeutische Aspekte beachtet werden müssen.

Wir können uns hier im übrigen erstaunt fragen, wieso solche und andere relevante Forschungen so wenig durchgeführt und, wenn sie vorliegen, so wenig rezipiert werden. Die Autorin äußerte hierzu die Vermutung, daß alle, die sich mit dem Gebiet extremer psychischer Störung befassen, sich im Netz der zugehörigen Gegenübertragung verfangen.

Ich möchte zum Schluß an ein Beispiel für warmes Mitfühlen erinnern, das von Freud (1960) aus seinem Brief vom 25. Januar 1920 erhalten ist. Er schrieb hier nicht als Therapeut, sondern als Mit-Betroffener an seinen Schwiegersohn Max Halberstadt, unmittelbar nach dem Tod seiner Tochter Sophie, Halberstadts Frau. Da er nicht als Therapeut, sondern als Angehöriger sprach, paßt der folgende Text nur sehr bedingt in unsere Erörterung von therapeutischen Verhaltensweisen. Dennoch glaube ich, daß wir hier einen Einblick in Freuds ausgeprägte Fähigkeit erhalten, einen Leidenden zu trösten und zu stützen.

> „Vielleicht meinst Du, ich wüßte nicht, was es heißt, die geliebte Frau und Mutter seiner Kinder zu verlieren, weil es mir erspart geblieben ist. Du hast Recht, aber die bittere Kränkung so weit im Leben und so nahe dem Tod ein junges blühendes Kind zu überleben, muß Dir wieder fremd und unfaßbar sein. Auch daß dieses Unglück an meinen Gefühlen für Dich nichts ändert, daß Du unser Sohn bleibst, so lange Du es bleiben willst, brauche ich Dir nicht zu sagen; es folgt wie selbstverständlich aus unserem bisherigen Verhältnis. Wozu schreibe ich Dir also? Ich glaube, nur, weil wir nicht beisammen sind und in dieser elenden Zeit von Gefangenschaft nicht zueinander kommen können, so daß ich zu Dir nicht die Dinge sagen kann die ich gegen Mutter und Geschwister wiederhole, daß es ein sinnloser, brutaler Akt des Schicksals ist, der uns unsere Sophie geraubt hat, etwas, wobei man nicht anklagen und nachgrübeln kann, sondern das Haupt beugen muß unter dem Streich, als hilfloser, armer Mensch, mit dem höhere Gewalten spielen. Genug, sie war glücklich, so lange sie mit Dir lebte, trotz der schweren Zeiten, die in Eure kurze Ehe von sieben Jahren gefallen sind, und ihr Glück war Dir zu danken." (S. 343)

Als Freud selbst das Trauma der Vertreibung unmittelbar erlebte, wobei er seine Schwestern und andere Angehörige unter bedrohlichen Umständen in Wien zurücklassen mußte, schrieb er über die Aufnahme, die Marie Bonaparte ihm in Paris bereitet hatte:

> „Sie hat sich an Zärtlichkeit und Rücksichten übertroffen." (Freud, 1960, S. 461)

Wir sehen hier, wie fähig Freud war, jemandem, der von schwerem Verlust betroffen wurde, mit Anteilnahme und Trost zu begegnen. Wir sehen auch, daß er, von einem schweren Verlust selbst gezeichnet, Stütze und Trost annahm. Freud zeigt hier seine Fähigkeit, angesichts von schweren Verletzungen Mitgefühl zu geben als auch anzunehmen.

Drücken wir unseren Klinikpatienten gegenüber, die oft in vergleichbarer Not sind, ähnliche Gefühle aus? Glauben wir daran, daß sie sie gebrauchen und annehmen können?

Literatur

Argelander, H. (1970): Das Erstinterview in der Psychotherapie. Darmstadt: Wiss. Buchges.

Beese, F. (1971): Indikation zur klinischen Psychotherapie. In: Fortschr. Med. 89, S. 208-210, 234-238.

– (1977): Klinische Psychotherapie. In: Psychologie des XX. Jh. Bd. 3. Zürich: Kindler, S. 1144-1163.

Bion, W.R. (1961): Experiences in groups and other papers, London: Tavistock; dt.: Erfahrungen in Gruppen und andere Schriften. Stuttgart: Klett-Cotta (1971).

Campbell LeFevre, D. (1994): The power of countertransference in groups for the severely mentally ill. In: Group Analysis, 27, S. 441-448.

Cohn, B.R. (1994): Recycling Yalom: Using a systems analysis to facilitate work in inpatient groups. In: Group Analysis, 27, S. 407-418.

Dörner, K. (1988/1993[3]): Tödliches Mitleid. Zur Frage der Unerträglichkeit des Lebens. Gütersloh: Jakob van Hoddis.

Foulkes, S.H. (1964): Therapeutic group analysis. London: Allen & Unwin; dt.: Gruppenanalytische Psychotherapie. München: Kindler.

Freud, S. (1911): Die zukünftigen Chancen der psychoanalytischen Therapie. GW VIII. Frankfurt a.M.: Fischer, S. 103-116.

– (1913): Totem und Tabu. GW IX. Frankfurt a.M.: Fischer.

– (1916/17): Vorlesungen zur Einführung in die Psychoanalyse. GW XI. Frankfurt a.M.: Fischer.

– (1918): Wege der psychoanalytischen Therapie. GW XII. Frankfurt a.M.: Fischer, S. 181-194.

– (1960): Briefe 1873-1939. Frankfurt a.M.: Fischer.

Hayne, M. (1995): Gruppentherapie Schwergestörter: Der Umgang mit Affekten. In: Jb. Gruppenanalyse, 1, S. 93-106.

– (1997): Grundstrukturen menschlicher Gruppen. Erkenntnisse aus Selbsterfahrungsprozessen in Altaussee im Lichte der 4 Psychologien der Psychoanalyse. Lengerich: Pabst.

Heigl-Evers, A., Ott, J. (Hg.) (1994): Die psychoanalytisch-interaktionelle Methode. Theorie und Praxis. Göttingen: Vandenhoeck & Ruprecht.

Janssen, P.L. (1987): Psychoanalytische Therapie in der Klinik. Stuttgart: Klett-Cotta.

Lickint, K. (1968): Der Empfang des Patienten und das Erstinterview in der psychiatrischen Klinik. In: Nervenarzt, 39, S. 451 (zit. nach Argelander).

Lorenzer, A. (1983): Sprache, Lebenspraxis und szenisches Verstehen in der psychoanalytischen Therapie. In: Psyche, 37, S. 97-115.

Menninger, W. (1936): Psychoanalytic principles applied on hospitalized patients. In: Bull. Menninger Clinic I, S. 35.

Ogden, Th. (1985): On potential space. In: Int. J. Psychoanal., 66, S. 129-141; dt.: Über den potentiellen Raum. In: Forum Psychoanal., 13, S. 1-18.

Sartre, J.P. (1960): Critique de la raison dialectique. I: Theorie des ensembles practiques. Paris: Gallimard; dt.: Kritik der dialektischen Vernunft. I: Theorie der gesellschaftlichen Praxis. Reinbek b. Hamburg: Rowohlt.

Shaked, J. (1993): Die psychoanalytische Großgruppe. In: Gruppenpsychoth. u. Gruppendyn., 29, S. 4-20.

Simmel, E. (1928): Die psychoanalytische Behandlung in der Klinik. In: Int. Z. Psychoanal., 14, S. 352-370.

Stutz, H. (1994): Gruppenanalyse und Klinik. In: Haubl, R., Lamott, F. (Hg.): Handbuch Gruppenanalyse. Berlin/München: Quintessenz, S. 268-278.

Trimborn, W. (1983): Die Zerstörung des therapeutischen Raumes. Das Dilemma stationärer Psychotherapie bei Borderline-Patienten. In: Psyche, 37, S. 204-236.

Yalom, I.D. (1983): Inpatient group psychotherapy. New York: Basic Books.

Psychoanalytische Intensivgruppen.
Zur Theorie und Technik

Dieter Ohlmeier

Definition

Als psychoanalytische Intensivgruppen werden im weiteren Gruppen verstanden, die über eine sehr kurze Gesamtdauer (ca. 1 Woche) und mit einer hohen Frequenz (pro Tag 2 Sitzungen von 90 Minuten) angeboten werden und somit eine Gesamtzahl von 15 Gruppensitzungen nicht überschreiten. Es handelt sich um Kleingruppen mit einer Zahl von bis zu 12 Teilnehmern.

Zugrunde gelegt wird die psychoanalytische Methode; das Gewicht ruht also auf deutenden Interventionen, die in erster Linie Übertragungs- und Widerstandskonstellationen betreffen und sich in der Beschäftigung mit der Person und Funktion des Gruppenanalytikers aktualisieren. Ermunterungen, Belehrungen und Ratschläge zur äußeren Realität erfolgen nicht. Die Deutungen, aber auch die Wahrnehmung des unbewußten Gruppengeschehens richten sich auf die gesamte Gruppe, nicht auf Einzelteilnehmer. Es wird also die Entstehung eines psychoanalytischen Prozesses ermöglicht, der dann zum Gegenstand der Beobachtung und der Deutung gemacht wird.

Intensität und Begrenzung

Insofern leitet sich die definierte Vorgehensweise aus der klassischen Psychoanalyse bzw. deren Anwendung auf eine Gruppe ab – der wesentliche Unterschied zu diesen Methoden liegt hier in der *Kürze* des Gesamtverlaufs und in der *Intensität* und Häufigkeit der Sitzungsfolge sowie in der von vornherein vereinbarten *Begrenzung* der Sitzungszahl. Bei der „üblichen", zumeist angewendeten Form der psychoanalytischen Gruppentherapie wird die Beendigung ja nicht bereits am Anfang vereinbart; sie ergibt sich aus dem Verlauf, aus dem jeweiligen psychoanalytischen Gruppenprozeß, wird also im Prinzip ganz im Sinne eines „open end" geplant. Schon der Begriff „Planung" verträgt sich allerdings nicht mit dem Wesen eines längerfristigen psychoanalytischen Prozesses.

An sich schließen Psychoanalyse und vorgegebene Begrenzung sich gegenseitig aus: Sich auf einen psychoanalytischen Prozeß einzulassen, die Gestaltungen und Quellen der Übertragungs- und Widerstandskonstellationen zu beobachten und zu verstehen, kann nicht von Anfang an mit einer vorgegebenen

Begrenzung der Stunden- bzw. Sitzungszahl verbunden sein. Auch erregt bei Psychoanalytikern die „moderne" Forderung nach Effizienz und günstiger Kosten-Nutzen-Relation Unbehagen, denn sie läuft darauf hinaus, in begrenzter (oder gar noch von einer dritten, z.B. Krankenkassen-Institution vorgeschriebener) Zeit, nach einem begründbaren (und von dritter Seite begutachteten) „Therapieplan", möglichst kurze (und „wirtschaftliche") Verläufe vorzugeben.

Bei den hier zu beschreibenden Intensivgruppen handelt es sich nicht um eine Antwort auf die genannten Fragen nach „Effizienz". Auch haben wir mit der Einführung von Intensivgruppen nicht eine „Notlösung" im Auge, die sich z.B. aus Zeitmangel oder aus dem Motiv einer möglichst schnellen Qualifikation ergäbe. Vielmehr versuchen wir hiermit, eine durchaus neuartige Anwendungsform der Gruppenpsychoanalyse wenigstens skizzenhaft darzustellen.

Der Begriff des „Intensiven" verdient eine kritische Beleuchtung. Es liegt, wie schon anklang, im Stil der heutigen Zeit, immer stärkere Reizintensitäten (wozu höhere Geschwindigkeiten, höhere Erfolgsraten, höhere Gewinnspannen etc. gehören mögen) für sich und andere zu fordern. Deswegen haben Kurzpsychotherapien zahlreicher Provenienz Konjunktur, während der immer zeitintensive Prozeß einer klassischen Psychoanalyse oder Gruppenanalyse als „unmodern", oftmals als lästig oder als Zumutung eingeschätzt wird.

Hiermit hat unser Modell einer psychoanalytischen Intensivgruppe nichts zu tun, jedenfalls nicht als unmittelbare Folge der genannten Forderungen oder Moden. Es beansprucht vielmehr, eine Methode sui generis zu sein, der folglich auch eine spezifische Indikationsstellung vorausgehen muß. Ferner sind die Grenzen der Anwendung einer solchen Methode abzustecken, einschließlich möglicher Gefahrenquellen für bestimmte Teilnehmer.

In aller Kürze soll der Anwendungsbereich von Intensivgruppen unterschiedlicher Art angesprochen werden. In erster Linie kommen sie zum Einsatz im Rahmen gruppenanalytischer workshops der Internationalen Arbeitsgemeinschaft für Gruppenanalyse in Altaussee oder bei Abwandlungen dieses „Altausseer Modells", wie sie mittlerweile an verschiedenen Orten besonders zu Fort- und Weiterbildungszwecken eingeführt worden sind. Bei dem Altausseer Modell ist die psychoanalytische Intensivgruppe im Rahmen eines differenzierten Gesamtablaufs im workshop zu sehen: dazu gehören – zusätzlich zu der Intensivgruppe – eine Großgruppe, theoretische und kasuistische Seminare und nicht zuletzt ein „Internat", eine Art „Internship", d.h. die ständige Anwesenheit der Gruppenteilnehmer am Ort und damit die Nicht-Intervention des je privaten Beziehungs- und Sozialkontextes der einzelnen Teilnehmer (vgl. auch Hayne, 1997).

Genannt seien aber auch andere mögliche Formen psychoanalytischer Intensivgruppenarbeit, und damit ergibt sich zweifellos eine recht heterogene Reihe von zeitlich und hinsichtlich der Frequenz begrenzten und somit speziellen Gruppenverfahren. Es handelt sich dabei um psychoanalytische Gruppen im Dienste der psychoanalytischen und/oder gruppenanalytischen Weiterbildung, die mit von vornherein begrenzter Sitzungszahl stattfinden und an dem „Altausseer Modell" orientiert sind. Wir kennen ferner sogenannte „fraktionierte Gruppen" im Rahmen der psychoanalytischen-psychotherapeutischen Weiterbildung, die oftmals an Wochenenden über einen längeren Zeitraum – und dann also auch mit einer am jeweiligen Wochenende hohen Sitzungsfrequenz – arbeiten. Schließlich sind uns von vornherein in bezug auf Dauer und Sitzungszahl begrenzte Gruppen für spezielle Patientengruppen bekannt, insbesondere für schwer körperlich Erkrankte. Hier liegen z.B. Erfahrungen mit stationären Kurzgruppen auf psychoanalytischer Basis bei Patienten nach Herzinfarkt sowie ambulanten psychoanalytischen Gruppen mit begrenzter Sitzungszahl bei HIV-Positiven und Aids-Kranken vor (Ohlmeier, 1989, 1995). Auch im universitären Unterricht werden, insbesondere für Studierende der Psychologie und der Sozialarbeit/Sozialpädagogik, derartige psychoanalytische Kurzgruppen angewendet.

Mit der Begrenzung der Häufigkeit und Gesamtdauer befinden wir uns eigentlich in einer „heroischen" Situation oder bedienen uns doch des „heroischen Mittels der Terminsetzung", wie Freud (1937, auch 1918) es anläßlich seiner Analyse des „Wolfsmannes" genannt hat.

> „Einen anderen Weg, um den Ablauf einer analytischen Kur zu beschleunigen, hatte ich selbst noch vor der Kriegszeit eingeschlagen. (...) Es war ein Fall von Selbsthemmung der Kur; sie war in Gefahr, gerade an ihrem – teilweisen – Erfolg zu scheitern. In dieser Lage griff ich zu dem heroischen Mittel der Terminsetzung. Ich eröffnete dem Patienten zu Beginn einer Arbeitssaison, daß dieses nächste Jahr das letzte der Behandlung sein werde, gleichgültig, was er in der ihm noch zugestandenen Zeit leiste. Er schenkte mir zunächst keinen Glauben, aber nachdem er sich von dem unverbrüchlichen Ernst meiner Absicht überzeugt hatte, trat die gewünschte Wandlung bei ihm ein. Seine Widerstände schrumpften ein und in diesen letzten Monaten konnte er alle Erinnerungen reproduzieren und alle Zusammenhänge auffinden, die zum Verständnis seiner frühen und zur Bewältigung seiner gegenwärtigen Neurose notwendig schienen." (S. 60 f.)

Freilich erwies sich nach Abschluß der Behandlung, daß Freuds Patient erneut erkrankte und daß das „heroische Mittel" nicht auf die Dauer geholfen hatte. Freud zieht jedoch die allgemeine Schlußfolgerung daraus, daß solche Terminsetzungen auch in anderen Fällen angewendet werden können und daß Erfahrungen anderer Analytiker damit vorliegen. Sein abschließendes Urteil ist nicht negativ, aber skeptisch:

> „Das Urteil über den Wert dieser erpresserischen Maßregel kann nicht zweifelhaft sein. Sie ist wirksam, vorausgesetzt, daß man die richtige Zeit für sie trifft. Aber sie kann keine Garantie für die vollständige Erledigung der Aufgabe geben. Man kann im Gegenteil sicher sein, daß während ein Teil des Materials unter dem Zwang der Drohung zugänglich wird, ein anderer Teil zurückgehalten bleibt und damit gleichsam verschüttet wird, der therapeutischen Bemühung verloren geht. Man darf ja den Termin nicht erstrecken, nachdem er einmal festgesetzt worden ist; sonst hat er für die weitere Folge jeden Glauben eingebüßt. Die Fortsetzung der Kur bei einem anderen Analytiker wäre der nächste Ausweg ..." (S. 62).

Zweifellos ist die bei unserem Modell der Intensivgruppe vorgenommene, vorher vereinbarte Begrenzung nicht mit der Terminsetzung bei einer zunächst „unbegrenzt" vereinbarten klassischen Analyse zu vergleichen, bei der Freud zur Überwindung einer speziellen Widerstandskonstellation dieses „heroische Mittel" eingesetzt hat. Und doch drängt sich der Bezug zu Freuds Bemerkungen hier auf: Die analytische Gruppenarbeit findet von Anfang an unter dem Vorzeichen des absehbaren, bekannten Endes statt. Damit entsteht ein Druck, der nicht lediglich als Terminierungsdruck, sondern als eine Verstärkung der intrapsychischen Produktivität innerhalb des Behandlungsrahmens der Gruppe aufzufassen ist. Ein beträchtlicher „Teil des Materials (wird) unter dem Zwang der Drohung zugänglich" (Freud, 1937, S. 62) – wobei die „Drohung" hier in der vorgegebenen Zeitbegrenzung bestünde, und „ein anderer Teil bleibt zurückgehalten und wird damit gleichsam verschüttet", ja „geht der therapeutischen Bemühung verloren", womit wir vor der Tatsache stehen, daß bei Intensivgruppen nicht erwartet werden kann, intrapsychisches Material gleichsam über alle Entwicklungsstufen und Verästelungen zu erhalten, sondern daß die Thematik eingeschränkt und „ungleichgewichtig" wird.

Einige klinisch-phänomenologische Besonderheiten

Ohne daß es den Teilnehmern einer derartigen Intensivgruppe bewußt ist oder daß sie mit der Absicht hierzu in die Gruppe eintreten, beobachtet man eine starke *Aktivität*: Im Sinne großer Redeaktivität, einer starken affektiven Bewegtheit, einer Neigung zu schnell einsetzenden Regressionen sowohl inhaltlicher als auch struktureller Art. Häufig treten bereits in den ersten Minuten der ersten Sitzung Regressionen auf frühkindliche, präödipale Themen auf; ebenso ist – im strukturellen Sinne – mit einer regressiven „Auflockerung", gleichsam einem Durchlässigwerden der Ich-Funktionen zu rechnen. Dies wird erkennbar an einem oftmals ungewöhnlichen Außer-Kontrolle-Geraten des Sprachgebrauchs, einer hohen affektiven Aufladung der Sprache sowie einer Geringachtung von herkömmlichen Umgangsformen. So werden z.B. scheinbar umstandslos die Anrede „Du" gegenseitig eingeführt, lediglich Vornamen verwendet, Altersunterschiede, auch im Sinne von „Autoritäts"- und Standesunterschieden unter den Gruppenmitgliedern, nicht beachtet. Hierbei handelt es sich nicht oder doch nur in geringerem Ausmaß um Absprachen über das, was in einer Gruppe – im Gegensatz zu den gewohnten sozialen Umgangsformen – „üblich ist", sondern um ein spontan entstehendes Durchlässigwerden von Grenzen – psychischen Grenzen im präödipalen Sinne, nämlich der Unterscheidung von Ich und Nicht-Ich. Hier lassen sich Züge einer schnellen regressiven Bewegung in Richtung des psychischen Stadiums des primären Narzißmus in der Intensivgruppe erkennen.

Thematik, unbewußte Phantasien

Die starke regressive Tendenz der Gruppe äußert sich in entsprechenden Themen. Sowohl als bewußtseinsfähige Thematik als auch als unbewußte Phantasien begegnen uns orale und symbiotische Bedürfnisse und Wünsche. Es handelt sich um Versorgungs- und „Füllungs"-Wünsche, die auf der bewußten Ebene oft als Erwartungen, möglichst viele und intensive Erfahrungen zu machen, viel über sich zu lernen, eine therapeutische Technik umfassend zu erleben, formulierbar sind – wobei Grandiosität und „Totalität" der gewünschten Erfahrungen die Teilnehmer nicht selten selbst verwundern, ihnen unrealistisch erscheinen. Das Hauptgewicht liegt allerdings auf den unbewußten Phantasien, insbesondere den Übertragungsphantasien: Das Übertragungsobjekt – sei es nun eine Person oder, wie im Altausseer Modell üblich, ein Paar (nämlich die fachlich erfahrenere Leiterperson und eine fachlich weniger erfahrenere Co-Leitung) erhalten in der Wahrnehmung und der intrapsychischen Welt der Gruppenteilnehmer Züge eines gleichsam archaischen, in der Geschlechtsidentität nicht eindeutig zugeordneten Objekts im Sinne einer „Vater-Mutter" bzw. eines „Mutter-Vaters". Besteht das Leiter-Paar aus einer Frau und einem Mann, so werden diese Geschlechtsunterschiede oft nur unter großen Schwierigkeiten wahrgenommen und unter großen Konflikten als Gegenstand der Assoziationen, der Phantasietätigkeit zugelassen. Dies ist ein Hinweis auf die unbewußte Phantasie eines präödipalen Übertragungsobjekts, einer nicht „triangulierten" Objektwahrnehmung. Einer solchen phantasierten Objektbeschaffenheit gelten entsprechende Wünsche: Wünsche nach vollkommenem Versorgtsein, Umhegtsein, Aufgehobensein – nicht selten wird die Wunschvorstellung geäußert, „wie in Abrahams Schoß" zu liegen, einem Schoß, der gleichzeitig wie der Schoß einer Urmutter, einer archaischen magna mater, phantasiert wird.

Hierzu gehören aber, als Kehrseite und untrennbar mit den Versorgungswünschen verbunden, spezifische Widerstände und Ängste. Die Gruppe fürchtet das Einverleibtwerden, das als ein Gefressen- und damit Vernichtetwerden erscheint. Sie erlebt, und dies als Ausdruck insbesondere der strukturellen Regression, eine Bedrohung ihrer Identität, eine Infragestellung der Selbst-Erkennbarkeit als Gruppe insgesamt, aber auch als Einzelmitglied. Diese stark angstbesetzten Phantasien äußern sich nicht selten in Verwirrungszuständen: Sei es als eine „aktive" Verwirrung des Gruppenprozesses, die den Zusammenhang und die Thematik – z.B. als „Schwerverstehbarkeit" – für die Gruppenanalytiker undurchsichtig macht, sei es als eine „passive" Verwirrtheit der Teilnehmer im Sinne der Herabsetzung des Sprachniveaus, bis hin zur Auflösung der Syntax, der Verringerung bzw. Entwertung von Wortbedeutungen, der Verstärkung von z.T. unartikulierten Interjektionen oder Geräuschen (wie Stöhnen, Seufzen, Schluchzen, Lachen, Zischen etc.).

Es handelt sich also um eine hohe Affektbesetzung der Denk- und Sprachvorgänge, um eine Herabsetzung der logischen Begründbarkeit. Wesentlich erscheint auch der Hinweis auf die Schnelligkeit des Eintretens dieser Denk-, Sprech- und Verhaltensweisen sowie auf die Stärke und Tiefe der dadurch bezeichneten strukturellen Regression, vornehmlich eine Ich-Regression der Gruppenteilnehmer.

Besonderen Raum nimmt von Anfang an die *Trennungsthematik* ein; sie erfordert auch die besondere Aufmerksamkeit der Gruppenanalytiker in der kurzdauernden, befristeten Intensivgruppe. Nicht selten äußert sie sich in Form einer Verleugnung oder Verneinung, wird also durch genetisch frühe Abwehrmechanismen aus der manifesten Thematik ferngehalten, während sie sich etwa in einem diffusen Angst- und Bedrohtheitsgefühl der Gruppe, in Affekten von „unfaßbarer Traurigkeit", auch in zunächst unverständlich erscheinenden und verwirrenden Wut-Affekten äußert. In der Möglichkeit, eine Trennungsthematik zu erleben und die Abwehrformen gegen ihre Wahrnehmung und Realisierung zu reflektieren und zu deuten, sehen wir eine besondere Akzentuierung, eine besondere Möglichkeit der analytischen Arbeit in der Intensivgruppe.

Verbunden mit der Trennungsthematik, diese oftmals verdeckend und überflutend, ist stets das ausgeprägte Auftreten einer *Destruktions- und Todesthematik*. Die Themen und Phantasien der Gruppe kreisen dann um das Sterben: meist in Form eines oft übermächtigen Gefühls des Verlassenseins, eines Vitalitätsverlustes, aber auch als des angstvoll wahrgenommenen Themas des Zerstörtwerdenkönnens. Die Gruppe erfährt auch ihr eigenes zerstörerisches Potential, ebenso wie sie als „bald und absehbar Verlassene" sich von den Gruppenanalytikern – als omnipotent-versorgende Objekte in der Übertragung phantasiert und idealisiert – im Stich gelassen, ja geradezu „ausgesetzt" fühlen. Im Erleben und der analytischen Deutung dieser regressiv beschleunigten Inhalte liegt eine besondere Akzentuierung bei der Intensivgruppenarbeit. Es ergibt sich die Gelegenheit, das Wirken eines Destruktions- oder Todestriebes an der Quelle zu beobachten, nämlich in Situationen des gefürchteten Alleingelassenwerdens, der gefürchteten Enttäuschung grandioser Versorgungswünsche, der gefürchteten Kränkung durch die Zeitbegrenzung und der damit kontaminierten Abwendung des Liebesobjektes, und sie zum Gegenstand der Interpretation zu machen.

Affekte

Ergänzend ist zu sagen, daß die geäußerten Affekte, die Affektbesetzung der aufkommenden Themen und Phantasien, sehr heftig und stark triebbestimmt erscheinen. Die Triebgrundlage der Affekte wird also besonders deutlich. Der Akzent scheint dabei auf aggressiv-destruktiven Affekten zu liegen. Auch wenn nicht als manifeste, bewußt intendierte Inhalte geäußert, spielen Affektäußerungen im Sinne von Haß, Neid, Gier, Zerstörungsängsten und -wünschen eine bedeutende Rolle. Sie sind gleichsam die „Begleitmusik" der starken Regressionstendenzen der Gruppe auf präödipale und narzißtische Stufen.

Kasuistisches Beispiel:[1]
Aus einer psychoanalytischen Intensivgruppe in 15 Sitzungen

Das hier behandelte Thema bedarf einer – wenn auch kurzen – kasuistischen Fundierung, um an wenigstens einem Beispiel die klinische Realität einer zeitlich begrenzten Intensivgruppe deutlich zu machen.

Aus der 1. Sitzung

Zu Beginn der ersten Sitzung ist die Stimmung eher verhalten-vorsichtig. Es geht um die Frage, weshalb ein jeder an der Gruppe teilnimmt, um die Erwartungen, die mit der Teilnahme verbunden sind: „Was wollen wir hier eigentlich?" Eine tiefe Unsicherheit und Irritation scheint sich auszubreiten, die in der Bemerkung gipfelt, die ganze Psychoanalyse sei ein absurdes Theater. Die Stimmung gleitet ins Paranoide: Max fühlt sich von den Beobachtern und Teilnehmern bedroht. Nun greift der Leiter ein, spricht die Grundregel aus, die die Schweigepflicht enthält. Max' persistierende Zweifel an der Einhaltung der Schweigepflicht *deutet* der Leiter als Zweifel an seiner Integrität. So bündelt er die paranoiden Befürchtungen auf seine Person, macht sich gleichzeitig zum Garanten für deren Einhaltung. Dies scheint kurzfristig die Wendung zu ermöglichen, daß Lisa nun die Ängste vor dem eigenen Inneren anspricht. Kurt und Max fallen wieder in ihre Verfolgungsängste zurück, die Stimmung wird erneut bedrohlich-gereizt: Max bringt durch seine subtil entwertende Art und Weise, seine raschen Wechsel zwischen Projektion und Identifikation und seine daraus resultierende Widersprüchlichkeit die anderen Gruppenteilnehmer immer mehr gegen sich auf und wird immer heftiger attackiert. Die Frage, die kein neuerlicher Angriff ist, sondern eher ein Ausdruck von Besorgnis, die diesen Schlagabtausch unterbricht, die Frage danach, was man zur Beruhigung Max' tun könne, leitet eine erneute Wendung ein. Max bekennt eine eigene Grenzverletzung, und nun wird deutlich, daß der Grund der Ängste die eigene Destruktivität ist. – Es ist also in der Gruppe ein Wechsel zwischen Ängsten vor „draußen" und „drinnen", vor der fremden und der eigenen Destruktivität zu verzeichnen. Je nachdem ist die Stimmung eher paranoid (Kampf-Flucht) oder betroffen-depressiv. Die paranoide Stimmung gewinnt schnell wieder Oberhand. (Kurt macht Max deutlich, daß nun er selbst die Macht hat, die Regel zu brechen und Max zu vernichten.) – Der Gruppenverlauf läßt sich auch so verstehen, daß die Gruppe die Grundregel dahingehend versteht, als wäre mit der freien Assoziation ein Verlust der Kontrolle („Sau rauslassen") verknüpft, sich dieser verweigert (im Bild der

---

[1] Namen und, soweit erwähnt, persönliche Daten wurden, wie bei kasuistischem Material üblich, verändert.

Verletzung der Schweigeregel, die wiederum selbst ein Verbot beinhaltet, und aufgrund der Verzögerung Strafe erwartet.) Max' Erscheinen mit einem Glas Milch zu Gruppenbeginn könnte einen Hinweis darauf implizieren, daß hinter der Aggressivität/Destruktivität sich eine vorerst nur agierte, szenisch dargestellte orale Bedürftigkeit verbirgt.

Aus der 2. Sitzung

Mit dem Schweigen zu Beginn setzt die Gruppe das angespannte Klima der letzten Sitzung fort. Auch inhaltlich knüpft die Gruppe an die letzte Sitzung an. Deutlich wird, daß Verantwortung und Schuld eher katastrophische Ängste auslösen. Der Wunsch, nicht schuldig zu werden und der Wunsch nach Vergebung (im Sinne eines Ungeschehenmachens) taucht auf. Die Auseinandersetzung mit dem Thema Schuld zu diesem Zeitpunkt erscheint verwirrend, da szenisch in der Gruppe noch keine Schuld entstanden ist.) So wirkt die Diskussion eher rationalisierend-aufgesetzt und theoretisch. – Als Mittel gegen die Beziehungslosigkeit und Leere schlägt Silke vor, sich mit Namen vorzustellen. Mit diesem Vorschlag erntet sie zunächst eher sarkastische Kommentare; sie fragt (ausgerechnet) Max nach seinem Namen (der bezeichnenderweise der Gruppe bereits bekannt ist!). Kurt fährt dazwischen. Hier deutet sich bereits eine Ursache des Nichtzustandekommens von Beziehungen an, nämlich der zerstörerische Neid der jeweils anderen, der eine Entwicklung verhindert. Auch Max reagiert eher ambivalent („stinklangweilig"). – Nun beschäftigt sich die Gruppe mit Kurts Aggressivität. Deutlich wird, daß er mit Fragmentierungsängsten kämpft; im Lauf der Sitzung werden seine Bemerkungen immer diffuser und unverständlicher. Er scheint dazu überzugehen, laut zu denken, möglicherweise um so „lebendig" zu bleiben (also Reden um des Redens willen, als Beweis für seine Lebendigkeit), verbunden mit der bangen Frage, wie das auf die anderen wirkt, ob die ihn wohl für „verrückt" halten. Seine Beiträge kreisen zunehmend um die Frage, wer warum was denkt. Er scheint sich in eine abstrakte Welt zurückzuziehen, sein Verhalten erinnert an die zwanghafte Abwehr einer psychotischen Dekompensation.

In seiner Deutung nimmt der Leiter zur Destruktivität der Gruppe Stellung, konfrontiert die Gruppe sehr deutlich mit dieser. Er versteht die Destruktivität als einen Angriff auf die Grundregel, verknüpft mit dem Wunsch, die Leitung entweder nicht ernst zu nehmen oder zu einer absurden Rigidität zu provozieren. Diese Deutung stößt auf einen beinahe geschlossenen Widerstand in der Gruppe. Die Gruppe scheint nicht dazu in der Lage zu sein, die Deutung aufzunehmen, sich der eigenen Destruktivität zu stellen. Dies scheint doch zu angstbesetzt zu sein. Wenn beispielsweise Max meint, *jetzt* könne er sich schon vorstellen, den Leiter lächerlich zu machen, vertauscht er auf verrücktmachende Weise Ursache und Wirkung, schiebt dem Leiter seine eigene Destruktivität unter und macht so deutlich, daß er seine Destruktivität zu sehen nicht ertragen kann. Mit der (überhaupt ersten) Bemerkung der *Coleiterin*, die versucht, Ursache und Wirkung wieder geradezurücken, wird die angespannte, hochaggressive Atmosphäre der Gruppe sehr deutlich. Ihre Bemerkung erscheint eher wie eine Anklage; Max läßt sie ins Leere laufen. Der Versuch, die Leitung durch Provokationen schachmatt zu setzen, scheint hier schon teilweise erfolgreich. Zwischen Leitung und Gruppe klafft ein tiefer Graben, die Atmosphäre scheint vergiftet zu sein. – Die Teilnehmer scheinen nun dazu überzugehen, miteinander „absurde Psychoanalyse" zu spielen. Sie „deuten" sich gegenseitig, verweigern aber gleichzeitig die – lebensnotwendige – Kontaktaufnahme. – Zusammenfassend scheint es in der Gruppe um frühe Sehnsüchte nach Versorgung zu gehen, die nie befriedigt oder beantwortet wurden. Diese Situation wird offenbar reinszeniert. Die daraus entstandene vernichtende Wut richtet sich destruktiv gegen die Leiter, wird auf diese projiziert und als verfolgend erlebt. In Kurts „bösem Gesicht" und Max' „verächtlichem Blick" wird der archaische Haß sichtbar. Franz' „Sachthemen" erscheinen wie ein Bild der „falschen Nahrung" für ein „hungriges" Kind.

Aus der 3. Sitzung

Zu Beginn wird deutlich, daß sich die Gruppe verändert hat. Durch Franz' *Traum* von den Flöhen, der mit dem gemeinsamen Gasthausbesuch verbunden ist, entsteht erstmals ein „Wir" in der Gruppe. Die Gruppe definiert sich in Abgrenzung zum Leiter, ungefähr nach dem Motto: „Gemeinsam sind wir unausstehlich". In einer beinahe fröhlichen Stimmung phantasieren sich die Teilnehmer als lästige Flöhe, die ärgerlich auf den Leiter sind und nun mit ihm ihren Schabernack treiben. Das Bild vom Floh entschärft den vorhandenen Ärger, ein Floh ist nicht gefährlich, eben nur lästig, vielleicht rührt daher auch die ausgelassene Stimmung (Entängstigung). Gleichzeitig weist das Bild vom Floh auch auf eine narzißtische Problematik, auf einen vorliegenden „Kleinheitswahn" hin. Dieser könnte die Kehrseite der bisher aufgetretenen doch sehr massiven Entwertungen des Leiters sein. In der Gruppe scheint eine Vorstellung von einem mächtigen, strengen Leiter und ohnmächtigen, kleinen, lästigen Flöhen zu bestehen. Dementsprechend fallen die Wünsche an den Leiter aus (weniger ernst, durchlässiger). – Franz' konkrete Beschreibung der Flöhe verschärft den Eindruck der Kleinheit weiter: Zerbrechlichkeit, Wehrlosigkeit (Durchsichtigkeit: man kann hineinsehen; aber auch: Panzer), ja nahezu Körperlosigkeit (Luft). Beinahe ein nihilistischer Wahn: „Ich bin Luft, Nichts. Die Bedrohlichkeit dieses Bildes setzt sich fort in Max' Geschichte vom Einbrecher, von dem zunächst die Bedrohung ausgeht, dann aber steht plötzlich das Thema Tötung, Mord erschreckend real im Raum. – In Kurts *Traum* hat einerseits der Dealer zwei Seiten (mit Bart – wie der Leiter – und ohne Bart), andererseits stellen

Dealer und Polizei vermutlich zwei Seiten des Leiters dar: Regel und Regelverletzung, Legalität und Illegalität. Vielleicht liegt hierin eine Anspielung auf die (schwer einzuhaltende) Aufforderung, einerseits „frei" (= ohne Zensur) zu assoziieren, andererseits die Regeln des Settings einzuhalten. Auch die Angst davor, abhängig werden zu können, ist im Bild des Drogendealers enthalten. In den beiden anderen Träumen wird das Thema Abhängigkeit weitergeführt, orale Bedürfnisse werden angesprochen (Babies, „Spezialsaft", Trinken ohne Bezahlung), der Wunsch, etwas ohne Gegenleistung zu bekommen. – Durch Kurts Bemerkung („Großvater fressen") werden Max' entwertende Attacken gegenüber dem Leiter auf oral-aggressive Impulse zurückgeführt. Max bestätigt dies, indem er vom Diebstahl zweier Äpfel (mütterliche Brüste?) berichtet. So gesehen könnte ein Bauchdruck als verkörpertes Schuldgefühl infolge der räuberischen Aneignung mütterlicher Teilobjekte verstanden werden. Vielleicht gilt dies bereits für den Umstand, daß er diese als „sauer" (vergiftet) empfand. – Kurts Überlegungen zum Besuch im Gasthaus machen noch einmal den Charakter der Ersatzbefriedigung dieses Besuchs (oder auch Agierens) deutlich; dies stützt die Vermutung, daß durch den Besuch auch Schuldgefühle entstanden sind.

Aus der 4. Sitzung

Zu Beginn äußern die Teilnehmer Gefühle des Angestrengtseins, der Lähmung. Diese Erschöpfung nimmt bedrohliche Züge an, wenn vom Zusammenbruch des Schutzschildes, der Abwehr die Rede ist. Die Erschöpfung hängt offenbar mit den auch in dieser Sitzung anhaltenden heftigen gegenseitigen Attacken zusammen, mit denen jederzeit zu rechnen ist, was zu einer quälenden Daueranspannung, zu einem paranoiden Klima (Bion: „Kampf und Flucht") führt. Im Mittelpunkt zu stehen ist gefährlich, kann hier nur bedeuten, im Mittelpunkt der Angriffe zu stehen (so z.B. Kurt: „Ich möchte mich nicht zum Thema machen!"). Möglicherweise dient Max dafür als Modell, das Emil zutreffenderweise als masochistisches beschreibt. Eine Konfliktlösung ist nur als Ausschluß des Konflikthaften, als Abspaltung vorstellbar (Behaglichkeit ist nur dann möglich, wenn die Leiter ausgeschlossen sind; Entspannung ist nur dann möglich, wenn Max aus der Gruppe geworfen wird oder zumindest mund*tot* gemacht ist.) Dementsprechend tauchen auch heftige Schuldgefühle auf; Ursula fühlt sich am Schweigen der Co-Leiterin schuldig (destruktive Größenphantasie). Umgekehrt fühlt Franz sich verpflichtet, die tote Mutter zum Leben zu erwecken, und fühlt sich dadurch ausgebeutet, ist wütend. So bleibt die Frage im Raum, ob eine tote Mutter oder eine lebendige Mutter, die ihre Lebendigkeit aber aus ihren Kindern zieht (narzißtische Ausbeutung), besser ist. Eine Mutter im Sinne eines nährendes Objektes erscheint nicht vorstellbar. Möglicherweise bildet die eigene orale Gier, die aufgrund ihrer Heftigkeit bedrohlich ist und auf

ein mütterliches Objekt projiziert wird, das dann seinerseits bedrohlich wird, den Hintergrund dieser Vorstellung.
(...)
Helga: „Ich hatte auch einen *Traum:* Ich komme mit einem Freund zurück von einem Einkauf in einem fremden Land. An der Grenze ist eine Kasse, typisch, erstmal muß man bezahlen, wie in Altaussee. Da ist eine Durchreiche, ich gebe 4-5 geräucherte Keulen durch. Wir gehen durch die Grenze durch, ich sagte, ich hole das Auto und das Eingekaufte."

Aus der 5. Sitzung

Die Gruppe durchzieht wie ein roter Faden das Motiv der Resignation bezüglich der Fähigkeit, Beziehungen einzugehen. Franz kann sich Liebe allenfalls in der Form vorstellen, daß er ertragen wird. Eine enge Beziehung wie die zu seinem Vater ist nur um den Preis der Selbstaufgabe und vollständigen Unterwerfung vorstellbar. Das Gefühl, angenommen und liebevoll akzeptiert zu werden, scheint nicht denkbar oder nur als eine religiöse kindliche Schwärmerei, die bei Hinterfragung zerplatzt. Zumindest wird in seiner Beschreibung der Vorstellung von Gott eine Sehnsucht sichtbar. – Eltern erscheinen unerreichbar, brechen zusammen, ziehen sich zurück, sind sadistisch strafend, es scheint nur der Neid auf die bevorzugten Geschwister zu bleiben. – Auch Helgas *Traum* (4. Sitzung) zeigt eine zentrale Dynamik der Gruppe, das Zertrennen und Zerhakken von Einheiten, von entstehenden Beziehungen, von Bedeutung („Angriffe auf Verbindungen"), das Trennen von Affekt und Vorstellung.

Aus der 6. Sitzung

Der Gruppe wird nun das eigene Dilemma deutlicher. Max' Bemerkung, daß alles Gesagte schon so verarbeitet sei, ist sicher zutreffend. Es ist bezeichnend für die „autistische" Haltung der Gruppenteilnehmer, daß sie ständig sich selbst deuten, so daß es wenig hinzuzufügen gibt, die Beiträge kaum Sprünge aufweisen, wo etwas „dahinter" deutlich werden könnte, alles ist schon voranalysiert; so werden die „Eltern", Leiter und Co-Leiterin, überflüssig gemacht, vernichtet. Max' Hinweis auf das Dazwischenschlagen Dritter bei einer Kontaktaufnahme bezeichnet ebenfalls einen zentralen Punkt der Dynamik der Gruppe. Es scheint, als könnten die Teilnehmer in der Position des Dritten sich selbst nur als Ausgeschlossene erleben; der dadurch entstehende Neid ist so groß, daß er zu einem destruktiven Angriff auf den entstehenden Kontakt führt und eine Entwicklung im Sinne einer Reifung der Gruppe verhindert. Das Bild „Keule abtrennen" (Helgas Traum) weist auf den oralen Charakter hin, auf die orale Gier, auf Vorstellungen der Inkorporation (als Vorläufer der Introjektion), bei der das inkorporierte (Teil-)Objekt verschlungen und zerstört wird. – Im Grunde kämpft der Leiter in dieser Situation als Vertreter der Regel gegen in der Gruppe heftig andrängende Vorstellungen der narzißtischen Welt; eine Welt, in der alles möglich ist, Grenzen keine Rollen spielen, die Realität entsprechend den eigenen Bedürfnissen zurechtgerückt wird. Dementsprechend wird der Leiter von der Gruppe heftig attackiert, wenn er sich gegen die Vereinnahmungsversuche zur Wehr setzt. Das Setzen von deutlichen Grenzen wird von den Teilnehmern als Bedrohung, als Angriff (Max: „völlige Abwesenheit von Empathie", Ursula: „Leiter ist ein betrunkener und gewalttätiger Vater) erlebt, entsprechend der Spaltung in der narzißtischen Welt in Verschmelzung und Verwerfung. Trennungen sind in dieser Welt mit Todesgefahren verbunden.

Aus der 8. Sitzung

Max eröffnet die Sitzung mit dem Bericht über seinen „hohlen" (narzißtischen) Vater, in der Übertragung wird so aus dem Namen „Ohlmeier" „Hohlmeier". Die *Intervention* der Co-Leiterin („hohl" oder „holen"?) scheint einiges in Gang zu setzen. Ihre Intervention macht ihre Verbundenheit mit dem Leiter deutlich, indem sie auf die konstruktiven Aspekte (Wunsch nach Nähe zum Vater) von Max' Fehlleistung hinweist und so das paranoide Klima entschärft. Diese Intervention scheint einen Raum für ganz neue Gefühle zu eröffnen, es werden erstmals Gefühle des Wohlbehagens in der Gruppe geäußert. –

Helga: „Ein *Traum* von letzter Nacht: Ich bin auf der Intensivstation, ein junges Mädchen liegt im Sterben wegen innerer Blutungen, wurde stundenlang mißhandelt, es ist unklar, ob es überleben wird, fast wie ein Todesurteil, sie kommt herein, hängt noch an den Schläuchen, ist wieder ansprechbar, hat am ganzen Leib damastfarbene Flecken, überall blumenartige Narben. Plötzlich hat sie sich gewunden, als ob sie Preßwehen hätte, ich hatte Angst, es spritzt das Blut, aber es kommt nichts, ich hatte Angst, jetzt stirbt sie, wenn ich ihr nicht helfe." – „In einem *zweiten Traum* bin ich auch auf der Intensivstation. Zuerst war ich auf einer anderen Station, die Intensiv-Schwester kommt, sagt, ich soll mitkommen, zeigt mir dort einen Inkubator, darin liegt ein Säugling, dem die Haut der oberen Körperhälfte fehlt; er wurde beatmet, ich kann mich nicht rühren vor Entsetzen; es sah aus, als wäre die Haut abpräpariert. Ein Arzt kommt mit einem Mittel, ein neues Präparat, der Arzt intubiert, der war plötzlich neben mir." – Um tödliche Bedrohungen geht es auch in Helgas Träumen. Das Verständnis dieser beiden Träume ist dadurch erschwert, daß sie von Helga förmlich in die Gruppe „geschossen" werden, wie Blitze dastehen, für sich alleine, ohne Kontext; keiner geht auf den Inhalt dieser Träume ein. Wie Blitze (ohne Donnerhall!) erscheinen sie auch deshalb, weil sie einerseits mörderisch-tödliche Bedrohungen thematisieren, entsprechende Affekte auslösen, die in der Gruppensituation aber abgespalten bleiben. Das junge Mädchen des ersten

Traums erinnert an Sigrids aktuelle affektive Situation, versteht man den Bericht ihrer Geschichte als einer mißhandelten, mißbrauchten Frau als eine schmerzhafte Geburt (Sigrid: „... ich hatte das Gefühl, da will ich raus."). – Das Bild des Säuglings mit der fehlenden Haut im zweiten Traum scheint für die Gruppe zentral zu sein. Möglicherweise stellt er die innere Situation der Teilnehmer dar: Eine Kontaktaufnahme zu einem Säugling ohne Haut ist nicht möglich, wäre für ihn tödlich; er muß zu seinem Schutz in einem Glaskasten (Inkubator) aufbewahrt werden. Hier könnte ein Grund für die Unmöglichkeit der Aufnahme eines affektiv-libidinösen Kontaktes unter den Teilnehmern liegen: Die Gefahr einer narzißtischen Kränkung im Falle einer Berührung, eines Berührt-Seins ist so groß, so tödlich, daß eine schützende Glas-Haut der Unberührbarkeit überlebenswichtig ist. – In der Sitzung tauchen immer wieder Geburtsvorstellungen auf. Man gewinnt den Eindruck, als wären die Teilnehmer in der quälenden Situation einer hochschwangeren Frau, kurz vor der Geburt: Bis zum Platzen voll(er Affekte), voller Angst vor dem, was da kommt, vor der eigenen Destruktivität (das Kind könnte bei der Geburt sterben) und der Destruktivität des Kindes (die Mutter könnte bei der Geburt sterben). Geburten scheinen vor allem lebensgefährlich zu sein, sie enden im Inkubator, mit Blutverlust, Dammriß – Blut und „Scheiße". Leben und Tod vermischen sich. – Die Geburt ist realistisch eine Situation zwischen Leben und Tod, auch die Gruppe scheint sich zwischen Leben und Tod zu befinden. Der Tod der Gruppe (Max und Ursula berichten von Impulsen, die Gruppe zu verlassen) droht, bevor das Leben (Integration – Kontaktaufnahme) überhaupt erst begonnen hat.

Aus der 12. Sitzung

Den Hintergrund für den Umgang mit dem Thema Beendigung/Abschied bilden Vorstellungen, die mit dem Stadium der Erbarmungslosigkeit verknüpft sind; eine Trennung kann hier nur den totalen Verlust des Objektes bedeuten, so daß Trennung mit einem inneren Verschwinden des oder der anderen gleichzusetzen ist. Franz' Befürchtung, wenn er sich weiter zum Thema Abschied äußere, alles, also auch das Gute, zu zerstören, scheint diese Überlegung zu bestätigen. Es ist deutlich, daß Franz fürchtet, das Gegenüber vollständig zu zerstören, wenn er seine Destruktivität nicht kontrollieren würde. So kann er – hier sicherlich stellvertretend für die Gruppe – nicht die Erfahrung machen, daß das Objekt überlebt; so kann er nicht die Erfahrung von Konstanz und Kontinuität machen. Wenn Abschied mit totalem inneren Verlust gleichgesetzt ist, wird klar, warum er vermieden und abgewehrt werden muß.

Aus der 13. Sitzung

Katjas Schilderung ihrer Großmutter (an die Katja sich erinnert) weckt das *Bild eines mächtigen, verwöhnenden Objektes, das autonome Regungen unter sich begräbt, verschluckt, das in seiner formlosen Gestalt keine Auseinandersetzungen zuläßt, Konflikte „erwürgt"* etc. Man gewinnt beinahe den Eindruck, daß diese Gestalt die Gruppe insgeheim beherrscht und beherrscht hat, daß diese Gestalt das ist, worüber nicht gesprochen werden kann, da sie sich nicht in Worte fassen läßt, sich nicht materialisieren oder symbolisieren läßt, *eine Art frühester Mutterimago.* – Eine abschließende Deutung des Leiters weist auf die Zerstörung des (elterlichen) Paares als die Urform von Verbindung, auf der alle anderen Verbindungen (auch die kognitiver bzw. symbolisch-assoziativer Art) aufbauen, hin. Wird *das Paar zerstört, verbleibt das Subjekt in der Welt der archaisch-mächtigen Mutter.*

Aus der 15. (Schluß-)Sitzung

Katja berichtet zu Beginn von Abschieden, die insofern keine waren, als ihr Vater einfach verschwunden ist, ohne daß sie die Möglichkeit hatte, sich zu verabschieden. Genauso plötzlich scheint er wieder aufgetaucht zu sein, zuerst konnte sie mit ihm gar nichts anfangen. Ursulas Bericht vom Tod ihres Vaters hat hierzu insofern eine Parallele, als auch Ursula den Tod ihres Vaters zwar real miterlebt, sein Sterben aber nicht auch innerlich realisiert hat, nicht spürte und daher Schuld empfindet, da sie ihn innerlich beim Sterben alleine gelassen hatte. Diese fehlende innere Verbindung zum Vater steht auch in Verbindung mit dessen Depression, die zu durchdringen Ursula nicht gelungen ist. – Vermutlich ist hier grundsätzlich die Art und Weise angesprochen, in der die Gruppe Trennung und Abschied erlebt. Aufgrund der fehlenden Erfahrungen, daß das Gegenüber die eigene Destruktivität überlebt, bedeutet Trennung den totalen inneren Verlust des Objektes, ist mit Vernichtung des Objekts gleichzusetzen. Dementsprechend richtet sich die Trauer nicht auf die Trennung oder den Tod des Objekts, sondern auf dessen totalen inneren Verlust. – Das Gefühl der überbordenden Trauer verändert sich im Lauf der Gruppensitzung. Kurts selbstkritisches, scharf beobachtetes Resümee über sein Verhalten und Erleben in der Gruppe hat beinahe wieder etwas Gnadenloses, Selbstquälerisches. Andere Bekenntnisse zeigen deutlich idealisierende, harmonisierende Züge; nach und nach kommen zusehends wieder aggressive Töne ins Spiel, die sich gegen Ende offen gegen den Leiter richten. Die Schalheit und beinahe Trivialität des zum Thema Abschied Gesagten steht im Gegensatz zu den doch heftigen Gefühlen der Trauer und den Tränenausbrüchen, so daß der Eindruck entsteht, daß sich zwischen dem Verbalisieren und dem Erleben eine Kluft befindet. Gleichzeitig fällt auf, daß jeder in der Gruppe doch sehr vereinzelt wirkt, für sich steht, daß wenig Verbindung und Beziehung besteht. So haben Einzelne vielleicht kaum die Möglichkeit, ihren Gefühlen in Beziehungen Ausdruck zu verleihen, bleiben – wie die schweigende Lisa – mit ihren Gefühlen alleine und bei sich. Die fehlende Bezogenheit, das „Zerhacken" der letzten Sitzungen, wird in dieser Sitzung viel weniger deutlich, wird mehr durch eine harmonisierende Haltung überdeckt. So kann denn auch die Gruppe den Hinweis bezüglich der Trauer über die nicht genutzten Möglichkeiten nicht annehmen.

Übertragung

Aus dem kasuistischen Material werden einige der besonderen Konstellationen und Ausgestaltungen der Übertragung deutlich, mit der wir in einer Intensivgruppe zu rechnen haben. In der Übertragung wird die Person des Gruppenanalytikers bzw. das Personenpaar von Leiter(in) und Co-Leiter(in) als übermächtiges – bergendes, ernährendes, lebenserhaltendes, aber auch bedrohliches, zerstörerisches – Objekt erlebt. Die Übertragungsebene ist also in erster Linie und über weite Strecken des Gruppenprozesses eine präödipale. Die Gruppenanalytiker nehmen in der Wahrnehmung und Phantasietätigkeit der Teilnehmer geradezu Züge eines archaischen Objekts an. (Der Begriff des „Archaischen" erscheint, so wie auch hier, oft nur ungenügend geklärt. Er ist im Sinne einer ambivalenzlosen oder ambivalenzarmen Konfrontation mit einem übermächtigen Objekt, das als einverleibend und zerstörend erlebt werden kann, zu verstehen. Gegensätze wie Gut und Böse, mächtig und ohnmächtig, männlich und weiblich werden bei diesem Objekterleben häufig nicht wahrgenommen; Ambivalenz, differenzierte und „abschattierte" Objektwahrnehmung treten in den Hintergrund. An dieser Stelle kann eine genauere Klärung dieser besonders für Intensivgruppen wichtigen archaischen Wahrnehmung nicht erfolgen.)

Oft kommt es in der Intensivgruppe nur in Ansätzen zur Wahrnehmung und Beschäftigung mit der ödipalen Thematik. Ein zentrales Thema bildet bei einem aus einer Frau und einem Mann bestehenden Analytikerpaar (Leitung und Co-Leitung) die Auseinandersetzung der Gruppe mit der sexuellen (und dies im engeren, „genitalen" Sinne) Wahrnehmung und der Beziehung dieses Paares untereinander. Wir müssen uns aber im Klaren darüber sein, daß zahlreiche „nicht genutzte Möglichkeiten", einschließlich unverständlich bleibender Passagen des Gruppenprozesses, bestehen bleiben können – die allerdings als Stimulans für weitere, in einem anderen Rahmen weiterzuführende psychoanalytische Erfahrung dienen können und insofern eine produktiv-positive Wirkung entfalten.

Zur Deutungstechnik

Besondere Wichtigkeit kommt der Wahrung des analytischen Rahmens, der Abstinenz und der analytischen Grundregel zu, als deren Garanten sich der Gruppenanalytiker versteht. Der (oder die) Gruppenanalytiker sind geradezu als „Verkörperung" des gruppenanalytischen Settings anzusehen und damit Wahrer (oft Verteidiger und „Erinnerer") des „Gesetzes", das letztlich das ödipale Gesetz ist und die Verstricktheit in Mord- und Inzestphantasien sowohl präsent macht als auch eine entängstigende Bedeutung hat.

Deutungen und Interpretationen richten sich vorzugsweise an die Gruppe als ein Ganzes, um den Gruppenprozeß als ein Gesamt (und nicht ein Nebeneinander von Einzelpersonen) zu unterstützen und um die Möglichkeit maligner Regressionen (Balint, 1968) und „Vereinzelungen" von einzelnen Teilnehmern zu verhüten. Besondere Aufmerksamkeit hat präödipalen Phantasien aus dem oralen und dem narzißtischen Bereich zu gelten, die an den Übertragungsobjekten des/der Gruppenanalytiker(s) aktualisiert und „festgemacht" werden. Behutsames Vorgehen, das nicht umfassend und generalisierend in einem einzigen Deutungsschritt die gesamte Tiefe und Reichweite des aufkommenden Phantasie- und Übertragungsmaterials „um jeden Preis" oder gewaltsam zu umgreifen sucht, hat sich hierbei bewährt; die Deutung einer Gruppenkonstellation sollte also mit Hilfe behutsamer klarifizierender, einzelne Inhalte lediglich benennender und damit verstärkender Interventionen erreicht und schrittweise eingeleitet werden.

Schlußbemerkungen

In dem von vornherein begrenzten Rahmen einer psychoanalytischen Intensivgruppe wird die Wirksamkeit, die Wirklichkeit intrapsychischer Prozesse präsent. Es wird ein Zugang zu einem psychoanalytischen Möglichkeitsraum, zu einer psychischen Entwicklungszukunft für die Teilnehmer eröffnet.

Eine *Anfangssituation* wird geschaffen; gründliche analytische Durcharbeitung kann dabei allerdings nicht oder doch nur in Ansätzen in Aussicht genommen werden; sie wäre die Aufgabe einer späteren Psychoanalyse im klassischen Setting und/oder einer unbefristeten Gruppenanalyse, d.h. ohne vorgegebene Zeitbegrenzung und ohne solche Besonderheiten (die im Grunde behandlungstechnischen Parametern entsprechen) wie die Internatssituation, die hohe Sitzungsfrequenz, die eher zufällige und im Rahmen einer Organisationsstruktur vorgebene Analytikerwahl, die auch als eine „Zuteilung" zu bezeichnen wäre. So können wir von einem Start in neue psychische Erfahrungen sprechen, und zwar sowohl im Hinblick auf die Kenntnis der eigenen Struktur (und das heißt auch der internalisierten Gruppen- und Familienstruktur) und Entwicklungsgeschichte, als auch der interpersonellen Erfahrungen und Möglichkeiten der einzelnen Teilnehmer.

Gefahren und eventuelle *Kontraindikationen*, die sich aus diesem Modell einer psychoanalytischen Intensivgruppenarbeit ergeben, sollten nicht unterschätzt werden. So könnte eine Teilnahme von psychotischen Personen oder von ausgeprägten Borderline-Persönlichkeiten mit der im Rahmen ihres Krankheitsbildes stark ausgeprägten Neigung zu Spaltungen und Projektionen zu behandlungstechnischen Problemen führen, die in dem vorgegebenen begrenzten Rahmen nicht sorgfältig genug zu bearbeiten sind. Ein weiteres Problem könnte die Teilnahme von Menschen in akut konflikthaften und krisenhaften Lebenssituationen darstellen. Hier wäre ein gründliches Erstinterview vor Eintritt in eine Intensivgruppe angeraten.

Bei der Intensivgruppe handelt es sich für viele Teilnehmer um einen „Einstieg" in das Unbewußte, um eine Eröffnungssituation, die allerdings nicht lediglich mit überraschenden und erschreckenden inhaltlichen Themen, insbesondere *unbewußten* Phantasien, konfrontiert, sondern auch mit einer Ich-Regression einhergeht, in deren Rahmen frühe Abwehrmechanismen wie Spaltung, Projektion und Verleugnung eine zentrale Rolle spielen. Weniger wegen der Inhalte, vielmehr wegen dieser *strukturellen* Regressionen muß das Setting der Intensivgruppe, sollte auch die Deutungstechnik mit großer Sorgfalt gehandhabt werden. Auf der einen Seite sind maligne Regressionen, insbesondere einzelner Teilnehmer, zu vermeiden oder sensibel im gegebenen begrenzten Rahmen zu bearbeiten, können sie doch z.B. über das Gruppenende hinaus fortdauern und zu ernsten psychischen Beeinträchtigungen für einzelne Teilnehmer führen. Zum anderen sollte die Motivation, die „Lust" auf zukünftige, detaillierte psychoanalytische Arbeit, ja deren Notwendigkeit, erhalten oder überhaupt erst geweckt werden; der Intensivgruppe kommt also eine zukunftsorientierte „Türöffner-Funktion" zu.

Literatur

Balint, M. (1968): Therapeutische Aspekte der Regression. Die Theorie der Grundstörung. Dt.: Stuttgart: Klett (1970).
Freud, S. (1918): Aus der Geschichte einer infantilen Neurose. GW XII. Frankfurt a.M.: S. Fischer (1966).
– (1937): Die endliche und die unendliche Analyse. GW XVI. Frankfurt a.M.: S. Fischer (1961).
Hayne, M. (1997): Grundstrukturen menschlicher Gruppen. Erkenntnisse aus Selbsterfahrungsprozessen in Altaussee im Lichte der vier Psychologien der Psychoanalyse. Lengerich, Berlin: Pabst Science Publishers.
Ohlmeier, D. (1989): Denial in Patients with Myocardial Infarction. In: Edelstein, E.L., Nathanson, D., Stone, A.: Denial. Concepts and Research. New York: Plenum.
–, Dornes, M., Beier, C. (1995): Trauma Aids. Eine psychoanalytische Studie über die HIV-Infektion. Opladen: Westdeutscher Verlag.

Die Einstellungen des Klinikers und ihr Einfluß im Rahmen der psychoanalytischen Behandlung

Rena Moses-Hrushovski und Rafael Moses

Einleitung

Der Einfluß und die Funktion der Einstellungen des Klinikers bei transaktionellen Behandlungsprozessen ist anscheinend bislang noch nicht systematisch untersucht worden, obwohl Theoretiker wie Emde (1989), Arlow und Brenner (1988), Balint (1969), Hurwitz (1986), Jaffe (1986), Rosenfeld (1987), Stone (1961), Sandler und Sandler (1998), Viederman (1991) und viele andere solche Einstellungen oder Einstellungselemente, die zum Klima und der therapeutischen „ambience" beitragen, als besonders wichtig erachten.

Wir verstehen unter Einstellungen emotionale, mentale und solche Handlungsdispositionen, die ich-syntone Einstellungen in bezug auf das Selbst und die Anderen darstellen. Sie entstehen aufgrund von Erfahrungen sowie persönlichen und kulturellen Werten (vgl. Kluckhohn, 1958, Kluckhohn & Strodtbeck, 1961). Letztere tendieren dazu, Beobachtungen, Wahrnehmungen, Gefühle und Handlungen zu formen und einzufärben. Einstellungen können bewußt, vorbewußt oder unbewußt sein. Manche Kliniker nehmen gegenüber dem Analysanden eine einfühlsame, andere eine mehr distanzierte Haltung ein; manche sind mehr autoritär, andere mehr liberal eingestellt und sehen dann andere mehr als ihnen gleichgestellt an. Manche neigen dazu, sich oft apologetisch zu verhalten (zumeist ohne sich dessen bewußt zu sein), während andere dazu tendieren, sich rechthaberisch, kritisierend und sogar anklagend dem Analysanden oder Patienten gegenüber aufzuführen. Dies sind nur einige der vielen möglichen Varianten von Einstellungen auf seiten des psychoanalytischen oder psychotherapeutischen Klinikers.

Jeder Kliniker/jede Klinikerin arbeitet gemäß einem ihm bzw. ihr eigenen Stil, wobei Art, Umfang und Intensität ihrer Einstellungen je verschieden sind. In jedem von uns gibt es sich verändernde Varianten, abhängig jeweils von unserer Anpassungsbereitschaft oder auch Inflexibilität. Sie werden sich mehr oder weniger mit den sich verändernden Umständen wandeln; der Grad der Freiheit von narzißistischen und infantilen Motiven, der sich auch zu verschiedenen Zeiten bei jedem von uns verändert, ist eine weitere Variable.

Einige klinische Beispiele aus der Literatur

Obwohl die wichtigsten Aspekte dieser Einstellungen noch nicht systematisch untersucht wurden, zeigen klinische Beobachtungen, daß sie sich als positive oder negative Kräfte im therapeutischen Setting erweisen können. Hurwitz (1986) beschreibt seine persönlichen psychoanalytischen Erfahrungen mit Dr. X im Vergleich zu denen mit Dr. Y. (seinem zweiten Analytiker: Die Erscheinung des Dr. X, der Ton seiner Stimme sowie sein Stil lösten bei ihm permanent die Phantasie bzw. das Gefühl aus, daß er beurteilt würde. Die Deutungen des Analytikers klangen oft wie Urteilssprüche. Im Gegensatz zu der sarkastischen und herablassenden Einstellung von Dr. X fand Hurwitz, daß die Einstellung von Dr. Y – den er nicht als auf Distanz bedacht oder recht vorsichtig wahrnahm – bei ihm dazu führte, einen Grad an Entspannung zu empfinden und eine Befreiung von Angst, wie er dies niemals bei Dr. X erlebt hatte. Hurwitz fühlte, daß es leichter für ihn war, sich seinen Gefühlen der Scham und Angst zu stellen, wenn er sich entspannter und freier fühlte – ein Zustand, den er in seiner Analyse bei Dr. X nicht erreichte.

Auch Guntrip (1975) berichtet über die Einflüsse der Einstellungen seiner zwei Analytiker auf ihn. Zunächst war er bei Fairbairn in der Analyse, den er als „keine Beziehung herstellend", als einen Spiegelanalytiker empfand, der technische Deutungen anbot und konsequent auf der ödipalen Ebene verharrte. Im Gegensatz dazu empfand er Winnicott, seinen zweiten Analytiker, als spontaner, mehr intuitiv, mehr bereit, sich auf eine persönliche Beziehung einzulassen: Hier war er mehr mit seinen archaischen Erfahrungen in Kontakt und konnte diese entsprechend organisieren. Wir glauben, daß allein das Sich-bewußt-Werden, wie sich diese Einstellungen auswirken, eine wichtige Erkenntnis für Kliniker ist. Gerade deshalb ist es umso erstaunlicher, daß wir trotz der allgemein anerkannten These, daß Einstellungen und Werthaltungen eine bedeutende Rolle im therapeutischen und analytischen Prozeß spielen, eigentlich wenig über sie und ihre Dynamik wissen.

Warum ist dieses Gebiet noch so wenig bearbeitet?

Vielleicht liegt ein Grund hierfür darin, daß es schwierig ist, zwischen den distinkten Elementen der theoretischen Orientierungen, der technischen Interventionen und der Einstellungen zu unterscheiden. Ein anderer Grund mag darin bestehen, daß Persönlichkeitsfaktoren bekanntlich so komplex sind, daß dies vielleicht Forscher davon abhält, sich mit ihnen näher zu beschäftigen.

Es ist sehr schwer, Einstellungen zu identifizieren und zu beschreiben, da sie gewöhnlich durch den Ton der Stimme, durch Gesten, Handlungen sowie durch verschiedene non-verbale Ausdrucksmodi vermittelt und übertragen werden; es ist nicht leicht, diese in Worte zu übersetzen. Darüber hinaus gibt auch nicht viele Analytiker, die – wie etwa Searles (1965), Winnicott (1965), Ogden (1977) und Eifermann (1996) – über ihre subjektiven Interventionen berichten. Sogar wenn uns genaue Berichte darüber vorliegen, was beide Seiten sagten, ist es fast unmöglich, etwas über die Gefühle, die „reveries", die Phantasien zu erfahren und hinsichtlich einer Sitzung, über die berichtet wurde, festzuhalten, welche Einstellungen auf seiten des jeweils Anderen wahrgenommen wurden, sowie deren Einfluß auf den Prozeß und das Ergebnis der Behandlung genauer einzuschätzen.

Vielleicht hängt dies auch damit zusammen, was Greenson (1961) über Reaktionen wie Verlegenheit, Scham und Angst schrieb, die auftreten, wenn die besondere Situation der empathischen Intimität, die für analytisches Verstehen notwendig ist, für andere offengelegt werden muß. Ein weiterer Grund für den Mangel an Untersuchungen in diesem Bereich mag auch mit der weit verbreiteten Überzeugung zusammenhängen, daß Analytiker apriori die „richtigen" Einstellungen besitzen. Hinzu kommt außerdem noch, daß es bis heute nicht klar ist, ob Einstellungen sich – wie Charakterzüge – überhaupt ändern können. Warum sollte sich also ein Analytiker mit einer Variable abgeben, die unveränderbar schein? Viele Analytiker glauben, daß es am wichtigsten ist, Übertragungsreaktionen auf die Einstellungen des Analytikers zu deuten – egal, ob diese Einstellungen selbst eine Rolle spielen oder nicht.

Die Übertragung

Nun wissen wir, daß so vieles von der Art der Übertragung abhängt und daß viele Analytiker auf ihre Analysanden reagieren je nachdem, was sie selbst in ihrer eigenen Analyse erlebt haben. Mit Viederman (1991) unterscheiden wir zwischen dem „Wetter" welches mit dem Ablauf und den Veränderungen in der Übertragung in Beziehung steht, und dem „Klima" bzw. der „Atmosphäre", die von der jeweiligen emotionalen Tönung der Beziehung bestimmt wird. Diese wird vorwiegend durch die Konstellation der Einstellungen des Klinikers und ihre Wechselwirkung mit denen des Patienten bestimmt. Compton (1987) kommt zu dem Schluß, daß eine Theorie der Einstellungen auf psychoanalytischem Gebiet erst noch entwickelt werden muß.

Unsere Bereitschaft, die eigenen Einstellungen zu untersuchen und dies dann Kollegen mitzuteilen

Wir glauben, daß ein tieferes und weitgehenderes Verständnis für diesen Teil unseres „analytischen Instrumentariums" (Balter et al., 1980) durch unsere Bereitschaft als Kliniker erreicht werden könnte, unsere eigenen Einstellungen zu untersuchen und uns mit anderen Kollegen darüber auszutauschen. Je mehr es uns möglich ist, diese Einstellungen in unserer Wahrnehmung und unseren Studien zu analysieren, desto klarer und differenzierter werden wir sie erfassen können. Wie Gardner (1991, S. 870) sagt: "Durch eine umfassendere Beobachtung der analytischen Vorgehensweise bietet sich uns die Gelegenheit, mehr über unsere Kunst zu lernen."

Einstellungen, die ein Klima der Entwicklungsmöglichkeit und des Erwachsenwerdens in der Therapie/Analyse erzeugen können

Wir möchten nun einige der Einstellungen aufzählen, die der Literatur zufolge eine umfassendere und tiefgreifendere Selbstanalyse und dementsprechend ein größeres emotionales Miterleben in der analytischen Situation ermöglichen: die Fähigkeit des Klinikers, eine Atmosphäre der Sicherheit herzustellen (Sandler, 1960, Sandler u. Sandler, 1978); die Einstellung der Neutralität – welche keineswegs mit der Haltung eines objektiv-distanzierten Wissenschaftlers verwechselt werden darf (Gill, 1954, Goldberg, 1989). Viedermann (1991) schreibt, daß es für den analytischen Prozeß wenig förderlich ist, wenn der Kliniker dazu neigt, die Neutralität nicht als einen Leitlinie, sondern als starre Regel zu betrachten (1995, S. 451). Viele Analytiker sind davon überzeugt, daß affektive Präsenz (Emde, 1990) und ein gefühlsmäßiges Engagement im therapeutischen Prozeß (Loewald, 1986) nicht nur keineswegs im Gegensatz zur Neutralität stehen, sondern sogar unabdingbar für einfühlendes Verstehen und die therapeutische Arbeit sind. Einstellungen wie Empathie (Katz, 1993), Authentizität und ein Mitfühlen mit dem Anderen („compassion" – etwas anderes als Empathie; vgl. Greenson, 1960) sowie emotianale Flexibilität (Weigert, 1954) werden oft als selbstverständliche Grundfertigkeiten des Klinikers angesehen; und doch wissen wir, daß diese keineswegs immer vorhanden sind. Diese Einstellungen und Eigenschaften im Auge zu behalten und – auch wenn wir es schwierig finden, dieses zu empfinden und zu praktizieren – uns mit unserer Gegenübertragung zu beschäftigen – dies und anderes kann uns helfen, Hindernisse auf diesem Gebiet zu überwinden.

Es besteht weithin die Annahme, daß eine bejahende, bestätigende Einstellung (Schafer, 1983), die Grundüberzeugung, daß wir zu helfen vermögen (Fromm-Reichmann, 1956), sowie eine hoffnungvolle Disposition (Ornstein, 1990) eine ganz andere Atmosphäre herbeiführen können als eine zynische, geringschätzige und manchmal herablassende Haltung, die mitunter bei uns durchscheint, ohne daß wir dies bemerken. In letzter Zeit wurde vor allem die Einstellung der Gegenseitigkeit wie auch der Wechselwirkung (Rosenfeld, 1997, 1998) betont.

Andere Arten von Einstellungen

Es gibt noch weitere Kategorien von Einstellungen wie kognitive, klinische, politische, religiöse oder moralische Einstellungen. Einige von diesen wurden anderenorts bereits ausführlicher beschrieben (Moses-Hrushovski, 1991, 1996). Hier wollen wir uns statt dessen auf die kognitiven Einstellungen beschränken. Wenn wir versuchen, die Einstellungen wahrzunehmen, die in unsere Arbeit einfließen, können wir sehen, daß kognitive Prozesse beständig von der „Ebbe und Flut", der Ab- und Zunahme unserer psychischen und emotionalen Reaktionen beeinflußt werden. Manchmal sind wir uns dessen klar bewußt; zu anderen Zeiten nehmen wir sie nur unterschwellig wahr.

Eine der wichtigsten kognitiven Einstellungen, die wir als unverzichtbaren Bestandteil des analytischen Zuhörens ansehen, ist die Fähigkeit, in flexibler Weise zwischen diametral sich gegenüberstehenden Polen zu oszillieren: So werden wir manchmal ziellos unsere Gedanken umherschweifen lassen, während wir zugleich auf die große Reichweite der Affekte und Gefühlszustände (feeling states) achten werden: wie wir sie in einer Sitzung erleben und wie sie andauernd sowohl ihre Natur wie auch ihre Intensität verändern. Eine andere Art der Oszillation wird von Gardner mit der Frage „Suchen oder es hervorkommen lassen?" umschrieben. Seine Antwort lautet: „beides". Analytiker wie Analysand, so meint er, tun beides, manchmal mehr das eine, manchmal mehr das andere, immer alternierend und doch beides zusammen. Beide verbinden, trennen und verbinden erneut eine Sache und eine andere Sache – Dinge, die gedacht, gesehen, gefühlt, gehört, gerochen oder auf andere Weise empfunden werden – jedes für sich sowie zusammen mit dem anderen" (S. 35).

Eine andere Art einer dialektischen kognitiven Einstellung ist die der Empathie, die auf unserer Fähigkeit und Bereitschaft beruht, uns mit den Gefühlen, den Phantasien und Gedanken des Anderen zu identifizieren, während wir uns in seine Position versetzt denken, und doch zugleich – oder alternierend – eine separate Haltung einnehmen; oder an ihr festhalten, bevor wir uns wieder an die Stelle des Anderen versetzen (Katz, 1967). Die Verbindung dieser zwei Haltungen fördert unser emotionales Verstehen des Anderen, sorgt aber auch dafür, daß wir uns nicht im anderen durch Überidentifikation gleichsam verlieren.

Wechselwirkungen zwischen Kliniker und Patient

Um die subtile Wechselwirkung zwischen den Einstellungen des Klinikers und den Reaktionen des Patienten näher zu beleuchten, wollen wir den folgenden Dialog im Buch von Hannah Green „Ich habe Dir nie einen Rosengarten versprochen" wiedergeben. Hannah Green war eine Patientin von Frieda Fromm-Reichmann. Ursprünglich hatten beide vorgehabt, das Buch zusammen zu schreiben, aber Frieda Fromm-Reichmann starb, noch bevor sie ihre Arbeit daran beenden konnten.

In der linken Spalte findet man die Dialog-Passagen aus dem Buch und in der rechten unsere Anmerkungen zu den in ihnen zum Ausdruck kommenden Einstellungen. Man sagt über Frieda Fromm-Reichmann, daß alle fühlten, wie authentisch sie war, und daß alle von ihrer Fähigkeit beeindruckt waren, dem Patienten einen großen Freiraum zu gewähren (Green, 1964). Dies und ihre Offenheit waren die wesentlichen Faktoren, die das Klima in der Behandlung bestimmten und zum Gelingen des Arbeitsbündnisses beitrugen.

Dr. F.	**Einstellungen**
Eines Tages müssen wir einen Versuch machen, der uns nicht nur zeigt, wo Krankheit ist, sondern wo Gesundheit ist. Die versteckte Stärke ist ein zu tiefes Geheimnis. Aber zum Schluß, zum Schluß ist es unser einziger Verbündeter.	Ein Grundvertrauen in den Glauben an unsere gesunden Seelenanteile, während wir mit den Kranken arbeiten.
Deborah: um mich freundlich zu machen? Dr. F.: Um Ihnen zu helfen, gesund zu werden. Deborah: Um Klagen ruhig zu stellen? Dr. F.: Um ihnen ein Ende zu machen, soweit sie von der Umwälzung Ihrer Gefühle ausgelöst wurden (Green, S. 24)	Die Macht des Glaubens des Therapeuten in das Potential der therapeutischen Hilfe; auf eine der Aufgaben in einer einfachen und doch differenzierten Art und Weise hinzuweisen.

* * *

Dr. F.: Wenn es Ihnen recht ist, werden wir eine neue Verabredung machen und unsere Unterhaltungen beginnen; denn ich glaube, daß Sie und ich dieses Ding zusammen besiegen können, wenn wir wie der Teufel arbeiten. Erst möchte ich Ihnen nochmal sagen, daß ich keine Symptome oder Krankheitserscheinungen gegen Ihren Willen wegnehmen werde.	Auf Gegenseitigkeit und Zusammenarbeit aufbauend; Therapie wird als „harte Arbeit" aufgefaßt; es ist ein hoher Respekt für die Autonomie des Patienten vorhanden, egal in welchem Stadium er/sie sich befindet.

Deborah hielt sich von einer Verpflichtung zurück, doch sie erlaubte ihrem Gesicht ein sehr zurückhaltendes „Ja" zu zeigen, und die Ärztin sah es.	Sensibilität für nicht-verbale Kommunikation

* * *

Dr. F.: Erzählen Sie mir etwas über Ihr Leben vor dem Krankenhaus. Deborah: Meine Mutter hat Ihnen alles erzählt. Dr. F.: Ihre Mutter erzählte mir was sie gab, nicht was Sie nahmen; was sie sah, nicht was Sie sahen. Sie erzählte mir von Ihrem Tumor, was sie davon wußte. Deborah: Sie weiß nicht viel darüber. Dr. F.: Dann erzählen Sie mir, was Sie wissen. (Green, S. 44)	Erforschend; auf die Patientin eingestellt; mit keiner Seite überidentifiziert: Jeder Partner hat seinen Anteil. Weitere Erforschung; keine Wortklaubereien; zum Sprechen einladend.

* * *

Während sie es erzählte, sah sie Dr. Fried an, überlegte sich, ob die Toten je etwas anderes als Langeweile in eine Welt hereinbringen, die sich um niemand kümmert und niemand betreut. Doch das Gesicht der Frau Doktor zeigt starken Ärger und ihre Stimme ist voller Empörung über das 5-jährige Kind, das vor ihnen steht. „Diese verdammten Idioten! Wann werden sie lernen Kinder nicht anzulügen? Pah!" Mit großer Ungeduld begann sie ihre Zigarette auszustoßen.	Wirkliche Umsorgung; Ausdruck von Gefühlen; Entrüstung, wenn Werte wie Wahrheit und Respekt verletzt werden.
Deborah: Dann werden Sie also nicht gleichgültig sein. Dr. F.: Bei Gott, das werde ich keinesfalls sein. Deborah: Dann werde ich Ihnen erzählen, was niemand weiß.	Dies macht sie für Deborah vertrauenswürdig. D. ist nun bereit, über ihren Schmerz zu sprechen.

Sie sagten nie, daß es ihnen leid tat, keiner von ihnen. Nicht, daß sie so gefühllos hineingingen (in den Uterus), nicht, daß sie mich zwangen, all diesen Schmerz auf mich zu nehmen, und nicht, daß sie so lange logen ... Sie baten nie um Verzeihung, und ich habe ihnen nie verziehen...
Dr. F.: Wie kam es dazu?
Deborah: Ich habe den Tumor nie verloren. Er ist immer noch da, immer noch mein Inneres auffressend. Nur ist er unsichtbar.
Dr. F.: Damit bestrafen Sie sich und nicht die anderen (Green, S. 45-46).

Interessiert und bemüht, jeden Ausdruck und jedes Gefühl zu verstehen.
In einer empathischen und einfachen, menschlichen Art sprechend.

* * *

Deborah zeichnete mit Wut.
Dr. F.: Die Wut sehe ich klar, aber es gibt Symbole hier, die Sie erklären sollten. Kronen, Vögel
Deborah: Kronen und Nachtigallen!, sagte sie sarkastisch. Behalte das Ding und dann kannst Du es den gelehrten Ärzten, vor denen Du Vorträge hältst ....
Dr. F.: Ich glaube, ich werde dies für mich selbst behalten – um mich daran zu erinnern, daß schöpferische Kraft gut und tief genug ist, um sich selbst zur Blüte zu bringen; und sich trotz Krankheit zu entwickeln. (Green, S. 71)

Anerkennung der kreativen Begabungen und Kräfte. Nicht defensiv gegenüber dem scharfen Angriff von seiten Deborahs.

* * *

Dr. F.: Ich hätte es gerne, wenn Sie mich mit Ihnen zurücknähmen. Sie sah den Blick der panischen Angst und fügte hinzu: Nicht alles auf ein Mal, jedesmal ein bißchen. (Green, S. 95)

Bittet darum, mitgenommen zu werden, um so gut wie möglich zu verstehen.

Erforscht mehr, wählt jedoch den Zeitpunkt je nach den Fingerzeigen.

Dr. F.: Ich habe ein Gefühl, eine Idee. Wollen Sie es mit mir versuchen?
Deborah: Trauen sie mir?
Dr. F.: Bestimmt, sonst gäbe es gar keine Wissenschaft, wo wir beide zusammenarbeiten könnten. Ihr eigenes grundlegendes Wissen von sich selbst ist intakt und gesund. Glauben Sie daran! (Green, S. 97)

Vorsichtig, tentativ, und dadurch ein Klima der Offenheit herstellend. Der wahre Glaube an das Selbstverständnis des Anderen ermöglicht es ihr, eher bereit zu sein, ein Mitarbeiter zu werden.

* * *

Dr. F.: Es ist also so groß, wie verlassen zu werden, oder wenn alle Liebe verschwindet. Wir haben diesmal sehr gut gearbeitet, wir sahen, wo manche der Geister der Vergangenheit Sie noch in der Gegenwart festhalten.
Deborah: Ich wußte all diese vielen Jahre, wie krank ich bin; niemand anderes wollte es eingestehen.
Dr. F.: Man bat Sie sogar, der Wirklichkeit zu mißtrauen, der Sie am nächsten waren.
Deborah: Sie sehen so aus, als ob Sie es zum ersten Mal sehen. Ist das wahr? Habe ich Ihnen etwas dargebracht?
Dr. F. (von Deborah Furii genannt) hielt inne: Ja, das haben Sie schon, denn ... ich habe es nie in dieser besonderen Art und Weise gesehen.
Deborah faltet ihre Hände und lächelt.
Dr. F.: Was ist es denn, sagte Furii; sie sah, daß das Lächeln nicht bitter war.
Deborah: Nun, ja
Dr. F.: Also sind Sie zufrieden, auch wenn Sie geben, wie wenn Sie etwas bekommen?
Deborah: Wenn ich Sie etwas lehren darf, so heißt das, daß ich jedenfalls etwas wert bin. (Green, S. 146-147)

Diese Deutung klingt wie eine einfache Wahrheit, die beide erkannten, und nicht wie eine autoritative Erklärung eines Lehrers.

Gegenseitigkeit, Lernen und Lehren; Anerkennung des Beitrags von Deborah. Dies erhöht ihr Selbstbewußtsein.

Nicht-verbale Kommunikation ist mindestens so wichtig wie verbale. Kein Ausdruck ist zu unbedeutend.

Die grundlegenden Einstellungen wie Geben und Nehmen werden beachtet.

Sitzung einer Kleingruppe in Altaussee

Anschließend möchten wir einen Ausschnitt aus einer Gruppensitzung in Altaussee vorstellen. Das Hauptziel dieser Gruppen bestand in der Selbsterfahrung und in einem gefühlsmäßigen Kennenlernen der Kräfte, die – ob bewußt oder unbewußt – im Prozeß eines solchen Workshops auftreten. Was in diesem Fall die Gruppenmitglieder als eine „Veränderung von Einstellungen" beschrieben, erscheint uns lediglich als ein anderer Modus, das Auf und Ab der Einstellungen darzustellen: wie sie erfahren und geformt werden und wie sie sich mit denen des Gruppenleiters in einer Wechselwirkung befinden.

Von den zahlreichen Faktoren, welche in Altaussee emotionales Lernen und persönliche Entwicklung fördern, möchten wir hier nur folgende nennen: Die Struktur der Workshops und des Ausbildungsplans, welche reichlich Gelegenheit gibt, sehr verschiedene Gruppensettings zu erfahren: zweimal täglich Kleingruppe und Großgruppe sowie Gruppen, in denen Falldiskussionen von Gruppen stattfinden; und schließlich Gruppen, in denen theoretische Aspekte der Gruppenanalyse behandelt werden. Zu all dem kommt das allgemeine Setting von Altaussee, ein Treffpunkt, weit entfernt vom jeweiligen Heimatort, wo man acht Tage lang wohnt, mit Kollegen zusammen ist und daher den Workshop-Prozeß auch in dieser Gemeinschaft durchlebt. Diese Teilnahme bringt eine Intensität hervor, die sicherlich einen wesentlichen Faktor in dieser einflußreichen Erfahrung darstellt. Die Frage, die sich ein Mitglied stellte: „Wie passiert das, daß ich hier zu Einsichten komme, die ich in meiner persönlichen Analyse nicht erlangen konnte?", zeigt, daß diese Art von Gruppenerfahrung der individuellen Behandlung (welche eine nicht unbeträchtliche Zahl der Mitglieder durchmachen) komplementär gegenübersteht.

Natürlich übt die Zusammensetzung der Gruppe einen Einfluß auf den Prozeß, der stattfindet, aus. Wenn es z.B. eine große Altersdiskrepanz unter den Teilnehmern gab, führte dies zu mehr Reibung, ermöglichte der Gruppe aber auch, an dem Generationskonflikt zu arbeiten; wie auch an dem Einfluß von grundlegenden Einstellungen der Autorität gegenüber: z.B. an Übertragungsreaktionen sowohl innerhalb der Grupppe wie auch den Gruppenleitern gegenüber. Das zahlenmäßige Übergewicht von Frauen hatte in einer Gruppe einige Zeit lang einen lähmenden Einfluß auf die Männer ausgeübt, die dadurch ihre Gefühle gegenüber dominierenden Frauen neu durchlebten. Die Beachtung der Grundannahmen (basic assumptions; Bion, 1970) von seiten der Gruppenleiter, durch welche unbewußte Widerstände zum Ausdruck gebracht wurden, kehrte die Erfahrung um, so daß viele Quellen für gefühlsmäßiges Lernen und Entwicklung angezapft werden konnten.

Ein weiterer Aspekt der Zusammensetzung der Gruppe bezieht sich auf Persönlichkeitsmerkmale der Mitglieder: eine relativ große Gruppe von Borderline-Persönlichkeiten, Menschen, die sich absondern, vielleicht mit Borderline-Pathologie, verringern das Gefühl der Sicherheit in der Gruppe und führen zu aggressiven Reaktionen sowie zu einer Neigung, gegenüber anderen auf Distanz zu bleiben. Wenn es andererseits reifere und mitfühlende Menschen gibt (wie es der Fall war in der Gruppe, die wir anschließend vorstellen werden), führt das zu mehr Spontanität, Authentizität und Wärme. Natürlich spielt die Persönlichkeit der Gruppenleiter auch hier eine nicht unbeträchtliche Rolle.

Wir wollen nicht weiter auf andere Faktoren des Gruppenklimas eingehen, die zum emotionalen Lernen und zu psychologischen Veränderungen beitragen, möchten aber doch noch etwas über die Gruppenleiter und deren Einstellungen einfügen. Unserer Erfahrung nach konnten sie sich der Gruppe umso mehr öffnen und ihre Gedanken, Phantasien und andere Reaktionen mit der Gruppe teilen bzw. dieser mitteilen, je weniger sich die Gruppe defensiv verhielt, und sowohl für die Redebeiträge wie auch für die nonverbalen, affektiven Äußerungen der Gruppenmitglieder offen und empfänglich sein. Je mehr sie erleben konnten, daß ihre Reaktionen verstanden wurden, ihre Komplexität und ihre Gefühle anerkannt wurden, desto größer war ihre Motivation, gefühlsmäßig am Prozeß teilzunehmen.

Ein weiterer Aspekt der Atmosphäre in Klein- und Großgruppen betrifft die Art der Zusammenarbeit zwischen Gruppenleiter und Co-Leiter (ein Kandidat der Gruppenanalyse im letzten Stadium seiner Ausbildung) einerseits und zwischen diesen beiden und den Beobachtern der Gruppe. Nach jeder Gruppensitzung setzen sich diese zusammen, um die komplexe Dynamik des Gruppenprozesses wie auch die Arbeit des Gruppenleiters und Co-Leiters zu diskutieren. Selbstverständlich gibt es Unterschiede in unseren Einstellungen als Gruppenleiter wie auch hinsichtlich unserer Prioritäten der Intervention und des Verstehens. Dies ist übrigens auch so, wenn wir darüber schreiben. Der eine mag es mehr am Platze finden, eine Gruppendeutung zu geben, während der andere wiederum sich an ein Individuum wendet, dessen Probleme gerade einen gruppendynamischen Prozeß widerspiegeln; einer möchte sich mehr auf Verteidigungsmechanismen und Grundannahmen konzentrieren, während der andere mehr auf gewisse Gefühle eingeht, die unerträglich waren und die man deshalb lieber ausklammern wollte. Ein anderer ist mehr damit beschäftigt, die Aggression aufzuzeigen, die indirekt geäußert wurde, während wiederum ein anderer die Aggression mit Scham oder mit Angst verbinden würde, die hinter dem Ausdruck des Triebes standen. Oft waren diese unterschiedlichen Strebungen nicht bloß eine Zerreißprobe für die Gruppe, sondern führten ganz im Gegenteil häufig zu einer Bereicherung der Arbeit – auch wenn sie zuerst Reibungen und Spannungen hervorriefen. Dies wurde vor allem dadurch möglich, daß ein grundlegender Respekt zwischen den beiden Leitern sowie eine Anpassungsbereitschaft vorhanden war, an der manchmal während eines Workshops gearbeitet werden muß. Mit der Zeit führte dies meist zu der Fähigkeit, Unterschiede zu tolerieren und Konflikte in den Nachsitzungen zu besprechen. Natürlich sind die Beziehungen zwischen 3-5 Menschen, die zum „Staff" gehören, so komplex, daß sie nicht in ein paar Sätzen umrissen werden können. Wichtig ist aber die Beachtung dieses Aspekts von Gruppen.

Als Beispiel für die Vielschichtigkeit der Einstellungen wollen wir nun – natürlich mit vielen Auslassungen – über die letzte Sitzung einer Kleingruppe berichten, in der eine(r) von uns (R. M.-H.) Gruppenleiterin war. Wie dies relativ häufig der Fall ist, stand das Thema „Veränderungen" im Mittelpunkt der Sitzungen. Einer begann dieses Thema anzuschneiden, und die anderen folgten spontan. Hier war jedes Mitglied gefühlsmäßig ganz dabei und beteiligte sich auch am Gespräch.

Der erste, der das Thema anschnitt, war Herr W. Er sagte, daß er nie gedacht hätte, daß er über so viel Scham hinwegkommen müßte, bis er endlich der Gruppe mitteilen könnte, daß er homsexuell sei. Bis jetzt hatte er alles Erdenkliche getan, um diese Tatsache zu verbergen; er war ständig auf der Hut, hatte schreckliche Angst, daß man sein Geheimnis entdecken könnte. Daß er dies der Gruppe mitteilen konnte, bedeutete für ihn eine ganz große Erleichterung. Er hatte erwartet, daß man ihn auslachen oder abweisen würde, was jedoch nicht geschah. Im Gegenteil, seine Offenheit bewirkte, daß zwei andere Gruppenmitglieder über ihre Schwierigkeiten mit ihrer sexuellen Identität sprechen konnten. Dies half ihm, sich nicht so alleine und anders zu fühlen, wie dies oft bei ihm der Fall war. Dann beschloß er, seinen Eltern über seine sexuelle Neigung zu erzählen, egal, wie sie darauf reagieren mochten. Er hoffte, daß er einen Weg finden würde, sie das Problem und auch ihn selbst besser verstehen zu lehren und ihn anzunehmen, so daß er nicht mehr wie ein Heuchler weiterleben müßte.

Auf Herrn W. folgte Frau R. mit knapp gehaltenen Bemerkungen. Sie hatte früher der Gruppe erzählt, wie sie sich von ihren Eltern während vieler Jahre sowohl geographisch wie gefühlsmäßig entfernt hatte und wie sie unter ihnen gelitten hatte, besonders seit sie in ein Internat geschickt wurde. Jedesmal wenn sie versucht hatte, den Eltern zu erklären, wie einsam und unverstanden sie sich fühlte, hatten sie sich immer für die besten Eltern gehalten und über sie gespottet. Sie hatte den unerträglichen Schmerz dadurch gelindert, daß sie sich von ihnen trennte. Nun wartete sie darauf, daß die Eltern sich ändern und ihr zeigen würden, daß Frau R. für sie wichtig und bedeutsam war; sie wartete darauf, daß die Eltern ihren Anteil an ihrem Leid erkennen und ihr Bedauern ausdrücken würden.

In dieser Gruppe erlebte sie zum ersten Mal, daß man sie verstand, mit ihr mitfühlte und sie anerkannte. Dazu kam dann, daß Frau R., nachdem sie ihre Bitterkeit und ihren festen Entschluß, nie wieder mit ihnen in Kontakt zu treten, zum Ausdruck gebracht hatte, zu ihrem Erstaunen feststellte, daß sie nicht nur Wut und Schmerz ihren Eltern gegenüber empfand, sondern auch eine Sehnsucht. Dies eröffnete ihr die Möglichkeit, sich mit ihren inneren Konflikten zu beschäftigen, anstatt in der Rolle des Opfers zu verharren, das sich mißbraucht, mißhandelt und hilflos fühlte. Es war ihr auch möglich festzustellen, daß ihre von Verdacht, Mißtrauen und Distanz geprägte Haltung ähnliche Einstellungen auf seiten der Gruppe auslöste. So konnte sie nun ihren eigenen Anteil an dem „Kalten Krieg" erkennen, der sich zwischen ihr und ihren Eltern entwickelt hatte. Sie erzählte, daß sie die Nacht zuvor einen Brief an die Eltern geschrieben hatte, in dem sie versuchte, die Tür zu ihnen zu öffnen, die sie fest verschlossen gehalten hatte. Sie erwog auch die Möglichkeit, eine Einzeltherapie zu beginnen, um sich dem seelischen Schmerz zu öffnen, den sie bis dahin weitgehend verleugnen mußte, und um die alten Verhaltensweisen, die sie in ihrer Kindheit erlernt hatte, zu verarbeiten und zu versuchen, die unbewußten Konflikte zu lösen, anstatt sie blind und zwanghaft zu wiederholen.

Herr A. sagte, daß es bei ihm bisher üblich war, so wie in den ersten vier Tagen nicht am Gruppenprozeß teilzunehmen. Was ihn dieses Mal erstaunte, war, daß es ihm nach den ersten Tagen gelang, sein Schweigen zu brechen. Im Gegensatz zu seinem Verhalten in anderen Gruppen fühlte er sich dieses Mal nicht wie gelähmt. Er konnte zum ersten Mal über eine traumatische Erfahrung sprechen, die er seit dem Alter von 6 Jahren mit sich herumtrug: Er war sexuell mißbraucht worden. Was dieses möglich gemacht hatte, war, wie er erzählte, daß ein anderer Teilnehmer, der ein ähnliches Trauma erlitten hatte, darüber viel freier sprechen konnte. Obwohl ihm sein Verstand sagte, daß er nicht der einzige war, dem so etwas passiert war, hatte er dennoch das Gefühl, daß nur er so etwas durchgemacht hatte. Die gefühlsabtötende Wirkung der Scham wurde ihm klar, eine Wirkung, die die meisten Gruppenmitglieder erlebt hatten, jeder aus ihren oder seinen ganz persönlichen Gründen. Er konnte nun verstehen, daß die Scham ihn dazu brachte, seine Erlebnisse gleichsam einzufrieren, so als ob er einen Fleck an sich trüge, den er niemals wegwischen könnte. Nachdem er sein demütigendes Erlebnis der Gruppe erzählte hatte und über weitere Einzelheiten Auskunft gab, nach denen er gefragt wurde, konnte er sich mehr wie das Kind fühlen, dem dies alles geschehen war, anstatt sich moralisch zu verurteilen, so als ob er zu jener Zeit ein Erwachsener gewesen wäre. Dann sagte er, daß er sich bereit fühlte, dem Kind, dem Süßigkeiten angeboten wurden, um beim sexuellen Mißbrauch mitzumachen, zu verzeihen. Durch die Reaktion der Gruppe konnte er jetzt empfinden, daß die Welt nicht zusammenbrach, wie er gefürchtet und phantasiert hatte. Er hatte es vorgezogen, wie lebendig begraben zu sein, um nur nicht die Verachtung der anderen über sich ergehen lassen zu müssen. Statt dessen erfuhr er in der Gruppe Sympathie und Akzeptanz. Er hoffte, daß dies ihm helfen würde, sich auch in anderer Umgebung freier zu fühlen. Die Gruppenleiterin bemerkte, daß die Gruppenreaktionen eine wichtige Rolle dabei gespielt hatten, daß es Herrn A. gelang, Mut zu fassen, dieses traumatische Ereignis, das seine Entwicklung so stark beeinträchtigt hatte, endlich ans Licht zu bringen. Hierbei waren Scham, Demütigung und Schuldgefühle besonders wichtig. Aber auch die Einstellungen der Gruppenleiterin waren wichtig, weil sie insbesondere auf das Moment der Scham fokussierte. Wir können hier jedoch nicht auf alle Einstellungen der beiden Gruppenleiter und die gegenseitigen Wechselwirkungen näher eingehen.

Herr L., der von vielen Gruppenmitgliedern als arrogant und auf aggressive Art dominierend angesehen wurde und daher unbeliebt war, sagte in der Gruppe, er möchte allen mitteilen, was ihn die Nacht zuvor beunruhigt hatte. Während man ihm sonst fast nie zuhörte, war dieses Mal etwas in seinem Ton und seiner Gestik vorhanden, was eine Veränderung andeutete. Die Gruppe hörte ihm jedenfalls aufmerksam zu. Er konnte nicht einschlafen und dachte daran, was ein Gruppenmitglied gesagt hatte: daß nämlich etwas an ihm „falsch" war. Er wußte ja, daß er sehr ausgeprägt mit anderen konkurriere, obwohl er dies zu leugnen versuchte, als die Gruppe ihn deswegen angriff. Er schob auch die Deutung der Gruppenleiterin beiseite, die meinte, daß seine dominierende Haltung in der Gruppe vielleicht etwas mit seiner Familiensituation zu tun haben könnte und er dies in der Gruppe ausagieren müßte. Aber er habe nie gedacht, daß er falsch sei. War er es nun oder nicht? Schließlich schlief er ein und träumte, daß er über schneebedeckten Bergen dahinschwebte. Wie er sich so fortbewegte, merkte er, daß die Polizei ihm nachkam und ihn beschuldigte. Schnell erfand er verschiedene Geschichten und Lügen. Schließlich gelang es ihm, die Polizei loszuwerden. Als er über den Traum nachdachte, kam ihm der Gedanke, daß er sich auch in der Gruppe so benehme, als ob die Polizei hinter ihm her sei, daß er sich immer wieder rechtfertigen müsse, als ob man ihn anklage. Nun fiel ihm ein, daß er wohl in der Gruppe seine ihn bestrafende Mutter verkörpert sah, die auf die Gelegenheit wartete, ihm zu beweisen, daß bei ihm alles falsch sei. Von daher mobilisierte er all seine Energie, um zu beweisen, daß dies nicht wahr sei. Es war seine Einstellung, entweder zu kämpfen oder sich schmollend zurückzuziehen und die Rolle des Gekränkten einzunehmen. Nach kurzem Schweigen sagte ein Gruppenmitglied, dies sei das erste Mal, daß er Herrn L. zuhören und ihm trauen konnte. Ein anderer Teilnehmer, der zuvor gesagt hatte, Herr L. sei falsch, meinte, daß auch er empfinde, daß Herr L. nun seine Verhaltensweisen erkennen und seine Schwäche eingestehen könne. Nun sollte es für ihn leichter sein, zu unterscheiden, wann sein wirkliches und wann sein falsches Selbst im Vordergrund stehe.

Herr L. sah., wie die anderen Gruppenmitglieder ihre Einstimmung durch Zunicken ausdrückten. Er erklärte, daß die Verbindung von Festigkeit auf seiten der Gruppenleiter, die ihn keine Tritte austeilen ließen, und ihrem Mitgefühl andererseits ihm geholfen hätte, sich von seiner Opferhaltung freizumachen. Im Gegensatz zu seinem Vater, der ihn immer gegenüber seiner Mutter verteidigte und jeder seiner Launen nachgab, ließ die Gruppe nicht in ihrer Beharrlichkeit nach, seine ihm selbst schadenden Einstellungen aufzuzeigen; und zwar ohne sich für sein widerwärtiges Benehmen zu revanchieren, wenn er unbeherrscht wie ein Kind an die Decke ging.

Herr N. nahm den Polizei-Traum des Herrn L. auf und sagte, dies wäre wohl ein Traum auch für ihn. Vielleicht sei dies ein Grund für sein Gefühl der Einsamkeit, das ihn in Gruppen überkomme. Auch er müsse dauernd auf der Hut sein, nicht beim Lügen ertappt zu werden, so daß er schon nicht mehr wisse, was Lüge sei. Seit langer Zeiten müsse er immer auf der Hut und auf Kontrolle bedacht sein, auch wenn es eigentlich nicht notwendig wäre.

Nun kam Frau S. dazu, ihre Verletzung zur Sprache zu bringen: Sie sei so froh gewesen, daß verschiedene Gruppenmitglieder am Vorabend in ihr Auto eingestiegen waren, als die Gruppe zur Diskothek fuhr. Dann sei sie völlig erstaunt gewesen, daß niemand auf der Rückfahrt in ihrem Auto mitfuhr. Als sie sie in einem anderen Auto sah, sei sie sehr bedrückt gewesen. Sie sah es als einen Fortschritt an, daß sie der Gruppe mitteilen konnte, was sie so betroffen gemacht hatte, und sich nicht, wie bei ihr sonst üblich, auf eine distanzierte Haltung zurückzog und schwieg. Ein Mitglied begann zögernd zu fragen, ob es sicher genug sei, Frau S. zu erklären, warum sie nicht mit ihr zurückgefahren waren. Nach einigen prüfenden Fragen beschloß er ihr und dem Rest der Gruppe zu erklären, wie ihn der Fahrstil von Frau S. schrecklich geängstigt hatte: Es war nicht nur die hohe Geschwindigkeit, die gefährlich war; manchmal fuhr sie zickzackförmig, als ob sie betrunken gewesen wäre. Auch die anderen, die im Auto mitgefahren waren, beschrieben nun in sehr lebendiger Weise ihre Angstgefühle und brachen in ein etwas gezwungenes Lachen aus, was die Spannung im Zusammenhang mit diesem Ausflug klar erkennen ließ. Einer fügte noch hinzu, daß sich ihr Fahrstil verschlechterte, je mehr Bemerkungen darüber im Auto gemacht wurden. So wurden sie schließlich stumm, nur zufrieden, daß sie heil und gesund ankamen, und sie beschlossen daraufhin, nicht mit ihr zurückzufahren.

Frau S. war zuerst schockiert, diese Reaktionen zu hören. Sie war sich ihres Leichtsinns gar nicht richtig bewußt, sagte aber dann, daß sie in der Tat in einer waghalsigen Stimmung gewesen wäre. Vielleicht trieb sie etwas an, ihre eigenen Ängste blind überwinden zu wollen. Was ihr am eindringlichsten von ihrer Kindheit in der Erinnerung haften geblieben sei, ist, daß ihre Eltern ihr nie trauten. Als sie vor 10 Jahren ihren Führerschein bekam, hätten die Eltern große Angst gehabt, daß sie einen Unfall haben könnte. So beschloß Frau S., einige Jahre nicht zu fahren. Wenn sie jetzt so darüber nachdenke, sei es vielleicht richtig, daß sie einen Protest gegen die inszenierte, die ihr nicht trauen wollten. Frau S. blieb darauf schweigsam und in ihre Gedanken versunken, und die Gruppe, die darauf wartete, daß sie ihre Selbsterforschung weiter vorantreiben würde, fragte, ob es vielleicht eine sich selbst erfüllende Prophezeiung sei, daß man ihr nicht trauen könne? Zeigte sie unbewußt durch ihren Wagemut, daß die Eltern sie ungerecht behandelten und dafür bestraft werden sollten? Schließlich gab Frau S. ihren Anteil an der Aggression gegenüber ihren Kritikern zu; dies half ihr auch, nicht so sehr mit ihren Ängsten und Beleidigungen beschäftigt zu sein. Auch das Thema der Gruppenleiter als Autofahrer und Phantasien, was diese bezüglich ihrer Passagiere empfänden, wurde mit Humor angesprochen.

Als letztes wollen wir uns mit Frau N. beschäftigen. Von Anfang an hatte sie eine Führerrolle eingenommen. Ihre brillanten Bemerkungen wurden von einigen Mitgliedern genossen, besonders von denjenigen, denen das Schweigen und das Fehlen einer Struktur in der Gruppe nicht behagte. Andere waren irritiert, daß Frau N. den Raum mit komplizierten Deutungen füllte. Frau N. wehrte jeden Versuch ab, ihre Beweggründe, solch eine Führerrolle anzunehmen, zu untersuchen. So sagte ein Mitglied, daß sie vielleicht als Leiterin einer großen Schule empfinde, daß sie auch hier verantwortlich sein müsse. Sie lehnte dies entschieden ab: das sei lächerlich, die Gruppe brauche Führerschaft, und ihr liege das Interesse der Gruppe am Herzen. Ihre Rivalität mit den Gruppenleitern wurde ebenso thematisiert wie ihr Bedürfnis, schnell praktische Lösungen für Probleme zu finden, die in der Gruppe auftraten, wobei sie sowohl ihre eigenen Gefühle wie die der anderen wegrationalisierte. Vielleicht empfand Frau N. dies als eine Beleidigung und verschloß sich deshalb jeder Erforschung ihrer eigenen Gefühle; vielleicht trat ihre Neigung zum Handeln deutlicher hervor, wenn Angst in der Luft war. Die Gruppenleiterin meinte, daß Frau N. vielleicht ein starkes Bedürfnis hätte, etwas zu tun und zu helfen, um nicht den für sie bedrohlichen Gefühlen ausgeliefert zu sein. Sie nahm keine Notiz von dieser Bemerkung und hatte einen verächtlichen Ausdruck in ihrem Gesicht. Während mehrerer Sitzungen war sie still. War das Schweigen ein Ausdruck ihres Beleidigtseins? Daß man sie „analysierte", anstatt ihre guten Absichten und Fähigkeiten zu bewundern – oder fand da ein innerer Prozeß statt?

Es war eine große Überraschung für alle – Mitglieder, Gruppenleiter und Beobachter –, als Frau N. in der letzten Sitzung ruhig und mit stiller und sanfter Stimme zu sprechen anfing. Es schien, als ob sie ein anderer Mensch sei. Manchmal schluchzte sie und sagte, sie weine mit einem Auge und lache mit dem anderen. Wir fühlten, daß hier nicht nur Widerstand vorlag, der mit der Angst, dunkle Seiten in ihr zu öffnen, und mit Kränkung zusammenhing. Hier hatte ein innerer Arbeitsprozeß eingesetzt, der still vonstatten ging. Zurückblickend, so sagte sie, war ihr klar geworden, daß sie zwanghaft versucht hatte, hilfreich zu sein, bevor sie genauer wahrnahm, was gemeint, gefühlt und gedacht wurde. Sie sprach frei über diese Helferrolle, die sie unabsichtlich und unbewußt eingenommen hatte und von der sie nun glaubte, daß sie eher störte als ihr zu helfen. Sie kam zu dem Schluß, daß dies von ihrem Elternhaus herrührte. Auf diese Art hatte sie die Erwartungen ihrer depressiven Mutter und des kranken Vater befriedigt. Es gab ihr ein gutes Gefühl und auch Selbstbewußtsein, daß sie diejenige war, die tröstete und half – und nicht ihre ältere Schwester; aber es war auch eine zu schwere Last. Während sie in der Gruppe ruhig gewesen war, hatte sie die anderen beobachtet und festgestellt, wieviel freier diese waren als sie. Sie konnten sagen, was ihnen einfiel, und mit ihren Phantasien spielen. Als Kind hatte sie nie gespielt. Sie war ein Erwachsener im Körper eines Kindes gewesen, der immer beherrscht sein und aufpassen mußte, keine Schwächen zu zeigen. Frau N. lächelte, als sie sagte, daß sie es sich jetzt erlaube, durch ihre Tränen ihre Schminke zu verschmieren – etwas, was sie sich früher nie erlaubt hätte. Viele Mitglieder, auch die Gruppenleiter und Beobachter, hatten nun Tränen in ihren Augen; sie waren alle tief gerührt. An dieser Auflösung ihrer innerlichen Verschanzung (deployment; vgl. Moses-Hrushovski, 1994) teilzunehmen, war eine sehr bewegende Erfahrung; besonders da dies bei einer Person geschah, die so ganz abgeschottet von ihren wirklichen Gefühlen zu sein schien und in so starkem Maße in ihrem Verhalten mit „Tun" anstatt „Sein" beschäftigt war. Sie war auch ein Symbol dafür, was in einer Gruppe an Veränderung und Wandlung möglich sein kann, auch wenn es vielleicht nur für eine gewisse Zeit anhält.

Frau N. beendete ihre Erzählung damit, daß sie sagte, sie würde nochmals zu einem Workshop kommen, nicht als jemand, der schon alles weiß oder blind in die Rolle des Helfers getrieben wird, sondern als jemand, der verschiedene Gesichter und Motive hat und der eine tiefere Differenzierung und Integration erreichen möchte; zugleich würde sie ihr „altes Gepäck" wegwerfen und sich von Dingen befreien, die nicht mehr zur heutigen Zeit passen oder die ihr mehr schaden als helfen. Sie hoffte, daß jetzt nach Hause zu gehen, nicht einfach dazu führen würde, daß sie automatisch ihre alten Einstellungen und Rollen wieder übernehmen würde.

Natürlich sind nicht alle Gruppen so eindrucksvoll, wie die von uns soeben vorgestellte.

Schlußwort

Wir haben versucht, die Rolle der Einstellungen des Klinikers und ihre Wechselwirkung mit denen des Patienten in Psychotherapie und Psychoanalyse darzustellen. Zunächst theoretisch – warum sie wichtig sind, wie sie wirken – und dann anhand von verschiedenen Beispielen – Berichten von Analytikern, die mehrere Analysen hatten, einem therapeutischen Gespräch zwischen Frieda Fromm-Reichmann und ihrer Patientin Hannah Green und schließlich einem Bericht über die letzte Gruppensitzung einer Kleingruppe in einem Workshop in Altaussee. Auf diese Weise wollten wir auch praktisch-anschaulich illustrieren, worum es dabei geht. Für uns war und ist es wichtig, den zentralen Einfluß dieser Phänomene auf den Verlauf von Individual- und Gruppentherapien hervorzuheben.

Literatur

Arlow, J.A., Brenner, C. (1988): The Future of Psychoanalysis. In: Psychoanalytic Quarterly, 57, S. 1-14.
Balint, M. (1969): The Basic Fault: Therapeutic Aspects of Regression. London: Tavistock.

Balter, L., Lothane, Z., Spencer, J.H.(1980): On the analyzing instrument. In: Psychoanalytic Quarterly, 49, S. 474-504.

Bion, M. (1970): Attention and Interpretation. London: Heinemann.

Compton, A. (1987): Objects and attitudes. In: J. Amer. Psychoanal. Ass., 35, S. 609-629.

Eiffermann, R.R. (1996): Uncovering, Covering, Discovering Analytic Truth: Personal and Professional Sources of Omission and Disguise. In: Psychoanalytic Writings and Their Effects on Psychoanalytic Work and Practice. In: Psychoanal. Inquiry, 16, S. 401-425.

Emde, R.N. (1990): Mobilizing fundamental modes of development: Empathic Availability and Therapeutic Action. In: J. Amer. Psychoanal. Ass., 38, S. 881-915.

Fromm-Reichmann, F. (1960): Principles of Intensive Psychotherapy. Chicago, Ill.: Phoenix Books.

Gardner, M.R. (1991): The Art of Psychoanalysis: On Oscillation and Other Matters. In: J. Amer. Psychoanal. Ass., 39, S. 851-871.

– (1983): Self Inquiry. Boston: Little Brown.

Greenson, R.R. (1960): Empathy and its Vicissitudes. In: Int. J. Psychoanal., 41, S. 439-467.

Hurwitz, M.R. (1986): The Analyst, his Theory and the Psychoanalytic Process. Psychoanal. Study of the Child, 41, S. 439-467.

Jaffe, D. (1986): Empathy, Counteridentification, Countertransference: A Review. In: Psychoanal. Q., 55, S. 215-244.

Katz, R.L. (1967): Empathy, Its Nature and Uses. London: The Free Press of Glencoe, Collier-MacMillan.

Kluckhohn, C. (...): The evolution of contemporary America values. In: Daedalus, S. 78-109.

–, Strodtbeck, F.L. (1961): Variations in Value Orientations. Evanston, Ill.:Row Peterson and Co.

Loewald, H.W. (1986): Transference and Countertransfernce. In: J. Amer. Psychoanal. Ass., 34, S. 275-289.

Moses-Hrushovski, R. (1994): Deployment: Hiding Behind Power Struggles as a Character Defense. Northvale, N.J.: Jason Aronson.

– (1996): Attitudes of Clinicians and their Impact on the Treatment Situation. In: Samiksa. J. of the Indian Psychoanalytic Society, 50, S. 31-42.

Ogden, H.. (1997): Reverie and Interpretation – Sensing Something Human. Northvale, N.J.: Jason Aronson.

Ornstein, A., Ornstein, P.H. (1990): The Process of Psychoanalytic Psychotherapy: A self-psychological Perspective. In: Review of Psychiatry, 9, S. 323-340.

Rosenfeld, H. (1987): Impasse and Interpretation. In: Therapeutic and anti-therapeutic factors in the Psychoanalytic Treatment of Psychotic and Neurotic Patients. In: Tuckett, D. (ed.): The New Library of Psychoanalysis. London, Tavistock: Routledge.

Rosenfeld, J.M. (1997): Learning from Success: The Key for getting out from Under, or: „How to Forge User-friendly Social Work". IDC Brookdale Institute, Jerusalem.

Sandler, J., Sandler, A.M. (1978): On the development of Object Relationships and Affects. In: Int. J. Psychoanal., 59, S. 285-296.

Sandler, J. (1960): The Background of Safety. In: Int. J. Psychoanal., 41, S. 352-356.

Schafer, R. (1983): The Analytic Attitude. London: The Hogarth Press.

Searles, H.F. (1965): Collected Papers on Schizophrenia. London: N.Y. Int. Univ. Press & Hogarth Press.

Stone, L., (1961): The Psychoanalytic Situation. New York: Int. Univers. Press.

Viederman, M. (1991): The Real Person of the Analyst and his Role in the Psychoanalytic Cure. In: J. Amer. Psychoanal. Ass., 39, S. 451-491.

Weigert, E. (1954): The Importance of Flexibility in Psychoanalytic Technique. In: J. Amer. Psychoanal. Ass., 7, S. 702-710.

Winnicott, D.W. (1965): Ego Distortion in terms of True and False Self. In: Ders: The Maturational Process and the Facilitating Environment. London: The Hogarth Press, S. 140-152.

Studien zur psychoanalytischen Kulturkritik

„Wir bevölkern ein Trauma".
Zum Verhältnis von Trauma und Kreativität bei Thomas Bernhard

Annegret Mahler-Bungers

Einleitung

In seinem Roman „Was gibt's Neues vom Krieg" erzählt der jüdische Schriftsteller Robert Bober das Märchen von Jakob, einem jüdischen Jungen aus der Bukowina. Jakob hat einen Lungenfehler und droht zu sterben, aber eines Tages gelingt es, ihn von einem berühmten Lungenspezialisten und Chirurgen in Wien operieren zu lassen. Er wird zwar gesund, aber der Chirurg muß ihm einen Knopf in seine Lunge nähen, und durch dessen Löcher gibt es nun immer einen Pfeifton, wenn er atmet, worunter er sehr leidet, weil er nicht so ist wie die anderen. Deswegen isoliert er sich von den anderen Kindern und zieht sich in den Wald zurück, wo ein König haust, der Wünsche erfüllen und Wunder vollbringen kann. Das Problem ist nun aber, daß keiner zu ihm vordringen kann, man wird durch Steinwürfe daran gehindert. Jakob versucht es dennoch immer und immer wieder, bis er eines Tages im Wald einen alten Mann trifft, der ihm rät, sein Lungenpfeifen dahingehend auszunutzen, daß er Vogelstimmen imitiert, um, so getarnt, in den Wald vorzudringen. Jakob lernt nun geduldig und gründlich alle Vogelstimmen zu imitieren, und eines Tages gelingt es ihm in der Tat, zum König vorzudringen, der mit dem alten Mann identisch ist. Aber der erfüllt nicht den Wunsch des Jungen.

> „,Bin ich also umsonst gekommen?' fragte er, und Tränen liefen seine Wangen herunter.
> Der König nahm die Hände des Kindes in seine großen weißen Hände und sprach voller Wohlwollen zu ihm.
> ,Nein, mein kleiner Jakob. Du bist nicht umsonst gekommen. Du mußt gut verstehen, warum es dir gelungen ist, all die Hindernisse zu überwinden. Wenn du in der Hoffnung zu mir gekommen bist, ein Kind wie die anderen zu werden, hast du dich getäuscht, du wirst sicher niemals ein Kind genau wie die anderen sein wirst. Du mußt aber wissen, daß, indem du bis hierher gekommen bist, du etwas ganz Außergewöhnliches vollbracht hast, denn es gibt in jeder Generation nur sehr wenige, denen es gelungen ist, diesen Weg zu beschreiten. Das Wunder kann nicht von mir kommen, denn es besteht gerade in der Tatsache, bis hierher gekommen zu sein ...'„ (Bober, 1996, S. 106)

Jakob ist ein Kind mit einer Beschädigung (einer Krankheit). Der Preis für sein Überleben ist, daß es in seinem Inneren einen Fremdkörper gibt, ein Implantat, nämlich den Knopf, der ihn jedoch in Zukunft an einem unbeschwerten und relativ normalen Leben hindern wird.

Da der Roman Bobers von jüdischem Leben nach der großen Katastrophe der Judenvernichtung handelt, ist der metaphorische Bezug dieser „Krankheit" von Jakob klar, d.h. also, daß das Märchen von Bober sich auf dieses Trauma und seine Verarbeitung bzw. Nichtverarbeitbarkeit bezieht. Dabei gibt das Märchen eine ziemlich exakte Beschreibung davon, wie ein traumatisches Geschehen im Inneren des Selbst empfunden wird, nämlich als etwas Fremdes, das nicht von der Ich-Organisation integriert werden kann und sich wie ein Implantat im Körper verhält (Holderegger, 1993, Sandler, Dreher u. Drews, 1989). Trauma definieren Gottfried Fischer und Peter Riedesser als „ein vitales Diskrepanzerlebnis zwischen bedrohlichen Situationsfaktoren und individuellen Bewältigungsmöglichkeiten, das mit Gefühlen von Hilflosigkeit und schutzloser Preisgabe einhergeht und so eine dauerhafte Erschütterung von Selbst- und Weltverständnis bewirkt" (Fischer u. Riedesser, 1996). Diese Definition ist weit genug gefaßt, um nicht nur massive Traumen wie Kindesmißbrauch oder –mißhandlung, Gefangenschaft, Folter oder plötzliche Katastrophen zu erfassen, sondern auch Traumen, die durch eine allzu versagende oder aber zu wenig versagende Umwelt verursacht werden, z.B. durch mangelnde Zuwendung, Liebesentzug oder Trennungen vor allem im frühen Kindesalter bzw. durch Verführung und Verwöhnung, Versagungen und Versuchungen also, die die Kontinuität der psychischen Reifungsprozesse unterbrechen oder empfindlich stören. Jedoch werden solche Traumatisierungen individuell und anlagebedingt verarbeitet und lösen in der Innenwelt des Individuums Konflikte aus, die nicht allein auf äußere Ursachen zurückzuführen sind. Dies war bekanntlich Freuds große Entdeckung, als er erkannte, daß hysterische Symptome nicht auf Verführungen zurückgehen mußten, sondern ihre Gewalt auch aus unbewußten Phantasien und Triebkonflikten bezogen.[1]

Der Jakob des Märchens zeigt einige von der heutigen Traumaforschung beschriebene Symptome, z.B. die Erschütterung seines Selbstverständnisses, das Gefühl der Stigmatisierung, nämlich anders zu sein als die anderen, Depression, Isolation, Rückzug und die Suche nach einem Retter. Die traumatische Situation selbst besteht bei Jakob in einer Krankheit, und was diese mit einem psychischen Trauma gemein hat, ist die Drohung des Todes, bzw. der psychischen Vernichtung. Wie nun das Selbst auf diese Drohung reagiert, ist individuell sehr verschieden. In jedem Fall jedoch wird durch diese Reaktion ein je individueller *traumatischer Prozeß* eingeleitet, d.h. der Versuch, mit der unbewältigten und vielleicht nicht zu bewältigenden traumatischen Erfahrung zu leben. Dabei, so die Traumaforschung, „verwandelt sich das Trauma in psychische Struktur" (Fischer u. Riedesser, 1996).

Typischerweise reagiert Jakob mit sozialem Rückzug, verbunden mit dem Versuch, das Trauma rückgängig zu machen. Ein wesentliches Merkmal der Gegenmaßnahme oder des Abwehrmanövers, mit dem ein Individuum gegen die traumatische Angst angeht, kann eine Wendung von Passivität in Aktivität sein, um die traumatische Erfahrung unter Kontrolle zu halten, wozu nicht selten eine extreme Aktivierung von Aggression gehört. Schwer traumatisierte Patienten in unserer Praxis neigen besonders dazu, das Geschehen in der Behandlung durch Angriffe auf uns (intellektuelle Angriffe) oder das Setting unter Kontrolle zu halten und auf keinen Fall Gefühle der Abhängigkeit aufkommen zu lassen, indem z.B. Deutungen zurückgewiesen werden als „schon längst Gewußtes" oder als wertlose und unbrauchbare Mitteilungen. Der Patient versucht dann, statt sich helfen zu lassen, alle möglichen Leistungen zu erbringen, um in diesem seinem narzißtischen Rückzug seine Angewiesenheit auf uns zu verleugnen und seine Omnipotenzphantasie aufrechtzuerhalten. Eine Patientin von mir, die in ihrer Kindheit mißhandelt worden war, erlebte unbewußt jede Intervention von mir als Angriff auf ihren Körper und zog sich daher über eine lange Zeit hinweg in ein sie schützendes Schweigen zurück. Aber eines Tages schenkte sie mir eine kunstvoll gehäkelte Decke, die sie für mich hergestellt hatte, und ich verstand dies als eine Mitteilung an mich, daß sie die ganze Zeit über in der Arbeit daran mit mir kommuniziert hatte und daß sie mit ihrem Geschenk die aggressive Abgrenzung gegen mich wiedergutzumachen trachtete. Der Übergang von selbstschädigender Abwehr zu kreativer Leistung ist also nur fließend und hängt wesentlich von den Begabungen ab, die einem Individuum zu Gebote stehen, aber grundsätzlich kann man sagen, daß kreative Reaktionen auch den Versuch darstellen, den bedrohlichen und selbstdestruktiven narzißtischen Zuständen als Folgen massiver Traumen zu entkommen.

Freud beschrieb bereits 1920 in seiner Schrift „Jenseits des Lustprinzips", wie sein 1½jähriger Enkelsohn die Trennung von seiner Mutter mit einem Spiel kreativ bewältigte. Er ließ eine Spule verschwinden und wieder auftauchen und verwandelte so das passiv Erlittene in eine aktive Handlung, die er selbst beherrschte. Auch Jakob in unserem Märchen entwickelt eine großartige Fähigkeit auf der Suche nach dem Retter von seinem Trauma (dem König): er lernt die Vogelstimmen zu imitieren. Was ihm schließlich hilft, ist aber nicht der König, sondern eben das Außergewöhnliche seiner Leistung. Das Implantat des Knopfes ist nicht rückgängig zu machen, aber durch seine Fähigkeit und sein Können hat Jakob ein Mittel gefunden, den Fremdkörper für etwas Wertvolles zu verwenden, man könnte sagen: für ein Kunstwerk und damit für ein Kulturprodukt.

Schwere traumatische Erfahrungen zerstören die Kontinuität der Welterfahrung und die lebensnotwendigen Illusionen[2], derer das Individuum bedarf, um das Leben lebenswert zu finden. Andererseits gibt es Individuen, denen es gelingt, aufgrund ihrer Begabung die Destruktivität traumatischer Erfahrung in Kreativität zu verwandeln. (Im Märchen betont der König, daß dies eher selten der Fall ist). Es ist umgekehrt jedoch durchaus denkbar, daß viele Künstler mehr oder weniger durch Traumatisierungen, das heißt im weitesten Sinne durch Verletzungen oder Bedrohungen ihres psychischen Seins, im Unbewußten dazu motiviert wurden, Kunstwerke zu schaffen. Wenn ein Überlebender von Auschwitz, nämlich der ungarisch-jüdische Schriftsteller Imre Kertész, sagt, daß er „als Schriftsteller gelernt (habe), daß Inspiration sich aus ausschließlich Negativem schöpfen" (Kertész, 1995, S. 3) lasse, so stellt er einen Zusammenhang her zwischen Destruktivität und Kreativität, der zunächst nicht einleuchten will. Indessen ist genau dieser Zusammenhang die Botschaft des Märchens in Robert Bobers Roman, in dem uns – allerdings sehr indirekt – von den Nachwirkungen der Vernichtung des Judentums auf das alltägliche Leben erzählt wird. Das Märchen verschlüsselt die Bedingung der Entstehung des Romans, indem es die Möglichkeit beschreibt, das physische Überleben des Traumas durch kreative Verarbeitung psychisch zu überleben.[3]

Thomas Bernhard:
„Todeskrankheit", „Geistesmenschen" und Kreativität

Ich möchte diese Zusammenhänge nun am Werk von Thomas Bernhard untersuchen. Er eignet sich aus dem Grund besonders zu einer solchen Betrachtung, weil er den Zusammenhang von Trauma und Kreativität selbst ununterbrochen thematisiert. Es gibt keine Figur in seinen Werken, die nicht durch persönliche oder gesellschaftlich-politische Traumen gezeichnet ist, wobei das Gesellschaftlich-Historische für das Persönliche, Lebensgeschichtliche steht und umgekehrt. Der Autor verdichtet diesen Zusammenhang in dem Begriff des *Herkunftskomplexes*. Schon in seinem ersten Roman „Frost" (1963) verknüpft er die zerstörte psychische Verfassung des Malers Strauch mit dem lebensgeschichtlichen *Unheil* und den persönlichen *Katastrophen* der Kindheit und den *Trümmern*, die die fatale Geschichte hinterließ. Sowohl die „innere" Landschaft des Malers wie die äußere des Gebirgstals, in der er sich bewegt, ist von Zerstörung gezeichnet:

> „Grausige Spuren habe der Krieg im ganzen Tal hinterlassen. ‚Noch heute stößt man immer wieder auf grausige Skelette, die nur von einer dünnen Tannennadelschicht zugedeckt sind', sagte der Maler." (S. 138) (vgl. Höller, 1994, S. 71)

In diesen geschichtlichen und persönlichen Traumen sah der Autor die Ursache für die Verrücktheiten und Leiden seiner Protagonisten. Folgerichtig nannte er seine erste autobiographische Schrift auch „Die Ursache – eine Andeutung" (1967). In ihr beschäftigt er sich mit seiner Jugend in einem nationalsozialistischen Internat in Salzburg und formt nicht nur die Grauen einer menschenfeindlichen Erziehung, sondern auch die verheerenden Bombennächte in dieser Stadt zu einer ins Gigantische übertriebenen Metapher für die grundsätzlich als traumatisch begriffene Existenz.

Bernhards Protagonisten sind fast durchweg Künstler (Maler, Schauspieler, Musiker, Schriftsteller), Wissenschaftler oder Philosophen. Er nennt sie

„Geistesmenschen". Ihr Thema ist das Erschaffen eines Werkes, einer Studie, oder die Fähigkeit, ein Instrument vollendet zu spielen. Mittels dieser kreativen Anstrengungen versuchen sie, ihrer inneren Hölle zu entkommen. Jedoch scheitern alle in ihrem Bemühen, eine Fertigkeit oder ein Werk zu vollenden. So bringt schon die Hauptfigur in „Das Kalkwerk" (1970), Konrad, die Unfähigkeit und Unmöglichkeit, seine Studie über das Gehör niederzuschreiben, mit seinen Kindheitserfahrungen in Zusammenhang:

> „Alles sei, und die Ursachen seinen die frühesten, gegen die Niederschrift, lauter entsetzensvolle Abschnitte, [...], die sich jetzt unheilvoll gegen die Niederschrift seiner Studie auswirkten. Sagen könne er es nicht, aber doch denken, daß er in seine Kindheit hineinschauen müsse wie in eine Unheimlichkeit, von wo aus immer hinein, er schaue in seine Kindheit nur in eine Unheimlichkeit, wie wenn er in eine Hölle hineinschaute, hinein." (S. 48)

Der Roman „Korrektur" (1975), der bezeichnender Weise im gleichen Jahr erschien wie die erste autobiographische Schrift „Die Ursache" (1975), beschäftigt sich ausschließlich mit dem, wie es dort heißt, „eigentlichen Schauplatz aller Gedanken": nämlich mit Herkunft, Geburt und Kindheit. Der Ich-Erzähler sichtet den Nachlaß seines Freundes Roithamer, der Selbstmord beging, und dabei wird dessen Herkunftsort Altensam zum monoton, oder besser: monoman wiederholten Topos einer verletzten und zerstörten Kindheit. Der ganze Roman mutet wie eine einzige Reflexion über die Bedingung der Möglichkeit an, mittels Geschichtsschreibung, also Bio-graphie, die Geschichte und ihre Wirkungen zu be- bzw. zu überwältigen und sich dadurch von ihr zu reinigen. Lebensgeschichte ist der „Geisteszustand", um den es Bernhard in diesem Roman geht, mit dem Ziel, so lesen wir, „diesen Geistesgegenstand fest(zu)halten, bis wir ihn *beherrschen* ..." (S. 324). Wie der Titel „Korrektur" schon sagt, kreist diese Reflexion um die Frage, ob die traumatische Geschichte durch Geschichtsschreibung, durch intellektuelle Durchdringung und Selbsterkenntnis sowie Selbstkorrektur, also durch aktive Gegenmaßnahmen, korrigierbar und beherrschbar sei, und mündet in der Erkenntnis, daß dies nicht möglich ist, d.h. daß eine Korrektur nur durch das Auslöschen des Lebens (und damit der Geschichte) im Selbstmord vollziehbar ist[4] (vgl. Mahler-Bungers, 1992). Als Abwehr des passiv Erlittenen verbleibt dem Ich hier nur diese eine Form aktiver Handlungsmöglichkeit im Gitter der absoluten Machtlosigkeit.

Die sich fortschreibende Destruktivität des Traumas ist so gewaltig, daß die Protagonisten Bernhards, gescheitert an der kreativen Bewältigung ihrer Geschichte, sich entweder umbringen, verrückt werden oder sich resigniert zurückziehen.

Es scheint, als ob traumatische Erfahrung und das Scheitern des Versuchs, den traumatischen Prozeß durch das Erschaffen eines Werkes zu unterlaufen, den Orgelpunkt bilden, um den die tosende Sprachmusik Thomas Bernhards kreist. Gleichzeitig jedoch, und das ist das Erstaunliche, gelingt dem Autor selbst, im Gegensatz zu seinen Figuren, eine Lösung eben durch seine Sprachmusik, seine Ästhetik, durch sein Werk. Es ist wie bei Jakob aus dem Märchen: Auch er will geheilt werden, und die kreative Arbeit, die er für diesen Versuch aufwendet, indem er die Kunst der Vogelstimmenimitation erlernt, ist bereits die Lösung, obwohl seine Behinderung – Thomas Bernhard wird dafür das Wort „Todeskrankheit" verwenden – dadurch nicht aufgehoben wird, wie er es sich gewünscht hatte.

Thomas Bernhards Ästhetik der traumatischen Erfahrung

Die Artikulation der Leere

Es bedarf keiner psychoanalytischen Betrachtungsweise, um zu erkennen, daß Thomas Bernhards großes Thema das politische und das individuelle Trauma ist. Diese Thematik ist bewußt, sie liegt auf der Hand, ist manifest. Da die Psychoanalyse sich dahingegen mit dem Unbewußten beschäftigt, wirft die psychoanalytische Betrachtungsweise von Phänomenen der Kunst eine andere Frage auf: nämlich die nach dem unbewußten Konflikt, der in einem Kunstwerk zur Darstellung kommt, und vor allem auch, *in welcher Form* er dies tut. Damit ist gleichzeitig die Frage nach der Ästhetik gestellt, denn nicht jede Darstellung eines unbewußten Konfliktes ist Kunst. So können wir von einer basalen Kreativität ausgehen, die jedem Menschen eigen ist, wie z.B. unsere Fähigkeit zu träumen oder auch die Darstellung eines Konfliktes im Symptom. Aber diese Phänomene nennen wir nicht *Kunst*. Bei ihr muß es sich um Produkte handeln, die eine *überindividuelle* Aussagekraft haben in einem allgemeinen kulturellen Kommunikationsprozeß. Das, was in ihr zur Darstellung kommt, hat eine Form angenommen, die Resonanz in anderen Subjekten, den Lesern, Betrachtern, Zuschauern oder Zuhörern auslöst, und zwar so, das es nicht nur annehmbar für sie ist, sondern auch Erkenntnis über den Menschen und die Welt ermöglicht. Das heißt aber, daß es sich um einen Konflikt handeln muß, der allen Menschen mehr oder minder gemeinsam ist. Erst dann können wir von Ästhetik reden. Ästhetik kommt von griech. *aisthesis*, was so viel wie *Empfindungsvermögen* heißt. Aber die Empfindung allein macht nicht Ästhetik aus, denn auch Kitsch kann Empfindungen auslösen. Kunst ist dahingegen tatsächlich erst Kunst, wenn sie mit Mitteln, die unser Empfindungsvermögen, unser *aisthesis* ansprechen, einen *unbewußten* Konflikt zur Darstellung bringt, wobei in erster Linie die *Form* Ausdrucksträger des Konfliktes ist, und sei dieser noch so verborgen, weil – und das ist die anthropologische Grundaussage der Psychoanalyse – die menschliche Psyche grundsätzlich konflikthaft konstituiert ist. Ästhetisch kann sich dies schon in formalen Brüchen, kleinen Ungereimtheiten und Diskrepanzen im Kunstwerk zeigen (vgl. Segal, 1996). Kitsch und Trivialität verleugnen hingegen den Konflikt, ja, sie sind geradezu darauf angelegt, ihn zu negieren, zu glätten, zu beschönigen. Verleugnung kann uns jedoch niemals zu Erkenntnissen über uns selbst und die Welt verhelfen, wie große Kunst dies immer tut.

Ich erwähne diese Gedanken, die eigentlich genauerer Ausführung bedürften, nur aus dem Grund, weil eine psychoanalytische Betrachtungsweise von Kunst auf diese basalen (wenn auch komplexen) Überlegungen nicht verzichten kann. Die Frage bleibt indessen, welche Mittel wir haben, um einen unbewußten Konflikt und seine ästhetische Realisierung zu erkennen. Das können wir nur, wenn wir Kunst als eine bestimmte Kommunikation zwischen dem Werk und uns wirklich ernst nehmen und unsere eigenen Reaktion auf das Werk befragen. Denn Literatur, so Peter von Matt, „existiert nicht an sich, sondern nur als der je aktuelle Erlebnisablauf des Lesers, Hörers oder Zuschauers" (v. Matt, 1989, S. 24).

Ich möchte im Folgenden diesen „Erlebnisablauf" beschreiben, der sich bei mir regelmäßig bei der Bernhard-Lektüre einstellt: Jeder Bernhard-Kenner weiß, daß seine Texte keine Absätze kennen, daß sie einen ununterbrochenen Redefluß darstellen wie ein nie gelingendes und nie zur Ruhe kommendes Denken. Dieser Sprachgestus läßt dem Leser keine Pause, nimmt ihn gleichsam in die Zange, und das Lesen bekommt suchtartigen Charakter. Es ist, als würde dieser lückenlose Redestrom in uns gleichsam hineingegossen. Im Grunde können wir nicht aufhören zu lesen, bis das Buch zu Ende ist. „Auch wenn man längst kannte, was da gesagt wurde", schrieb Elfriede Jelinek in ihrem Nachruf auf Thomas Bernhard, „in ihrer Musikalität, in ihrer rhythmischen Gliederung einer Endlos-Sinuskurve, waren diese Texte unerreicht, mußte man, selbst atemlos geworden, immer weiterlesen" (Jelinek, 1998).

Dieses „Immer-weiterlesen" stellt sich aus dem Grunde ein, weil es kein Ende gibt, kein fest-stellbarer Inhalt in uns zurückbleibt. Das, was diese Literatur sagt, führt zu keiner Lösung, sie verweigert Erlösung. Untersuchungen der grammatischen Figuren dieser Endlosschleife des Sprechens zeigen, wie hier Bedeutungen verschwinden, z.B. durch die Aufhebung der Semantik kopulativer Konjunktionen, die Reihung verallgemeinernder Relativpronomen oder der Verwendung des Vergleichspartikels „als" nicht zur *Präzisierung*, sondern zur *Verwischung* von Bedeutungen (Bürger, 1987). Die manischen Übertreibungen und Wiederholungen, mit denen ein Gegenstand be-sprochen wird und heftige, meist aggressive Affekte artikuliert werden, bringen kohärente Inhalte zum Verschwinden, so daß ein Zustand der Indifferenz entsteht. Es gibt keine Lösung, keine Er-Lösung. Mit diesem zur Manier ausartenden Stil tanzt der Schreibende, der bei Thomas Bernhard immer ein Sprechender ist, wie in einem Drahtseilakt über dem Abgrund einer zerstörten inneren und äußeren Welt. Was wir erfahren haben, ist, daß es keine nacherzählbare Geschichte geben kann. Er sei, so Bernhard, „kein Geschichtenerzähler, Geschichten hasse ich im Grund. Ich bin ein *Geschichtenzerstörer* ..." (Bernhard, 1971, S. 83). Und manchmal verschwindet in diesen Texten die Semantik der Welt gänzlich zugunsten einer frühen chaotischen Semiotik des Klangs in der nur noch eines wirklich ist und wirkt: die Musikalität der Sprache.[5]

Elfriede Jelinek stellte in ihrem Nachruf auf Thomas Bernhard einen Bezug her zwischen der Atemlosigkeit dieser Texte und der Lungenkrankheit des Autors. Geistiges und körperliches Erleben scheinen bei dieser Lektüre offenbar eng aufeinander bezogen zu sein, und wenn das Lesen, also das „Gefülltwerden" mit Text, auch momentan befriedigt, so bleibt doch so etwas wie ein leeres Inneres, d.h. kein eigentlicher Inhalt von Bestand in uns zurück. Dieser Vorgang realisiert sich mit solcher Präzision, daß Ingeborg Bachmann schreiben konnte, in Thomas Bernhards Büchern sei alles genau, „von der schlimmsten Genauigkeit, wir kennen nur die Sache noch nicht, die hier so genau beschrieben wird, also uns selbst nicht [...]" (Bachmann, 1978, S. 365).

Die Texte Bernhards sind wie eine Nahrung, die nicht verwertet werden kann, die keine Substanz bildet. So fühlt sich ein Säugling, der zwar ständig mit Milch gefüllt wird, aber keine körperliche und seelische Zuwendung bekommt, die allein imstande wäre, dieser oralen Befriedigung eine Bedeutung, eine Signifikanz, eine *Realisierung* in seinem Inneren zu geben. Da nun aber in diesem frühen Erleben Körper und Seele noch eine vollkommene Einheit bilden, ist es für die Entwicklung des kindlichen Selbst und seines Denkens entscheidend, beim Gestilltwerden nicht nur die Nahrung, sondern auch das Verständnis der Mutter in sich aufzunehmen, wie W. Bion dies in seiner Denktheorie dargelegt hat (Bion, 1962). Die Mutter gibt dem unverstandenen Innern des triebgeschüttelten Kindes einen Sinn, eine Ordnung, sie artikuliert gleichsam das Chaos des Inneren über ihre Zuwendung, die das körperliche und seelische Selbst des Kindes umgreift und sein Inneres mit Bedeutung erfüllt. Ihre Aufgabe ist es, dem absolut hilflosen Kind dazu zu verhelfen, die chaotischen Affekte in seinem Inneren sinnvoll zu strukturieren und sich die Welt in einem kontinuierlichen Prozeß kreativ anzueignen. (Bion nannte diese Aufgabe bekanntlich „Alpha-Funktion".) Es versteht sich von selbst, daß eine allzu große Versagung in diesem Stadium der Entwicklung verheerende traumatische Wirkungen auf die seelisch-körperliche Entwicklung des Kindes und seines Denkens haben wird, das zunächst über keinerlei Mechanismen verfügt, die Versagungen zu verarbeiten. Es hat Todesangst.

Das uneheliche Kind Thomas Bernhard hatte in den ersten Lebensmonaten so gut wie keinen Kontakt zu seiner Mutter.[6] Die Pflegeeltern wechselten ständig, aber die meiste Zeit war es in der kalten Ordnung eines Kinderheimes untergebracht, in dem die Mutter bei ihren auf zwanzig Minuten begrenzten, vierzehntägigen Besuchen das Kind nicht einmal aus dem Bett nehmen durfte. Das Gefühl der Lehre und die Bedrohung durch ein unverstandenes Inneres und gleichsam chaotisches Denken, mit den dazugehörigen ungemischten Affekten[7], hat Thomas Bernhard in all seinen Erzählungen wieder und wieder sprachlich realisiert. Das eindrucksvollste Beispiel hierfür finden wir in dem großen, und, wie Peter Handke feststellte, „schizophrenen" Monolog des Fürsten in dem Roman „Verstörung" (1969). Mit diesem Monolog, der ein sich allmählich auflösendes Denken vorführt, wird die Toleranz des Lesers bis aufs Äußerste strapaziert. Er kreist unentwegt um die Bedingungen der Möglichkeit des Denkens und damit des Existierens überhaupt. Denn Denken erscheint einerseits als die einzige Existenzmöglichkeit, aber indem es sich in sich selbst verrennt in immer größerer Erregung, führt es andererseits sich selbst und damit die menschliche Existenz überhaupt ad absurdum:

> „Wenn wir zu denken anfangen, wie wir gehen, sagte er (der Fürst), ist es uns bald nicht mehr möglich, zu gehen, wenn wir zu denken anfangen, wie wir philosophieren, ist es uns bald nicht mehr möglich, zu philosophieren. Und wenn wir zu denken anfangen, wie wir sind, lösen wir uns in kürzester Zeit auf." (S. 167)

Traumen zu Beginn des Lebens bedeuten nach Winnicott „drohende Vernichtung", eine „Drohung des Nichtseins", und die dadurch ausgelösten Gefühle beschrieb er als „primitive Ängste" oder „primitive Agonien".[8] Offenbar lebenslang von dieser frühen Vernichtungsangst bedroht, sagte Thomas Bernhard in einem Interview (1971a): „Ich war immer froh, zu überleben. Es ist mir nichts anderes übriggeblieben, als mich in meinen Verstand zu flüchten, weil das Körperliche nichts hergegeben hat. Das war leer." Des weiteren spricht er über sein Haus, das wie ein riesiger Kerker mit möglichst kahlen Wänden sei, und er vergleicht das Haus mit seinen Büchern:

> „Wenn man eine weiße Wand *anschaut,* stellt man fest, daß sie ja nicht weiß, *nicht kahl* ist. Wenn man lange allein ist [...] entdeckt man überall dort, wo für den normalen Menschen *nichts* ist, immer mehr. An der Wand entdeckt man Risse, kleine Sprünge, Unebenheiten, Ungeziefer. Es ist eine ungeheure Bewegung an den Wänden. – Tatsächlich gleichen Wand und Buchseite sich vollkommen." (S. 84)

In dieser eindrucksvollen Selbstäußerung beschreibt der Autor, wie in den kahlen Wänden des Hauses, das wir als eine Metapher für einen leeren Körper, ein leeres Inneres lesen können, durch die Anstrengung der Beobachtung signifikante Zeichen entstehen, wie sich also die Leere mit lebendiger Bedeutung füllt. Tatsächlich ist Thomas Bernhards poetologisches Prinzip immer die „radikale Selbsterforschung und Selbstbeobachtung" gewesen. Das Sich-selbst-Denken setzt sich dem leeren, unbeschriebenen Körper als einzige Überlebensmöglichkeit entgegen. Und mit jedem Buch kreiert sich das von Vernichtung bedrohte Ich wieder von neuem. Das leere und kalte Haus, in dem das Ich wie in einem Kerker eingeschlossen bleibt, ist zudem eine eindrucksvolle Metapher für das Wesen der Depression, aus der das Subjekt sich rettet, indem es seine Leere *be*-schreibt (im doppelten Sinn des Wortes).[9]

Eugen Mahler (mündl. Mitteilung) ist der Ansicht, daß es in der Malerei eigentlich um nichts anderes gehe als um die Artikulation des Lichts. Licht ist ja genaugenommen nichts, jedenfalls zunächst für unsere Wahrnehmung indifferent, und wird erst an Objekten sichtbar. Übertragungen auf das innere Universum des Menschen, zunächst also des Kindes, kann eine Artikulation des Inneren nur an Objekten (an inneren „lebenden" Objekten) vonstatten gehen. Ein in dieser Hinsicht „unartikulierter" Zustand wäre daher vergleichbar mit dem des (psychischen) Todes, des Nicht-Seins, denn wir *sind* nur in Beziehung zum Anderen (auch im Alleinsein).[10] Ob wir den Tod nun ewiges Licht oder ewige Finsternis nennen, hängt von unseren Illusionen ab, die wir über den Tod haben, aber in beiden Metaphern wird ein Zustand von Unartikuliertheit, d.h. von Leere beschrieben. An anderer Stelle seines poetologischen Selbstgesprächs spricht Thomas Bernhard über die Finsternis seiner Bücher: Er meint, daß seine Figuren sich wie auf einer finsteren Bühne bewegen: „In der Finsternis wird alles deutlich. Und so ist es nicht nur mit den Erscheinungen, mit dem Bildhaften – es ist auch mit der Sprache *so*. Man muß sich die Seiten in den Büchern *vollkommen finster* vorstellen: Das Wort leuchtet auf, dadurch bekommt es seine *Deutlichkeit* seine *Überdeutlichkeit*." (1971a, S. 82/83)

Vielleicht findet Thomas Bernhard in diesen Selbstzeugnissen das allgemeinste und tiefste Motiv für Kreativität überhaupt: eine durch Zerstörung von Bedeutungen entstandene Leere zu füllen, d.h. die *Finsternis* depressiver Angst zu artikulieren und dem Tod (dem Nichts) mit einem schöpferischen Impuls zu begegnen.

Im Grunde ist Kreativität – wie das Wort schon sagt – nicht zu erklären, genauso wenig wie die Schöpfung selbst. Aber der Schöpfungsmythos der Bibel erzählt uns ähnliches wie Thomas Bernhard in seiner poetologischen Konfession: Am Anfang war Chaos und das Nichts, und Gott ging daran, dieses Chaos zu strukturieren und das Nichts zu artikulieren, übrigens auch, indem er *sprach*! Mit diesem Welterschaffungsmythos hat der Mensch offenbar das basale Bedürfnis im Verlauf seiner Ontogenese, seinen Trieb nach kreativer Welterschaffung und kreativer Weltaneignung durch Artikulation und „Sinngebung" ausgedrückt, der mit dem Wunsch zu leben ineins fällt.[11]

Wiederholungszwang

„Stil ist zweifellos unauffällig, wenn man darunter versteht, daß man ihn ebenso vergißt wie wahrnimmt", schrieb Ingeborg Bachmann über Thomas Bernhard, „die Eigenart kommt aus dem Zwang, und bei Bernhard ist alles zwanghaft. [...] Das Müssen, die Notwendigkeit, das Unausweichliche stempelt alle Bücher von Bernhard" (Bachmann, 1978, S. 362). Ingeborg Bachmann trifft mit dem Gedanken der „Unauffälligkeit des Stils" ein wesentliches Merkmal von Kunst: daß nämlich etwas mittels der Ästhetik, d.h. der *Form*, kommuniziert wird, was eben nicht diskursiv *sagbar* ist, also etwas grundsätzlich Präverbales.[12]

Das von Ingeborg Bachmann bemerkte „Zwanghafte" im Werk Thomas Bernhards wird evoziert durch die endlosen Wiederholungen von Gedanken, Worten und Sätzen, oft über viele Seiten hinweg. Dieses Verfahren erinnert an Träume, in denen wir versuchen, Erlebnisse, die besonders unangenehm oder kränkend waren, immer und immer wieder zu wiederholen. Auch in dem von Freud beschriebenen Kinderspiel wird das „Fort-Da" der Spule endlos wiederholt, ein hervorstechendes Merkmal von Kinderspielen überhaupt und ein beliebtes Stilmittel einfacher Kinderreime. Was für eine starke Macht der Wiederholungszwang im Seelenleben des Menschen ist, bekommen wir in der Arbeit mit den Patienten und an uns selbst täglich zu spüren. Freud leitete u.a. aus diesem Phänomen seine Theorie des Todestriebes ab (Freud, 1920). Darüber hinaus stellte er fest, daß der Wiederholungszwang ein hervorragendes Merkmal traumatischer Prozesse ist, besonders wenn das Trauma als ein Fremdkörper – wie im Märchen von Jakob – im Innern, d.h. im Unbewußten, verbleibt und nicht in die bewußte Ichorganisation integriert werden kann. In dem Märchen sucht Jakob zunächst immer und immer wieder vergeblich in das Innere des Waldes vorzudringen, wie in einem Wiederholungszwang, bis der alte Mann ihm hilft, sein Implantat bewußt für kreative Zwecke einzusetzen. Der Wiederholungszwang dient unbewußt offenbar dazu, an die Wurzeln, den Ursprung der traumatischen Situation zurückzukehren, um sie zu korrigieren, ein Wunsch, den Thomas Bernhard mit Inhalt und Titel seines Romans „Korrektur" sehr exakt beschreibt. Andererseits birgt der Wiederholungszwang die Gefahr der Retraumatisierung, wenn das Trauma nicht verstanden und durchgearbeitet, sondern von neuem inszeniert wird.

Das Stilmittel der exzessiven Wiederholungen bei Thomas Bernhard scheint sich diesem psychischen Mechanismus zu verdanken, und dabei wird der Text zum Ort eines sprachlichen Beschwörungsrituals, das das Trauma wieder und wieder umkreist, ohne ihm zu entkommen.

Der Wiederholungszwang hat jedoch auch etwas Lustvolles, so als sei die Rückkehr zu dem Vertrauten mit Sicherheit konnotiert, so wie wir das in der Musik von Wiederholungen kennen, bei Variationen ein und desselben Themas oder in der tonalen Musik durch die immer garantierte Rückkehr zum Grundton. Der Grat zwischen Lust und Qual ist hier schmal, und diese doppelte Erfahrung stellt sich bei der Lektüre der Texte Thomas Bernhards unweigerlich ein, indem es ihm gelingt, den Wiederholungszwang, dieses uns allen so vertraute seelische Phänomen, in die ungeheure Ästhetik sprachlicher Musikalität zu treiben. Diese doppelte Erfahrung weist aber auch hin auf die Spannung, den Konflikt, der zwischen der destruktiven Wirkung des traumatischen Prozesses und den restaurativen Versuchen des Ichs durch kreative Leistung besteht.

In den bemerkenswerten Selbstäußerungen über sein Schreiben vergleicht Thomas Bernhard seine Arbeit mit einem Kinderspiel und benennt präzise die Ambivalenz zwischen lustvoller Kreativität und quälender Destruktivität in dem sich darin zeigenden Wiederholungszwang:

> „[...] und die einzige Lust und das immer größere Vergnügen andererseits ist dann die Arbeit. Das sind die Sätze, Wörter, die man aufbaut. Im Grunde ist es wie ein Spielzeug, man setzt es übereinander, es ist ein musikalischer Vorgang. Ist eine bestimmte Stufe erreicht nach vier, fünf Stockwerken – man baut das auf – durchschaut man das Ganze und haut alles wie ein Kind wieder zusammen. Aber während man glaubt, daß man's loshat, wächst einem schon wieder so ein Geschwür, das man als neuen Roman, als neue Arbeit erkennt, irgendwo am Körper heraus und wird immer größer. Im Grunde ist so ein Buch nichts als ein bösartiges Geschwür, ein Krebsgeschwür? Man operiert das heraus und weiß natürlich ganz genau, daß die Metastasen den ganzen Körper schon verseucht haben und eine Rettung gar nicht mehr möglich ist." (S. 80)

Es ist sehr eindrucksvoll, wie der lustvolle Aufbau eines Romans plötzlich die Frage aufwirft, ob nicht das Ganze ein destruktiver Prozeß (ein Krebsgeschwür) ist. Offenbar wird hier im kreativen Prozeß immer ein Punkt erreicht, an dem die Lust in (Auto-)Aggression umschlägt. Diese Bewegung vollzieht sich natürlich auch im Sinne des Wiederholungszwangs, als reproduziere sie die traumatische Erfahrung, deren Kern einen destruktiven Angriff auf den Lebenswunsch des Menschen darstellt.

Aggression

Über weite Strecken hinweg ist Thomas Bernhards Prosa eine Anhäufung von Schimpftiraden. Er beleidigt schonungslos Menschen, Institutionen, Städte, die Heimat Österreich und ihre Bewohner, den Staat, die Kirche, selbst bedeutende Kunstwerke und Künstler. Abgesehen von dem Vergnügen, das der Leser streckenweise an dieser schonungslosen Entidealisierung hat, ist dieser Gestus auch signifikant für den traumatischen Prozeß. Das traumatisierte Subjekt versucht, statt sich der Macht der Außenwelt zu überlassen, der es nicht mehr vertraut, diese selbst omnipotent und aggressiv zu beherrschen. Je mächtiger und destruktiver die Objekte erscheinen, desto mehr an aggressiver Energie bedarf es, diese Übermacht abzuwehren. Winnicott sah in der Aggression eine notwendige Aktivierung der angeborenen Motilität bei Übergriffen von außen, die dann erst Konflikte im Innern entstehen läßt. So lesen wir in der autobiographischen Schrift „Die Ursache" (1975):

> „Salzburg ist eine perfide Fassade, auf welche die Welt ununterbrochen ihre Verlogenheit malt und hinter der das (oder der) Schöpferische verkümmern und verkommen und absterben muß. Meine Heimatstadt ist in Wirklichkeit eine Todeskrankheit, in welche ihre Bewohner hineingeboren und hineingezogen werden, und gehen sie nicht in dem entscheidenden Zeitpunkt weg, machen sie direkt oder indirekt früher oder später unter allen diesen entsetzlichen Umständen entweder urplötzlich Selbstmord oder gehen direkt oder indirekt langsam und elendig auf diesem im grunde durch und durch menschenfeindlichen architektonisch-erzbischöflich-stumpfsinnig-nationalsozialistisch-katholischen Todesboden zugrunde. Die Stadt ist für den, der sie und ihre Bewohner kennt, ein auf der Oberfläche

schöner, aber unter dieser Oberfläche tatsächlich fürchterlicher Friedhof der Phantasien und Wünsche." (S. 9/10)

Es ist nicht schwer zu erkennen, daß *Salzburg* hier nicht die tatsächliche Stadt Salzburg meint, sondern eine metaphorische Verdichtung früher Objekterfahrung darstellt, eine Objekterfahrung, die das Schöpferische zerstört. Der Text reagiert darauf, indem er Salzburg (das Objekt) symbolisch, d.h. mit Wortgewalt, omnipotent zerstört. Er tut dies in exzessiven und übertriebenen Schilderungen der Bombenangriffe auf die Stadt und mündet in der Feststellung, daß die „Häßlichkeit und der Verfall der Stadt (nach den Bombenangriffen) [...] ihr auf einmal menschliche Züge (gaben), und so habe ich diese meine Heimatstadt nur in dieser Zeit, weder vorher noch nachher, tatsächlich inständig lieben können und auch inständig geliebt." (S. 150)

Was hier literarisch gedacht und geschildert wird, ist nicht ein äußeres Geschehen, sondern ein innerer Vorgang. Salzburg als ein inneres Objekt wird zunächst mit Worten zerstört (durch Beschimpfungen einerseits, mit den Schilderungen der Bombenangriffe andererseits), aber die Zerstörung wird dann ebenso mit Worten wiedergutgemacht. Es scheint zwar so, als habe das Objekt (die Stadt) dem Angriff nicht standgehalten, aber auf der inneren Bühne hat es doch überlebt, ja, es wird überhaupt erst jetzt ein lebendiges und annehmbares Objekt für das Ich, indem es in seinem verletzten Zustand *geliebt* werden kann. Dieses Überleben ist Voraussetzung dafür, daß die Aggression integriert werden kann, weil das Objekt seine überwältigende absolute Macht über das Ich verloren hat.[13]

Ein anderer Aspekt dieser Aggression ist der Neid. Idealisierende Bewunderung als Abwehr tiefen Neides ist charakteristisch für narzißtische Zustände, zu denen frühe Traumatisierungen führen, und zählt sicher zu den destruktivsten und selbstdestruktivsten Mächten in uns, die es gibt. Denn Salzburg wird auch gehaßt, weil es wegen seiner Schönheit von der ganzen Welt geliebt wird. Das Motiv der „perfekten Fassade" hinter der in Wahrheit etwas Destruktives sich versteckt, kehrt bei Thomas Bernhard immer wieder. In der Erzählung „Alte Meister" (1988) macht der Protagonist Reger alle Größen der Philosophie, Kunst und Musik herunter; sie ist eine einzige Demontage von Bewunderung und Idealisierungen und eine Beschimpfung der großen Kunst als „Staatskunst".[14] Auch hier finden wir das Motiv, daß Liebe sich erst nach der Zerstörung des als übermächtig erlebten und beneideten Objekts einstellen kann: d.h. nur das Objekt kann geliebt werden, das sich auch als schwach und verletzlich erweist und keine Fassade von Unverletzlichkeit und absoluter Macht aufrechterhält: „Das Ganze und das Vollkommene ist uns unerträglich [...] Um sie (die Kunst) ertragen zu können, suche ich in und an jedem einzelnen einen sogenannten gravierenden Fehler." (S. 41) „Nur die Bücher lieben wir in Wahrheit, die kein Ganzes, die chaotisch, die hilflos sind." (S. 43) Bernhard trifft mit diesen Überlegungen sozusagen en passant ein wesentliches Merkmal von Kunst, das Hanna Segal (1991) beschrieben hat: Nur die Kunst ist bedeutend, die Brüche, Mängel, etwas Häßliches, Schwaches, Konflikthaftes aufweist, d.h. die nicht „perfekt" ist.[15]

Aber Regers aggressive „Vergrausungsmethode" (S. 69) richtet sich gegen idealisierte Objekte und gegen eigene Omnipotenzphantasien, kurz: sie ist eine immer wieder gewaltsam vollzogene Zerstörung illusionärer Phantasmen in anderen und in sich selbst. Und indem Thomas Bernhard in dieser Weise den narzißtischen Totalitarismus der Bewunderung und des Größenwahns des Subjekts aggressiv zunichte macht, schafft er mit „Alte Meister" ein Kunstwerk, für das er sogar einen Literaturpreis erhielt (Prix Medicis, 1988).

Hanna Segal führt im selben Zusammenhang der Erörterung destruktiver und kreativer Prozesse bei der Entstehung eines Kunstwerks das Beispiel von Picasso an, der mit 19 Jahren in eine tiefe Depression verfiel, als er mit der wirklich großen Kunst von Velásquez konfrontiert wurde. Sein Inneres wurde gleichsam von dem Neid auf diese vollendete Kunst zerstört. Aber „[...] im hohen Alter malte er das großartige Bild ‚Las Maninas', indem er das Gemälde von Velásquez zerstückelte, auseinandernahm und dann auf seine Weise wieder aufbaute" (Segal, 1991, S. 122).

In allen Werken Thomas Bernhards können wir diesen Kampf gegen die destruktiven Aspekte des Narzißmus erkennen. Sein Schreiben zeigt, gerade in seinen aggressiven Elementen, das Bemühen um die libidinösen Anteile des Selbst, d.h. um die Wiederbelebung guter innere Objekte, die die Destruktivität überleben und deswegen geliebt werden können, denn das Subjekt ist auf sie angewiesen, um selbst psychisch zu überleben.

Das Reden des alten Mannes Reger in „Alte Meister", mittels dessen er die großen Künstler dieser Welt von ihrem Sockel stürzt und die Welt als Ganze lächerlich macht, hat nur eine Funktion, nämlich die Trauer zu ermöglichen über seine verstorbene Frau:

> „Immer habe ich geglaubt, die Musik ist es, die mir alles bedeutet, manchmal auch, die Philosophie ist es, die hohe und die höchste und die allerhöchste Schriftstellerei, wie überhaupt, daß es ganz einfach die Kunst ist, aber alles das, die ganze Kunst, wie auch immer, ist nichts gegen diesen einzigen geliebten Menschen [...] und Sie erkennen, nicht diese großen Geister und nicht diese Alten Meister sind es, die Sie Jahrzehnte am Leben erhalten haben, sondern daß es nur dieser einzige Mensch, den Sie wie keinen zweiten geliebt haben, gewesen ist." (S. 287-289) „Ohne Menschen haben wir nicht die geringste Überlebenschance, sagte Reger, wir können uns noch so viele großen Geister und noch so viele alte Meister als Gefährten genommen haben, sie ersetzen keinen Menschen [...]." (S. 291)

Die Kunst der Übertreibung und der Witz

Ich habe bisher zwei Aspekte von Kreativität bei Thomas Bernhard untersucht, die seine Kreativität nicht erklären, aber Motivationen darstellen, literarische Werke zu schaffen. Bernhard selbst nennt sie „Rettungsversuche". Psychoanalytisch gesagt handelt es sich zum einen um eine Gegenmaßnahme gegen unerträgliche traumatische Erfahrung, also um einen Abwehraspekt. Hier wird „Drohung des Nichtseins" der frühen traumatischen Situation mit der Artikulation der Leere oder Finsternis durch signifikante Zeichen abgewehrt und kreativ bewältigt. Zum anderen versucht der Schreibende, den durch die Traumatisierungen entstandenen destruktiven Narzißmus[16], d.h. die omnipotent-destruktive Reaktion und den Neid durch Demontage idealisierter mächtiger Objekte zu überwinden. Dabei geht der Wunsch, sowohl das Selbst als die Objekte mögen die Destruktion überleben, um gleichsam einen Weg für das Ertragen von Abhängigkeit und damit für Trauer und Liebe[17] zu eröffnen, ebenso (wenn auch gewissermaßen stiller) in den Text ein wie die Aggressionen selbst.

Daraus ergibt sich zugleich ein weiteres unbewußtes Motiv: das der Wiederherstellung eines guten inneren Objekts. Ein „gutes Objekt" ist dadurch charakterisiert, daß die *Abhängigkeit von ihm ertragen werden kann ohne Angst vor Vernichtung*. Das bedeutet immer wieder den Ausweg aus den narzißtischen Zuständen der Depression, der inneren Leere, der quälenden Ambivalenz und der zerstörerischen Omnipotenzphantasien. Bei Thomas Bernhard ist ein bedeutendes gutes inneres Objekt ein immer wieder in seinen Werken auftretender monologisierender und philosophierender, meist alter Mann: „[...] wie ich zu meinem Großvater gekommen bin", so Bernhard in seinem Selbstgespräch, „der mich wirklich geliebt hat, (und) umgekehrt. Dann die Spaziergänge mit ihm – das alles ist in den Büchern später, und diese Figuren, diese Männerfiguren, das ist immer wieder mein Großvater mütterlicherseits." (S. 79)

In der Erzählung „Alte Meister" sitzt Reger jahrzehntelang jede Woche einmal stundenlang im Kunsthistorischen Museum von Wien vor dem Bild des „Weißbärtigen Mannes" von Tintoretto, und es ist das einzige Bild, das er gelten läßt.[18] Hier wird buchstäblich das Festhalten an dem guten inneren Bild eines alten Mannes, der lebensrettend ist, in Szene gesetzt, eine Szene, die jedes Werk von Thomas Bernhard mehr oder weniger wiederholt: von den Monologen des Malers Strauch im ersten Roman „Frost", dem des Fürsten in „Verstörung", bis zu den späten Theaterstücken und Erzählungen wie „Minetti", „Heldenplatz", „Gehen" oder „Alte Meister": in allen Werken wird dieses Bild einer zwar verrückten, aber (für das Innere des Erzählers) lebensrettenden Figur geschaffen. Sie ermöglicht es, daß es für das Ich überhaupt einen Diskurs gibt, auch wenn dieser oft Un-Sinn, ohne Sinn ist, und vielleicht entspricht dies genau dem lebensgeschichtlichen Moment im Leben des Autors, als der bis dahin in Heimen untergebrachte Halbjährige zu einem ewig unverständlich philosophierenden und monologisierenden Großvater kam.

Im Verlauf der Werkgeschichte von Thomas Bernhard kann man indessen beobachten, wie sich eine immer größere Distanzierung von diesem Bild bemerkbar macht. Eine poetologische Brechung findet bereits im ersten Roman „Frost" dadurch statt, daß der Ich-Erzähler als ein angehender Arzt den Maler Strauch „beobachtet".[19] Auch dem großen Monolog des Fürsten hört der Ich-Erzähler zusammen mit seinem Vater zu, d.h. zwischen ihn und den Leser tritt die distanzierende Figur des Ich-Erzählers und Beobachters. Später treibt Thomas Bernhard das monomanische Reden der alten Männer und deren Denkformen der aggressiven Pauschalangiffe, der maßlosen Übertreibungen, Ambivalenzen und Wiederholungen derart auf die Spitze, daß eine merkwürdige Komik entsteht. Und diese Komik hilft, die destruktive Struktur dieser Denkformen zu durchbrechen, weil sie sich in der Übertreibung selbst zum Narren halten, Denkformen, die wir alle kennen und deren karikaturhafte Übertreibung uns immenses Vergnügen bereiten kann, gerade weil sie oft ins Mark unserer psychischen Wahrheiten treffen.

Aber um dies ästhetisch zu erreichen und – von seiten des Lesers – wirklich auch lachen zu können, muß eine Distanzierung zu all den grauenhaften Dingen möglich sein, die Thomas Bernhard thematisiert. Auf der innerpsychischen Ebene bedeutet die Fähigkeit zur Distanzierung, daß zwischen Subjekt und Objekt ein Drittes zugelassen wird, eine dritte Dimension, auf die, wie Freud in seinem Buch über den Witz dargelegt hat, jedes Lachen angewiesen ist (Freud, 1905)[20]. Lachen können wir nur auf Kosten eines Dritten, und zu diesem Dritten wird bei Thomas Bernhard oft der verrückte Zustand selbst gemacht.

Aber nicht nur der Witz ist auf ein Drittes angewiesen, sondern das Hervorbringen einer wirkungsvollen Kunst überhaupt, also Kreativität in diesem speziellen Sinn. Psychoanalytisch sprechen wir von der triangulären ödipalen Situation, wenn wir vom „Dritten" sprechen, und von der Anerkennung der äußeren Realität, also dem Erreichen des Realitätsprinzips, das Voraussetzung ist für die Erschaffung eines Werkes (Segal, 1991). Aber während die Protagonisten Thomas Bernhards eben daran scheitern, daß sie diesen Bezug zur Realität nicht herstellen können und, wie Konrad im „Kalkwerk", im Gefängnis ihrer inneren Verwirrung gefangen bleiben[21], können wir, die Leser, zusammen mit dem beobachtenden Ich-Erzähler uns freuen, noch einmal davongekommen zu sein.

Die Opus-Phantasie

Es gibt indessen noch einen wesentlichen Faktor, der im kreativen Prozeß eine bedeutende Rolle spielt neben den Ich-Phantasien wie den Trauma-Abwehrprozessen oder der Wiederherstellung des guten inneren Objekts. Diesen Faktor nannte Peter von Matt die „Opus-Phantasie" (1979). Sie ist eine Art Meta-Phantasie, die sich um die Gestalt des fertigen Produkts dreht und die nicht nur den Bezug zu einer vorphantasierten fingierten Leserschaft enthält, die das Werk annehmen wird oder nicht, sondern auch intertextuelle Rücksichten nimmt, das heißt die literaturgeschichtliche Matrix der Zeit, indem ein literarisches Werk entsteht, bewußt oder – meistens unbewußt – verarbeitet. Diese Opus-Phantasie bestimmt und beeinflußt stets den Entstehungsprozeß des Werkes selbst.

Ich möchte diesen Gedanken um eine psychoanalytische Dimension erweitern und behaupten, daß eine solche Opus-Phantasie erst entstehen kann, wenn eine wesentliche Voraussetzung im Unbewußten gegeben ist: nämlich die unbewußte Gewißheit, daß es nicht *sinnlos* ist, ein Werk in die Welt zu setzen. In der psychosexuellen Entwicklung des Menschen ist eine solche Phantasie mit einem Elternpaar verknüpft, das keinen destruktiven, sondern einen kreativen sexuellen Austausch miteinander hat, aus dem ein Kind, ein Opus entstehen kann. Das heißt natürlich, daß der Künstler diese beiden Eltern als Teilaspekte seines Selbst in sich vereinen kann. Auf diese Fähigkeit des Künstlers, sich mit seinen männlichen (väterlichen) und weiblichen (mütterlichen) Anteilen zu identifizieren und beide in seinem Innern sozusagen miteinander „verkehren" zu lassen, hat schon – wenn auch in etwas anderer Form – einer der ersten Schüler Freuds, Otto Rank, in seiner Schrift „Der Künstler" 1918 hingewiesen.[22]

Nun gehört es jedoch gerade zum Urtrauma Thomas Bernhards, daß die realen Eltern kein Paar bildeten, der Vater für immer verschwand, nachdem er die Mutter – unehelich – geschwängert hatte und das Kind eine Katastrophe im Leben der Mutter darstellte.

Das Kinderzeugen nennt Thomas Bernhard in seinen Texten ein „Verbrechen", weil es bedeute, ein Unglück in die Welt zu setzen, und in der Erzählung „Gehen" treibt er diesen Gedanken sogar so weit, daß seine Figuren für die Abschaffung der Menschheit überhaupt plädieren.

In seinem letzten großen Roman „Auslöschung" (1986) wird ein hochinteressanter Traum erzählt, in dem es entstellt und entschlüsselt um die Urszene und eine Zeugungsphantasie geht (Mahler-Bungers, 1992). Der latente Traumgedanke bringt zum Ausdruck, wie ein durchaus lustvoller Austausch der Geschlechter (im Traum dargestellt durch den Tausch der Schuhe) in dem Moment in Feindschaft und Krieg umschlägt, als das Kind (bzw. der Träumer) auf den Plan tritt. Das Besondere nun an dieser Phantasie des vereinigten Elternpaares, der Zeugung und der Geburt bei Thomas Bernhard ist die Vorstellung, daß das Kind, also das Opus, Ärger und Entzweiung nach sich zieht. Bernhards Werke („Kinder") lösten nun in der Tat fast immer Ärger aus: von Beleidigungsklagen und Verkaufsverboten bis zu gerichtlich verordneter Zensur. Das Landgericht Salzburg setzte beispielsweise in einem Urteil bestimmte Streichungen in Thomas Bernhards autobiographischer Schrift „Die Ursache" durch, und 1984 beschlagnahmte bewaffnete Polizei in allen österreichischen Buchhandlungen die gerade erschienene Erzählung „Holzfällen. Eine Erregung" (1984), weil sich ein früherer Bekannter Bernhards in ihrem unvorteilhaft geschilderten Protagonisten wiederzuerkennen glaubte. Offenbar hat die unbewußte Vorstellung, mit der eigenen Entstehung – als dem Urbild eines „Werkes" – das Objekt (die

Mutter) zu zerstören, in die Dynamik der Opus-Phantasie bei Thomas Bernhard entschieden eingegriffen. In der autobiographischen Schrift „Der Keller" (1976) heißt es: „Meine Existenz hat zeitlebens immer gestört. Ich habe immer gestört und ich habe immer irritiert. Alles, was ich schreibe, alles, was ich tue, ist Störung und Irritierung." Aber dennoch hatte diese Irritation im allgemeinen kommunikativen Prozeß zwischen Text und Leserschaft langfristig eine produktive Funktion: Thomas Bernhard wurde zu einem der bedeutendsten Schriftsteller Europas der Nachkriegszeit, seine Werke wurden in viele Sprachen übersetzt und hatten einen enormen Einfluß auf andere Schriftsteller. In seiner Opus-Phantasie ist offenbar zweierlei enthalten: der Wunsch, trotz der enormen Aggressivität angenommen zu werden (Annahme des „schrecklichen Kindes" = Opus), und der Wunsch, daß die Leserschaft den Angriff (das schreckliche Kind = Opus) überlebt und als Leserschaft, d.h. als Kommunikationspartner *erhalten* bleibt.

Die Leserschaft nahm das „schreckliche Kind" alles in allem begeistert auf, und vermutlich kam dies einer Wiedergutmachung der grundsätzlich als verfehlt betrachteten traumatisierten Existenz gleich. Was dieser Spekulation allerdings Überzeugungskraft verleiht, ist die Entwicklung, die man trotz aller Wiederholungen im Werk Thomas Bernhards beobachten kann: von der Schilderung fast schizophrener Zustände („Frost", „Verstörung*")* bis zu Klängen von Trauer, Liebe und Zugeständnissen der Abhängigkeit („Wittgensteins Neffe", „Alte Meister*",* „Auslöschung"). Es gibt eine große Leserschaft, zu der ich auch gehöre, die die Werke Thomas Bernhards liebt, so daß das traumatische Unheil der Geburt und die sich dadurch ausbreitende Destruktivität über den Weg der Kunst sich in eine „Heilung" für unseren Kulturprozeß verwandelt und den Wiederholungszwang durchbrochen hat.

Es ist hier dasselbe wie mit Jakob im Märchen geschehen: Thomas Bernhard hielt das Trauma nicht als etwas Fremdes in sich selbst verschlossen, sondern machte es zum Thema seiner Kunst, verwandelte es sozusagen in Vogelstimmen, die wir hören und genießen können.

Anmerkungen

1 Andererseits hat Freud, vor allem seit dem Ersten Weltkrieg und unter den traumatischen Eindrücken der heraufziehenden Barbarei, immer wieder auf sein frühes Traumamodell für die Ätiologie der Neurosen zurückgegriffen, wobei er freilich, wie das die moderne Psychoanalyse tut, ein integriertes Trauma-Triebmodell implizit vertrat. Auf jeden Fall erweiterte er seinen ursprünglichen Traumabegriff in „Der Mann Moses und die monotheistische Religion" um die Verletzungen des Narzißmus, d.h. um „frühzeitige Störungen des Ichs (narzißtische Kränkungen)". (Freud, 1939, S. 523; vgl. hierzu vor allem Ilse Grubrig Semitis, 1982).

2 Eine lebenswichtige Illusion ist vor allem ein Rest von Omnipotenzphantasie, die z.B. besagt, daß das Ich eine lebensbedrohende Situation dadurch überleben wird, daß ihm immer noch eine (heimliche) Möglichkeit bleibt, den Täter bzw. die Situation zu kontrollieren (z.B. durch Identifikation mit dem Aggressor). Diesen Zusammenhang habe ich am „Roman eines Schicksallosen" von Imre Kertész untersucht, der den langsamen Untergang dieser Illusion an seinem Protagonisten, einem 15jährigen Jungen in Auschwitz, beschreibt. (Mahler-Bungers, 1997)

3   Natürlich wirft dieser Themenkomplex die Frage nach der Entstehung von Kultur überhaupt auf, die Freud in „Totem und Kultur" erörtert (Freud, 1929). Bekanntlich sah er die Ursache für den Beginn des Kulturprozesses ebenfalls in einem Trauma: nämlich in dem der Vatertötung. Auch in seiner „phylogenetischen Phantasie" und für die Entstehung von „Urphantasien" nahm er traumatische Erlebnisse in der Frühgeschichte der Menschheit an wie Eiszeit, Hunger-perioden usf. (Grubrich-Semitis, 1987).

4   „Tatsächlich bin ich erschrocken über alles, das ich geschrieben habe, daß alles ganz anders gewesen ist, denke ich, aber ich korrigiere, was ich geschrieben habe, *jetzt* nicht, ich korrigiere dann, wenn der Zeitpunkt für eine solche Korrektur ist, dann korrigiere ich und dann korrigiere ich das Korrigierte und das Korrigierte korrigiere ich dann wieder und sofort, so Roithamer. Fortwährend korrigieren wir und korrigieren uns selbst mit der größten Rücksichtslosigkeit, weil wir in jedem Augenblick erkennen, daß wir alles falsch gemacht (geschrieben, gedacht, getan) haben, falsch gehandelt haben, daß alles bis zu diesem Zeitpunkt eine Fälschung ist [...] Aber *die eigentliche Korrektur* zögern wir hinaus (...)." (S. 325)

5   Julia Kristeva (1978) hat in ihrem Buch „Die Revolution der poetischen Sprache" den Begriff des Semiotischen mit der vorsymbolischen Sphäre (der mütterlichen „chora") verknüpft, als etwas, das dem (väterlichen) Symbolischen immer zugrunde liegt, d.h. in ihm gleichsam dialektisch „aufgehoben" ist. In der Ästhetik umfaßt das Semiotische vor allem auch die Satz*melodie*, das, was über die Beziehung Zeichen-Bezeichnetes hinausgeht und in der Sprache immer „mitschwingt", besonders natürlich in der gesprochenen Sprache.

6   Vgl. Thomas Bernhard (1971): „Meine Mutter hat mich weggegeben. Ich bin in Holland, in Rotterdam auf einem Fischkutter gelegen ein Jahr lang bei einer Frau. Meine Mutter hat mich alle drei, vier Wochen da besucht. Ich glaub nicht, daß sie viel für mich übrig gehabt hat damals." (S. 79)
Hans Höller (1993) hat die frühe Kindheit des Autors rekonstruiert und festgestellt, daß Bernhard bereits nach einem halben Jahr nach Wien zu seinen Großeltern kam. Auf dem Fischkutter verbrachte Bernhard nur kurze Zeit. Die Fischkutter-Version scheint eher eine nachträgliche Romantisierung des Autors zu sein.

7   Vgl. André Green (1979): „Ich glaube, wir messen den Affekten heute eine viel größere Bedeutung für die Umwandlung der Erinnerungsspuren zu, wenn nicht sogar für ihre Schaffung. Implizit stellen wir uns die Frage nach den Erinnerungsspuren der affektiven Wahrnehmungen. Möglicherweise liegt das Problem darin, daß *der psychische Apparat sich die Spuren der affektiven Erfahrungen einschreibt, noch bevor er imstande ist, Erinnerungsspuren der Wahrnehmung zu bilden, und daß die ganze psychische Arbeit darauf zielt, die Vorstellungen von den widersprüchlichen affektiven Infiltrationen zu befreien, die allgemein zur Diffusion tendieren, während die Bestimmung der Vorstellungen in der Artikulation liegt.* Dem, was als nicht repräsentierbar (nicht in eine Vorstellung umwandelbar) erlebt wird, einen Inhalt geben, ist eine der fundamentalen Aufgaben des psychischen Apparats. Wenn der Inhalt verknüpft ist mit dem Sinn, so müssen wir uns doch daran erinnern, daß Un-Sinn unterschiedliche Bedeutungen umfaßt: das Chaos uns das Nichts." (S. 725)

8   „Wenn Reaktionen, die die Fortdauer des Seins zerstören, ständig wiederkehren, wird ein Schema der Zerstörung des Seins in Gang gesetzt", schreibt Winnicott. „Der Säugling, dessen Verhaltensmuster in einer Zerstörung der Linie der Seinskontinuität besteht, ist mit einer Entwicklungsaufgabe belastet, die fast von Anfang an in die Richtung der Psychopathologie neigt." (zit. nach: Madeleine Davis, David Wallbridge, 1995, S. 76 -77).

9   In dieser Hinsicht sehr eindrucksvoll sind die Erzählungen „Beton" (1982) und „Ja" (1978). In „Ja" wird der depressive Zustand des Ich-Erzählers auf eine andere Person projiziert (die „Perserin", die dann Selbstmord begeht), und das Darüber-schreiben gerät zur Rettung aus der eigenen Depression. Dies Verfahren war eigentlich schon das in Thomas Bernhards erstem Roman „Frost" (1965), in dem der Ich-Erzähler als Medizinstudent den verrückten Maler Strauch beobachtet und beschreibt. In „Ja" wird diese „Ich-Spaltung" offengelegt: „War es nicht mein eigener Zustand, den mir die Perserin [...] vorgeführt hatte?" (S. 134) Für dem Zusammenhang der inneren Leere mit dem „Implantat" des Traumas ist auch André Greens Begriff der „toten Mutter" als eines toten inneren Objekts nach frühen Trennungen aufschlußreich (Green, 1993).

10 Diese innere Objektlosigkeit trifft Thomas Bernhard sehr eindrucksvoll, wenn er sagt: „Es ist das Gespräch mit meinem Bruder, das es nicht gibt, das Gespräch mit meiner Mutter, das

es nicht gibt. Es ist das Gespräch mit dem Vater, das es nicht gibt. [...] Es ist der Umgang mit einem Material, das ununterbrochen unvollständig ist. Das Gespräch mit einer Materie" [hier stiftet die Sprache die unbewußte Verknüpfung von Mutter (Mater) und Mater-ie, A. M.-B.], „die nicht antwortet. Es ist die *absolute* Lautlosigkeit, die alles ruiniert, die *absolute* Verzweiflung, aus der man nicht mehr herauskann." (S. 89)

11 Vgl. D.W. Winnicott (1971): „Natürlich wird niemals jemand in der Lage sein, den kreativen Impuls zu erklären. Es ist auch unwahrscheinlich, daß irgend jemand dies jemals will. Aber es ist möglich und nützlich, kreatives Leben und Leben überhaupt in Verbindung zu setzen, und man kann die Gründe untersuchen, warum eine kreative Lebensweise verlorengehen kann und warum das Gefühl eines Menschen, daß das Leben real oder sinnvoll ist, verschwinden kann." (S. 82/83)

12 „Ich glaube, daß eine Form, sei es musikalisch, bildlich oder verbal, uns so tief bewegen kann, weil sie symbolisch eine unbewußte Bedeutung enthält. Mit anderen Worten: Die Kunst enthält, symbolisiert und evoziert im Empfänger eine bestimmte Art archaischen Gefühls präverbaler Art." (Segal, 1996, S. 111)

13 Rosenfeld (1990) beschreibt die Triebentmischung und die Spaltungsprozesse, die in narzißtischen Zuständen zu beobachten sind. Er stellt fest, „daß entmischte destruktive Impulse deutlich bei Patienten beobachtet werden können, die im Begriff sind, narzißtische Zustände zu überwinden." (S. 306) Bei Thomas Bernhard hat man den Eindruck, daß jedes neue Buch wieder so einen Versuch, narzißtischen Zuständen zu entkommen, darstellt.

14 „Reger redet nur von *Staatskunst, wenn er über Kunst redet, und wenn er über die sogenannten alten Meister redet, redet er immer nur über die alten Staatsmeister.* [...] Alles in allem immer nur die Vorderseite ohne die Kehrseite, immer wieder doch nur die Lüge und die Verlogenheit ohne die Wirklichkeit und die Wahrheit." (a.a.O., S. 61) Sehen Sie, Beethoven, der Dauerdepressive, der Staatskünstler, der totale Staatskomponist [...]. (a.a.O., S. 124)

15 Hanna Segal zitiert im Zusammenhang der Erörterung dieser ästhetischen Fragen Rodin: „Was wir in der Realität ‚häßlich' nennen, kann in der Kunst zu etwas sehr schönem werden. Wir nennen ‚häßlich', was formlos, ungesund ist, was an Krankheit, Leiden, Zerstörung denken läßt, was das Gegenteil von Regelmäßigkeit ist, dem Zeichen von Gesundheit ... Wir bezeichnen auch das Unmoralische, das Böse, das Kriminelle als häßlich und alles, was abnorm ist und Unglück bringt – den Elternmörder, den Verräter, den Selbstsüchtigen ... Aber laßt einen großen Künstler mit dieser Häßlichkeit umgehen; sofort verwandelt er sie – er berührt sie mit seinem Zauberstab, und es wird Schönheit daraus." (S. 121)

16 Herbert Rosenfeld (1984) hat den Zusammenhang zwischen dem destruktiven Narzißmus, den Kränkungen des verlorenen 1. Weltkrieges, dem Neid auf die Juden und dem Antisemitismus sehr einleuchtend dargelegt.

17 Ein in dieser Hinsicht bedeutender Wendepunkt im Schaffen Thomas Bernhards ist die Erzählung „Wittgensteins Neffe" (1982), in der er – weitgehend autobiographisch – von seiner Freundschaft mit dem verrückt gewordenen Paul Wittgenstein erzählt und in der erstmals so etwas wie „Liebe" spürbar wird. Marcel Reich-Ranicki schrieb dazu: „Die Haßliebe ist auch in dem Buch ‚Wittgensteins Neffe' unverkennbar; aber die Gewichte haben sich deutlich verlagert: In dieser Prosa findet sich ungleich mehr Liebe als Haß. Nie hat Bernhard menschenfreundlicher, nie zärtlicher geschrieben." (Reich-Ranicki, 1993, S. 67)

18 Die Beziehung zum Großvater (er war der ewig scheiternde österreichische Heimatdichter Alois Freumbichler) war indessen sehr ambivalent. Einerseits rettete er den Jungen, der nach seiner unehelichen und von der Mutter verheimlichten Geburt in Holland das erste halbe Lebensjahr in ständig wechselnden Pflegestellen und Heimen verbrachte und dann bis zum 6. Lebensjahr zu seinen Großeltern gebracht wurde. Andererseits überschätzte und überforderte er ihn in seinem grenzenlosen Narzißmus. Thomas Bernhard hat dies in seinen autobiographischen Schriften eindrucksvoll dargestellt.

19 Hier wird gleichsam eine „analytische Situation" dadurch hergestellt. Wenn man sich ein Dreieck denkt: Patient, tote und destruktive innere Objekte, Analytiker, dann läßt sich das übertragen auf die Romankonstellationen: Ich-Erzähler (Patient), beobachtete Protagonisten (das kranke „Innere"), Leser (Analytiker), oder: Autor (Patient), Protagonist (das Kranke), Ich-Erzähler (Analytiker).

20 Vgl. als Beispiel die äußerst witzige Passage über die Jagd nach der Neuen Zürcher Zeitung in der Erzählung „Wittgensteins Neffe". Sie läßt sich, wie alles bei Thomas Bernhard, nicht nacherzählen, weil in der Episode tatsächlich sehr wenig passiert, außer daß der Ich-Erzähler und Wittgenstein eine ganze Nacht lang von einer großen Stadt in Österreich zur anderen fahren, um eine bestimmte Ausgabe der NZZ zu bekommen, wobei endlos auf die Provinzialität dieser Städte und Österreichs überhaupt geschimpft wird, weil es die NZZ dort nicht gibt. Der Witz liegt durchaus in der Erzähl*weise*, in dem Zwanghaften, den Wiederholungen und den Beschimpfungen, kurz in der ganzen Verrücktheit der Szene.

21 Eine in meinen Augen besonders gelungene Erzählung ist „Der Untergeher" (1988), und zwar nicht nur, was den „Witz" dieser Erzählung anbelangt, sondern vor allem wegen der Auffächerung der drei am narzißtischen Konflikt beteiligten Ich-Aspekte in drei Personen: Wertheimer (der Untergeher), Glen Gould und der Ich-Erzähler. Wertheimer wird zum Opfer der Idealisierung Goulds und seines Neides vor ihn, der ihn schließlich vernichtet. Er begeht Selbstmord. Glen Gould verkörpert das Ich-Ideal der beiden anderen angehenden Pianisten, das „Höchste", das der Großvater dem Kind Thomas Bernhard anzustreben befahl. („Mein Großvater setzte sich auf einen Baumstumpf und sagte: Dort, die Kirche! Was wäre dieser Ort ohne die Kirche. Oder: Da, dieser Sumpf! Was wäre diese Öde ohne den Sumpf (...) Etwas Großes im Auge haben, war seine fortwährende Mahnung, das Höchste! Immer das Höchste im Auge haben! Aber was war das Höchste?", lesen wir in der autobiographischen Schrift „Ein Kind" (1982, S. 82). Die Charakterisierung Wertheimers ist sowohl eine grandiose Selbstkritik Bernhards als auch eine versteckte Abrechnung mit dem Großvater und dessen das Kind vergiftenden destruktiven Narzißmus. In der autobiographischen Schrift „Der Keller - Eine Entziehung" (1976) heißt es: „Zwischen Haß und Bewunderung zerstören sich beinahe alle Menschen, und mein Großvater hat sich in seinen achtundsechzig Lebensjahren von diesen beiden Begriffen zermalmen lassen." (S. 111) Gleichzeitig ist Glen Gould jedoch auch der Künstler, dem es nicht um seinen Narzißmus, sondern um die *Sache* (die Musik) geht und der daher das „Höchste" zu erreichen imstande ist. Glen Gould entzog sich der Öffentlichkeit und gab eines Tages keine Konzerte mehr. In ihm stellt sich der Autor selbst dar: Er schuf große Literatur und weigerte sich, sie vom Narzißmus der Mächtigen mißbrauchen zu lassen, indem er testamentarisch das Verbot ausspracht, seine Werke künftig in Österreich zu edieren, öffentlich zu lesen oder aufzuführen. Der Ich-Erzähler in „Der Untergeher" stellt schließlich den Aspekt des Ichs dar, der Einsicht in seine Begrenzungen zeigt und den Kontakt zur Realität aufrechterhält.

22 In einer Anmerkung (S. 73) führt Rank die lange Tradition des Gebrauchs der Zeugungsmetapher für das Erschaffen von Kunstwerken an; vgl. zu diesem Thema auch: Robert D. Hinshelwoods Zusammenfassung des Gedankens des „Vereinigten Elternpaares" in der Schule von Melanie Klein (1993) und Hanna Segal (1991) sowie Robert Caper (1996).

Literatur

Bachmann, I. (1978): Thomas Bernhard – Ein Versuch. In: Ges. Werke, Bd. 4. Wien: Piper (Sonderausgabe 1982).
Bernhard, Th. (1863): Frost. München, Zürich: Droemer (1965).
- (1969): Verstörung. Frankfurt a.M.: Suhrkamp (1986).
- (1970): Das Kalkwerk. Frankfurt a.M.: Suhrkamp (1973).
- (1971a): Drei Tage. In: Der Italiener. Frankfurt a.M.: Suhrkamp (1989).
- (1971b): Gehen. Frankfurt a.M.: Suhrkamp.
- (1975a): Die Ursache. München: dtv (1986).
- (1975b): Korrektur. Frankfurt a.M.: Suhrkamp (1984).
- (1976): Der Keller – Eine Entziehung. München: dtv (1979).
- (1981): Die Kälte. München: dtv (1985).
- (1982a): Ein Kind. München: dtv (1987).
- (1982b): Wittgensteins Neffe. Frankfurt a.M.: Suhrkamp (1985).

- (1983): Der Untergeher. Frankfurt a.M.: Suhrkamp (1988).
- (1984): Holzfällen – Eine Erregung. Frankfurt a.M: Suhrkamp.
- (1985): Alte Meister. Frankfurt a.M.: Suhrkamp (1988).
- (1986): Auslöschung. Frankfurt a.M.: Suhrkamp.

Bion, W. (1962): Lernen durch Erfahrung. Frankfurt a.M.: Suhrkamp (1992).

Bober, R. (1996): Was gibt's Neues vom Krieg? München: Kunstmann.

Bürger, Ch. (1987): Schreiben als Lebensnotwendigkeit – Zu den autobiographischen Fragmenten Thomas Bernhards. In: Amsterdamer Beiträge zur Neueren Germanistik, Bd. 21, S. 43 ff.

Caper, R. (1996): Play, Experimentation and Creativity. In: Int. J. Psycho.-Anal., 77, S. 857 ff.

Davis, M., Wallbridge, D. (1995): Eine Einführung in das Werk von D.W. Winnicott. Stuttgart: Klett-Cotta.

Fischer, G., Riedesser, P. (1996): Kindheitstrauma sexueller Mißbrauch. Arbeitsbericht aus dem Institut für Psychotraumatologie. Köln u. Freiburg (unver. Manuskript).

Freud, S. (1920): Jenseits des Lustprinzips. Frankfurt a.M.: Fischer. Stud. Ausg., Bd. III.

- (1905): Der Witz und seine Beziehung zum Unbewußten. Frankfurt a.M.: Fischer. Stud. Ausg., Bd. IV.

Green, A. (1979): Psychoanalytische Theorie der Affekte. In: Psyche, 33, S. 681-732.

- (1993): Die tote Mutter. In: Psyche, 47, S. 205-240.

Hinshelwood, D. (1993): Wörterbuch der kleinianischen Psychoanalyse. Stuttgart: Verlag Internationale Psychoanalyse.

Holderegger, H. (1993): Der Umgang mit dem Trauma. Stuttgart: Klett-Cotta.

Höller, H. (1994): Thomas Bernhard. Hamburg: Rowohlts Monographien.

Jelinek, E. (1989): Atemlos. In: „Die Zeit", 24.2.1989.

Kertész, I. (1995): Meine Rede über das Jahrhundert. In: Hamburger Institut für Sozialforschung (Hg.): Angesichts unseres Jahrhunderts. Reden über Gewalt und Destruktivität. Bd. 5. Hamburg: Hamburger Edition.

Kristeva, J. (1974): Die Revolution der poetischen Sprache. Frankfurt a.M.: Suhrkamp (1978).

Mahler-Bungers, A. (1992a): Die Anti-Autobiographie – Thomas Bernhard als „Antiautobiograph?" In: Freiburger literaturpsychologische Gespräche. Bd. 11. Würzburg: Königshausen & Neumann.

- (1992b): Solange ich spreche, bin ich – Annäherung an einen Traum von Thomas Bernhard. In: Fragmente, 38, S. 63 ff.

- (1997): Kathartisches Erinnern – Zum Werk von Imre Kertész. In: Zeitschr. f. psychoanalyt. Theorie u. Praxis, XII, 3, S. 257-274.

von Matt, P. (1979): Die Opus-Phantasie. In: von Matt, P.: Das Schicksal der Phantasie – Studien zur Deutschen Literatur. München, Wien: Carl Hanser.

- (1989): Der Liebesverrat – Die Treulosen in der Literatur. München, Wien: Carl Hanser.

Rank, O. (1918): Der Künstler – Ansätze zu einer Sexual-Psychologie. Wien u. Leipzig: Hugo Heller.

Reich-Ranicki, M. (1993): Thomas Bernhard. Aufsätze und Reden. Frankfurt a.M.: Fischer.

Rosenfeld, H. (1984): Narzißmus und Aggression in klinischer und theoretischer Betrachtung. In: Tagungsband DPV. Wiesbaden (1994).

- (1990): Eine Untersuchung der aggressiven Aspekte des Narzißmus. In: Melanie Klein heute. Bd. 1. München, Wien: Verlag Internationale Psychoanalyse.

Sandler, J., Dreher, U.A., Drews, S. (1989): Ein Aufsatz zu psychoanalytischer Konzeptforschung, illustriert am Beispiel des psychischen Traumas. In: Zeitschr. f. psychoanalyt. Theorie u. Praxis, IV, 4.

Segal, H. (1990): Wahn und künstlerische Kreativität: Betrachtungen über William Goldings Roman „Der Turm der Kathedrale". In: Melanie Klein heute. Bd. 2. München, Wien: Verlag Internationale Psychoanalyse.

- (1991): Traum, Phantasie und Kunst. Stuttgart: Klett-Cotta (1996).

Winnicott, D.W. (1971): Vom Spiel zur Kreativität. Stuttgart: Ernst Klett (1973).

Identität ‚in Progress'.
Zum philosophischen Konzept von Selbst und Identität in Moderne und Postmoderne

Gerhard Zenaty

Annäherung

Von Sloterdijk stammt die Metapher der „Gesellschaft der vernetzten Steppenwölfe" (Sloterdijk, 1996). Was konservative Kulturkritik (von katholischer und von marxistischer Seite) seit den 20er Jahren als sogenannte Atomisierung der Gesellschaft denunziert, als Untergang der Solidarität beklagt, wird von Denkern der Postmoderne einer fundamentalen Neubewertung unterzogen. Für Sloterdijk steht fest, „daß die angeblich isolierten Atome alles andere als traurige Privatiers oder beziehungslose Autisten sind" (S. 139). Er sieht die Vereinzelung als Chance, „den kreativen und selbstbestimmten Charakter von Beziehungen zu anderen mit einer geschichtlich kaum gekannten Deutlichkeit herauszuarbeiten ... was wir in unserem Jahrhundert Liebe nennen, erweist sich mehr und mehr als das bewußte Spielen mit dieser freien Valenz." (S. 139) Wer noch auf Konzepte von Dauerbeziehungen oder Treue fixiert ist, erscheint als pathologisch. „Treue ist ja nur ein Wort für anhaltende Kampfbereitschaft in bezug auf denselben Gegner." (S. 139) Das Resultat postindustrieller Lebensbedingungen ist demnach „entbundene Individualität, und diese wiederum setzt sehr viel Liebesfähigkeit oder erotisches Vermögen frei". (S. 139) Auf den ersten Blick handelt es sich hier um eine Art Provokation bürgerlicher Wertvorstellungen.

Die *Umwertung* im Zeichen der Postmoderne ist aber radikaler: Substantielle Überzeugungen wie jene des *genitalen Modells,* das selbstredend davon ausgeht, daß das Objekt des Begehrens auch eine physische Realität haben muß, werden gekappt: „das Dogma von der physischen Anwesenheit des Liebespartners sieht sich im Zeitalter zunehmender Telekom-Erotik auf schwache Füße gestellt." (S. 162) Liebe baut nach Sloterdijk auf „Freiheit von körperlicher Präsenz" auf, es sind die Medien, welche „Eleganz in den Kontakt" bringen. „Stimmen werden wichtiger als Körperwärme, das Prinzip Aufmerksamkeit verbündet sich mit dem technischen Gerät. Erotik wird Interface-Sache." (S. 162) Sloterdijks Analyse setzt den Wandel von Identitäts- und Lebenskonzepten in Entsprechung zu soziologischen Realitäten, dem Wandel von *Lebenswelt.* Der tendenziellen Verschiebung von der Produktion zur Konsumtion entspräche eine solche im individuellen Libidohaushalt: weniger Akkumulation, von der Selbstdisziplinierung zum Spaß-jetzt. „Weil modernes Arbeiten vor allem Müdewerden in niedrigen Kommunikationsgeschäften bedeutet ... verschiebt sich das Kriterium von Lieben mehr und mehr auf das begehrte Erlebnis, durch einen anderen wachgehalten zu werden ... Mach mich glücklich heißt heute: mach mich leicht; beweise mir, daß Beziehung das Gegenteil von Arbeit ist." (Sloterdijk, 1996, S. 162)

Bei Baudrillard, einem anderen Vertreter zeitgenössischer Kulturphilosophie, ist die Analyse noch radikaler, klingt aber wenig hymnisch. Neue Medien setzen keine *Valenzen* frei, sondern Computer und Mobiltelefon tendieren dazu, „das Individuum in ein absolut geschlossenes Universum einzugliedern, wie eine operationelle Monade" (Baudrillard, 1997, S. 39). Er sieht das „gute alte klassische Subjekt" zugunsten „des Netzes, das über wirkliche Autonomie verfügt", verschwinden. Das „neue Individuum" ist „ganz und gar mit sich selbst identisch", im Gegensatz zum bürgerlichen Subjekt, das in sich widersprüchlich, gespalten war in seinem Willen und in seinem Begehren. Mit sich identisch, weil extrem technisiert und operationell geworden. Der Wille, die Freiheit des Subjekts, bislang als Essenz abendländischer Identität ontologisiert, sind in Baudrillards Analyse auf eine schwache Funktion nachträglicher Legitimation einer Realität reduziert, welche von Maschinen und ihren Programmen bereits operationell durchgeführt sind. „Man kann nicht einmal vom Tod des Subjektes sprechen etwa so, wie man vom Tod Gottes spricht, sondern es ist schlicht und einfach verschwunden, es hat sich verflüchtigt." (S. 39) Mit dem Subjekt verschwindet nach Baudrillard, und das sollte Psychoanalytiker aufhorchen lassen, auch das *Sexuelle*. „Man muß doch klar sehen, daß die Sexualisierung der Welt ... ein gigantisches Entsexualisierungsunternehmen ist, das im Klonen endet ... Die Funktion des Sexuellen ist fragmentiert in Teilobjekte, jede Wunde ist ein Geschlechtsorgan. Das ist ein Verschwinden, ein Verschwinden des Sexuellen in einer unendlichen Fülle von Möglichkeiten, überall Sex zu sehen, Sex zu machen." (Baudrillard, 1997, S. 39)

Anmerkungen zum Begriff der Postmoderne

Nietzsche kann als „Vaterfigur der Postmoderne" angesehen werden. Der postmoderne Mensch (bei ihm „Übermensch" genannt) sollte die „Dekadenz" und den „Nihilismus" überwinden. Rückblickend auf die mit Nietzsche begonnene Neuformulierung des Menschen im 20. Jahrhundert könnte man auch sagen, Postmoderne beginnt dort, *wo das Ganze aufhört*. Postmodernes Denken liegt dort vor, wo ein grundsätzlicher Pluralismus von Sprachen, Modellen und Verfahrensweisen praktiziert wird, und zwar nicht bloß in verschiedenen Werken nebeneinander, sondern in ein und demselben Entwurf, also interferentiell.

In der soziologischen Perspektive von D. Bell ist die „postindustrielle Gesellschaft" die „Informationsgesellschaft", die durch den Primat des theoretischen Wissens, also durch den Vorrang wissenschaftlich-technologischer und nicht mehr industrieller Kapazitäten, gekennzeichnet ist. (Bell, 1985) Dabei ist eine folgenreiche Disparität zu beachten: Während sich die technologisch-ökonomische Ordnung weiterhin an Maßstäben funktionaler Rationalität und Effizienz orientiert, propagiert die kulturelle Ordnung hierzu gegenläufig Vielfalt, Selbstverwirklichung und Genuß. Und diese Kluft wird laufend größer. Insofern kann man *Diversität/Heterogenität* als Grundprinzip postindustrieller Lebenswirklichkeit verstehen im Gegensatz zur Homogenität moderner Gesellschaften.

J.F. Lyotard, der profilierteste Philosoph eines Postmodernismus, spricht wie vor ihm Nietzsche vom „Zerfall der Einheit". Während schon die Intellektuellen der Moderne die Tendenz zur Auflösung erkannten, sie allerdings negativ bewerteten, sieht Lyotard sie als Chance: „In äußerster Vereinfachung kann man sagen, Postmoderne bedeutet, daß man den Meta-Erzählungen keinen Glauben mehr schenkt." Und noch deutlicher: „Man kann heute sagen, daß die Trauerarbeit abgeschlossen ist."(Lyotard, 1982, S. 7 u. 14) Als Ergebnis dieser gelungenen Trauerarbeit diagnostiziert Lyotard in der Gegenwart die Freisetzung einer Vielfalt heterogener Sprachspiele, pluraler Handlungsweisen und Lebensformen.

These

Die Frage *Was ist der Mensch?* beschäftigt die Menschheit schon immer. Verschiedene Kulturen und Epochen produzierten zahllose Definitionsversuche. Gleichbleibendes Moment all dieser Verstehensversuche ist, daß der Mensch eben der ist, der sich selbst definiert. In der Sprache Sartres: „Der Mensch ist, wozu er sich macht ... die Existenz geht der Essenz voraus." (Sartre, 1960, S. 11, 12) Er *entwirft sich* zuerst, dann *ist* er erst. Diese Fähigkeit hat Cassirer zur Bezeichnung des Menschen als „animal symbolicum" veranlaßt (vgl. Cassirer, 1990, S. 52 f.). Der Akt der Symbolisierung macht uns zum Menschen. Mit der Symbolisierung aber entsteht Dualität. Zur ersten Dimension der puren Faktizität tritt als zweite Dimension die Ebene des Bildes, der Vorstellung. Dualität bedeutet aber immer auch *Differenz* – die Differenz des Bildes zum Faktischen. Und was ist das Faktische, das *Reale*? Das Symbolische ist für unser Bewußtsein immer schon da. Den unmittelbaren Zugriff auf die Realität gibt es nicht. Wir sind nicht im Zustand des Paradieses, sondern immer schon auf der Suche, in der Welt der Bilder, der Vorstellungen, Phantasien und Mythen, in der Welt der Sprache, in der wir nach der Wahrheit, der Wirklichkeit von uns selbst und dem Anderen suchen.

So ist das Identitätsproblem ein anthropologisches. Es gehört zum unentrinnbaren Schicksal des Menschen, daß er sich selbst nie ein für allemal *haben* kann – er sucht, entwirft, findet sich oder glaubt sich zu finden, geht sich verloren. Menschliches Leben ist so auch und fundamental chronisches Ringen um Identität.

Postmodernes Denken suggeriert uns, daß es keine Notwendigkeit des Menschen an sich sei, sich selbst zu definieren, sondern daß der *moderne Mensch* diese Eigenart eines „Zwanges zur Selbstdefinition" habe. Unter postindustriellen Lebensbedingungen kann Identität nicht länger substantiell gedacht bzw. gelebt werden, sondern als „offener Prozeß". Identität erscheint dabei als verflüssigt hin zu einer Pluralität von *situativen Ichs,* die das jeweilige Ergebnis prinzipiell vorläufiger Selbstzuschreibungen sind.

Zur Diskussion steht also die Frage, inwiefern der objektive Wandel der Lebensverhältnisse auch so etwas wie *subjektive Identitätstransformationen* notwendig macht; und für die Psychoanalyse konsequenterweise die Frage, inwiefern ihr theoretisches Paradigma, entwickelt von Freud im Zeitalter spätbürgerlicher Lebenswirklichkeit und Identität, für aktuelle Lebensrealitäten unverändert ein sinnvoller Verstehensrahmen subjektiven Lebens und Erlebens sein kann. Postindustrielle Lebensbedingungen liefern ein Überangebot an Symboliken. Man könnte von einem *Wuchern des Imaginären* sprechen, das Imaginäre hier verstanden als Spiegelbild des Menschen, das heil, aber eingefroren ist; ein kulturell produziertes Vexierbild des narzißtischen Selbst, insofern die Kulturindustrie laufend Substitute des Imaginären zur Verfügung stellt. Geld, Versorgung, Markt, das Versprechen eines befriedeten gesellschaftlichen Daseins, eines angstfreien Lebens, in dem es keine zwingende Notwendigkeit mehr gibt, das Imaginäre zu verlassen. Der Tod, das Sexuelle, das Andere erscheinen unter saturierten Verhältnissen umgehbar. Traditionelle Lebensbedingungen (des Mangels) zwangen das Individuum dazu, das Imaginäre zu verlassen und die kulturelle Symbolik zu erlernen. Das Individuum bekam die Chance und Fähigkeit, dem Realen zu begegnen. Vielleicht könnte man die traditionelle Neurose als Befangensein im Symbolischen beschreiben, währenddessen die aktuelle Persönlichkeitsproblematik wohl zunehmend in der Schwierigkeit liegt, inmitten einer Kultur des Imaginären die Befähigung zu erwerben, dieses zu verlassen.

Exkurs in die aktuelle Kunst und Ästhetik

Befragt werden soll die seismographische Funktion von Kunst und Ästhetik. Es ist, jedenfalls seit der Moderne, Selbstverständnis der Kunst, Avantgarde gesellschaftlicher Entwicklungen zu sein. Wenn es, wie postmoderne Theoretiker behaupten, in der Gegenwart zu entscheidenden Umbrüchen im Selbstverständnis des Menschen kommt, so ist anzunehmen, daß diese Umbrüche sich signifikanter und wohl auch früher im Medium der Kunst zeigen. Wie steht es also um Normalität und Abweichung, um Identität und Identitätsauflösung, um Selbst und Ich, welche Phantasmen, Stimmungen und Selbstverständnisse liegen den Bildern und Mythen zeitgenössischer Kunst zugrunde?

Mit Kondylis vertrete ich die These, daß die Denkfiguren der Postmoderne bereits durch die sogenannte Avantgarde der Moderne vorweggenommen wurden (vgl. Kondylis, 1991). Während die bestimmende Denk- und Erlebnisfigur der Moderne eben jene der *Homogenität* (vgl. Bell, 1985) war, experimentierten Futuristen, Dadaisten und andere Kunstrichtungen bereits exzessiv mit der Abweichung, dem *Heterogenen*. So könnten Kunst und Psychiatrie als die beiden ausgezeichneten Orte der Abweichung in der Moderne gesehen werden. Mit einer allerdings völlig gegensätzlichen Bewertung durch die bürgerliche Gesellschaft: Während die Kunst für ihre Fähigkeit zur Abweichung, zur Negation und Provokation gelobt wurde und wird, sich der Bürger genüßlich vom vorgehaltenen Spiegel der Kunst provozieren läßt, ist die Psychiatrie die Institutionalisierung der verpönten Abweichung. Wenn die Kunst für die radikale Infragestellung der Gesellschaft geschätzt, der Künstler in seiner Verrücktheit hofiert wird, gilt die Abweichung in der Psychiatrie als krank. Für die Kunst errichtete man Museen und Galerien, für die Kranken Kliniken. Mit Foucault könnten wir von zwei Formen der Kasernierung des Abnormen sprechen (vgl. Foucault, 1969). Angesichts dieser latenten Korrespondenz ist es nicht verwunderlich, daß schon die Avantgardisten der Moderne die Faszination des Wahnsinns erkannten. Die Veröffentlichung künstlerischer Werke von Psychiatrierten, für die es den bemerkenswerten Namen „zustandsgebundene Kunst" gibt, war die Vorwegnahme des Postulats von Guattari und Deleuze, daß Gesundsein heute eigentlich nur noch in der Form der Schizophrenie möglich sei. (vgl. Deleuze u. Guattari, 1974, bes. S. 353 f.)

Dies ist also die postmoderne Überbietung der im klassisch-bürgerlichen Zeitalter ähnlich provokant anmutenden Äußerung Freuds, daß die Grundmuster psychischer Prozesse bei Gesunden und Kranken dieselben seien. Eine klare Grenze zwischen gesund und krank sei daher eher ein Symptom der Angst des bedrohten Ichs und insofern mehr eine Wunschvorstellung denn eine realitätsgerechte Annahme. Denker der Postmoderne behaupten nun, daß sich gegenwärtig unsere Gesamtvorstellung von Normalität und Abweichung umformt. Dies wäre als Konkretisierung der These von Kondylis zu sehen, wonach Konstrukte und Wertsetzungen der Avantgarde der Moderne im „Zeitalter der Massendemokratie" zunehmend ins kollektive Alltagsbewußtsein vordringen und dieses bestimmen (vgl. Kondylis, 1991, bes. S. 208 f.). So wäre etwa psychische Labilität, traditionell an psychisch Kranken diagnostiziert, heute ein Verstehensschlüssel für Normalität selbst. Abweichendes Verhalten wie etwa Homosexualität oder Perversionen, in der „liberalen Moderne" (Kondylis, 1991) noch dem Bereich des Kranken oder künstlerisch Verrückten zugeordnet, gilt im gegenwärtigen gesellschaftlichen Leben als interessant und aufregend (wie etwa die Beliebtheit entsprechender Fernseh-Talkshows zeigt).

Die Moderne suchte die Identität einer Person im Prinzip so zu verstehen, daß sie hinter der Variabilität der Erscheinungsbilder einen mehr oder weniger invarianten, als *substantiell* begriffenen *Persönlichkeitskern* annahm. Auch die

Geschichte der psychoanalytischen Theoriebildung von Freud bis in die 70er Jahre zeigt eine relativ selbstverständliche Bestätigung des bürgerlichen Identitätsbegriffs. Noch bei Theoretikern wie Blos gilt die entwicklungspsychologische Annahme, daß die Adoleszenz quasi ein letztes Entwicklungsstadium hin zum „Erwachsenen" sei. In der Adoleszenz kommt es zu einer Wiederbelebung aller infantilen Identifizierungen, insbesondere des ödipalen Konflikts, der unter normalen Bedingung in seiner *Lösung* mündet. Das Ergebnis dieser *zweiten Individuation*, wie immer man dieses *Streben nach Einheitlichkeit* (Freud, 1923, S. 274) begrifflich fassen mag, ist ein mehr oder weniger *fertiger* Erwachsener mit *reifer* Sexualität (unter dem „Primat des Genitalen"), psychisch reif für fixe Partnerschaft/Ehe und Generativität (vgl. Blos, 1973). Aber schon in einem Aufsatz von 1954 registrierte Blos eine Entwicklung hin zu „verlängerter Adoleszenz" (vgl. Blos, 1954). Unter aktuellen Lebensbedingungen scheint ein *Kult der permanenten Jugendlichkeit* das „reife Erwachsensein" als zu erreichenden Standard weitgehend abzulösen. Nicht nur die Mode, auch der Lebensstil sogenannter erwachsener (und alter) Menschen orientiert sich zunehmend am Ideal ewiger Jugendlichkeit. „Die einschneidende Pluralisierung der Gesellschaft betrifft seit langem und betrifft heute allgemein auch die Individuen. Identität ist immer weniger monolithisch, sondern nur noch plural möglich. Leben unter heutigen Bedingungen ist Leben im Plural, will sagen: Leben im Übergang zwischen unterschiedlichen Lebensformen." (Welsch, 1990, S. 171) Es stellt sich also die Frage: was ist mit dieser „Substanz" des Individuums; gibt es ihn noch, diesen „invarianten Kern" der Persönlichkeit?

A. Warhols Porträtserien appellieren, scheinbar Vielfalt vorführend, die Manipulierbarkeit von Identität. Seine Marilyn-Serie zeigt das immer gleiche Photo des Showstars in Variationen allein der Farbzusammenstellung. Hier wird also nicht auf die Lebendigkeit einer Person verwiesen, die sich im Reichtum von Gesten und Mimiken zeigen kann, sondern im Gegenteil auf die Konstanz einer Schablone, die ihre Varianz durch die technischen Möglichkeiten von Siebdruckflächen erhält. Und genau das ist wohl die Botschaft Warhols: die Wahrheit über den Star ist ihr Image, die Darstellung zeigt nicht sie, sondern ein Bild, entfaltet nach allen Regeln technisch perfektionierter Manipulation. „All is pretty" – so der Titel dieser Serie – signalisiert demnach den radikalen Abschied vom Konzept der Substanz. Es gibt nichts mitzuteilen über das Wesen der Künstlerin. Warhol bietet uns als Ersatz den *Kult der Oberfläche.*

Showstars von heute zeigen allesamt die Variation oder beliebige Austauschbarkeit von Identität. Wer ist Michael Jackson wirklich? Bis in die operative Umgestaltung des Körpers auf ein zu vermutendes Ideal von Androgynität reichen diese Selbstinszenierungen, für die schon Nietzsche das Motto lieferte: „Scharf und milde, grob und fein, Vertraut und seltsam, schmutzig und rein, der Narren und Weisen Stelldichein: Dies Alles bin ich, will ich sein, Taube zugleich, Schlange und Schwein." (Nietzsche, 1980, S. 355) Postmodernen Künstlern geht es vielfach um diese Lust an der Ausfächerung tradierter Identität, um die Generierung neuer, betont *pluraler Identitäten*. Wenn Madonna eine ihrer Europatourneen unter den Titel „Who's that girl?" stellte, so suggerierte sie damit eine Frage, die rein rhetorisch war, auf die es keine Antwort gibt. Hinter diesem Star ist keine Person auszumachen. Sie will uns zeigen: Sie ist nichts anderes als das Remake der verschiedenen Rollen, die sie – mit Kostüm- und *Identitäts*wechsel auf offener Bühne – uns vorführt: einmal Marilyn, dann Marlene, dann andere Stars. Madonna imponiert ihrem Publikum mit einer Präsentation, die W. Benjamin mit Blick auf die Mode als „ewige Wiederkehr des Neuen" bezeichnet hat.

Arnulf Rainer ist als der Meister der Übermalungen bekannt. Es sind großteils eigene Werke bzw. Selbstporträts, an denen Identitätsveränderungen vorgenommen werden. Traditionell war ja das Porträtphoto Inbegriff von Identität, der Lichtbildausweis wurde auch als *Identitätsausweis* bezeichnet. Rainers Photos entsprechen schon vor der Übermalung nicht dem Standard. Er zeigt sich in exaltierten Posen, mit extremen Mimiken und Gesten. Offenkundig intendiert er die Subversion konventioneller Identitätserwartungen, wenn durch die Übermalungen Umdeutungen und Transformationen in Richtung prinzipieller Mehr- und Vieldeutigkeit vorgenommen werden. Künstler wie Rainer folgen hier einem Duktus, der durch Verunsicherung, Auflösung und Fragmentierung letztlich wohl befreien will: vom Einheits- und Ganzheitsdruck. Diese Intention formulierte schon R. Musil im „Mann ohne Eigenschaften", wenn er seinen Helden Ulrich, „der Mensch ohne Wesenskern, der Mensch, dem es nicht gegeben ist, in einer festen Persönlichkeit zu erstarren", sagen läßt: „Vielleicht nichts, aber vielleicht gehen wir dann, wenn die falsche Bedeutung, die wir der Persönlichkeit geben, verschwindet, in eine neue ein wie in das herrlichste Abenteuer." (Musil, 1952, S. 572)

Die amerikanische Künstlerin Cindy Sherman hat in einem über Jahre dauernden Prozeß Selbstinszenierungen photographisch festgehalten, die vielleicht am sinnfälligsten das „Verschwinden des Subjekts" klarmachen. In ihren Porträtserien zeigt sie sich uns in unterschiedlichsten *Verkleidungen*, die so perfekt sind, daß der nicht vorinformierte Betrachter nie auf die Idee verfiele, daß das *Modell* hier immer dasselbe bleibt. Sherman verkleidet sich also nicht nur, sie *verschwindet* im jeweiligen Typ, in der *totalen Rolle*. Auf einem Porträt, das den Titel „Ohne Titel. Nr. 133. 1984" trägt, sieht man eine Person, die geübte Kliniker vermutlich schnell als eine Frau mit klaren Anzeichen von Depersonalisation diagnostizieren würden. Sie hat etwas Abwesendes, Maskenhaftes, Seelenloses. Sherman ist hierin mehr als nur eine perfekte Schauspielerin, sie zeigt nicht einfach unterschiedlichste Befindlichkeiten ihrer eigenen Person, sondern eine *kernlose*, rein aus einer Vielfalt von Möglichkeiten bestehende Identität, die vielleicht dasjenige versinnlicht, was der Philosoph V. Flusser die Entwicklung „vom Subjekt zum Projekt" nennt. Flusser greift im folgenden Gedankengang die Freud'sche Metapher vom Eisberg auf, transformiert sie jedoch entscheidend. Aber hier ist nicht mehr die Rede von einem *autonomen*

Ich, das in der Lage wäre, einen Prozeß mit der Zielrichtung „wo Es war, soll Ich werden" zu bewerkstelligen. Kein „Gott Logos" lenkt dieses Ich länger (wie noch den Spätaufklärer Freud). Bei Flusser bleibt ein *Ich*, das eigentlich nur mehr der willkürliche und jeweils momenthafte Knoten eines blinden sozialen Prozesses ist. „Das ‚Ich' erweist sich als eine Spitze eines sich im Kollektiven auflösenden und von dort aus sich kristallisierenden Eisbergs. Es erweist sich als eine ideologische Reifikation von psychischen Prozessen. Außerdem wird deutlich, daß selbst auf der ‚bewußten' Ebene von einer definierbaren Identität nicht die Rede sein kann. Eher handelt es sich um eine intersubjektive Vernetzung ... aus dieser Sicht ist das ‚Ich' als ein Stausee anzusehen, in den Informationen fließen, dort verarbeitet und provisorisch gespeichert werden, um weitergegeben zu werden. Insofern erweist sich das ‚Ich' als ein sich ständig verschiebender Knoten eines intersubjektiven Gewebes, das einem kollektiven ‚unbewußten' psychischen Gewebe aufsitzt." (Flusser, 1994, S. 13, 14)

Psychoanalytische Schlußfolgerungen

Die Frage ist, inwiefern dieser kulturelle Wandel nicht nur die Mode, die *Oberfläche* kultureller Codes, sondern auch die *Tiefenstrukturen* des Individuums transformiert. Für Denker wie Welsch ist der Tatbestand klar: „Darin hat die Kunst noch einmal Avantgarde-Funktion, diagnostisch sowohl wie propädeutisch: Sie generiert neue Identitätsformen, und sie lebt die entsprechenden Verhaltensweisen vor ..." (Welsch, 1990, S. 198).

Die Frage von Reiche „Haben frühe Störungen zugenommen?", so der Titel seines Artikels in der Zeitschrift Psyche (Reiche, 1991), ist, wie er selbst ausführt, im Grunde falsch gestellt. „Gegen diesen überwältigenden Augenschein ... vertrete ich die Ansicht, daß der anhaltende Modernisierungsschub in den posttraditionalen Gesellschaften nicht zu einer Zunahme ‚früher Störungen' führt. Eher läßt er das Potential an ‚früher Störung' früherer Epochen unter seinem eigenen Namen auftreten und zu sich selbst kommen." (Reiche, 1991, S. 1050) Modern formuliert: Es handelt sich zunächst wohl um ein Fokussierungsproblem. So gehen ja zeitgenössische psychoanalytische Autoren auch davon aus, daß Freuds Patienten *schwerer gestört* waren, als dies die *reifen Diagnosen* der Pioniergeneration vermuten lassen.

Radikaler ist aber zu fragen: Können wir *Oberfläche* und *Tiefenstruktur* der Persönlichkeit weiterhin selbstverständlich so behandeln, als wäre nur die Maske des Individuums historisch-kulturellen Transformationen unterworfen, während das *Unbewußte* den im Freudschen Persönlichkeitsparadigma formulierten ewig-gleichen Gesetzmäßigkeiten gehorcht?

Kristeva fragt in ihrer Studie über „die neuen Leiden der Seele": „Umgekehrt scheint die tägliche Erfahrung einen spektakulären Rückgang des Innenlebens zu demonstrieren. Wer hat heute noch eine Seele?" (Kristeva, 1994, S. 13)

Kristeva findet im antiken Mythos von Narziß, entstanden am Endpunkt einer anderen Epoche, der klassischen Antike, eine Entsprechung für das Lebensgefühl des postmodernen Menschen. Sie nennt Narziß das „perverse Kind", den „ersten modernen Anti-Helden, dessen „trübes, morastiges und unsichtbares Drama die Ängste einer dahintreibenden Menschheit, die um ihre stabilen Bezugspunkte gebracht worden war, zusammengefaßt haben dürfte". (Kristeva, 1989, S. 362) So wie mit dieser Krise des antiken Niedergangs der erhabene Körper der griechischen Skulptur in Stücke zerfallen ist und einer „krankhaften und nicht einmal tragischen Geschichte eines beliebigen Wesens" Platz macht, das weder wußte, was es will, noch, wen es liebt. „Der in sein flüchtiges Abbild Verliebte ist eigentlich jemand, der keinen Raum hat. Er liebt nichts, weil er nichts ist." (Kristeva, 1989, S. 362) So wird Narziß in Ovids Mythos als jemand beschrieben, der keinen eigenen Raum hat, der, sobald er erkennt, daß der Andere in der Quelle nur das Bild seiner selbst ist, aus Unfähigkeit, diese Eigenheit zu ertragen, Selbstmord begeht. Diesen Narziß erkennt Kristeva als den Prototyp heutiger Analysanden. „Die Analysanden leiden heute an der Abschaffung des psychischen Raumes. Narziß, dem es an Licht und an der Quelle mangelt, die sein eigenes Bild einrahmen könnte, Narziß, der in einer Kaskade falscher Bilder (von den sozialen Rollen bis zu den Medien) ertrinkt, und so um seine Substanz und seine Stellung gebracht wird: Diese modernen Figuren belegen, daß wir heute nicht mehr fähig sind, unseren primären Narzißmus aufzuarbeiten." (Kristeva, 1989, S. 359)

Falls diese Analyse der psychischen Realität postindustrieller, unauthentischer, weil in Ununterscheidbarkeit gleichschwebender Verhältnisse von Realität und Virtualität, von Sein und Schein aufgehender Erlebensweisen ihre zumindest tendenzielle Richtigkeit hat, dann steht auch für die Psychoanalyse einiges auf dem Spiel. „Sollen wir einen psychischen Raum und damit eine gewisse Herrschaft des Einen inmitten der psychischen Katastrophen der Angstneurotiker, Selbstmordgefährdeten und Impotenten konstruieren? Oder im Gegenteil den Ausbrüchen und den Driften folgen, sie noch antreiben und begünstigen?" (Kristeva, 1989, S. 365) Kann die Psychoanalyse unseren heutigen Narzissen wirklich diesen eigenen Raum schaffen, den Vater wiederherstellen, mit der archaischen Mutter eine erträgliche Beziehung herstellen, dem unentwickelten Innen wenigstens ein Stück Souveränität geben? Kristeva schlägt einen anderen Weg für die Analyse vor:

> „Ich sehe in der Psychoanalyse eher die Wegbereiterin eines Ausbruchs aus diesem geschlossenen Raum als dessen Wächterin. Der alte psychische Raum, der mit Hilfe neurotischer Zustände mehr oder weniger abgestützte Projektions- und Identifizierungsapparat hält nicht mehr? Nun gut, dann vielleicht deswegen, weil ein anderer Modus des Seins, des Entseins, an seine Stelle zu treten versucht. ... Er soll nur so tun, als ob, der Schein soll sich ruhig ernst nehmen, und die Sexualität soll genauso unwesentlich, weil genauso schwerwiegend sein wie eine Maske oder ein geschriebenes Zeichen – sieht von außen toll aus, ist aber nichts drinnen." (Kristeva, 1989, S. 366)

Diese für am tradierten therapeutischen Modell eingestimmte Ohren wohl zynisch anmutenden Sätze sind als Provokation gemeint. Als Provokation, welche die Wahrnehmung des Psychoanalytikers sensibilisieren soll für eine Hilfestellung, die mehr ist als nur das Aufdecken der ewig gleichen Wahrheit des Unbewußten. Psychoanalyse unter aktuellen Lebensbedingungen soll den Analysanden dabei helfen, „nicht mehr daran zu leiden, nur mehr Statisten ihres Lebens oder Splitter ihres im Fließen der Lust mitgerissenen zerstückelten Körpers zu sein. Ihnen also zu helfen, sich als instabile, offene und unentscheidbare Räume auszusagen und zu be-schreiben." (Kristeva, 1989, S. 366)

Wenn es stimmt, daß jede Autonomie des Ichs sich durch den Gegensatz zu seinem anderen, dem Objekt, definiert und Gegensatz gleichbedeutend ist mit Haß, so ist das Ich im Grunde ein Haßich. Und wenn die Liebe die Fortführung des Narzißmus in den späteren Sexualtrieben ist, so wird auch sie vom Haß getragen. Insofern kommt in der Freudschen Liebe – der Übertragung – die unmögliche Harmonisierung dieser Fraktur des haßliebenden Raums am stärksten zum Ausdruck. Die psychoanalytische Kur ist auch und gerade nach dem *Tod des Subjekts* der Ort, wo der haßliebende Narziß zu seinen Worten finden kann.

Literatur

Baudrillard, J. (1997): Interview mit Jean Baudrillard. In: Die Zeit, 21, vom 23.5.1997.
Bell, D. (1985): Die nachindustrielle Gesellschaft. Frankfurt a.M.: Campus.
Blos, P. (1954): Prolonged Adolescence. In: Am. J. Orthopsychiat., 24, S. 733-742.
   – (1973): Adoleszenz. Eine psychoanalytische Interpretation. Stuttgart: Klett.
Cassirer, E. (1990): Versuch über den Menschen. Einführung in eine Philosophie der Kultur. Frankfurt a.M.: Fischer.
Deleuze, G., Guattari, F. (1974): Anti-Ödipus. Kapitalismus und Schizophrenie. Frankfurt a.M.: Suhrkamp.
Flusser, V. (1994): Vom Subjekt zum Projekt. Menschwerdung. Düsseldorf: Bollmann.
Foucault, M. (1969): Wahnsinn und Gesellschaft. Frankfurt a.M.: Suhrkamp.
Freud, S. (1923): Das Ich und das Es. In: GW XIII, S. 235-289.
Kondylis, P. (1991): Der Niedergang der bürgerlichen Denk- und Lebensform. Die liberale Moderne und die massendemokratische Postmoderne. Weinheim: VCH.
Kristeva, J. (1989): Geschichten von der Liebe. Frankfurt a. M.: Suhrkamp.
   – (1994): Die neuen Leiden der Seele. Hamburg: Junius.
Lyotard, J.-F. (1982): Das postmoderne Wissen. Ein Bericht. Bremen: Impuls.
Musil, R. (1952): Der Mann ohne Eigenschaften. Hamburg: Rowohlt.
Nietzsche, F. (1980): Die fröhliche Wissenschaft. In: Sämtliche Werke. Kritische Studienausgabe in 15 Bänden, hg. v. G. Colli u. M. Montinari. Bd. 3. München: dtv/de Gruyter.
Reiche, R. (1991): Haben frühe Störungen zugenommen? In: Psyche, 12, S. 1045-1066.
Sartre, J.P. (1960): Ist der Existentialismus ein Humanismus? In: Drei Essays. Frankfurt a.M., Wien, Berlin: Ullstein.
Sloterdijk, P. (1996): Zu zweit sein. Warum der moderne Steppenwolf Nähe sucht – und die Wölfin auch. In: Vogue, 7, S. 138-162.
Welsch, W. (1990): Identität im Übergang. In: Ästhetisches Denken. Stuttgart: Reclam.

Unbewußte Zeitgeschichte.
Über das schweigende Verhältnis von Psychoanalyse und Nationalsozialismus in Österreich*

Karl Fallend

Dieser Beitrag handelt von Österreich. Diese Betonung ist wichtig.

*Wos is do los, wos wird do gspüt,
im gaunzn Haus ka Hitla Büd.
Des is jo goa net woa,
im Kölla hängan zwoa.*

Es war vor ungefähr dreißig Jahren, als wir Kinder auf Land-Schulwoche nächtliche Ruhestörer in Gelächter und bar inhaltlichen Bewußtseins mit diesem Kinderreim bedacht haben. Ein Kinderreim als treffende Metapher für eine gesellschaftliche Befindlichkeit. Die Hitler-Bilder in den Kellern Österreichs.

Es war im Oktober 1998, als in Wien eine Pressekonferenz stattfand, auf der Zeithistoriker über die Rolle des Wiener Anatomischen Instituts während der NS-Zeit berichteten. 1377 Hingerichtete wurden an diesem Institut für Sezierkurse, Forschungen, Schauräume verwendet und dienten auch als Vorlage für den Anatomie-Atlas – hergestellt vom Dekan der medizinischen Fakultät, Rektor und SS-Mann Eduard Pernkopf. Der „Pernkopf-Anatomie-Atlas", der bis heute im Medizinstudium Verwendung findet – in Zukunft mit einem klärenden Vorwort. Das sind auch „Hitler-Bilder" – 1377 – im Keller der Universität Wien.

Es war vor mehr als fünfzig Jahren, im Jahre 1943 in Moskau, als die Alliierten Mächte das zukünftig-offizielle Geschichtsbild Österreichs in Form der Moskauer Deklaration schriftlich festsetzten. Das Leitmotiv dieser Deklaration: Österreich sei das erste Opfer des Nationalsozialismus, was nach dem Krieg gerne gehört wurde. Die Moskauer Deklaration bildete einen Grundstein nachfaschistischer Identitätsbildung in Österreich. Deutschland: das Land der Täter; Österreich: in der Rolle des adabei. Die Moskauer Deklaration behindert bis heute die Schuldeinsicht gegenüber den wahren Opfern; sie wirkte im Drang von Wiederaufbau und Konjunkturaufschwung wie eine Schere im Kopf. Doch die Schere ist mittlerweile stumpf geworden, und es wurde unheimlich in der Alpenrepublik. Ganz im Freudschen Sinne: „Un-

---

* Vortrag, gehalten auf der DPG-Tagung „Psychoanalyse im Exil" am 25.10.1998 in Frankfurt a.M.

heimlich sei alles", schrieb Freud, „was ein Geheimnis betrifft, das im Verborgenen bleiben sollte und hervorgetreten ist." (Freud, 1919, S. 236)

Dieses ständige Hervortreten von Verborgenem ist zum österreichischen Alltag geworden. In den vergangenen Jahren verging buchstäblich *kein* Tag, an dem im öffentlichen Diskurs oder in der Berichterstattung die NS-Vergangenheit *nicht* zum Thema gemacht wurde. Österreich, das Land von Hitler, Eichmann und Stangl, das Land, in dem proportional mehr Nationalsozialisten organisiert waren als in Deutschland, Österreicher einen großen Teil der KZ-Wachmannschaften stellte. Österreich, ein Land von Großeltern und Eltern – *unseren* Großeltern und Eltern –, die in irgendeiner Form beteiligt waren, mitgejubelt, mitmarschiert, weggeschaut haben, in den seltensten Fällen Widerstand geleistet und zumeist Jahrzehnte darüber geschwiegen haben.

Der Nationalsozialismus als zeitgeschichtlicher Abschnitt, der in *jeder* österreichischen Familie seine Spuren hinterlassen hat, jenseits traumatischer Erfahrungen der Vergewaltigten, über die Vermißten und Umgekommenen. Es sind tief eingegrabene Spuren nationalsozialistischer Moral- und Wertvorstellungen, die sich bis heute u.a. auch im infantil-vertraut transportierten Dialekt der Alltagssprache zu erkennen geben. Von Wien bis Innsbruck, von Linz bis Klagenfurt ist es ein leichtes, die österreichische Dialektsprache als intergenerativ-emotionalen Container der Zeitgeschichte auszumachen. „Sprache dichtet und denkt nicht nur für mich", schrieb Viktor Klemperer, Sprache „lenkt auch mein Gefühl, sie steuert mein ganzes seelischen Wesen, je selbstverständlicher, je unbewußter ich mich ihr überlasse." (Klemperer, 1969, S. 23)

„Jüdische Hast", „Handeln wie ein Jud", „es geht zu wie in einer Judenschule" oder „bis zur Vergasung" sind in Österreich derart verbreitete Ausdrücke, daß sie zum allgemeinen, zumindest passiven Wortschatz zu zählen sind. Nicht minder weit verbreitet ist der Ausspruch: „do is a Jud drin", für eine – durch ein größeres Tabakstück verursacht – schlecht angezündete Zigarette. „Du host an Judn lossn", so der Malermeister zum Lehrling, wenn dieser fehlerhaft eine Stelle malt. Und wenn man schließlich stolpert, „liegt do a Jud begrobn"; sowie „jetzt a Jud gstorbn is", wenn zwei zur gleichen Zeit dasselbe Wort aussprechen. Alltäglich werden die Opfer zu Tätern, die Verfolgten zu Verfolgern – alltägliche Schuldumkehr sprachlich manifestiert (vgl. Fallend, 1997).

Viktor Klemperer würde sagen: vox populi – in lingua veritas.

Den *historischen* Untergrund dieser Atmosphäre haben die professionellen Erinnerungsarbeiter der Zeitgeschichtsforschung detailreich beleuchtet – im Lichte von Sammelklagen bzgl. Zwangsarbeit und Bankverbindungen zu Konzentrationslagern haben aktuell die Zeithistoriker in Österreich gar Hochkonjunktur. Die Ausleuchtung des *psychischen* Untergrunds durch die professionelle Erinnerungsarbeit im Bereich von Psychologie und Psychoanalyse hat dabei noch einiges nachzuholen. Versucht man nämlich in Österreich auf Fragen der psychischen Auswirkungen des Nationalsozialismus Antworten zu finden, ist die Anzahl der Publikationen bis Ende der 80er Jahre annähernd Null. Lediglich drei Psychologie-Dissertationen beschäftigen sich mit den Folgewirkungen des Krieges; und die stammen bezeichnenderweise aus den Jahren 1948 und 1950.[1]

In den vergangenen Jahren waren es in Österreich v.a. vier Psychoanalytiker und Psychoanalytikerinnen, die schriftlich an die Öffentlichkeit traten. Allesamt jüdische Psychoanalytiker aus Wien, die aus der je eigenen Betroffenheit das jahrzehntelange Schweigen durchbrachen. Diese Arbeiten stammen von Elisabeth Brainin, Vera Ligeti, Samy Teicher (1989 u. 1993) sowie Felix de Mendelssohn (1996) und sind Produkte einer analytischen Forschungsgruppe, die – durch die Waldheim-Debatte und die v.a. deutsche Diskussion über Psychoanalyse und Nationalsozialismus sensibilisiert – das Problem des Antisemitismus in der psychoanalytischen Praxis studierte. Es ist bemerkenswert, daß aus der heterogenen Gruppe von Analytikern jüdischer und nichtjüdischer Herkunft letztere in der Reflexion des konflikthaften Gruppengeschehens privatim verblieben.[2]

Summa summarum ein bemerkenswertes Schweigen, wenn man das landesweite Ausmaß der Betroffenheit von Unterdrückung, Tod, Krieg, Verfolgung und Massenmord bedenkt. Sei es in herrschender Lebensform, Arbeit, Familie, Sexualität, Kultur usw., in allen Bereichen sind unschwer jene historischen Wurzeln auszumachen, die in der Erde des Dritten Reiches vergraben liegen.

Aus diesem Grund suchte ich das Gespräch und schrieb 32 in Österreich praktizierenden Psychoanalytikern und Psychoanalytikerinnen, um von ihnen u.a. zu erfahren, „inwieweit sich das real Erlebte der Großeltern- und Elterngeneration im Nationalsozialismus in generativen seelischen Verstrickungen in den Fallgeschichten der Nachfolgegeneration als subjektive Realität darstellt. Außerdem würden mich Fragen interessieren wie z.B.: In welchen Formen äußern sich die Thematisierungen des Nationalsozialismus in der therapeutischen Praxis? Gibt es unbewußt historische Wurzeln neurotischer Erkrankungen, die intergenerativ in die Zeit des Nationalsozialismus zurückreichen?"

Die Reaktionen auf meine Problembegegnung sind nicht repräsentativ, lassen sich aber durchaus als aktuelle Momentaufnahme begreifen, die nach den ersten internen Auseinandersetzungen – beginnend um den Kongreß in Bamberg[3] des Jahres 1980 (Henseler u. Kuchenbuch, 1982; Danneberg, 1995) und wieder provoziert durch die Waldheim-Affäre – neuerlich das Thema Psychoanalyse und Nationalsozialismus zur Sprache brachte. Das Ausmaß des Interesses war für mich doch überraschend. Auf meine 32 Briefsendungen bekam ich 17 Antworten (also mehr als 50%), die allesamt positiv meinem Forschungsvorhaben gegenüber eingestellt waren.[4] Nur zwei Analytiker von diesen siebzehn waren trotzdem zu keinem Gespräch bereit. Während mir der eine mit einem Literaturhinweis weiterhalf, jedoch keine Zeit fand für „eine Sichtung, Reflexion und Verschlüsselung des Materials", führte mich die zweite Absage direkt in die Forschungsdynamik:

Gleich am ersten Tag nach meiner Aussendung rief Herr A. bei mir zu Hause an, um mir mitzuteilen, daß er sehr an meiner Arbeit interessiert, aber zu keinem Gespräch bereit sei. „Ich war in einem Zwangsarbeitslager. Ich bin ein Mischling", begründete er seine Absage. Nicht nur die Tatsache, daß Herr A. ein Zwangsarbeitslager erleiden mußte, irritierte mich, sondern v.a. die im Präsens formulierte Selbstbeschreibung in NS-Terminologie: „Ich bin ein Mischling". Ich wollte ihm nochmals kurz meine Motivation erläutern, aber Herr A. unterbrach mich freundlich. Er bekundete sein Interesse, aber er könne nicht. Erst kürzlich habe er wieder einen Film gesehen, und wenn er diese Greueltaten sehe, brauche er immer einige Tage. Er bitte um Verständnis, er habe sich zurückgezogen und eigentlich auch keine Zeit. Herr A. wünschte mir schließlich alles Gute.

Im Aufwand der Absage, in der Offenheit des wenige Minuten dauernden Telefonats spürte ich nicht nur das Anklingen eines reaktivierten Traumas, das meine Anfrage auszulösen imstande war, sondern auch die Delegierung der Aufarbeitung: „er könne nicht – ich solle doch". Dieses Gefühl der Delegation in der Fortsetzung unter- bzw. abgebrochener Auseinandersetzung war fortan eine kontinuierliche Begleiterscheinung meiner Arbeit.

Aber nicht nur das: Meine Rolle als Forscher erfuhr vor allem in der direkten Begegnung immer diffusere Ausprägungen, die irritierten. So war ich lernender Schüler, aber auch Lehrer; ich war Sprachrohr und Geheimnisträger; Aufdecker, Beobachter von außen und intimer Gesprächspartner, ich schlitterte in die Rolle von Patienten, bekam aber auch therapeutische Funktion zugesprochen. Während einige Gesprächspartner problembewußt im Diskurs erprobt waren, war ich für andere nach Jahrzehnten der erste Gesprächspartner zu diesem Thema – für manche der erste überhaupt.

Auch Frau B. war meinem Forschungsvorhaben gegenüber sehr positiv eingestellt, sie sandte mir ein Buchgeschenk zum Thema und vereinbarte mit mir einen Gesprächstermin. Nur – so schrieb sie mir vorweg: „kann ich Ihnen dazu aus den Therapien kein Material zur Verfügung stellen: Denn das Thema Nazizeit, Holocaust, Antisemitismus und Judenverfolgung wurde von meinen zahlreichen Psychotherapieklienten kaum angesprochen: wahrscheinlich haben meine meist sehr sensiblen Klienten unbewußt auf meine (...) Opfer-Phantasien Rücksicht genommen und sich meine positive Gegenübertragung durch Vermeidung dieses Themas sichergestellt. Da jedoch Rücksichtnahme ein wesentliches Element in der Persönlichkeitsentwicklung darstellt, hat diese Haltung meiner Klienten unser therapeutisches Bündnis eher gefördert als verhindert." Frau B. formulierte ihre Not zur Tugend um. Wie sie mir sagte, hatte sie „das Thema wohlweislich auch aus der eigenen Analyse herausgehalten." Frau B. ist Jüdin. Im Schweigen suchte sie Schutz; durch Schweigen will sie geschützt werden, und mir fiel während des Gesprächs nicht auf, daß ich nicht jene Fragen stellte, die ich eigentlich geplant hatte.

Auch Frau C. schwieg in ihrer Analyse. Nach Jahrzehnten wollte sie mir sagen, warum. Es waren Szenen während des Krieges, die sie als kleines Mädchen in schmerzlicher Erinnerung behielt. Phantasien von Ungeheuern überkamen sie, als sie den Geschichten der Erwachsenen zuhörte, von Leichen, KZ, wo Menschen zu Seife gemacht werden. Die Mutter mahnte das kleine Mädchen im Badezimmer, die Seife nicht zu verwenden. „Warum?" fragte sie die Mutter. „Man weiß nicht, was da drinnen ist", antwortete diese; eine der traumatisch besetzten Erinnerungen, die Frau C. in ihrer Analyse nicht zu thematisieren vermochte. Sie meinte ihre Analytikerin vor diesem Horror in Schutz zu nehmen, wie sie sagte, „sie nicht ‚zur Seife verarbeiten', was ja in dem Moment dann passiert, wenn sie Jüdin ist."

Frau C. sah in unserem Gespräch eine Chance, sich endlich diese und andere Szenen – wie sie sagte – „von der Seele zu sprechen". Im Laufe des Gesprächs bezeichnete sie mich als warmen Zuhörer, gar als ihren Psychotherapeuten und meinte: „Jetzt können Sie natürlich sagen, warum haben Sie sich dazu nicht eine Stunde genommen?" Eine Frage, die mir tatsächlich in den Sinn kam. Aber, fuhr sie fort, „wird man mir so zuhören wie Sie?"

Ganz anders Herr D. Während Frau C. mehr als sieben Monate hatte verstreichen lassen, um auf meinen Rundbrief zu antworten, rief mich Herr D. gleich am folgenden Tag zu Hause an. Meine Fragestellung interessiere ihn sehr, und er habe einiges an Erfahrungen zu berichten. Um mir diese ausführlich mitteilen zu können, wolle er sich einen ganzen Vormittag Zeit nehmen. Neugierig saß ich schließlich bei ihm zu Hause, als er das Gespräch eröffnete: „... ich habe vor kurzem meine Aufzeichnungen durchgeschaut und habe versucht, assoziativ dem nachzugehen, die Figuren, die ich in den letzten 12, 13 Jahren: da ist nichts da. Fast nichts. (...) Also das ist für mich sehr überraschend gewesen, wie ich den Brief von Ihnen gekriegt habe und wie ich Sie dann angerufen habe, habe ich mir gedacht, das ist ein weites Feld, da gibts enorm Material. Das war so spontan meine erste Phantasie. (...)"

Aber: „Was meine unmittelbare psychoanalytische Praxis, psychotherapeutische Praxis oder auch supervisorische Einsprengsel (angeht), das kann man auch sehr differenziert sehen, ist praktisch nichts da. Ich kann natürlich jetzt dem nachgehen und schauen, was ist nicht da, was verdränge ich, was höre ich nicht. Weil ich da sehr aufmerksam bin. Ich habe Jahre meines Lebens verwendet oder verschwendet, könnte ich fast sagen, um diese Geschichte in den Griff zu kriegen."

Unsere Zeit war nicht verschwendet. Herr D. war ein sehr interessanter Gesprächspartner, auch wenn wir seine merkwürdige Fehlleistung nicht in den Griff bekamen.

Während Herr D. in seiner eigenen Analyse ausreichend Raum fand, um seine Erziehung im nachfaschistischen Umfeld zur Sprache zu bringen, war dies für Herrn E. kein Thema. „Aus meiner familiären Sozialisation ist das eigentlich verständlich", meinte Herr E., „bis zum Studium (...) habe ich keinen wirklichen betroffen machenden Kontakt gehabt." „Ich bin eher ein unbeschriebenes Blatt"; „ich war eigentlich politisch unbeleckt"; „ich bin nicht belastet", betonte er. In der steten Verneinung tat sich seine Betroffenheit kund. Die längsten Sequenzen des Gesprächs bezogen sich auf den Vater, der „einfach eingezogen worden ist", „keine ausgeprägte politische Gesinnung hatte", „nicht so aktiv nationalsozialistisch war" – ein Mitläufer eben, um später zu erzählen, daß der Vater im Krieg Menschen erschossen hatte – „Krieg ist Krieg, da geht es halt so zu", verteidigte Herr E. seinen Vater, der bis zuletzt seine Armeepistole zu Hause aufbewahrt hatte. Ein Vater, der seine allgemeine Konfliktlösungsstrategie in dem Spruch zusammenfaßte: „Wenn drei Leute zusammenkommen, gehören zwei erschossen." Herr E. meinte dazu: „Und das hat er natürlich in der Familie auch gelöst, nicht buchstäblich, aber im übertragenen Sinn. Es hat sozusagen keine Konflikte zu geben gehabt." Der Vater hatte anscheinend die Oberhand behalten – „es hat eben keine Konflikte zu geben". Ergo bekam auch sein Analytiker diesen Vater nicht zu hören. Als sich Herr E. acht Monate nach unserem Gespräch bei mir telefonisch meldete, um das Transkript zu autorisieren, meinte er: „Ich habe jetzt einen jüdischen Künstler in Analyse. Da ist alles da, was man braucht. Unser Gespräch war für mich eine gute Vorbereitung."

Allesamt waren es für mich überraschende Begegnungen, die jede einzeln für sich zu betrachten wären; sehr unterschiedliche Biographien, mit je unterschiedlichen Verarbeitungsformen und Abwehrstrukturen. Die psychoanalytische Aufarbeitung war nur in seltenen Fällen möglich. In den meisten meiner Gespräche schien es mir, als ob im dialektischen Verhältnis von Übertragung und Gegenübertragung Grenzen der Erträglichkeit erreicht wurden, die die emotionale Begegnung mit dem ‚Unmenschlichen' verhinderte. Gleich, wie es Christian Schneider, Cordelia Stillke und Bernd Leineweber in ihrer NAPOLA-Studie formulierten: „Wer sich der Geschichte des Nationalsozialismus auf dem Wege der biographischen Recherche nähert, gerät, was immer er untersucht, in gleichsam familiäre Nähe zur Unmenschlichkeit." (Schneider et al., 1996, S. 10)

Das ist nichts weniger, als die phantasierte Verschmelzung intensivsten Liebesgefühls mit der Vorstellung von industriellem Massenmord als zwei Seiten einer Medaille zu begreifen. „Hitler Lieben" nannte der Schriftsteller Peter Roos seinen eben erschienenen „Roman einer Krankheit" und fand darin eine Sprache für die Wucht dieser Auseinandersetzung. Eine Sprache im historischen Täterzusammenhang, die im psychoanalytischen Diskurs noch kaum gefunden wurde und die eigentliche Aufgabe der Psychoanalyse behindert: nämlich die Aufdeckung der privaten Lebenslügen, die doch untrennbar mit den öffentlichen verbunden sind.

Die speziell österreichische Gestaltung der gesellschaftlichen Produktion von Unbewußtheit (Erdheim) habe ich bereits angedeutet. Die Sehnsucht bzw. das Bedürfnis, sich als Opfer zu empfinden, war staatliches Programm, aber auch in kleinen Sozietäten gab und gibt es genug Möglichkeiten, sich im Opfer-Täter-Diskurs auf die andere Seite zu reden, zu schreiben, aber auch zu lieben oder zu forschen.

Das Gespräch mit Herrn F. war diesbezüglich für mich sehr lehrreich. Herr F., um die 50 Jahre alt, gab sich betont gelassen und referierte mir die neuesten Erkenntnisse aus der Säuglingsforschung. Auf meinen Brief angesprochen, meinte er, es sei nicht so sein Problem. Auf antisemitische Emotionen bei ein paar Patienten habe er keine besonderen Gegenübertragungs-Reaktionen festellen können. Er habe schon vor der Analyse jüdische und nichtjüdische Freunde gehabt.

Sein souverän gehaltener Monolog bekam eine plötzliche Wendung, als er meinte: „Übrigens gibts in den Vereinen etwas Komisches: vor allem die Angst der Juden, daß es (die Psychoanalyse; K.F.) nicht ihnen bleibt. Der, wer ganz dazu gehört, muß auch Jude sein. So waren es jüdische Mitläufer – und nicht die, die Koryphäen sind, die das (was Psychoanalyse sei; K.F.) definieren." Plötzlich war der Raum mit Spannung erfüllt. Mir waren bislang im analytisch-wissenschaftlichen Milieu solch judenfeindliche Äußerungen noch nicht begegnet, und ich versuchte, mein Erstaunen durch eifriges Mitschreiben zu kompensieren. Herr F. begann mit der Erzählung einer Episode fortzufahren, die zehn Jahre zurücklag und ihn noch sichtlich erregte.

Es war um die Zeit der Waldheim-Affäre, als ein Ausbildungskandidat in einem Vortrag die eigene Vereinigung und ihren Gründer unter die zeitgeschichtliche Lupe nahm und versuchte, Spuren der nationalsozialistischen Vergangenheit in der Geschichte des Wiener Arbeitskreises für Tiefenpsychologie und der biographisch-wissenschaftsgeschichtlichen Bedeutung des Begründers Igor A. Caruso herauszuarbeiten (Parth, 1988). Für Herrn F. war dies ein Skandal. „Es war ein reiner Vater-Mord. Ein alter jüdischer Analytiker hat den jungen vorgeschoben, daß Caruso ein Nazi war, was anscheinend schon in der Sprache feststellbar sein soll. Ich bin zum Referenten hin und hab ihm gesagt: Du tust mir leid." Über den Vortrag fand keine Auseinandersetzung mehr statt. Und über diese Erzählung zwischen uns auch nicht mehr, die 50 Minuten Gesprächszeit waren zu Ende.

Gewiß: das Gespräch mit Herrn F. war einzigartig und wäre für sich länger überlegenswert³, aber das eigentlich Interessante für mich war, daß ich eigener blinder Flecken gewahr wurde. Meine Irritation bestand darin, daß ich zur Themenstellung nicht etwas über therapeutische Erfahrungen erfuhr, sondern aus einer andauernden Erschütterung des wissenschaftlichen Familienromans, der zum Teil auch mein eigener war. Ich hatte zwar vom Referat Walter Parths Jahre später schon einmal etwas gehört, aber dieser Mitteilung keine besondere Bedeutung beigemessen und sie wieder vergessen. Wie es scheint, aus gutem Grund.

Die Geschichte des Arbeitskreises für Tiefenpsychologie ist untrennbar mit dem Leben und Werk Igor A. Carusos verbunden, der diese Gruppe im Jahre 1947 in Wien begründete. Die Aura dieses Mannes überstrahlte Jahrzehnte die Entwicklung der Arbeitskreise und schließlich auch seine letzte

Wirkungsstätte, das Institut für Psychologie der Universität Salzburg. Diese Ausstrahlung bekamen auch wir Studenten und Studentinnen damals zu spüren, als wir nach seiner Emeritierung für eine inhaltlich-adäquate Nachfolge kämpften. Viele der engagierten StudentInnen hatten Caruso persönlich gar nicht kennengelernt, nur einige Male gehört und gesehen. So stolperten wir des öfteren über die idealisierte Symbol- und Vaterfigur.[6]

Es war bezeichnend, daß der verbreitete Kenntnisstand bezüglich Carusos Biographie über einige markante Eckdaten nicht hinausging. Seine russisch-adelige Herkunft, seine Verbindungen zu Lateinamerika, auch sein Wandel vom katholischen Tiefenpsychologen zum marxistischen Psychoanalytiker waren in aller Munde. Nur: die Jahre des Nationalsozialismus waren Schweigen. Einige meiner Studienfreunde bestätigten mir zwar achselzuckend, daß ihnen Carusos Beschäftigung in der Kinderklinik auf der Baumgartner Höhe in Wien bekannt war, und damit auch die Kenntnis seiner unmittelbaren Zeitzeugenschaft am Euthanasieprogramm der Nationalsozialisten im Jahre 1942. Sie wunderten sich aber nicht, warum dies nicht auch nur einmal ein gemeinsames Gesprächsthema war.

1979 und 1981 erzählte Caruso (1988) selbst in einem Rundfunk-Interview über seine Erlebnisse. Unser Radio war aber nicht angestellt, wir hatten wichtigeres zu tun. Forschen zum Beispiel. Vorwiegend über schillernde Persönlichkeiten aus der Blütezeit der Psychoanalyse. Oder es waren wichtige Aufarbeitungen vergessener Opfergeschichten der „vertriebenen Vernunft" (Stadler, 1988). Auch wenn wir uns im Kollektiv viele Gedanken machten über den „Einmarsch in die Psyche" (Fallend, Handlbauer u. Kienreich, 1988), ändert das nichts an der auffallenden Gemeinsamkeit: daß wir der Geschichte der Psychoanalyse kurz vor und nach 1945, d.h. den unmittelbaren historischen Wurzeln *unserer* psychoanalytischen Sozialisation, so gut wie keine Beachtung geschenkt haben.

Aber warum? Ich denke, Brainin, Ligeti und Teicher (1989) haben mit dem Begriff der „Deckidentität" eine treffende Bezeichnung gefunden. Im Rahmen einer psychoanalytischen Sozialisation scheint die Verführung groß, sich in die Kontinuität einer Opfergeschichte einzureihen – den privaten Familienroman durch einen wissenschaftshistorischen zu ersetzen. Der im Lichte der strengen Ausbildungskriterien mühsam errungene psychoanalytische Familienroman erlaubt dann wenig Erschütterungen; und wenn, dann kann man was erleben.

So sehe ich auch den Umgang mit dem „Fall" Wilhelm Reich, der seit Jahrzehnten immer wieder für Unruhe sorgt. Der streitbare Egozentriker, der Kommunist, der Sexpol-Aktivist und allzu lautstarke Protestler gegen die Anpassungspolitik der Psychoanalytiker an das NS-Regime, läßt sich nicht einfach in den allgemeinen Familienroman integrieren. Seit Jahrzehnten wird Reich entweder stillschweigend aus Mitgliederlisten entfernt, wird ausgeschlossen, dann soll er freiwillig ausgetreten sein, um dann doch wieder ausgeschlossen zu werden. Oder er wird gleich für verrückt erklärt. Bernd Nitzschke (1997) hat die politischen Hintergründe des Ausschlusses Wilhelm Reichs aus der IPV in unserem Buch (Fallend u. Nitzschke, 1997) detailliert dargelegt, und seither folgen die Schelten auf dem Fuß. Nicht die Aufregung an sich, sondern der Umfang, der Ton und die Lautstärke machen nachdenklich.

Ja, schreibt z.B. Michael Schröter (1998), es war „etwas abstoßend", wie man mit Reich umgegangen sei; „reineweg schäbig", „perfid", oder es war „fauler Schwindel", wie die Psychoanalytiker damals argumentierten, und – so Schröter – es war „armselig", wie man sich damals verhielt. Trotzdem: Schröter will uns die Geschichte „anders" erzählen. In der Folge von Ernest Jones – nach Schröter ein „Diplomat par excellence mit einem entsprechend unempathischen Verhältnis zur Wahrheit" – verharrt bei Schröter die Psychoanalyse und ihre Geschichte in einer vermeintlichen Neutralität – jenseits von Politik und Moral, und der Mythos idealer Väter und Mütter bleibt aufrecht. So eine Sichtweise läßt zumindest noch Diskussionen offen (vgl. dazu Dahmer, 1998, Fallend u. Nitzschke, 1999).

Aber wenn – wie durch Hans Martin Lohmann geschehen (1998) – kritische Arbeiten, wie von Bernd Nitzschke und mir zu Wilhelm Reich, in die Nähe nationalsozialistischer Ideologie gerückt werden, dann erübrigt sich die weitere Diskussion. Man fragt sich, worin denn eigentlich diese Aufregung besteht? Nicht so sehr der „Fall" Wilhelm Reich ist noch von Interesse, sondern der Umgang mit ihm. Die Historiographie ist eben auch Bestandteil des intergenerativen Prozesses. In der Vermittlung des Vergangenen sind auch jene blinden Flecken enthalten, die zur Legitimierung der Gegenwart vonnöten sind.

Am Beispiel Österreichs erscheint mir am auffälligsten die Aufrechterhaltung der Illusion einer Kontinuität – einer Traditionsbrücke, die über den Zeitraum 1938-1945 hinweg geschlagen wird. Die Ereignisse und Protagonisten während der Nazi-Herrschaft verweilen aber großteils im Dunkeln. Ein besonders eindrückliches Beispiel soll dies verdeutlichen.

Circa fünfzehn Kilometer südlich von Wien liegt der kleine Ort Hinterbrühl. Unscheinbarer Bestandteil dieses Ortes ist ein SOS-Kinderdorf, dessen ruhige, grüne Umgebung zu Spaziergängen einlädt. Nur ein genauer Blick erlaubt Entdeckungen, die fürs erste makaber anmuten, doch schließlich einer typisch österreichischen „Vergangenheitsbewältigung" entsprechen.

Spaziert man durch das SOS-Kinderdorf, entdeckt man auf dieser Anlage ein kleines Häuschen mit der Aufschrift: „Haus der Kameradschaft. Gestiftet Öst - Kameradschaftsbund LV Niederösterreich"[7] – der Kameradschaftsbund – eine Veteranenorganisation ehemaliger Wehrmachtsangehöriger, die von Anton Pelinka als „Träger eines weichen Rechtsextremismus" (1993, S. 286) bezeichnet wurde. Hinter diesem Häuschen und unter einigen Bäumen verborgen, befindet sich ein kleiner schwarzer Stein in Pyramidenform, der folgende Aufschrift trägt:

„Karl von Motesiczky
geb. 1904 – gest. 1943
Für die selbstlose Hilfe,
die er schuldlos Verfolgten gewährte,
erlitt er den Tod."

Aber wer ist dieser Karl von Motesiczky, der sich, in versteinerter Erinnerung, hinter diesem ‚Haus der Kameradschaft' verbirgt? Warum ist über den Lebensweg Motesiczkys nichts bekannt geworden, obwohl seine Familiengeschichte von Beginn an die Geschichte der Psychoanalyse kreuzte? Christiane Rothländers aktueller Diplomarbeit (1998) ist es zu danken, daß wir einiges über diesen Mann und interessante Details zur Geschichte der Psychoanalyse erfahren.

Karl von Motesiczky stammte aus einer sehr vermögenden Wiener Adelsfamilie. Mit Franz von Brentano und Theodor Gomperz verwandtschaftlich verbunden, stand auch seine Großmutter im Blickfeld wissenschaftlichen Interesses. Aber aus anderen Gründen. Sie hieß Anna von Lieben, litt an einer chronischen Hysterie, und Sigmund Freud war ihr behandelnder Arzt. Ihre Krankengeschichte sollte unter dem Pseudonym Cäcilie M. in den „Studien über Hysterie" einen prominenten Platz finden. Ihr Enkel, Karl von Motesiczky, lebte das Leben eines Bohemiens in Wien – förderte die Literatur (u.a. seinen väterlichen Freund Heimito von Doderer), studierte Philosophie und spielte mit Leidenschaft auf seiner Stradivari. 1931 landete Motesiczky in Berlin, um Theologie zu studieren. Hier, in Berlin, traf er auf Wilhelm Reich, wurde sein Patient, Mitarbeiter und Mitstreiter. 1933 fanden sie sich gemeinsam auf einer Gestapoliste mit jenen österreichischen Kommunisten, die aus Deutschland fliehen mußten.

Motesiczky folgte Reich nach Oslo und publizierte in dessen „Zeitschrift für Politische Psychologie und Sexualökonomie" – unter dem Pseudonym Karl Teschitz – Artikel zur Sexualpolitik und vor allem politisch-religionskritische Aufsätze. 1938 trennten sich ihre Wege. Motesiczky kehrte nach Wien zurück, wähnte sich als sogenannter „Mischling ersten Grades" sicher, versuchte seinen Besitz zu retten und begann Medizin zu studieren. Er suchte Kontakt zu August Aichhorn, begann eine Analyse bei ihm, und er war es auch, der mit Studienkollegen eine private psychoanalytische Studiengruppe initiierte. Aus dieser Gruppe begannen wenig später Karl von Motesiczky, Ella und Kurt Lingens u.a. Aktionen des Widerstands zu organisieren. Schließlich versteckten sie verfolgte Juden auf Motesiczkys Landsitz in der Hinterbrühl. Die Aktion flog auf. Ella Lingens und Motesiczky wurden nach Auschwitz deportiert. Ella Lingens überlebte das KZ als nichtjüdische Ärztin. Karl von Motesiczky starb am 25. Juni 1943 an Typhus.

Eine tragische, eine interessante Biographie, die uns Christiane Rothländer hier eröffnet. Aber warum mußten mehr als fünfzig Jahre vergehen, bis eine Studentin der Geschichte sich dieser biographischen Arbeit annahm? Warum verschwand Karl von Motesiczky aus dem kollektiven Gedächtnis der Psychoanalyse? Aus den Lebenserinnerungen der Protagonisten? Bei Wilhelm Solms-Rödelheim (1976) noch mit einem einzigen Satz erwähnt, ist er bei Lambert Bolterauer, Theodor Scharmann u.a. schon verschwunden. Oder besser verschwiegen? Die „Differenz der Bearbeitungsformen in Opfer- und Täterzusammenhängen" – wie sie Kurt Grünberg (1998) herausgearbeitet hat – indem er auf den Unterschied des Schweigens als Schutzfunktion und des Ver-Schweigens, das einer Lüge nahekommt, hinweist, scheint hier ihren Ausdruck zu finden. Das Verschweigen der Lebensgeschichte Karl von Motesiczkys ist Symptom, ist Ausblendung, Verdrängung – Ausdruck von Scham, Ausdruck eines schlechten Gewissens. Denn es mußte „nach der Vertreibung so vieler Analytiker und der Vernichtung des europäischen Judentums in den analytischen Vereinigungen die Phantasie entstehen, sie hätten sich die Psychoanalyse unrechtmäßig angeeignet. Die Übriggebliebenen nahmen sich etwas, was ihnen nicht zustand" (Brainin et al., 1989, S. 18). Aber wer waren die Übriggebliebenen? Wer weiß noch etwas über Norbert Thumb, Fritz Hon, Hans Suchner, Paris Constantinidis, Polyniki Ikonomu und viele andere, die die frei gewordenen Plätze einnahmen? Auch sie sind verschwunden und verschwiegen. Ein Rest von Übriggebliebenen stand im Jahre 1971 in den prunkvollen Räumen der Wiener Hofburg; eine kleine Gruppe österreichischer Analytiker gegenüber annähernd 3000 Kongreßteilnehmern – darunter ehemals Gedemütigte, Verfolgte, Vertriebene, die erstmals offiziell nach Österreich zurückgekehrt waren (Kurzweil, 1971). Die Veranstalter dieses internationalen psychoanalytischen Kongresses in Wien konnten da keinen Weg der Konfliktbearbeitung finden, vielmehr erfolgte die Sanktionierung des tradierten Geschichtsbildes. Sie mühten sich – wie die damalige Mitorganisatorin Erika Danneberg kritisch festhielt – „um eine Atmosphäre der Aussöhnung mit einer nicht thematisierten Vergangenheit auf dem neutralen Boden der gemeinsamen Wissenschaft" (Danneberg, 1995, S. 63).

Wie so oft, läßt sich diese Form von Neutralität nicht aufrechterhalten. Die Wiederkehr des Verdrängten ist unvermeidbar. Die „gesichts- und geschichtslosen" Psychoanalytiker – wie es Sammy Speier (1992) formulierte – bekommen in dieser Wiederkehr dann plötzlich Gesicht und Geschichte. Aber nicht durch den Erkenntnisprozeß des Erinnerns und Durcharbeitens, sondern in Form einer Schocktherapie. Und das nach Jahrzehnten. Frau K. wußte mir kürzlich davon zu erzählen.

Es war auf einer Party, als ihr ein Freund einen Artikel der Zeitschrift *profil*[8] mit den Worten zusteckte: „Das wird dich interessieren." Frau K. ist in der akademischen Welt keine Unbekannte, insbesondere durch ihre Beiträge zur Auseinandersetzung mit der österreichischen NS-Vergangenheit hat sie sich einen internationalen Ruf erworben. Zweifelsfrei sind ihre Forschungen ausgeprägt biographisch motiviert. Frau K. ist Jüdin. Ihre jüdischen Eltern waren dem Holocaust im englischen Exil entkommen. Nach dem Krieg kehrten sie nach Österreich zurück. Keine leichte Familienbürde im nachfaschistischen Österreich und sicherlich ein drängendes Thema in Frau K's Psychoanalyse, die sie neun Jahre lang – von 1975 bis 1984 – machte. Noch nach Beendigung der Analyse gab es sporadischen privaten Kontakt mit ihrem Analytiker – sie informierte ihn über ihren beruflichen Werdegang, zeigte ihm stolz ihr Neugeborenes.

In der Tat, der *profil*-Artikel interessierte sie sehr. Es war ein Bericht über die Geschichte der Euthanasie, worin auch zu lesen stand: „Dr. Walter Albrecht, Nervenarzt in Wien. Im Krieg SS-Hauptsturmbannführer, ist Albrecht heute u.a. Mitglied der Sigmund-Freud-Gesellschaft." Die Worte „unter anderem" verbergen die Mitgliedschaft in der Wiener Psychoanalytischen Vereinigung. Walter Albrecht ist nämlich auch Psychoanalytiker. Der Analytiker von Frau K. Zunächst war Frau K. geschockt, war sprachlos. Doch bald suchte sie die persönliche Aussprache mit dem ehemaligen SS-Mann. Ja – sagte er – er sei bereits illegaler Nazi gewesen, in Finnland sei er als Arzt der Reserve stationiert gewesen; er habe aber niemanden umgebracht; Erfahrungen der Kriegsgefangenschaft – hörte Frau K. entsetzt – hätten ihm geholfen bei der Behandlung von Holocaust-Überlebenden. Trotz allem: Frau K. wollte mit ihm das Problem weiter bearbeiten. Er erklärte sich bereit zur weiteren Auseinandersetzung, aber nicht über dieses Thema. Das war's.

Frau K. suchte weitere Aussprache in der Wiener Psychoanalytischen Vereinigung, aber bis auf zwei Ausnahmen traf sie nur auf Unverständnis: es sei nicht so schlimm, oder schließlich: es sei doch ihr Problem – sie hätte sich vorher informieren können oder ihre Vaterproblematik sei noch nicht durchanalysiert, lauteten die Zurückweisungen. Frau K. schlitterte in eine schwere Depression, die sie durch eine zweijährige Therapie bei einem jüngeren Psychoanalytiker – wie sie mir erzählte – wieder in den Griff bekam.

Was hier 1989 zum Durchbruch kam, ist kein Geheimnis. Höchstens ein offenes Geheimnis. Die Protagonisten von damals integrierten diesen Betriebsunfall in den psychoanalytischen Familienroman und verschlossen die Flasche wieder, aus der der Geist entwichen war. Die kritischen Fragesteller von 1968 haben nun die Positionen ihrer psychoanalytischen Mütter und Väter eingenommen und „befinden sich" – wie es Heinz Bude formuliert –„in der Prominenzphase ihres Lebenslaufes" (Bude, 1997, S. 95). Die Jungen von heute haben zumeist andere Fragen und Probleme im Existenzkampf auf dem fragilen Psychotherapiemarkt. Im Lichte des Abstinenzgebotes eines verschulten Ausbildungsbetriebs hat sich an der gestörten intergenerativen Erzählkultur kaum etwas verändert.

Und so bleibt auch die Illusion bestehen, daß das psychoanalytische Haus der Zweiten Republik Österreichs auf den Grundmauern glorreicher Pionierzeiten der Psychoanalyse aufgebaut sei, anstatt diese Grundfesten in den Trümmern des Dritten Reiches aufzusuchen.

Anmerkungen

1   Erika Hakel: Der Einfluß des Krieges auf die Entwicklung junger Menschen. Diss. Wien, 1950. Josef Schindler: Psychische Nachwirkungen des Krieges bei Jugendlichen. Eine experimentalpsychologische Untersuchung. Diss. Wien, 1948. Johanna Sprung: Über psychische Kriegsschäden. Eine vergleichend-psychologische Untersuchung. Diss. Wien, 1948. Bei allen drei Dissertationen war Hubert Rohracher Erstbegutachter.
2   Das Manuskript zur Arbeitsgruppe „Antisemitismus in Analysen" von Wolfgang Berner hat das Licht der Öffentlichkeit nicht erreicht. Diskursiv fand es passiven Eingang in der Arbeit von Felix de Mendelssohn (1996).

3 In ihren autobiographischen Reflexionen schildert Erika Danneberg (1995, S. 85 ff.) die Dynamik dieser ersten psychoanalytisch-institutionellen Auseinandersetzung mit dem Nationalsozialismus, die bereits in der Vorbereitung der Tagung deutlichen Ausdruck fand. Allein, der von holländischen KandidatInnen vorgeschlagene Titel „Spätfolgen des Nationalsozialismus und des Zweiten Weltkrieges in der analytischen Praxis und auf die psychoanalytische Bewegung" war zu bedrohlich und wurde schließlich in „Die Wiederkehr von Krieg und Verfolgung in Psychoanalysen" neutralisiert.
4 Überraschend waren auch die unterschiedlichen Reaktionsweisen, die mein Schreiben auslöste. Allein die Antwortzeiten – sie lagen zwischen einem Tag und elf Monaten – sind ein Verweis, daß ich nicht irgendein akademisches Thema zur Diskussion stellte.
5 Über das verbreitete Phänomen der Angst vor den Juden als Rächer, der „Arisierung" der Psychoanalyse, geben die spannenden gruppendynamischen Berichte einer analytischen Forschungsgruppe Auskunft, die Ende der 80er Jahre zusammentraf, um das Auftauchen antijüdischer Affekte in der klinischen Praxis zu untersuchen (Brainin et al., 1993; Mendelssohn, 1996).
6 Unseren Beitrag zum Mythos Caruso versuchten wir zwar kollektiv zu bearbeiten (Institutsgruppe Psychologie, 1984, S. 288 ff.), doch mit beschränktem Erfolg.
7 Nach einer Fahrt zum Mahnmal des KZ-Außenlagers Hinterbrühl und anschließend zum Gedenkstein Karl v. Motesiczkys übersteigerte sich mir die Täterschaft. In altdeutscher Schrift stand nämlich geschrieben: „Gespendet vom Kameradschaftsbund LV Niederösterreich" und ich las anstelle LV ein römisches IV. Die Kameradschaft IV ist eine Organisation ehemaliger Angehöriger der Waffen-SS. Erst als Ernst Schmiederer in der Zeitschrift FORMAT (11/1998) einen Artikel über Karl v. Motesiczky verfaßte und auch ein Foto des inzwischen renovierten Gebäudes zeigte, wurde meine Fehlleistung deutlich, der er leider gefolgt war.
8 Burgl Czeitschner: Menschenverachtung mit Tradition. In: profil, 17. April 1989.

Literatur

Bolterauer, L. (1992): Über mein Leben. In: Hermanns, L.M. (Hg.): Psychoanalyse in Selbstdarstellungen. Band 1. Tübingen: edition diskord, S. 49-98.

Brainin, E., Ligeti, V., Teicher, S. (1989): Antisemitismus in Psychoanalysen. Zur Identität österreichischer Psychoanalytiker heute. In: Psyche, 43, S. 1-19.

Brainin, E., Ligeti, V., Teicher, S. (1993): Vom Gedanken zur Tat. Zur Psychoanalyse des Antisemitismus. Frankfurt a.M.: Brandes & Apsel.

Bude, H. (1997): Das Altern einer Generation. Frankfurt a.M.: Suhrkamp.

Caruso, I. (1988): Ein autobiographisches Interview. In: texte, 8, S. 142-147.

Dahmer, H. (1998): Psychoanalytische Vereinsgeschichte „anders" erzählt. Zu einer „Kritik" von Michael Schröter. In: Werkblatt. Zeitschrift für Psychoanalyse und Gesellschaftskritik, 40, S.106-123.

Danneberg, E. (1995): Der Surabaya Johnny. Psychoanalyse mit Brecht. In: Hermanns, L.M (Hg.): Psychoanalyse in Selbstdarstellungen. Bd. 2. Tübingen: edition diskord, S. 45-99.

Erdheim, M. (1982): Die gesellschaftliche Produktion von Unbewußtheit. Frankfurt a.M.: Suhrkamp.

Fallend, K., Handlbauer, B., Kienreich, W. (Hg.) (1988): Der Einmarsch in die Psyche. Psychoanalyse, Psychologie und Psychiatrie im Nationalsozialismus und die Folgen. Wien: Junius.

– (1997): Unbewußte Zeitgeschichte in Österreich. Psychoanalytische Betrachtungen über das Fortwirken des Nationalsozialismus. In: Werkblatt. Zeitschrift für Psychoanalyse und Gesellschaftskritik, Nr. 39, S. 5-31.

–, Nitzschke, B. (Hg.) (1997): Der 'Fall' Wilhelm Reich. Beiträge zum Verhältnis von Psychoanalyse und Politik. Frankfurt a.M.: Suhrkamp.

–, Nitzschke, B. (1999): „Diplomatisches" Konstrukt. Eine Erwiderung auf Michael Schröters Erzählung der Geschichte des Ausschlusses Wilhelm Reichs aus der DPG/IPV in den Jahren 1933/34. In: Psyche, 53, S. 77-83.

Freud, S. (1919): Das Unheimliche. GW XII, S. 229-268.

Grünberg, K. (1998): Schweigen und Ver-Schweigen. Zur Differenz der Bearbeitungsformen in Opfer- und Täterzusammenhängen. In: Staffa, Chr., Klinger, K. (Hg.): Die Gegenwart der Geschichte des Holocaust. Intergenerationelle Tradierung und Kommunikation der Nachkommen. Berlin: Inst. für vergleichende Geschichtswissenschaft, S. 153-176.

Henseler, H., Kuchenbuch, A. (Hg.) (1982): Die Wiederkunft von Krieg und Verfolgung in Psychoanalysen. Eine Sammlung der auf der Arbeitstagung der Mitteleuropäischen Psychoanalytischen Vereinigungen in Bamberg vom 30. März bis zum 3. April 1980 gehaltenen Referate sowie rückblickender Kommentare. Ulm, Berlin: unveröffentlicht.

Huber, W. (1977): Psychoanalyse in Österreich seit 1933. Wien, Salzburg: Geyer-Edition.

Institutsgruppe Psychologie der Universität Salzburg (1984): Annalen. Geschichte der Psychoanalyse von unten. In: Dies. (Hg.): Jenseits der Couch. Psychoanalyse und Sozialkritik. Frankfurt a.M.: Fischer, S. 275-293.

Klemperer, V. (1969): „LTI". Die unbewältigte Sprache. Aus dem Notizbuch eines Philologen. München: dtv.

Kurzweil, E. (1971): The (Freudian) Congress of Vienna. In: Observations, November, S. 80-83.

Lohmann, H.M. (1998): Rez.: Karl Fallend und Bernd Nitzschke (Hg.): Der 'Fall' Wilhelm Reich. In: Zeitschrift für Sexualforschung, 2, S. 189-191.

Mendelssohn, F. (1987): Psychoanalyse als Aufklärung. In: Pelinka, A., Weinzierl, E. (Hg.): Das große Tabu. Österreichs Umgang mit seiner Vergangenheit. Wien: Edition S, S. 42-59.

– (1996): Der Antisemitismus und seine Erforschung aus psychoanalytischer Sicht. In: texte, 2, S. 69-92.

Nitzschke, B. (1997): „Ich muß mich dagegen wehren, still kaltgestellt zu werden". Voraussetzungen, Umstände und Konsequenzen des Ausschlusses Wilhelm Reichs aus der DPG/IPV in den Jahren 1933/34. In: Fallend, Nitzschke (Hg.), a.a.O., S. 68-130.

Parth, W. (1988): Über die Ideengeschichte des 'Wiener Arbeitskreises für Tiefenpsychologie'. In: texte, 8, S. 103-119.

Pelinka, A. (1993): Kameradschaftsbünde als Männerbünde. Ein Versuch in 10 Thesen. In: Dokumentationsarchiv des österreichischen Widerstandes (Hg.): Handbuch des österreichischen Rechtsextremismus. Wien: Deuticke, S. 283-288.

Picker, R. (1992): Psychotherapie und Nazivergangenheit – ein Versuch in konkreten Gestalten. In: Heimannsberg, B., Schmidt, Chr. (Hg.): Das kollektive Schweigen. Nationalsozialistische Vergangenheit und gebrochene Identität in der Psychotherapie. Köln: Edition Humanistische Psychologie, S. 175-193.

Roos, P. (1998): Hitler Lieben. Roman einer Krankheit. Tübingen: Klöpfer & Meyer.

Rothländer, Chr. (1998): „Und mit der Hausmusik ging er in den Tod..." Über das Leben des Wiener Psychoanalytikers Karl von Motesiczkys. In: Werkblatt. Zeitschrift für Psychoanalyse und Gesellschaftskritik, Nr. 41, S. 3-33.

Scharmann, Th. (1979): Theodor Scharmann. In: Pongratz, L.J. u.a. (Hg.): Psychologie in Selbstdarstellungen. Band 2. Bern, Stuttgart, Wien: Huber, S. 289-323.

Schneider, Chr., Stillke, C., Leineweber, B. (1996): Das Erbe der Napola. Versuch einer Generationengeschichte des Nationalsozialismus. Hamburg: Hamburger Edition.

Schröter, M. (1998): Der „Fall" Wilhelm Reich – eine Kritik. In: Psyche, 52, S. 176-196.

Solms-Rödelheim, W. (1976): Psychoanalyse in Österreich. In: Eicke, D. (Hg.): Die Psychologie des 20. Jahrhunderts. Freud und die Folgen (I). Zürich: Kindler, S. 1180-1191.

Speier, S. (1992): Der Ges(ch)ichtslose Psychoanalytiker – die ges(ch)ichtslose Psychoanalyse. In: Heimannsberg, B., Schmidt, Chr. (Hg.): Das kollektive Schweigen. Nationalsozialistische Vergangenheit und gebrochene Identität in der Psychotherapie. Köln: Edition Humanistische Psychologie, S. 25-36.

Stadler, F. (Hg.) (1988): Vertriebene Vernunft II. Emigration und Exil österreichischer Wissenschaft. Wien, München: Jugend & Volk.

Autorinnen und Autoren

Butterfield-Meissl, Christine, Dr. med. und Dr. phil., Psychoanalytikerin im Wiener Arbeitskreis für Psychoanalyse, Fachärztin für Psychiatrie.

Danzinger, Rainer, Univ.-Prof. Dr. med.; ärztlicher Leiter des Landesnervenkrankenhauses Graz; Psychoanalytiker, Gruppenanalytiker.

Fallend, Karl, Univ. Doz., Dr. phil.; dzt. Gastprofessor an den Instituten für Psychologie und Pädagogik der Universität Innsbruck. Mitarbeiter am Ludwig Boltzmann-Institut für Geschichte und Gesellschaft in Wien. Mitglied der Historikerkommission: „ZwangsarbeiterInnen am Standort Linz der ehemaligen Reichswerke Hermann Göring AG". Zahlreiche Veröffentlichungen zur Geschichte der Psychoanalyse, u.a.: „Sonderlinge, Träumer, Sensitive. Psychoanalyse auf dem Weg zur Institution und Profession" (Wien: Jugend & Volk, 1995); gem. mit Bernd Nitzschke (Hg.): „Der ‚Fall' Wilhelm Reich" (Frankfurt a.M.: Suhrkamp, 1997).

Grimm, Margarethe, DSA, Psychoanalytikerin, Lehranalytikerin des W.A.P., tätig in freier Praxis; Analyse und Therapie von Erwachsenen und Kindern, Supervision.

Grossmann-Garger, Brigitte, Dr. phil., Psychoanalytikerin in freier Praxis und Lehranalytikerin im Wiener Arbeitskreis für Psychoanalyse.

Hardt, Jürgen, Studium der Psychologie mit Schwerpunkt Philosophie und klinischer Psychologie in Köln. Psychoanalytische Ausbildung in Gießen; während dieser Zeit Arbeit in einem Psychiatrischen Krankenhaus: Aufbau einer psychotherapeutischen Modell-Station für psychotische Langzeitkranke. Seit über 20 Jahren in psychoanalytischer Praxis; Lehrtätigkeit an der Universität Gießen und am psychoanalytischen Institut Gießen (GPI); Supervision von klinischen Institutionen in Großgruppen bzw. Leitungsgruppen. Lehr- und Kontrollanalytiker DPV – IPA; Gruppenlehranalytiker GAS – DAGG. Ausgeübte Funktionen: Stellvertretender Vorsitzender / Geschäftsführer des GPI; Mitglied des Vorstandes der DGPT; Mitglied des Vorstandes der DPV. Stellvertretender Leiter / Leiter des ZAA der DPV. Mitglied des Komitees für psychoanalytische Ausbildung (COMPSED) der IPA. Interessenschwerpunkte: Psychoanalytische Techniken versus psychoanalytische Methode, psychoanalytische Krankenhauspsychotherapie, Metatheorie der Psychoanalyse (Psychoanalyse und Philosophie), Wechselwirkung von Psychoanalyse und dem Problem der Postmoderne.

Haubl, Rolf, geb. 1951, Prof. Dr. Dr., Doppelstudium der Sprachwissenschaften (Dr. phil.) und der Psychologie (Dr. rer. pol. habil.). Zur Zeit außerplanmäßiger Professor für Psychologie an der WiSo-Fakultät der Universität Augsburg. Gruppenanalytiker (DAGG); Mitglied des Weiterbildungsausschusses für Gruppenanalyse an der Münchner Akademie für Psychoanalyse und Psychotherapie. Zahlreiche Buch- und Zeitschriftenpublikationen zu den Themen: Individuation und Gruppenprozeß; Psychopathologie der modernen und postmodernen Kultur; Macht und Ohnmacht der Sprache im Vergleich mit Bildmedien.

Hayne, Michael, Jahrgang 1937, Studium der Psychologie in Köln, Promotion in Psychologie, Soziologie und Philosophie, Univ.-Dozent. Psychoanalytiker (DPV); Mitglied u.a. in der Group-analytic Society, London. Langjähriger leitender Mitarbeiter in einer psychosomatischen Klinik, seit 1985 in eigener Praxis. Tätigkeit als Analytiker, Lehrtherapeut und als Kliniksupervisor. Gastprofessur für analytische Psychotherapie an der Universität Klagenfurt, dort Habilitation in Psychologie/Psychoanalyse mit einer Arbeit über analytische Selbsterfahrungsgruppen. Mitinitiator der Internationalen Arbeitsgemeinschaft für Gruppenanalyse; seit 1976 Veranstaltungen von Workshops in analytischer Gruppentherapie in Altaussee, Österreich. Publikationen über Verständnis und Behandlung von Süchten, analytische Gruppenpsychotherapie sowie Ausbildung in Gruppenpsychotherapie.

Lassmann, Wolfgang, Mag. phil.; Psychoanalytiker.

Mahler-Bungers, Annegret, Jahrgang 1943, Dr. phil., Studium der Germanistik und Philosophie in Freiburg/Br. und Göttingen. Ausbildung zur Psychoanalytikerin (DPV/IPV) und zur Gruppenanalytikerin (DAGG). Mitbegründerin des Alexander-Mitscherlich-Instituts in Kassel. Lehranalytikerin und Gruppenlehranalytikerin. Niedergelassen in eigener Praxis. Zahlreiche Veröffentlichungen über Psychoanalyse, Gruppenanalyse, Kultur- und Literaturanalyse.

Mendelssohn, Felix de, ist in freier Praxis tätig und als Lehranalytiker im Wr. Arbeitskreis für Psychoanalyse und als Lehrtherapeut in der Sektion Gruppenanalyse vom ÖAGG. Er ist Dozent für Methodik an der Wr. Akademie für Sozialarbeit, und hat einen Lehrauftrag für Methodik und Didaktik der Supervision an der Universität Salzburg. Diverse Veröffentlichungen zur Theorie und Technik der Psychoanalyse mit Einzelnen und mit Gruppen.

Moses-Hrushovski, Rena, Ph.D. in klinischer Psychologie. Lehranalytikerin, tätig am Israel Psychoanalytic Institute. Arbeitsschwerpunkte: Psychoanalyse, Psychotherapie. Gruppenanalyse/-therapie. Forschungsschwerpunkte: die Behandlung schwieriger Patienten; Wderstände gegen Veränderungen; psychoanalytische Aspekte der Politischen Psychologie, insbesondere im Hinblick auf den Nahostkonflikt.

Moses, Rafael, Prof. Dr. med., Lehranalytiker, tätig am Israel Psychoanalytic Institute; früher Sigmund Freud-Professor für Psychoanalyse, Hebräische Universität von Jerusalem. Arbeitsschwerpunkte: Psychoanalyse, Psychotherapie, Gruppenanalyse/-therapie. Forschungsschwerpunkte: Was geht im Kopf (und der Seele) des Psychoanalytikers vor? Psychoanalytische Aspekte in der Politik, besonders mit Bezug auf den arabisch-israelischen Konflikt.

Ohlmeier, Dieter, Dipl.-Psych., Prof. Dr. med.; Neurologe und Psychiater, Psychoanalytiker; Lehrstuhl für Psychoanalyse und Psychotherapie an der Universität Gesamthochschule Kassel. Arbeitsgebiete: psychoanalytische Gruppenforschung, analytisch-psychosomatische Untersuchungen (Herzinfarkt, Aids), psychoanalytische Literaturforschung. Seit 1977 Mitarbeiter/Gruppenanalytiker bei der Internationalen Arbeitsgemeinschaft für Gruppenanalyse (Altaussee).

Parth, Walter, Dr. phil.; Lehranalytiker im Wiener Arbeitskreis für Psychoanalyse.

Ranefeld, Johannes, Facharzt für Psychiatrie, Arzt für psychotherapeutische Medizin, Psychoanalytiker in freier Praxis, Lehrbefugnis für Psychoanalyse und Gruppenpsychoanalyse. Mitherausgeber der „texte. Zeitschrift für Psychoanalyse, Ästhetik und Kulturkritik", erscheinend im Wiener Passagen-Verlag. Veröffentlichungen über Rausch, Sucht, Delinquenz, triebtheoretische Entwicklungspsychologie und Theorie der psychoanalytischen Technik.

Ricciardi von Platen, Alice, Dr. med., ist als Psychotherapeutin und Gruppenanalytikerin in Therapie und Ausbildung tätig. Sie ist Mitarbeiterin an Ausbildungsveranstaltungen in Österreich (Altaussee), Italien und der Ukraine.

Ringler, Marianne, Dr. phil., Univ. Prof. an der Universitätsklinik für Tiefenpsychologie und Psychotherapie, Psychoanalytikerin (WAP), Klinische und Gesundheitspsychologin. Forschungsschwerpunkte: Psychosomatik (Gynäkologie und Geburtshilfe, Typ I Diabetes, chronische körperliche Krankheiten), Psychotherapieforschung.

Ruhs, August, Ass. Prof. Dr. med., Facharzt für Psychiatrie und Neurologie. Lehranalytiker im Wiener Arbeitskreis für Psychoanalyse. Stellvertreter des Vorstands der Univ.-Klinik für Tiefenpsychologie und Psychotherapie Wien. Vorstandsmitglied der Sigmund-Freud-Gesellschaft. Mitbegründer der „Neuen Wiener Gruppe/Lacan-Schule". Mitherausgeber der Zeitschrift „texte. Psychoanalyse. ästhetik. kulturkritik". Zahlreiche Publikationen aus den Bereichen der klinischen, der theoretischen und der angewandten Psychoanalyse.

Schülein, Johann August, geb. 1947, Dr. phil., Studium der Soziologie, Psychoanalyse, Philosophie in Frankfurt und Gießen. Professor für Soziologie an der Wirtschaftsuniversität Wien. Arbeitsschwerpunkte: Mikrosoziologie, Ökologie, Theorieentwicklung, Interdisziplinäre Kooperation (Soziologie / Psychoanalyse).

Wagner-Fürst, Johanna, Dr. phil., Psychologin, Psychotherapeutin, Psychoanalytikerin (WAP) und Gruppenanalytikerin (ÖAGG) in freier Praxis. 20 Jahre Kindertherapeutin an einer Wiener Child-Guidance-Clinic. Psychoanalyse, psychoanalytische Gruppentherapie, Einzel-, Team- und Gruppensupervisionen für Psychotherapien mit Erwachsenen und Kindern sowie im sozialtherapeutischen und sozialpädagogischen Bereich. Forschungsinteressen: Setting und Technik in der Kinderpsychotherapie, Dissozialität, Psychoanalyse der Täter und Opfer (Holocaust), Traumatisierung, Fragen der Voraussetzung und des Prozesses von Psychoanalyse.

Zenaty, Gerhard, Dr. phil., Psychoanalytiker, Lehranalytiker und Leiter des Linzer Arbeitskreises für Psychoanalyse. Professor an der Pädagogischen Akademie des Bundes in Linz. Publikationen zu philosophischen, psychoanalytischen und bildungspolitischen Themen, u.a. in den „texten". Buchveröffentlichung: Vom Denken. Einführung in die Philosophie. Wien 1990 (gemeinsam mit K. Liessmann).

Tilmann Moser
Psychotherapie auf Krankenschein
Berichte und Diagnosen

2015 · 204 Seiten · Broschur
ISBN 978-3-8379-2462-6

Eine Hilfestellung für eine der unbeliebtesten Tätigkeiten in der psychotherapeutischen Praxis.

Die große Neuerung, dass Krankenkassen Psychotherapien und Psychoanalyse bezahlen, ist nun einige Jahrzehnte alt. Voraussetzung ist ein begründeter Antrag, der in einem Gutachterverfahren geprüft wird. Für viele Kolleginnen und Kollegen stellt das alltägliche Verfassen der Anträge eine der unbeliebtesten Tätigkeiten in einer psychotherapeutischen Praxis dar. Gerade die Struktur und Psychodynamik eines noch kaum bekannten Patienten in der erwarteten begrifflichen Präzision zu beschreiben, erfordert viel Erfahrung.

Der Autor des vorliegenden Buches versammelt eine Reihe seiner Anträge als Formulierungshilfe. Sie umfassen gängige Diagnosen, die als Genehmigungsgrund anerkannt wurden, wie Identitäts-, Selbstwert- und Trennungsprobleme, Depression und Traumata, Trauer- und Schuldgefühl sowie religiöse Probleme. Neben PsychotherapeutInnen profitieren auch PatientInnen von den allgemein verständlichen Berichten, die Einblicke in einen sonst verschlossenen Bereich erhalten.

Siegfried Zepf
Psychoanalyse
Aufsätze zu epistemologischen und sozialpsychologischen Fragen sowie zu den theoretischen und therapeutischen Konzepten
3 Bände

2013 · zus. 1.244 Seiten · Gebunden
ISBN 978-3-8379-2279-0

Freuds verschiedene Konzepte werden von Siegfried Zepf in einen systematischen Zusammenhang gebracht. Ein Standardwerk der Psychoanalyse!

Die hier versammelten Aufsätze gliedern sich in Arbeiten zu epistemologischen, sozialpsychologischen, theoretischen und therapeutischen Fragen der Psychoanalyse und stellen einen Versuch dar, psychoanalytische Konzepte wieder zu vereinheitlichen und die Erinnerung an die Psychoanalyse als eine kritische Sozialwissenschaft aufrechtzuerhalten.

Darüber hinaus plädieren sie für die Psychoanalyse als eigenständige Wissenschaft vom Seelischen und wenden sich entschieden gegen die postmoderne Beliebigkeit des »anything goes« sowie gegen die Auffassung, dass eine Wissenschaft, die zögert, ihre Gründer zu vergessen, verloren ist (Whitehead). Getragen von Freuds Ernsthaftigkeit, Wahrheitsliebe sowie kritischer und selbstkritischer Einstellung, stehen die Texte für eine differenzierte Auseinandersetzung mit seinen Denkfiguren, die insbesondere die Systematik durchsichtig werden lassen, in der Freuds theoretische, technische und therapeutische Konzepte stehen.

Günter Gödde, Michael B. Buchholz
Unbewusstes

2011 · 138 Seiten · Broschur
ISBN 978-3-8379-2068-0

Ursprünglich als philosophische Problemstellung aufgekommen, erhob Freud das »Unbewusste« zum Zentralbegriff der Psychoanalyse.

Die Autoren zeichnen die Entwicklung des Begriffs in seiner ganzen Vielfalt nach und unterscheiden dabei zwischen einem vertikalen und horizontalen Modell des Unbewussten. Während das vertikale Unbewusste gleich einer Verdrängungsmaschine arbeitet, entspricht das horizontale einem Resonanzraum. Nach der Leitvorstellung psychoanalytischer und tiefenpsychologischer Therapien bedarf es einer Bearbeitung der vertikalen Ebene in Form der Bewusstmachung des Unbewussten mit der Zielsetzung, dass das Ich wieder »Herr im eigenen Haus« wird. Demgegenüber trägt das horizontale Modell den vielfachen Resonanzen in der Behandlungssituation Rechnung, die entsprechend Freuds Diktum »Unbewusstes versteht Unbewusstes« für die therapeutische Beziehungsgestaltung von größter Bedeutung sind. Um das Konzept in all seiner Komplexität zu begreifen, kann man sich nicht für eines dieser Modelle entscheiden; vielmehr, so die Autoren, müssen beide in ihrem Zusammenspiel berücksichtigt werden. Dies birgt ein neues Verständnis des Verhältnisses von psychoanalytischer Theorie und Praxis.

Josef Dantlgraber
Unbewusste Kommunikation in der psychoanalytischen Situation
Ausgewählte Aufsätze

2015 · 179 Seiten · Broschur
ISBN 978-3-8379-2452-7

»Man kann nicht nicht kommunizieren, denn jede Kommunikation ist Verhalten und genauso wie man sich nicht nicht verhalten kann, kann man nicht nicht kommunizieren.«

Paul Watzlawick

Gerade in der der psychoanalytischen Situation sind nonverbale und unbewusste Ausdrucksformen und Interaktionen von besonderer Bedeutung. Als wichtige Schlagworte der psychoanalytischen Theorie und Praxis gelten in diesem Zusammenhang Analysierbarkeit, psychoanalytische Haltung sowie psychoanalytischer und psychotherapeutischer Prozess. Neuere Ansätze ergänzen den wissenschaftlichen Diskurs um die Unterscheidung zwischen dynamischem und nicht repräsentiertem Unbewussten.

Das vorliegende Buch versammelt erstmals Josef Dantlgrabers zentrale Aufsätze der vergangenen drei Jahrzehnte zur unbewussten Kommunikation und stellt sein Konzept des »musikalischen Zuhörens« vor. Die Methode kann dazu verhelfen, die Bedeutung von nicht repräsentiertem psychischen Material des Patienten oder der Patientin zu eruieren und in Sprache zu transformieren. In einem ausführlichen Vorwort kontextualisiert der Autor die versammelten Beiträge. Den Band beschließt ein Text über das Werk von Wolfgang Loch, einem der bedeutendsten deutschsprachigen Theoretiker der Psychoanalyse.

www.ingramcontent.com/pod-product-compliance
Ingram Content Group UK Ltd.
Pitfield, Milton Keynes, MK11 3LW, UK
UKHW041946230426
12048UKWH00008B/170